T0210991

eXamen.press

eXamen.press ist eine Reihe, die Theorie und Praxis aus allen Bereichen der Informatik für die Hochschulausbildung vermittelt.

Wolfgang Küchlin · Andreas Weber

Einführung
in die Informatik

Objektorientiert mit Java

3., überarbeitete Auflage
mit 48 Abbildungen und 4 Tabellen

 Springer

Prof. Dr. Wolfgang Küchlin
Wilhelm-Schickard-Institut für Informatik
Universität Tübingen
Sand 14, 72076 Tübingen
kuechlin@informatik.uni-tuebingen.de
http://www-sr.informatik.uni-tuebingen.de

Prof. Dr. Andreas Weber
Institut für Informatik II
Universität Bonn
Römerstr. 164
53117 Bonn
weber@cs.uni-bonn.de

Bibliografische Information der Deutschen Bibliothek
Die Deutsche Bibliothek verzeichnet diese Publikation in der Deutschen
Nationalbibliografie; detaillierte bibliografische Daten sind im Internet über
http://dnb.ddb.de abrufbar.

ACM Computing Classification (1998): A.1, D.1-3, F.2-3

ISSN 1614-5216
ISBN 978-3-540-20958-4 Springer Berlin Heidelberg New York
2. Auflage Springer Berlin Heidelberg

Springer ist ein Unternehmen von Springer Science+Business Media
springer.de

© Springer-Verlag Berlin Heidelberg 2005

Satz: Druckfertige Daten der Autoren
Herstellung: LE-TeX Jelonek, Schmidt & Vöckler GbR, Leipzig
Umschlaggestaltung: KünkelLopka Werbeagentur, Heidelberg
Gedruckt auf säurefreiem Papier   33/3142/YL - 5 4 3 2 1 0

Unseren Familien gewidmet
WK, AW

Vorwort

The Analytical Engine is therefore a machine of the most general nature.

Charles Babbage (1864)

Dies ist ein einführendes Lehrbuch der Informatik. Es umfaßt den Stoff, der typischerweise im ersten Studienjahr an Universitäten in 1–2 Vorlesungen wie „Informatik I" und „Informatik II" gelehrt wird. Es geht zentral um Grundkonzepte von (objektorientierten) Programmiersprachen und von Algorithmen, und zur ihrer Umsetzung wird durchgehend Modellierung mit der Sprache UML und Programmierung mit der Sprache Java eingesetzt. Dieses Buch ist also weder ein Java-Handbuch noch ein Schnellkurs im Programmieren. Der zentrale Stoff wird ergänzt durch eine Übersicht über die Architektur eines Computers am Beispiel eines modernen PC-Systems und eine Einführung in die mathematisch-logischen Grundlagen der Informatik. Unter der URL

www-sr.informatik.uni-tuebingen.de/InfoBuch

ist eine Web-Seite zu diesem Buch eingerichtet. Dort sind u. a. Foliensätze für Dozenten zu finden.

Heute ist der Einsatz von Computern nicht mehr auf das klassische Gebiet des technisch-wissenschaftlichen Rechnens konzentriert, sondern dringt auf breiter Front in alle Bereiche von Wissenschaft, Wirtschaft und Gesellschaft vor. Die neuen Einsatzgebiete, wie z. B. moderne Client-Server-Informationssysteme, verlangen in der Praxis neue Werkzeuge und Methoden, auch wenn die alten rein theoretisch noch genügen würden.

Objektorientierte Software-Entwicklung mit der Modellierungssprache UML, der Programmiersprache Java und neuen integrierten Programmierwerkzeugen wie Eclipse sind die wichtigsten neuen Hilfsmittel, mit denen man der Herausforderung immer vielseitigerer, vielschichtigerer und vernetzter Software begegnet. Objektorientierte Methoden haben in der Praxis wesentlich dazu beigetragen, den Komplexitätsschub in Entwurf, Programmierung und Wartung moderner Systeme in den Griff zu bekommen. Java, als Programmiersprache des Internet bekannt geworden, ist eine moderne objektorientierte Sprache, die sowohl durch klare theoretische Konzepte besticht als auch in der breiten Praxis – von Mobiltelefonen bis zu Großrechnern – Anwendung findet.

Der zentrale Beweggrund für dieses Lehrbuch der Informatik war das Erreichen einer Balance zwischen Theorie und Praxis, also zwischen theoretisch-konzeptuellen Grundlagen und unmittelbar praxisrelevantem Wissen. Dieses Lehrbuch soll die traditionellen Konzepte, die in der Einführungsvorlesung Informatik im ersten Studienjahr gelehrt werden, um den Gesichtspunkt der Objektorientierung ergänzen und aus dieser Sicht neu präsentieren sowie anhand von ausgewählten Teilen von UML und Java einüben.

Der Leser soll insbesondere

– grundlegende Konzepte der objektorientierten Software-Entwicklung und des Programmierens verstehen,
– mit Java eine moderne objektorientierte Sprache erlernen, die diese Konzepte umsetzt und die auch in der breiten Praxis von Wissenschaft und Wirtschaft in allen Anwendungsgebieten und bei großen komplexen Aufgaben verwendet wird,
– höhere Datenstrukturen, Algorithmen und deren zugrundeliegende Entwurfsmuster anhand des Standardrepertoires der Informatik kennenlernen und
– ein zukunftsfestes Wissen der theoretischen Grundlagen der praktischen Informatik erwerben, um eine Basis für lebenslanges Lernen zu erhalten.

Diese Neuauflage schließt sich an die Vorlesungen Informatik I in Bonn im WS 2002/2003 und Informatik I und II in Tübingen im akademischen Jahr 2003/2004 an. In Tübingen haben wir zum ersten Mal von Anfang an die neue integrierte Entwicklungsumgebung Eclipse eingesetzt.[1] Eine für Anfänger nützliche Einführung in Eclipse hätte den Umfang dieses Buchs gesprengt, aber einige Hinweise konnten in den Text aufgenommen werden.

Neben zahlreichen weiteren Detailverbesserungen verdienen die folgenden Punkte besondere Erwähnung:

– Die Reihenfolge der Kapitel in Teil I wurde verändert und ist jetzt: 2. Rechnerarchitektur – 3. Algorithmen – 4. Datenstrukturen – 5. Objektorientierung. Die neue Anordnung folgt einem *bottom-up* Prinzip und läßt sich gerade zu Beginn schlüssiger lehren.
– Kapitel 2 (Rechnerarchitektur) wurde überarbeitet. Die Behandlung von Zahldarstellungen und Konversionsmethoden wurde ergänzt, insbesondere auch im Teil zu Gleitkommazahlen und dient jetzt auch als natürliche Motivation für Algorithmen im nachfolgenden Kapitel 3.
– Die Flußdiagramme in Kapitel 3 (Algorithmen) wurden auf die Notation von UML Aktivitätsdiagrammen umgestellt. Da UML auch von Eclipse unterstützt wird, lassen sich jeweils das Diagramm und der Java-Code nebeneinander in Eclipse betrachten.
– Viele der UML Klassendiagramme wurden neu gezeichnet und dabei einige Abweichungen vom UML Standard bereinigt.
– Es wurden zahlreiche weitere in den oben genannten Veranstaltungen erprobte Übungsaufgaben aufgenommen.

---

[1] Dieses Konzept mit dem Namen FOOD (*foundations of object oriented development*) wurde 2003 mit einem *IBM Eclipse Innovation Award* ausgezeichnet (siehe www-sr. informatik.uni-tuebingen.de/food).

Danksagung. Wir danken wiederum allen unseren Mitarbeitern, insbesondere denen, die unsere Vorlesungen betreut haben. In Tübingen sind dies Dr. W. Blochinger, W. Westje und Dr. V. Simonis; Frau E.-M. Dieringer hat wiederum zahlreiche neue Abbildungen angefertigt. In Bonn möchten wir insbesondere G. Sobottka, M. Guthe, D. Goldbach und Frau M. Gnasa für Korrektur- und Ergänzungsvorschläge danken.

Besonders zu Dank verpflichtet sind wir unseren Lesern und denjenigen Kollegen an zahlreichen Hochschulen, die die bisherigen Auflagen für Ihre Vorlesungen verwendet haben; sie haben die neue Auflage erst möglich gemacht. Wertvolle Hinweise verdanken wir Herrn Prof. Dr. B. Eberhardt, Herrn Prof. Dr. R. Klein und insbesondere Herrn Prof. Dr. D. Saupe, der uns auch einige Foliensätze überlassen hat. Wir freuen uns über jede weitere Anregung und sind stets offen für Verbesserungen.

Tübingen, Bonn, im August 2004   *W. Küchlin, A.Weber*

Aus dem Vorwort zur zweiten Auflage

Bei der ersten Auflage lag unser Hauptaugenmerk auf der Weiterentwicklung des klassischen Stoffs in die Tiefe, zur Objekttechnik hin. Nun haben wir das Buch in die Breite ergänzt, insbesondere in Hinblick auf einen Leserkreis, der an einem Einblick in die Struktur eines Rechnersystems und einer Gesamtsicht auf die Software-Entwicklung, auch in ihren klassischen Teilen, interessiert ist.

Danksagung. Wir danken allen unseren Mitarbeitern, die am Zustandekommen dieser Neuauflage beteiligt waren oder unter ihr zu leiden hatten: In Tübingen sind dies Dr. W. Blochinger, C. Sinz, M. Friedrich, R. Schimkat, G. Nusser und A. Kaiser; Frau E.-M. Dieringer hat einige neue Abbildungen angefertigt. In Bonn möchten wir Herrn G. Sobottka und Frau S. Schäfer für Korrekturvorschläge danken.

Besonders zu Dank verpflichtet sind wir unseren Lesern und denjenigen Kollegen, die die erste Auflage für Ihre Vorlesungen verwendet haben; wertvolle Hinweise verdanken wir Herrn Prof. Dr. B. Eberhardt und Herrn Prof. Dr. L. Voelkel.

Tübingen, Bonn, im Juli 2002   *W. Küchlin, A.Weber*

Aus dem Vorwort zur ersten Auflage

Dieses Buch fußt auf unseren Vorlesungen Informatik I und II an der Universität Tübingen. Wir schulden allen Dank, die am Zustandekommen dieser Vorlesungen in irgendeiner Form mitgewirkt haben, insbesondere natürlich den Mitarbeitern am Arbeitsbereich Symbolisches Rechnen.

Dr. W. Blochinger hat drei Semester lang verantwortlich die Übungen zu den Vorlesungen organisiert; ein Teil seiner Aufgaben ist auch in dieses Buch eingeflossen. Beiträge für die Übungen kamen auch von Dr. J. Hahn, Dr. B. Amrhein und

S. Müller, sowie von studentischen Tutoren, insbesondere von Ch. Ludwig. Kapitel 9 beruht auf Vorlagen von Dr. J. Hahn.

Für viele Korrekturen und nützliche Anregungen möchten wir Herrn Prof. Dr. U. Güntzer und Herrn Prof. Dr. M. Kaufmann herzlich danken, die eine Vorversion des Manuskripts durchgesehen haben. Teile des Manuskripts wurden ferner von Dr. D. Bühler, Dr. G. Hagel, A. Kaiser, Dr. Th. Lumpp, P. Maier, G. Nusser, R. Schimkat, C. Sinz und Dr. A. Speck korrekturgelesen.

Tübingen, Darmstadt, August 2000   *W. Küchlin, A.Weber*

These discussions were of great value to me in several ways. I was thus obliged to put into language the various views I had taken, and I observed the effect of my explanations on different minds. My own ideas became clearer, and I profited by many of the remarks made by my highly-gifted friends.

Charles Babbage (1864)

Inhaltsverzeichnis

Teil II. Sprachkonzepte und ihre Verwirklichung in Java

Teil III. Algorithmen und weiterführende Datenstrukturen

1. Einführung und Überblick

The Analytical Engine is therefore a machine of the most general nature. Whatever formula it is required to develop, the law of its development must be communicated to it by two sets of cards. When these have been placed, the engine is special for that particular formula. The numerical value of its constants must then be put on the columns of wheels below them, and on setting the engine in motion it will calculate and print the numerical results of that formula.

Charles Babbage (1864)

1.1 Bedeutung und Grundprobleme der Informatik

Die Informatik erfährt ihre grundlegende und fächerübergreifende Bedeutung dadurch, daß sie mit dem Computer ein Werkzeug zur Verfügung hat, das erstens in seiner theoretischen Mächtigkeit nicht mehr übertroffen werden kann und zweitens in der Praxis universell anwendbar ist. Nach heutigem Wissen kann man alles, was sich mit irgendeinem irgendwie denkbaren Formalismus berechnen läßt, vom Prinzip her auch mit dem Computer berechnen, vorausgesetzt man hat genügend Speicher und Zeit zur Verfügung. Der Computer ist aber nicht nur eine Rechenmaschine, sondern ein Universalwerkzeug zur Informationsverarbeitung. Dies wird intuitiv klar, wenn man an die heute übliche digitale Kommunikation denkt, wo mit Medien wie CD, DVD, Digitalradio, Digitalfernsehen, ISDN oder Mobiltelefonen alle Information in Form von Zahlen, also eben digital, verarbeitet und übermittelt wird. Diese Bedeutung betont auch der europäische Begriff **Informatik** (*Informatics, Informatique*) im Gegensatz zum amerikanischen *Computer Science*.

Das Grundproblem der Informatik liegt in der praktischen Nutzung der theoretisch vorhandenen Fähigkeiten. Zunächst muß das Universalwerkzeug Computer durch Schreiben eines Programms zu einem Spezialwerkzeug für jede bestimmte Aufgabe – zur Berechnung einer bestimmten mathematischen Funktion – gemacht werden. Dieses Prinzip wurde bereits von Charles Babbage (1791–1871) in der ersten Hälfte des 19. Jahrhunderts als Verallgemeinerung von lochkartengesteuerten Webstühlen erdacht, bei denen jedem Kartensatz (Programm) ein Muster (Funktion) entspricht und jeder Fadenart (Daten) eine Ausführung (Wert) des Musters. Ada, Countess of Lovelace (1816–1852), sprach davon, daß die Maschine „algebraische

Muster webt". Babbage hatte zunächst an einer Spezialmaschine zur Berechnung von Wertetabellen von Polynomen gearbeitet, der sog. *Difference Engine*, die er zur Berechnung nautischer Tabellen benutzen wollte. In der Folge erfand er mit seiner *Analytical Engine* das Prinzip einer Universalmaschine und erkannte, daß man sie mit geeigneten Programmen außer zum Tabellarisieren von Polynomen im Prinzip genauso gut zum Berechnen ihrer Nullstellen (Gleichungslösen) oder zum Berechnen von Zügen bei Brettspielen verwenden könnte. Babbage scheiterte bei der praktischen Realisierung (Babbage, 1864),[1] seine *Difference Engine* wurde aber 1991 schließlich doch noch gebaut (Swade, 2000).

Bereits im 17. Jahrhundert waren die Grundlagen für eine mechanische Ausführung der Grundrechenarten gelegt worden, zu der das Genie von Babbage die Programmierbarkeit hinzufügte (Williams, 1997). Ins Jahr 1623 datiert die Rechenmaschine des Tübinger Professors Wilhelm Schickard, die addieren und subtrahieren konnte und den Benutzer auch beim Multiplizieren unterstützte. Schickard, Professor für Mathematik, Astronomie und Alte Sprachen, wollte seinem Freund Johannes Kepler, der in Tübingen promoviert hatte, bei dessen Berechnungen helfen. Es wurden aber nur einzelne Exemplare der Maschine gebaut, die alle verloren gingen; das für Kepler bestimmte Exemplar der Maschine verbrannte noch in der Werkstatt. Als Schickard 1635 an der Pest starb, geriet seine Maschine für 3 Jahrhunderte in Vergessenheit.[2] Um seinem Vater bei der Buchhaltung zu helfen, entwickelte Blaise Pascal in den Jahren 1642–1645 eine Rechenmaschine, die addieren konnte und das Subtrahieren unterstützte. Da das Währungssystem dieser Zeit kompliziert war und die Maschine 8 Stellen hatte, war die Mechanik wesentlich aufwendiger als bei Schickard. Bis zum Jahre 1652 wurden etwa fünfzig jeweils leicht verschiedene Prototypen hergestellt, von denen einige erhalten sind. Interessanterweise vetreten damit die ersten Rechenmaschinen auch schon zwei Hauptanwendungen der Informatik, nämlich die Naturwissenschaften und das Geschäftsleben.

In den 1940er Jahren und danach baute der deutsche Ingenieur Konrad Zuse in der Isolation der Kriegsjahre eine Reihe von Rechenmaschinen, für deren Schalter er zunächst elektro-mechanische Relais verwendete. Er entwickelte eine eigene Programmiersprache, den sog. **Plankalkül** und zielte auf Anwendungen im Ingenieurwesen, z. B. für die Berechnung von Tragflächen. Leider kam auch später nie eine breite Verbindung zu der universitären Forschung zustande, so daß die Tragweite seiner Erfindung in Theorie und Anwendung lange Zeit unerkannt blieb. Die Ingenieurwissenschaften sind aber auch heute noch das dritte große Aanwendungsgebiet der Informatik.

Seit den 30er Jahren des 20. Jahrhunderts waren von Mathematikern wie Church, Kleene, Post, Gödel, Herbrand und Turing mehrere formale Berechnungsmodelle entwickelt und deren Stärken und Grenzen untersucht worden, denn man

---

[1] Er macht dafür mangelnden Weitblick bei den forschungsfördernden Stellen der Regierung verantwortlich, offenbar ein historisches Problem der Informatik.

[2] Neben realen Nachbauten der Schickardschen Rechenmaschine gibt es inzwischen auch einen „virtuellen Nachbau" im Internet, für den die Möglichkeiten der Programmiersprache Java zu interaktiven Simulationen benutzt werden, siehe http://www.gris.uni-tuebingen.de/projects/schickard/.

wollte wissen, inwieweit die Mathematik mechanisierbar ist. Church entwickelte den λ-Kalkül (*lambda calculus*), der später zur Programmiersprache LISP und anderen sog. funktionalen Sprachen führte. Alan Turing entwarf seine **Universelle Turingmaschine** (UTM) als abstraktes, mathematisch präzises Konzept einer einfachen, offensichtlich baubaren Maschine zur Ausführung von Berechnungen (Turing, 1937a,b).[3] Im Jahre 1931 hatte Kurt Gödel gezeigt, daß es wahre Aussagen über Zahlen gibt, die nicht durch eine formale Anwendung eines Kalküls bewiesen werden können. Church und Turing zeigten, daß man auch nicht durch eine (endliche) Berechnung entscheiden kann, ob eine Aussage so überhaupt beweisbar sein wird oder nicht.

Zumindest aber erwiesen sich alle Berechnungsmodelle als äquivalent (gleich mächtig), so daß alle auf der UTM implementiert werden können. Heute wird allgemein die Hypothese von Alonzo Church akzeptiert, daß es kein vernünftiges Berechnungsmodell gibt, das mächtiger wäre als etwa λ-Kalkül oder UTM (Church, 1936). Das heißt, daß schon die UTM mit ihrer rudimentären Programmiersprache ohne jegliche Datenstrukturen theoretisch völlig ausreicht, jede Funktion zu berechnen, für die eine konstruktive Berechnungsvorschrift (Algorithmus) in irgendeinem vernünftigen Formalismus vorliegt. Heutige Computer kann man vom Prinzip her als hoch optimierte Varianten der UTM ansehen, die allerdings in der Praxis immer mit endlichem Speicher auskommen müssen. Mehr hierzu findet sich z. B. bei Engeler und Läuchli (1988); Hodges (1994); Hopcroft und Ullman (2000).

Einige der historischen Persönlichkeiten standen Pate für die Namen moderner Programmiersprachen. Niklaus Wirth schuf mit Pascal die erste für die Lehre der Informatik geeignete Programmiersprache. Der Vorname von Ada, Countess of Lovelace, wurde zur Benennung einer im militärischen Bereich weit verbreiteten Sprache verwendet, so wie der Vorname des amerikanischen Logikers Haskell B. Curry für die funktionale Sprache Haskell.

Aus dem Wunsch der Mechanisierung aller Berechnungen ergeben sich drei große Teilgebiete der Informatik, mit denen sich schon Babbage und Turing beschäftigt haben: Theorie, Praxis und Technik. **Theoretische Informatik** befaßt sich ebenso mit Fragen der prinzipiellen Berechenbarkeit wie mit der Konstruktion von Algorithmen und mit der Analyse ihres prinzipiellen Aufwandes; diese Thematik behandeln wir in Kapitel 3 und in Teil III. **Praktische Informatik** befaßt sich mit der Umsetzung der Theorie in praktisch nutzbare Softwaresysteme. Teilgebiete sind u. a. Softwaretechnik, Programmiersprachen und Übersetzerbau, Datenbanken, Betriebssysteme, Verteiltes Rechnen oder Computer-Graphik; dieses Buch gibt insbesondere in den Kapiteln 4 und 5 sowie in Teil II eine Einführung in objektorientierte Programmiersprachen und Softwaretechnik und in Teil III in die Programmierung von Algorithmen. **Technische Informatik** behandelt den Bau und die Organisation von Computer-Hardware zur Ausführung der Software; wir geben eine elementare Einführung in Kapitel 2. Manchmal nimmt man als weiteres Gebiet noch die **Angewandte Informatik** hinzu und versteht darunter die Anwendung von Metho-

---

[3] Siehe auch http://www.turing.org.uk. Die Maschine wird von einem endlichen Automat gesteuert und speichert Programme und Daten auf einem beliebig langen Band.

den der Informatik auf andere Wissenschaften, etwa die Wirtschafts-, Medien-, Geo-
oder die Lebenswissenschaften. In jüngster Zeit hat die Anwendung auf die Lebenswissenschaften das Fach der Bio-Informatik hervorgebracht, das vielfach schon in
eigenen Studiengängen gelehrt wird. Denn genau so, wie man physikalische Zusammenhänge ohne Berechnungen durch Computer nicht in aller Tiefe verstehen
kann, so benötigt man auch für ein umfassendes Verständnis etwa des Aufbaus und
der Wirkung von Genen und Proteinen die Ergebnisse von Rechenverfahren (Algorithmen), die in der Praxis nur ein Computer ausführen kann.

Im Einzelnen verschwimmen oft die Grenzen zwischen den Teilgebieten; schon
die Pioniere Babbage und Turing haben sowohl Rechenverfahren als auch Programme als auch Hardware entworfen und sich um neue Anwendungen bemüht. So geht
es beispielsweise im Fach „Symbolisches Rechnen" um die Implementierung mathematischer Rechenregeln von Algebra und Logik in Computer-Algebra Systemen
und in automatischen Beweisern. Die theoretische Seite befaßt sich mit der Entwicklung konstruktiver Lösungsvorschriften für mathematische Probleme, die praktische
Seite befaßt sich u. a. mit den speziellen Problemen der Repräsentation mathematischer Objekte (z. B. Polynome), mit geeigneten Implementierungstechniken, der
Umsetzung in Java (siehe `java.math`) oder mit Anwendungen wie Systemen für
Berechnungen im Ingenieurwesen oder zur formalen Verifikation von Software; siehe hierzu etwa Fleischer *et al.* (1995); Bibel und Schmitt (1998a,b,c).

Dieses Buch versteht sich vor allem als eine Einführung in das objektorientierte Programmieren der praktischen Informatik, behandelt aber so viel Theorie wie
für ein grundsätzliches Verständnis der Probleme nötig ist, deren Lösung hier anhand von Java vorgeführt wird. Eine umfassendere Darstellung der mathematischen
Grundlagen der Informatik findet sich bei Wolff *et al.* (2004). Das Zusammenspiel
von Theorie und Praxis sieht man besonders gut anhand der Verifikation von Programmen (Kap. 3 und 17) und anhand der Konstruktion und Programmierung von
Algorithmen (Kap. 3 und Teil III).

Der Informatik sind, bei aller vorhandenen Theorie, immer auch die tatsächliche
Konstruktion und die Tauglichkeit von Lösungen in der Praxis und im Dienste von
Anwendungen wichtig. Dadurch geht es immer auch um Effizienz und Kosten, und
somit nicht nur um akademisch elegante Lösungen, sondern auch um tragfähige
Lösungen im komplexen praktischen Umfeld.

Die Programme, die bei Babbage noch auf Lochkarten und bei Turing noch auf
einem einfachen Lochstreifen (oder Band) gestanzt waren, werden heute auf Ma-
gnetplatten und in Halbleiterspeichern mit Kapazitäten im Gigabyte-Bereich gehalten. Dabei herrscht schon für minimale Speichergrößen von einigen hundert Byte
eine praktisch unübersehbare Vielfalt von möglichen Programmen, von denen die
meisten natürlich nicht das jeweils Gewünschte tun. Zudem stellt sich selbst für
theoretisch korrekte Programme das Problem von ausreichendem Speicher und Zeit,
das heißt der nötigen Effizienz der Lösung.

In der Praxis ist das Hauptproblem die Bewältigung der auftretenden Komplexität bei dem Entwurf und der Realisierung von Lösungen. Hier setzt in der modernen Software-Entwicklung die Objekttechnologie an, die Strukturen einführt, um

das Zusammenspiel von Funktionen und Daten (die den beiden Kartenstapeln von Babbage entsprechen) geeignet zu organisieren, damit auch große Software für den Menschen durchschaubar bleibt.

Wir wollen uns nun anhand von zwei abstrakten Gedankenspielen die theoretische Mächtigkeit und Bedeutung mathematischer Funktionen sowie die theoretische Vielfalt von Lösungen der Informatik noch einmal eindrücklicher vergegenwärtigen. Das erste Gedankenspiel illustriert die praktische Bedeutung des Computers, das zweite u. a. die Wichtigkeit von Organisation und Planung bei der Erstellung von Software.

1.1.1 Die Bedeutung des Berechnens von Funktionen

That the whole of the developments and operations of analysis are now capable of being executed by machinery.

Charles Babbage (1864)

Zwei Teilprobleme sind bei Problemlösungen der Informatik von ganz besonderer Bedeutung: das Berechnen von Funktionen (mittels Algorithmen) und das Modellieren und Realisieren von Daten und ihren Wechselbeziehungen (mittels Datenstrukturen). Historisch gesehen stand die Berechnung von mathematischen Funktionen lange Jahre im Vordergrund, nicht zuletzt weil die Informatik wesentlich von Mathematikern mit geschaffen wurde. Mit Funktionen sind hier mathematische Abbildungen von natürlichen Zahlen auf natürliche Zahlen gemeint; die Inkrementfunktion, die zu jeder Zahl ihren Nachfolger berechnet, ist ein ganz einfaches Beispiel. Wenn heute die Hälfte aller deutschen Haushalte einen PC besitzen, dann vermutlich aber nicht, weil sie vorderhand mathematische Funktionen berechnen wollen, sondern weil sie Texte verarbeiten, Musik und Videos speichern und abspielen oder per E-Mail kommunizieren wollen.

Eine erste wichtige Bemerkung zur Bedeutung von Zahlen und Funktionen ist, daß Zahlen auch als Repräsentanten (Codierungen) allgemeiner Symbole stehen können. Historisch benutzte man nach dem Mathematiker Kurt Gödel benannte Gödelisierungen, heute benutzt man standardisierte Codes wie z. B. ASCII. Wie wir in Kapitel 2 ausführen werden, entspricht jeder Zahl im Rechner genau ein Bitmuster, und Bitmuster können durch Vereinbarung geeigneter Codierungen wieder z. B. Schriftzeichen, (Gleit-)Kommazahlen und andere Symbole repräsentieren. Somit können wir auch allgemeine Texte und insbesondere auch Computerprogramme als Zahlen auffassen. Damit bekommen mathematische Abbildungen die Bedeutung allgemeiner Zuordnungen, wie z. B. die Zuordnung von Wörtern zu Wörtern in einem Wörterbuch, oder von Wörtern zu Zahlen in einem Telefonbuch. An dieser Stelle können wir den Computer als Universelle Turingmaschine schon für das technisch-wissenschaftliche Rechnen und für das Büro einsetzen.

Die universelle Bedeutung des Rechners als *Kommunikationsinstrument* ergibt sich aber erst daraus, daß sich für alle praktischen Fälle auch jede analoge elektromagnetische oder akustische Welle durch eine Folge von Zahlen repräsentieren läßt. Dieses Prinzip nutzen die modernen digitalen Kommunikationsmittel wie CD, DVD, Digitalradio, Digitalfernsehen oder ISDN. Bilder und Töne, die in Zahlenform vorliegen, können mit dem Computer be- und verarbeitet werden, man kann sie also also z. B. speichern, kopieren, verschlüsseln, verändern etc.

Zur Wandlung in digitale Form (**Digitalisierung**) tastet man z. B. eine analoge Schwingung in regelmäßigen Abständen (also mit einer bestimmten Abtastfrequenz) ab und merkt sich dabei jeweils ihre Stärke als Zahl. Die Folge der Zahlen (in Abb. 1.1 unter den Abtaststellen angegeben) ist der **Puls** (*pulse*). Dabei macht man zwei Fehler: man tastet nur endlich viele Werte ab und man erfaßt jeden Wert nur mit einer bestimmten Genauigkeit. (Bei CD-Technologie tastet man mit 44,1 kHz ab, also 44.100 mal pro Sekunde und erfaßt jeden Wert mit 16 Bits, d. h. man erkennt nur $2^{16} = 65\,536$ verschiedene Signalstärken.)

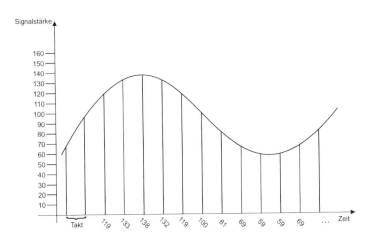

Abb. 1.1. Digitalisierung mit Pulscodemodulation

Das **Abtasttheorem** von Nyquist und Shannon besagt nun, daß man aus dem Puls die ursprüngliche Schwingung mit einer bis zur halben Abtastfrequenz reichenden Genauigkeit wieder rekonstruieren kann; lediglich darüber liegende höhere Frequenzen werden abgeschnitten. Da Computer heute mit Taktfrequenzen bis in den Gigahertz-Bereich hineinreichen und genügend Speicherplatz vorhanden ist, ist die Digitalisierung in der Praxis oftmals völlig verlustfrei. (Für den Audio Bereich erhält man aus 44,1 kHz Abtastfrequenz eine Tonrekonstruktion bis 22,05 kHz, wobei das menschliche Gehör nur von ca. 20 Hz bis 20 kHz reicht; der Quantisierungsfehler durch die Beschränkung auf 16 Bits entspricht einem Rauschen an der Grenze des Hörbaren.)

Zur digitalen Übertragung oder Speicherung der Schwingung speichert man bei der **Pulscodemodulation** (**PCM**) die Folge der Abtastwerte, beim Verfahren der **differentiellen PCM** die Folge der Differenzen der Abtastwerte und bei der **Del-**

tamodulation eine Folge von 1-bit Werten, die angibt, ob die Schwingungskurve steigt oder fällt; siehe hierzu auch (Bauer und Goos, 1991; Tanenbaum, 1997).

Nun machen wir ein weiteres Gedankenexperiment. Ein Beobachter sieht einen Baum, erkennt diesen und sagt daraufhin „Baum". Dabei wandelt er (durch Denken) einen Sinnes-Eindruck in einen Ausdruck um.

Wie wir soeben bemerkt haben, können diese Eindrücke und Ausdrücke digitalisiert, d. h. in Zahlenform repräsentiert werden. In unserem Beispiel haben wir damit das Phänomen des Umwandelns eines Sinneseindrucks in einen entsprechenden Ausdruck als Abbildung von Zahlen auf Zahlen, d. h. als mathematische Funktion, beschrieben (ohne damit das Denken irgendwie erklärt zu haben)!

Diese Funktion ist offensichtlich berechenbar, denn der Mensch hat die Abbildung ja konstruktiv vorgenommen. Falls es gelingt, diese Abbildung in einer Turingmaschine zu programmieren, würden wir dann sagen, daß diese Maschine (künstlich) intelligent ist? Alan Turing, der bereits die Bedeutung seiner Maschine als universeller Informationsverarbeiter erkannt hatte, schlug hierzu seinen Turing-Test vor (Turing, 1950): Wenn ein Außenstehender das Ein-/Ausgabeverhalten einer Maschine nicht von dem eines Menschen unterscheiden kann, muß man die Maschine für intelligent halten, auch wenn sie evtl. ihre Ergebnisse auf völlig andere Art berechnet als der Mensch.

Auf die vielfältigen Debatten, die die Frage aufgeworfen hat, ob *alle* geistigen Fähigkeiten des Menschen sich im Rahmen des theoretisch Berechenbaren bewegen oder nicht, wollen wir an dieser Stelle nicht weiter eingehen. Auch der Turing-Test und die Frage nach seiner Aussagekraft sind Gegenstand vielfältiger Diskussionen. Weitere Informationen finden sich z. B. bei Penrose (1996) oder im Internet unter http://www.turing.org.uk.

1.1.2 Das Problem der Komplexität

Programmers are always surrounded by complexity; we cannot avoid it.
C. A. R. Hoare (1981)

Jedes Softwaresystem kann rein theoretisch als eine Funktion aufgefaßt werden, die aus digitalisierten Eingaben digitalisierte Ausgaben berechnet. An dieser Stelle begegnen wir aber einem Phänomen, das für die Informatik äußerst bedeutsam ist: die außerordentliche Komplexität der Modellierungs- und Lösungsmöglichkeiten.

Zur Illustration betrachten wir wieder ein stark vereinfachendes Beispiel: Wir vergleichen die Anzahl verschiedener Bilder auf einem Schwarzweiß- und einem Farbbildschirm, sowie die Anzahl verschieden beschriebener Schreibmaschinenseiten mit der Zahl von Wasserstoffatomen, die im bekannten Weltall Platz haben.

Ein Computerbildschirm hat ca. eine Million Bildpunkte. In Schwarzweiß ergeben sich also $2^{1\,000\,000}$, bei 256 Farben $2^{8\,000\,000}$ mögliche Bilder.

Wieviel Möglichkeiten gibt es, eine Seite Text zu schreiben (z. B. Programmtext)? Auf eine DIN A4 Seite passen zunächst etwa 2000 Zeichen. Für jede Zeichenstelle kann man aus $2^8 = 256$ Zeichen wählen. Also erhält man $(2^8)^{2000} = 2^{8 \cdot 2000} = 2^{16\,000}$ „mögliche" Texte; $2^{16\,000} = (2^{10 \cdot 1600}) \approx 10^{3 \cdot 1600} = 10^{4800}$.

Im Vergleich dazu: Wieviele Wasserstoffatome passen ins Weltall? Wir nehmen hierzu wie allgemein üblich an, daß das Weltall vor 15 Milliarden Jahren durch einen Urknall entstanden ist. Es kann sich maximal mit Lichtgeschwindigkeit ausdehnen, nimmt also maximal eine Kugel mit einem Radius von 15 Milliarden Lichtjahren ein. Damit erhalten wir für den Durchmesser D_W des Weltalls

$$
\begin{aligned}
D_W &= 2 \cdot (15 \cdot 10^9) \text{ Lichtjahre} \\
&= (30 \cdot 10^9) \cdot (10\,000 \cdot 10^9) \text{km} \\
&= 300\,000 \cdot 10^{18} \text{km} = 3 \cdot 10^5 \cdot 10^{18} \cdot 10^3 \text{m} \\
&= 3 \cdot 10^{26} \text{m}.
\end{aligned}
$$

Daraus ergibt sich für das Volumen des Weltalls $V_W \approx (3 \cdot 10^{26})^3 \text{m}^3 = 27 \cdot 10^{78} \text{m}^3 \approx 10^{79} \text{m}^3$.

Im Vergleich dazu gilt für den Durchmesser D_H eines Wasserstoff-Atoms $D_H \approx 10^{-10}\text{m} = 1\text{Å}$. Hieraus ergibt sich ein Volumen $V_H \approx 1\text{Å}^3 = 10^{-30}\text{m}^3$.

Es haben also maximal $\frac{V_W}{V_H}$ Atome im Weltall Platz, wobei $\frac{V_W}{V_H} \approx \frac{10^{79}}{10^{-30}} = 10^{109} \approx 2^{362}$. Man beachte, daß $10^{4\,800} = 10^{109} \cdot 10^{4\,691}$!

In der Informatik haben wir es also mit einer kombinatorischen Explosion von Möglichkeiten zu tun, da wir keinen herkömmlichen physikalischen Restriktionen bei der Kombination unterliegen. Oft scheitern mathematisch einfach erscheinende Lösungswege an der praktischen Komplexität. Zum Beispiel können theoretisch alle Bäume in den $2^{1\,000\,000}$ möglichen Bildern auf einem Bildschirm durch eine Funktion b (mit endlichem Definitionsbereich!) erkannt werden, die jedes Baum-Bild auf 1 und jedes andere Bild auf 0 abbildet – aber diese Funktion kann ohne weitere Information praktisch nicht realisiert oder gespeichert werden.

1.2 Konzeption des Buches

Das zentrale Thema der Informatik ist es, geeignete Konzepte zur Strukturierung der ungeheuren Vielfalt möglicher Problemlösungen zu finden. Für unsere Überarbeitung der Vorlesung Informatik I/II an der Universität Tübingen und der Vorlesung Informatik I an der Universität Bonn haben wir darum einen Ansatz gewählt, der explizit bemüht ist, die Gewichte zwischen den Ansprüchen der akademisch-grundlegenden Seite und der industriellen Praxis auszutarieren. Wir behandeln in diesem Buch hierzu objektorientierte Softwaretechnik, also objektorientierte Analyse- und Modellierungsmethoden für Software sowie Programmiermethoden, Datenstrukturen und allgemeine Problemlösungsmethoden (Algorithmen) aus objektorientierter Sicht. Die Verwendung von Industrie-Standards wie der Modellierungssprache UML und der Programmiersprache Java vermitteln unmittelbar praxisrelevantes Wissen. Theoretische Begründungen des Stoffes unter Einschluß von Themen wie formale Verifikation von Programmen sowie ein ausführlicher mathematischer Anhang schaffen eine dauerhafte Wissensbasis für das in der Informatik unumgängliche lebenslange Lernen.

Mit Java liegt (erstmalig seit Pascal) heute wieder eine Sprache vor, die sowohl konzeptionell auf der Höhe der Zeit ist als auch breite industrielle Anwendung findet und sich gleichwohl für die Anfängerausbildung an der Hochschule eignet. Sehr wertvoll an Java ist die Vielzahl nützlicher Standards und Werkzeuge, die die Sprache umgeben. Zunächst ist es ungeheuer hilfreich, daß es bei Java weitgehend unerheblich ist, auf welchem Rechner mit welchem Compiler ein Programm ausgeführt wird – die Ergebnisse sind stets die gleichen. Mittlerweile existieren auch kostenlose und offene integrierte Entwicklungsumgebungen (IDE) wie Netbeans oder Eclipse, mit denen eine plattformunabhängige professionelle Programmierung möglich ist. Sodann hat Java eine Fülle standardisierter Schnittstellen und Bibliotheken für wichtige Probleme wie graphische Oberflächen, Parallelausführung, Netzwerk- und Datenbankverbindungen und viele andere mehr. In der industriellen Praxis reduziert dies alles die Systemvielfalt, für die Grundvorlesung Informatik eröffnet es neue Möglichkeiten, z. B. die Behandlung von graphischen Oberflächen oder von Themen des Software Engineering.

1.2.1 Aufbau des Buches

Dieses Buch behandelt sowohl allgemeine Grundlagen der Informatik als auch speziell das Programmieren mit Java. Es ist in vier Teile gegliedert: **(I) Grundkonzepte**, **(II) Sprachkonzepte**, **(III) Algorithmen** und **(IV) Theorie**. Teil I gibt unabhängig von konkreten Rechnern oder Programmiersprachen einen Überblick über wesentliche Grundkonzepte von Hardware und Software. Teil II behandelt die Konzepte objektorientierter Programmiersprachen konkret anhand von Java. Teil III behandelt die Theorie und Praxis der Konstruktion von Algorithmen mit Java. In Teil IV sind theoretische Grundlagen zusammengefaßt.

Ein Vorteil von Java ist die konsequente Objektorientierung. Dies schafft aber für ein Lehrbuch Probleme, da Objekte ein relativ fortgeschrittenes Konzept sind, ohne das man in Java aber wenig tun kann. Anders als bei einer Verwendung von C++ kann man nicht ohne weiteres zuerst einen „C-Teil" (ohne Objekte) behandeln und dann den „C++-Teil" (die Objekt-Erweiterungen). Wir lösen das Problem durch einen Kunstgriff: In Teil I lernen wir zunächst abstrakte Objekttechnik kennen, u. a. anhand von UML, in Teil II lernen wir dann Java verstehen und programmieren.

Teil I: Grundkonzepte. Wir beginnen in Kap. 2 mit einem Überblick über die Prinzipien von Hardware- und Software-Architektur mit einem Schwerpunkt auf PC-Systemen. Die Behandlung von Zahldarstellungen und Konversionsmethoden führt in natürlicher Weise zum Begriff des Algorithmus hin. Im folgenden Kap. 3 führen wir in dieses Konzept ein und untersuchen gängige Sprachkonzepte zur Beschreibung von Algorithmen einschließlich von Flußdiagrammen, die wir in der Form von UML Aktivitätsdiagrammen verwenden. Bereits hier, mit den ersten Beschreibungen von elementaren Algorithmen, führen wir die Methode von Floyd zur Verifikation ein. Danach geben wir in Kap. 4 eine abstrakte und sprachunabhängige Einführung in Datenstrukturen, die in natürlicher Weise zum Konzept des Objekts führt. In Kap. 5 geben wir anhand von Klassendiagrammen in UML eine Einführung in die Konzepte von Klassen, Objekten, abstrakten Datentypen sowie dem objektorientierten Software-Entwurf als zentrale Strukturierungsmittel der Software-Erstellung. Alle Themen von Teil I werden in den späteren Teilen nochmals anhand von Java aufgenommen und wesentlich vertieft. Sie werden hier in kompakter Form erstmals vorgestellt, damit wir die programmiersprachlichen Teile nicht durch grundlegende Konzepte wie Analyse und Entwurf oder Verifikation zerdehnen müssen und damit wir später unabhängig vom Fortschritt in Java schon das wesentliche Arsenal der abstrakten Konzepte kennen.

Teil II: Sprachkonzepte und Java. Wir behandeln in Kap. 6 zunächst den „C-Teil" von Java (inklusive Arrays und Strings, da die Konzepte der Objekttechnik bereits aus Teil I bekannt sind). Kapitel 7 führt dann Klassen und dynamische Datentypen (Listen, Stacks etc.) ein und Kap. 8 behandelt höhere Konzepte wie Vererbung und virtuelle Funktionen. Kap. 9 führt anhand von AWT in graphische Oberflächen (GUI) ein und behandelt zwei größere Programmierbeispiele, die sowohl UML-basierte Modellierung aus Teil I als auch große Teile des Stoffes aus Teil II anwenden.

Teil III: Algorithmen. Wir behandeln die Theorie und Praxis von Algorithmen: Entwurf, Komplexitätsanalyse und Implementierung von Standard-Algorithmen wie Suchen, Sortieren, Baum-Algorithmen und Hash-Verfahren, sowie weiterführenden höheren Datenstrukturen wie Bäume und Hash-Tabellen. Hier werden sowohl die objektorientierten Programmierverfahren als auch die höheren Datentypen (Listen, Stacks, Arrays) aus Teil II angewendet.

Teil IV: Theorie. Hier haben wir elementare Mathematik und theoretische Grundlagen der Informatik zum Nachschlagen zusammengefaßt. Außerdem wird hier, als Anwendung der mathematischen Logik, ausführlich die Verifikation von Programmen mit dem Hoare-Kalkül behandelt, nachdem Floyd's halb-formale Methode und Schleifeninvarianten schon von Teil I bekannt sind. Eine weit ausführlichere Behandlung der für die Informatik relevanten Diskreten Mathematik und Logik findet sich bei Wolff *et al.* (2004).

1.2.2 Hinweise für Dozenten

Dieses Buch ist insbesondere zur Verwendung als Lehrbuch in der Einführungsvorlesung Informatik I / II an Universitäten und Fachhochschulen gedacht. Foliensätze zur bisherigen zweiten und zur vorliegenden dritten Auflage finden sich unter

www-sr.informatik.uni-tuebingen.de/InfoBuch .

Für die begleitenden Mathematik-Vorlesungen empfiehlt sich das neue Lehrbuch „Mathematik für Informatik und BioInformatik" von Wolff *et al.* (2004), das schon weitgehend mit den Vorschlägen der GI für die Mathematik der neuen Bachelor-Studiengänge in Informatik kompatibel ist.

Im akademischen Jahr 2003/04 haben wir in Tübingen zum ersten Mal zusammen mit dem Buch von Anfang an die neue integrierte Entwicklungsumgebung Eclipse eingesetzt. Dieses Konzept mit dem Namen FOOD (*foundations of object oriented development*) wurde 2003 mit einem *IBM Eclipse Innovation Award* ausgezeichnet und hat sich in der Praxis bestens bewährt. Eclipse ist eine quell-offene professionelle Entwicklungsumgebung, die für viele Kombinationen von Hardware und Betriebssystemen verfügbar und problemlos zu installieren ist. Eclipse wird von den im Programmieren erfahrenen Studierenden als professionelles Tool akzeptiert, unterstützt aber auch die Anfänger (z. B. durch *syntax-aware editing*) und überfordert sie keineswegs. Darüber hinaus homogenisiert Eclipse die heterogene Landschaft an Hardware und Betriebssystemen, sodaß man Anweisungen und Hinweise zum Programmieren nur ein einziges Mal verfassen muß.

Unter Verwendung aller vier Teile deckt dieses Buch praktisch die ersten zwei Semester des Informatikstudiums ab. In diesem Fall kann man bei einem theoriebetonten Vorgehen mit Stoff der Kapitel 15 und 16 aus Teil IV beginnen und danach die Teile I, II und III in Folge behandeln. Das Kapitel 17 über Korrektheit von Unterprogrammen kann dann unmittelbar nach dem Abschnitt über Unterprogramme in Kap. 6 behandelt werden.

Alternativ kann man den Schwerpunkt auf die Teile II (Java) und III (Algorithmen) legen und nach Bedarf mit Material aus Teil I (Grundkonzepte) und Teil IV (Theorie) anreichern. Bei einem gestrafften Vorgehen bleiben dann noch ca. 4–6 Wochen Vorlesungszeit am Ende übrig, für die sich u. a. folgende Optionen als Alternativen anbieten:

1. Eine Einheit zu Übersetzerbau und virtuellen Stackmaschinen (Wirth, 1995; Lindholm und Yellin, 1996). Alle hierfür nötigen Algorithmen und Datenstrukturen (insbesondere Bäume und Hash-Tabellen) werden in Teil III eingeführt.

2. Eine Einführung in C++ anhand der Differenz zu Java. (Zum Beispiel Zeigervariablen, Variablen allgemeiner Referenzstufe, Objektvariablen der Referenzstufe Null, Objekte auf dem Stack, Destruktoren, Templates.)

3. Mit Java eröffnet sich die Möglichkeit einer homogenen themenübergreifenden Einführung in die Informatik. Eine Einheit über Systemkonzepte in Java könnte ausgehend von Kap. 2 in Teil I Themen von Betriebssystemen und Datenbanksystemen aufgreifen, wie z. B. Files, Threads of Control, Remote Method Invo-

cation (RMI), Netzverbindungen, Objekt-Serialisierung und Persistenz, sowie Datenbanken (JDBC), vgl. (Hendrich, 1997; Kredel und Yoshida, 2002).

Für die Vorlesung in Tübingen 2003/04 wurden im ersten Semester die Teile I (Grundkonzepte) und II (Sprachkonzepte) in der Reihenfolge der vorliegenden dritten Auflage durchgenommen. In der ersten Hälfte des zweiten Semesters folgte Teil III, und in der zweiten Semesterhälfte wurden die obigen Themen 1 und 2 behandelt.

Teil I

Grundkonzepte von Hardware und Software

2. Aufbau und Funktionsweise eines Computers

The Analytical Engine consists of two parts:

1st. The store in which all the variables to be operated upon, as well as all those quantities which have arisen from the result of other operations are placed.

2nd. The mill into which the quantities about to be operated upon are always brought.

Charles Babbage (1864)

2.1 Einleitung und Überblick

Wir geben einen Einblick in die Prinzipien, nach denen ein heutiger Computer aufgebaut ist. Reale Maschinen können in den Details wesentlich komplexer sein. Das Thema berührt zwei Kerngebiete der Informatik, **Rechnerarchitektur** (*Computer Architecture*) und **Betriebssysteme** (*Operating Systems*). Die internationale Standardliteratur hierzu stammt u. a. von Tanenbaum und Goodman (2001); Tanenbaum (2001); Silberschatz und Galvin (1998); siehe auch (Brause, 1998).

Computersysteme bestehen aus **Hardware** und **Software**. Die Hardware ist fest gegeben, kann angefaßt werden und ist (bis auf den Austausch von Komponenten) unveränderlich. Die Software besteht aus den gespeicherten Programmen, die durch die Hardware ausgeführt werden. Die Software ist unsichtbar und sehr leicht zu speichern zu ändern oder auszuführen, da sich dies nur in der Änderung von magnetischen (bei Festplatten) oder elektrischen (bei Speichern und Prozessoren) Zuständen der Hardware auswirkt, nicht aber in der Änderung fester Bestandteile.

Typische Hardwarekomponenten sind (neben dem Gehäuse) zunächst der zentrale **Prozessor** (**CPU**) (*central processing unit*) und der **Hauptspeicher** (*main memory*) umgeben von diverser **Peripherie** (*peripheral device*) wie **Festplatten** (*hard disk*), **Monitor**, **Maus**, **Tastatur** (*keyboard*), CD-ROM/DVD **Laufwerk** (*drive*), **Diskettenlaufwerk** (*floppy disk drive*), **Netzwerkkarten** (*network board*) usw. Die Daten werden zwischen den Komponenten über **Verbindungskanäle** (*channel*) übertragen. Wenn viele Komponenten einen einzigen Kanal benutzen bezeichnet man diesen als **Bus**. Jede Komponente außer der CPU ist grundsätzlich über eine elektronische **Steuereinheit** (*controller*) an den Kommunikationskanal angeschlossen. Die Steuereinheit akzeptiert Befehle in digitaler Form (als Zahlen) und

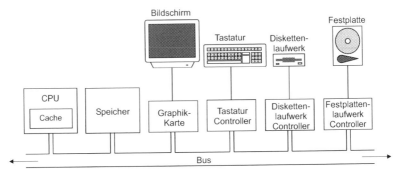

Abb. 2.1. Architektur eines einfachen Computersystems mit Bus

setzt sie intern in die nötigen elektrischen Signale (analoge Ströme) um. Aus Sicht der Komponenten und der CPU ist auch der Bus jeweils über einen Bus-Controller angeschlossen. Bei PC-Systemen befinden sich CPU, Hauptspeicher, alle Busse und alle Controller auf der **Hauptplatine** (*motherboard*). Dort befinden sich auch **Steckplätze** (*slot*) für weitere Platinen (wie z. B. die Graphikkarte) oder für Buskabel, die zu Peripheriegeräten führen. Abb. 2.1 zeigt die Architektur eines ganz einfachen Rechnersystems mit Bus, Abb. 2.2 zeigt die zentralen Komponenten Prozessor (CPU) und Hauptspeicher, und Abb. 2.4 zeigt die Architektur eines modernen Intel Pentium-4 Systems mit mehreren aktuellen Bussystemen.

Typische Softwarekomponenten sind die Programme der **Anwendersoftware** (*application software*) zur Lösung von Problemen der externen Welt der Anwender, sowie die Programme der **Systemsoftware** (*system software*) zur Lösung interner Aufgaben im Rechner. Anwendersoftware (z. B. Textverarbeitung, Tabellenkalkulation, Bildbearbeitung, Buchhaltung, Produktionsplanung, Lohn und Gehaltsabrechnung, Spiele) ist der Grund, weswegen der Anwender letztlich einen Rechner kauft; Systemsoftware hilft beim Betrieb des Rechners und bei der Konstruktion der Anwendersoftware. Systemsoftware umfaßt neben Datenbanksystemen, Übersetzern (*compiler*) etc. in jedem Fall das Betriebssystem.

Das **Betriebssystem** (*operating system*) isoliert die Anwendersoftware von der Hardware: Das Betriebssystem läuft auf der Hardware und die Anwendersoftware auf dem Betriebssystem. Das Betriebssystem verwaltet die Ressourcen der Hardware (wie z. B. Geräte, Speicher und Rechenzeit) und es stellt der Anwendersoftware eine abstrakte Schnittstelle (die Systemaufrufschnittstelle) zu deren Nutzung zur Verfügung. Dadurch vereinfacht es die Nutzung der Ressourcen und schützt vor Fehlbedienungen. Betriebssysteme, die es mit diesem Schutz nicht so genau nehmen, führen zu häufigen **Systemabstürzen** (*system crash*).

Anwender-Software
Betriebs-System
Hardware

Es gibt heute eine große Vielzahl von Rechnersystemen. **Eingebettete Systeme** (*embedded system*) verbergen sich in allerlei Geräten, wie z. B. Haushaltsgeräten oder Handys. In Autos ist die Elektronik heute schon für ca. 25% und zukünftig für bis ca. 40% ihres Wertes verantwortlich; aus Sicht der Informatik sind sie rollende Rechnernetze. Übliche Computer kann man grob einteilen in die Klassen der **PC**s (*personal computer*), der **Arbeitsplatzrechner** (*workstation*), der **betrieblichen Großrechner** (*business mainframe*) und der **wissenschaftlichen Großrechner** (*supercomputer*). Bei PC's dominieren Intel Pentium und AMD Athlon Prozessoren und Windows oder LINUX als Betriebssysteme, bei Workstations Prozessoren und Varianten des UNIX Betriebssystems von Firmen wie SUN, IBM und HP, bei Mainframes Prozessoren und Betriebssysteme von IBM. Für UNIX Systeme ist es nicht ungewöhnlich, daß sie monatelang ununterbrochen laufen, und bei einem Mainframe System kann die **Ausfallzeit** (*downtime*) auf wenige Minuten pro Jahr begrenzt werden.

2.2 Der Kern des Rechners: von Neumann-Architektur

[...] when any formula is required to be computed, a set of operation cards must be strung together, which contain the series of operations in the order in which they occur. Another set of cards must be strung together, to call in the variables into the mill, [in] the order in which they are required to be acted upon. Each operation card will require three other cards, two to represent the variables and constants and their numerical values upon which the previous operation card is to act, and one to indicate the variable on which the arithmetical result of this operation is to be placed.

Charles Babbage (1864)

Trotz aller Vielfalt bei den Rechnersystemen herrscht eine gewisse Grundordnung, denn alle Architekturen gehen auf das Prinzip von **Prozessoreinheit** (*processor, central processing unit – CPU*), **Speichereinheit** (*storage unit, store, memory*) und **Programmsteuerung** zurück, das bereits Babbage um 1834 für seine *Analytical Engine* erdacht hatte. **Programme** sind Sequenzen von Befehlen, die der Prozessor nacheinander abarbeitet und dabei auf Daten anwendet, die im Speicher stehen. Dadurch können insbesondere mathematische Funktionen berechnet werden.

Für die moderne Welt der elektronischen Computer hat John von Neumann diese Architektur um 1950 verfeinert.

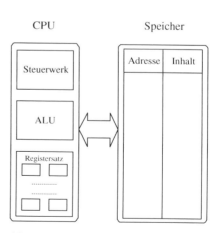

Abb. 2.2. Von Neumann-Architektur

Programme werden nun für die Ausführung wie die Daten in binär codierter Form im Speicher gehalten. (Bis weit in die 1970er Jahre wurden sie aber noch von Lochstreifen oder Lochkarten aus in den Speicher eingelesen.) Der Prozessor wurde weiter untergliedert in die **arithmetisch-logische Einheit** (ALU), die u. a. die Grundoperationen der Arithmetik ($+$, $-$, $\times$, $/$) und der Booleschen Algebra (AND, OR, NOT) ausführt, in den **Registersatz** (*register file*), wo die augenblicklich gebrauchten Daten lokal zwischengespeichert werden und in das **Steuerwerk**, das die Befehlsausführung organisiert.

2.2.1 Speicher

Aus technischen Gründen kann die kleinste Speichereinheit (1 **Bit**) nur 2 Zustände speichern – 1 oder 0, z. B. je nachdem, ob in einem Schaltkreis Spannung anliegt oder nicht, wie die Magnetisierungsrichtung an einer Stelle einer Festplatte ist, oder ob auf einer Stelle einer CD eine Vertiefung ist oder nicht. Mit 2 Bits können dann 2×2 Zustände gespeichert werden und so weiter. Wir wollen die Bits immer von rechts her numerieren und dabei

Bit 1	Bit 0	
0	0	Zustand 0
0	1	Zustand 1
1	0	Zustand 2
1	1	Zustand 3

wie in der Informatik üblich mit 0 beginnen. Damit stimmt ihre Nummer mit ihrer Stelligkeit (Wertigkeit) bei der Repräsentation einer Dualzahl überein (vgl. Abschnitt 2.5.1). Das am weitesten rechts stehende Bit 0 heißt deshalb auch das am **wenigsten signifikante Bit** (*least significant bit*), das am weitesten links stehende Bit $n-1$ heißt das **signifikanteste Bit** (*most significant bit*).

Der **Hauptspeicher** (*(main) memory, storage, store*) ist durch elektronische Bausteine realisiert, die dauernd Strom benötigen um ihren Inhalt zu bewahren. Er ist logisch als eine Aneinanderreihung von **Speicherzellen** (*cell*) organisiert. Jede Zelle ist ein Paket aus mehreren Bits mit einer **Adresse** (*address*), über die sie zum Zweck des Auslesens ihres Inhalts oder Beschreibens mit einem neuen Inhalt angesprochen werden kann. Da jeder Zugriff unabhängig von der Adresse gleich lang dauert, sprich man von **wahlfreiem Zugriff** und von *Random Access Memory* (**RAM**). Heute sind Speicherzellen zu 8 Bits, genannt 1 **Byte**, allgemein üblich. Ein Byte ist damit auch die kleinste *adressierbare* Speichereinheit. Die Adressen eines Speichermoduls bezeichnen also fortlaufend Byte 0, Byte 1, etc. des Moduls. Größere Einheiten sind Kilobyte $= 2^{10}$ Bytes (1 KB), Megabyte $= 2^{20}$ Bytes (1 MB) und Gigabyte $= 2^{30}$ Bytes (1 GB); die entsprechenden Einheiten für Bits schreibt man Kb, Mb und Gb.

Weitere wichtige Einheiten sind 1 **Wort** (*word*) mit 4 Bytes, 1 Kurz- oder **Halbwort** (*short*) mit 2 Bytes und ein Lang- oder **Doppelwort** (*long, double*) mit 8 Bytes. Diese Bezeichnungen werden nicht immer ganz einheitlich gebraucht – Supercomputer rechnen z. B. in Worten zu 64 Bits. Heutige PCs sind noch als 32-bit Architektur (z. B. Intel IA-32) ausgeführt – der Prozessor kann Worte mit 32 Bits auf einmal verarbeiten und als Einheit vom und zum Speicher transferieren. Wir stehen aber am Übergang zu 64-bit Architekturen (z. B. Intel IA-64, Itanium-2 Prozessor), der im Bereich der UNIX/RISC Workstations z. T. bereits vollzogen ist.

Wenn ein Wort aus den Bytes mit den Adressen $n, n + 1, n + 2, n + 3$ besteht, dann ist n die Adresse des Worts. Wir sprechen auch von einer **Speicherstelle** (*location*) für das Wort, die durch die (Anfangs-)Adresse identifiziert ist. In einem Speichermodul sind diejenigen Adressen n mit $n \equiv 0$ (modulo 4) die natürlichen Grenzen, auf denen 4-byte lange Worte beginnen. An solchen Stellen beginnende Worte sind an den **Wortgrenzen** (*word boundary*) **ausgerichtet** (*aligned*).

Ein Wort fängt immer mit dem am weitesten links stehenden signifikantesten Byte an, in dem die Bits der höchsten Stelligkeit stehen, und es endet mit dem am weitesten rechts stehenden am wenigsten signifikanten Byte mit den Bits der niedrigsten Stelligkeit. Die Frage ist nur, beginnt die Zählung $n, n+1, n+2, n+3$ der Bytes links oder rechts? Man macht sich das Problem am besten klar, wenn man sich die Speicherzellen vertikal von oben nach unten angeordnet und numeriert denkt, als Bytes $0, 1, 2, 3, \ldots$. Blickt man dann von links auf den Speicher, wenn man eine Zahl hineinschreibt, so bekommt das signifikanteste Byte die kleinste Nummer n und das Byte rechts am Ende des Wortes die größte Nummer $n + 3$; blickt man von rechts, dann bekommt das Byte links am Anfang eines Wortes die größte Nummer $n + 3$ und das Byte rechts am Ende die kleinste Nummer n. Wenn das Byte mit der größten Nummer am Ende steht, heißt die Architektur *big endian*, wenn das kleinste Byte am Ende steht heißt sie *little endian*. (SUN SPARC und IBM Mainframes sind *big endian*, die Intel Familie ist *little endian*.) Dieser Unterschied macht (nur) dann große Probleme, wenn ein Wort byteweise zwischen verschiedenen Computern übermittelt wird, aber dies ist eine der Sorgen, die Java dem Programmierer völlig abnimmt.

Im Computer kann also alles immer nur nur in der Form von Bitmustern gespeichert werden. Eine Abbildung von gewöhnlichem Klartext in ein **Bitmuster** (*bit pattern*) nennt man einen **Binärcode** (*binary code*). Je nach dem Typ der Daten (Zahlen, Schriftzeichen, Befehle) benutzt man einen anderen Binärcode; innerhalb einer Programmiersprache ist jedem Typ ein eindeutiger Code zugeordnet. Bei Kenntnis des Typs kann man ein Bitmuster dekodieren und seinen Sinn erschließen. Verwechselt man den Typ, bekommt das Bitmuster eine ganz andere Bedeutung.

Beispiel 2.2.1. Im ASCII Code (siehe Abschn. 2.5.3) für Schriftzeichen haben wir die Abbildung $0 \mapsto 011\,0000$; $1 \mapsto 011\,0001$; $2 \mapsto 011\,0010, \ldots$, sowie $A \mapsto 100\,0001$; $B \mapsto 100\,0010 \ldots$. Im Binärcode für ganze Zahlen hingegen, der in Java verwendet wird, haben wir die Abbildung $48 \mapsto 011\,0000$, $49 \mapsto 011\,0001$; $50 \mapsto 011\,0010$ sowie $65 \mapsto 100\,0001$ und $66 \mapsto 100\,0010$. ❖

Da wir Menschen Dinge gerne mit Namen benennen statt mit numerischen Adressen, kennt jede Programmiersprache das Konzept einer **Variable** (*variable*) als abstraktes Analogon zu einer Speicherstelle. Eine Variable hat einen symbolischen **Namen** (*name*), hinter dem eine Adresse verborgen ist, und der **Wert** (*value*) der Variable ist der Wert des dort gespeicherten Bitmusters. Um diesen erschließen zu können, hat die Variable einen **Typ** (*type*), der bei ihrer Vereinbarung angegeben werden muß. In jeder Programmiersprache gibt es einige fest eingebaute elementare (Daten-)Typen, wie etwa **char** (Schriftzeichen, *character*), **int** (endlich große ganze

Zahlen, *integer*) oder **float** (endlich große Gleitkommazahlen, *floating point numbers*, wie wir sie vom Taschenrechner kennen). Jedem fundamentalen Typ entspricht ein Code, der jedem möglichen Wert des Typs ein Bitmuster einer festen Länge (z. B. int $\hat{=}$ 1 word) zuordnet (siehe Bsp. 2.2.1 oben; mehr dazu in Abschn. 2.5).

In Java ist z. B. int i = 50; die Vereinbarung einer „Integer" Variablen mit Namen i, die sofort den Wert 50 erhält. Java sorgt selbst für den Speicherplatz, für die Zuordnung des Namens zur Adresse und dafür, daß dort das richtige Bitmuster gespeichert wird (siehe Bsp. 2.2.1 und Kapitel 6.5).

Auch Programme können als Daten aufgefaßt und wie solche gespeichert werden. Programme im **Quelltext** (*source code*) sind einfach Texte in einer Programmiersprache wie Java, sie bestehen also aus Schriftzeichen. Programme in **Objektcode** (*object code*) bestehen aus Befehlen, die in der spezifischen Sprache eines Prozessor-Typs, also seinem **Binärcode** (*binary code, binary*), geschrieben sind.

2.2.2 Prozessor und Programmausführung

Der Prozessor ist ein fester, endlicher Automat bestehend aus einem **Steuerwerk** (*control unit*) und einer **arithmetisch-logischen Einheit** (**ALU**) (*arithmetic logical unit*) mit einigen beigeordneten Speicherzellen, den **Registern** (*register*). Ein endlicher Automat besitzt eine endliche Menge von verschiedenen Zuständen, zwischen denen er gemäß festen Regeln, ggf. aufgrund von Eingaben, hin- und herwechselt. Die Zustandswechsel in einem Prozessor geschehen zu regelmäßigen Zeitpunkten, die durch einen **Takt** vorgegeben werden. Zu Beginn und am Ende eines Takts sind alle elektrischen Signalpegel im Prozessor in wohldefinierten stabilen Bereichen, so daß der Prozessor insgesamt einen wohldefinierten Zustand annimmt. Während des Zustandswechsels ändern sich dagegen die elektrischen Signale.

Die Zustandswechsel werden durch das Steuerwerk unter dem Einfluß einer Folge von externen Befehlen bewirkt, dem sog. **Programm** (amerik. *program*, engl. *programme*). Das Steuerwerk holt aus dem Speicher nacheinander jeden **Befehl** (**Instruktion**, *instruction*) eines Programms und und interpretiert ihn, d. h. es bringt ihn zur Ausführung. Hierzu setzt es den Befehl in elektrische Signale um, die die ALU und den Datenfluß steuern, wofür ein oder mehrere Takte benötigt werden. Ein Programm macht damit aus dem festen aber *universellen* Automaten jeweils einen speziellen Automaten, der eine ganz bestimmte Funktion auf den Daten ausführt. Man hätte diesen speziellen Automaten auch direkt in Elektronik realisieren können (und dieser hätte dann kein Programm mehr gebraucht), aber der Vorteil der Programmsteuerung besteht darin, daß Programme sehr leicht zu wechseln sind – bei heutigen Systemen kann dies 10 bis 100 Mal pro Sekunde geschehen.

Bei der **von Neumann-Architektur** (vgl. Abb. 2.2) werden Daten und Programme gemeinsam im Hauptspeicher gehalten und bei Bedarf vom und zum Prozessor transferiert. Alle Programme werden von der CPU in einem **fundamentalen Instruktionszyklus** (*basic instruction cycle*) abgearbeitet, auch *fetch-decode-execute cycle* genannt. Ein spezielles Register, der **Befehlszähler** (*instruction counter*), speichert die Adresse des jeweils nächsten Befehls; das **Instruktionsregister** (*instruction register*) speichert den gerade auszuführenden Befehl selbst.

Fundamentaler Instruktionszyklus einer CPU

1. **Fetch:** Hole den Befehl, dessen Adresse im Befehlszähler steht, aus dem Speicher in das Instruktionsregister.
2. **Increment:** Inkrementiere den Befehlszähler, damit er auf die nächste auszuführende Instruktion verweist.
3. **Decode:** Dekodiere die Instruktion, d. h. initiiere den entsprechenden vorgefertigten Ausführungszyklus der Elektronik. Bei Mikroprogrammsteuerung wird hier zur passenden Teilsequenz des Mikroprogramms verzweigt.
4. **Fetch Operands:** Falls nötig, hole die Operanden aus den im Befehl bezeichneten Stellen im Speicher.
5. **Execute:** Führe die Instruktion aus, ggf. durch die ALU. (Bei einem Sprung wird hier ein neuer Wert in den Befehlszähler geschrieben.)
6. **Loop:** Gehe zu Schritt 1 □

Ein Prozessor kann ein Programm nur dann unmittelbar ausführen, wenn es aus Befehlen in seinem speziellen Code, seiner **Maschinensprache** (*machine language*), besteht. Je nach Bauart des Automaten haben Prozessoren nämlich einen spezifischen Typ (z. B. Intel Pentium, Motorola 68k, SUN SPARC) und können nur solche Bitmuster interpretieren, die von Befehlen herrühren, die gemäß diesem Typ codiert wurden. Es gibt **CISC** (*complex instruction set computer*) Maschinensprachen mit komplexeren Befehlen, die oft mehrere Takte benötigen und **RISC** (*reduced instruction set computer*) Sprachen mit nur sehr einfachen Befehlen, die in der Regel in einem einzigen Takt ausgeführt werden können.

Einfache Befehle bestehen z. B. darin, Daten von bestimmten Speicherplätzen (an bestimmten Adressen) in ein Register zu **laden** (*load*); die Daten eines Registers an einer bestimmten Adresse **abzuspeichern** (*store*); Daten zweier Register zu einem Ergebnis zu **verknüpfen** (z. B. zu addieren) und das Ergebnis in einem Register abzulegen; einen **Sprung** (*jump*) auszuführen, d. h. mit einem anderen designierten Befehl fortzufahren (beim **bedingten Sprung** (*conditional jump*) nur dann, wenn der Wert eines Registers Null ist). Verknüpfungsbefehle bestimmen eine arithmetische oder logische **Operation**, die von der ALU ausgeführt wird. Komplexere Befehle (etwa zur Unterstützung einer Java Operation $z = x + y$) können sich direkt auf Adressen im Speicher beziehen, deren Werte vor der Berechnung zuerst herbeigeschafft werden müssen.

In jedem Takt kann eine einfache Aktion im Instruktionszyklus ausgeführt werden, z. B. eine Addition oder ein Umspeichern von Register zu Register; komplizierte Operationen wie eine Multiplikation oder ein Befehl mit externen Operanden dauern i. a. länger. Durch **Fließbandverarbeitung** (*pipelining*) im Instruktionszyklus kann man es erreichen, daß fast in jedem Takt ein Programmbefehl fertiggestellt wird – man dekodiert z. B. den nächsten Befehl bereits parallel zur Ausführung des momentanen Befehls. Bei Sprüngen muß man die Arbeit aber wiederholen, was zu einem Stopp des Fließbands führt (*pipeline stall*). Besonders problematisch ist es, wenn Daten von und zur CPU transferiert werden müssen. Der **von Neumann'sche Flaschenhals** (*bottleneck*) besteht darin, daß der Prozessor u. U. warten muß, bis ein Transfer abgeschlossen ist. Daher gibt es auf der CPU viele Register und einen weiteren schnellen **Zwischenspeicher** (*cache*) für Instruktionen und Daten.

Eine CPU ist heute in **VLSI Technik** (*very large scale integration*) auf einem einzigen Scheibchen (*chip*) Silizium (*silicon*) etwa von der Größe eines Daumennagels realisiert, mit einigen -zigmillionen Transistoren und mit Grundstrukturen, die weniger als ein millionstel Meter (μm, *micron*) breit sind (zur Zeit ca. $0,1\mu$m). Mit zunehmendem technischen Fortschritt lassen sich immer kleinere Strukturen erzeugen. Dadurch steigt zum einen die Anzahl der Schaltelemente und Leiterbahnen, die auf einen Chip passen und zum anderen wird die Verarbeitungsgeschwindigkeit höher, da sich kleinere Bauelemente auch schneller mit Elektronen füllen lassen.

Heutige Chips lassen sich schon mit ca. 4 GHz (Gigahertz) takten. Bei 1 GHz werden pro Sekunde 1 Milliarde Takte ausgeführt; jeder Takt dauert also 1 ns (Nanosekunde). Während dieser Zeit legt das Licht (und ein elektrischer Impuls) nur 30 cm zurück. Könnten wir den Zustand eines mit 1 GHz getakteten Zählers aus 3 m Entfernung beobachten, so würden wir in jedem Augenblick nur den Wert erkennen, den der Zähler 9–10 Takte vorher hatte.

Zur Zeit gilt noch *Moore's law*, das „Gesetz" (eigentlich eine Beobachtung) von Gordon Moore, einem der Gründer der Fa. Intel, nach dem sich die Anzahl der Transistoren auf einem Chip alle 18 Monate verdoppelt. Hatte der Pentium-2 Chip noch etwa 7 Millionen Transistoren, so hat der Itanium-2 Chip bereits 220 Millionen Transistoren. Allerdings sind der Schrumpfung der Strukturen physikalische Grenzen gesetzt, da man irgendwann (vielleicht um das Jahr 2020) zu Strukturen kommt, die nur noch wenige Atome breit sind.

2.3 System-Architektur der Hardware

Wir geben nun einen kurzen Überblick über die Hardware-Architektur von Rechnersystemen mit Schwerpunkt auf dem PC-Bereich. Wegen der explosionsartigen Entwicklung der Hardware aufgrund des Moore'schen Gesetzes kann dies nur eine Momentaufnahme darstellen. Trotzdem muß man sich ungefähr orientieren können, auch an typischen Zahlenwerten; jeweils aktuelle Werte findet man im Internet.

Die Hardware-Komponenten eines Computersystems werden durch Leitungen miteinander verbunden, damit sie kommunizieren können. Besonders bei kleineren Computersystemen sind diese Verbindungskanäle als Busse ausgeführt. Ein **Bus** (*bus*) ist ein Datenkanal „für alle" (lat. *omnibus*), an den mehrere Einheiten angeschlossen werden können, z. B. mehrere Prozessoren, mehrere Speichermoduln oder mehrere **Ein-/Ausgabegeräte** (E/A-Geräte, *input/output devices*, *i/o devices*) wie Festplatten, Drucker etc.

Ein Bus hat mehrere parallele Adreß-, Daten- und Steuerleitungen. Der Prozessor legt z. B. eine Adresse auf die Adreßleitungen und signalisiert auf den Steuerleitungen einen Lese- oder Schreibwunsch. Bei einem Lesewunsch produziert das Gerät, zu dem die Adresse gehört, die entsprechenden Daten auf den Datenleitungen. Bei einem Schreibwunsch entnimmt das adressierte Gerät die Daten von den Datenleitungen und speichert sie ab. Die anderen angeschlossenen Komponenten ignorieren den Datenverkehr, der sie nichts angeht. Gegebenenfalls muß der Zugang zum gemeinsamen Bus von einem **Schiedsrichter** (*arbiter*) geregelt werden (*bus arbitration*), damit Komponenten hoher Priorität nicht warten müssen.

Geräte (inkl. Speichermodule und Busse) werden immer über eine elektronische **Steuereinheit** (*controller*) angeschlossen. Damit die Komplexität des Ganzen beherrschbar wird, realisiert ein Controller eine standardisierte **Schnittstelle** (*inter-*

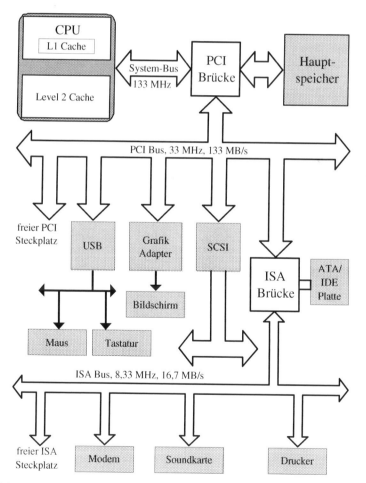

Abb. 2.3. Architektur eines PC Systems mit mehreren Bussen an Brücken

face), wie z. B. ATA/EIDE (*extended integrated drive electronics*) oder SCSI (*small computer system interface*) für Festplatten. Er nimmt relativ abstrakte Befehle entgegen und steuert das angeschlossene Gerät im Detail; siehe dazu auch das Beispiel in Kap. 5.5.1. Der Controller erhält seine Aufträge dadurch, daß man über den Bus einen Wert in eines seiner Geräteregister schreibt. Er veranlaßt dann das Gerät zu der gewünschten Aktion und liefert seinerseits Resultatwerte über den Bus zurück. Dies geht am einfachsten dadurch, daß man den Geräteregistern der angeschlossenen Controller ebenfalls Adressen zuteilt, als lägen sie im Hauptspeicher. Wir sprechen von einer **Speicherabbildung** (*memory mapping*) der Geräte.

Festplatten (*hard disk*) dienen der dauerhaften Speicherung großer Datenmengen (bis weit über 100 Gigabyte pro Platte). Dazu wird die Magnetisierung einer dünnen Oberflächenschicht auf einer rotierenden Scheibe durch Schreib-/Leseköpfe geändert bzw. abgetastet. Da die Köpfe und die Scheibe mechanisch bewegt werden müssen, ist die Wartezeit bis zur Datenübertragung vergleichsweise hoch (einige Millisekunden); man spricht hier von **Latenzzeit** (*latency*). Danach ist die Rate wichtig, mit der die Daten ausgelesen werden können; man spricht hier vom **Durchsatz** (*throughput*) der Daten. Er hängt von der Umdrehungsgeschwindigkeit (bis ca. 10.000 UpM) und der Speicherdichte ab und beträgt etwa 100 MB/s. Platten nehmen von der CPU nur einen Lesewunsch nach einem ganzen Datenblock entgegen und liefern diesen Block später im **DMA**-Verfahren (*direct memory access*) direkt im Hauptspeicher an der gewünschten Adresse ab; dabei erhalten sie mit Priorität Zugriff zum Speichermodul. Die meisten Festplatten sind heute mit ATA/ATAPI (auch als IDE bekannt) oder SCSI Schnittstellen versehen, die auch CD-ROM und Bandlaufwerke integrieren können.

Externe Speicher und die Kommunikationskanäle sind sehr viel langsamer als der Prozessor. Deshalb hält man sich schnelle **verborgene Zwischenspeicher** (*cache*) auf dem Chip selbst (*level 1 cache*) und ggf. auch gepackt mit dem Chip auf einem Prozessormodul (*level 2 cache*) oder auf der Hauptplatine neben dem Prozessormodul (*level 3 cache*) in ansteigender Größe und abnehmender Geschwindigkeit. Oft halten sich Programme nämlich eine längere Zeit in einem Speicherbereich auf und bearbeiten in einer Programmschleife immer wieder die gleichen Werte (siehe Kapitel 6). Jedesmal, wenn ein Wert aus dem Hauptspeicher geholt werden muß, überträgt man **vorgreifend** (*prefetching*) gleich einen etwas größeren Speicherblock (**Cache-Zeile**, *cache line*), in dem der Wert enthalten ist, in der Erwartung, daß die Werte daneben wenig später auch gebraucht werden (die Werte können z. B. auch Instruktionen darstellen). Der Itanium-2 Prozessor hat schon 32 KB L1 Cache, 96 KB L2 und 3 MB L3 Cache *auf der Chipfläche*.

Es ist aus Kostengründen üblich, eine mehrstufige Bus-Architektur zu benutzen. Prozessor (ggf. mehrere), Caches und Hauptspeicher sind durch einen schnellen[1] Bus, den *memory bus* verbunden. (Bei PC Systemen spricht man auch vom System-Bus oder *front side bus*.) Festplatten und ältere Graphikkarten sind an einen langsa-

---

[1] Die Datenrate eines Busses ist das Produkt aus seiner Taktfrequenz und der Anzahl der pro Takt übertragenen Bytes (oder Bits), der sog. Breite des Datenpfades. Durch die technische Entwicklung erhöht sich die Taktfrequenz und manchmal auch die Breite eines Busses.

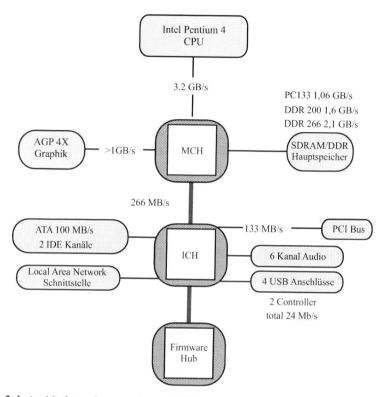

Abb. 2.4. Architektur eines modernen PC Systems mit mehreren Bussen an Hubs

meren (und billigeren) Bus, z. B. den PCI Bus (*peripheral component interconnect*) angeschlossen. Noch langsamere Geräte wie Drucker, Soundkarten und Modems hängen an einem noch langsameren (und wieder billigeren) Bus, früher z. B. an einem ISA Bus (*industry standard architecture*). Es gibt viele weitere Spezialbusse, wie USB (*universal serial bus*) mit 12 Mb/s zum einfachen Anschluß externer Geräte mit niedrigen Datenraten wie Maus und Tastatur, oder IEEE 1394 „FireWire" mit garantierter Latenzzeit und Datenraten bis zu 400 Mb/s zum Anschluß von Geräten, die Video- oder Audio-Ströme übertragen müssen.

Die Busse können jeweils durch eine **Brücke** (*bridge*) mit einander verbunden werden. In der herkömmlichen Systemarchitektur der Fa. Intel, der sog. *north-bridge / southbridge*-Architektur, sind zwei Brückenchips enthalten. Einer regelt den Verkehr zwischen Prozessor, Hauptspeicher und der Peripherie. Dafür enthält er Controller für Hauptspeichermodule und für einen PCI Bus. Der zweite stellt eine Brücke vom PCI Bus zum ISA Bus her nebst einer Anschlußmöglichkeit für ATA/IDE Festplatten.

Heute kann man mehrere Bus-Controller auf einem einzigen Chip vereinigen und so einen zentralen **Verteilerknoten** (Nabe, *hub*) organisieren. Für die Pentium-4 Systeme mit AGP Anschluß für Hochleistungsgraphik bietet die Fa. Intel zwei

Verteilerknoten an (vgl. Abb. 2.4): einen *input / output controller hub (ICH)* für die Verbindung der verschiedenen Peripheriebusse und einen *memory controller hub (MCH)* für die Verbindung des Prozessors mit dem Speicher (bei Itanium-2 bis 6,4 GB/s), der Hochleistungsgraphik und dem I/O hub. Als Hochleistungsverbindung wird hier zukünftig *PCI Express* zum Einsatz kommen. Ein *firmware hub* dient zur zentralen Speicherung der Firmware des Systems, wie z. B. des BIOS (*basic input output system*) mit elementarer Steuersoftware für Tastatur etc.; dort ist auch ein **Zufallszahlengenerator** (*random number generator*) untergebracht, der für Verschlüsselungszwecke gebraucht wird. Dessen Hardware nutzt thermisches Rauschen und folgt daher keinem systematischen Verfahren, das geknackt werden könnte.

2.4 System-Architektur der Software

2.4.1 Schichtenaufbau

Wir haben bereits in Abschnitt 2.1 gesehen, daß ein Computersystem grob in die Abstraktionsschichten *Hardware*, *Betriebssystem* und *Anwendersoftware* gegliedert werden kann. Der Aufbau in **Schichten** (*layer*) oder **Ebenen** (*level*) zunehmender Abstraktion mit definierten **Schnittstellen** (*interface*) zwischen den Schichten ist eine in der Informatik immer wieder angewandte Methode, um in hoch komplexen Systemen eine gewisse Ordnung zu schaffen.[2] Diese Schichtenaufteilung wollen wir jetzt genauer betrachten und weiter verfeinern; Abb. 2.5 gibt einen Überblick. Wir orientieren uns dabei an dem richtungweisenden Werk *Structured Computer Organization* von Andrew Tanenbaum (1976), der diese Sicht popularisiert hat.

Jede Schicht besteht aus einer Maschine, die nach oben hin eine definierte Benutzerschnittstelle zur Verfügung stellt und ihrerseits die Schnittstelle(n) der darunter liegenden Maschine(n) benutzt. Die Schnittstelle besteht aus einer Ansammlung von Funktionalität, die man irgendwie aufrufen kann. Die Betriebssystemschnittstelle kann z. B. eine Funktion `write(c)` anbieten, die man aufruft, um ein Zeichen auf einen Ausgabekanal zu schreiben. Nur die unterste Maschine ist notwendigerweise in Hardware realisiert. Darüber liegen **virtuelle Maschinen** (*virtual machine*), die i. a. nur in Software existieren.[3] Wir bezeichnen sie auch als **abstrakte Maschinen** wegen ihrer von Details abstrahierenden Benutzerschnittstellen.

Zum Übergang zwischen den Schichten gibt es zwei fundamentale Techniken: **Interpretation** (*interpretation*) und **Übersetzung** (*compilation*). Sei ein **Instruktionsstrom** (Befehlsfolge, *instruction stream*) auf einer Schicht n gegeben. Bei der

---

[2] Die andere Methode, eine Gliederung in abgeschlossene Einheiten oder Module mit definierten Zugangsschnittstellen, haben wir im vorhergehenden Abschnitt 2.3 verfolgt. Beide Methoden werden uns im Verlauf des Buchs immer wieder begegnen.

[3] „Virtuell" ist in der Informatik eine wörtliche, aber vielleicht etwas falsche Übersetzung des englischen *virtual*, das „im Effekt, aber nicht wirklich" bedeutet. Eine virtuelle Maschine ist sehr real, sie ist nur nicht unbedingt eine konventionell in Hardware ausgeführte Maschine (kann aber auch dieses sein).

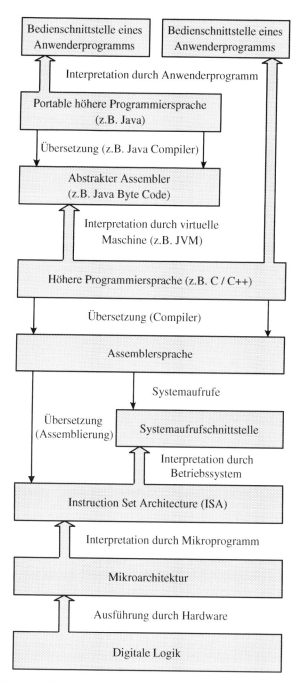

Abb. 2.5. Schichtenaufbau der Software eines Rechnersystems

Interpretation existiert auf der darunterliegenden Schicht $n - 1$ eine Maschine (als Hardware oder als lauffähiges Programm), für die die Befehle auf Schicht n lediglich Daten sind, die interpretiert werden und entsprechende Aktionen auslösen. Bei der Übersetzung wird die Befehlsfolge auf Schicht n durch einen **Übersetzer** (*compiler*) zu einer neuen aber äquivalenten Befehlsfolge auf Schicht $n - 1$ konvertiert. Die neue Befehlsfolge besteht i. a. aus viel einfacheren Befehlen und ist deutlich länger, aber sie läuft nun direkt auf der Maschine, die die Schicht $n - 1$ realisiert.

Die drei untersten Schichten in Abb. 2.5 gehören zum Mikroprozessor. Auf der untersten Schicht befindet sich die **digitale Logik**. Das sind in Silizium realisierte **Schaltkreise** (*circuits*), die in Form von **Logik-Gattern** (*gates*) die Operationen der **Schaltalgebra** (*switching algebra*) ausführen (gemeinhin auch als **Boolesche Algebra** (*Boolean Algebra*) bezeichnet, vgl. Kapitel 16.2). Jedes Gatter besteht aus mehreren verschalteten Transistoren. Durch Schaltfunktionen, die in Boolescher Algebra dargestellt werden, können insbesondere arithmetische (wie $+$, $\times$, ...) und logische (UND, ODER, NICHT, ...) Operationen auf Zahlen und Bitmustern realisiert werden.

Durch die digitale Logik werden auch die **Mikroprogramme** (*micro programs*) in der darüberliegenden Ebene der **Mikroarchitektur** (*micro architecture*) ausgeführt. Umgekehrt gesprochen steuern die Mikroprogramme die darunterliegenden elementaren Schaltfunktionen individuell an und führen sie in einer bestimmten Reihenfolge aus. Dadurch können komplexere Operationen ausgeführt werden. So besteht etwa die Addition zweier Zahlen in der CPU aus 3 Einzelschritten: Bringe die Inhalte zweier Register in die ALU, führe eine Additionsoperation aus, bringe das Ergebnis in ein Register zurück. Die Mikroprogramme heißen auch *firmware*, weil sie nur vom CPU Hersteller selbst geschrieben und deshalb selten geändert werden.

Die darüber liegende Ebene der **Befehlsarchitektur** (*instruction set architecture*) stellt die **Maschinensprache** (*machine language*) zur Verfügung. Die Maschinensprache besteht aus elementaren Befehlen oder **Instruktionen** (*instruction*) im spezifischen Binärcode des Prozessors, wie wir sie in Abschnitt 2.2.2 diskutiert hatten; der oben beschriebene Additionsbefehl ist ein Beispiel.

Durch die Mikroprogrammtechnik lassen sich auf einfacher Hardware komplexe Instruktionssätze realisieren. Außerdem kann z. B. eine CPU neuester Technologie bei Bedarf auch leicht Instruktionen älterer Modelle interpretieren, indem man die passenden Mikroprogramme schreibt. Durch die zunehmende Miniaturisierung unterstützt man heute aber wieder mehr Instruktionen direkt in Hardware. Was bei einem modernen System durch Software und was durch Hardware realisiert wird ist auf den tieferen Schichten von außen schwer zu erkennen; das Konzept der abstrakten, virtuellen Maschinen lehrt uns, daß das im Endeffekt auch egal ist.

Maschinensprachen eignen sich nicht für den menschlichen Gebrauch, da sie zu wenig abstrakt sind. Die meisten Menschen wollen nicht in Binärcode denken, sie wollen Objekte mit Namen wie x und y ansprechen statt über ihre Speicheradressen, und sie wollen komplexe Dinge mit einem einzigen Befehl erreichen. Auf der Abstraktionsebene unmittelbar über den Maschinensprachen sind die jeweiligen **Assembler** angesiedelt. Mit diesem Sammelbegriff bezeichnet man eine etwas abstraktere und verständlichere Variante der jeweiligen Maschinensprache, die sich in beschränktem Umfang schon vom Menschen handhaben läßt (wenn es unbedingt sein muß). Assembler erlauben z. B. symbolische Namen für Daten oder für Sprungziele im Programm, machen aber immer noch den vollen Instruktionssatz der Maschine zugänglich. Ein Assemblerprogramm ist deshalb maschinenspezifisch und muß für jeden Prozessor neu geschrieben werden.

Höhere Programmiersprachen (*high level programming language*) wie ALGOL, FORTRAN, COBOL, C, C++ oder Java sind dagegen speziell für den menschlichen Gebrauch gemacht und betonen die Verständlichkeit der Programme für den Programmierer gegenüber der Effizienz bei der maschinellen Ausführung.[4] Programme in Assembler und allen höheren Sprachen müssen in gleichwertige Programme in Maschinensprache übersetzt werden, bevor eine CPU sie ausführen kann. Bei Assembler-Programmen ist dies ganz besonders einfach, weswegen man auch von **Assemblierung** (*assembly*) spricht. Bei höheren Sprachen muß der Compiler erheblich abstraktere Instruktionen in eine ganze Folge von Assembler-Befehlen übersetzen (er setzt den Effekt eines abstrakteren Befehls aus mehreren Assembler-Befehlen zusammen). Der Compiler ist wieder ein Programm, das bereits früher übersetzt wurde und schon lauffähig ist, vgl. (Wirth, 1995). Kapitel 3 gibt eine Einführung in höhere Sprachkonzepte.

Die Sprache „C" (Kernighan und Ritchie, 1988) war ein historischer Meilenstein, da sie schon eindeutig eine Hochsprache ist, aber noch in solch effiziente Maschinenprogramme übersetzt werden kann, daß sich C auch für die Programmierung von Systemsoftware (**Systemprogrammierung**) eignet und ein Programmieren in Assembler in den allermeisten Fällen unnötig macht. C fand mit dem Betriebssystem UNIX große Verbreitung, das bei der Entstehung zu ca. 90% in C geschrieben war und deshalb erstmals relativ leicht auf verschiedene Rechner portiert werden konnte. (LINUX ist ein Derivat von UNIX und läuft ebenfalls auf Maschinen vom PC bis zum Großrechner.)

C++ (Stroustrup, 1997) ist eine objektorientierte Erweiterung von C. Stroustrup (1993) hat C++ als das bessere C propagiert, und wir werden oft C/C++ als eine Einheit ansehen. Man kann in C++ Code erzeugen, der so effizient ist wie bei C, hat aber bei Bedarf die Strukturierungsmöglichkeiten der Objektorientierung zusätzlich zur Verfügung. C++ unterstützt daher eine ungeheure Bandbreite an Programmiertech-

---

[4] Die Namen von höheren Programmiersprachen sind häufig Akronyme: FORTRAN steht für *Formula Translator*, ALGOL für *Algorithmic Language*, LISP für *List Processing Language* und Prolog für *Programming in Logic*. Der Name der Sprache C erklärt sich aus der alphabetischen Anordnung der lateinischen Buchstaben, da C als Nachfolger der Sprache B entwickelt worden war. Im Namen von C++ spielte der Entwickler gar auf den Inkrement-Operator ++ von C an, um zu verdeutlichen, daß es sich um ein „Inkrement von C" bzw. um den „Nachfolger von C" handelt. Eine Zusammenfassung der diversen Überlegungen und historischen Zufälligkeiten, die Java zum jetzigen Namen verholfen haben, findet sich in der Zeitschrift *JavaWorld* vom Oktober 1996, siehe `www.javaworld.com/javaworld/jw-10-1996/jw-10-javaname.html`.

niken und -Konzepten, wodurch es aber besonders für Anfänger vergleichsweise schwierig zu beherrschen ist.

Insbesondere die höheren Schichten eines Systems sind oft durch **Funktionsbibliotheken** (*library*) realisiert; dies ist auch ein Mittel, um große Softwaresysteme intern zu strukturieren. Eine Funktionsbibliothek ist eine Ansammlungen von Funktionen, die in einer Sprache einer Schicht n geschrieben und bereits vorcompiliert wurden. Ein Beispiel sind Bibliotheken zur Erzeugung von graphischen Oberflächen wie das AWT, das wir in Kapitel 9 betrachten werden. Nun kann man auf Schicht n weitere Programme schreiben, die Funktionen dieser Bibliothek aufrufen; dadurch befindet sich die Bibliothek logisch in einer Zwischenschicht. Nach der Übersetzung in Code der Schicht $n - 1$ wird der bereits übersetzte Code der benutzten Bibliotheksfunktionen von einem **Binder** (*linker*) zum Objektcode hinzugefügt und mit ihm zu einer lauffähigen Einheit verbunden.

2.4.2 Das Betriebssystem

Das Betriebssystem (*operating system*) verwaltet zum einen alle Ressourcen eines Rechners und bietet zum anderen allen Programmen eine (relativ) bequem aufrufbare Kollektion von Funktionen zum Zugriff auf diese Ressourcen an. Durch diese **Systemaufrufschnittstelle** ist die Hardware wesentlich einfacher und sicherer zu nutzen als durch direkte Bedienung der Controller-Schnittstellen. Ein Programm, das auf Funktionen des Betriebssystems zugreift, enthält sog. **Systemaufrufe** (*system call*). Anders als bei einem normalen Funktionsaufruf (vgl. Kap. 6.9) wird bei einem Systemaufruf das rufende Programm durch den Prozessor temporär blockiert und stattdessen das Betriebssystem an der gewünschten Stelle aktiviert. Bei der Abarbeitung eines Systemaufrufs werden also Instruktionen ausgeführt, die gar nicht Bestandteil des aufrufenden Programms sind, denn das Betriebssystem *interpretiert* den Systemaufruf, er wird nicht übersetzt. In diesem Sinn stellt auch das Betriebssystem eine virtuelle Maschine dar. Ein Programm hängt also auch von der Betriebssystemmaschine ab, die seine Systemaufrufe interpretiert. Deshalb läuft ein Windows-Programm nicht ohne weiteres auf LINUX, auch wenn der Prozessor gleich ist.

Die wichtigste Aufgabe des Betriebssystems ist es, die Ausführung von Programmen zu ermöglichen. Es bündelt ausführbaren Programmcode mit den benötigten Ressourcen (wie Speicherplatz, Dateien und Kommunikationspfaden) zu einem **Prozeß** (*process*) und teilt ihm Rechenzeit zu. Weiter ermöglicht es u. a. die logisch gleichzeitige Ausführung mehrerer Prozesse (*multiprogramming*) und die gleichzeitige Aktivität mehrerer Benutzer (*timesharing*). Da das Betriebssystem die Ausführung der Anwenderprogramme verwaltet, sagt man manchmal auch, eine Software laufe „unter" einem Betriebssystem.

Das Betriebssystem enthält **Gerätetreiber** (*device drivers*) zur Bedienung der Controller und es verwaltet die gesamte I/O, d. h. nur das Betriebssystem transferiert Daten von und zu Ein-/Ausgabegeräten. Dazu organisiert es **Ströme** (*stream*) von Bytes zwischen dem Hauptspeicher und den Geräten. Es organisiert auf den Platten **Dateien** (*file*) zur Aufnahme von Daten und kann diese beschreiben oder lesen; es kann Netzverbindungen zu anderen Rechnern herstellen; es kann von Tastaturen lesen und über Graphikkarten auf Monitore schreiben. Es liefert jedem Prozeß auf Verlangen einen **Eingabestrom** (*input stream*) der Zeichen, die für ihn bestimmt sind, und es stellt einen **Ausgabestrom** bereit und leitet dessen Zeichenfolge an eine geeignete Stelle, meist in ein Fenster auf dem Monitor.

Der Schichtenaufbau des Rechnersystems geht innerhalb des Betriebssystems weiter: So läuft z.B. im Netzwerkteil das Verbindungsprotokoll TCP auf dem Internetprotokoll IP (weshalb man TCP/IP schreibt und *TCP over IP* sagt), und das Schnittstellenprogramm eines Betriebssystems (CMD-Tool, UNIX Shell) nimmt die Befehle des Benutzers entgegen und interpretiert sie durch Aufrufe der darunterliegenden Systemfunktionen.

2.4.3 Java und die Virtuelle Java-Maschine JVM

Bei immer größerer und komplexerer Software und sehr schnellen Prozessoren tritt heute die Verständlichkeit, Wartbarkeit und Portabilität von Programmen immer mehr gegenüber der Effizienz durch Maschinennähe in den Vordergrund. Durch die Verwendung höherer Programmiersprachen erreicht man schon eine gewisse Portabilität: Falls für zwei verschiedene CPU's jeweils ein Compiler für die selbe Sprache vorhanden ist, dann kann das Programm in zwei verschiedene Maschinenprogramme übersetzt werden und muß nicht von Hand umgeschrieben werden.

Java geht nun einen Schritt weiter und definiert auf einer höheren Abstraktionsebene die idealisierte **Virtuelle Java Maschine** JVM (*Java Virtual Machine*), siehe (Lindholm und Yellin, 1996). Ein Java-Programm wird nur noch in den relativ abstrakten Maschinencode der JVM, den Java **Byte-Code** übersetzt. Auf jedem Rechnertyp wird einmal die JVM mit den Systembibliotheken als Anwendersoftware (z. B. in C) entwickelt und installiert. Die JVM interpretiert dann den Byte-Code, sodaß Java Programme ohne Modifikation überall dort ablauffähig sind, wo schon die JVM installiert wurde. Statt die Installation (Portierung) für jedes einzelne Programm machen zu müssen, macht man sie in Java nur ein einziges Mal für die JVM, und dies ist schon für sehr viele reale Rechner und Betriebssysteme geschehen. Java Byte-Code kann deshalb auch sinnvoll über das Internet geladen und ausgeführt werden.

Durch die Zwischenschicht einer interpretierenden JVM verliert man natürlich Geschwindigkeit. Die JVM kann aber einen *just-in-time compiler* (JIT) benutzen, um den Byte-Code einer zu interpretierenden Funktion zuerst in Maschinencode zu übersetzen und mit größerer Effizienz **grundständig** (*native*) auszuführen. Wegen des Zusatzaufwandes beschränkt man die Übersetzung möglichst auf Funktionen, in denen viel Zeit verbracht wird (*hot spots*). Die JVM wurde aber auch in Hardware realisiert, z. B. als picoJava II Architektur. Diese ist besonders für den Bereich der eingebetteten Systeme interessant, für den Java ursprünglich entwickelt wurde.

Wie wir gesehen haben, sind Programme nicht nur von dem Prozessor abhängig, auf dem sie laufen, sondern auch vom Betriebssystem. Wenn ein zu portierendes Programm Systemaufrufe enthält, so muß auch das Betriebssystem gleich sein (selbst unterschiedliche Varianten von UNIX unterscheiden sich auf subtile Weise). Der vielleicht größte Wert von Java liegt nun darin, daß es standardisierte Schnittstellen (sog. API – *application programming interface*) zum Betriebssystem hin bereitstellt, die hier für Einheitlichkeit sorgen. Für die Praxis sind diese Schnittstellen und ihre Implementierung in Standardpaketen (Systembibliotheken) von allergrößter Bedeutung, denn die Portierung auf ein anderes Betriebssystem kann viel schwieriger sein, als eine erneute Übersetzung. Java Programme enthalten üblicherweise keine direkten Systemaufrufe, sondern sie benutzen die Klassen der Systembibliotheken, die ihrerseits das Betriebssystem rufen.

Es ist also nicht nur die JVM alleine, sondern es ist die gesamte Java **Laufzeitumgebung** (*runtime*), die für die Portabilität sorgt. Wir nennen hier nur beispielhaft die Gebiete Eingabe / Ausgabe (java.io), Ausführung im Browser (java.applet), Parallelität (java.lang.Thread), Sicherheit (java.security), Verbindungen über das Internet (java.net, java.rmi), Zugriff auf relationale Datenbanken (java.sql) und graphische Benutzeroberflächen (java.awt). Darunter behandeln wir das *Abstract Window Toolkit* (AWT) in Kap. 9 näher.

2.5 Binärcodierung elementarer Datentypen

Da im Computer alles in Form von Bitmustern gespeichert werden muß, stellt sich die Frage der passenden **Codierung** (*encoding*), d. h. der Abbildung von Werten, wie z. B. Schriftzeichen oder Zahlen, auf Bitmuster (vgl. Bsp. 2.2.1). Wir wollen hier gleich zu Beginn festhalten, daß jede Eingabe von der Tastatur und jede Ausgabe auf den Bildschirm als Folge von Schriftzeichen erfolgt. Jede Zahl wird zunächst als Folge von Schriftzeichen gelesen, die ihre Ziffern darstellen. Die Folge der Binärcodes dieser Zeichen gibt aber für die interne Verwendung in Computern nur eine relativ schlechte Codierung ab: Sie ist für mehrstellige Zahlen viel zu lang und führt zu einer ineffizienten Arithmetik. Stattdessen repräsentiert man Zahlen intern durch spezielle Codes, nämlich die sog. Zweierkomplementdarstellung für ganze Zahlen und die Darstellungen nach der Norm IEEE 754 für Zahlen mit Nachkommastellen. Für die Ausgabe muß diese Repräsentation dann wieder umgewandelt werden in eine Folge von Schriftzeichen, die den Ziffern entsprechen (sowie dem Vorzeichen und einem etwaigen Dezimalpunkt); diese Schriftzeichen werden für westliche Sprachen nach der ASCII-Norm codiert. Insbesondere gilt wie für alle Ziffern, daß etwa die *Zahl* 5 eine andere Codierung hat als das *Schriftzeichen* 5. Wir betrachten im folgenden die üblichen und auch in Java verwendeten Codierungen für ganze Zahlen, für Schriftzeichen und für Zahlen mit Nachkommastellen, sowie Konversionsmethoden zwischen externen und internen Darstellungen von Zahlen. Dieses Thema wird üblicherweise im Rahmen von Vorlesungen und Lehrbüchern zur Rechnerarchitektur behandelt, wie z. B. von Tanenbaum und Goodman (2001).

2.5.1 Ganze Zahlen (Dualzahlen)

Eine **Zahl** ist eigentlich ein Gebilde aus Zahl-**Wert** und Zahl-**Bezeichner**, das eine Größe darstellt. Der Zahl-Wert ist eine abstrakte Größe, die nur über die Repräsentation durch einen Bezeichner greifbar wird. Im täglichen Leben unterscheidet man deshalb nicht zwischen Wert und Bezeichner. Für uns ist das an dieser Stelle aber nützlich, denn wir wollen uns mit verschiedenen Repräsentationen für Zahl-Werte vertraut machen. Danach sprechen wir wieder einfach von Zahlen, und es wird aus dem Zusammenhang klar, ob wir eher den Wert oder die Repräsentation meinen.

Zu ein- und demselben Zahl-Wert kann es verschiedene Bezeichner geben, z. B. „Fünf", 5, V. Da es unendlich viele Zahl-Werte gibt, ist es sinnvoll, sich eine Systematik zur Erzeugung von eindeutigen Bezeichnern zu schaffen. Ein **Zahlsystem** (*number system*) besteht aus endlich vielen **Ziffern** (*digits*) und einer Vorschrift, wie Zeichenreihen, die aus diesen Ziffern gebildet wurden, als Zahl-Werte zu interpretieren sind. Eine natürliche Zahl $z \in \mathbb{N}$ mit n Stellen in einem (arabischen) Zahlsystem zur Basis β kann als Polynom $z = \sum_{i=0}^{n-1} z_i \beta^i$ aufgefaßt werden, wobei die Ziffern z_i nur Werte $0 \le z_i < \beta$ annehmen dürfen, damit die Darstellung eindeutig ist. Für $\beta = 10$ sprechen wir vom **Dezimalsystem**, für $\beta = 2$ vom **Dualsystem** oder **Binärsystem** (*binary number system*). Die Basis der Zahldarstellung heißt auch **Radix** (*radix*).

Bei einer Dezimalzahl ist der Zahl-Wert also als Zeichenreihe in den Ziffern 0 – 9 repräsentiert, bei einer Dualzahl als Zeichenreihe in den Ziffern 0 und 1. Da 0 und 1 auch in 0 – 9 vorkommen, schreiben wir bei Verwechslungsgefahr die Ziffernfolge mit Index β, also z. B. 15_{10} für die Dezimalzahl 15 und 1111_2 für die Dualzahl 1111. Zu jedem Zahl-Wert gibt es natürlich sowohl einen dezimalen als auch einen dualen Bezeichner. Durch Ausrechnen des Polynoms überzeugt man sich z. B. leicht, daß $15_{10} = 1111_2$. Wir sagen dann einfach, daß die Dezimalzahl 15_{10} und die Dualzahl 1111_2 *gleich sind*, weil sie den gleichen Wert haben (wenn auch unterschiedliche Bezeichner). Die binäre Repräsentation eignet sich besonders, wenn ein Zahl-Wert im Rechner gespeichert werden soll, da die Ziffern 0 und 1 in je 1 Bit direkt gespeichert werden können. Wir erhalten also für $\beta = 2$ eine Repräsentation von natürlichen Zahlen, die zugleich eine geeignete Codierung als Bitmuster ist.

Dezimal	Dual
0	…0000
1	…0001
2	…0010
3	…0011
4	…0100
5	…0101
6	…0110
7	…0111
8	…1000
9	…1001

Abb. 2.6. Die Dezimalziffern als Dualzahlen

Eine alternative Darstellung im Dezimalsystem mit jeweils binär codierten Dezimalziffern würde pro Ziffer 4 Bits verbrauchen. Das wäre Verschwendung von Speicherplatz, da mit 4 Bits schon 16 Zustände repräsentiert werden können, statt der benötigten 10. Trotzdem ist eine solche **BCD**-Repräsentation (*binary coded decimal*) im kaufmännischen EDV-Bereich im Gebrauch, da sie es ermöglicht, ohne Konversionsfehler (siehe Abschnitt 2.5.4) exakt auf Euro und Cent zu rechnen.

Arithmetische Operationen laufen im Dualsystem ganz analog zum Dezimalsystem ab, nur geschehen Überträge eben schon bei 2 statt bei 10. Wir bemerken z. B., daß $1 \cdot 2^i + 1 \cdot 2^i = 2 \cdot 2^i = 1 \cdot 2^{i+1} + 0 \cdot 2^i$, also dual $1_2 + 1_2 = 10_2$. Ebenfalls ist $(\sum_{i=0}^{n-1} z_i 2^i) \cdot 2 = (\sum_{i=1}^{n} z_{i-1} 2^i) + 0 \cdot 2^0$, d. h. eine Multiplikation mit 2 verschiebt die duale Ziffernfolge (das Bitmuster) um 1 Stelle nach links und an der nullten Stelle wird eine 0 eingetragen. Analog verschiebt eine Division durch 2 das Bitmuster um 1 Stelle nach rechts, die vormalige Ziffer an der Stelle 0 ist der Rest der Division durch 2.

Die Hardware eines Rechners realisiert nur Arithmetik fixer Länge n, z. B. für Zahlen mit $n = 32$ oder $n = 64$ Bits. Mathematisch gesprochen wird dabei mit n Stellen Arithmetik **modulo** 2^n realisiert: Die Binärdarstellung von 2^n benötigt eine 1 in Stelle n sowie Nullen in den Stellen 0 bis $n - 1$, d. h. auf n Stellen genau ist 2^n gleich Null ($2^n \equiv 0 \bmod 2^n$). Ergibt sich also bei einer Addition ein Übertrag in die $(n + 1)$te Stelle, so läßt man den Übertrag einfach wegfallen, da jede Zahl sowieso nur mit n Bits gespeichert und verarbeitet wird.[5] Allgemein sind also in Hardware alle ganzzahligen Rechnungen nur modulo 2^n korrekt.

Für die Darstellung negativer ganzer Zahlen nutzt man aus, daß $2^n - z \equiv -z$ (mod 2^n). Die Darstellung $\bar{z} = 2^n - z$ für $-z$ ist das **Zweierkomplement** (*two's complement*) von z. Die $\frac{2^n}{2}$ kleinen Dualzahlen von 0 bis $2^{n-1} - 1$ repräsentieren wie gehabt die natürlichen Zahlen von 0 bis $2^{n-1} - 1$. Die $\frac{2^n}{2}$ großen Dualzahlen von 2^{n-1} bis $2^n - 1$ repräsentieren die negativen Zahlen von $-(2^n - 2^{n-1})$ bis $-(2^n - (2^n - 1))$, also von -2^{n-1} bis -1.

Das Zweierkomplement paßt sich perfekt in Arithmetik modulo 2^n ein, da $\bar{z}$, als positive Dualzahl aufgefaßt, wie beschrieben zu $-z$ modulo 2^n kongruent ist. Es gilt insbesondere $x - y \equiv x + (2^n - y) \equiv x + \bar{y}$ (mod 2^n), so daß man kein separates Subtrahierwerk braucht, sondern Addition modulo 2^n genügt. Außerdem gilt $\bar{0} = 2^n - 0$ und damit $\bar{0} \equiv 0$ (mod 2^n), d. h. die Null ist eindeutig repräsentiert. Man bemerke, daß die im Dezimalsystem übliche Darstellung negativer Zahlen diese beiden Eigenschaften nicht besitzt. Schließlich sind negative und positive Zahlen auch in der Zweierkomplementdarstellung durch ein Bit an der vordersten Stelle $n - 1$ unterschieden. Dadurch ist eine Zahl also leicht als ≥ 0 oder < 0 erkennbar und es erübrigt sich ein extra Vorzeichenbit.

Man kann die Zweierkomplement-Darstellung einer Zahl z leicht durch bitweises Vertauschen von 0 und 1 und anschließende Addition von 1 erhalten. Durch das bitweise Vertauschen alleine erhält man das **Einer-Komplement** (*one's complement*) z'. Die Summe $z' + z$ ist offensichtlich eine Dualzahl aus lauter Einsen, also ist $z' + z + 1 \equiv 0$ (mod 2^n) oder $z' + 1 \equiv 2^n - z = \bar{z}$ (mod 2^n) das Zweierkomplement.

Das Zweierkomplement ist lediglich ein Spezialfall eines allgemeinen β-Komplements, mit dem man in einem n-stelligen Zahlsystem zur Basis β Subtraktionen gegen Additionen eintauschen kann. So nutzte schon Pascal im 17. Jahrhundert explizit die Addition mit dem 10er Komplement, damit er für seine *Pascaline*

---

[5] In Software kann man natürlich Zahlen beliebiger Länge verarbeiten, was z. B. durch Computeralgebra-Systeme oder durch das Paket `java.math` realisiert wird.

Tab. 2.1. 4-bit Dualzahlen im Zweierkomplement

Dezimal	Zweierkomplement
$+8$	nicht darstellbar
$+7$	0111
$+6$	0110
$+5$	0101
$+4$	0100
$+3$	0011
$+2$	0010
$+1$	0001
0	0000
-1	1111
-2	1110
-3	1101
-4	1100
-5	1011
-6	1010
-7	1001
-8	1000

keine Subtraktionsmechanik mit dem mechanisch schwierigen „Borgen" konstruieren mußte. Bildet man nämlich zu z zunächst das $(\beta - 1)$-Komplement, also die Differenz $z' = (\beta^n - 1) - z$, so gilt wieder für das β-Komplement $\bar{z} = z' + 1$, daß $\bar{z} \equiv \beta^n - z \equiv -z$ (modulo β^n). Die Differenz $z' = (\beta^n - 1) - z$ kann aber relativ leicht gebildet werden, da z' aus lauter Ziffern $(\beta - 1)$ besteht und somit das „Borgen" entfällt und man nur Ziffer für Ziffer die Differenz $(\beta - 1) - z_i$ bilden muß. So zeigt die *Pascaline* in einem Fenster jederzeit das 9er Komplement der gespeicherten Zahl. Die Rechnung mit einer n-stelligen Maschine erfolgt außerdem automatisch modulo β^n; Überträge in die Stelle $n + 1$ fallen nämlich weg, da diese Stelle in der Maschine nicht mehr vorhanden ist.

Beispiel 2.5.1. Wir rechnen mit 2 Stellen im Zehnersystem und ersetzen die Subtraktion $54 - 18 = 36$ durch eine Addition mit dem 10er Komplement. Das 9er Komplement von 18 ist $18' = 99 - 18 = 81$, das 10er Komplement ist also $\overline{18} = 82$, und wir erhalten $54 + 82 = 1)36$, wobei die 1 wegfällt. Für die Rechnung $12 - 18 = -6$ erhalten wir zunächst $12 + 82 = 94$. In der Komplementdarstellung repräsentieren die Zahlen $50 \leq \bar{z} \leq 99$ natürlich wieder die negativen Zahlen $-50 \leq z \leq -1$. Wir bilden also das 10er Komplement von 94 und erhalten $\overline{94} = 6$, also ist 94 die Komplementdarstellung von -6. Wir bestätigen dies durch die Probe $94 + 6 = 1)00$, also $94 + 6 \equiv 0$ (modulo 100). ❖

Da Rechner ganze Zahlen im Dualsystem repräsentieren und wir Menschen im Dezimalsystem denken, müssen häufig Zahlen zwischen den Systemen konvertiert werden. (Damit meinen wir natürlich, zu einem Zahl-Bezeichner in dem einen System den entsprechenden Bezeichner in dem anderen System zu finden, der den selben Wert bezeichnet.) Beim Einlesen einer Zahl in den Rechner ist eine Dezimalzahl als Folge von Zeichen im ASCII-Code (vgl. Abschnitt 2.5.3) gegeben, wie sie etwa der Benutzer an der Tastatur nacheinander eingibt. Zu dieser Zahl ist dann die äquivalente Dualzahl im Zweierkomplement zu finden, damit ihr Bitmuster im Rechner gespeichert werden kann. Bei der Ausgabe einer im Rechner gespeicherten Dualzahl ist hingegen die Zeichenreihe der entsprechenden Dezimalzahl als Folge von ASCII-Codes zu errechnen, damit diese am Bildschirm oder auf dem Drucker ausgegeben werden kann.

Für die **Konversion** von Zahlen zwischen verschiedenen Zahlsystemen gibt es grundsätzlich zwei Fälle, je nachdem, ob die Ausgangs- oder die Zielrepräsentation in dem System ist, in dem wir rechnen können. Nur Zahlen in diesem „internen" System können wir im herkömmlichen Sinn als Zahlen betrachten, auf die wir arithmetische Operationen anwenden können; die Zahlen im fremden, „externen" System sind uns nur als Folgen ihrer Ziffern (als Zeichenreihen) zugänglich.

Wenn wir unsere Methoden vom Rechner ausführen lassen wollen, rechnen wir immer dual und nehmen als externes Zahlsystem das Dezimalsystem an. (Unsere Methoden würden aber entsprechend auch für jedes andere interne System funktionieren.) Uns interessiert besonders die Konversion dezimal $\rightarrow$ dual beim Einlesen von Zahlen von der Tastatur und die Konversion dual $\rightarrow$ dezimal beim Hinausschreiben von Zahlen auf den Bildschirm, jeweils bei dualer Arithmentik. Wir nehmen dabei an, daß wir – etwa über eine Tabelle – einzelne Dezimalziffern z_i bereits in die entsprechende Dualzahl d_i konvertieren oder umgekehrt aus entsprechend kleinen Dualzahlen erhalten können (vgl. Abschnitt 2.5.3). Wenn wir diese Konversionen zu Übungszwecken mit Papier und Bleistift ausführen wollen, dann wollen wir natürlich im 10er System rechnen und müssen andere Verfahren wählen, die wir weiter unten skizzieren.

Konversion dezimal $\rightarrow$ dual, mit dualer Arithmetik. Die dezimale Zahl Z ist als Ziffernfolge $z_{n-1}, \ldots, z_1, z_0$ gegeben, beim Einlesen z. B. als Folge von Zeichen im ASCII Code; gesucht ist die entsprechende Dualzahl D.

Wir nutzen nun folgende Darstellung von z im Horner-Schema:

$$Z = \sum_{i=0}^{n-1} z_i 10^i = z_{n-1} 10^{n-1} + \ldots + z_2 10^2 + z_1 10^1 + z_0$$
$$= (\cdots((z_{n-1} \cdot 10 + z_{n-2}) \cdot 10 + z_{n-3}) \cdot 10 + \ldots + z_1) \cdot 10 + z_0$$

Rein dual geschrieben, mit dualen Operatoren $+$ und $\cdot$, ergibt sich

$$Z = (\cdots((d_{n-1} \cdot 1010_2 + d_{n-2}) \cdot 1010_2 + d_{n-3}) \cdot 1010_2 + \ldots$$
$$+ d_1) \cdot 1010_2 + d_0.$$

Wir lesen die Zahl Z ziffernweise von links nach rechts und wandeln jede Ziffer ins Dualsystem um. Zu Beginn der Konversion setzen wir $D = 0$, eine Dualzahl. Jedesmal, wenn wir eine weitere Ziffer z_i lesen, setzen wir $D := D \cdot 1010_2 + d_i$, wobei d_i die Dualdarstellung der Dezimalziffer z_i ist. Da wir dual rechnen, ist

D wieder eine Dualzahl. Per Induktion folgt, daß wir am Ende Z als Dualzahl D vorliegen haben.

Als Vorbereitung auf Kapitel 3 und auf eine spätere Programmierung in Java schreiben wir dieses Verfahren nun noch in der Form eines Algorithmus auf.

Konversion einer dezimalen Ziffernfolge in eine Dualzahl (bei dualer Rechnung)

Gegeben sei eine Dezimalzahl in Form einer Ziffernfolge. Das Ergebnis D ist die entsprechende Dualzahl.

1. Setze $D := 0$.
2. Lese den Zeichencode c der nächsten Dezimalziffer z_i ein und konvertiere c in eine Dualzahl d.
3. Setze $D := D \cdot 1010_2 + d$.
4. Wenn es keine weitere Dezimalziffer gibt, dann gib das Resultat D aus; Stopp.
5. Andernfalls fahre weiter bei 2. $\square$

Konversion dual $\rightarrow$ dezimal, mit dualer Arithmetik. Wir wenden wieder das Horner-Schema an, um aus der Dualzahl D die dezimale Ziffernfolge $\sum_{i=0}^{n-1} z_i 10^i$ zu bekommen. Wir erhalten d_0 als Rest der ganzzahligen Division von $D := D_0$ durch 10. In Java gibt es einen Operator $\%$, der diesen Rest berechnet; wir führen also die Operation $d_0 := D_0 \% 1010_2$ aus (worauf wir d_0 in ein einzelnes dezimales Ziffernzeichen z_0 umwandeln). Setzen wir dann $D_1 := D_0 / 1010_2$ und fahren nach dieser Methode fort, so erhalten wir jeweils $z_i := D_i \% 1010_2$, $D_{i+1} := D_i / 1010_2$. Wir brechen ab, sobald $D_i = 0$, da alle weiteren Dezimalziffern 0 bleiben. (Die so erhaltene Ziffernfolge muß zur Ausgabe am Bildschirm noch umgedreht werden.)

Konversion einer Dualzahl in eine dezimale Ziffernfolge (bei dualer Rechnung)

Gegeben sei eine Dualzahl D. Es wird die Ziffernfolge der entsprechenden Dezimalzahl in umgekehrter Reihenfolge ausgegeben.

1. Setze $d := D \% 1010_2$.
2. Konvertiere d in den Zeichencode der entsprechenden Dezimalziffer und gebe das Zeichen aus.
3. Falls $0 = D$ so beende das Verfahren; Stopp.
4. Setze $D := D / 1010_2$.
5. Fahre weiter bei 1. $\square$

Falls wir die obigen Konversionen zu Übungszwecken von Hand durchführen, gelten andere Randbedingungen: Anders als der Computer können wir die eingegebene oder ausgedruckte Ziffernfolge direkt als Dezimalzahl betrachten und wir können mit ihr dezimal rechnen. Dafür aber wollen wir nicht dual rechnen und stattdessen die Bitmuster der Dualzahlen sequentiell – Dualziffer für Dualziffer – produzieren oder verarbeiten.

Konversion dezimal → dual, mit dezimaler Arithmetik. Wir betrachten die Dezimalzahl Z in der Form $Z = \sum_{i=0}^{n-1} d_i 2^i$ um die entsprechende duale Ziffernfolge zu bekommen. Wir erhalten d_0 als Rest der ganzzahligen Division von $Z := Z_0$ durch 2. Wir führen also die Operation $d_0 := Z_0 \% 2$ aus. Setzen wir dann $Z_1 := Z_0/2$ und fahren nach dieser Methode fort, so erhalten wir jeweils $d_i := Z_i \% 2$, $Z_{i+1} = Z_i/2$. Wir brechen ab, sobald $Z_i = 0$, da alle weiteren Dualziffern 0 bleiben. (Die Ziffernfolge entsteht dabei von rechts nach links.)

Konversion einer Dezimalzahl in eine duale Ziffernfolge (bei dezimaler Rechnung)

Gegeben sei eine Dezimalzahl Z. Es wird die Ziffernfolge der entsprechenden Dualzahl in umgekehrter Reihenfolge ausgegeben.

1. Setze $d := Z \% 2$.
2. Gebe d als Zeichen aus.
3. Falls $0 = Z$ so beende das Verfahren; Stopp.
4. Setze $Z := Z/2$.
5. Fahre weiter bei 1. □

Es ist durchaus sinnvoll, diesen Algorithmus auch zu implementieren! Er dient dann dazu, eine bereits im Rechner gespeicherte Zahl als duale Ziffernfolge auszugeben. Entscheidend ist dabei, daß Z als Zahl (und nicht nur als Ziffernfolge) betrachtet werden kann und daß wir Division und Restbildung für Z zur Verfügung haben. Demgegenüber ist es unerheblich, in welchem System die Zahl intern wirklich repräsentiert wird. Würde sie intern z.B. im 10er System BCD repräsentiert werden, so würde trotzdem die Ziffernfolge ihrer Repräsentation als Dualzahl ausgegeben werden.

Konversion dual → dezimal, mit dezimaler Arithmetik. Die duale Zahl D ist durch die Ziffernfolge $d_{n-1}, \ldots, d_1, d_0$ gegeben. Wir werten nun einfach die definierende Summe $D = \sum_{i=0}^{n-1} d_i 2^i$ in dezimaler Arithmetik aus. Mit den wenigsten Operationen geht das im bekannten Hornerschema $D = (\cdots((d_{n-1} \cdot 2 + d_{n-2}) \cdot 2 + d_{n-3}) \cdot 2 + \ldots + d_1) \cdot 2 + d_0$, und da wir dezimale Arithmetik benutzen resultiert eine Dezimalzahl.

Konversion einer dualen Ziffernfolge in eine Dezimalzahl (bei dezimaler Rechnung)

Gegeben sei eine Dualzahl in Form einer Ziffernfolge. Das Ergebnis Z ist die entsprechende Dezimalzahl.

1. Setze $Z := 0$.
2. Lese die nächste Dualziffer d und konvertiere d in eine Dezimalzahl z (die entweder 0 oder 1 ist).
3. Setze $Z := Z \cdot 2 + z$.
4. Wenn es keine weitere Dualziffer gibt, dann gib das Resultat Z aus; Stopp.
5. Andernfalls fahre weiter bei 2. □

2.5.2 Hexadezimalzahlen und Oktalzahlen

Es ist für Menschen sehr mühsam und unübersichtlich, im schriftlichen Text ein Bitmuster durch Aufschreiben aller einzelnen Bits anzugeben. Daher interpretiert man das Bitmuster als **Oktalzahl** zur Basis $8 = 2^3$ oder als **Hexadezimalzahl** zur Basis $16 = 2^4$. Oktalzahlen haben Ziffern im Bereich $0 \leq z \leq 7$, die jeweils eine Gruppe von 3 Bits repräsentieren. Die Oktalzahl 377_8 repräsentiert z. B. ein Byte aus lauter Einsen, also $11\,111\,111_2$ dual. In Java wird eine Zahl mit vorgestellter 0 (z. B. 0377) als Oktalzahl interpretiert.

Hexadezimalzahlen haben Ziffern im Bereich $0 \leq z \leq 15$, die je eine Gruppe von 4 Bits repräsentieren. Damit man sie stellengenau schreiben kann, repräsentiert man die Hexadezimalziffern 10 bis 15 durch die Zeichen A bis F (also $A_{16} = 10$, $B_{16} = 11$, $C_{16} = 12$, $D_{16} = 13$, $E_{16} = 14$, $F_{16} = 15$). Die in 1 Byte möglichen Bitmuster werden also genau durch die Hexadezimalzahlen 0_{16} bis FF_{16} repräsentiert. In Java wird eine Zahl mit vorgestellter Zeichenfolge 0x (z. B. 0xFF) als Hexadezimalzahl interpretiert. Hexadezimalschreibweise heißt im Jargon auch kurz „Hex".

Die Konversion zwischen Dualzahlen einerseits und Oktalzahlen bzw. Hexadezimalzahlen andererseits ist besonders einfach. Dies ist nämlich generell so, falls die Basis der externen Repräsentation zufällig eine Potenz der internen Basis ist, mit der wir rechnen können. Bei der Konversion in das externe System entspricht die Division durch $B = \beta^p$ einfach einem Verschieben der Ziffernfolge zur Basis β um p Stellen nach rechts, und die herausgeschobenen p Ziffern bilden den Rest der Division. Das heißt, die Ziffern zur Basis B entsprechen Gruppen von je p Ziffern zur Basis β. Entsprechendes gilt für den Fall der Konversion ins interne System: Wir müssen einfach jede Ziffer der Zahl zur Basis B separat als Folge von p Ziffern zur Basis β darstellen und erhalten die Ziffernfolge zur Basis β.

Beispiel 2.5.2. Sei $B = 10^2$. Die Dezimalzahl 1024 hat zur Basis 100 die zwei Ziffern $(10)_{100}$ und $(24)_{100}$. Sei $B = 2^3$. Die Dualzahl $11\,111\,111_2$ hat als Oktalzahl die Darstellung 377_8. Sei $B = 2^4$; es ist $1111\,1111_2 = FF_{16}$ ❖

2.5.3 Zeichen (ASCII und Unicode)

Wollen wir einen Vorrat von 2^n verschiedenen Zeichen codieren, so können wir das mit 2^n verschiedenen Bitmustern zu jeweils n Bits tun. Damit Eingabegeräte, Ausgabegeräte und Computer einander verstehen, gibt es verschiedene Standards für Binärcodes zu wichtigen Zeichensätzen, etwa für lateinische Schrift, chinesische Zeichen, etc. Wichtige Codes sind EBCDIC der Firma IBM, der internationale Standard ISO 7-bit für Englisch und Sonderzeichen, der auch als ASCII (*American Standard Code for Information Interchange*) bekannt ist, 8-bit ISO Latin 1 (für europäische Sprachen mit Umlauten etc.), verschiedene ISO-Standards für östliche Sprachen, sowie der 16-bit Unicode, der praktisch alle international bedeutsamen Schriftzeichen repräsentieren kann und de facto von der *International Standards Organization* ISO als Variante akzeptiert wurde.

Wir stellen im folgenden ASCII exemplarisch vor, der eine Teilmenge von ISO Latin 1 und von Unicode ist: Ergänzt man die fehlenden höherwertigen Bits durch Nullen, so erhält man aus einem ASCII-Zeichen das gleiche Zeichen in ISO Latin 1 bzw. Unicode. ASCII enthält 128 Zeichen und benötigt 7 Bits. Er enthält 33 nicht druckbare Steuerzeichen wie Zeilenvorschub (*line feed*), 33 druckbare Sonderzeichen (wie @), die 10 Zahlzeichen (0 bis 9), die lateinischen Großbuchstaben (A bis Z) und die lateinischen Kleinbuchstaben (a bis z).

Die Codierung erfolgt gemäß Tabelle 2.2. Der Code für ein Zeichen ergibt sich aus Spaltenwert + Zeilenwert, also z. B. $ASCII(a) = 140_8 + 1_8 = 141_8 = 60_{16} + 1_{16} = 61_{16} = 1100001_2$. Man beachte insbesondere, daß $ASCII(0) = 30_{16} = 110000_2$, d. h. $ASCII(0)$ ist nicht der Zahlwert Null. Das Bitmuster 00_{16} codiert ein Sonderzeichen, genannt `nul`. Die Groß- und Kleinbuchstaben sowie die Zahlzeichen 0 bis 9 sind fortlaufend angeordnet. Daher kann man relativ einfach testen, ob ein vorgelegtes Zeichen einen Groß- oder Kleinbuchstaben oder eine Ziffer darstellt. Ein Zeichen c ist z. B. eine Ziffer, falls der Wert von c zwischen 30_{16} und 39_{16} liegt, und in diesem Fall gibt die letzte Hexadezimalstelle (die niedersten 4 Bits) direkt die Dualzahl an, die dem Zeichen entspricht.

Alle UNIX-Rechner arbeiten mit ASCII, Java arbeitet mit Unicode. In Java stellt man einen Zeichenwert entweder durch das Zeichen in Hochkommata dar (falls es die Tastatur erlaubt), oder aber man gibt das Bitmuster des Unicode als Hexadezimalzahl an. Eine Zuweisung an eine Zeichenvariable c ist dann alternativ `char c = 'A';` oder `char c = '\u0041';`. Man erhält den Wert eines Ziffernzeichens c als Integer-Zahl z durch den Java-Ausdruck `int z=c-'0';`.

Tab. 2.2. Der ASCII Zeichensatz

oct		0	20	40	60	100	120	140	160
	hex	0	10	20	30	40	50	60	70
0	0	nul	dle		0	@	P	`	p
1	1	soh	dc1	!	1	A	Q	a	q
2	2	stx	dc2	"	2	B	R	b	r
3	3	etx	dc3	#	3	C	S	c	s
4	4	eot	dc4	$	4	D	T	d	t
5	5	enq	nak	%	5	E	U	e	u
6	6	ack	syn	&	6	F	V	f	v
7	7	bel	etb	'	7	G	W	g	w
10	8	bs	can	(	8	H	X	h	x
11	9	ht	em	)	9	I	Y	i	y
12	A	lf	sub	*	:	J	Z	j	z
13	B	vt	esc	+	;	K	[	k	{
14	C	ff	fs	,	<	L	\	l	|
15	D	cr	gs	-	=	M	]	m	}
16	E	so	rs	.	>	N	^	n	~
17	F	si	us	/	?	O	_	o	del

2.5.4 Gleitkommazahlen (IEEE 754)

Zur Codierung von Zahlen mit Nachkommastellen (Dezimalbrüchen) werden auf praktisch allen Computern **Gleitkommazahlen** (*floating point numbers*)[6] nach dem Standard 754 der IEEE[7] von 1985 zur Verfügung gestellt. Bis dahin verwendeten unterschiedliche Computer-Hersteller z. T. inkompatible Formate. Gleitkommazahlen repräsentieren endliche Dezimalbrüche und stellen somit eine endliche Annäherung an reelle Zahlen dar. Sie sind zur Darstellung und Verarbeitung von Meßwerten im technisch-wissenschaftlichen Betrieb von großer Bedeutung.

Um IEEE 754-1985 zu verstehen betrachten wir eine Zahl z als Kombination aus **Vorzeichen** (*sign*), **Mantisse** (*mantissa, fraction*) und **Exponent** (*exponent*) gemäß der Gleichung

$$z = (-1)^v \cdot \text{Mantisse} \cdot 2^{\text{Exponent}}.$$

Für IEEE-754 `float` hat man insgesamt 32 Bits, für `double` insgesamt 64 Bits zur Verfügung. Die Eigenschaften dieser Darstellung sieht man am besten an einem extremen Beispiel: Hätte man nur 1-bit Vorzeichen, 1-bit Mantissen und 3-bit Exponenten würde man 8 positive und 8 negative Zweierpotenzen und die Null erhalten. Durch die Ausweisung eines Exponenten erreicht man somit eine Spreizung des darstellbaren Zahlbereichs im Vergleich zu Integern mit gleich vielen Bits. Andererseits verliert man Präzision, d. h. es können nicht mehr alle Zahlen im überdeckten Zahlbereich mit der selben Genauigkeit dargestellt werden. Mit größer werdendem Exponenten ergeben sich immer größere „Löcher" und am Rand des Zahlbereichs können, wie im Beispiel, nicht einmal mehr alle ganzen Zahlen dargestellt werden. Im technisch-wissenschaftlichen Bereich ist das aber normalerweise kein Problem, da Werte in astronomischen Höhen sowieso nur ungenau gemessen werden können.

Die Darstellung mit Mantisse und Exponent ist i. a. nicht eindeutig, da man in der Mantisse das Komma verschieben und den Exponenten entsprechend korrigieren kann. Bei einer **normalisierten Gleitkommazahl** $\neq 0$ hat die Mantisse eine Null vor und eine Eins unmittelbar nach dem Komma, wodurch die Darstellung eindeutig wird. IEEE 754 verwendet eine Variante hiervon und normalisiert mit einer Eins unmittelbar *vor* dem Komma; eine derartig normalisierte Mantisse wollen wir im folgenden Signifikant nennen.[8] In ähnlicher Form hat die wissenschaftliche Notation auf Taschenrechnern genau eine Dezimalziffer $\neq 0$ vor dem Komma.

---

[6] Im englischen Sprachraum wird statt des Kommas ein Dezimalpunkt verwendet.

[7] IEEE (sprich: *I-triple-E*) ist die Abkürzung von *Institute of Electrical and Electronics Engineers Inc.*, einer in den USA beheimateten internationalen Standesorganisation für Ingenieure der Elektrotechnik und Informatik. IEEE engagiert sich u. a. bei der Standardisierung von Computer-Schnittstellen (vgl. den FireWire Bus IEEE 1394). Andere wichtige Standesorganisationen der Informatik sind z. B. die US-amerikanische ACM (*Association for Computing Machinery*) und die deutsche GI (Gesellschaft für Informatik).

[8] Da die 1 vor dem Komma nicht gespeichert werden muß, wird häufig auch die um 1 erniedrigte normalisierte Mantisse, d. h. die Nachkommastellen der normalisierten Mantisse, Signifikant genannt.

Im folgenden erklären wir die Binärcodes, mit denen Exponent und Signifikant dargestellt werden; wir bezeichnen die entsprechenden Bitmuster mit e und m. Durch IEEE 754-1985 sind zwei Formate zur Darstellung von Gleitkommazahlen standardisiert, nämlich **einfach genaue** (*single precision*) Darstellung (*float*) mit 32 Bits und **doppelt genaue** (*double precision*) Darstellung (*double*) mit 64 Bits.

	v	$30 - e - 23$	$22 - m - 0$
float	1 Bit	8 Bits	23 Bits

	v	$62 - e - 52$	$51 - m - 0$
double	1 Bit	11 Bits	52 Bits

Die Eins vor dem Komma des Signifikanten braucht offensichtlich nicht extra gespeichert zu werden, da sie immer hinzugedacht werden kann. Der Signifikant hat also die Form $1, \ldots$ und die 23 (bzw. 52) gespeicherten Bits m entsprechen nur den Nachkommastellen, wobei man sich das Komma links von Bit 22 (bzw. 51) vorzustellen hat. Der Exponent wird durch Addition einer Zahl b (*bias*) komplett in den nicht-negativen Bereich verschoben, so daß sich ein Vorzeichen erübrigt; es ist $0 \leq e \leq$ max, mit max$= 255$ bzw. max$= 2047$. Die Verschiebung $b = 127$ (bzw. $b = 1023$) wird bei der Ausgabe wieder subtrahiert, so daß e als Exponent $e - b$ interpretiert wird. Bei allen *normalisierten* float-Zahlen ist $0 < e < 255$, bei double $0 < e < 2047$. Insgesamt erhalten wir für

– float: $b = 127$, Exponententeil von 2^{-126} bis 2^{127} entspricht etwa 10^{-38} bis 10^{38}, Signifikanten mit Abstand $2^{-23} \approx 1, 2 \cdot 10^{-7}$, also 7 Dezimalstellen Genauigkeit;
– double: $b = 1023$, Exponententeil von 2^{-1022} bis 2^{1023} entspricht etwa 10^{-308} bis 10^{308}, Signifikanten im Abstand von $2^{-53} \approx 1, 3 \cdot 10^{-16}$, also etwa 16 Stellen Genauigkeit.

Die größten Werte $e = 1 \ldots 1_2$ sind in Kombination mit $m = 0 \ldots 0$ für die Darstellung der Werte $+\infty$ und $-\infty$ (*positive / negative infinity*) reserviert, die einen Überlauf (*overflow*) des Darstellungsbereichs signalisieren. Der Wert NaN (*not a number*) repräsentiert das Ergebnis einer Rechnung ohne eindeutiges Resultat (z. B. $(+\infty) + (-\infty)$ oder $0/0$) und wird durch $e = 1 \ldots 1_2$ in Kombination mit $m \neq 0$ dargestellt.

Da es für die Null keine normalisierte Darstellung gibt, wird sie durch das spezielle Bitmuster $e = 0 \ldots 0$ in Kombination mit $m = 0 \ldots 0$ dargestellt.

Beispiel 2.5.3. Für die Dualzahl $0, 1_2$ erhalten wir $0, 5 = (-1)^0 \cdot 1, 0 \cdot 2^{-1}$, als IEEE 754 float also $m = 0$ und $e = 126$. Für $1,0$ erhalten wir $1, 0 = (-1)^0 \cdot 1, 0 \cdot 2^0$, also als float $m = 0$ und $e = 127$. Für -1024_{10} erhalten wir $-1024 = (-1)^1 \cdot 1, 0 \cdot 2^{10}$, also $m = 0$ und $e = 137$.

0,50	0	01111110	000 . . . 0
1,00	0	01111111	000 . . . 0
1,75	0	01111111	110 . . . 0
-1024,00	1	10001001	000 . . . 0
	1 Bit	8 Bits	23 Bits

❖

Arithmetische Operationen können zu **Rundungsfehlern** (*round off* errors) führen. Multiplikationen erzeugen z. B. längere Mantissen, die wieder auf Standardformat gerundet werden müssen. Bei der Addition muß eine Mantisse so verschoben werden, daß beide Zahlen mit dem gleichen Exponenten dargestellt sind; hierbei können einige und im Extremfall alle Bits der Mantisse aus dem Darstellungsbereich herausfallen. Durch Wegfall der Bits niedriger Ordnung verliert man immer **Präzision** (*precision*). Außerdem kann eine Zahl im Verlauf einer Rechnung betragsmäßig zu klein werden (*underflow*), d. h. es würde sich ein Exponent < -126 ergeben. IEEE 754 geht in diesem Fall noch zu einer **denormalisierten Darstellung** über: Man verzichtet beim Signifikant auf die 1 vor dem Komma und verschiebt die Mantisse nach rechts, wobei man natürlich Präzision verliert. In der Codierung ist diese Form gekennzeichnet durch $e = 0\ldots0$ und $m \neq 0\ldots0$. Die betragsmäßig kleinste darstellbare Zahl $\neq 0$ hat dann $e = 0\ldots0$ und $m = 0\ldots01$. Die Null ist also ebenfalls eine denormalisierte Zahl, aber mit $m = 0\ldots0$.

	Vorzeichen	e	m
Normalisiert	$\pm$	$0 < e < 1\ldots1$	beliebiges Bitmuster
Denormalisiert	$\pm$	$0\ldots0$	beliebiges Bitmuster $\neq 0\ldots0$
Null	$\pm$	$0\ldots0$	$0\ldots0$
Infinity	$\pm$	$1\ldots1$	$0\ldots0$
NaN	$\pm$	$1\ldots1$	beliebiges Bitmuster $\neq 0\ldots0$

Abb. 2.7. Gleitkommatypen nach IEEE 754-1985

Bei längeren Berechnungen können sich Rundungsfehler sehr schnell aufschaukeln, insbesondere wenn sowohl sehr kleine als auch sehr große Zahlen involviert sind. Verschiedene Berechnungsverfahren für dieselbe Größe können **numerisch stabil** oder **instabil** sein; diese wichtige Problematik wird im Bereich der numerischen Algorithmen genauer untersucht.

Außerdem kann es bei der Konversion von dezimalen zu dualen Nachkommastellen systembedingt zu unvermeidlichen **Konversionsfehlern** kommen. Es kann nämlich sein, daß eine Dezimalzahl mit endlich vielen Nachkommastellen als Dualzahl unendlich viele Nachkommastellen brauchen würde. Sei eine Dezimalzahl z mit Nachkommastellen gegeben. Zur Konversion in eine Dualzahl d können wir z mit einer Zweierpotenz 2^n multiplizieren. Nehmen wir zunächst an, daß $z' = z \cdot 2^n$ keine Nachkommastellen mehr hat, also eine ganze Zahl ist. Dann konvertieren wir z' nach der Methode aus Abschnitt 2.5.1 in eine Dualzahl d'. Nun ist offensichtlich $d'/2^n$ bei dualer Rechnung die Repräsentation von z als Dualzahl. Hierfür verschiebt man aber einfach die duale Ziffernfolge (das Bitmuster) von d' um n Stellen nach rechts – wobei es natürlich zu dualen Nachkommastellen kommen wird (ggf. muß man Nullen nach dem Komma ergänzen).

Beispiel 2.5.4. Sei $z = 0,25_{10}$. Wir wählen geschickt $n = 2$ und erhalten $z' = 0,25 \cdot 2^2 = 1,0$. Es ist $1,0_{10} = 1,0_2$, also $d = 1,0_2/100_2 = 0,01_2$.   ❖

Nun kann es aber vorkommen, daß es keine ganze Zahl n gibt, so daß $z' = z \cdot 2^n$ keine Nachkommastellen mehr hat. Wir suchen nämlich n und z' als ganzzahlige Lösungen der Gleichung $z \cdot 2^n = z'$, oder $2^n = \frac{1}{z}z'$. Hat nun $\frac{1}{z}$ als Dezimalzahl unendlich viele Nachkommastellen, so kann es für diese Gleichung keine ganzzahligen Lösungen n und z' geben. Wir können nach unserer Methode aber eine duale Näherung mit n dualen Nachkommastellen erzeugen, wenn wir die Konversion mit dem ganzzahligen Teil von z' beginnen. Falls z'' der Nachkommateil von z' ist, so machen wir dabei einen Konversionsfehler von $z''/2^n$.

Beispiel 2.5.5. Sei $z = 0,3_{10}$. Es ist $\frac{1}{z} = \frac{10}{3} = 3,333\ldots = 3,\overline{3}$. Es kommt also bei der Konversion in eine Dualzahl mit endlich vielen Stellen unweigerlich zu einem Konversionsfehler. Für $n = 10$ erhalten wir $z' = 0,3 \cdot 1024 = 307,2$. Es ist $307_{10} = 100\,110\,011_2$, also $d = 100\,110\,011_2/10\,000\,000\,000_2 = 0,0100110011_2$. ❖

Unsere obige Konversionsmethode ist nicht sehr effizient, da wir zuerst mit einer Zweierpotenz multiplizieren, um hinterher bei der Konversion dezimal $\rightarrow$ dual diese Faktoren wieder abzudividieren. Man erhält die dualen Nachkommastellen (der Reihe nach, von links nach rechts!) einfacher wie folgt:

Konversion der Nachkommastellen einer Gleitkommazahl dezimal $\rightarrow$ dual (bei dezimaler Rechnung)

Sei Z eine gebrochene Dezimalzahl, $0 < Z < 1$. Es werden der Reihe nach die Nachkommastellen der entsprechenden dualen Gleitkommazahl ausgegeben.

1. Setze $Z := Z * 2$.
2. Gib die Vorkommastelle von Z als nächste duale Nachkommastelle aus.
3. Falls $Z \geqslant 1$, so setze $Z := Z - 1$.
4. Falls $0 = Z$, dann Stopp.
5. Ansonsten fahre fort bei 1. □

Beispiel 2.5.6. Sei wieder $z = 0,3_{10}$. Wir erhalten für z der Reihe nach die Werte $0,6$; $1,2$; $0,4$; $0,8$; $1,6$; $1,2 \ldots$ und daher $d = 0,010011\ldots$. Offensichtlich wiederholt sich das Ganze jetzt periodisch, es ist also $0,3_{10} = 0,0\overline{1001}_2$. ❖

Wir können dieses Verfahren so nicht auf dem Computer ablaufen lassen, da wir ohne seine Hilfe eine Zahl wie $0,3$ mit dezimalen Nachkommastellen ja noch gar nicht einlesen können. Wir behelfen uns, indem wir das Komma zunächst ignorieren und die n Nachkommastellen als n-stellige ganze Zahl einlesen. Mit dieser können wir dann die geforderte Arithmetik ausführen. Wir müssen nur jetzt auf einen Überlauf $> 10^n$ testen: Bei obigem Beispiel lesen wir statt $0,3$ zunächst 3 ein, multiplizieren $2*3=6$, und testen ob $6 > 10^1$ usf.

2.6 Übungen

Die hier angegebenen Übungen eignen sich für Papier und Bleistift. Weitere Programmierbeispiele und -Übungen zu diesem Thema finden sich in Kapitel 6 (besonders in den Abschnitten 6.8.3 und 6.10).

Aufgabe 2.1. Geben Sie die Darstellungen der folgenden ganzen Zahlen im 6-Bit und 8-Bit Zweierkomplement an:

$$0, 1, -1, 8, -8, 32, -32$$

Aufgabe 2.2. Geben Sie die Binärdarstellungen von 2004 in den folgenden Formaten an:

– Als Binärzahl in 16-Bit Zweierkomplementdarstellung.
– Als Folge von 4 im ASCII-Format codierten Ziffernzeichen. (Wählen Sie dabei ein 8-Bit Format für ASCII, in dem das erste Bit immer auf 0 gesetzt wird.) Wieviele Bits werden in diesem Format für die Darstellung der 4 Ziffernzeichen benötigt?

3. Abstrakte Algorithmen und Sprachkonzepte

*His real difficulty consisted in teaching the engine to know when to change
from one set of cards to another, and back again repeatedly, at intervals
not known to the person who gave the orders.*

Charles Babbage (1864)

3.1 Einleitung und Begriffsdefinition

Ein **Algorithmus** (*algorithm*) ist die Beschreibung einer Methode zur Lösung einer gegebenen Aufgabenstellung. Der Begriff kann sehr allgemein gefaßt werden – auch Kochrezepte und Gebrauchsanweisungen zum Zusammenbau von Geräten sind Algorithmen. In der Informatik sind wir natürlich an Algorithmen interessiert, die etwas berechnen und in programmierbare Funktionen münden.

In Kapitel 2, Abschnitt 2.5, haben wir bereits mehrere Algorithmen zur Konversion von Zahldarstellungen kennengelernt, die sich zur Ausführung durch einen Computer eignen. Insbesondere führt jeder Computer natürlich beim Einlesen einer Dezimalzahl eine Konversion zu einer Dualzahl durch und umgekehrt erzeugt er bei der Ausgabe einer Zahl die Folge ihrer Dezimalziffern, jeweils bei dualer Rechnung. Viele der Verfahren haben wir auch schon in elementare Einzelschritte zerlegt und in einer Art formuliert, die das spätere Ausprogrammieren leicht macht.

All diese Verfahren produzieren – eine endlich große Eingabe vorausgesetzt – in endlicher Zeit auf völlig mechanische Art ein wohldefiniertes Ergebnis. Damit handelt es sich um Algorithmen im klassischen Sinn.

Der fundamentale Instruktionszyklus eines Prozessors aus Abb. 2.2.2 ist zwar auf ähnliche Art als präzise Schrittfolge formuliert, er produziert aber kein Ergebnis im obigen Sinn und er hält nie an. Im strengen Sinn sprechen wir hier nur von einem **Berechnungsverfahren** (*computational procedure*), und nur bei etwas loser Betrachtung nennen wir auch dieses Verfahren einen Algorithmus.

Zwar enthalten manche der Konversionsalgorithmen eine etwas abstrakt formulierte Anweisung wie: „man konvertiere das eingelesene Zeichen in die entsprechende Dualzahl", aber wenn man die ASCII-Tabelle kennt besteht kein Zweifel, dass dies problemlos bewerkstelligt werden kann. Obwohl keiner der Algorithmen ein Java-Programm ist, sind sie also doch präzise formuliert und können befolgt werden, ohne daß tiefere Einsichten nötig wären. Gleichzeitig können wir sie verstehen, ohne uns mit den Details von Java abgeben zu müssen und genau aus diesem Grund können wir sie auch in vielen verschiedenen Programmiersprachen realisieren. Mit dem Begriff „Algorithmus" verbinden wir also immer einen gewissen Abstraktionsgrad in der Formulierung, wir bezeichnen damit die Idee oder den Kern eines Berechnungsverfahrens, losgelöst von einer konkreten Programmiersprache.

Wir geben jetzt eine formale Begriffsdefinition. Danach präsentieren wir in Abschnitt 3.2 ein Grundschema für die Konstruktion von Algorithmen. Dieses spezialisieren wir in der Folge zu den wichtigen Konstruktionsprinzipien Rekursion und Iteration und geben einen Überblick über verschiedene Notationen zur Formulierung entsprechender Algorithmen. Diese reichen von abstrakten Sprachkonzepten bis hin zu Sprachelementen, die wir in gängigen Programmiersprachen finden. Dadurch erhalten wir auch einen ersten Überblick über die elementaren Sprachkonzepte von Java, die wir in Kapitel 6 im Detail erläutern werden.

> Ein **Algorithmus** (*algorithm*) ist die Beschreibung eines Verfahrens, um aus gewissen Eingabegrößen bestimmte Ausgabegrößen zu berechnen. Dabei müssen folgende Bedingungen erfüllt sein:
>
> 1. **Spezifikation**
>   - **Eingabespezifikation:** Es muß genau spezifiziert sein, welche Eingabegrößen erforderlich sind und welchen Anforderungen diese Größen genügen müssen, damit das Verfahren funktioniert.
>   - **Ausgabespezifikation:** Es muß genau spezifiziert sein, welche Ausgabegrößen (Resultate) mit welchen Eigenschaften berechnet werden.
> 2. **Durchführbarkeit**
>   - **Endliche Beschreibung:** das Verfahren muß in einem endlichen Text vollständig beschrieben sein.
>   - **Effektivität:** Jeder Schritt des Verfahrens muß effektiv (d.h. tatsächlich) mechanisch ausführbar sein.
>   - **Determiniertheit:** Der Verfahrensablauf ist zu jedem Zeitpunkt fest vorgeschrieben.
> 3. **Korrektheit**
>   - **partielle Korrektheit:** Jedes berechnete Ergebnis genügt der Ausgabespezifikation, sofern die Eingaben der Eingabespezifikation genügt haben.
>   - **Terminierung:** Der Algorithmus hält nach endlich vielen Schritten mit einem Ergebnis an, sofern die Eingaben der Eingabespezifikation genügt haben.

Spezifikation. Wir sprechen manchmal auch von einer **Zusicherung**, die der Algorithmus an die erarbeiteten Ergebnisse macht. Die präziseste Sprache zur Spezifikation ist die Sprache der mathematischen Logik (siehe Kapitel 16). Ein Korrektheitsbeweis des Verfahrens im mathematischen Sinne ist nur dann möglich, wenn auch eine mathematisch präzise Spezifikation vorliegt. In Lehrbüchern werden deshalb gerne mathematische Programmierprobleme gestellt, weil man diese knapp und unzweideutig mit Formeln spezifizieren kann. In der Praxis ist man oft zu weniger formalen Problembeschreibungen in natürlicher Sprache gezwungen (sog. Pflichtenhefte), die umfangreich und mehrdeutig, oft auch inkonsistent sind. Solche Aufgabenstellungen mit notgedrungen vagen Zusicherungen begünstigen dann gerichtliche Auseinandersetzungen darüber, ob der programmierte Algorithmus das tut, was der Kunde wollte.

Durchführbarkeit. Ein Algorithmus muß ein Verfahren sein, das (ohne weiteres Nachdenken) von einer Maschine mechanisch ausgeführt werden kann. Dabei müssen gleiche Eingaben immer zum gleichen Ablauf und Ergebnis führen. Wir lassen das wichtige und moderne Gebiet der randomisierten Algorithmen, deren Ablauf von (mathematischen bestimmten) Zufallsgrößen abhängt, in dieser Einführung außer Betracht.

Korrektheit. Ein Verfahren heißt **total korrekt**, wenn es partiell korrekt ist und terminiert. Man trifft diese Aufspaltung aus zwei Gründen. Zum einen sind jeweils ganz unterschiedliche Beweisverfahren zum Nachweis der beiden Eigenschaften nötig. Zum andern ist es manchmal sinnvoll, auf die Anforderung der Terminierung zu verzichten.

Partielle Korrektheit. Es ist zu beweisen, daß die Ausgaben die Ausgabespezifikation erfüllen, sofern die Eingaben die Eingabespezifikation erfüllt haben. Für ein rekursives Verfahren benutzt man Induktionsbeweise, für iterative Verfahren gibt es die Methode der Schleifeninvarianten von Floyd. Diese Methode wurde von Hoare zu einem formalen Kalkül weiterentwickelt, der es prinzipiell ermöglicht, für ausprogrammierte Verfahren völlig durchformalisierte Beweise zu erzeugen.

Terminierung. Die klassische Definition fordert von einem Algorithmus, daß er auf jeder legalen Eingabe terminiert[1]. Die Anforderung ist zunächst sinnvoll, wo mathematische Funktionen ausgerechnet werden müssen, denn ein Rechenverfahren, das nicht immer terminiert, liefert für manche Eingaben kein Ergebnis. Allerdings erbringen viele Programme ihre hauptsächliche Leistung durch sog. Seiteneffekte, z. B. in Form von Ausgaben während der Laufzeit, und nicht durch ein einziges Endergebnis. Standardbeispiele sind der fundamentale Instruktionszyklus des Computers, das Betriebssystem und Datenbanksysteme. Aber auch im mathematischen Bereich möchte man konvergierende Näherungsverfahren manchmal zu den Algorithmen zählen und offen lassen, wann genau die Berechnung in der Praxis abbrechen soll. Ist ein Verfahren bis auf die fehlende Terminierung ein Algorithmus, so spricht man von einem **(Rechen-)Verfahren** (*computational procedure*); in loser Sprechweise benutzt man manchmal auch den Ausdruck „nicht-terminierender Algorithmus", obwohl das genau genommen ein Widerspruch in sich ist.

Beispiel 3.1.1. Nach der obigen Definition sind die folgenden Beschreibungen keine Algorithmen:

---

[1] Die Ausdrücke „Terminierung" (oder „Termination") und „terminieren" haben sich als Anglizismen für „Beendigung" und „zum Ende kommen" eingeschlichen.

– Der fundamentale Instruktionszyklus ist in der Formulierung von Abb. 2.2.2 im strengen Sinn kein Algorithmus, da z. B. nicht klar ist, welche Instruktionen wie dekodiert und ausgeführt werden sollen. Ergänzt man eine Beschreibung der Befehle mit Unteralgorithmen zur Dekodierung und Ausführung, dann wird das Verfahren determiniert, allerdings fehlt die Terminierung.

– Sei s definiert als die Summe

$$s := 1 + 1/2 + 1/4 + 1/8 + \cdots$$

Damit mag s ein mathematisch korrekt definierter Wert sein, als Algorithmus genügt diese Beschreibung nicht, da die Beschreibung nicht endlich ist (die $\cdots$ dienen ja nur als Abkürzung für einen unendlich langen Ausdruck). Das berechnende Programm terminiert (im Prinzip) auch nie, da es ja eine unendliche Summe berechnen soll.

– Man würze bei Bedarf nach. Je nach Ausführendem ergibt sich ein anderer Ablauf. Dies ist nicht erlaubt. Der Ablauf muß durch die Eingaben und die Algorithmenbeschreibung eindeutig festgelegt sein.

– s sei $5/0$. Das Ergebnis von $5/0$ ist im mathematischen Sinne undefiniert bzw. bei Programmiersprachen nicht eindeutig festgelegt. Deshalb ist das Ergebnis der Anweisung nicht determiniert bzw. die Anweisung nicht effektiv ausführbar.

❖

Ein weiterer wichtiger Gesichtspunkt ist der **Aufwand** eines Algorithmus. Da wir Algorithmen unabhängig von konkreten Maschinen formulieren wollen, können wir nicht genau angeben, wieviel Zeit eine Berechnung für gegebene Eingaben benötigt. Es ist aber oft möglich, eine tendenzielle Aufwandsabschätzung (asymptotische Komplexitätsanalyse) der folgenden Art anzugeben: Wenn sich die Größe der Eingabe verdoppelt, wie verhält sich dann die benötigte Rechenzeit? Wir werden die Frage der Komplexität in Kapitel 10.4 näher untersuchen.

Beispiel 3.1.2. Allgemein bekannte Algorithmen sind auch die elementaren Rechenverfahren wie schriftliches Addieren, Subtrahieren, Multiplizieren und Dividieren. Wir wissen, daß es verschiedene Verfahren zum Lösen einer solchen Aufgabenstellung geben kann, die unter Umständen auch verschieden hohen Rechenaufwand und damit Zeit erfordern: Das Problem, die Summe von a und b zu berechnen, kann man durch schriftliches Addieren lösen oder indem man a insgesamt b mal um Eins erhöht.

Schließlich stellt sich die Frage nach **Entwurfsmethoden**, d. h. nach allgemein bewährten Ansätzen zur Problemlösung. In der Folge werden wir zunächst die elementaren rekursiven und iterativen Ansätze in verschiedenen Spielarten betrachten. In den Kapiteln 10 bis 12 von Teil III werden wir höhere strategische Entwurfsmethoden wie **greedy** und **divide and conquer** vorstellen und anwenden.

In Abschnitt 3.2 stellen wir eine abstrakte Grundkonstruktion von Algorithmen vor und geben einen Überblick über sehr allgemeine Konstruktions- und Notationsarten. In diesem und den folgenden Abschnitten illustrieren wir die Aspekte des Algorithmenbegriffs u. a. am einfachen Beispiel der *modulus*-Funktion (Bsp. 3.2.1). In Abschnitt 3.3 geben wir eine Einführung in grundlegende programmiersprachliche Iterationskonstrukte. In den folgenden Abschnitten 3.4 und 3.5 vertiefen wir den rekursiven und insbesondere den iterativen Ansatz zur Konstruktion von Algorithmen einschließlich ihrer Verifikation. Insgesamt legt dieses Kapitel den Schwerpunkt auf abstrakte Prinzipien der (korrekten) Konstruktion und Beschreibung. Für Korrektheitsbeweise verwenden wir die Methode von Floyd mit Schleifeninvarianten, der Hoare-Kalkül ist Gegenstand von Kapitel 17 in Teil IV. Spezifikation, Entwurf und Aufwand werden in Teil III vertieft behandelt.

3.2 Aufbau und Beschreibung von Algorithmen

Für die Beschreibung von Algorithmen kann man einerseits die Alltagssprache benutzen, andererseits eine konkrete Programmiersprache. Dazwischen gibt es eine Vielzahl von Notationen, die den Übergang zwischen Problembeschreibung und Programm erleichtern sollen. Wir stellen im folgenden Unterabschnitt 3.2.3 zunächst ein einfaches abstraktes Grundschema zum Aufbau von Algorithmen vor. Danach geben wir einen Überblick über die wichtigsten Ausprägungen, die diese Grundkonstruktion annehmen kann. Jede Konstruktionsweise für Algorithmen wird durch entsprechende Notationen zur Beschreibung der entsprechenden Algorithmen unterstützt, die letztlich in programmiersprachliche Konstrukte münden. Im vorliegenden Kapitel geht es uns zunächst unabhängig von konkreten Programmiersprachen um grundlegende Konstruktions- und Notationsarten, die übergreifende Bedeutung haben.

3.2.1 Textuelle Beschreibung in Schritten

In einem normalen Text stellen wir Algorithmen als Folge einzelner Bearbeitungsschritte dar, wie wir das schon mit den Algorithmen zur Konversion von Zahldarstellungen in Kapitel 2.5 getan hatten. Die Anweisungen in einem Schritt können mit einer Bedingung versehen werden, so daß sie nur dann ausgeführt werden, wenn zu diesem Zeitpunkt die Bedingung wahr ist. Die Bearbeitungsschritte können wiederholt werden, bis das gewünschte Ergebnis erzielt ist. Wiederholungen geschehen entweder innerhalb der Schrittfolge durch Anweisungen wie: „weiter mit Schritt 2", oder durch erneutes Aufrufen des Algorithmus mit einer einfacheren Problemstellung. Jeder Schritt sollte wie ein Buchkapitel einem Thema folgen.

Wir betrachten als ganz einfaches Beispiel einen Algorithmus, der die Differenz von zwei natürlichen Zahlen berechnet und hierzu nur Additionen, ja nur einfaches Inkrementieren um 1 benutzt.

diff(a, b)

// Gegeben seien zwei natürliche Zahlen a und b, $a \geq b$.
// Das Resultat r ist die Differenz $r = a - b$.

1. **Vorbereitung:** Setze $r := 0$ und setze $y := b$.
2. **Trivialfall:** Falls $y = a$ so gebe das Resultat r aus.
3. **Arbeit:**
   Ergebnisaufbau: Setze $r := r + 1$;
   Problemreduktion: Setze $y := y + 1$.
4. **Wiederholung:** Fahre weiter bei 2. $\square$

Der Algorithmus beginnt mit einer **Kopfzeile**, in der der Name des Verfahrens angegeben ist sowie eine Liste mit den Namen der **Parameter**, von denen das Verfahren abhängt. Die Werte der Parameter werden benötigt, um den Algorithmus durchzuführen. Für unterschiedliche Werte kommt es i. a. zu unterschiedlichen Ergebnissen, aber immer nach demselben algorithmischen Verfahren.

Danach folgen noch im **Kopf** (*header*) des Algorithmus mehrere Kommentarzeilen, die jeweils – wie in Java auch – mit einem doppelten Schrägstrich beginnen. Der **Kommentar** (*comment*) dokumentiert insbesondere die Leistung des Algorithmus. Wir streben danach, hier nach Möglichkeit eine formale mathematische **Spezifikation** anzugeben, also eine Formel, die besagt wie das Ergebnis des Algorithmus von den Eingabeparametern abhängt. Dazu ist es sinnvoll, wenn das Ergebnis einen Namen hat. Wir werden es als Konvention in der Zukunft meistens r oder *res* nennen.

Im **Rumpf** (*body*) des Algorithmus sind die einzelnen Bearbeitungsschritte aufgeführt.

In der Anweisung „Setze $r := 0$" ist r eine **Variable**, d. h. r bezeichnet wie in der Mathematik eine Größe, die im Laufe der Rechnung verschiedene Werte annehmen kann (im Computer ist eine Variable durch eine Speicherstelle hinterlegt). In der Anweisung „Setze $r := 0$ und setze $y := b$" bekommt die Variable r also den Wert 0; die Variable y bekommt eine Kopie des Wertes zugewiesen, den die Variable b momentan hat. Zur Abkürzung schreibt man auch einfach „$r := 0$; $y := b$;". Die Notation „$:=$" (sprich: „ergibt sich zu (dem Wert von)" (*becomes*)) verdeutlicht die Richtung, in die der Wert fließt.

Für jede nach der Spezifikation zulässige Eingabe muß die Berechnung nach endlich vielen Schritten zur Ausgabe eines Ergebnisses führen, das die Spezifikation erfüllt. Für andere Eingaben kann die Bearbeitung mit einem klar gekennzeichneten Fehlerfall enden (bei konkreten Programmen soll dies nach Möglichkeit immer geschehen, um eine Robustheit gegen Fehlbedienungen zu erzielen).

Durch $r := r + 1$ wird offensichtlich schrittweise das Ergebnis aufgebaut. Durch $y := y + 1$ wird das Problem, $a - y$ zu berechnen schrittweise vereinfacht, bis es trivial geworden ist sobald $y = a$ gilt. Damit dies funktioniert, haben wir die Bedingung $a \in \mathbb{N}, b \in \mathbb{N}, a \geq b$ vorausgesetzt. In Abschnitt 3.2.3 werden wir dieses Beispiel zu einem Grundprinzip der Algorithmenkonstruktion verallgemeinern.

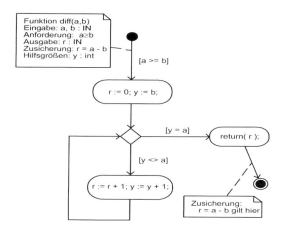

Abb. 3.1. Flußdiagramm zu Algorithmus diff als UML Aktivitätsdiagramm

3.2.2 Graphische Beschreibung mit UML (Flußdiagramme)

Ein **Flußdiagramm** (*flow chart*) veranschaulicht den Steuerungsverlauf oder Kontrollfluß eines Algorithmus in unmittelbar einleuchtender graphischer Form. Sie wurden traditionell insbesondere als Hilfsmittel beim Programmieren in Assembler-Sprachen eingesetzt, die nur unstrukturierte Sprünge unterstützen. Beim Programmieren in strukturierten Sprachen, die elementare Sprünge gar verbieten, sind Flußdiagramme nicht mehr wirklich nötig.

Allerdings ist eine graphische Übersicht über den intendierten Steuerungsverlauf gerade zu Beginn der Software-Entwicklung sehr nützlich, wenn in einer Modellierungsphase erstmals die Vorgehensweise skizziert werden soll, mit der man das vorgelegte Problem lösen möchte, oder wenn man sich ein Modell der Arbeitsabläufe bilden soll, die man letztlich in Software zu umzusetzen hat. Flußdiagramme können leicht in jede gängige Programmiersprache umgesetzt werden und eignen sich daher als intuitives, abstraktes Beschreibungsmittel.

Aus diesen Gründen ist in die moderne Modellierungssprache UML (*unified modeling language*) (Booch et al., 1999a,b; Fowler, 2000) das Konzept der **Aktivitätsdiagramme** (*activity diagram*) aufgenommen worden. Die Sprache der Aktivitätsdiagramme benutzt u. a. folgende Symbole:

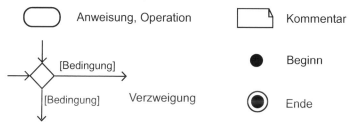

Die Ausführung solcher Ablaufpläne folgt den Pfeilen zwischen den Kästchen. Bei Verzweigungen folgt der weitere Verlauf der Berechnung dem ausgehenden

Zweig, dessen beigeordnete Bedingung zu dem Zeitpunkt wahr ist. Die Bedingungen können in der *object constraint language* von UML ausgedrückt werden. Diese orientiert sich an Prädikatenlogik mit den üblichen arithmetischen Operatoren (vgl. Kap. 16). Aus der Forderung nach der Determiniertheit eines Algorithmus ergibt sich, daß von den Bedingungen stets nur genau eine wahr sein darf.

3.2.3 Grundschema des Algorithmenaufbaus

Eine der Grundfragen der Informatik ist: Wie kommt man von einem Problem zu einem Algorithmus, der das Problem löst? Ausgehend von unseren bisher betrachteten Algorithmen können wir folgendes allgemeines abstraktes Grundschema für den Aufbau einfacher Algorithmen formulieren.

Grundschema des Algorithmenaufbaus

// Name des Algorithmus und Liste der Parameter
// Spezifikation des Ein-/Ausgabeverhaltens

Schritt 1   **Vorbereitung:** Einführung von Hilfsgrößen etc.

Schritt 2   **Trivialfall?** Prüfe, ob ein einfacher Fall vorliegt. Falls ja, Beendigung mit Ergebnis.

Schritt 3   **Arbeit (Problemreduktion, Ergebnisaufbau):** Reduziere die Problemstellung X auf eine einfachere Form X', mit $X > X'$ bezüglich einer wohlfundierten Ordnung $>$. Baue entsprechend der Reduktion einen Teil des Ergebnisses auf.

Schritt 4   **Wiederholung (Rekursion oder Iteration):** Rufe zur Weiterverarbeitung den Algorithmus mit dem reduzierten X' erneut auf (Rekursion), bzw. fahre mit X' anstelle X bei Schritt 2 fort (Iteration). $\square$

Nach der Initialisierung wiederholt der Algorithmus den Arbeitsschritt so lange, bis die Trivialfallprüfung positiv ausfällt und das Problem gelöst ist. Bei der Problemreduktion geht es darum, die Problemstellung X ein Stück weit so zu bearbeiten, daß sie am Ende in einer vereinfachten Form X' wieder erscheint. Da X' wieder eine Variante der Problemstellung ist, für die der Algorithmus geschaffen wird, kann man X' selbst wieder auf die bereits gewonnene Weise weiterbehandeln. Zug um Zug mit der Reduktion wird (i. a. in der Ergebnisvariable r) ein Ergebnis aufgebaut. Ist die Problemstellung auf einen Trivialfall reduziert, wird das akkumulierte Ergebnis ausgegeben.

Im mathematischen Sinn muß der Vereinfachung eine wohlfundierte Ordnungsrelation $>$ zugrunde liegen, so daß $X > X'$. (Eine Ordnung $>$ ist **wohlfundiert** (*well founded*), wenn es keine unendlich absteigende Kette von Elementen $e_1 > e_2 > \ldots > e_n > \ldots$ gibt.) Dadurch wird einerseits der Fortschritt der Bearbeitung sichtbar und andererseits sind keine unendlichen Wiederholungen möglich.

Dieses Grundprinzip der Lösung komplexer Aufgaben durch Wiederholung einer (relativ) einfachen Problemreduktion bis eine Abbruchbedingung wahr wird, wird von Programmiersprachen durch eine Vielfalt (verwandter) Steuerungskonstrukte unterstützt.

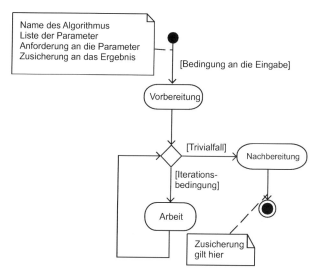

Abb. 3.2. Aktivitätsdiagramm zum Grundschema des Algorithmenaufbaus

Die Anordnung der Anweisungen eines Algorithmus, die bestimmt, in welcher Reihenfolge Dinge geschehen, heißt der **Steuerungsverlauf** (*control flow*) des Algorithmus, auch **Kontrollfluß**[2] (*flow of control*) genannt. Manchmal wird auch der Programmablauf oder **Kontrollfaden** (*thread of control*), also die tatsächlich abgespulten Schritte und Anweisungen so bezeichnet. Der Steuerungsverlauf kann mit der Notation der **Flußdiagramme** (*flow chart*) graphisch dargestellt werden.

Die Konstruktion „Falls ja, . . .“ in Schritt 2 stellt eine **Verzweigung** (*branch*) im Steuerungsverlauf dar. Sie ermöglicht es, daß *dynamisch*, bei der Ausführung des Algorithmus, über den Steuerungsverlauf entschieden wird. Die auszuwertende Bedingung wird natürlich *statisch*, bei der Aufschreibung des Algorithmus, festgelegt, aber die jeweiligen Werte und damit der Steuerungsverlauf, ergeben sich dynamisch.[3]

Die Konstruktion „fahre fort mit Schritt 2“ stellt einen **Sprung** (*jump*) im Steuerungsverlauf dar. Dies ist die elementarste Form, eine Wiederholung im Ablauf auszudrücken. Natürlich kann eine Verzweigung mit einem Sprung kombiniert werden in der Form „Falls ja, fahre fort mit Schritt 2“. Durch die Zerlegung in Schritte mit einem einzigen Rücksprung zum Anfang erhalten wir die **elementar-iterative Beschreibungsform** von Algorithmen. Diese Form hat die nützliche und angenehme Eigenschaft, daß die einzelne Schritte des Verfahrens klar heraustreten.

Die „fahre fort“-Konstruktion entspricht unmittelbar der `goto`-Anweisung im Programmieren, wie sie etwa in C/C++ vorhanden ist. Deren Anwendung ist dann sehr gefährlich, wenn sie in einem Algorithmus mehrfach vorkommt, da sie das Programm nicht ausreichend strukturiert, so daß der Steuerungsverlauf sehr leicht

---

[2] *Control* bedeutet hier Steuerung, nicht Kontrolle.

[3] Dies ist das Phänomen, das im Zitat zu Beginn dieses Kapitels zur Sprache kommt.

verworren und unübersichtlich wird und sich der Programmablauf nicht mehr vorhersagen läßt.

Um den Steuerungsverlauf übersichtlich zu gestalten, beschränkt man sich darauf, Sprünge nur in einer strukturierten Form zu benutzen, also eingebettet in höhere Iterationsstrukturen. Dieses sind die Fallunterscheidungen wie `if-then-else` und insbesondere die **Schleifen**konstrukte (*loop*), wie `while`, `repeat-until` und `for`, die bewirken, daß der Programmfluß in einer Schleife von einem Test zu einem Bearbeitungsschritt und wieder zurück zum Test geht. Dadurch erhalten wir eine **strukturiert-iterative Beschreibungsform**.

Zu einer strukturierten Iteration äquivalent (gleich mächtig) ist das Prinzip der **Rekursion**, mit dem ebenfalls freie Sprünge vermieden werden. Hier wird der gleiche Algorithmus erneut eingesetzt, jetzt aber auf dem reduzierten Problem X'. Dadurch erhalten wir die **rekursive Beschreibungsform** von Algorithmen.

Wir illustrieren diese elementaren abstrakten Ansätze zur Konstruktion und Niederschrift von Algorithmen nun neben dem obigen Beispiel der Subtraktion an dem folgenden Beispiel der *modulus*-Funktion.

Beispiel 3.2.1. (Algorithmisches Problem: *modulus*-Funktion) Man finde ein Verfahren zur Berechnung des Rests der Ganzzahldivision a/b, also für $r = a \bmod b$, wobei $a \geq 0, b > 0$.

Die modulo-Funktion wird bei der Berechnung des größten gemeinsamen Teilers zweier Zahlen gebraucht, einem der ersten dokumentierten Algorithmen überhaupt, der auf Euklid zurückgeht.

In Java gibt es übrigens einen eingebauten Operator `%`, so daß `a%b` den Rest der Ganzzahldivision `a/b` berechnet. Auf dem angegebenen Definitionsbereich stimmen die Werte $a \bmod b$ und $a\%b$ überein. Ist eines der Argumente negativ, so ist dies nicht mehr der Fall, da $a\%b$ negativ wird. Näheres findet sich bei Wolff *et al.* (2004, Kap. 3.1).   ❖

Beispiel 3.2.2. Wir konstruieren nach dem Grundschema einen Algorithmus, der die *modulus*-Funktion berechnet. Wir folgen dabei der Grundidee, daß wir so lange b von a abziehen, bis a kleiner als b ist. In diesem Fall ist (das reduzierte) a das Resultat. Die algorithmische Idee ergibt sich hier aus mathematischem Verständnis, das Aufschreiben gemäß dem Grundschema fixiert die Idee, und danach ist es nur noch ein kleiner und eher mechanischer Schritt zu einem ablauffähigem Programm in einer der gängigen Programmiersprachen.

> **mod(a,b)**
> // Anforderungen: $a, b \in \mathbb{Z}$, $a \geq 0, b > 0$.
> // Zusicherung: Das Resultat r ist der Rest der Division a/b.
> 1. **Vorbereitung:** Setze $r := a$.
> 2. **Trivialfall?** Falls $r < b$, so gib das Resultat r zurück; Stopp.
> 3. **Arbeit (Problemreduktion, Ergebnisaufbau):** Setze $r := r - b$.
> 4. **Wiederholung (Iteration):** Mache weiter mit Schritt 2.   □

Die Problemstellung X ist hier durch das Paar (a, b) gegeben. Zunächst wird die Bearbeitung vorbereitet (Schritt 1). Danach wird geprüft, ob der triviale Fall $r < b$ vorliegt, in dem wir das Ergebnis sofort ablesen können (Schritt 2). Es folgt der Kern des Algorithmus, die Problembearbeitung (Schritt 3). Die Anweisung $r := r - b$ besagt genau: „Ziehe vom (momentanen) Wert von r den (momentanen) Wert von b ab und speichere das Resultat als neuen Wert von r." Es wird r also um eine positive Größe b reduziert, bleibt dabei aber immer positiv, da aufgrund von Schritt 2 zu Beginn von Schritt 3 zunächst $r \geq b$ gelten muß. Als Reduktionsordnung genügt also $>$ auf $\mathbb{N}$. Der Ergebnisaufbau in r fällt bei diesem einfachen Algorithmus zufällig einmal mit der Problemreduktion in r zusammen.

Nach dem Problemreduktionsschritt springt man mit Schritt 3 zu einem neuen Arbeitszyklus mit einem erneuten Test, ob inzwischen der Trivialfall erreicht ist (eine erneute Vorbereitung ist i. a. unnötig). Alternativ könnte man in Schritt 3 mit der Anweisung „Gib als Resultat das Resultat von $mod(r, b)$ zurück" den Algorithmus rekursiv aufrufen, da $X' = (r, b) = (a - b, b)$ ja eine vereinfachte Variante der ursprünglichen Problemstellung ist.

Wir verfolgen den Ablauf des Kontrollflusses für den Aufruf `mod(7, 3)`.

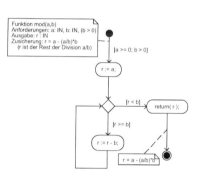

```
BEGINN
a == 7, b == 3
r = 7
7 ≥ 3 ?        TRUE
r = 7-3
4 ≥ 3 ?        TRUE
r = 4-3
1 ≥ 3 ?        FALSE
Return( 1 )
ENDE
```

3.2.4 Strukturiert-iterative Beschreibungen

Bei komplexen Algorithmen kann sich natürlich hinter jedem Anweisungskästchen wieder ein neues Flußdiagramm verbergen. Hält man sich nicht an das Grundschema, so bekommt man leicht einen völlig verworrenen Steuerungsverlauf, bei dem sich im Flußdiagramm die Pfeile wild überkreuzen. Man spricht in diesem Fall auch von **Spaghetti-Code**.

Um den Steuerungsverlauf auch bei komplexen Algorithmen übersichtlich zu halten, schränkt man die Sprünge so ein, daß die Schleifen der Flußdiagramme höchstens ineinander geschachtelt sind, sich aber nicht überkreuzen. Im Arbeitsschritt des Grundschemas würde man z. B. nur wieder eine geschlossene Schleife oder einen (vorzeitigen) Sprung zurück zum Test des Trivialfalls erlauben. Wir sprechen in diesem Fall von **strukturierten Sprüngen** im Gegensatz zu **freien Sprüngen**, die prinzipiell beliebige Ziele haben können.

Man kann die Beschränkung auf strukturierte Sprünge durch eine freiwillige Selbstverpflichtung (Programmierkonvention) erreichen oder durch eine Einschränkung der Programmiersprache. In Java gibt es keine allgemeine Sprunganweisung mehr, sondern nur strukturierte Sprünge ans Ende oder an den Anfang von Schleifen (`break`, `continue`). Knuth (1977) erlaubt strukturierte Sprünge mit `goto`-Anweisungen und spricht dann von „strukturiertem Programmieren mit `goto`". Viele Informatiker lehnen schon die Möglichkeit freier Sprünge rundweg ab und verbannen die `goto`-Anweisung ganz aus Programmiersprachen.

Im reinen **strukturierten Programmieren** verwendet man nur Schleifenkonstrukte ohne irgendwelche expliziten Sprünge. (Natürlich kann man trotzdem unverständliche Programme schreiben, es fällt nur nicht mehr ganz so leicht.) Die wichtigsten **Schleifen** (*loop*) sind die **while-Schleife**, die **for-Schleife** und die **repeat-until-Schleife**. Für die Beschreibung abstrakter Algorithmen ist die `while`-Schleife am wichtigsten; die anderen Konstrukte werden in Abschnitt 3.3 vorgestellt.

Die **while-Schleife** (*while loop*) hat die Form

$$\texttt{while}\,(Bedingung)\,\texttt{do}\,\{Anweisungssequenz\}\,\texttt{od}$$

(Das Kunstwort `od` bildet einfach die schließende Klammer zum öffnenden `do`.) Der Kontrollfluß testet zuerst die Bedingung im **Kopf** der Schleife. Ist die Bedingung wahr, so durchläuft er die Anweisungsfolge im **Körper** und kehrt dann (eben in einer Schleife) wieder zum Kopf zurück.

Mit diesem Konstrukt können wir die Prüfung auf den Trivialfall, den Arbeits- und den Rücksprungschritt in unserem Grundschema in einem Schritt zusammenfassen. Wir müssen dazu aber etwas umdenken und nun auf die *Negation* des Trivialfalls testen, also auf die **Iterationsbedingung**, unter der wir in der Schleife bleiben müssen. Damit verläuft die Bearbeitungssequenz des Grundschemas in einer sehr geordneten Struktur, nämlich: „solange (*while*) die Problemstellung X nicht trivial ist, tue (*do*) folgendes: Reduziere X zu X' und akkumuliere ein Ergebnis r".

mod(a,b)
// Anforderungen:
// $a, b \in \mathbb{Z}$, $a \geq 0, b > 0$.
// Zusicherung:
// Das Resultat r ist der Rest der Division a/b.
1. **Vorbereitung:** $r := a$.
2. **Arbeit (Problemreduktion, Ergebnisaufbau):**
   `while` $(r \geq b)$ `do`
   $\quad r := r - b$
   `od`.
3. **Trivialfall:** `return` r.   □

(`return` r ist die Abkürzung für: Gib das Resultat r zurück; Stopp.)

3.2.5 Rekursive Beschreibung in mathematischer Notation

Das Beispiel der rekursiven *modulus*-Funktion werden wir ausführlich im folgenden Abschnitt 3.4 behandeln. Das hier gezeigte Verfahren ist der **Euklidische Algorithmus** zur Berechnung des größten gemeinsamen Teilers (ggT) zweier natürlicher Zahlen a und b, $a > 0$, $b \geq 0$. Die Berechnung des ggT tritt z. B. bei der Implementierung von rationalen Zahlen auf, um Zähler und Nenner kürzen zu können.

$$\mathrm{ggT}(a, b) = \begin{cases} a & b = 0 \\ \mathrm{ggT}(b, a) & b > a \\ \mathrm{ggT}(b, a \bmod b) & \text{sonst} \end{cases}$$

Rekursionsgleichungen. Wir können die Fallunterscheidung der mathematischen Notation auch in einer Art ausdrücken, wie sie auf ALGOL zurückgeht und in ähnlicher Form in allen Programmiersprachen üblich ist, nämlich if-then-else-fi. (Das Kunstwort fi bildet einfach die schließende Klammer zum öffnenden if.) Durch $\equiv$ wird die Gleichwertigkeit von Ausdrücken symbolisiert.

$$\begin{aligned} \mathrm{ggT}(a, b) \quad \equiv \quad & \text{if } b = 0 \text{ then } a \\ & \text{else if } b > a \text{ then } \mathrm{ggT}(b, a) \\ & \text{else } \mathrm{ggT}(b, \mathrm{mod}(a, b)) \text{ fi} \end{aligned}$$

$$\mathrm{mod}(a, b) \equiv \text{if } a < b \text{ then } a \text{ else } \mathrm{mod}(a - b, b) \text{ fi}$$

3.2.6 Beschreibung mit Pseudo-Code

Mit Beschreibungen wie
```
if ( keine Elemente mehr zu sortieren )
   return ( Erfolg );
```
lehnt man sich an die Syntax höherer Programmiersprachen an, erlaubt sich dabei aber natürlichsprachliche Teile. Als Vorteil hat man alle üblichen Strukturierungshilfsmittel (wie while, if usw.) zur Verfügung, spart sich aber eine völlige Formalisierung des Algorithmus.

3.3 Programmiersprachliche Grundkonzepte

Wir fassen nun die wichtigsten Grundkonzepte zusammen, die man gemeinhin zum Programmieren von Algorithmen benutzt. Objektorientiertheit und Datenstrukturen bleiben hier ausgeklammert. Wir benutzen weiterhin eine informelle abstrakte Programmiersprache, denn Java deckt nicht alle allgemeinen Konzepte ab. Wie in Programmiersprachen durchweg üblich wählen wir englische Notation. Wir benutzen in Ausdrücken der abstrakten Sprache mathematische Symbole (z. B. if $a \geq 0$ then $r := a$ else $r := -a$ fi). Wo dies möglich ist, geben wir den entsprechenden Ausdruck auch in Java an (z. B. if(a>=0) {r = a;} else {r = -a;}).

Teil II des Buches behandelt die in Java vorhandenen Grundkonzepte dann im Detail. In Teil III behandeln wir einige kompliziertere Algorithmen in Java.

Grundkonzepte des Programmierens.

Datenspeicher und **Zuweisungen**:
- **Variablen** und **Zuweisungen** zum Speichern (zuweisen, merken) von berechneten (Zwischen-)Ergebnissen (z.B. $r := a$; oder in Java: r=a).
- **Konstanten** zum Bezeichnen fester Werte (z. B. Kreiszahl π).

Ausdrücke:
- **Boolesche** und **arithmetische Ausdrücke** zum Auswerten von Formeln und Bedingungen (z. B. $a > 0$ and $(b < 0$ or $c + b > d)$). Boolesche Ausdrücke haben einen der Wahrheitswerte wahr (*true*) oder falsch (*false*) als Wert. Der Vergleichsoperator $=$ wird in C/C++ und Java als $==$ geschrieben.

Sequenzierungsanweisungen: Anweisungen zum Gliedern und Steuern des Ablaufs von Berechnungen.
- **Blöcke** zum Gruppieren von Daten und Anweisungen (z. B. begin ... end oder in Java { ... }).
- **Funktionsaufrufe** zum mehrmaligen Wiederverwenden einmal definierter Algorithmen (z. B. $x := \sin(\alpha) + \sin(\beta)$).
- Eine **Rückkehranweisung** zur Beendigung einer Funktion und Rückkehr zur Aufrufstelle mit einem Ergebnis. (z. B. return $(x - 2)$;: Es wird $x - 2$ berechnet und als Ergebnis zurückgegeben. Etwaiger nachfolgender Code wird nicht mehr ausgeführt.)
- **Bedingte Anweisungen** zum Verzweigen im Programmfluß (z. B. if $(x_0 \leq b)$ then $\{r := x_0;\}$ else $\{r := b;\}$). In Java wird das Wort then weggelassen.
- **Iterationsanweisungen** zur Realisierung von Schleifen (z. B. while, for, repeat until, goto).

Hilfskonstrukte:
- **Kommentare** folgen nach // bis zum Zeilenende oder als Abschnitte der Art /* *Kommentar* */, bzw. der Art /** *Kommentar* */.

Programmiersprachen wurden dazu entworfen, um eine Notation für Algorithmen zu erhalten, die einerseits so präzise ist, daß die Algorithmen vom Rechner vollautomatisch ausgeführt werden können, die andererseits aber so abstrakt ist, daß die Algorithmen vom Menschen gut verstanden werden können. Jede Programmiersprache stellt daher einen mehr oder weniger geglückten Kompromiß zwischen den Anforderungen des Menschen und der Maschine dar.

Maschinennahe Sprachen (z. B. Assembler, C) erlauben eine extrem effiziente Verarbeitung, abstrakte Hochsprachen (objektorientierte Sprachen, funktionale Sprachen wie LISP, logische Sprachen wie Prolog) stellen Abstraktion der Notation und der Programmierkonzepte in den Vordergrund. Objektorientierte Sprachen wie Java und C++ stellen zusätzlich das Klassen-Konzept zur Zusammenfassung von Datenstrukturen und Algorithmen in Objekte sowie Konzepte zum Modellieren von Beziehungen zwischen Objekten zur Verfügung (vgl. die Kapitel 4 und 5).

Alle Sprachen stellen neben Variablen und Ausdrücken auch bedingte Anweisungen und verschiedene Iterationskonzepte zum Realisieren von Algorithmen bereit. Diese bilden den Kern der Programmierung. Dabei bedingen sich die Sprachkonzepte und die algorithmischen Denkweisen wechselseitig. Funktionale Sprachen unterstützen primär die Rekursion, strukturierte Sprachen unterstützen die strukturierte Iteration in Schleifen; diese Sprachkonstrukte betrachten wir jetzt genauer.

3.3.1 Das Sprung-Konzept `goto`

Die unbedingte Sprunganweisung lautet wie folgt:

`goto` *Marke*`;`
In Java: nicht vorhanden.

Die Anweisung `goto` `M`; hat zur Folge, daß der Programmfluß zu derjenigen Anweisung „springt", die mit der **Marke** (*label*) `M` markiert ist. Die Sprunganweisung ist das direkte Äquivalent der umgangssprachlichen Ausdrücke „fange wieder bei 2. an" oder „weiter bei Schritt 2". Sprunganweisungen kommen auch in C/C++ sowie in den Maschinensprachen und in Assembler vor. In Maschinensprache springt man zu einer Adresse, an der der nächste Befehl steht. In Assembler und höheren Sprachen hat man statt Adressen symbolische Marken zur Verfügung, die automatisch auf Adressen abgebildet werden.

Die `goto`-Anweisung ist ein maschinennahes Programmkonstrukt, das zu Gunsten höherer strukturierter Iterationsanweisungen vermieden werden sollte. Allerdings kommt es in vielen existierenden Programmen und Programmiersprachen noch vor. In Java, das keine `goto`-Anweisung hat, sind spezielle **strukturierte Sprunganweisungen** vorgesehen, die in ihrer einfachen Form nur zu strukturierten Sprüngen führen können (vgl. Kap. 6.8.4). Die `break`- und `continue`-Anweisungen erlauben es, aus dem Arbeitsschritt der Schleife vorzeitig zum zugehörigen Schleifentest zurückzuspringen um die Schleife zu beenden bzw. in die nächste Iteration zu gehen. Eine kompliziertere Form erlaubt aber auch das Verlassen innerer geschachtelter Schleifen und den Rücksprung zu dem Schleifentest einer äußeren Schleife, womit sich doch wieder Sprungziele überkreuzen.

3.3.2 Verzweigung mit der bedingten Anweisung `if-then-else`

Die allgemeine bedingte Anweisung lautet:

`if` *Bedingung* `then` *ja-Anweisung* `else` *nein-Anweisung* `fi;`
In Java:
`if (`*Bedingung*`)` *ja-Anweisung*`; else` *nein-Anweisung*`;`

Die Kurzform lautet:

`if` *Bedingung* `then` *ja-Anweisung* `fi;`
In Java: `if (`*Bedingung*`)` *ja-Anweisung*`;`

Die Bedingung ist ein Boolescher Ausdruck, der zuerst ausgewertet wird. Ergibt sich `true`, so wird nur die „ja-Anweisung" ausgeführt, ergibt sich `false` wird nur die „nein-Anweisung" ausgeführt. In der Kurzform wird statt einer expliziten „nein-Anweisung" die Anweisung ausgeführt, die auf die bedingte Anweisung folgt. Im allgemeinen sind statt einzelner Anweisungen ganze Anweisungssequenzen möglich. In Java zählt eine Anweisungssequenz, die in geschweiften Klammern eingeschlossen ist, als einzelne Anweisung; wir benutzen in Java oft in jedem Fall geschweifte Klammern, da man diese später oft vergißt, wenn man eine zweite Anweisung zur ersten hinzufügt.

Beispiel 3.3.1. Nach der folgenden Anweisung ist die Variable x nicht negativ:
if $x < 0$ then $x := -x$; fi;.

Die folgende Anweisung berechnet den Absolutbetrag *abs* von x:
if $x < 0$ then *abs*$:= -x$; else *abs*$:= x$ fi;.   ❖

Assembler begnügen sich mit einer bedingten Sprunganweisung if *Bedingung* then goto *Marke* um im Programmfluß zu der Instruktion zu verzweigen, die mit der jeweiligen Marke gekennzeichnet ist. Der Effekt der allgemeinen bedingten Anweisung kann damit realisiert werden, indem man im Code zuerst den „ja-Teil" und danach den „nein-Teil" aufschreibt und um den nicht benötigten Teil jeweils herumspringt. Natürlich ist dies in hohem Maße unübersichtlich, weswegen man nach Möglichkeit strukturierte Sprachen verwendet oder aber sich den Kontrollfluß mit einem Flußdiagramm veranschaulicht.

Beispiel 3.3.2. Der Algorithmus zur Berechnung des modulus aus Beispiel 3.2.1 kann mit dem Sprung-Konstrukt und einer bedingten Anweisung in abstrakter Form wie folgt aufgeschrieben werden:

```
                 mod(a,b)
    // Anforderungen:
    //    Seien a,b ∈ ℤ, a ≥ 0, b > 0.
    // Zusicherung:
    //    Das Resultat res ist der Rest der
    //    ganzzahligen Division a/b,
    //    d.h. a = b·(a/b) + res
           {// 1.      Initialisiere.
                       res := a;
     L:    // 2.-3.    Trivialfall
                       if (not (res ≥ b)) then
                          {return(res);} fi
           // 4.       Problemreduktion.
                       if (res ≥ b) then {res := res - b;} fi
           // 5.       Iteration.
                       goto L;
           }
```

(Die Schritte sind hier durch Kommentare bezeichnet, wie sie auch in einem Java oder C++-Programm stehen könnten.)   ❖

3.3.3 Rekursion

Unter Rekursion versteht man das erneute Aufrufen einer bereits aktiven Funktion. Im allgemeinen geschieht der erneute Aufruf mit einfacheren Werten. Falls der Fortschritt der Bearbeitung durch eine wohlfundierte Ordnungsrelation $>$ ohne unendlich absteigenden Ketten ($\ldots > . > . > \ldots$) gemessen werden kann, so terminiert jede Rekursions-Sequenz nach endlicher Zeit. Die Ordnungsrelation bietet außerdem eine Grundlage für Induktionsbeweise (über $>$), mit denen Eigenschaften des Algorithmus nachgewiesen werden können.

Da man durch jeden neuen Aufruf wieder in die Berechnungsvorschrift des Algorithmus eintritt, läßt sich ein zur Iteration analoger Effekt erzielen. Bei der Konstruktion des Algorithmus denken wir im Schema Trivialfall – Problemreduktionsfall – Rekursion analog zur Iteration mit Sprung.

Beispiel 3.3.3.

```
        ggT(a,b)
// Anforderungen:
//    Seien a,b ∈ ℤ, a > 0, b ≥ 0.
// Zusicherung:
//    Das Resultat ist der größte
//    gemeinsame Teiler von a und b.

{ // 1.   Trivialfall
         if b = 0 then return(a); fi
  // 2.   Reduktion und Rekursion
         return (ggT(b, mod(a, b))
}
```

Die `return`-Anweisung wertet zuerst den nachfolgenden Ausdruck – also die Rekursion – aus und beendet *danach* den Algorithmus unter gleichzeitiger Rückgabe des erhaltenen Werts. Die Rekursion terminiert, da in einer Kette von Aufrufen der Wert des zweiten Parameters b stetig abnimmt, dabei aber $b \geq 0$ bleibt. Man bemerke, daß $\text{mod}(a, b) = a$, falls $b > a$.   ❖

Man kann sich die Berechnungen eines rekursiven Algorithmus wie folgt veranschaulichen: Für jeden rekursiven Aufruf nimmt man sich ein neues Blatt Papier her, auf dem man die Rechnung dieses Aufrufs ausführt. Bei einem Aufruf $\text{ggT}(6, 2)$ schreiben wir auf das erste Blatt zunächst die Blatt-Nr. 1 und die Parameter $a = 6$ und $b = 2$. Da $b > 0$ ist, müssen wir als Vorbereitung zum rekursiven Aufruf in Schritt 2 zunächst noch auf unserem Blatt $\text{mod}(6, 2)$ ausrechnen. Hier ergibt sich 0 und deshalb der Aufruf $\text{ggT}(2, 0)$, dem wir die laufende Nr. 2 geben. Auf Blatt 2 vermerken wir zunächst die Parameter $a = 2$ und $b = 0$ dieses Aufrufs, sowie als Vater des Aufrufs Blatt 1. Die lokale Rechnung auf Blatt 2 ergibt in Schritt 1 des Algorithmus das Ergebnis 0. Auf Blatt 1 stellen wir nun fest, wo Blatt 2 gerufen wurde (i. a. könnten darauf mehrere rekursive Aufrufe verzeichnet sein) und tragen an der Stelle des Aufrufs das Ergebnis von Blatt 2 ein. Dies ist damit auch das Ergebnis von Blatt 1; da dies das erste Blatt war, ist der Algorithmus beendet.

Ein so elegantes Konzept wie Rekursion hat natürlich seinen Preis. Bei der Ausführung braucht der Rechner immer dann neuen Speicherplatz, wenn wir ein neues Blatt Papier brauchten, nämlich zur Berechnung eines neuen rekursiven Aufrufs. Im Gegensatz dazu kommt Iteration mit dem anfangs einmal angeforderten Speicher aus. Einfache (lineare) Rekursion wird deshalb oft nur als Entwurfskonzept für Algorithmen verwendet und bei der Programmierung in analoge Iteration umgewandelt. Dies kann durch besonders mächtige Übersetzer z. T. schon automatisch geschehen.

Rekursion hat manchmal einen schlechten Namen bekommen, weil man sie oft an einfachen Beispielen einführt, die man genauso einfach und viel effizienter mit Iteration lösen kann. Das Prinzip der Rekursion entfaltet seine ganze Mächtigkeit und Nützlichkeit aber erst, wenn wir mehrere rekursive Aufrufe in einem Algorithmus benötigen. Während unser obiges Beispiel unmittelbar in Iteration übergeführt werden kann, ist dies bei mehrfacher Rekursion viel schwieriger (aber trotzdem immer möglich). Fortgeschrittenere Beispiele mit mehrfacher Rekursion werden wir in den Kapiteln 11–13 anhand der Themen Suchen, Sortieren und Baum-Algorithmen aufgreifen. Dort ist Rekursion nicht wegzudenken. Rekursion in Java wird in Kap. 6.9.5 ausführlich besprochen, u. a. anhand des klassischen mehrfach rekursiven Beispiels der Ackermann-Funktion aus der theoretischen Informatik.

3.3.4 Die `while`-Schleife

Die klassische `while`-Schleife lautet wie folgt:

`while`(*Bedingung*)`do` {*Anweisungssequenz*} `od`
In Java: `while`(*Bedingung*) {*Anweisungssequenz*}

Bei Eintritt in die `while`-Schleife wird zunächst die Iterations-Bedingung (ein Boolescher Ausdruck) ausgewertet. Beim Wert `true` wird die Anweisungssequenz einmal ausgeführt und danach erneut zur Bedingung verzweigt. Beim Wert `false` wird die Schleife (ohne Ausführung der Anweisungssequenz) beendet. Die `while`-Schleife entspricht also der Konstruktion

```
M:  if(Bedingung)
    {Anweisungssequenz;
     goto M;
    } fi
```

Wir merken uns: In der `while`-Schleife wird die Bedingung am Anfang geprüft. Die Anzahl der Iterationen ist nicht statisch auf einen festen Wert beschränkt, sondern errechnet sich dynamisch aus dem Zeitpunkt, an dem die Bedingung zum ersten Mal den Wert `false` hat.

Das `while`-Konstrukt verschiebt die Behandlung des Trivialfalls nach hinten. Wir denken nun zuerst an die Bedingung, unter der wir in der Schleife verbleiben. Diese Schleifenbedingung oder Iterationsbedingung definiert den komplexeren Fall; ihre Negation definiert den Trivialfall, der eintritt, wenn der komplexere Fall beendet ist, woraufhin die Schleife verlassen werden kann.

Beispiel 3.3.4. Der Algorithmus zur Berechnung der Differenz zweier Zahlen aus Abschnitt 3.2.1 kann mit einer while-Schleife in abstrakter Form wie folgt aufgeschrieben werden:

```
diff(a,b)
// Anforderungen: Seien a, b ∈ ℕ, a ≥ b.
// Zusicherung:
//   Das Resultat res ist die Differenz
//   von a und b, d. h. res = a − b.
{  // 1.  Initialisiere.
         res := 0; y := b.
   // 2.  Iteriere Ergebnisaufbau
   //        und Problemreduktion.
         while (y ≠ a) do
           {res := res + 1; y := y + 1;} od
   // 3.  Trivialfall: y = a
         return(res);
}
```

❖

3.3.5 Die `repeat-until`-Schleife

Die repeat-until-Schleife lautet wie folgt:

> repeat {*Anweisungssequenz*} until (*Abbruchbedingung*)
>   In Java: do {*Anweisungssequenz*} while (*Bedingung*)

In dieser Schleife wird zunächst die Anweisungssequenz ausgeführt und danach der Wert der Abbruchbedingung ermittelt. Ist der Wert `false`, so wird die Schleife ein weiteres Mal ausgeführt; ist der Wert `true`, so wird die Schleife beendet. In der Java-Form do-while wird abgebrochen, wenn der Wert der Bedingung `false` ist, bei `true` wird die Schleife wiederholt. Die repeat-until-Schleife entspricht also der Konstruktion

> M: *Anweisungssequenz*;
>   if (not *Abbruchbedingung*) then {goto M;} fi

Wir merken uns: Die Bedingung wird am Ende geprüft, die Anzahl der Iterationen wird dynamisch berechnet.

Ein typisches Anwendungsbeispiel für die repeat-until-Schleife ist das Einlesen eines Stroms von Zeichen, bis ein gesuchtes Zeichen gefunden wurde. Benutzen wir v als Variable und $z = $'s' als gesuchtes Zeichen, so erhalten wir das folgende Programmfragment:

```
{  // 1.  Initialisiere.
         z := 's';
   // 2.  Iteration.
         repeat {v:=read();} until (v = z);
}
```

3.3.6 Die `for`-Schleife

Die klassische `for`-Schleife lautet wie folgt:

> for *Laufvariable* from U to O step S do
> {*Anweisungssequenz*} od
> In Java: so nicht vorhanden.

Dieses Konzept benutzt eine spezielle sogenannte Schleifen- oder Lauf-Variable (oft i genannt), die von einem unteren Wert U in Schritten der Weite S bis zu einem oberen Wert O weitergeschaltet wird. Für jeden Wert von i wird die Anweisungssequenz einmal ausgeführt. Die Sequenz hängt typischerweise von i ab, z. B. mit Array-Zugriffen $a[i]$. Die Werte U, O und S werden statisch (zu Beginn der Schleife) fixiert, weswegen die Schleife eine fixe Anzahl von Iterationen durchläuft. Die typische Anwendung von `for`-Schleifen ist das Durchlaufen von Datenstrukturen vom Typ **Reihung** (*array*), die wir in Kap. 4 vorstellen

Nota bene: Die `for`-Schleife von Java ist ein Super-Konstrukt, das die Konzepte von `while`, `do-while` und klassischem `for` in sich vereinigt. Wir besprechen sie erst in Kap. 6.8.3.

Beispiel 3.3.5. Wir berechnen das Produkt der geraden Zahlen zwischen 2 und 20.

```
// 1.  Initialisiere.
     res := 1;
// 2.  Iteriere.
     for i from 2 to 20 step 2 do
        {res := res * i;}
     od.   □
```

❖

3.4 Konstruktion und Verifikation rekursiver Algorithmen

Wir vertiefen nun den rekursiven Ansatz zur Algorithmenkonstruktion und geben als erste Einführung in die Gestalt (*look and feel*) der Sprache Java auch eine vollständige Java-Funktion an. Der nachfolgende Abschnitt 3.5 ist dann entsprechend dem iterativen Ansatz gewidmet.

Die entwickelten Java-Funktionen könnten z. B. als Methoden in einer Klasse für mathematische Funktionen auf ganzen Zahlen vorkommen. Um sie tatsächlich auszuführen, kann man sie in den in Kapitel 6.9.2 angegebenen Ausführungsrahmen für Funktionen einbringen.

3.4.1 Der rekursive Ansatz zur Problemlösung

Im rekursiven Ansatz versucht man, ein vorgelegtes Problem $P(X)$ nach folgendem Schema in zwei Teilen zu lösen:

1. **[Basis]** Gib eine direkte Lösung für den Fall an, daß die Problemstellung (Eingabe) X einfacher Natur ist.

2. **[Schritt]** Führe eine Lösung für das Problem $P(X)$ für komplexe Problemstellungen X durch einen Schritt der Problemreduktion auf die Lösung des gleichen Problems für eine einfachere Problemstellung $P(X')$ zurück. Dabei muß $X > X'$ gelten für eine geeignete wohlfundierte Ordnungsrelation „$>$".

Zur Durchführung eines rekursiven Verfahrens stellt man sich einfach vor, daß man für die Rechnungen der Rekursion jeweils ein neues Blatt Papier verwendet. Nach Ende der Rekursion werden die Ergebnisse vom Hilfsblatt an der Stelle des Aufrufs in die ursprüngliche Rechnung übertragen. Die Ordnung $>$, so sie wohlfundiert ist, sorgt dafür, daß die Rekursion abbricht, d. h. daß man nur endlich viele Hilfsblätter benötigt.

3.4.2 Ein rekursives Verfahren in mathematischer Notation

In gängiger mathematischer Notation könnte ein Verfahren zur Berechnung von $(a \bmod b)$ wie folgt aussehen:

$$\mathrm{mod}(a, b) = \begin{cases} a & \text{falls } a < b \\ \mathrm{mod}(a - b,\, b) & \text{falls } a \geq b \end{cases}$$

Um festzustellen, ob diese Berechnungsvorschrift einen Algorithmus darstellt, müssen wir folgende Fragen beantworten:

1. **Spezifikation**
   a) **Eingabe:** Für welche Art von Zahlen wurde das Problem gestellt bzw. gilt unsere Rechenvorschrift? Antwort: Offensichtlich gilt $a, b \in \mathbb{Z}$, da sonst kein „Rest der Ganzzahldivision" definiert ist. Aus dem gleichen Grund müssen wir $b \neq 0$ fordern. Es gibt aber durchaus unterschiedliche Ansichten darüber, wie $a \bmod b$ zu definieren ist, falls $ab < 0$. Wir schließen diesen Fall der Einfachheit halber aus und fordern $a \geq 0, b > 0$.
   b) **Ausgabe:** Was (genau) wird berechnet, bzw. wie ist $(a \bmod b)$ genau mathematisch definiert? Antwort: $(a \bmod b) := a - (a/b) \cdot b$. Hierbei ist a/b die Ganzzahldivision. Demnach fordern wir für das Resultat r der Berechnung $r = \mathrm{mod}(a, b)$ nach dem angegebenen Verfahren, daß $r = a - (a/b) \cdot b$ für alle $a, b \in \mathbb{Z}$, $a \geq 0$, $b > 0$.
2. **Durchführbarkeit**
   a) **Endliche Beschreibung:** Dies ist offensichtlich gegeben.
   b) **Effektivität:** Fallunterscheidung und Subtraktion sowie erneuter (rekursiver) Eintritt in das Verfahren sind mechanisch ausführbar.
   c) **Determiniertheit:** Diese ist gegeben, da sich die Fälle $a < b$ und $a \geq b$ wechselseitig ausschließen. Mit den Bedingungen $a \leq b$ und $a \geq b$ wäre die Determiniertheit z. B. verletzt.

3. **Korrektheit**
   a) **Partielle Korrektheit:** Wir beweisen per Induktion über die Anzahl der
      Aufrufe von mod, daß $\mathrm{mod}(a, b) = (a \bmod b)$, d. h. das Ergebnis des Ver-
      fahrens stimmt mit der mathematischen Definition überein.
      i. [Basis] Falls $a < b$, so ist $(a \bmod b) = a - a/b \cdot b = a - 0 \cdot b = a = \mathrm{mod}(a, b)$.
      ii. [Schritt] Wir nehmen als Induktionshypothese an, daß für $a - b \geq 0$,
         $b > 0$, $\mathrm{mod}(a - b, b) = ((a - b) \bmod b)$. Zunächst ist $(a \bmod b) = a - (a/b) \cdot b = a - b - ((a/b) \cdot b - b) = (a - b) - ((a/b) - 1) \cdot b$. Da $a \geq b$
         ist weiter $(a - b)/b = a/b - 1$. Eingesetzt erhalten wir $(a - b) - ((a - b)/b) \cdot b \overset{def. mod}{=} ((a - b) \bmod b) \overset{I.H.}{=} \mathrm{mod}(a - b, b) = \mathrm{mod}(a, b)$. Die
         letzte Gleichheit gilt auf Grund der Konstruktion des Verfahrens, die
         Induktionshypothese durften wir anwenden, da $a - b \geq 0$ und $b > 0$
         falls $b > 0$, $a \geq b$.

   Wir bemerken, daß aus dem Induktionsbeweis nur die **partielle** Korrektheit
   folgt: falls die Rekursion nicht terminiert, ist die Ordnung, die der Induktion zugrunde liegt, nicht wohlfundiert. Zum Beispiel ist für $a > 0$, $b < 0$
   nichts bewiesen!

   b) **Terminierung:** Die Rekursion hält für $a \geq 0$, $b > 0$ immer an. Sei
      $(a_1, b_1), (a_2, b_2), \ldots, (a_i, b_i), (a_{i+1}, b_{i+1}), \ldots$ die Folge der Eingabetupel
      zu einer Aufrufsequenz von $\mathrm{mod}(a, b)$. Falls die Folge unendlich ist, so exi-
      stiert eine unendliche Folge $a_1, a_2, \ldots, a_i, a_{i+1}, \ldots$ Es ist aber $a_i > a_{i+1}$,
      da $a_{i+1} = a_i - b$ mit $b > 0$, und gleichzeitig ist $a_i \geq b > 0$ nach Kon-
      struktion des Verfahrens. Dies ist ein Widerspruch, da ausgehend von ei-
      nem endlichen Wert keine unendlich absteigende Folge positiver natürli-
      cher Zahlen existiert.

Insgesamt kommen wir zu dem Schluß, daß das in mathematischer Notation vorgelegte rekursive Verfahren (mit den vorgenommenen zusätzlichen Ein-/Ausgabe-
Spezifikationen) einen Algorithmus zur Berechnung der mathematischen Funktion
$(a \bmod b)$ darstellt.

3.4.3 Ein rekursives Verfahren in Java

Das rekursive Verfahren in mathematischer Notation können wir mit minimalen
Änderungen nach Java umsetzen. Wir definieren dazu eine Java-Funktion mod, die
zwei ganze Zahlen a und b als Parameter hat und eine ganze Zahl als Ergebnis
liefert. Die Berechnungsvorschrift lautet: falls a < b, dann liefere als Ergebnis a,
andernfalls liefere als Ergebnis das Ergebnis von mod(a-b, b).

```
int mod(int a, int b) {
  if(a<b) {return(a);}
  else {return(mod(a-b,b));}
}
```

Durch den Zusatz int werden die Parameter a und b als ganze Zahlen deklariert. Das erste int (vor mod) besagt, daß ein Ergebnis berechnet wird, das eine Java Ganzzahl ist. if(*Bedingung*) *Anweisung* else *Anweisung* stellt die Fallunterscheidung dar. *Bedingung* ist eine Formel der Aussagenlogik, die zu true oder false evaluiert. Je nachdem wird die erste Anweisung oder die zweite Anweisung ausgeführt. return(x); beendet die Funktion mit dem Wert von x als Ergebnis. Jeder rekursive Aufruf von mod operiert mit eigenen neuen Exemplaren („Inkarnationen") der Variablen a und b.

Zur Illustration stellen wir nun noch eine etwas ausführlichere (aber gleichwertige) Version dieser Funktion vor.

```
int mod(int a, int b)
// Anforderungen:
//   a: a >= 0
//   b: b > 0
// Zusicherung:
//   r = a-(a/b)*b
{ // 1. Vereinbarungen
  int r;
  // 2. Initialisierungen
  r = a;
  // 3. Einfacher Fall
  if (r<b) { return(r); }
  // 4. Problemreduktion
  r = r-b;
  // 5. Rekursion
  return(mod(r,b));
}
```

Die zwei Zeichen // leiten einen Kommentar ein, der bis zum Zeilenende reicht. Eine Deklaration int x; führt eine neue Variable (Speicherplatz mit Namen und Typ) x vom Typ Ganzzahl ein. Die Zuweisung x=y; kopiert den Wert von y zum Speicherplatz x. (Das mathematische Gleichheitszeichen = wird in Java als == geschrieben.) Wir machen es uns zur Gewohnheit, stets alle Anforderungen und Zusicherungen als Kommentare zu dokumentieren. Das Resultat einer Java-Funktion nennen wir per Konvention stets res oder einfach r.

Der rekursive Ansatz zur Problemlösung ist die Hauptdenkweise, die die funktionalen Programmiersprachen der LISP-Schule (wie z. B. Scheme) unterstützen. Sein Vorzug liegt in der großen Eleganz und Kompaktheit gerade bei kleinen Lehrbuchbeispielen, zumal dieser Ansatz nur sehr wenige syntaktische Konstrukte der Programmiersprache erfordert. Diese Denkweise versucht insbesondere, ohne den Begriff des **Zustands** (*state*) einer Berechnung auszukommen. Daraus schöpft sie einerseits ihre manchmal beträchtliche Eleganz, andererseits verträgt sie sich dadurch eher schlecht mit der objektorientierten Denkweise, in der Objektzustände, die durch Berechnungen fortentwickelt werden, eine zentrale Rolle einnehmen. In der objektorientierten Welt ist daher das (ebenfalls klassische) zustandsorientierte iterative Konzept zur Konstruktion von algorithmischen Problemlösungen am weitesten verbreitet.

3.5 Konstruktion und Verifikation iterativer Algorithmen

Bei der Verwendung von imperativen Programmiersprachen wie Java stellt die Konstruktion korrekter iterativer Algorithmen den Kern des Programmierens dar. Hat man diese nicht verstanden, kann man auch nicht programmieren. Wir betrachten deshalb den Grundaufbau iterativer Algorithmen nochmals in vertiefter Form, besonders auch unter dem Aspekt, daß wir strukturiert-iterative Algorithmen entwickeln und als korrekt beweisen wollen.

3.5.1 Der iterative Ansatz zur Problemlösung

Abbildung 3.3 zeigt das Grundschema des Algorithmenaufbaus in einer Variante, die einem strukturiert-iterativen Ansatz entspricht. Der Algorithmus operiert dabei auf einer Menge $\mathcal{V}$ von Variablen. Ausgehend von den Startwerten der Variablen bearbeitet der Algorithmus die Variablen so lange, bis sich in ihnen am Schluß das gewünschte Resultat der Berechnung befindet.

Nach einem **Vorbereitungsschritt** wird so lange die **Arbeit** $f(\mathcal{V})$ verrichtet, wie die **Schleifenbedingung** $C(\mathcal{V})$ wahr ist. Danach wird ein **Nachbearbeitungsschritt** ausgeführt und der Algorithmus beendet. Der Kommentar „Invariante INV(V)" zeigt auf die Punkte in der Berechnung, wo nach der Verifikationsmethode von Floyd (siehe Abschn. 3.5.2 unten) eine **Schleifeninvariante** (*loop invariant*) gelten muß. Dies ist eine geeignete Formel INV($\mathcal{V}$), die in jedem Durchgang der Schleife gilt und uns beim Beweis der Korrektheit iterativer Algorithmen helfen wird.

Die Zustandsvariablen $\mathcal{V} = E \cup H \cup A$ zerfallen in drei Untermengen. E ist die Menge der **Eingabevariablen** oder Eingabeparameter der Berechnung, die anfangs die konkret zu lösende Problemstellung beschreiben; A ist die Menge der **Ausgabevariablen** oder -parameter, deren Werte am Schluß insgesamt das Resultat der Berechnung darstellen; H ist eine geeignete Menge von **Hilfsvariablen**, in denen

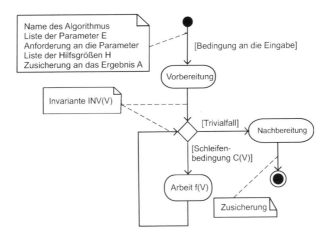

Abb. 3.3. Grundschema der strukturierten Iteration mit Schleifeninvariante

temporär Zwischenergebnisse der Berechnung abgelegt werden können. Die Werte der Variablen spiegeln zu jedem Zeitpunkt den augenblicklichen **Zustand** (*state*) der Berechnung wider.

Die Problemlösung durch den Algorithmus findet also dadurch statt, daß der Anfangszustand $\mathcal{V}_0$, in dem nur die Variablen in E relevante Werte haben, durch eine **Berechnungssequenz** Schritt für Schritt („iterativ") in einen Endzustand transformiert wird, in dem die Werte der Variablen in A das Gesamtresultat darstellen. (Oft gibt es nur ein einziges Resultat, das wir dann gerne mit r oder res bezeichnen.)

In der Praxis kann die Berechnungssequenz ungeheuer lang sein und Millionen von Berechnungsschritten umfassen; ansonsten bräuchten wir ja keine elektronischen Computer zur Durchführung. Zum Glück ist es aber typischerweise so, daß es nur einige wenige grundlegende (Basis-)Operationen gibt, die aber immer wieder und so lange wiederholt werden müssen, bis die Werte in A die gewünschte Eigenschaft (in Abhängigkeit von E) haben, bis also die Ausgabespezifikation des Algorithmus erfüllt ist. Wir nennen eine solche zu wiederholende Sequenz von Operationen einen **elementaren Bearbeitungsschritt** des Algorithmus und bezeichnen ihn hier kurz mit $f(\mathcal{V})$.

Damit ein Bearbeitungsschritt mit wechselnden Werten wiederholt werden kann, werden die Basisoperationen mit abstrakt bezeichneten Variablen notiert (z. B. $r := r - a;$) und nicht mit konkreten Werten. Jede Wiederholung heißt eine **Iteration** (*iteration*) des Algorithmus. Man sagt auch, die Ausführung befinde sich in einer **Schleife** (*loop*), die ausgeführt wird, solange (*while*) eine Bedingung wahr ist.

Jeder Bearbeitungsschritt $f(\mathcal{V})$ besteht aus zwei Teilen, der **Problemreduktion** und dem **Ergebnisaufbau**. Beide gehen Hand in Hand. Die Problemlösungsstrategie heißt: Reduziere die komplexe Problemstellung $\mathcal{V}$ auf eine einfachere Problemstellung $\mathcal{V}' = R(\mathcal{V})$ und baue aus der Lösung der einfacheren Problemstellung die komplexe Lösung auf.

Der Ablauf des Algorithmus erzeugt dann eine Folge von Zuständen $\mathcal{V}_0, \ldots, \mathcal{V}_n$ mit $\mathcal{V}_{i+1} = f(\mathcal{V}_i)$ und $\mathcal{V}_n = f^n(\mathcal{V}_0)$. Jeder Zustand in der Folge muß bzgl. einer irgendwie gearteten wohlfundierten Ordnung „echt kleiner" (d. h. „echt einfacher") als sein Vorgänger sein, damit die Folge der Bearbeitungsschritte terminiert. Hierfür sorgen die Reduktionen $E \subseteq \mathcal{V}_0 > R(\mathcal{V}_0) > R(R(\mathcal{V}_0)) > \ldots > R^n(\mathcal{V}_0) \supseteq A_n$. Eingebettet in die Bearbeitung erfolgt der Ergebnisaufbau mit dem Endergebnis $\mathcal{V}_n \supseteq A_n = e(\mathcal{V}_{n-1}) = e(e(\mathcal{V}_{n-2})) = \ldots = e^n(\mathcal{V}_0)$.

Oft ist es nötig, im Ablauf der Bearbeitungssequenz **Verzweigungen** (*branch*) vorzusehen. **Falls** (*if*) die Verzweigungsbedingung zutrifft **dann** (*then*) muß der eine Zweig der Anweisungssequenz ausgeführt werden, **andernfalls** (*else*) der andere.

Schlußendlich muß die Bearbeitung zu einem Ende kommen. In einfachen Fällen genügt eine vorher bestimmte feste Anzahl von Bearbeitungsschritten, z. B. wenn für jedes Element einer Reihung eine einfache Berechnung auszuführen ist. Im allgemeinen wird das Ende aber erst dynamisch (im Laufe der Berechnung) dadurch bestimmt, daß die Schleifenbedingung falsch wird und das Verfahren zu einem Nachbearbeitungsschritt verzweigt. Am Ende dieses letzten Schritts wird das Ergebnis zurückgegeben, sobald die Zusicherung wahr geworden ist.

Beispiel 3.5.1. (Iterative Berechnung von n!) Die **Fakultätsfunktion** (*factorial function*) ist definiert durch

$$\text{fac}(n) = n! = \begin{cases} 1 & \text{falls } n = 0 \\ n \cdot (n-1) \cdot (n-2) \cdots 2 \cdot 1 & \text{falls } n \geq 1 \end{cases}$$

Eine rekursive Beschreibung ist

$$\text{fac}(n) \equiv \texttt{if } n = 0 \texttt{ then } 1 \texttt{ else } n \cdot \text{fac}(n-1) \texttt{ fi}$$

Abb. 3.4 zeigt ein strukturiert-iteratives Flußdiagramm zur Berechnung von $n!$. Es ist $E = \{n\}$, $H = \{i\}$, $A = \{r\}$. Die Schleifeninvariante ist $n! = r \cdot i!$. Wir geben nun noch eine entsprechende Beschreibung mit `while` an:

```
                    fac(n)
// Anforderung: n ≥ 0
// Zusicherung: r = n! = n · (n − 1) · (n − 2) ··· 1
{   // 1.  Vorbereitung
         r := 1;
         i := n;
    // 2.  Strukturierte Problemreduktion
         while (i > 1) do
            r := r * i;
            i := i − 1;
         od;
    // 3.  Trivialfall
         return(r);
}
```

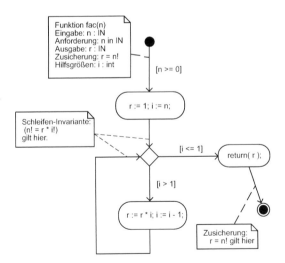

Abb. 3.4. Algorithmus für die Fakultätsfunktion mit Schleifeninvariante

Wir sehen in allen drei Beschreibungsformen deutlich, wie mit jeder Problemreduktion $i := i-1$; entsprechend mit $r := r*i$; das Ergebnis aufgebaut wird. Die iterative Denkweise ist: Am Ende jedes Schleifendurchgangs gilt immer $n! = r \cdot i!$; also gilt zum Schluß $n! = r \cdot 1! = r$. Die entsprechende rekursive Denkweise ist: Es gilt nach Definition $n! = n \cdot (n-1)!$; wenn wir also in $(n-1)$ Iterationen $r' = (n-1)!$ berechnen können, dann ist $n! = n \cdot r'$.

Die Problemlösungsstrategie für ein Problem $P(\mathcal{V})$ kann auf die folgende Rekursionsformel gebracht werden: $P(\mathcal{V}) = e(P(R(\mathcal{V})))$. Es ist daher offensichtlich, daß sie sich auch für eine rekursive Vorgehensweise eignet. Der Hauptunterschied zwischen den Vorgehensweisen besteht darin, daß wir im iterativen Ansatz auf einfache Weise den Berechnungszustand zwischen den Iterationen bewahren können, während im rekursiven Ansatz jede Zustandsvariable als Parameter an den rekursiven Aufruf mitgegeben und an neue lokale Variablen übertragen werden muß.

Wird der Algorithmus im Computer ausgeführt, so werden die Werte der Zustandsvariablen im Hauptspeicher gehalten und ggf. automatisch in einen Cache geladen. Ist der Zustand klein, so paßt er in den Cache und das Programm läuft schneller, ist er besonders groß, dann geht alles langsamer.

Komplexe Berechnungen sind typischerweise in einem iterativen Verfahren effizienter, einfache Berechnungen sind oft in einem rekursiven Verfahren eleganter. Iterative Verfahren sind insbesondere dann problematisch, wenn man schlecht programmiert und zuviel Zustand mit sich schleppt, sie passen aber z. B. hervorragend zur Bearbeitung von Reihungen beliebiger Dimension. Mit etwas Übung kann man in rekursiven Lösungsstrategien denken und diese sofort in effiziente iterative Programme umsetzen.

Die iterative Denk- und Vorgehensweise mit Zuständen wird von allen klassischen **imperativen** (anweisungsorientierten) Programmiersprachen (z. B. FORTRAN, ALGOL, Pascal, C) unterstützt. Variablen können im Programm explizit vereinbart werden und ihre Werte werden im Hauptspeicher gehalten. Iteration wird in while, repeat-until oder for-Schleifen zusammengefaßt, bei Bedarf steht auch Rekursion zur Verfügung. Zur Verzweigung dient die if-Anweisung. Die Variablen werden mit expliziten Zuweisungen manipuliert (:= in ALGOL, = in C/C++ und Java). Objektorientierte Sprachen wie C++ und Java ergänzen dieses Problemlösungskonzept durch eine objektorientierte Strukturierung der einzelnen algorithmischen Methoden und ihrer Daten. Funktionale und deklarative Sprachen forcieren andere Lösungskonzepte, die sich aber nicht in der Breite durchgesetzt haben und sich nicht nahtlos in die objektorientierte Denkweise einbetten lassen.

3.5.2 Die Verifikation nach Floyd

Unter der **Verifikation** eines Algorithmus versteht man den Beweis, daß der Algorithmus die Anforderung der Korrektheit erfüllt (Loeckx und Sieber, 1987). Für den Nachweis der Terminierung hat man eine geeignete wohlfundierte Ordnung auf den Zustandsvektoren V_i anzugeben. In der Folge interessieren wir uns speziell für die partielle Korrektheit von Algorithmen, die nach dem Grundschema der Iteration aufgebaut sind. Dies ist nicht nur wichtig, weil Algorithmen stets korrekt sein müssen, sondern auch, weil die Fragen der Konstruktion und der Verifikation eng verwoben sind. Algorithmen sollten nicht erst irgendwie konstruiert und danach in einem getrennten Schritt verifiziert werden, sondern es ist vorteilhaft, beide Aufgaben in einem gemeinsamen Denkvorgang zu verschmelzen.

Allgemein haben wir zur Verifikation eines Algorithmus zu zeigen, daß auf jedem möglichen Weg vom Beginn zum Ende, also für *jeden* möglichen Kontrollfluß am Ende die Ausgabespezifikation erfüllt ist, falls zu Beginn die Eingabespezifikation gegolten hat. Die Verifikationsmethode von Robert W Floyd (1967) geht davon aus, daß man nach jedem Anweisungsblock im Flußdiagramm eine Zwischenformel einführt, die die Wirkung des Anweisungsblocks festhält und daß man sich auf diese Weise Schritt für Schritt vom Beginn zum Ende im Beweis vorwärtsbewegt (siehe auch (Loeckx und Sieber, 1987, S. 132)). Bei iterativen Algorithmen bereiten die enthaltenen Schleifen ein besonderes Problem, da wir i. a. nicht von vornherein wissen, wie oft die Schleife durchlaufen wird. Wir müssen unsere Verifikation für jede beliebige (endliche) Anzahl von Durchläufen durchführen. Um dies zu ermöglichen wurde das Konzept der Schleifeninvariante erfunden.

Im strukturiert-iterativen Bearbeitungsschritt halten sich die Problemreduktion und der Ergebnisaufbau in einem genau definierbaren Sinn die Waage. Dies wird durch den Begriff der Schleifeninvariante ausgedrückt. Eine **Schleifeninvariante** (*loop invariant*) ist allgemein eine Formel INV(V), die an einem beliebigen, aber festen, Punkt der Schleife in jedem Schleifendurchgang wahr ist (z. B. die Formel $n! = r \cdot i!$ in der Bearbeitungsschleife der Fakultätsfunktion in Beispiel 3.5.1). Die Methode von Floyd geht speziell davon aus, daß wir an dem in Abb. 3.3 gezeigten Punkt eine geeignete Invariante INV(V) finden. Wir spezialisieren diese Methode nun für unsere Zwecke.

Verifikationsmethode von Floyd
für das Grundschema iterativer Algorithmen

1. Finde eine geeignete Formel $F(V)$ und zeige, daß sie eine Schleifen-Invariante an der im Flußdiagramm von Abb. 3.3 angegebenen Stelle ist. In diesem Fall bezeichne $F(V)$ nachfolgend mit INV(V).
2. Zeige, daß aus der Eingabespezifikation folgt, daß INV(V) zusätzlich auch nach dem Vorbereitungsschritt gilt.
3. Zeige, daß nach dem letzten Schleifendurchgang aus INV(V) und aus der Negation von $C(V)$, also aus INV(V) $\land \lnot C(V)$, die Gültigkeit der Ausgabespezifikation folgt.
4. Zeige, daß die Schleife terminiert.

Mit den Schritten 1–3 zeigen wir die partielle Korrektheit und zusammen mit der Terminierung ergibt sich die totale Korrektheit.

Wir können uns versichern, daß wir nun wirklich alle möglichen Durchläufe durch das entsprechende Flußdiagramm abgedeckt haben und daß aus den gezeigten Einzelteilen die gesamte Verifikation folgt. Entweder, wir betreten die Schleife überhaupt nicht. Dann gilt wegen der 2. Teilaufgabe der Verifikation vor der Nachbereitung offensichtlich $INV(\mathcal{V}) \wedge \neg C(\mathcal{V})$ und wegen der 3. Teilaufgabe folgt, daß auch die Ausgabespezifikation gilt. Oder aber, wir betreten die Schleife und durchlaufen sie $n > 1$ mal. Wegen der 2. Teilaufgabe ist $INV(\mathcal{V})$ auch vor dem ersten Schleifendurchgang gültig, denn dann gilt sogar $INV(\mathcal{V}) \wedge C(\mathcal{V})$. Da $INV(\mathcal{V})$ eine Invariante ist, gilt sie auch beim letzten Durchlauf unmittelbar vor dem Verlassen der Schleife. Unmittelbar nach dem Verlassen der Schleife gilt dann also $INV(\mathcal{V}) \wedge \neg C(\mathcal{V})$ und es folgt wieder nach der 3. Teilaufgabe die Gültigkeit der Ausgabespezifikation.

Für die Schleifeninvariante sind i. a. nur eine Teilmenge $t \subseteq \mathcal{V}, t = (x_1, \ldots, x_n)$ aller Variablen relevant, wobei vorrangig natürlich diejenigen in Frage kommen, die in der Schleife vorhanden sind. Hierbei müssen wir für jede Variable x in t zwischen ihren Werten in den verschiedenen Durchgängen unterscheiden. Dies kann man dadurch tun, daß man den Wert von x an der Stelle der Invariante im Durchgang i mit x_i bezeichnet. Oft bezeichnet man auch den Wert von x am Ende eines Schleifendurchgangs mit x' und kann dann $t' = f(t)$ schreiben.

Wir müssen also eine geeignete Formel $F(t)$ entdecken und dann zeigen, daß $F(t)$ wahr ist, falls die Werte von t am Ende eines Schleifendurchgangs genommen werden; wir dürfen dabei annehmen, daß $F(t)$ zu Beginn des Schleifendurchgangs galt und ebenso $C(t)$, da wir nur unter dieser Bedingung an den Beginn der Schleife gelangt sind. Für eine Schleifeninvariante $INV(t)$ gilt also $INV(t) \wedge C(t) \Rightarrow INV(t')$.

Das Finden einer Schleifeninvariante kann i. a. nicht automatisch geschehen. Oft führt aber folgender Ansatz zum Ziel: Sei G das Gesamtergebnis, das zu berechnen ist, r das nach i Schleifendurchgängen schon berechnete Teilergebnis und N der noch zu berechnende Teil des Gesamtergebnisses. Dann ist $G = res + N$ ein Ansatz für die Schleifeninvariante. (In Beisp. 3.5.2 ist $G = n!$ und $N = i!$.)

Insgesamt ergibt sich dann, daß am Ende des Algorithmus die Ausgabespezifikation erfüllt ist, falls zu Beginn die Eingabespezifikation erfüllt war.

Beispiel 3.5.2. (Verifikation nach Floyd) Wir verifizieren den Algorithmus zur Berechnung der Fakultätsfunktion aus Beispiel 3.5.1 mit $t = (n, r, i)$ und $F(t) := [n! = r \cdot i!]$ als Invarianten-Hypothese. Offensichtlich ist in der Schleife $n = n'$.

1. $F((n, r, i)) \wedge (i > 1) \Rightarrow F((n', r', i'))$ gilt wegen $[n'! = r' \cdot i'!] \Leftrightarrow [n! = (r \cdot i) \cdot (i - 1)!] \Leftrightarrow [n! = r \cdot i!] \Leftrightarrow F(n, r, i)$. Für $i'! = i \cdot (i - 1)!$ haben wir hier $i > 0$ benötigt. (Also hätten wir die Schleife auch bis $i > 0$ laufen lassen können.)

2. $n! = r_0 \cdot i_0! = 1 \cdot n!$.

3. Am Ende gilt $n! = r$. Denn dann gilt $i \leq 1$, also entweder $i = 1$ oder $i = 0$, da $i \in \mathbb{N}$ falls $n \in \mathbb{N}$. Falls $i = 0$, ist $n = 0$ und $r = 1$, also $0! = 1$. Falls $i = 1$ haben wir $[n! = r \cdot i! \wedge (i = 1)] \Leftrightarrow [n! = r \cdot 1!]$, wie zu beweisen war. Man

beachte, wie der formale Beweis die implizite Annahme $n \in \mathbb{N}$ zum Vorschein gebracht hat.

4. Die Schleife terminiert offensichtlich, da i nicht unendlich oft um 1 vermindert werden und dabei größer 1 bleiben kann.

Floyd's Methode ist für den menschlichen Anwender gedacht. Verifikationen von Menschen sind aber prinzipiell ebenso fehleranfällig wie Programme von Menschen. Hoare hat diese Verifikationsmethode deshalb im Detail völlig durchformalisiert und so für die Durchführung mit automatischen Beweismethoden zugänglich gemacht; den Kalkül von Hoare behandeln wir ausführlich in Teil IV, Kap. 17. (Die Schleifeninvarianten kann man aber i. a. nicht automatisch finden, sodaß der Konstrukteur des Algorithmus sie am besten als Kommentar im Programm mit angibt.)

Allerdings sind derzeit auch mechanische Beweise noch sehr schwierig und zeitraubend und bedürfen der Hilfestellung durch den Menschen, weswegen sie in der Praxis nur bei wirklich sicherheitskritischen kleineren Funktionen angewendet werden. In vielen Fällen wird aber eine vom Programmierer durchgeführte Verifikation nach Floyd schon viele Konstruktionsfehler aufdecken und die Qualität des Programms deutlich verbessern.

3.5.3 Ein strukturiert-iteratives Verfahren in Java

Im Falle der modulus-Funktion besteht die Eingabe E aus dem Tupel (a, b). Für die Problemreduktion bietet es sich an, auf der Erkenntnis des rekursiven Ansatzes aufzubauen, daß $(a \bmod b) = ((a - b) \bmod b)$, falls $a \geq b$. Wir haben also $C((a, b)) := a \geq b$ und erhalten den Ansatz

1. Solange wie $a \geq b$, ziehe b von a ab (danach ist offensichtlich $a < b$).
2. Falls $a < b$, so ist das Ergebnis a.

In Java erhalten wir

```
int mod(int a, int b)
// Anforderungen:
//   a: a >= 0
//   b: b > 0
// Zusicherung:
//   r = a-(a/b)*b
{ // 1. Vereinbarungen
  int r;
  // 2. Initialisierungen
  r=a;
  // 3. Iterative Problemreduktion
  while(r>=b) { // Komplexer Fall
    r=r-b; }
  // 4. Einfacher Fall: a<b
  return(r);
}
```

Damit unser Verfahren nach unserer Definition auch wirklich ein Algorithmus ist, müssen wir wieder Spezifikation, Durchführbarkeit und Korrektheit nachprüfen. Die Spezifikation haben wir von der rekursiven Fassung übernommen. Die (mechanische) Durchführbarkeit ist offensichtlich ebenso gegeben wie in der rekursiven Fassung in Java. Es bleibt der Beweis der Korrektheit.

Intuitiv gesprochen ist das Verfahren korrekt, da die Fallunterscheidung und jede einzelne Problemreduktion korrekt ist. Zur Illustration führen wir jedoch den Beweis im einzelnen durch.

Zum Beweis, daß für jede Ausgabe r des Verfahrens $r = (a \bmod b)$ gilt, benutzen wir die Methode von Floyd. Die `while`-Anweisung benutzt r und b, weiterhin ist a relevant. Wir lassen uns als Formel $F(t) = F((a, r, b))$ für die Invariante die Gleichung $[(a \bmod b) = r - (r/b) \cdot b]$ einfallen, d. h. $\text{INV}((a, r, b)) := [(a \bmod b) = r - r/b \cdot b]$. Wir zeigen, daß $\text{INV}(t') = \text{INV}((a, r - b, b))$ am Ende eines Durchgangs gilt, sofern am Anfang $\text{INV}((a, r, b))$ gegolten hat; außerdem benutzen wir $C(t) = (r \geq b)$. Es gelte also $\text{INV}(t)$, d. h. $(a \bmod b) = r - (r/b) \cdot b = (r - b) - (r/b \cdot b - b) = (r - b) - (r/b - 1) \cdot b \overset{r \geq b}{=} (r - b) - ((r - b)/b) \cdot b$. Also gilt $(a \bmod b) = (r - b) - ((r - b)/b) \cdot b$, und dies ist gerade die Gleichung $\text{INV}((a, r - b, b))$ bzw. $\text{INV}(t')$.

Nun ist zu zeigen, daß $\text{INV}(t)$ vor Beginn der Schleife in Schritt 3 gilt. In diesem Fall ist $r = a$, und $(a \bmod b) = a - (a/b) \cdot b$ gilt nach Definition.

Schließlich ist zu zeigen, daß die Ausgabe korrekt ist. In diesem Fall ist $r < b$, und es gilt $\text{INV}((a, r, b))$, also $(a \bmod b) = r - (r/b) \cdot b$, egal, ob wir durch die Schleife gegangen sind oder nicht. Aus beidem folgt $(a \bmod b) = r - 0 \cdot b = r$. Da r ausgegeben wird, ist das Verfahren partiell korrekt.

Die Terminierung des Verfahrens ist gewährleistet, wenn die Schleife terminiert. Diese terminiert, da sie sonst eine unendliche Sequenz von Tupeln $(a, r_1, b), \ldots, (a, r_i, b), (a, r_{i+1}, b), \ldots$ generieren würde mit $r_i > r_{i+1}$ und $r_i \geq b > 0$.

3.6 Übungen

Aufgabe 3.1. Entwerfen Sie einen Algorithmus, der nur mit Hilfe der Addition zwei positive natürliche Zahlen multipliziert. Benutzen Sie dazu, daß gilt:

$$x \cdot y = \underbrace{x + x + \cdots + x}_{y\text{-mal}}$$

Aufgabe 3.2. Die von L. Euler 1748 erstmals mit e bezeichnete Zahl kann definiert werden als die Summe

$$e := 1 + 1 + \frac{1}{2} + \frac{1}{2 \cdot 3} + \frac{1}{2 \cdot 3 \cdot 4} + \frac{1}{2 \cdot 3 \cdot 4 \cdot 5} + \cdots.$$

Formulieren Sie in möglichst vielen Ansätzen und Notationen einen Algorithmus `Euler(n)` zum Berechnen der Teilsumme der ersten n Glieder in der oben angegebenen Summenformel für e.

Aufgabe 3.3. Formulieren Sie iterative Varianten des ggT-Algorithmus.

Aufgabe 3.4. Beweisen Sie, daß das Euklidische Verfahren zur ggT-Berechnung tatsächlich ein Algorithmus ist.

4. Konzepte benutzerdefinierter Datenstrukturen

Tables are used for saving the time of continually computing individual numbers.

Charles Babbage (1864)

4.1 Einleitung

Im Gegensatz zum fundamentalen Konzept einer Universellen Turingmaschine sind Datenstrukturen ein höheres Organisationskonzept, auf das rein theoretisch verzichtet werden könnte. In der Praxis sind Datenstrukturen aber unentbehrlich. Sie dienen dazu, logische Zusammenhänge zwischen Daten zu kodieren und so zu repräsentieren. Sie sind damit sowohl für den Menschen als auch für Computerprogramme (bzw. Algorithmen) in der Praxis unentbehrlich. Datenstrukturen erlauben es, Beziehungen zwischen Daten für den Menschen anschaulich zu modellieren und zu realisieren (z. B. die Zugehörigkeit zwischen Zähler und Nenner einer rationalen Zahl). Sie sind damit von fundamentaler Bedeutung für den praktischen Gebrauch einer Programmiersprache durch den Menschen.

Um ein komplexes Geflecht von Wechselwirkungen in einer Anwendung überblicken und entwirren zu können, muß der Mensch Beziehungen herstellen und Abstraktionen einführen. Zum Beispiel faßt er die Daten „Tag", „Monat" und „Jahr" als Attribute der Beziehung „Datum" auf und denkt an ein einziges Datum statt an drei Einzelwerte. Hierdurch organisiert er die Flut der Einzeldaten logisch und vermag sie so erst zu bewältigen. Datenstrukturen erlauben es, Beziehungen und Zusammenhänge zwischen Daten so geschickt zu kodieren, daß Algorithmen hierdurch zu einer zum Teil erheblichen Effizienzsteigerung kommen können. Denn falls man gewisse wichtige Sachverhalte im Speicher des Computers in kodierter Form festhalten kann, braucht man sie nicht immerfort neu zu berechnen und spart somit viel Zeit.

Damit Programmierer solche Zuordnungen zwischen Daten festhalten können, unterstützen Programmiersprachen die Konzepte **Reihung** (*array*) zur Zuordnung gleichartiger Daten sowie **Verbund** (*structure*) zur Zuordnung unterschiedlicher Daten. Im Gegensatz zu elementaren Datentypen wie `float` oder `int` sind die genauen Ausprägungen von Reihungen oder Verbunden benutzerdefiniert, d. h. der Programmierer legt selbst fest, welche Varianten dieser Datenstruktur-Konzepte er im Einzelnen braucht (etwa eine Reihung von 6 Integern oder einen Verbund aus Straßenname und Hausnummer). Weiterhin muß der Programmierer selbst die Operationen programmieren, die mit den benutzerdefinierten Datenstrukturen möglich sein sollen. Konkrete Exemplare einer benutzerdefinierten Datenstruktur werden üblicherweise erst zur Laufzeit des Programms erzeugt (z. B. könnten von einem Benutzer 200 Adressen in ein Programm eingegeben werden, das jede als konkretes Exemplar eines Verbundes aus Straßenname und Hausnummer speichert).

Anders als für die elementaren Datentypen kann es für benutzerdefinierte Datenstrukturen keine eingebauten Operationen geben, denn die Programmiersprache kann nicht wissen, was sich der Programmierer zusammenbauen wird. In herkömmlichen Programmiersprachen war die Assoziation zwischen Datenstrukturen und den darauf operierenden Algorithmen zunächst nur lose. Objektorientierte Programmiersprachen unterstützen über das Konzept einer **Objekt-Klasse** die Konstruktion benutzerdefinierter Datentypen, die sich ähnlich verwenden lassen wie die fest eingebauten elementaren Datentypen. Zwar müssen nach wie vor die Operationen des benutzerdefinierten Typs selbst programmiert werden, danach aber können sie auf den Exemplaren des Datentyps verwendet werden (fast) als seien sie eingebaut. Sei a ein Objekt einer Klasse und sei f() eine für diese Klasse implementierte Funktion, so kann f() in der Form a.f() *auf* a aufgerufen werden und somit auf a operieren, d. h. a verändern. In C++ können diese benutzerdefinierten Operationen sogar an vorhandene Operatorsymbole gebunden werden, sodaß man etwa auch für selbstdefinierte Rationale Zahlen x = y+z; schreiben kann statt x = y.add(z). Wir wollen im folgenden nur dann von Daten*typ* sprechen, wenn wir auch Operationen vorliegen haben, ansonsten benutzen wir den Begriff Daten*struktur*.

In den folgenden Abschnitten geben wir eine elementare Einführung in die Grundbausteine von benutzerdefinierten Datenstrukturen und Datentypen: Reihungen, Verbunde und Referenzen (Zeiger), sowie abstrakte Datentypen und Klassen. Höhere benutzerdefinierte Datentypen sind aus diesen Bausteinen zusammengesetzt: Listen, Bäume und Wörterbücher werden zusammen mit den zugehörigen Algorithmen in Teil III ausführlich behandelt.

4.2 Reihungen (*arrays*)

Zunächst wurden (in der Sprache FORTRAN) ein- und mehrdimensionale **Reihungen** (*arrays*) als elementare Datenstrukturen eingeführt. Eine eindimensionale Reihung besteht aus einer bestimmten Anzahl von Daten gleicher Art und kann als einzelne Zeile oder Spalte einer Tabelle gedacht werden. Auf jedes Element der Reihung kann mit demselben Zeitaufwand zugegriffen werden, z. B. in der Form a[i]. Auf diese Art werden etwa Werte einer Funktion an den Stellen i gespeichert, wie z. B. die Werte eines Eingabesignals zu den Zeitpunkten $t = 1, \ldots, k$.

Signalstärke	10,5	10,5	12,2	9,8	...	13,1	13,3
Zeitpunkt	1	2	3	4	...	30	31

Wenn eine Programmiersprache das Konzept der Reihung unterstützt, so ermöglicht sie es dem Programmierer, bedarfsgerecht Reihungen verschiedener Bauart zu definieren; im Beispiel wäre etwa eine Reihung von 31 Zahlen des Elementartyps `float` angemessen, in Java geschrieben als `float[31]`. Es ist üblich, auch hier vom *Typ* `float[31]` zu sprechen, obwohl es sich in unserem Sinn nur um eine Daten*struktur* handelt. Das Konzept der Reihung ist zu allgemein (nicht nur Zahlen können aufgereiht werden), als daß eine Programmiersprache hiermit irgendwelche eingebauten Operationen verbinden könnte.

Sind die Reihungselemente von einem Typ `T` (z. B. Ganzzahl), so ist die Reihung selbst vom Typ „Reihung von `T`". Zweidimensionale Reihungen speichern die Werte mehrerer eindimensionaler Zeilen (sofern alle vom gleichen Typ sind) in Tabellen-(Matrix-)Form. `a[i][j]` (in C++ `a[i,j]`) ist das Element in der `j`-ten Spalte der `i`-ten Zeile. In einer zweidimensionalen Reihung lassen sich z. B. die Wassertemperaturen an den Koordinatenpunkten an der Oberfläche eines Sees speichern oder die Punkte aller Bundesligavereine in den Spielen einer Saison. Entsprechendes gilt für drei- und höherdimensionale Reihungen. In dreidimensionalen Reihungen speichert man z. B. die Temperaturwerte an allen Meßstellen innerhalb einer Brennkammer, in vierdimensionalen Reihungen die Veränderung dieser Werte mit der Zeit.

Arrays repräsentieren also Funktionen vom Indexbereich in einen Wertebereich, der der Typ der Array-Elemente ist. Sei etwa $t : \mathbb{Z} \times \mathbb{Z} \to \mathbb{R}$ eine Funktion, die einem Koordinatenpaar einen Temperaturwert zuordnet. Der Wert der Funktion t an der Stelle $(1, 1)$, also $t(1, 1)$, findet sich dann im Array `t` an der Stelle `t[1][1]`.

Arrays eignen sich in der Praxis grundsätzlich nur dann zur Speicherung einer Funktion, wenn diese dicht ist, d. h. wenn die Abbildung für die allermeisten Indexwerte definiert ist – sonst würde eine Arraydarstellung viel zuviel Platz beanspruchen.

4.3 Verbunde (*records, structs*)

Arrays modellieren Beziehungen zwischen Elementen gleichen Typs. Oft bestehen aber auch Beziehungen zwischen Werten unterschiedlichen Typs, etwa zwischen Name und Monatsverdienst eines Beschäftigten. Allgemein spricht man in diesem Beispiel von den **Stammdaten** des Beschäftigten. Wir wollen der Übersichtlichkeit halber also den Beschäftigten mit der Gesamtheit seiner Stammdaten identifizieren, anstatt ihm jedes Datum einzeln zuzuordnen. Wir verbinden zusammengehörige Daten unterschiedlicher Typs zu einem neuen, benutzerdefinierten **Verbund-Typ** (*record, structure, struct*).

Ein einzelner **Verbund** ist dann ein konkretes Exemplar eines Verbund-Typs. Sei ein konkretes Stammdatenblatt `s` gegeben. Dann ist

```
s.Name = "Mustermann"
```

der Wert der Komponente `Name` von `s`. Entsprechend gilt `s.GebTag = 10` usw.

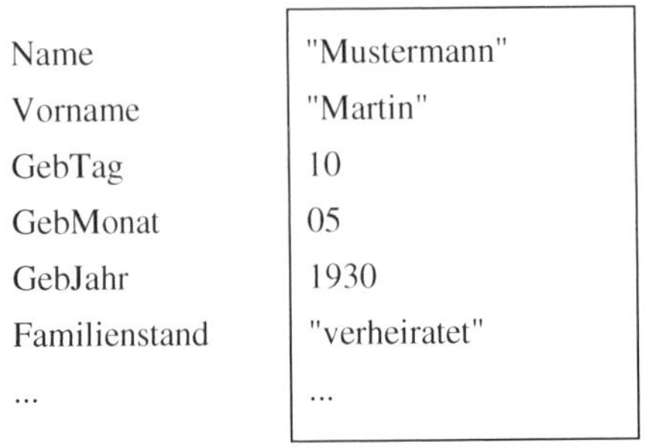

Name	"Mustermann"
Vorname	"Martin"
GebTag	10
GebMonat	05
GebJahr	1930
Familienstand	"verheiratet"
...	...

Abb. 4.1. Ein Verbund vom Typ `Stammdatenblatt`.

Programmiersprachen, die das Konzept des Verbundes unterstützen, erlauben es also dem Programmierer, anwendungsbezogen neue Datenstrukturen zu deklarieren, in denen Daten verschiedenen Typs zu einer Einheit „verbunden" werden. Wiederum handelt es sich bei einem Verbund um eine Datenstruktur ohne fest assoziierte Funktionen – auf dem obigen Stammdatenblatt s können keine Operationen aufgerufen werden. Trotzdem spricht man von dem Typ eines Verbundes, wie eben `Stammdatenblatt` in Abb. 4.1.

Da die Komponenten eines Verbundes von einem beliebigen Typ sein können, dürfen sie insbesondere selbst auch Verbunde sein. Wir können somit hierarchische Strukturen modellieren, wie sie in der Umwelt häufig vorkommen. Wir können jetzt unser Stammdatenblatt wie folgt strukturieren:

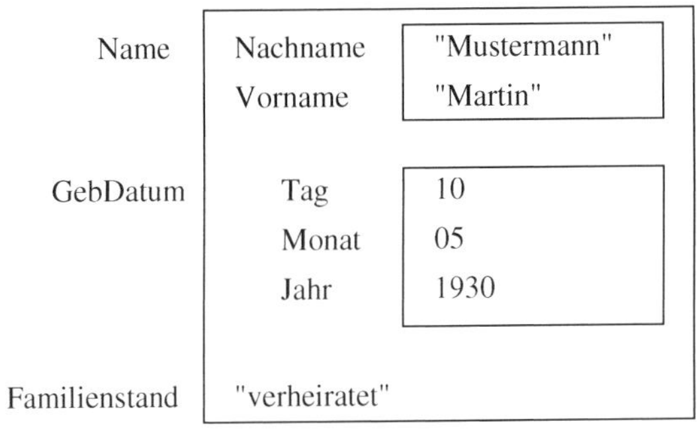

Name	Nachname	"Mustermann"
	Vorname	"Martin"
GebDatum	Tag	10
	Monat	05
	Jahr	1930
Familienstand	"verheiratet"	

Abb. 4.2. Ein Verbund vom Typ `Stammdatenblatt2` bestehend aus zwei weiteren Verbünden und einer Zeichenkette.

Das Stammdatenblatt besteht jetzt aus zwei Verbunden und einem String. Wir drücken hiermit Beziehungen auf zwei Hierarchieebenen aus. Eine Beziehung zwischen Name, Geburtsdatum und Familienstand, die die eigentliche Stammdatenbeziehung darstellt, sowie eine Namensbeziehung (Vorname – Nachname) und eine Datumsbeziehung (Tag – Monat – Jahr).

4.4 Typ-Kombinationen von Reihung und Verbund

Reihungen und Verbunde können nun auch wechselseitig kombiniert werden. Die Belegschaft eines Unternehmens kann repräsentiert werden als Reihung B von Elementen vom Typ Stammdatenblatt2. Der Geburtstag des fünften Belegschaftsmitglieds ist dann erhältlich als B[5].GebDatum.Tag. Da Reihungen schnell sortiert werden können (vgl. Kap. 12), lassen sich also die Belegschaftsdaten schnell sortieren, z. B., falls nötig, nach Geburtstag oder Gehalt etc.

Umgekehrt können auch Reihungen als Komponenten von Verbunden auftreten – den Spezialfall von Zeichenreihen hatten wir in der Namenskomponente schon gesehen. Ein weiteres Beispiel wäre ein Verbund, der die Beziehung zwischen Studierenden und ihren Punkten auf den 14 Übungsblättern eines Semesters modelliert.

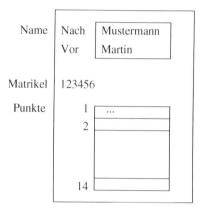

Abb. 4.3. Ein Verbund vom Typ Student mit einem Verbund vom Typ Name, einem int und einer Reihung von int.

4.5 Modellierung des Enthaltenseins – Referenzen

Ein Verbund kann in einem anderen enthalten sein, wie wir am Beispiel von Datum und Stammdatenblatt2 gesehen haben. Diese Beziehung des **Enthaltenseins** (*containment*) kann auf zweierlei Arten modelliert werden: als Enthaltensein durch Wert oder durch Referenz.

Nehmen wir an, der Student Mustermann belegt zwei verschiedene Übungen. Eine Übung ist durch einen Verbund repräsentiert, der u. a. den String

Übungsleiter sowie eine Tabelle mit Stammdaten und Punkten aller Teilnehmer enthält. Das Stammdatenblatt „Mustermann" ist also in zwei verschiedenen Reihungen enthalten. Ist das Enthaltensein als **Enthaltensein durch Wert** (*by value*) modelliert, so existieren zwei separate Exemplare des Stammdatenblatts „Mustermann" in zwei verschiedenen Datenstrukturen. Anfangs werden diese Exemplare exakte Kopien mit identischen Werten sein. Dies ist zunächst problemlos, bis auf die Einschränkung, daß der doppelte Speicherplatz gebraucht wird, da beide Kopien gespeichert werden. Ändert sich aber etwas bei den Stammdaten Mustermann (etwa der Familienstand), so müssen alle Doubletten eines Stammdatenblatts gesucht und aktualisiert werden. Dies bringt im allgemeinen erhebliche Probleme mit sich, da man immer irgendwo ein Exemplar vergißt, da danach veraltete (abgestandene, *stale*) Daten enthält

Ist das Enthaltensein als **Enthaltensein durch Referenz** (*by reference*) modelliert, so existiert nur ein einziges Exemplar des Stammdatenblatts Mustermann, auf das aber in zwei verschiedenen Datenstrukturen verwiesen wird (alternative Sprechweise: das an zwei Stellen referenziert wird). Greift man aus einer der Datenstrukturen auf das Stammdatenblatt Mustermann zu, so findet man zunächst einen Verweis auf den Ort, an dem sich das Blatt wirklich befindet. Man hat diesem Verweis nachzugehen (evtl. muß das Blatt dazu erst in den Hauptspeicher gebracht werden, da es ganz woanders liegt), bevor man auf Komponenten wie das GebDatum zugreifen kann. Das Verfolgen der Verweise kostet also zusätzliche Zeit, während man bei Aktualisierungen erheblich Zeit spart; außerdem spart man Speicher, da man das Blatt nur ein einziges Mal repräsentiert.

Generell sollte man immer möglichst nach der Realität modellieren. Da es Herrn Mustermann nur ein einziges Mal gibt, sollte auch nur ein einziges Exemplar seines Stammdatenblatts existieren.

Beispiel 4.5.1. Zwei Verweise auf einen Verbund „Mustermann" vom Typ Stammblatt.

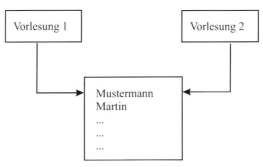

❖

Entsprechend dieser graphischen Veranschaulichung heißen Referenzen auch **Zeiger** (*pointer*).

Die Art der Modellierung schlägt sich in Programmiersprachen auch in der Notation des Zugriffs nieder: Zugriff auf Enthaltensein durch Wert geschieht in der

Sprache C++ über die Punktnotation (z. B. `B[5].GebDatum.Tag`), Zugriff über eine Referenz durch die Pfeilnotation (z. B. `B[5] -> GebDatum.Tag`. In der Sprache Java kann Enthaltensein von strukturierten Daten nur durch Referenz modelliert werden; man verwendet dafür der Einfachheit halber die Punktnotation.

Durch die Verwendung von Referenzen gewinnt man ein hohes Maß an Flexibilität in Datenstrukturen und damit bei der Modellierung von Beziehungen.

Allerdings muß man den Preis des langsameren Zugriffs und auch der hohen Komplexität bedenken. Komplex vernetzte Strukturen können nicht mehr einfach auf Papier oder Bildschirm ausgegeben werden, so daß es dem Programmierer schwerfällt, die interne Datenstruktur zu verstehen.

Ein einfaches Beispiel gibt aber bereits einen Eindruck von der Mächtigkeit des Referenzkonzepts. Nehmen wir an, wir wollen die Aufstellung unserer Übungsteilnehmer nach den erreichten Punkten sortieren. Dazu müssen einzelne Stammdatenblätter nach hinten oder vorne bewegt werden. Bei einer Modellierung durch den direkten Wert muß jeweils eine gesamte Stammdatenblattstruktur mit allen Inhalten bewegt werden. Bei einer Modellierung mit Referenzen (wie in Beispiel 4.5.2) müssen lediglich die Referenzen bewegt werden. In Java ist, wie oben gesagt, das Enthaltensein von Objekten immer über Referenzen realisiert, in C++ sind beide Modellierungsarten möglich.

Beispiel 4.5.2. Zwei Reihungen mit Stammblatt-Objekten, nach verschiedenen Kriterien sortiert. Enthaltensein durch Referenz.

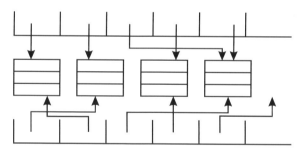

❖

Ein sehr wichtiges Anwendungsgebiet für die Verwendung von Referenzen ist das der **dynamischen Datenstrukturen**. Manchmal kennt man zur Übersetzungszeit noch nicht die Anzahl der zur Laufzeit zu speichernden Daten oder manche Daten werden zur Laufzeit von einer Datenstruktur in eine andere überführt, d. h. ein Datenbehälter wächst (und ein anderer schrumpft) dynamisch. In diesen Fällen ist ein Array als Datenbehälter i. a. ungeeignet, da es nicht dynamisch wachsen oder schrumpfen kann.

Im einfachsten Fall löst man das Problem durch die dynamische Datenstruktur **Liste** (*list*). Eine Liste besteht aus Listenknoten, von denen jeder über eine Referenz mit genau einem Nachfolgeknoten verkettet ist. Wir erhalten z. B. eine Liste aus Stammblatt-Objekten indem wir in jedem Stammblatt zusätzlich ein Feld für eine Referenz auf ein weiteres Stammblatt-Objekt vorsehen. Wir können ein neues Objekt in eine solche Liste aufnehmen, indem wir es am Ende anhängen, und wir können ein Objekt entfernen, indem wir es durch Umhängen der Zeiger aus der Liste ausketten. (Details werden in Kap. 7.7 besprochen.) In jedem Fall geschieht die Änderung ohne jeden Speicherverbrauch.

Beispiel 4.5.3. Liste aus 3 Stammblatt-Objekten.

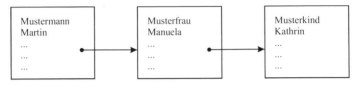

Es gibt weitaus komplexere dynamische Datenstrukturen als einfach-verkettete Listen; wir besprechen insbesondere die sog. **Bäume** in Kapitel 13.

4.6 Klassen, Objekte, abstrakte Datentypen

Es ist offensichtlich, daß Datenstrukturen ihre Wirkung erst im Zusammenspiel mit den zugehörigen Algorithmen entfalten können. Ein Verbund aus zwei Zahlen vom Typ `float` könnte vieles repräsentieren: Länge und Breite eines Rechtecks, die Parameter einer Ellipse, einen Punkt im $\mathbb{R}^2$, oder den Realteil und Imaginärteil einer komplexen Zahl. Erst durch die Assoziation einer Datenstruktur mit den zugehörigen Operationen wird aus der Datenstruktur ein Datentyp. Für Standard-Typen wie `int` oder `float` wird diese Zuordnung schon von der Programmiersprache fest vordefiniert. In älteren Sprachen wie Pascal oder C ist diese Assoziation nur indirekt und lose möglich, da sie auf Sprachebene nicht unterstützt wird. In objektorientierten Sprachen gibt es zu diesem Zweck ein eigenes Sprachkonzept, mit dem die Assoziation zwischen einem Verbund und den zugehörigen Algorithmen hergestellt werden kann.

Das Grundkonzept einer **Klasse** (*class*) erlaubt es, in einer objektorientierten Programmiersprache neue Datentypen zu implementieren und so die Sprache anwendungsbezogen zu erweitern. Die Deklaration einer Klasse erweitert die Deklaration eines Verbundes. Zur Repräsentation der Elemente des Typs können in einer Klasse wie in einem Verbund passende Datenfelder definiert werden, und zusätzlich können die im Typ geforderten Operationen durch passende Algorithmen innerhalb der Klasse implementiert werden (man spricht dann von den **Methoden** der Klasse).

Eine Klassendeklaration stellt den Bauplan für die einzelnen Objekte des Datentyps dar. Jedes **Objekt** (*object*) einer Klasse besteht aus einem neuen Stück Speicher zur Speicherung der spezifischen Werte dieses Objekts und zusätzlich aus einem (verborgenen) Zeiger auf die Liste der in dieser Klasse vorhandenen Methoden, die auf jedem Objekt der Klasse operieren können.

Ein Verbund-Typ ist also nichts anderes als eine Klasse ohne Methoden, und ein konkreter Verbund ist ein Objekt, das nur Daten enthält und mit dem keine Funktionen assoziiert sind. In C++ kann deshalb bei der Deklaration einer Klasse ohne Methoden das Schlüsselwort `class` durch `struct` ersetzt werden.

Wenn es eine von einer Implementierung unabhängige abstrakte Beschreibung der Funktionalität eines Datentyps gibt, dann spricht man auch von einem **abstrakten Datentyp** (*abstract data type*); wenn diese Beschreibung aus mathematischen Gleichungen besteht spricht man von einem **algebraischen abstrakten Datentyp**. Ein abstrakter Datentyp bündelt eine Datenrepräsentation (Datenstruktur) mit den zugehörigen Operationen bzw. Algorithmen und verbirgt beides hinter einer abstrakten **Aufrufschnittstelle** (*call interface*). Man nennt dies auch das **Geheimnisprinzip** (*principle of information hiding*). Dadurch muß nur noch der Hersteller (Programmierer) des abstrakten Datentyps die Datenrepräsentation und die Programmierung der Funktionen verstehen, der Benutzer braucht nur die Funktionsweise der Schnittstelle zu verstehen.

Beispiel 4.6.1. Wir betrachten folgende abstrakten Datentypen:

Rationale Zahlen. Hier haben wir als Daten Zähler und Nenner vom elementaren Typ `int` und als Operationen die Addition, Subtraktion, Multiplikation und Division. Eine Implementierung als Klasse muß diese Operationen implementieren und wird i. a. als versteckte Hilfsmethode die Berechnung des größten gemeinsamen Teilers zum Kürzen von Brüchen enthalten.

Übungsgruppe. Zur Datenhaltung kommt hier eine Liste der Teilnehmer in Frage sowie für jeden Teilnehmer ein Array mit den erzielten Punkten in jedem Übungsblatt. Interessante Operationen sind das alphabetische Sortieren der Teilnehmer, das Sortieren nach den Gesamtpunkten sowie das Berechnen der Note aus den Punkten.

Beispiel 4.6.2. (Datentyp `String`) Zur Speicherung eines Textes können wir eine Reihung (*array*) aus Zeichen benutzen, da man grundsätzlich Reihungen von Elementen eines jeden Typs bilden kann. Eine Reihung der Länge 4 von Zeichen, `char[4]`, könnte z. B. folgendes Speicherbild haben:

$$\boxed{T}\ \boxed{e}\ \boxed{x}\ \boxed{t}$$

Für ein `char`-Array gilt aber wie gehabt, daß mit ihm keine Operationen assoziiert sind. Natürlich ist es aber sinnvoll, einen speziellen Datentyp zur Verfügung zu haben, auf dessen Elementen allgemein nützliche Operationen wie z. B. die Konversion von Groß- zu Kleinbuchstaben zur Verfügung stehen. In einer Standardbibliothek von Java gibt es hierzu die *Klasse* `String`. Sie speichert die Zeichenreihe in einem verborgenen Array und enthält allgemein nützliche Funktionen wie `length()` zur Ermittlung Länge, oder `substring()` zur Bildung von Auszügen aus dem Text. Zur Verdeutlichung, daß es sich bei einem `String` nicht um eine Reihung handelt, werden wir von einer **Zeichenkette** sprechen. In Programmtexten wird eine

Zeichenkette als Buchstabenfolge in Anführungszeichen niedergeschrieben (z. B. generiert Java aus "Text" ein neues Objekt vom Typ String, das die betreffenden Buchstaben speichert und auf dem dann die Operationen der Klasse String aufgerufen werden können).   ❖

Ein abstrakter Datentyp wird durch eine konkrete Klasse mit konkreten Methoden implementiert. Wegen dieser zusätzlichen Abstraktionsebene heißt der Datentyp „abstrakt", ansonsten sind die Operationen sehr konkret ausführbar (z. B. Sortieren der Übungsliste). Der abstrakte Datentyp spezifiziert und definiert erschöpfend die Operationen, die auf dem Objekt ausgeführt werden können. Eine objektorientierte Sprache erlaubt es, diese Kopplung mit dem Sprachkonstrukt der Klasse zu fixieren, statt sie – wie etwa C oder Pascal – nur der Selbstdisziplin des Programmierers zu überlassen, die oft unter hartem Projektdruck leidet.

Außerdem unterstützt eine objektorientierte Sprache den Programmierer durch die höheren objektorientierten Konzepte von **Vererbung** (*inheritance*), **virtuellen Funktionen** (*virtual function*) mit **dynamischem Binden** (*dynamic binding*) und **generischem Programmieren** (*generic programming*) dabei, Gemeinsamkeiten in der entstehenden Vielfalt von abstrakten Datentypen herauszuarbeiten und diese in Hierarchien zu strukturieren. Hierdurch bleibt die Komplexität der Interaktion abstrakter Datentypen praktisch beherrschbar. Im nächsten Kapitel widmen wir uns ganz den Konzepten des objektorientierten Programmierens.

5. Objektorientierte Software-Konzepte und UML

By a new system of very simple signs I ultimately succeeded in rendering the most complicated machine capable of explanation almost without the aid of words.

Charles Babbage (1864)

5.1 Objektorientierte Software-Entwicklung

Die ungebrochene Leistungsexplosion bei Prozessoren, Speicher und Vernetzung, verbunden mit der Nachfrage der Anwender führt zu Software immer größerer Komplexität und Vielfalt. Selbst einfache Programme haben heute eine grafische Oberfläche, sind netzwerkfähig oder nutzen eine Datenbank. Schon die Integration einer technischen Anlage erfordert heute eine Steuerungssoftware, die nicht nur die Bestandteile der Anlage selbst über ein Realzeitnetz (Feldbus) steuert und koordiniert, sondern auch mit einer entfernten Bedienstation mit grafischer Oberfläche kommuniziert, Protokolldaten in einer Datenbank ablegen diese Daten mit den höheren Ebenen unternehmensweiter Planungssoftware austauschen kann. Industrielle Client-Server-Informationssysteme erlauben es Tausenden von Sachbearbeitern, weltweit auf einheitliche Datenbestände zuzugreifen.

In den vergangenen 10–20 Jahren hat sich gezeigt, daß das Paradigma des objektorientierten Programmierens wie kein anderes dabei helfen kann, die entstehende ungeheure Komplexität der Software zu beherrschen. Objektorientierung ist ein übergreifendes und integrierendes Paradigma, beginnend von der Phase der Problemanalyse und des Softwareentwurfs über alle Felder der klassischen Programmierung bis hin zur Netzwerk-Kommunikation und den Datenbanken. Objektorientierte Programmiersprachen unterstützen diesen Ansatz zur Systemgestaltung dadurch, daß sie es dem Programmierer ermöglichen, objektorientierte Softwaremodelle ohne Umschweife in Programmcode umzusetzen.

Der objektorientierte Ansatz zur Software-Konstruktion beschäftigt sich zentral mit der Modellierung von **Objekten** (*object*) und den **Objektbeziehungen** (*relationship*), die die Objekte untereinander unterhalten. Eine objektorientierte Programmiersprache wie Java unterstützt die programmiertechnische Realisierung von Objekten und ihren Beziehungen in besonderem Maße.

Objekte kommen in dreierlei Hauptformen vor:

1. Objekte der realen und gedanklichen Umwelt (Autos, Roboter, Studenten, Mitarbeiter, Kunden, Lieferanten, math. Objekte wie Polynome, rationale Zahlen),
2. programmiertechnische Abbilder der realen Objekte,
3. programmiertechnische Kunstobjekte, die Datenstrukturen und Algorithmen zusammenfassen (z. B. Listen, Bäume, Hash-Tabellen, Vektoren …).

Die objektorientierte Programmkonstruktion erfaßt diese Objekte in den Phasen Analyse, Modellierung und Entwurf. Erst anschließend folgt eine Phase, in der die Funktionalität von Objekten ausprogrammiert wird (z. B. die Steuerfunktion eines Roboters, die Multiplikationsfunktion von Polynomen, eine Suchfunktion auf einer Literaturliste) und die dem „klassischen" Programmieren von Funktionen entspricht.

Objektorientierter Ansatz zur Software-Entwicklung

1. **Analyse** (*analysis*). Die reale Welt wird auf die Existenz von Objekten und Objektbeziehungen hin untersucht, und ein objektorientiertes Modell der realen Welt wird erstellt. Außerdem wird analysiert, auf welche Art das Softwaresystem später genutzt werden soll, d. h. welche Funktionalität es wem zur Verfügung stellen muß. Es wird gefragt, *was* mit den Objekten *warum* geschieht oder geschehen soll.
2. **Entwurf** (*design*). Das objektorientierte Modell der realen Welt wird in die Welt der Software übertragen und aufgrund von programmiertechnischen Notwendigkeiten ergänzt oder modifiziert. Nun ist von Interesse, *wie* etwas *im Prinzip* geschehen soll. Es entsteht ein Modell der Software-Architektur.
3. **Implementierung** (*implementation*). Die Software-Architektur wird zum lauffähigen Programm konkretisiert. Objektzustände werden durch Datenstrukturen repräsentiert, Objektfunktionalität wird durch Algorithmen realisiert und ausprogrammiert. Es wird genau festgelegt, *wie* alles *im Einzelnen* geschieht.

Die Phasen 1 und 2 sind für den objektorientierten Ansatz charakteristisch und führen zu einer typischen objektorientierten Software-Struktur in Phase 3. Diese Phasen bilden einen Kreislauf stetiger Verfeinerung: Zum Beispiel bemerkt man oft erst bei der Modellierung, daß man eine Situation nicht genau genug analysiert hat, oder bei der Implementierung, daß ein Stück der Architektur noch fehlt.

Phase 1 beinhaltet auch den ersten Schritt einer funktionalen Dekomposition. Wie wir gesehen haben, kann jedes Programm rein theoretisch als mathematische Funktion angesehen werden, die aus digitalisierten Eingaben digitalisierte Ausgaben berechnet. Historisch lag es daher zunächst nahe, einen rein funktionsorientierten Ansatz zur Problemanalyse und zur Konstruktion von Software einzuschlagen.

Im Verfahren der **funktionalen Dekomposition** geht man folgendermaßen vor:

1. Abstrakte Spezifikation der Funktion, die das Softwaresystem realisieren soll, d. h. möglichst präzise Beschreibung, welche Ausgabe das System auf jede Eingabe liefern soll.
2. Hierarchisch absteigende Zerlegung der Funktion in immer elementarere Teilfunktionen, die jeweils von höheren Funktionen aufgerufen werden und selbst kleinere Teilfunktionen aufrufen.
3. Ausprogrammieren der Funktionen.

Diese Vorgehensweise ist durchaus sinnvoll, wo wirklich im engeren Sinne eine Funktion programmiert werden muß. Eine rein funktionale Dekomposition eines Gesamtsystems erfaßt aber nicht den häufigen Sachverhalt, daß Softwaresysteme den **Zustand** (*state*) von Gegenständen der Umwelt und ihre Veränderung über einen Zeitraum hinweg modellieren müssen und daß sie dann aus separaten, miteinander interagierenden Teilen bestehen. Der Mensch entwirrt die Komplexität der Umwelt, indem er in ihr separate eigenständige Teile identifiziert und deren Funktionsweise versteht, und indem er durchschaut, in welchen Beziehungen diese Teile zueinander stehen und wie sie miteinander interagieren.

Es ist vielleicht die wichtigste Erkenntnis des objektorientierten Ansatzes, daß bei der Erstellung komplexer Softwaresysteme dem Entwurf ihrer inneren Struktur (ihrer *Architektur*) eine zentrale Bedeutung zukommt und daß die innere Struktur mit Vorteil die Struktur der realen oder gedanklichen Umwelt getreu nachbildet. Obwohl das Gesamtsystem in seinem Eingabe-/ Ausgabeverhalten rein theoretisch als eine einzige komplexe mathematische Funktion modelliert werden kann, so ist dies doch aus praktischen Gründen nicht empfehlenswert. Schon Systeme von wenigen zehntausend Zeilen Code lassen sich (als Kollektion von Funktionen gesehen) nicht mehr mit vertretbaren Kosten konstruieren, warten und weiterentwickeln. Gebräuchliche Systeme erreichen aber leicht einen Umfang von mehreren 100 000 bis Millionen Zeilen Code.

Die Gesamtwirkung von komplexen Softwaresystemen ist weit besser zu beschreiben und zu konstruieren als Interaktion der Wirkungen von Teilsystemen nach einem objektorientierten Ansatz. Jedes der Teilsysteme wird dann hierarchisch absteigend wiederum ähnlich erklärt. Die obersten Systemschichten folgen in ihrer Modellierung der gegebenen Umwelt und setzen dadurch das Kunstsystem Software in enge Beziehung zu den externen Gegebenheiten. Ändern sich dann die Gegebenheiten, so weiß man z. B. schnell, welchen Teil der Software man ändern muß.

Bei den inneren (tieferen) Schichten hat man zunächst große Konstruktionsfreiheit, da sie reine Kunstprodukte sind. Wie bei jeder ingenieurmäßigen Konstruktion gilt es hier aber die Regeln der Kunst genau zu kennen, um auf kostengünstige Art zu soliden Lösungen zu kommen, die in Erstellung, Betrieb und Wartung preisgünstig und effizient sind. Hierzu muß der Informatiker gebräuchliche Grundmuster von Software kennen, die sich schon bewährt haben; auf höherer Ebene sind dies objektorientierte Entwurfsmuster, auf tieferer Ebene sind dies Standards in Algorithmen und Datenstrukturen.

Der objektorientierte Ansatz zur Software-Entwicklung betont also besonders stark die Modellbildung *vor* der Programmierung und damit das Herausarbeiten einer abstrakten **Software-Architektur** (*software architecture*). Die Architektur leitet sowohl die eigentliche Programmierung als auch spätere Anpassungs- und Wartungsarbeiten; außerdem ist sie ein zentrales Hilfsmittel zur Dokumentation der Software. Insbesondere Objekte, ihr Verhalten und ihre Beziehungen und Wechselwirkungen untereinander werden in vielfältiger Weise modelliert.

Wegen der großen Bedeutung der Modellbildung wurde mit der **UML** (*Unified Modeling Language*) eine standardisierte Sprache geschaffen, die mögliche Modelle und ihre graphische Notation in Diagrammen festlegt (Booch et al., 1999a,b). Wir betrachten das sogenannte **Klassendiagramm** (*class diagram*), das die Objekttypen und ihre statischen Beziehungen widerspiegelt, das **Aktivitätsdiagramm** (*activity diagram*), das das Verhalten eines Objekts bei der Erledigung einer Aufgabe zeigt, sowie das **Kollaborationsdiagramm** (*collaboration diagram*), das die dynamisch wechselwirkende Zusammenarbeit zwischen Objekten aufzeigt. Wir werden uns im folgenden eng an der UML orientieren, wobei wir uns aber einige Vereinfachungen erlauben.

In Abschnitt 5.2 stellen wir zunächst den Grundbegriff der Objekt-Klasse vor, der in *jedem* Java-Programm auftaucht, und in Abschnitt 5.3 erklären wir die grundlegenden Objektbeziehungen. (Die Kapitel 7 und 8 in Teil II behandeln die Umsetzung dieser Konzepte in Java.) In den Abschnitten 5.4 und 5.5 geben wir anhand zweier größerer Beispiele eine Einführung in objektorientierte Problemanalyse und Software-Entwurf, die im objektorientierten Ansatz dem reinen Programmieren („Codieren") immer vorausgehen. In Kapitel 9 finden sich zwei größere Beispiele zum Zeichnen von Gegenständen auf dem Bildschirm, die in UML modelliert und dann programmiert werden.

In unseren Beispielen orientieren wir uns an Problemstellungen aus der Welt von Geräten, die von Java-Programmen gesteuert und über das Internet bedient und beobachtet werden. Diese Beispiele sind durch das Forschungsprojekt VVL[1] (Verbund Virtuelles Labor) motiviert, in dem ein Hochschulkonsortium im Rahmen der „Virtuellen Hochschule Baden-Württemberg"[2] ein virtuelles[3] Maschinenlabor mit realen Geräten ins Internet stellt. Im Teilprojekt „Automatisierte Anlagen und Informatik"[4] arbeiten die Fachhochschule Reutlingen und die Universität Tübingen daran, Geräte der industriellen Steuerungstechnik (mit Feldbus CAN) auf der Basis von Java-Software über das Internet nutzbar zu machen. Anwendungen ergeben sich außer im Bereich der Internet-basierten Lehre in Automatisierungstechnik und Informatik auch im industriellen Kontext für die Fernsteuerung und Fernwartung von Anlagen.

---

[1] www.vvl.de

[2] www.virtuelle-hochschule.de

[3] „Virtuell" bedeutet hier nur, daß die Versuchsaufbauten nur durch das Internet zu einem gesamthaften Labor zusammengeführt werden; die Aufbauten selbst bestehen aus realer Hardware, die aber über die Hochschulpartner verteilt ist.

[4] www-sr.informatik.uni-tuebingen.de/vvl

Die in den Abschnitten 5.4 und 5.5 erwähnten Geräte stehen im Roboterlabor von Gerhard Gruhler an der FH Reutlingen. Viele der dortigen Versuchsaufbauten mit Feldbusgeräten (mit Ausnahme der Roboterzelle) können über das Internet bedient und mit einer Web-Kamera beobachtet werden. Es sind sowohl Anleitungen für kurze Demonstrationen verfügbar als auch längere detaillierte Übungsaufgaben unter Nutzung der Geräte. (Für manche der Versuche braucht man einen voll Java-fähigen Browser wie Netscape.) Insbesondere steht die in Abschnitt 5.4 beschriebene Werkstück-Vereinzelungseinheit in einem separaten Aufbau real zur Verfügung; außerdem ist eine Simulation als Java-Applet vorhanden. Am einfachsten ist eine Leuchtschrift zu bedienen, die keine beweglichen Teile hat; sie liegt dem Beispiel für den Entwurf einer Fernsteuerung in Abschnitt 5.5 zugrunde.

5.2 Objekte, Klassen, abstrakte Datentypen

Ein **Objekt** (*object*) ist eine gedankliche oder reale Einheit in der Umwelt oder in Software. Ein Objekt ist im allgemeinen gegeben durch seinen **Zustand**, der sich aus den gespeicherten Daten ergibt, sowie durch seine **Funktionalität**, die sich aus den Operationen ergibt, die das Objekt ausführen kann.

Die Funktionalität kann nach innen wirken und den Zustand des Objekts verändern, oder sie kann in genau definierter Weise nach außen auf solche anderen Objekte wirken, zu denen eine **Objektbeziehung** besteht. Wir untersuchen zunächst den Begriff des Objekts und wenden uns in Abschn. 5.3 den Objektbeziehungen zu.

Wir repräsentieren **Objekte** in UML graphisch nach dem Schema:

Name
Zustand
Funktionalität

Betrachten wir einige reale und gedankliche Objekte der Umwelt, etwa einen Roboter, eine Übungsgruppe und ein Polynom.

Ein Roboter hat einen internen Zustand, gegeben durch die Position, an der er sich befindet sowie weitere interne Kenngrößen (Zeitintervall seit der letzten Wartung, Serien-Nr. etc.). Außerdem besitzt ein Roboter Funktionalität, die er nach außen einem Nutzer gegenüber zur Verfügung stellt. Beispielhaft betrachten wir die Bewegung des Greifers an einen Punkt (x, y, z) im dreidimensionalen Raum $\mathbb{R}^3$, die durch einen Funktionsaufruf `move(float x, float y, float z)` ausgelöst werden kann. Als Seiteneffekt dieses Aufrufs ändert sich der interne Zustand des Roboters. Das Verhalten des realen Objekts Roboter ist also gekennzeichnet durch einen Funktionsumfang zusammen mit einem spezifischen Zustand.

Bei genauer Betrachtung erkennen wir, daß wir alle Roboter-Objekte einer Bauart zu einer Klasse zusammenfassen können, die ihre Gleichartigkeit (ihren Typ) repräsentiert. Die Gleichartigkeit besteht in dem identischen Funktionsumfang und dem identischen Typ der Zustandsinformation. Alle Roboterobjekte einer Klasse können auf die gleiche Art bewegt werden und alle haben drei Raumkoordinaten als

Position, eine Seriennummer vom gleichen Typ etc. Solche Kollektionen (= Klassen) von gleichartigen Objekten mit identischer Funktionalität haben wir bereits als **Datentypen** kennengelernt.

Die Klasse aller Roboter-Objekte bildet also den Datentyp „Roboter". Ähnlich ist es bei den Übungsgruppen, wenn wir neben dem Zustand (Liste aller Teilnehmer, Name des Tutors, ...) auch noch Funktionalität wie etwa eine Notenberechnung fordern. Polynome bilden dagegen einen mathematischen abstrakten Datentyp in Reinkultur: Polynome haben konkrete Koeffizienten, Exponenten und Variablennamen als Zustand und die bekannten mathematischen Operationen als Funktionen.

In der Informatik gilt es nun, solche realen oder gedanklichen Objekt-Klassen in Software zu modellieren, d. h. ihren Zustand in Datenstrukturen zu speichern und ihre Funktionalität durch zugehörige programmierte Algorithmen zu realisieren. Hierzu stellen objektorientierte Programmiersprachen das Konzept der **Klasse** (*class*) zur Verfügung.

Der Begriff *Klasse* wird leider in zwei unterschiedlichen Bedeutungen benutzt: Zum einen bezeichnet die Klasse die Gesamtheit ihrer Objekte. Zum anderen meint man damit oft genauer eine **Klassen-Deklaration**, also die Vereinbarung eines neuen Datentyps in einem Programm. Eine solche Klassen-Deklaration legt den Bauplan fest, nachdem (Software-)Objekte dieser Klasse erzeugt und benutzt werden können. Der Bauplan einer Klasse besteht aus einem **Datenteil** und einem **Methodenteil**. Der Datenteil besteht aus Variablendefinitionen, die insgesamt eine benutzerdefinierte zusammengesetzte Datenstruktur (Verbund, *record*, *struct*) definieren, die den Objektzustand speichern kann. Diese **Zustandsvariablen** (in Java: *field*) heißen allgemein auch **Attribute** (*attribute*). Eine Variable ist wie immer gegeben durch einen Namen, ihren Typ und einen zugehörigen Wert, der im Lauf der Zeit gegebenenfalls verändert werden kann (z. B. die Drehzahl eines Motors). Der Methodenteil besteht aus Programmcode für die Algorithmen, die die Operationen des abstrakten Datentyps ausmachen, d. h. die Funktionalität seiner Objekte bestimmen; diese heißen **Methoden** (*method*).

Die graphische Repräsention von **Klassen** in UML erfolgt nach folgendem Schema, das dem für Objekte entspricht, aber auch eine Unterscheidung zwischen Klassen und Objekte erlaubt – so wird der Klassenname nicht unterstrichen:

Klassenname
Attribute
Methoden

Meistens ist man nur an den Klassen eines Programms interessiert. Stellt man doch neben einer Klasse auch individuelle Objekte dar, so gibt man oft neben ihrem Namen nur die Teile von Zustand und Funktionalität an, die momentan interessieren, denn den Rest ersieht man aus der Klasse. Der Name eines Objekts in UML hat die allgemeine Form objektname : Klassenname. Ist der Typ des Objekts bekannt, kann der Klassenname auch weggelassen werden; mit der Kurzform : Klassennname bezeichnet man irgendein (anonymes) Objekt dieser Klasse.

einRobot : Robot
p: Position;

Wir vereinbaren oft, daß die Zustandsvariablen eines Objekts von außerhalb nicht direkt zugänglich sind, sondern nur über zugeordnete Funktionen, sogenannte **Selektoren** (*selector*), gelesen und gesetzt werden können. Für eine Zustandsvariable z heißen diese Funktionen in Java üblicherweise `getZ()` bzw. `setZ()`, in C++ dagegen `get_z()` bzw. `set_z()`.[5] Hiermit erreichen wir eine bessere Kontrolle über die Veränderungen an den internen Zuständen des Objekts. Alle Interaktionen mit dem Objekt laufen dann nur über die angegebene Funktionalität ab, die sog. Funktions- oder **Methodenschnittstelle** (*method interface*) des Objekts. Attribute und Methoden, die von außen unsichtbar und unzugänglich sind, heißen **privat** (*private*) und werden in UML durch ein vorangestelltes Minuszeichen gekennzeichnet. Die sichtbaren und zugänglichen heißen **öffentlich** (*public*) und bekommen ein Pluszeichen vorangestellt. Eine Zwischenform heißt **geschützt** (*protected*) und wird mit einem Gatter (#) angezeigt.

Typangaben erfolgen in UML *nach* einem Namen, für Attribute in der Form `x : int`, für Methoden, die einen Wert zurückliefern in der Form `getX() : int`, für Parameter in der Form `setX(int)` bzw. `plus(float, float) : float`. Wenn man in der Entwurfsphase ist, wählt man meist zunächst abstrakte Typnamen und legt sich erst später darauf fest, durch welche programmiersprachlichen Typen diese realisiert werden. Angaben, die momentan nicht interessieren oder noch nicht bekannt sind, kann man zunächst weglassen.

Beispiel 5.2.1. Fernsehapparate der Klasse TV2000 haben einen Zustand, der sich aus folgenden Zustandsvariablen zusammensetzt: s : Seriennummer, k : Kanal, l : Lautstärke, z : EinAus. Ihre Funktionalität besteht aus den einzelnen Funktionen wähle_Kanal(), ein(), aus(), wähle_Lautstärke(), get_Seriennummer() : Seriennummer.

TV2000
z : EinAus;
s : Seriennummer;
k : Kanal;
l : Lautstärke;
ein();
aus();
wähle_Kanal(Kanal));
wähle_Lautstärke(Lautstärke);
get_Seriennummer() : Seriennummer;

---

[5] Die Klammern verdeutlichen hier lediglich, daß es sich um Namen von Funktionen handelt; manchmal lassen wir sie auch ganz weg. Die Funktionen können noch Parameter enthalten, die aber nicht angegeben werden, wo sie nicht interessieren.

Beispiel 5.2.2. Objekte der Klasse Motor sind gekennzeichnet durch eine Lauf-richtung, einen Schaltzustand vom Typ EinAus und eine Drehzahl sowie die Funktionalität ein(), aus(), vorwärts(), rückwärts(), set_Drehzahl(Drehzahl) und get_Drehzahl().

Motor
z : EinAus; l : Laufrichtung; d : Drehzahl;

ein();
aus();
vorwärts();
rückwärts();
set_Drehzahl(Drehzahl);
get_Drehzahl() : Drehzahl;

Beispiel 5.2.3. Industrie-Roboter haben als Zustände eine Greifposition und einen Schaltzustand, sowie die Funktionalität bewege_Punkt_zu_Punkt(), bewege_linear(), ein(), aus().

Robot
z : EinAus; p : Greifposition;

ein();
aus();
bewege_Punkt_zu_Punkt(Punkt);
bewege_linear(Punkt);

Eine Objekt-Klasse repräsentiert allgemein den **Typ** (*type*) des Objekts. Der Typ ist also gegeben durch eine Menge von Objekten mit gleichartigem Zustand und gleichartiger Funktionalität. Diese Bündelung von Objekten mit den auf ihnen re-levanten Operationen ist ganz ähnlich wie bei herkömmlichen mathematischen Ty-pen, z. B. den ganzen Zahlen $\mathbb{Z}$ mit den ausgezeichneten Objekten 0 und 1 und den Methoden $+$, $-$ und $*$:

$$(\mathbb{Z}; 0, 1, +, -, *) \quad .$$

Wir sprechen auch von einem **abstrakten Datentyp** (*abstract data type*), wobei sich das Attribut „abstrakt" darauf bezieht, daß wir für den Gebrauch von Objekten des Typs nur die Beschreibung der Wirkungsweise der Funktionen des Typs brauchen, aber nicht wissen müssen, *wie* die Funktionalität programmiert ist. Die Implemen-tierung des Typs ist also hinter der Methodenschnittstelle **gekapselt** (*encapsulated*).

Ein **Typ** besteht also aus Objekten und einer Methodenschnittstelle mit irgendwie definiertem Verhalten. Der Typ heißt **algebraischer abstrakter Datentyp**, wenn es eine mathematische Spezifikation der Funktionalität mit algebraischen Gleichungen oder logischen Formeln gibt. (Ein Standardbeispiel aus der Mathematik sind die Natürlichen Zahlen mit Peanos Axiomen, ein Beispiel der Informatik sind die Axiome für den Typ Stack, siehe Kap. 7.8.) Eine Klasse ist eine bestimmte Implementierung eines Typs – es mag mehrere alternative Implementierungen des selben Typs geben. In der Regel betrachten wir hier jeweils nur eine einzige Implementierung und identifizieren diese Klasse mit dem Typ.

5.3 Objektbeziehungen

Objektorientierte Software-Systeme entfalten ihre Wirkung durch die Interaktion von Objekten, die zueinander in vielfältigen Beziehungen stehen. Diese Beziehungen können z. B. Ähnlichkeit, gleicher Typ, räumliche Nähe, Verwandtschaft, Kunde und Lieferant, Teil und Ganzes, Besitztum und Besitzer, Personaldaten einer Person, etc. sein. Wie in der realen Welt kommt also nicht nur den Akteuren (Objekten) sondern auch ihren Beziehungen untereinander eine herausragende Bedeutung zu. Da Beziehungen eine so wesentliche Rolle im täglichen Leben spielen, haben verschiedene Methoden zu ihrer Modellierung in der Informatik große Wichtigkeit erlangt.

Eine n-stellige **mathematische Relation** setzt gewisse Elemente aus n Mengen zueinander in Beziehung; die Liste dieser Beziehungen ist die Liste der n-Tupel der Relation. Besonders wichtig sind Teilmengenbeziehungen und Ordnungsbeziehungen sowie Äquivalenzbeziehungen, die bekanntlich zu Klasseneinteilungen führen. Relationale Datenbanken speichern solche Tupel-Listen in **Tabellen** (*table*). Die Zeilen (Tupel) der Tabellen enthalten Werte (Attribute), die die Beziehung charakterisieren, also etwa Namen, Geburtsdaten und Geburtsorte, die jeweils zu einer Person gehören und darum untereinander in einer Beziehung stehen. Aus diesen in Tabellen direkt gespeicherten Daten zu primären Beziehungen können dann implizit vorhandene sekundäre Beziehungen (mit den Methoden der sog. relationalen Algebra) berechnet werden. Im Beispiel wäre das etwa eine Beziehung zwischen allen Personen, die am selben Ort geboren wurden.

Im objektorientierten Ansatz speichert man die primären Beziehungsdaten im Datenteil eines Objekts – auch hier spricht man von den **Attributen** (*attribute*) eines Objekts. Damit entsprechen sich die Tabelle einer relationalen Datenbank und die Daten einer Objektklasse, und eine Zeile (Tupel) der Tabelle entspricht den Daten eines Objekts der Klasse.

Personal
n : Name;
d : Geburtstag;
o : Geburtsort;

Personaltabelle

Name	Geburtstag	Geburtsort

Objekte sind natürlich wesentlich mächtiger, da sie zusammen mit ihren Daten auch die entsprechenden individuellen Methoden beinhalten. Objekte können deshalb auf vielfältige individuelle Art in Beziehungen eintreten und sind nicht auf das beschränkt, was in der relationalen Algebra formuliert und berechnet werden kann.

Eine allgemeine Beziehung zwischen zwei Objekt-Klassen wird graphisch durch eine einfache Verbindungslinie repräsentiert. Wir dekorieren die Linie nach Bedarf mit dem Namen der Beziehung und geben gegebenenfalls die Leserichtung durch eine geschlossene Pfeilspitze an. An den Enden der Verbindungslinie können wir die **Vielfachheit** (*multiplicity*) der Beziehung vermerken, also zu wie vielen Objekten die Beziehung besteht (z. B. 1) oder bestehen kann (z. B. 0..2, *, 1..*, wobei * für „beliebig viele" steht). Zusätzlich können wir durch eine offene Pfeilspitze an der Beziehungslinie eine **Navigationsrichtung** angeben. In der Implementierung wird es dann einen entsprechenden Zeiger geben.

Beispiel 5.3.1. Ein Objekt vom Typ „Person" steht zu beliebig vielen Objekten der Klasse „Auto" in der Beziehung „besitzt".

Das Pfeildreieck neben dem Assoziationsnamen „besitzt" macht eindeutig klar, daß hier eine Person ein Auto besitzt und nicht etwa ein Auto eine Person. Es ist auch eindeutig festgelegt, daß jedes Auto von genau einer Person besessen wird. Durch die Pfeilspitze an der Beziehungslinie ist festgelegt, daß man zu jedem Auto leicht die Person erhalten kann, die das Auto besitzt.

Obwohl wir lose von Objekt-Beziehungen sprechen, modellieren wir in Wirklichkeit Beziehungen zwischen Objekt-Klassen. Normalerweise gelten Beziehungen für alle Objekte einer Klasse gleich; wenn wir sagen, daß ein Fahrer zu seinem Auto in Beziehung steht, meinen wir das üblicherweise für alle Fahrer.

Beziehungen zwischen Objekten (bzw. Objekt-Klassen) können wie gesagt verschiedenster Natur sein. Die wichtigsten Kategorien sind **strukturelle Beziehungen** (*structural relationship*) und **verhaltensbezogene Beziehungen** (*behavioral relationship*). Beide werden im objektorientierten Ansatz sehr reichhaltig modelliert (Booch et al., 1999a,b). Wir werden hier neben der allgemeinen Beziehung vier weitere wesentliche Beziehungsarten betrachten:

1. **Informationsfluß** oder **Nachrichten** (*message*).
2. **Funktionsaufruf** oder **Kunde/Lieferant** (*client/server*).
3. **Einschluß** (*containment, has-a*).
4. **Subtyp** oder **Vererbung** (*inheritance, subtype, is-a*).

Informationsfluß und Funktionsaufruf sind verhaltensbezogene Beziehungen, Einschluß und Vererbung sind strukturelle Beziehungen. Verhaltensbezogene Beziehungen können in UML durch Interaktionsdiagramme modelliert werden, die das dynamische Verhalten von Objekten zur gemeinsamen Lösung einer Aufgabe zeigen, strukturelle Beziehungen werden durch Klassendiagramme dargestellt, die die statischen Abhängigkeiten von Klassen untereinander modellieren.

5.3.1 Informationsfluß- und Client/Server-Beziehungen

Objekte interagieren untereinander durch Austausch von Information. Bei objektorientierter Software versteht man das Gesamtverhalten des Systems aus dem Interaktionsverhalten der beteiligten Objekte untereinander. UML **Interaktionsdiagramme** (*interaction diagram*) zeigen, wie (i. a. exemplarische) Objekte zur Laufzeit zusammenarbeiten, um gemeinsam eine Aufgabe zu lösen. UML kennt speziell **Sequenzdiagramme** (*sequence diagram*) und **Kollaborationsdiagramme** (*collaboration diagram*). Sequenzdiagramme ordnen die beteiligten Objekte in Spalten (*swim lanes*) nebeneinander an und zeigen die Interaktionen als Pfeile zwischen den Spalten in strikter zeitlicher Reihenfolge nach unten. Kollaborationsdiagramme ordnen die beteiligten Objekte räumlich beliebig an und zeigen die Interaktionen als Pfeile zwischen den Objekten, ggf. in zeitlicher Reihenfolge numeriert.

Die elementarste und allgemeinste Art der Interaktion zwischen zwei Objekten ist das Versenden einer **Nachricht** (*message*) von einem Objekt zu einem andern. Dies geschieht logisch wie beim Versenden eines Briefs. Eine Methode des Absenders schickt die Nachricht an den Empfänger, wo eine weitere Methode die Nachricht empfängt und verarbeitet. Man muß die Adresse des Empfängers kennen, d. h. es muß eine irgendwie geartete Beziehung zwischen Sender und Empfänger mit einem Verbindungsdienst bestehen, über den die Information fließt. Das Absenden und Empfangen geschieht völlig unabhängig voneinander, Absender und Empfänger müssen also nie im Gleichklang sein und der Absender kann nach dem Abschicken sofort weiterarbeiten. Wir sprechen hier von **asynchroner Kommunikation** (*asynchronous communication*). **Nachrichtenversand** (*message passing*) hat den sehr großen Vorteil, daß er genausogut zwischen räumlich getrennten Systemen funktioniert.

UML veranschaulicht den Nachrichtenfluß als Pfeil mit offener Spitze. Eine einarmige („halbe") Spitze kennzeichnet speziell eine **asynchrone** (*asynchronous*) Nachricht, auf deren Antwort nicht (sofort) gewartet wird, d. h. der Sender arbeitet nach dem Versenden der Nachricht weiter. Wir dekorieren die Pfeile nach Bedarf mit geeigneten Erläuterungen.

Beispiel 5.3.2. Ein (nicht weiter bezeichnetes) Objekt der Klasse „Student" schickt einem Objekt der Klasse „Studentensekretariat" die Personaldaten (UML Kollaborationsdiagramm).

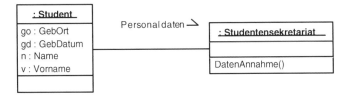

Wie in der realen Welt können Objekte ein komplexes Geflecht von Informationsfluß-Beziehungen eingehen. Jedes Objekt kann (z. B. durch verschiedene Methoden) vielerlei Nachrichten senden und auch empfangen. In Kollaborationsdiagrammen mit mehreren Objekten werden die Nachrichten bei Bedarf numeriert, um ihre zeitliche Abfolge zu verdeutlichen. In Sequenzdiagrammen werden die Nachrichten in zeitlicher Reihenfolge angeordnet.

Beispiel 5.3.3. Kollaborationsdiagramm einer komplexen Interaktion „Anmeldung mit Mahnung" zwischen „Student" und „Studentensekretariat".

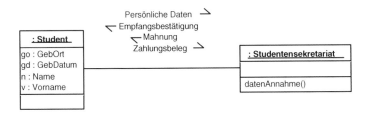

Beispiel 5.3.4. Ein Objekt r der Klasse Robot interagiert mit zwei seiner Antriebe (UML Sequenzdiagramm). Er verschickt zuerst an Drive d2 und danach an d1 je eine Nachricht mit der Angabe, um wieviel Einheiten sich der Antrieb vorwärts bewegen soll. Die Nachrichten sind durch die halbe Pfeilspitze als asynchron gekennzeichnet, d. h. der Absender arbeitet nach dem Versenden weiter. Dadurch können beide Antriebe kurz nacheinander bauftragt werden und gleichzeitig („nebenläufig") arbeiten. Wann immer ein Antrieb fertig ist, schickt er eine Quittung zurück.

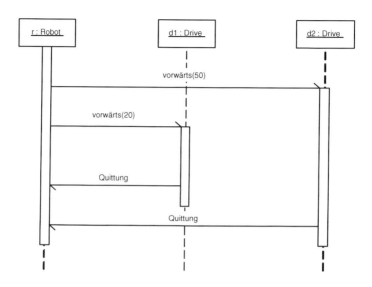

Die meisten Informationsfluß-Beziehungen können als Client/Server-Beziehungen verstanden werden. Ein Objekt spielt dabei die Rolle des Kunden (Auftraggeber, **Client**), der eine Dienstleistung anfordert. Ein anderes Objekt spielt die Rolle des Dienstleisters (Lieferant, **Server**), der die Dienstleistung erbringt.

Dienstleistungen des Servers sind aufrufbare Methoden. Der **Methodenaufruf** (*method call*) ist von großer Bedeutung, da er die Erledigung von Aufgaben durch Delegation von Unteraufgaben erlaubt. Er funktioniert aber nicht von vornherein zwischen räumlich getrennten Systemen. Der Kunde ruft die Methode des Servers auf und liefert gegebenenfalls nötige Parameter mit. Der Server führt die Methode aus und liefert ein Ergebnis zurück (und sei es nur die Meldung, daß er fertig ist). Wir veranschaulichen den Methodenaufruf als Pfeil mit geschlossener Spitze über der zugrundeliegenden Beziehung. Wir dekorieren den Pfeil nach Bedarf mit geeigneten Erläuterungen.

Beispiel 5.3.5. (Methodenaufruf) Ein Objekt Roboter (*robot*) gibt einem seiner Antriebe (*drive*) einen Auftrag durch den Methodenaufruf vorwärts() (UML Kollaborationsdiagramm).

Client und Server sind hier wie bei einem Telefongespräch für die Dauer des Methodenaufrufs im Gleichklang. Der Client wartet zuerst, bis der Server seinen

Aufruf akzeptiert und wartet danach auf das Ergebnis. Wir sprechen hier von **synchroner Kommunikation** (*synchronous communication*).

Beispiel 5.3.6. Ein Objekt kann sowohl Client als auch Server sein (UML Kollaborationsdiagramm).

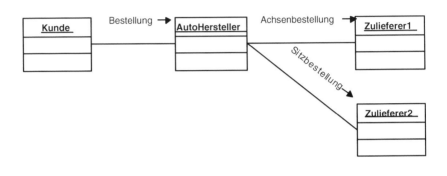

Der Methodenaufruf kann insbesondere in räumlich getrennten Systemen auch als Austausch eines Nachrichtenpaares verstanden werden, allerdings mit der Maßgabe, daß der Empfänger die Auftragsnachricht möglichst zeitnah bearbeitet und der Sender der Auftragsnachricht wartet, bis er die zugehörige Quittungsnachricht (mit dem Ergebnis) erhalten hat. Im objektorientierten Kontext wird manchmal nur noch vom Versand von Nachrichten gesprochen, auch wenn es sich um Methodenaufrufe handelt, da Nachrichten immer auch über Systemgrenzen hinweg verschickt werden können. Allerdings ist Infrastruktur für einen **entfernten Methodenaufruf** (*remote method invocation*) heute allgemein verfügbar, wie z. B. Java RMI oder verschiedene RPC (*remote procedure call*) Software für C/C++.

Beispiel 5.3.7. (Methodenaufruf in Java)
Der Client ruft auf einem Server-Objekt d der Klasse Drive eine Methode auf.

```
{ // ...
  d.vorwärts();
  // ...
}
```

5.3.2 Einschlußbeziehungen (*has-a*)

Zwei Objektklassen stehen in einer **Einschluß-Beziehung** (*containment*) zueinander, falls Objekte der einen Klasse Objekte der anderen Klasse einschließen.

Wir sprechen auch von einer „hat" (*has-a*)-Beziehung, da hier ein umfassendes Objekt ein oder mehrere Teilobjekte hat, oder von einer **Ansammlung** oder

Aggregation (*aggregation*) der Teilobjekte im umfassenden Objekt. Die Einschluß-beziehung besteht zwischen Klassen und sie ist statisch, d. h. sie wird bei der Pro-grammierung festgelegt und ändert sich während des Programmablaufs nicht. Die Aggregation wird in einem Klassendiagramm graphisch dadurch veranschaulicht, daß man am umfassenden Ende der Beziehungslinie eine Raute anbringt.

Beispiel 5.3.8. Eine Vorlesung „hat" 0–200 Studenten. Ein Student nimmt an 0–5 Vorlesungen teil (UML Klassendiagramm mit Aggregation).

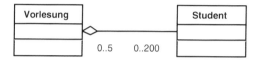

❖

Jede Einschlußbeziehung ermöglicht im allgemeinen eine Informationsflußbe-ziehung. Das umfassende Objekt kennt seine Teile und kann ihnen deshalb eine Nachricht senden bzw. ihre Methoden aufrufen. Umgekehrt ist das nicht der Fall; die Teile wissen nicht unbedingt, wo sie eingegliedert sind bzw. benutzt werden.

Die Aggregation kann im allgemeinen eine recht lose Beziehung sein. Zu einer Vorlesung gehören zwar Studenten, aber die Studenten sind kein integraler Bestand-teil; zur Not könnte die Vorlesung auch ohne Studenten abgehalten werden. Für den häufigen Fall, daß die Teilobjekte integraler Bestandteil des Ganzen sind, sprechen wir von einer **Kompositions-Beziehung** (*composition relationship*). Der Test auf eine Kompositionsbeziehung lautet: Können die Teile ohne das Ganze existieren und das Ganze ohne die Teile? Wenn dies (im Kontext des modellierten Sachver-halts!) nicht denkbar ist liegt eine Komposition vor. Wenn Teile dynamisch hinzu-kommen und wieder wegfallen können (wie in einer Vorlesung), liegt in jedem Fall nur eine schwache Aggregation vor. Falls wir die Komposition speziell hervorheben wollen, benutzen wir im Diagramm eine schwarz gefüllte Raute.

Beispiel 5.3.9. Wir modellieren die Kompositionsbeziehung Robot „has-a" Drive durch ein UML Klassendiagramm.

Entlang dieser Beziehung sind zur Laufzeit Methodenaufrufe von einem Objekt der Klasse Robot zu einem Objekt der Klasse Drive möglich. Dies kann durch das Kol-laborationsdiagramm aus Beispiel 5.3.5 dargestellt werden.   ❖

Beispiel 5.3.10. Ein Auto hat vier Räder und einen Motor (UML Klassendiagramm mit Komposition). Ob insbesondere die Räder integraler Bestandteil des Autos sind, hängt vom Kontext ab, in dem das Modell gebraucht wird.

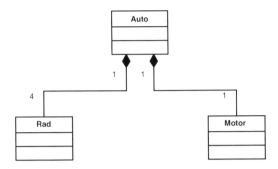

❖

Beispiel 5.3.11. (Einschlußbeziehung in Java)
Jedes Teilobjekt wird innerhalb des umfassenden Objekts als Feld deklariert.

```
class Auto {
    Rad vr,vl,hr,hl;
    Motor m;
    // ...
    m.ein();
}
```
❖

5.3.3 Subtyp- bzw. Vererbungsbeziehungen (*is-a*)

Zwei Objektklassen stehen in einer Subtypbeziehung zueinander, falls eine (die Unterklasse, die den Subtyp darstellt) alle Attribute und Methoden der anderen (der Oberklasse, die den Obertyp darstellt) besitzt und darüber hinaus noch weitere. Der **Subtyp** (*subtype*) hat also insbesondere zunächst alle Eigenschaften des **Obertyps** (*supertype*) und ist eine ganz spezielle **Abart** (*instance*) dadurch, daß er weitere spezialisierende Eigenschaften hat. Es gelten somit für die Menge der Daten und Methoden von Subtyp S und Obertyp O die Beziehungen: $\text{Daten}_O \subseteq \text{Daten}_S$ und $\text{Methoden}_O \subseteq \text{Methoden}_S$.

Ein Typ wird also durch Hinzunahme von Eigenschaften weiter spezialisiert. In einer implementierenden Klasse schlägt sich das dadurch nieder, daß weitere Attribute und Methoden hinzukommen. Wir sprechen auch davon, daß die Unterklasse zunächst die Eigenschaften der Oberklasse **erbt** (*inherit*), die Klassenbeziehung ist also eine **Vererbungsbeziehung** (*inheritance relationship*). Umgekehrt verallgemeinert der Obertyp den Subtyp dadurch, daß er spezialisierende Eigenschaften wegläßt; wir sprechen darum auch von einer **Verallgemeinerung** (*generalization*). Verallgemeinerungen erlauben es, Replikationen von Attributen und Methoden in ähnlichen Klassen zu vermeiden, indem sie in einer gemeinsamen Oberklasse zusammengefaßt und dann in den Unterklassen durch Vererbung wiederverwendet werden.

Vererbungsbeziehungen bestehen zwischen Klassen und sind statisch, d. h. sie werden bei der Programmierung festgelegt und ändern sich während des Programmablaufs nicht. Vererbungsbeziehungen werden durch einen Pfeil mit breiter hohler

Spitze vom Speziellen zum Allgemeinen veranschaulicht. Jede Vererbungsbeziehung kann eine Aufrufbeziehung von der Unterklasse zur Oberklasse (in Pfeilrichtung) beinhalten, denn ein Objekt der Unterklasse ist immer auch gleichzeitig ein Objekt der Oberklasse.

Beispiel 5.3.12. (Vererbung) Jede vollautomatische Kaffeemaschine vom Typ Cafe 2000 hat eine Funktion zur Befüllung von Kaffee und Wasser für bis zu 12 Tassen. Das Luxusmodell hat zusätzlich noch eine Timerfunktion zur Eingabe der gewünschten Startzeit. Die Parameter sind hier zusätzlich zum Typ mit Namen und Verwendungsart genannt: „in" bedeutet, daß der Parameterwert in der Funktion nur gelesen und nicht verändert wird. (Die Alternativen sind „out" und „inout", vgl. Kap. 6.9.1.)

Beispiel 5.3.13. (Verallgemeinerung) Der Zustand Seriennummer, der sowohl in jedem Fernsehgerät als auch in jedem Motor vorhanden ist, wird in einem gemeinsamen verallgemeinernden Obertyp „Gerät" aufgeführt und von dort vererbt.

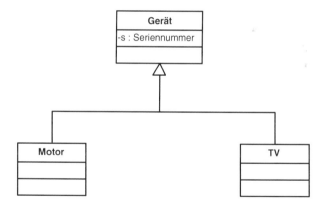

❖

Beispiel 5.3.14. (Vererbung in Java) In Java **erweitert** (*extend*) man die Oberklasse (um weitere Eigenschaften) zu einer Unterklasse.

```
class Cafe2000LT extends Cafe2000 {
  Time t;
  void timer(Time time) {
  // ...
} }
```

❖

5.4 Objektorientierte Analyse und Entwurf

Die objektorientierte Analyse beschäftigt sich mit dem Extrahieren von Objektklassen und Objektbeziehungen aus einer informellen Problembeschreibung. Das Ziel ist es, ein Modell der realen Welt zu gewinnen, das dann im anschließenden Entwurf zum Grundstock eines Modells der Software wird. Dadurch ähneln sich die Struktur der Realität und die Struktur der Software und es steigt die Wahrscheinlichkeit, daß die Software die Realität widerspiegelt und durchschaubar bleibt.

Bei der Analyse beginnt man mit einer natürlich-sprachlichen Beschreibung des Problems und der Problemumgebung. Das Problem kann z. B. sein, daß ein bestimmtes Software-System gebraucht wird. Zum einen muß das Umfeld des Systems beschrieben werden, also z. B. die zu steuernden Geräte einer Anlage. Zum anderen werden alle Nutzungsarten separat beschrieben mit einer genauen schrittweisen Aufzählung der abzubildenden Arbeitsabläufe. Wir sprechen von einer **Nutzungsartanalyse** (*use case analysis*) und **Nutzungsszenarien** (*scenarios*).

Diese Beschreibungen untersuchen wir gezielt nach darin enthaltenen Objekten, ihren Attributen, ihrer Funktionalität und ihren Beziehungen. Substantive geben oft Hinweise auf Objekte und ihre Zustände, Verben auf Funktionalität, Aussagen wie „hat ein" oder „ist ein" deuten auf Objektbeziehungen hin.

Im objektorientierten Entwurf werden die gefundenen Strukturen auf die jeweilige Programmiersprache abgebildet und gegebenenfalls um softwaretechnische Notwendigkeiten und Hilfskonstrukte (z. B. spezielle Datenstrukturen) ergänzt. Da wir diese Konstrukte hier noch nicht kennen, konzentrieren wir uns im folgenden größeren Beispiel auf die Analyse und den unmittelbar durch sie bedingten Teil des Entwurfs. Im anschließenden Abschnitt 5.5 geben wir eine Einführung in Entwurfsmuster, die den Entwurf auf einer sehr hohen Abstraktionsebene strukturieren.

5.4.1 Analyse einer Werkstück-Vereinzelungseinheit

Gegeben ist eine modellhafte Roboterzelle, bestehend aus einem Roboter mit Zuführ- bzw. Wegführsystemen. Zu Demonstrationszwecken werden Gummibälle in Röhren und über ein Transportsystem im Kreis bewegt. Der Roboter hebt die Bälle von einem System aufs andere. Es ist hier nur die Steuerung für die sog. Vereinzelungseinheit[6] zu entwerfen. Sie ist typisch für die Aufgabe, einen Strom aus Werkstücken (Teilen) so zu separieren, daß die Teile einzeln aufgenommen und weiterbearbeitet werden können.

Situationsbeschreibung: Die Vereinzelungseinheit besteht aus einer senkrechten Röhre, zwei Schiebern A und B, zwei Sensoren C und D, sowie einem Druckluftventil V (vgl. Abb. 5.1). In der Röhre können Bälle gespeichert werden, die von oben zugeführt werden und die auf Anforderung unten einzeln aus der Röhre geblasen werden sollen. Die Schieber können die Stellungen „geöffnet" oder „geschlossen" einnehmen. Ist ein Schieber geschlossen, so ist die Röhre geschlossen.

---

[6] Siehe `www-sr.informatik.uni-tuebingen.de/vvl`, auch für das Applet von Abb. 5.1.

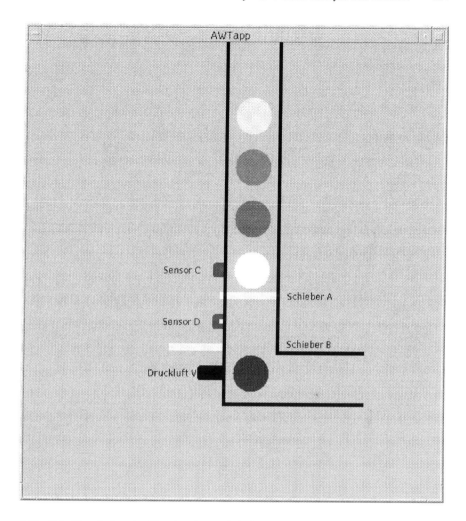

Abb. 5.1. Simulation der Vereinzelungseinheit in einem Applet

Die Sensoren melden, ob sich an der entsprechenden Stelle ein Ball befindet; falls ja, sind sie aktiviert, falls nein, sind sie deaktiviert. Am unteren Ende der Röhre befindet sich ein Druckluftventil, das geöffnet oder geschlossen werden kann und das nicht ständig geöffnet bleiben sollte.

Nutzungsszenarien:

1. Standardoperation: Die Bälle werden von oben zugeführt und von der Röhre gespeichert. Auf Anforderung wird genau ein Ball freigegeben und aus dem Ausgabeschacht geblasen.

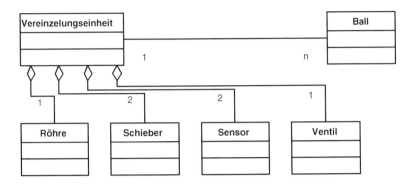

Abb. 5.2. Klassendiagramm für die Vereinzelungseinheit

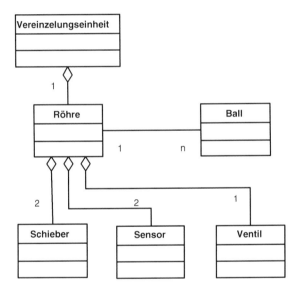

Abb. 5.3. Klassendiagramm für die Vereinzelungseinheit (Alternative)

2. Wartung/Fehlerbeseitigung: Der Wartungstechniker aktiviert einen Wartungszyklus, in dem alle Operationen der beteiligten Geräte einmal ausgeführt werden. Stellt er eine Fehlfunktion fest, so läßt er sich die Seriennummer des betreffenden Geräts ausgeben und tauscht es aus.

Mögliche Objekte: Vereinzelungseinheit, Schieber, Sensor, Ventil, Ball(?), Röhre(?). Bei letzteren ist fraglich, ob sie Funktionalität und Zustände haben.

Beziehungen: Die Vereinzelungseinheit enthält Schieber, Sensoren, Ventil und eine Röhre. Bälle sind kein integraler Bestandteil, aber es besteht in jedem Fall eine (eventuell temporäre) Beziehung. In Abb. 5.2 ist das entsprechende Klassendiagramm angegeben.

Ebenfalls denkbar wäre die in Abb. 5.3 gezeigte Alternative. In diesem Fall sollten wir aber von einer Vereinzelungsröhre sprechen, da gewöhnliche Röhren nicht unbedingt Schieber, Sensoren und Ventil haben. Damit gibt es aber keinen Unterschied mehr zwischen Vereinzelungsröhre und -einheit, denn die Röhre hat keine von der Einheit getrennte Funktionalität. Deshalb verfolgen wir nur Modell 1 weiter.

Wir präzisieren weiter, zunächst aufgrund von Szenarium 1. Wir entnehmen der Situationsbeschreibung die dort erwähnten Zustände und Funktionen. Wir nehmen offensichtliche Ergänzungen vor wie Operationen zum Öffnen und Schließen der Schieber, zum Auslesen des Sensor-Zustands sowie den Zustand „Stellung" des Ventils. Szenarium 2 verlangt die Funktion wartungszyklus() sowie eine Seriennummer in jedem Gerät (nicht im Ball, denn der ist kein Gerät). Das entsprechende Klassendiagramm ist in Abb. 5.4 gegeben.

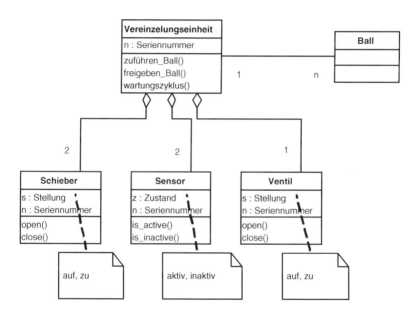

Abb. 5.4. Die Vereinzelungseinheit nach Szenarium 1

Nun folgt ein weiterer Zyklus der Präzisierung um Hilfskonstrukte mit dem Ziel der Implementierung; insbesondere ist die (1:n)-Beziehung zu Ball zu modellieren.

Wir gehen in die Analyse zurück. Wir erfahren (vom Hersteller): „Die Vereinzelungseinheit enthält zu jedem Zeitpunkt eine Menge von maximal sieben Bällen." Eine endliche Menge kann durch ein Software-Objekt „E-Menge" modelliert werden, da wir es mit einem abstrakten Datentyp mit Grundmenge und Funktionalität (einfügen, wegnehmen) zu tun haben. Enthaltensein ist hier eine lose Assoziation, da die Bälle auch außerhalb der Menge existieren können.

Es fällt auf, daß Vereinzelungseinheit, Schieber, Sensoren und Ventil jeweils Geräte mit einer Seriennummer sein sollen. Diese „ist-ein"-Beziehungen können wir durch Vererbung modellieren, wie in Abb. 5.6 gezeigt ist. Dadurch erhalten wir mehr Struktur im Design und einfachere Software (wir können Wiederholungen vermeiden).

5.5 Entwurfsmuster

Wir geben hier einen eher fortgeschrittenen Ausblick auf die Mächtigkeit des objektorientierten Ansatzes zur Software-Enwicklung. Objektorientierte Modellierung befaßt sich ursprünglich mit der Frage, wie man von einem konkreten Problem zu einem konkreten Programm kommt. Nach einiger Zeit des objektorientierten Entwerfens hat man gemerkt, daß gewisse Problemstellungen in ähnlicher Form immer wieder vorkommen und sich deshalb die entsprechenden objektorientierten Modelle ähnlich sind. Daraufhin hat man begonnen, häufiger vorkommende Muster in den Problemstellungen zu identifizieren und entsprechende Muster für objektorientierte Lösungsansätze zu entwickeln.

Das Ziel ist also, **Entwurfsmuster** (*design pattern*) für die objektorientierte Architektur der Software zu entwickeln. Ein Entwurfsmuster besteht aus einer Anzahl von Klassen und ihren Beziehungen, gegeben durch ein Klassendiagramm. Die für die Problemstellung relevanten Attribute und Methoden sind skizziert, aber nicht im Detail vorgeschrieben. Ein konkreter Entwurf folgt dem Muster, gestaltet es aber im Detail noch aus.

Durch das Identifizieren dieser Muster erhält man eine weitere wichtige Abstraktionsebene in der Beschreibung objektorientierter Software. Durch die Einführung von Klassen und ihren Beziehungen mußten wir nicht mehr direkt über Code sprechen; nun müssen nicht einmal mehr über einzelne Klassen und Beziehungen sprechen, sondern wir sprechen über typische **Muster** (*patterns*) von Klassen und ihren Beziehungen in typischen Teilaufgaben.

Es gibt inzwischen ganze Kataloge von Mustern (Gamma et al., 1995). Als Beispiel zu ihrer Verwendung betrachten wir den Entwurf einer Software-Architektur für eine Gerätesteuerung mit Fernbedienung. Wir zeigen, wie sich zwei bekannte Entwurfsmuster (Stellvertreter und Adapter) zu einem Gesamtentwurf kombinieren lassen. Dieser kann seinerseits wieder als Architekturmuster (Remote Control

Abb. 5.5. Klassendiagramm für E-Menge

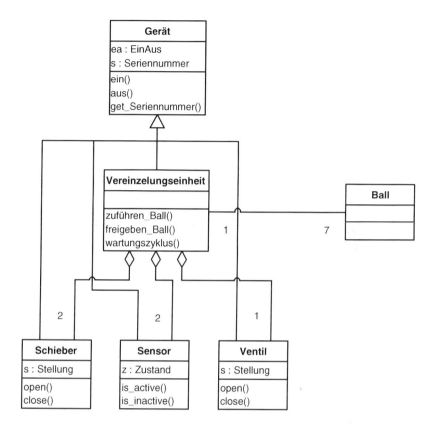

Abb. 5.6. Klassendiagramm für die Vereinzelungseinheit mit Vererbung

– Controller – Hardware) für dieses Problem dienen, und zwar unabhängig vom konkreten Gerät und seiner Funktionalität.

5.5.1 Beispiel: Architekturmuster einer Gerätefernsteuerung

Es soll ein Architekturmuster für eine portable Gerätesteuerung entworfen werden, die wir **Remote Control – Controller – Hardware** nennen wollen. Das Gerät besteht aus einer nicht programmierbaren Hardware und einer programmierbaren Steuerung, dem Controller. Die Hardware reagiert auf Signalgrößen, die an ihren Eingängen anliegen; gegebenenfalls liefert sie Signalgrößen an Ausgänge zurück. Im Beispiel ist die Hardware eine einfache Anzeige-Einheit mit Glühbirnen ähnlich einer Verkehrs-Ampel. Die Portabilität soll darin bestehen, daß die Steuerungssoftware weitgehend gleich bleibt, auch wenn die Hardware der Anzeige-Einheit von verschiedenen Zulieferern bezogen wird.

Ein moderner Controller ist realisiert durch einen Mikroprozessor (*microcontroller*), der programmiert werden kann. Ein **Mikro-Controller** hat integrierte

Eingabe/Ausgabe-Kanäle, die mit den Eingängen und Ausgängen der umgebenden Hardware verbunden werden können. Typisch sind Schnittstellen zu einem Feldbus[7] für die Vernetzung sowie zur Ausgabe von Binärsignalen (z. B. 0V / 5V Signalstärke). Die Signalleitungen werden von den Bits eines speziellen Registers gesteuert (Steuerregister). Um ein Signalmuster zu senden, speichert der Programmierer einen Bitmuster in das Register. Optional kann ein Digital/Analog-Wandler nachgeschaltet werden, der das Bitmuster in ein analoges Signal entsprechender Stärke umsetzt. Umgekehrt können externe Signale über die I/O-Schnittstelle als Bitmuster eingelesen werden.

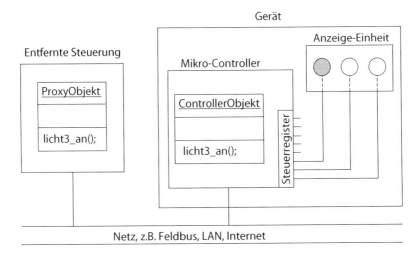

Abb. 5.7. Schema eines Geräts (Leuchtanzeige) mit entfernter Steuerung.

Der Controller kann als Klasse mit Methoden modelliert werden, die die Hardware steuern. Eine Methode „Blinken" setzt etwa für eine einfache Anzeige-Einheit periodisch ein Bit des Steuerregisters auf die Werte 1 bzw. 0. Eine modernere Anzeige-Einheit (etwa eines anderen Zulieferers) kann das Blinken selbst veranlassen, solange ein entsprechender Eingang auf 1 gesetzt ist. Das eigentliche Steuerobjekt mit ausprogrammierten Funktionen existiert auf dem Mikro-Controller. Auf der entfernten Steuerung existiert ein **Stellvertreter** (*proxy*), der die selben Methodenaufrufe gestattet. Die Methoden des Stellvertreters delegieren einen Aufruf aber per entferntem Methodenaufruf an das eigentliche Steuerungsobjekt.

Die Hardware selbst unterstützt keine programmiersprachlichen Funktionsaufrufe und wird deshalb nur als Klasse mit einzelnen Ein- und Ausgängen als Attribute anstatt von Methoden modelliert.

---

[7] Ein Feldbus ist eine spezielle Variante eines lokalen Netzwerks (LAN), die für sicherheitskritische Steuerungsaufgaben geeignet ist.

Remote Control		Controller		Hardware
Zustände		Zustände		Eingang_1
				. . .
Funktion_1()	1 1	Funktion_1()	1 1	Eingang_k
. . .()		. . .()		. . .
Funktion_m()		Funktion_m()		Ausgang_1
		. . .()		. . .
		Funktion_n()		Ausgang_r

Abb. 5.8. Klassendiagramm für „Remote Control – Controller – Hardware"

Für die Realisierung der Steuerung stellen wir zuerst die externe Methoden-
schnittstelle zusammen. Da verschiedene Varianten der Hardware zum Einsatz kommen sollen, brauchen wir einen Adapter zwischen dem Aufruf einer Schnittstellen-
Methode und der Ansteuerung der Hardware über die Bits des Steuerregisters. Das
Entwurfsmuster dazu heißt ebenfalls **Adapter** (*adapter*). Es leitet uns dazu an,
zunächst eine abstrakte Zielklasse (*target*) zu entwerfen, die die externe Methodenschnittstelle enthält. Danach leiten wir von der Zielklasse eine Adapterklasse
ab. Diese definiert die selben Methoden, implementiert sie aber durch Umsetzung
auf Methoden bzw. Fähigkeiten des anzupassenden Objekts (*adaptee*). (Wenn eine Unterklasse die gleiche Methode enthält wie die Oberklasse, dann ist das so
zu verstehen, daß diese Methode neu implementiert wird, vgl. virtuelle Funktionen in Kapitel 8.) Wir müssen dann also für jede Hardware einen eigenen Adapter
schreiben. Software, die den Controller benutzt (wie z. B. die Client-Software) bekommt vom Wechsel aber nichts mit, da er sich hinter einer Schnittstelle vollzieht.
Insbesondere können wir zu Testzwecken die Hardware zunächst leicht durch ein
Software-Objekt simulieren.

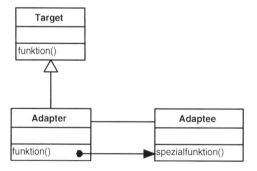

Abb. 5.9. Adapter Design Pattern

Wir wenden das Entwurfsmuster an, indem wir den Controller als Target einsetzen und die Hardware als Adaptee. Statt eine Spezialfunktion im Adaptee auf-

zurufen, beschreibt in unserem Fall der Adapter sein Steuerregister. Wenn wir die Hardware durch ein Software-Objekt simulieren wollen, können wir zu jedem Bit im Steuerregister eine entsprechende elementare Funktion `setEingang()` im Software-Modell der Hardware vorsehen. Hierdurch haben wir die Eigenheiten des Geräts hinter einer Methodenschnittstelle verborgen und können höhere Methoden davon unabhängig programmieren.

Wenn wir das Software-Objekt später durch die richtige Hardware ersetzen, dann müssen wir zur Programmierung des neuen Adapters Java verlassen, da wir sonst nicht in ein spezielles Steuerregister schreiben können. Wir ordnen dann den Funktionsaufrufen mit dem Java Native Interface (JNI) externen in C oder Assembler geschriebenen Code zu. Solch plattformspezifischer Code (*native code*) kann dann direkt auf reale Geräteregister zugreifen. Wir haben aber unsere Architektur beibehalten, die Änderungen am Code genau eingegrenzt und den Großteil des Controller-Codes sowie allen Client-Code gerettet.

Oft gehört zum Gerät auch eine Fernbedienung. Sie hat eine Teilmenge der Funktionalität des Controllers. Die entsprechende Klasse hat also die gleiche Methoden-Schnittstelle (oder eine Untermenge) wie die Controller-Klasse, aber die Methoden sind anders programmiert. Es wird lediglich eine Nachricht (mit Funktionsname und Parameter) an den Controller geschickt, damit der die entsprechende Methode aktiviert.

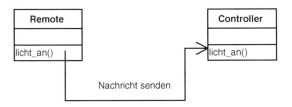

Abb. 5.10. Schema Remote-Controller

Typischerweise läuft das Remote-Control-Objekt auf einem separaten, räumlich entfernten Steuerungsrechner. Dort ist es Stellvertreter (*proxy*) für das Controller-Objekt. Zu jedem Objekt kann ein entsprechendes Stellvertreter-Objekt mechanisch generiert werden. In Java wird diese Funktionalität durch RMI (*remote method invocation*, entfernter Methodenaufruf) bereitgestellt.

Das Entwurfsmuster für diese Situation heißt ebenfalls **Stellvertreter** (*proxy*). Es verdeutlicht zusätzlich die Anforderung, daß das Objekt und sein Stellvertreter-Objekt eine gemeinsame externe Schnittstelle haben müssen.

Ist die Gerätesteuerung bereits in Java geschrieben und ist das Gerät ans Internet angeschlossen, so ist es ohne großen Aufwand möglich, das Gerät über Stellvertreterobjekte von irgendeinem Ort der Welt über das Internet zu bedienen. Zur Zeit ist es oft noch so, daß die Geräte selbst noch nicht Java-fähig sind und von einem (Industrie-)PC gesteuert werden, mit dem sie über einen Feldbus verbunden

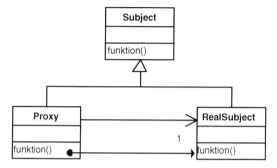

Abb. 5.11. Entwurfsmuster des Stellvertreters

sind. In unserem virtuellen Labor[8] läuft das Controller-Objekt in Java auf diesem Steuerungs-PC und sendet seine gerätespezifischen Kommandos über einen CAN (*Controller Area Network*)[9] Feldbus an das CAN-Gerät. Seine Benutzerschnittstelle exportiert der Steuerungs-PC als HTML-Seite mit eingebetteten Java-Applets ins Internet. Abb. 5.7 ist durch die „Leuchtschrift" Einheit in unserem virtuellen Labor motiviert (die tatsächliche Architektur ist aber komplexer, denn es wird eine digitale CAN Ein-/Ausgabeeinheit gesteuert, die wiederum den Strom für die Leuchtbuchstaben schaltet).

Insgesamt können wir nun über den Entwurf von Remote Control – Controller – Hardware wie folgt sprechen: Man entwerfe eine Klasse Controller, die die gewünschte externe Funktionalität des Geräts als Methodenschnittstelle anbietet. Dann schließe man die Geräte-Hardware über das Adapter-Muster an den Controller an und man definiere über das Proxy-Muster eine Klasse zur Fernsteuerung des Controllers. Durch die Pattern-Sprache kann man anderen also sehr schnell auch komplexe Software-Entwürfe mitteilen.

5.6 Übungen

Aufgabe 5.1. Eine Verkehrsampel besteht aus drei farbigen Lampen. Deren augenblickliche Schaltung (jeweils ein, aus oder blinkend) kann von einer externen Steuerung sowohl gesetzt als auch abgefragt werden. Die Ampel soll in einen Zustand „ausser Betrieb" gesetzt werden können (gelbes Licht blinkend), in einen Startzustand „Halt" (rotes Licht) versetzt werden können, und eine Methode zur Vefügung stellen, die in den nächsten Zustand schaltet. („Rot" $\longrightarrow$ „Rot-Gelb" $\longrightarrow$ „Grün" $\longrightarrow$ „Gelb" $\longrightarrow$ „Rot".) Erstellen Sie ein Klassendiagramm für *Verkehrsampel.*

Aufgabe 5.2. Üblicherweise baut man in Computer auch eine Uhr ein, die von den Programmen „abgelesen" werden kann. Geben Sie den objektorientierten Entwurf

---
[8] www-sr.informatik.uni-tuebingen.de/vvl
[9] CAN wird z. B. in der Automobilindustrie für die fahrdynamischen Systeme wie ABS, ESP etc. eingesetzt.

für eine Klasse *Uhr* an, die es zudem ermöglicht, die Uhr neu zu stellen. Gehen Sie davon aus, daß ein abstrakter Datentyp *Zeit* zur Verfügung steht, der Datum und Uhrzeit (in hinreichender Genauigkeit) umfaßt.

Aufgabe 5.3. Geben Sie an, welche Beziehungen (z. B. has_a oder is_a) zwischen einigen der folgenden Objekte bestehen, und visualisieren Sie sie in Klassendiagrammen: Vögel, Tiere, Löwen, Beine, Flügel, Säugetiere, Muskeln, Schnabel, Zoo.

Aufgabe 5.4. In einem computergestützten Übungsgruppenverwaltungssystem sollen die folgenden Vorgänge erfaßt werden. Studenten können sich in Übungsgruppen für eine Vorlesung einschreiben. Für die Übungsgruppen relevant sind Name, Vorname, Geburtsdatum, und Matrikelnummer des Studierenden. Außerdem ist die Semesterzahl und das Haupt- und Nebenfach eines Studierenden relevant. In einer Übungsgruppe können sich maximal 15 Studenten eintragen, die wöchentlich ein Übungsblatt abgeben. Der Tutor der Übungsgruppe ist ein Student in einem höheren Semester. Neben Name und Vorname ist auch seine E-mail Adresse für den Übungsbetrieb wichtig. Der Tutor korrigiert die Übungsblätter seiner Teilnehmer und trägt die Punktezahl in seiner Punkteliste ein. Jede Übungsgruppe findet einmal in der Woche in einem Seminarraum statt, der über seine Raumnummer identifiziert werden kann. Erstellen Sie ein Klassendiagramm für das Übungsgruppenverwaltungssystem!

Teil II

Sprachkonzepte und ihre Verwirklichung in Java

6. Elementare Konzepte von Programmiersprachen

Every formula which the Analytical Engine can be required to compute consists of certain algebraical operations to be performed upon given letters, and of certain other modifications depending on the numerical value assigned to those letters.

There are therefore two sets of cards, the first to direct the nature of the operations to be performed – these are called operation cards: the other to direct the particular variables on which those cards are required to operate – these latter are called variable cards.

Charles Babbage (1864)

6.1 Einleitung und Überblick

Klassische Konzepte von Programmiersprachen sind Datentypen (*types*), Deklarationen/Definitionen (*declarations/definitions*), Ausdrücke (*expressions*), Anweisungen (*statements*) und Unterprogramme (Prozeduren, Funktionen, *procedures, functions*). Objektorientierte Sprachen führen zusätzlich das Konzept der (Objekt-)Klasse (*class*) ein, das wir in den Kapiteln 7 und 8 separat behandeln.

Diese Sprachkonzepte dienen dazu, über der Ebene der Maschinensprache zusätzliche Mittel zur Abstraktion und Strukturierung bereitzustellen, die die Programmkonstruktion übersichtlicher und effizienter gestalten. **Datentypen** dienen unter anderem der Organisation, der Sicherheit und der Abstraktion. **Elementare Datentypen** (*primitive types*) reflektieren die von der Maschine direkt unterstützten Datenformate. **Reihungen** und **Verbunde** sind **strukturierte** (zusammengesetzte) **Datentypen** (*structured types*), die zusätzlich zur Modellierung von Beziehungen zwischen Daten dienen. Strukturierte Typen sind in den meisten Programmiersprachen vorhanden und gehören zu den Grundkonzepten. In Java sind Reihungen und Verbunde Spezialfälle von Klassentypen, die wir in Kap. 7 einführen. **Konstanten-** und **Variablen-Deklarationen** erlauben uns die Verwendung von Namen statt von Adressen, um auf Werte zuzugreifen. Der Wert einer Variablen kann während der Laufzeit beliebig oft verändert werden. Der Wert von Konstanten ist während der Laufzeit fest. **Ausdrücke** haben einen Wert; sie erlauben es, arithmetische und Boolesche Formeln im Programm direkt hinzuschreiben statt ihre Auswertung explizit programmieren zu müssen. **Anweisungen** erzielen einen Effekt; sie zerfallen in **Zuweisungen** zur Speicherung von Zustandswerten in Variablen und in Anweisungen zur **Ablaufsteuerung**, d. h. zur Manipulation des Programmverlaufs (Kontrollfluß, *control flow*, *thread of control*). Die elementaren **Verzweigungen** (*if-then-else* und *goto*) bilden die Maschinenebene relativ direkt ab, erlauben es aber schon, alle berechenbaren Funktionen zu programmieren. Höhere **Schleifenkonstrukte** (*while*, *do-while*, *for*) führen eine weitaus übersichtlichere Abstraktionsebene ein, auf der man schneller, komfortabler und sicherer programmieren kann. **Unterprogramme** (**Prozeduren**, **Funktionen**) dienen der Kapselung und Parametrierung von Programmstücken (z. B. einer mathematischen Funktion) zwecks Dokumentation und Wiederverwendbarkeit. Im objektorientierten Ansatz begegnen sie uns als **Methoden** in einer Klasse.

Zur Beschreibung von Programmiersprachen bedient man sich der fundamentalen Begriffe von **Syntax** (*syntax*) und **Semantik** (*semantics*). **Syntax** ist die korrekte Art und Weise, sprachliche Elemente zusammenzufügen und zu Sätzen zu ordnen. Die Syntax einer modernen Programmiersprache ist durch eine formale **Grammatik** eindeutig beschrieben. In jeder Programmiersprache gibt es fest vorgegebene **Schlüsselwörter** (*keywords*) mit fester Bedeutung (z. B. if, else, while). Diese und andere elementare Einheiten (*token*) wie Variablennamen und Zahlen werden vom Übersetzer in der Phase der lexikalischen Analyse (*lexical analysis*) erkannt. Der Übersetzer benutzt die Grammatik bei der nachfolgenden syntaktischen Analyse (Zerteilung, *parsing*), um die syntaktische Korrektheit, also die korrekte Zusammensetzung eines Programms festzustellen – ansonsten berichtet er zur Übersetzungszeit (*compile time*) einen syntaktischen Fehler (*syntax error*), der deshalb auch **Übersetzungsfehler** (Compilierfehler, *compile time error*) genannt wird. Wir verzichten hier auf die formale Behandlung von Syntax und führen die Sprachkonstrukte von Java eher beispielhaft ein, was für den Anfang besser verständlich ist.

Die **Semantik** einer Sprache legt die Bedeutung der Sprachkonstrukte fest. Nach der syntaktischen Analyse produziert der Übersetzer in der Phase der Code-Generierung gemäß der Bedeutung der erkannten Programmteile ein äquivalentes Programm auf einer niedrigeren Sprachebene (z. B. Java-Byte-Code). Damit die Bedeutung eines Programms nicht je nach gewähltem Übersetzer variiert gibt es mehrere Ansätze, die Semantik programmiersprachlicher Ausdrücke formal präzise zu beschreiben. Im Prinzip bedient man sich semantischer Abbildungen $\mu : L \to S$, die jedes Programm einer Sprache L in ein Objekt eines semantischen Bereichs S abbilden, dessen Bedeutung man schon kennt. (Im einfachsten Beispiel wäre etwa L eine unbekannte Sprache und S eine bekannte Sprache.) Für eine komplexe Sprache wie Java ist μ aber so kompliziert, daß uns eine gewöhnliche Beschreibung der Bedeutung von Konstrukten in Verbindung mit Beispielen mehr hilft als die formale Konstruktion von μ. Wir behandeln formale Semantik deshalb nur am Beispiel von Ausdrücken (vgl. Abschnitt 6.7.5, insbesondere 6.7.8) und in Teil IV am Beispiel mathematischer Logik (16.3.2 und 16.4.2). Man bemerke aber, daß der Übersetzer ein solches μ implementiert: Er bildet ein Java-Programm, mit dem der Rechner primär nichts anfangen kann, in eine Sprache (Byte-Code oder Assembler) ab, deren Bedeutung der Rechner (oder die JVM) kennt.

Ein weiterer Ansatz, die Bedeutung eines Programmes in den Griff zu bekommen, ist die formale **Verifikation** der Korrektheit. Hierzu müssen die Anforderungen an ein Programm formal beschrieben werden. Solche Anforderungsspezifikationen in der Sprache der mathematischen Logik (siehe Kap. 16) behandeln wir in Abschn. 6.9.4. In Kap. 3 haben wir bereits erste Verfahren kennengelernt, um aus dem Programm und einer Anforderungsspezifikation einen Beweis zu erzeugen; das fortgeschrittene Beweisverfahren von Hoare behandeln wir in Teil IV, Kap. 17.

6.2 Programmentwicklung in Java

Java ist eine objektorientierte Programmiersprache in der Tradition von C/C++. Die Java-Syntax lehnt sich an C an, nimmt aber einige deutliche Bereinigungen vor (z. B. Abwesenheit von `goto` und Zeigern). Die Erweiterung um Objekte geschieht ähnlich wie bei C++. Allerdings gibt es doch einige Unterschiede; in erster Näherung könnte man sagen, daß Java aus der riesigen Vielfalt der C++-Konstrukte eine sinnvolle Auswahl trifft und gleichzeitig einiges umstellt und bereinigt.

Zu Java gehört außerdem eine Sammlung von standardisierten Bibliotheken, die häufige Programmieraufgaben stark erleichtern. Beipiele solcher Bibliotheken sind `java.util` mit viel gebrauchten höheren Datenstrukturen (die sog. *collection classes*, deren Grundlagen wir in Kap. 7 besprechen); `java.applet` für Programme, die in Web-Browsern laufen sollen; `java.awt` für das Erzeugen graphischer Benutzeroberflächen (siehe Kap. 9), `java.math` für Arithmetik auf beliebig langen Zahlen (wichtig z. B. für die Kryptographie), `java.net` zum Betreiben von Verbindungen über das Internet und `java.rmi` zum Aufrufen von Methoden auf entfernten Rechnern, `java.sql` zum Zugriff auf relationale Datenbanken und `java.lang.Thread` zum Ausnutzen von Parallelität. Mehr noch als die Syntax der Sprache haben diese Bibliotheken Java zum Erfolg verholfen.

Java wurde bei der Firma SUN Microsystems von James Gosling ursprünglich für die Programmierung von in Haushaltselektronik eingebetteten Prozessoren entwickelt. Heute ist daraus eine moderne und produktive industrielle Programmiersprache geworden, die einen sehr breiten Einnsatz findet – von Mobiltelefonen bis zu Großrechnern. Die zentrale Internet Site der Fa. SUN zum Thema Java ist

```
java.sun.com
```

Die originalen Referenzen, die auch einen kompakten Überblick und ein Nachschlagen während des Programmierens ermöglichen, stammen von Arnold und Gosling (1996) und neuer von Arnold et al. (2000). Die originale detaillierte Sprachspezifikation (ca. 800 S.) ist von Gosling et al. (1996). Diese Werke setzen aber oft schon das Standardwissen der Informatik voraus, das wir hier erarbeiten. Eine mit ca. 550 S. sehr ausführliche und umfangreiche, schon für den Anfänger geeignete Programmieranleitung ist das *Java Tutorial* von Campione und Walrath (1997a,b). Die Benutzung einiger der oben genannten fortgeschrittenen Bibliotheken wird durch Campione et al. (1999) erläutert.

Die zentrale Internet Site der Fa. SUN für Dokumentation zu Java ist

```
java.sun.com/docs/
```

Dort steht auch die neueste englischsprachige Fassung von (Campione et al., 2001) in elektronischer Form zur Verfügung.

6.2.1 Entwicklungsumgebungen für Java

Da Java eine sehr weit verbreitete Programmiersprache ist, gibt es zahlreiche Programmierumgebungen. Einige auch professionell einsetzbare Umgebungen sind sogar im Internet frei verfügbar. Wir erwähnen die Standardumgebung SDK (*software development kit*) (früher: JDK) sowie die integrierten Umgebungen (*integrated development environment – IDE*) NetBeans und Eclipse.

Die Mehrzahl der Programme dieses Buches haben wir ursprünglich mit dem JDK 1.1 (*Java development kit*) der Fa. SUN entwickelt. Für die zweite Auflage haben wir weitgehend die gegenwärtig noch aktuelle Java 2 Platform Standard Edition (J2SE) SDK 1.4 verwendet. Die nächste Version J2SE 1.5 trägt auch den Namen J2SE 5 und enthält einige Erweiterungen wie die Java *generic types*, die wir in Abschnitt 8.6.4 besprechen. Hierfür haben wir SDK 1.5beta verwendet.

Unter der URL

```
java.sun.com/j2se
```

findet man das jeweils aktuelle SDK mit Hinweisen zur Installation.

Das SDK enthält einen Compiler und eine Laufzeitumgebung mit der virtuellen Java-Maschine. Man erstellt mit irgendeinem Text-Editor (zur Not auch NotePad auf Windows Plattformen) ein Java Programm, übersetzt dieses mit dem Compiler und startet es mit der Laufzeitumgebung (siehe Abschn. 6.2.4).

Professionelle Entwickler benutzen eine der zahlreichen IDEs. Das bei SUN entstandene *NetBeans* (www.netbeans.org) und das von IBM gesponserte Eclipse (www.eclipse.org) sind frei im Netz verfügbar. Bei der Vorbereitung der vorliegenden dritten Auflage des Buchs und in den Übungen zur Vorlesung haben wir insbesondere sehr gute Erfahrungen mit Eclipse gemacht, das sich gleichermaßen für absolute Anfänger wie für professionelle Entwickler eignet. Da es nach Bedarf dynamisch durch *plug-ins* erweitert werden kann stehen eine Vielzahl von Zusatztools zur Verfügung, z. B. zur Modellierung mit UML, zur Unterstützung von Entwurfsmustern etc.

Eine IDE liefert eine integrierte Oberfläche zur Entwicklung – ein Wechsel der Tools beim Editieren, Compilieren, Ausführen und bei der Fehlersuche ist nicht mehr nötig, sondern die Tools werden über eine Menü-Leiste aufgerufen. Eclipse stellt mehrere Fenster zur Verfügung, in denen man z. B. einen Dateibaum der bearbeiteten Java-Projekte, ein UML-Diagramm, den dazugehörigen Java-Code, die entsprechende Klassen-Schnittstelle, sowie die Ausgabe des Programms gezeigt bekommen kann. In einer anderen Anordnung, der sog. *debug*-Perspektive, wird speziell die Fehlersuche unterstützt.

Eclipse zeigt Java-Code immer so an, daß Schlüsselwörter und verschiedene syntaktische Konstrukte farbig hervorgehoben sind (*syntax highlighting*) und der Code durch automatisches Einrücken (*indentation*) nach den üblichen Java Konventionen formatiert ist. Besonders angenehm ist, daß der integrierte Compiler auch beim Editieren immer aktiv ist (*syntax aware editing*). Syntaktische Fehler werden sofort gekennzeichnet und es werden Vorschläge zur automatischen Fehlerkorrektur (*quick fix*) gemacht. Weitere Eigenschaften sind die automatische Ergänzung von Code (*code completion*) und Hilfen bei der Zusammenarbeit im Team.

Eclipse unterstützt (über *plug-ins*) u. a. auch die Modellierung mit UML und den Export und Import von Software-Projekten. So ist es z. B. möglich, eines der Aktivitätsdiagramme aus Kap. 3 in einem Eclipse-Fenster anzuzeigen, während man in einem anderen Fenster darunter das entsprechende Java-Programm schreibt.

6.2.2 Ein Rahmenprogramm für Java-Anweisungen

Wir werden einzelne Konzepte von Java oft aus Platzgründen nur anhand von Programmfragmenten erläutern. Abb. 6.1 zeigt ein erstes Java-Programm, das als Rahmen zum Testen der Programmfragmente dienen kann.

```
class Program {
    public static void main(String[] args) {

        // An dieser Stelle die
        // Programmfragmente einfügen

        // Eine Beipielanweisung
        System.out.println("Dies ist die Ausgabe " +
                        "meines ersten Java-Programms.");
    }  }
```

Abb. 6.1. Ein erstes Java-Programm

Wir geben nun einen Überblick über die Teile dieses Programms. Die erste Zeile besagt, daß wir es hier mit einer Klasse namens `Program` zu tun haben. Im Gegensatz zu C++ ist es in Java nicht möglich, die Objekttechnik vollständig zu umgehen – jedes Java-Programm muß in eine Klasse eingebettet sein. Wir haben diese Klasse einfach `Program` genannt, da wir sie momentan nur als Rahmen für unsere Programmfragmente benutzen.

Jede Java-Klasse kann Zustandsvariablen (Felder) und Funktionen (Methoden) besitzen. `main` ist eine spezielle Methode, das **Hauptprogramm**, mit dem Java immer die Programmausführung beginnt. Wir verzichten hier auf Felder und allgemeine Funktionen und nutzen nur das Hauptprogramm. Es muß immer ganz genau so deklariert werden, wie in Zeile 2 angegeben: Das Schlüsselwort `public` besagt, daß `main` zur öffentlichen Schnittstelle der Klasse `Program` gehört, also von außen aufgerufen werden darf. `static` besagt, daß `main` unabhängig von etwaigen

Klassenobjekten läuft (die wir sowieso erst in Kap. 7 erzeugen). Die Methode `main` hat kein wirkliches Ergebnis; dies wird durch das Schlüsselwort `void` angezeigt, das den leeren Ergebnistyp bezeichnet. `main` hat einen Parameter namens `args` vom Typ `String[]`, d. h. vom Typ „Reihung von Zeichenketten" (vgl. Kap. 7.5 und 7.6). In diesem Parameter werden die Wörter zur Verfügung gestellt, die der Benutzer beim Aufruf von `Program` über die Kommandozeile eingegeben hat. Dadurch kann man dem Hauptprogramm z. B. Optionen übergeben. Zeilen, die mit `//` beginnen, sind Kommentare, die der Compiler überliest. Die nachfolgende Anweisung `System.out.println(...)` ist der Aufruf einer Funktion mit einer Zeichenkette als Parameter, die auf dem Bildschirm erscheinen soll. Jede Anweisung wird mit einem Strichpunkt (`;`) abgeschlossen.

Für die Ein-/Ausgabe zieht Java bereits die Register der Objekttechnik und stellt das Klassenpaket `java.io` zur Verfügung. Das Rahmenprogramm in Abb. 6.1 wird also erst nach Lektüre von Kap. 7 in seiner Gesamtheit verständlich werden. Wir geben aber der Vollständigkeit halber eine Beschreibung: `println()` ist eine Methode des Objektes `out` in der Klasse `System` des Java-Pakets `java.io`, das jedem Programm standardmäßig zur Verfügung steht. `out` kapselt einen Ausgabekanal, den es vom Betriebssystem erhalten hat und organisiert darin einen Java Ausgabestrom, einen sog. `PrintStream`.

Die Methode `print(String)` sorgt dafür, daß die übergebene Zeichenkette in eine Folge von Bytes umgewandelt und in den Ausgabestrom eingespeist wird. Die hier verwendete Methode `println()` fügt zusätzlich noch ein *newline* Zeichen an, das dafür sorgt, daß die alte Ausgabezeile tatsächlich gedruckt und eine neue begonnen wird. Das Betriebssystem leitet die Bytefolge dann an das richtige Fenster des Bildschirms weiter (vgl. Kap. 2.4.2).

Die an `println()` übergebene Zeichenkette wird mit dem Operator + aus zwei Zeichenketten zusammengefügt, die hier in Literaldarstellung angegeben sind. Ist mindestens eines der Argumente von ‚+' eine Zeichenkette, dann kann ‚+' das andere ebenfalls zu einer Zeichenkette konvertieren und anfügen, wie in `System.out.println("Das Ergebnis ist " + 5 + "!");`.

In Abschnitt 6.9.2 über Unterprogramme in Java werden wir den Rahmen auf die Einbettung selbst geschriebener Funktionen ausdehnen und einige weitere Erläuterungen geben.

6.2.3 Ein Rahmenprogramm für Java-Funktionen

In Java kommen Funktionen ausschließlich als Methoden in Klassen vor. In Vorbereitung von Abschn. 6.9.2 erweitern wir nun den Rahmen `Program` aus dem vorhergehenden Abschnitt um Methoden.

```
public class ProgramF {
  public static
    int plus(int a, int b) {
      return (a+b);}
```

```
public static void main(String[] args) {
    int x=5;
    int y=6;
    int v, z;
    z=plus(x,y);
    System.out.println(x + " + " + y " = " + z);
    v=plus(plus(x,y),z);
    System.out.print("(" + x + " + " + y + ") + ");
    System.out.println("(" + x + " + " + y + ") = " + v);
}
}
```

ProgramF bildet den organisatorischen Rahmen für eine Methode plus. Wir haben plus als static deklariert. Damit handelt es sich um eine Klassenmethode, die unabhängig von Objekten der Klasse aufgerufen werden kann; andernfalls (eigentlich der Normalfall in Java) wäre plus() eine Instanzmethode, die immer *auf* einem Objekt o der Klasse aufgerufen werden müßte, in der Form o.plus().

Da die Funktion allgemein benutzbar sein soll, haben wir sie auch als public deklariert. Diese Deklarationen werden erst in Kap. 7 voll verständlich werden, wenn wir Objekte und ihre Methoden studieren. Die Klasse ProgramF bildet in diesem Fall nur eine Bündelungseinheit (Modul, *module*) für die Methoden und ihr Hauptprogramm. Alle Java-Methoden dieses Kapitels sollten als public und static deklariert sein, wenn man sie in ProgramF einbringt, um sie ablaufen zu lassen.

Die genaue Bezeichnung von plus() ist ProgramF.plus(), denn es können andere Funktionen mit dem Namen plus() in anderen Klassen existieren. Innerhalb von ProgramF ist aber klar, welches plus() gemeint ist.

6.2.4 Übersetzung und Ausführung von Java-Programmen

Wir behandeln zunächst den Fall, daß man das SDK benutzt. Compiler und Laufzeitumgebung werden dann von einer **Kommandozeile** (*command line*) aus aufgerufen.[1] Die Verwendung einer IDE wie Eclipse ist nach einer kurzen Einarbeitungszeit sehr viel bequemer, da die einzelnen Schritte dann unter der Oberfläche verborgen bleiben und man schon beim Erstellen des Programmtexts wie oben beschrieben unterstützt wird.

Da Java mit der virtuellen Maschine JVM arbeitet (siehe Abschnitt 2.4.3) geht man zur Ausführung eines Programms in den folgenden zwei Schritten vor:

1. Übersetzen des Java-Quellcodes in Byte-Code der JVM.
2. Interpretieren des Byte-Codes durch die JVM.

Im SDK heißt der Java-Übersetzer javac, der Interpretierer heißt einfach java.

---

[1] Unter Windows erhält man eine Kommandozeile durch Starten des Programms „Eingabeaufforderung" (im „Zubehör").

Das Programm aus Abb. 6.1 muß in einer Datei (*file*) mit dem Namen `Program.java` abgespeichert werden. Es kann dann mit `javac` durch folgenden Aufruf in der Kommandozeile übersetzt werden:

`javac Program.java`

Dieser Aufruf erzeugt eine sog. **Klassendatei** (*class file*) mit dem Namen der enthaltenen Klasse und der Namenserweiterung (*file extension*) `.class`. (Viele Systemprogramme erkennen „ihre" Dateien an der passenden Erweiterung.) In unserem Fall erhalten wir also eine Datei `Program.class`, in der Java-Byte-Code enthalten ist. Dieser Byte-Code kann dann mit dem Kommando

`java Program`

von `java` interpretiert werden (`java` denkt sich dabei sein `.class` hinzu). Dies erzeugt folgende Ausgabe auf dem Bildschirm:

`Dies ist die Ausgabe meines ersten Java-Programms.`

Hierzu hat der Interpretierer das in der aufgerufenen Klasse `Program` enthaltene Hauptprogramm `main` lokalisiert und die einzige darin enthaltene Anweisung

`System.out.println()`

ausgeführt. Ein Interpretierer, der wie hier zusätzlich mit dem Betriebssystem zusammen arbeitet, heißt auch **Laufzeitumgebung** (*runtime*).

Der Parameter `args` der Methode `main` erhält beim Aufruf durch `java` als aktuellen Wert eine Reihung (*array*) von Zeichenketten. Diese wird von `java` aus denjenigen Zeichenfolgen zusammengebaut, die – durch Leerzeichen getrennt – direkt in der Kommandozeile mit angegeben wurden. Wir sprechen daher von **Kommandozeilenparametern** (*command line parameters*). (In Eclipse gibt man diese Parameter in einem eigenen Fenster ein.) Durch das Kommando

`java  Program  Param1  Param2`

wird z. B. `args` so instantiiert, daß `args[0]` (das erste Element der Reihung `args`) als Wert ein Objekt vom Typ `String` hat, das die (aus 6 Zeichen bestehende) Zeichenfolge „`Param1`" repräsentiert, und entsprechend hat `args[1]` als Wert eine Zeichenkette mit der Zeichenfolge „`Param2`".

Im Gegensatz zu C/C++ Programmen wird bei Java *nicht* der Name des Programms bei einem Programmaufruf als erster Parameter weitergegeben. In Java ist der Name der Anwendung *immer* bekannt, da es der Name der kapselnden Klasse ist. Dieser kann mittels Reflektionsmethoden vom Java Laufzeitsystem erhalten werden. Auf Reflektionsmethoden werden wir in dieser Einführung jedoch nicht eingehen.

Beispiel 6.2.1. Wir verändern das Rahmenprogramm so, daß es immer mit zwei Kommandozeilenparametern gestartet werden muß, deren Zeichenfolgen im Laufe des Programms ausgegeben werden.

```
class Program2 {

  public static void main(String[] args) {
    System.out.println(args[0] + "_" +
                       args[1]);
} }
```

Ein Aufruf

`java Program2 Hello world!`

erzeugt dann am Bildschirm die Ausgabe

`Hello_world!`

❖

Java-Programme können auch als sogenannte **Applets** in Web-Seiten eingebettet und von Browsern geladen und ausgeführt werden. Applets werden durch das Paket `java.applet` bereitgestellt, haben aber enge Beziehungen zum *Abstract Window Toolkit* AWT (siehe Kap. 9) und benutzen höhere objektorientierte Methoden (siehe Kap. 8). Wir arbeiten zunächst außerhalb von Browsern und besprechen Applets erst in Kapitel 9.1.5 näher. In Eclipse kann Code optional als Applet ausgeführt werden.

6.3 Schlüsselwörter, Literale und Namen

Jede Programmiersprache kennt eine Vielzahl von Gegenständen, die bezeichnet werden müssen. Hierunter fallen zunächst die Sprachkonstrukte selbst (z. B. While-Schleifen oder arithmetische Operatoren wie +), dann die Elemente der Datentypen, die der Programmiersprache bekannt sind (z. B. ganze Zahlen) und schließlich Gegenstände, die erst in Programmen definiert werden (z. B. einzelne Variablen, Funktionen oder Klassen).

Zum Aufbau von **Bezeichnern** (*identifier*) steht immer ein **Alphabet** (geordneter Zeichenvorrat) von Buchstaben, Ziffern und Sonderzeichen zur Verfügung. Java legt hier das Alphabet des Unicode-Standards mit seinem internationalen Zeichenvorrat zugrunde. Aus den Zeichen des Alphabets kann man durch Aneinanderreihung **Wörter** bilden, die eine syntaktische Einheit darstellen.

Operatoren der Sprache (siehe Abschnitt 6.7 und Tab. 6.2) werden meist mit einer Kombination aus Sonderzeichen bezeichnet (z. B. >=, <=), es gibt aber auch Ausnahmen, wie `instanceof` in Java. Des weiteren kennt jede Programmiersprache eine Reihe von fest eingebauten **Schlüsselwörtern** (*keyword*) zur Formulierung ihrer Anweisungen (siehe Tab. 6.1).

Die Elemente der in der Sprache bekannten Datentypen können durch **Literale** (*literal*) direkt bezeichnet werden. Zum Beispiel bezeichnet `123` eine ganze Zahl, `12.3` eine Gleitpunktzahl und `'Z'` das Zeichen 'Z'. Auf die **Literaldarstellung** der elementaren Datentypen werden wir in Abschn. 6.4 genauer eingehen. Insbesondere sind `true` und `false` die Literale des Typs `boolean`, und `null` ist die

Literaldarstellung des einzigen Elements vom **Nulltyp** (*null type*), das eine „leere" Referenz symbolisiert, die auf kein Objekt verweist (siehe Abschn. 6.5 unten).

Ferner haben Zeichenketten vom Typ String, also die Objekte der Systemklasse String (vgl. Kap. 7.6), eine spezielle Literaldarstellung. In einem Programm kann ein String-Objekt einfach als in Anführungszeichen eingeschlossene Zeichenfolge in der Art "Wort" hingeschrieben werden. Java baut aus dieser Darstellung dann das eigentliche Objekt vom Typ String auf, das die Zeichensequenz repräsentiert. Das Objekt, das die leere Zeichenfolge repräsentiert, hat die Literaldarstellung "". Auch Reihungen (*array*) haben eine Literaldarstellung (zu Einschränkungen siehe Kap. 7.5). So stellt {"eins", "zwei", "drei"} eine Reihung aus drei Zeichenketten dar: Das erste Element ist das String-Objekt "eins", das zweite das Objekt "zwei" und das dritte das Objekt "drei".

Gegenstände, die in einem Programm definiert werden, wie seine Variablen, Methoden oder Klassen, können mit **Namen** (*name*) bezeichnet werden, die mit wenigen Einschränkungen frei wählbar sind. Üblicherweise erlaubt man als Namen zunächst nur solche Bezeichner, deren Zeichenfolge mit einem Buchstaben beginnt und danach ggf. aus weiteren Buchstaben oder Zahlen besteht. (C++ macht hier eine Ausnahme und erlaubt auch die Wiederverwendung bereits bekannter Operatorbezeichner für neu definierte Operatoren.) Für Java ist durch den Unicode-Standard definiert, was Buchstaben und Zahlen sind, und Bezeichner können somit völlig international sein, wie z. B. π. Zusätzlich besteht die Einschränkung, daß die Schlüsselwörter und die zusätzlich reservierten Wörter der Sprache nicht mehr als Namen gewählt werden dürfen. Diese Einschränkungen machen den Bau von Übersetzern einfacher und Programme leichter lesbar.

Tab. 6.1. Schlüsselwörter in Java

abstract	double	interface	switch
assert	else	long	synchronized
boolean	extends	native	this
break	final	new	throw
byte	finally	package	throws
case	float	private	transient
catch	for	protected	try
char	goto	public	void
class	if	return	volatile
const	implements	short	while
continue	import	static	
default	instanceof	strictfp	
do	int	super	

Die Schlüsselwörter goto und const werden momentan nicht verwendet; assert und strictfp sind in Java 2 neu hinzugekommen. Zusätzlich sind die Wörter true, false und null reserviert.

Schließlich gibt es üblicherweise für jede Sprache eine Reihe von **Namenskonventionen** (*naming convention*), die Programme leichter lesbar machen, wenn sich jeder an sie hält. In Java schreibt man grundsätzlich alle Namen für Klassen groß und alle Namen für Funktionen und Variablen klein. Bei zusammengesetzten Namen schreibt man angefügte Teile jeweils wieder groß.

Beispiel 6.3.1. (Namenskonventionen) Gerät ist ein Klassenname, z ein Variablenname, getZ der Name eines Selektors für die Variable (das Feld) z; weitere Methodennamen sind wähleKanal oder bewegePunktZuPunkt.

Die Konvention in C/C++ ist die Verwendung des *underscore* Zeichens ' _ ' als Verbinder zwischen Namensteilen, also z. B. wähle_Kanal. Dadurch benötigt man keine Schreibkonvention für Variablen, da man nun zwischen get_Z und get_z unterscheiden kann.   ❖

6.4 Elementare Datentypen

Java kennt die folgenden elementaren Datentypen (*primitive types*):

byte	8-bit-Zahl in Zweierkomplement-Darstellung
short	16-bit-Zahl in Zweierkomplement-Darstellung
int	32-bit-Zahl in Zweierkomplement-Darstellung
long	64-bit-Zahl in Zweierkomplement-Darstellung
float	32-bit IEEE 754-1985 Gleitkommazahl
double	64-bit IEEE 754-1985 Gleitkommazahl
char	16-bit Unicode 2.0 Zeichen
boolean	Wahrheitswert, true oder false

Neben den elementaren Zahl-Typen byte, short, int, long, float und double sind dies also die Typen char für 16-bit Unicode-Zeichen (vgl. Kap. 2.5.3) und boolean für die Booleschen Wahrheitswerte. Die Zahltypen werden wir im Abschnitt 6.6 über Java-Arithmetik genauer betrachten. Allgemeinem Jargon folgend bezeichnen wir im folgenden „ein Element vom Typ int" auch einfach als „ein int", und entsprechendes gilt für die anderen Typen.

Die Typen boolean, char, int, long, float und double haben **Literaldarstellungen**. Eine ganze Zahl (wie -1) bezeichnet ein int, ein nachgestelltes L (wie -1L) macht daraus ein long. Eine Zahl mit Dezimalpunkt (wie 1.0) bezeichnet ein double, ein nachgestelltes f (wie -1.0f) macht daraus ein float. Der Typ boolean besteht nur aus den Werten true (wahr) und false (falsch).

Zeichen (char) können entweder, so sie druckbar sind, direkt in Hochkommata eingeschlossen angegeben werden (wie ' = '), oder aber man gibt dort ihren Unicode in Hex an (wie ' \u01C9 '). Hierbei gilt es aber Subtilitäten bei Steuerzeichen zu beachten. Das Zeichen ' \u000a ' ist z. B. das ASCII Zeichen LF (*linefeed*), auch *newline* genannt. Schreibt man im Java-Programm das Literal ' \u000a ', so sieht es für den Übersetzer so aus, als hätte man nach dem ersten Hochkomma die „Eingabe-" (*return-*) Taste betätigt. Deshalb gibt es für den Unicode der gängigen Steuerzeichen spezielle **Ausweich-Schreibweisen** (*escape sequence*); damit hat LF dann die Literaldarstellung '\n'.

Escape-Sequenz	Unicode	Zeichen
\b	\u0008	Zeichenrückschritt, *backspace*, BS
\t	\u0009	Tabulator, *horizontal tab*, HT
\n	\u000a	Zeilenvorschub, *linefeed*, *newline*, LF
\f	\u000c	Seitenvorschub, *form feed*, FF
\r	\u000d	Wagenrücklauf, *carriage return*, CR
\"	\u0022	Anführungszeichen, *double quote*, "
\'	\u0027	Hochkomma, *single quote*, '
\\	\u005c	*backslash*, \

Für *alle* elementaren Typen gibt es jeweils entsprechende **Hüllklassen** (*wrapper classes*) im Paket `java.lang`: `Byte`, `Short`, `Integer`, `Long`, `Float`, `Double`, `Character` und `Boolean`. Die Hüllklassen existieren aus zwei Gründen: Erstens bündeln sie Konstanten und Methoden, die im Zusammenhang mit den elementaren Typen nützlich sind, und zweitens erlauben sie es, Elemente der elementaren Typen auch gekapselt als Klassenobjekte zu verwenden. Die Bedeutung von letzterem wird erst im Zusammenhang mit generischer Programmierung voll verständlich werden (vgl. Kap. 8.6). Für die Grundkonzepte des Programmierens sind aber nur die elementaren Datentypen von Bedeutung.

Wir wollen die Standardmethoden, die die Hüllklassen für die elementaren Datentypen zur Verfügung stellen, zunächst am Beispiel der Klasse `Character` demonstrieren. Auf die Methoden der Zahl-Typen gehen wir in Abschnitt 6.6 ein. Sei eine Zeichenvariable `ch` gegeben. Wir erhalten den äquivalenten Großbuchstaben durch den Aufruf `Character.toUpperCase(ch)`, beziehungsweise den entsprechenden Kleinbuchstaben durch `Character.toLowerCase(ch)`. Wir können mit `Character.isDigit(ch)` testen, ob `ch` ein Zahlzeichen enthält, mit `Character.isLetter(ch)` können wir auf einen Buchstaben testen und mit `Character.isSpace(ch)` auf einen Zwischenraum. Die Klasse `Character` stellt viele weitere Methoden und Konstanten zur Verfügung, z. B. Tests auf alle im Unicode-Standard definierten internationalen Zeichentypen.

6.5 Variablen, Referenzen, Zuweisungen

*Assignment is undoubtedly the most characteristic feature of programming
a digital computer, and one that most clearly distinguishes it from other
branches of mathematics.*

C. A. R. Hoare (1969)

6.5.1 Grundkonzepte

Variablen dienen der Speicherung von Werten. Ein **Wert** (*value*) ist ein Element eines Datentyps der zugehörigen Programmiersprache. Oft repräsentiert eine Menge von Variablen (über ihre Werte) den Zustand eines Objekts oder einer Berechnung. Der Wert einer Variablen kann im Verlauf eines Programms durch eine (Wert-) **Zuweisung** (*assignment*) geändert werden, z. B. um einen gewünschten Zustand herzustellen. Jede Variable hat i. a. einen **Namen** (*name*), der sie innerhalb eines **Namensraumes** (*name space*) eindeutig bezeichnet. Eine **Variable** (*variable*) ist also zunächst ein Paar ⟨**Name, Wert**⟩.

Programmiersprachen abstrahieren mit dem Konzept der Variablen das auf der Ebene der Hardware angesiedelte Konzept der Speicherstelle (vgl. Kapitel 2.2.1). Eine **Speicherstelle** ist ein Paar ⟨**Adresse, Inhalt**⟩. Adresse und Inhalt sind Bitmuster und werden daher üblicherweise in Hex angegeben. Der Übersetzer ordnet jeder Variablen eine Speicherstelle zu; er bildet den Namen auf eine Adresse ab und den Wert auf ein Bitmuster, das er an der Adresse speichert. Eine Variable in einem laufenden Programm ist also vollständiger durch das Tupel ⟨⟨**Name, Wert**⟩, ⟨**Adresse, Inhalt**⟩⟩ charakterisiert.

Die genaue Auflistung der Speicherstelle ist aber oft nicht realistisch und auch nicht nützlich. Zum einen legen Übersetzer die Adresse einer Variablen i. a. nicht auf Hardware-Ebene fest, sondern in abstrakterer Form, etwa relativ zum Anfang eines Speicherbereichs. Die endgültige Zuordnung wird dann vom Betriebssystem in Verbindung mit der *memory management unit (MMU)* der Hardware erst zur Laufzeit vorgenommen. Deswegen sprechen wir lieber abstrakter von **Verweis** (auf einen Speicherplatz) oder von **Referenz**, statt von einer Adresse. In Schaubildern verwendet man oft Zeiger (*pointer*) – symbolisiert durch Pfeile – um Referenzen darzustellen, insbesondere wenn die konkreten Adressen gar keine Rolle spielen.

Zum anderen sind wir eigentlich selten primär an den Binärcodes der Werte interessiert. Was uns wirklich interessiert, ist der **Typ** (*type*) des Wertes, denn dieser bestimmt, was wir mit dem Wert anfangen können (welche Operationen auf ihm definiert sind). Denn es soll uns nicht passieren, daß wir etwa das Bitmuster einer Ganzzahl aus Versehen an die Gleitkomma-Einheit der ALU schicken. Manchmal brauchen wir sogar den Typ, um den Wert eindeutig als Text notieren zu können – wie wüßten wir sonst, ob 12 ein `byte` oder ein `int` darstellt? Zusätzlich legt der Typ natürlich auch die Binärcodierung als eineindeutige (injektive) Abbildung zwischen Wert und Inhalt fest.

Eine **Variable** ist also auch durch ein 4-Tupel ⟨**Typ, Name, Referenz, Wert**⟩ sehr genau charakterisiert. Die **Referenz** (*reference*) ist ein **Verweis** auf den Ort, wo der **Wert** (*value*) gespeichert ist. Auf Hardware-Ebene ist dieser Ort letztlich eine Speicherstelle, und der **Typ** (*type*) gibt uns die Beziehung zwischen dem Wert der Variablen und dem binären **Inhalt** (*content*) dieser Speicherstelle an. Der **Name** (*name*) ist ein symbolischer **Bezeichner** (*identifier*) für die Variable.

In einem einfachen Fall ist ein Name (wie z. B. x oder `amplitude`) gegeben, den der Compiler mit einer passenden Referenz assoziiert hat, der Typ ist ein elementarer Datentyp (wie int), und der Wert hat eine einfache textuelle Darstellung (wie „12"). Es kann aber auch schwieriger werden, z. B. kann der Name fehlen, oder der Wert könnte ein Bild oder ein Musikstück sein. Eine Variable, die keinen symbolischen Namen hat, heißt **anonyme Variable** (oder auch **anonymes Objekt**). Solche Variablen werden manchmal von Übersetzern generiert.

Oft können wir eine Variable aber wirklich einfach als ein Paar ⟨**Referenz, Wert**⟩ oder ⟨**Name, Wert**⟩ charakterisieren. Dies ist immer dann der Fall, wenn uns nur entweder der Name oder die Referenz interessiert und wenn sich der Typ schon eindeutig aus der Art der Niederschrift des Wertes ergibt (z. B. 1.0 statt 1).

Beispiel 6.5.1. Der Wert der Variablen mit dem Namen x ist 17. Die Referenz ist die Adresse 203, an der der Wert gespeichert ist. Der dort tatsächlich gespeicherte Inhalt ist das Bitmuster `10001`, wenn wir 17 als Java-Literal für einen int Wert ansehen dürfen. Die Adresse 203 scheint eine abstrakte Referenz innerhalb des gezeichneten Speicherblocks zu sein, denn sonst wären 32-Bit Adressen in Hex angegeben. (Außerdem werden auf Hardware-Ebene Bytes adressiert, die Adressen müßten sich also jeweils um 4 statt um 1 unterscheiden.) Eine noch abstraktere Form der Referenz ist der Pfeil auf die entsprechende Speicherstelle.

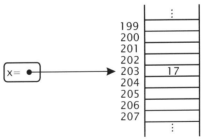

Um in Java (und C/C++) eine Variable benutzen zu können, muß man sie zuerst **deklarieren**. (In Java kann dies auch erst mitten im Programmtext geschehen, wenn es nur rechtzeitig ist.) Eine **Deklaration** (*declaration*) erfolgt durch Angabe eines Variablen-Namens zusammen mit dem Typ. Zum Beispiel deklariert

```
int x;
```

eine Variable mit Bezeichner x und Typ int. Der Wert von x ist noch undefiniert, muß aber in Zukunft immer vom Typ int sein. Der Übersetzer reserviert daraufhin einen Speicherplatz, verbindet den Namen x mit der entsprechenden Referenz und sorgt dafür, daß dort immer nur ein int gespeichert wird, bzw. der dortige Inhalt immer nur als int angesehen und verwertet wird. (Manche Programmiersprachen – wie etwa C – sind in diesem Punkt etwas freizügiger, was dem Könner Möglichkeiten eröffnet, was aber auch Gefahren birgt.)

Durch eine **Zuweisung** (*assignment*) wird der Wert der Variablen erstmalig belegt oder verändert. Eine Zuweisung geschieht in Java (und C/C++) durch den Zuweisungsoperator = wie in x=12;. Eine Zuweisung x=y; zwischen zwei Variablen bedeutet: finde den Wert von y und speichere eine Kopie davon an der vom Referenzteil von x bezeichneten Stelle ab (damit haben x und y den gleichen Wert). Das kann natürlich nur sinnvoll sein, wenn x und y den gleichen Typ haben (oder zumindest kompatible Typen, siehe Abschnitt 6.7.10).

Eine Deklaration kann mit einer **Anfangszuweisung (Initialisierung**, *initialization*) verbunden werden, also etwa int x=12;. Man spricht dann von einer (Variablen-)**Definition** (*definition*).

Beispiel 6.5.2. In diesem Programmfragment werden die Variablen n und m als int deklariert. Die Variable m wird gleichzeitig zu 1 definiert (mit dem Wert 1 initialisiert). Die Variable n wird nicht initialisiert. Weiter wird eine Variable c als char deklariert und gleichzeitig durch das Zeichen 'y' belegt (definiert).

```
int n, m = 1;
char c = 'y';
//  ...
```

Variablen, deren Wert nur ein einziges Mal gesetzt wird und deshalb immer konstant bleibt, heißen **Konstanten** (*constants*). final int zwei=2; definiert in Java eine Konstante namens zwei, mit dem endgültigen (*final*) Wert 2. Seit Java Version 1.1 ist es zulässig, zuerst einen Konstantenbezeichner zu deklarieren und später ein einziges Mal einen Wert zu definieren (zuzuweisen). C++ benutzt die Syntax const int zwei=2;, C kennt keine Konstanten.

Wir haben oben gesehen, daß uns bei einer Variablen auf der linken Seite einer Zuweisung ihre Referenz interessiert, auf der rechten Seite ihr Wert. Der Referenzteil heißt darum auch **Linkswert** (*lvalue*) der Variablen, der Werteteil **Rechtswert** (*rvalue*). Je nach dem, in welchem Kontext der Variablenname vorkommt, bezeichnet er also etwas anderes, und der Compiler nimmt diese Interpretation für uns automatisch vor. Dies ist eigentlich der einzig schwierige Punkt beim Gebrauch von Variablen.

Durch Angabe des Variablennamens in einem Ausdruck (vgl. Abschnitt 6.7.5) können wir auf den jeweils aktuellen Wert zugreifen. Wenn z. B. ein Ausdruck x+5 übersetzt wird, dann prüft der Übersetzer zunächst, ob der Typ des Wertes x in den Kontext des Ausdrucks paßt. In x+5 paßt ein int x hinein, aber ein boolean x würde nicht passen, denn dann würde + keinen Sinn ergeben. Danach wird Code erzeugt, der zur Laufzeit den Wert von x beschafft, indem der Inhalt der zu x gehörigen Speicherstelle in ein Register geladen wird. Danach wird Code erzeugt, der 5 addiert, um den Wert des Ausdrucks auszurechnen. Steht der Ausdruck im Kontext einer Zuweisung wie in y = x+5;, dann folgt auf die Auswertung der rechten Seite eine Instruktion, die diesen Wert in y abspeichert (wenn er zum Typ von y paßt, was ebenfalls vorher geprüft wurde); von y benötigt man also die zugehörige Referenz.

6.5.2 Referenzvariablen

Variablen, deren Wert wiederum eine Referenz ist, heißen **Zeigervariablen** (*pointer variable, pointer*) oder **Referenzvariablen** (*reference variable, reference*). Der spezielle Wert null, das einzige Element des **Nulltyps** (*null type*), symbolisiert die „leere" Referenz, die auf keine gültige Speicherstelle verweist (auf Maschinenebene ist null durch den Zahlwert Null repräsentiert).

Beispiel 6.5.3. Der Wert der Zeigervariable x ist die Referenz der Variable y, die ihrerseits den Wert 15 hat.

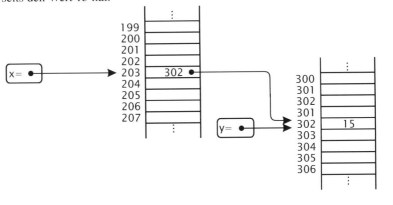

❖

Der Übersetzer erkennt wieder am Typ der Variable, ob das als Wert gespeicherte Bitmuster eine Referenz ist. Im obigen Beispiel ist int der Typ von y und reference-to-int ist der Typ von x. Das Referenzprinzip läßt sich auf beliebige Referenzstufen fortsetzen: Werte und Konstanten haben Stufe 0, gewöhnliche Variablen Stufe 1, Variablen des Typs reference-to-type haben 1 + „die Stufe von type". Dies wird in C und C++ allgemein unterstützt, in Java aber nur bis zur Stufe 2 und nur in eingeschränkter Form.

Java-Variablen können entweder einen elementaren Datentyp haben (vgl. Abschnitt 6.4) oder ihr Typ ist durch eine Klasse gegeben (letzteres schließt auch die Typklasse array ein). Variablen mit dem Typ einer Klasse (inklusive array) sind in Java automatisch Referenzvariablen – ihr Wert ist ein Verweis darauf, wo die Repräsentation des Objekts im Speicher beginnt. Allerdings kann in Java eine Referenz nicht vom Programmierer manipuliert werden. Insbesondere kann sie (im Gegensatz zu C/C++) nicht in arithmetischen Operationen weiterverwendet werden, um eine beliebige andere Speicheradresse berechnen und referenzieren zu können.

Java kennt also Referenzvariablen nur auf Stufe 2. Java-Referenzvariablen haben als Wert immer die Referenz einer anonymen Variable, die einen zusammengesetzten Typ hat, also als Wert ein Klassenobjekt enthält. Umgekehrt sind Klassenobjekte grundsätzlich nur über Referenzvariablen zugänglich. Beispiel 6.5.3 ist in Java also so nicht möglich, sondern nur, falls statt 15 ein Klassen-Objekt gespeichert wäre, etwa eine Reihung.

Referenzvariablen erlauben es, die Relation „Enthaltensein" per Referenz zu modellieren, d.h. das enthaltene Objekt wird nicht in den Container kopiert, sondern der Container enthält nur einen Verweis (Referenz) darauf, wo das Objekt steht. Dieses Verfahren wird in Java auch angewendet, wenn Objekte (inklusive Reihungen) an Prozeduren übergeben werden – es wird nicht das Objekt selbst in den lokalen Speicher der Prozedur kopiert, sondern es wird eine Referenz übergeben, die innerhalb der Prozedur wieder in einer Referenzvariablen gespeichert wird (vgl. 6.9.1).

6.5.3 Reihungsvariablen

In Java sind Reihungen (*arrays*) Spezialfälle von Klassen; wir führen sie daher erst in Kapitel 7.5 wirklich ein. Da sie aber zu den Grundkonzepten des Programmierens gehören, geben wir hier bereits einen kurzen Überblick.

Ist T ein Typ, so ist T[] der Typ **Reihung** (*array*) von Elementen des Typs T, kurz **Reihung von T** oder **T array**. Der Komponententyp T kann einfach oder wieder zusammengesetzt sein. Der Typ int[] ist eine Reihung von Ganzzahlen, String[] eine Reihung von Strings (Zeichenketten). Eine **Reihungsvariable** T[] a; ist eine Referenzvariable, deren Wert auf ein konkretes Reihungsobjekt verweist. Mit new T[n] **erzeugen** wir ein (zunächst anonymes) Reihungsobjekt der **Länge** n, also mit n Elementen.

Nach T[] a = new T[n]; stellt uns der Compiler eine passende Anzahl von Variablennamen a[0], a[1], ..., a[n-1] zur Verfügung. Im Endeffekt besitzen wir eine Reihung von n Variablen des Typs T, die a[0], a[1], ..., a[n-1] heißen und jeweils das 1., 2., ..., n. Element des Reihungsobjekts als Wert besitzen.

Dies hat zwei große Vorteile: erstens mußten wir nicht selbst irgendwelche Namen erfinden (n kann sehr groß sein), und zweitens kann der Name einer Variablen in der Reihung durch Auswertung des Index-Ausdrucks [...] dynamisch bestimmt werden. Haben wir nämlich eine (Index-)Variable i gegeben, so bezeichnet der Ausdruck a[i] diejenige Variable in der Reihung a, die dem aktuellen Wert von i entspricht; nach i = 5; bezeichnet a[i] also die Variable a[5], und a[i+2] bezeichnet die Variable a[7], usw.

In Java (wie auch in C/C++) beginnen die Indizes von Reihungsvariablen stets mit 0; in anderen Programmiersprachen (wie z. B. in Pascal) kann dieser Anfangsindex frei gewählt werden. In Java erzeugt new int[]{1,2,3} ein Array von 3 ganzen Zahlen und initialisiert a[0]=1, a[1]=2, a[2]=3. Der Compiler leitet die Länge 3 aus der Anzahl der angegebenen Elemente ab. Nach

```
int[][] aa = new int[][] {{11, 12}, {21, 22}, {31,32}}
```

haben wir eine 2-dimensionale Reihung aa, die aus 3 Zeilen 1-dimensionaler Reihungen zu je 2 Spaltenelementen besteht. Außerdem wurden vom Compiler folgende Initialisierungen vorgenommen: aa[0][0]=11, aa[0][1]=12, ..., aa[2][0]=31, aa[2][1]=32. Die Länge einer Reihung a ist in der Konstante a.length gespeichert. Der Wert von aa.length ist 3, und für die drei eindimensionalen Reihungen aa[i], $0 \le i \le 2$, ist der Wert von aa[i].length jeweils 2.

Im Vorgriff auf Kap. 7.2.6 sei hier schon erwähnt, daß in Java alle Klassenobjekte ausschließlich durch den Operator new Speicher zugeteilt bekommen. Der Operator new teilt Speicher immer vom **Haldenspeicher** (*heap*) zu; die Objektvariablen liegen dagegen auf dem **Stapelspeicher** (*stack*), und ihre Werte sind Zeiger auf die Objekte auf der Halde. Dies gilt insbesondere auch für Reihungsvariablen und Reihungsobjekte.

Beispiel 6.5.4. Die Speicherbereiche Stapel und Halde nach der Anweisung int[] a = new int[3];

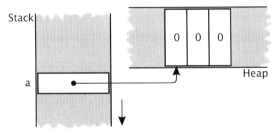

Um auf die Variable a[i] zugreifen zu können, braucht Java deren Referenz. Die in a gespeicherte Referenz (der Wert von a) ist die Referenz von a[0]. Die Referenz von a[i] ist um einen **Versatz** (*offset*) von i Elementgrößen höher. Die Größe der Elemente ergibt sich aus deren Typ; für Integer Elemente mit je 4 Byte wäre der Versatz also $i \cdot 4$.

Hier müssen wir also eine frühere Regel verfeinern: In a[i] = 7; stehen die Variablen a und i auf der linken Seite der Zuweisung, es wird aber gleichwohl (aus unterschiedlichen Gründen) jeweils ihr Wert gebraucht. Der Rechtswert von i wird gebraucht, um den Versatz des Speicherobjekts a[i] in der Reihung a zu bestimmen. Von a wird der Rechtswert gebraucht, weil a eine Variable auf der Referenzstufe 2 ist und die gesuchte Referenz als Wert enthält. Das Ergebnis der Auswertung von a[i] auf der linken Seite einer Zuweisung ist aber gleichwohl ein Linkswert.

Typische Programmierbeispiele mit Reihungen verwenden Schleifenkonstrukte, insbesondere die for-Schleife; wir verweisen hierzu auf die Abschnitte 6.8.3 und 6.8.4 (Beispiele 6.8.16 – 6.8.19).

6.6 Java-Arithmetik

6.6.1 Elementare Zahltypen

Die **elementaren Zahltypen** (*primitive numerical types*) von Java bestehen aus den **Ganzzahltypen** (*integral types, integer types*) `byte`, `short`, `int` und `long`, sowie den **Gleitkommatypen** (*floating point types*) `float` und `double`. Zu den Ganzzahltypen zählt ebenfalls der Typ `char`, dessen Werte eigentlich Unicode Zeichen sind, die aber im Zusammenhang mit Arithmetik als 16-Bit Ganzzahlen ohne Vorzeichen (*unsigned integers*) aufgefaßt werden.

Die Ganzzahltypen haben die folgenden Zahlbereiche

Typ	Bits	Minimalwert	Maximalwert
`byte`	8	−128	127
`short`	16	−32 768	32 767
`int`	32	−2 147 483 648	2 147 483 647
`long`	64	−9 223 372 036 854 775 808	9 223 372 036 854 775 807
`char`	16	0 (`'\u0000'`)	65 535 (`'\uffff'`)

Für die elementaren Zahltypen sind jeweils die unären Operationen + und −, sowie die binären Operationen +, −, *, / und % (Rest der Division) definiert. Auf den Ganzzahltypen ist / die Ganzzahldivision, und auf den Gleitkommatypen existiert im Gegensatz zu C/C++ ebenfalls die *modulo* Operation %.

Weiterhin sind die üblichen Vergleichsoperationen und die Inkrement- und Dekrement-Operatoren (++ und −−) in Präfix- und Postfixform definiert, letztere auch für die Gleitkommatypen. Nur für die Ganzzahltypen gibt es die Schiebeoperatoren sowie die bitweisen Operatoren. Siehe hierzu Abschnitt 6.7.

Zu den Zahl-Typen gibt es die Hüllklassen `Byte`, `Short`, `Integer`, `Long`, `Float` und `Double`, die alle von der Klasse `Number` abgeleitet sind. Diese enthalten nützliche Konstanten und Methoden (auch für die entsprechenden Basistypen), sowie Konstruktoren zum Erzeugen der Objekte aus elementaren Zahlen. Wir benutzen im folgenden die Schreibweisen *type* und *Type* um beliebige Elementartypen und Typen der Hüllklassen zu bezeichnen.

Am wichtigsten sind für uns die Methoden zum Erzeugen („Einlesen") einer Zahl aus einer Zeichenreihe des Java Klassentyps `String`, da wir unsere Aufrufparameter in Form solcher Zeichenreihen in das Hauptprogramm geliefert bekommen. Für die umgekehrte Konversion („Hinausschreiben") der Zahl in einen `String` gibt es für jeden elementaren Zahltyp außer `byte` und `short` eine Methode `String.valueOf(type)`.

Typ	Konversion aus `String`
`byte`	`Byte.parseByte(String)`
`short`	`Short.parseShort(String)`
`int`	`Integer.parseInt(String)`
`long`	`Long.parseLong(String)`
`float`	`Float.parseFloat(String)`
`double`	`Double.parseDouble(String)`

Beispiel 6.6.1. Wenn wir unser Rahmenprogramm `Program2` mit der Kommandozeile `java Program2 123 456` aufrufen, dann erhalten wir innerhalb von `main` in der Variablen `args[0]` zunächst nur die Zeichenkette `"123"` und in der Variablen `args[1]` die Zeichenkette `"456"`. Falls wir aber entsprechende Ganzzahlen benötigen, etwa in den Variablen `int x, y;`, dann können wir diese danach mit `x = Integer.parseInt(args[0]);` und `y = Integer.parseInt(args[1]);` erhalten.   ❖

6.6.2 Ganzzahl-Arithmetik

Java Ganzzahl-Arithmetik ist Zweierkomplement-Arithmetik modulo dem Darstellungsbereich, so daß keine Überläufe erzeugt sondern nicht darstellbare Bits einfach abgeschnitten werden. Dadurch wird der Darstellungsbereich zu einem Ring geschlossen. Zählt man über das Ende des positiven Bereichs hinaus, kommt man zur kleinsten negativen Zahl und schließlich zu -1 und zu 0 (vgl. Beispiel 2.1 in Abschnitt 2.5.1).

Beispiel 6.6.2. Die Berechnung von $(2^{31} - 1) + 1$ ergibt -2^{31}.   ❖

Java rundet immer zur Null hin, um Ganzzahlen zu erhalten. Die Ganzzahl-Division `3/2` ergibt `1`, und `-3/2` ergibt `-1`. Für Ganzzahlen gilt `(x/y)*y+x%y == x`, d.h. `3%2` ergibt `1` und `(-3)%2` ergibt `-1`.

Ganze Zahlen können oktal (durch vorgestellte `0`), hexadezimal (durch vorgestelltes `0x` oder `0X`) oder dezimal angegeben werden. Ein nachgestelltes `L` oder `l` zeigt eine Zahl vom Typ `long` an, ansonsten wird `int` angenommen.

Beispiel 6.6.3. Wir geben 26_{10} an als Dezimalzahl, Oktalzahl, Hexadezimalzahl (alle vom Typ `int`) und als Dezimalzahl von Typ `long`, `byte` und `short`: `26`, `032`, `0x1A`, `26L`, `byte b = 26;` `short s = 26;`.   ❖

Die Typen `byte` und `short` dienen dazu, beim Speichern von Zahlen Platz zu sparen. Zum Rechnen werden solche kurzen Zahlen immer zuerst automatisch nach `int` konvertiert, da die ALU sowieso mindestens 32-Bit Arithmetik durchführt. Es liefert also *jede* arithmetische Operation, die auf ein `byte` oder `short` angewendet wird, zumindest ein `int` zurück. Auf Zeichen (`char`) ist Arithmetik ebenso möglich (z. B. in `wert = '9' - '0';`); dazu werden Elemente vom Typ `char` implizit nach `int` konvertiert (*integral promotion*), der Unicode wird also als Zahl interpretiert. Siehe hierzu auch Abschnitt 6.7.10.

Da es keine Literale vom Typ `byte` oder `short` gibt, wird bei der Definition einer entsprechenden Variablen auf der rechten Seite der Anfangszuweisung der passende Typ angenommen, sofern es unmöglich zu Problemen kommen kann. Dies ist dann der Fall, wenn der Wert der rechten Seite vom Compiler statisch bestimmt werden kann und er klein genug ist für den Typ der Variable (wie in `byte b = 12;`).

Beispiel 6.6.4. Nach der Definition `byte b = 7;` ist `byte c = b;` korrekt, aber `byte c = +b;` ist inkorrekt. Nach `final short s = 5;` sind die Definitionen `short t = -s;` und `short t = s + 17;` korrekt, da die Werte der rechten Seite jeweils feststehen und passen.   ❖

Die Hüllklassen enthalten u. a. Konstanten für die kleinste und größte repräsentierbare Zahl (*Type*.`MIN_VALUE` und *Type*.`MAX_VALUE`) und Methoden zum Konvertieren eines *type* Elements in Zeichenketten mit der Dezimal-, Binär-, Oktal- und Hexadezimal-Repräsentation (*Type*.`toString(`*type*`)`, *Type*.`toBinaryString(`*type*`)`, *Type*.`toOctalString(`*type*`)` und *Type*.`toHexString(`*type*`)`).

6.6.3 Gleitkomma-Arithmetik

Java Gleitkomma-Arithmetik implementiert den IEEE 754-1985 Standard . Die **einfach genauen** (*single precision*) Zahlen heißen `float`, die **doppelt genauen** (*double precision*) heißen `double`.

Gleitkommazahlen werden als Dezimalzahlen mit optionalem Dezimalpunkt und optionalem (dezimalem) Exponenten angegeben. Ein nachgestelltes F (oder f) signalisiert den Typ `float`, ein nachgestelltes D (oder d) den Typ `double`, der auch Standard-Typ (*default type*) ist.

Beispiel 6.6.5. `26.`, `2.6e1`, `.26e2`, `26d` stellen die Zahl 26 vom Typ `double` dar.   ❖

Arithmetik kann nach $+\infty$ und $-\infty$ überlaufen (*overflow*) – die Zahlen werden absolut zu groß für die gewählte Repräsentation – oder nach $+0$ oder -0 unterlaufen (*underflow*) – die Zahlen werden absolut zu klein. Wie in IEEE 754 vorgesehen gibt es daher eine positive und eine negative Null, wobei `+0.0==-0.0`. Außerdem gibt es Werte für $+\infty$ (`POSITIVE_INFINITY`) und $-\infty$ (`NEGATIVE_INFINITY`). Der Wert NaN (*not a number*) repräsentiert sinnlose Rechnungen, wie z.B. `0 * +∞`.

Repräsentationen für die Sonderwerte finden sich in den Klassen `Float` und `Double`. Diese enthalten entsprechende Tests wie `isNaN()` und `isInfinite()`. Die Methode `floatToIntBits(float)` erzeugt einen `int` Wert mit dem gleichen Bitmuster wie das `float` Argument, und die Methode `intBitsToFloat(int)` erzeugt ein `float` mit dem Bitmuster des `int`.

Arithmetik mit normalen `float` oder `double` Werten liefert die üblichen Ergebnisse. Java Arithmetik ist non-stop: die Auswertung bricht nie ab, sondern liefert die erwähnten Sonderwerte als Ergebnis. Ausdrücke, in denen irgendwo `NaN` vorkommt, haben z.B. immer `NaN` zum Wert. Für die Nullen gilt `+0.0==-0.0`, sie lassen sich aber über einen Umweg unterscheiden, da `1F/0F == Float.POSITIVE_INFINITY`, aber `1F/-0F == Float.NEGATIVE_INFINITY`. Sonderfälle von Gleitkomma-Division und -Rest sind in der folgenden Tabelle zusammengefaßt:

x	y	x/y	x % y
Finite	± 0.0	$\pm \infty$	NaN
Finite	$\pm \infty$	± 0.0	x
± 0.0	± 0.0	NaN	NaN
$\pm \infty$	Finite	$\pm \infty$	NaN
$\pm \infty$	$\pm \infty$	NaN	NaN

Im IEEE-Standard sind verschiedene Bitmuster für `NaN` vorgesehen, es gibt also mehrere `NaN`. In Java wurde zunächst immer nur eines zur Repräsentation von `NaN` verwendet. Da die im IEEE-Standard festgelegten mehreren Bitmuster für `NaN` aber Vorteile bei numerischen Rechnungen bringen, wurde das ursprüngliche Vorgehen bei Java inzwischen revidiert und in vollständigen Einklang mit dem IEEE-Standard gebracht.

Java Gleitkomma-Arithmetik hat sich traditionell strikt an den IEEE 754 Standard gehalten. Jedes Ergebnis (auch Zwischenergebnis) einer Gleitkomma-Operation mußte wieder nach IEEE 754 normiert werden, bevor es weiterverwendet werden durfte. Das hatte den Vorteil, daß das Ergebnis eines Programms auf jedem Rechner und jeder JVM immer absolut das gleiche war.

Diese Anforderung hatte aber den großen Nachteil, daß Java Programme für technisch-wissenschaftliche Anwendungen oft erheblich langsamer waren, als eigentlich nötig. Der Hemmschuh rührt daher, daß die gängigen Prozessoren Zwischenergebnisse von Gleitkomma-Rechnungen in breiteren Registern speichern können, damit eine Normalisierung erst am Ende der Rechnung gemacht werden muß. So wird oft die Ausführung der für Matrix-Multiplikationen kritischen Operation `y = a*b + c;` durch eine spezielle Instruktion und ein 128 Bit breites Zwischenregister beschleunigt, Java Programme durften solche speziellen Instruktionen aber nicht nutzen.

Insbesondere seit Java durch JIT-Compilierung in den Geschwindigkeitsbereich von C/C++ und FORTRAN vorgedrungen ist, besteht viel Interesse, es nicht nur für kleine Applets sondern auch für große numerische Berechnungen einzusetzen; hierzu wurde z. B. das *Java Grande Forum* gegründet. Java hat deshalb seine Anforderungen zurückgenommen und wendet inzwischen den IEEE 754 Standard nicht mehr strikt an, sondern erlaubt sogar standardmäßig die Speicherung von Zwischenergebnissen in erweiterten Formaten. Man spricht von *not FP-strict execution*. Falls die alte, strikte Ausführungsart gebraucht wird, kann man eine Klasse oder Methode mit dem Zusatz `strictfp` versehen (wie in `strictfp class Program` oder `strictfp public static void main()`).

6.7 Operatoren und Ausdrücke

6.7.1 Zuweisungsoperatoren

In Java (wie auch in C und C++) haben Zuweisungen einen Wert, nämlich den Wert der rechten Seite der Zuweisung. Damit können Zuweisungen als (Teil-)Ausdrücke verwendet werden, und die eigentliche Zuweisung an die Variable geschieht als Seiteneffekt.

Beispiel 6.7.1. `x = y = 1` bezeichnet `x = (y = 1)`. Der Wert von `y = 1` ist 1, das an `x` zugewiesen wird.

`x = (y = 1) + 5` hat den Wert 6 und weist als Seiteneffekt `y` den Wert 1 und `x` den Wert 6 zu. ❖

Zuweisungsausdrücke der Art $v = v+$ expr können in Java in der Kurzform `v += expr` geschrieben werden. Genauer gesagt gibt es in Java also für jeden binären Operator ∘ einen entsprechenden kombinierenden Zuweisungsoperator ∘=, so daß `v ∘= expr` denselben Wert und Effekt hat wie `v = v ∘ expr`. Allerdings wird in `v ∘= expr` der Wert von v nur ein einziges Mal bestimmt, im Gegensatz zu `v = v ∘ expr`, wo dies zweimal geschieht. Falls v selbst durch einen Ausdruck A_v bestimmt wird (wie bei Array-Zugriffen) und dieser Ausdruck bei der Auswertung Seiteneffekte hat, kann es hierbei zu Unterschieden zwischen beiden Formen kommen; dies sind aber eher pathologische Fälle.

6.7.2 Arithmetische Operatoren

Für die elementaren Zahltypen sind jeweils die unären Operationen + und –, sowie die binären Operationen +, –, *, / und % (Rest der Division) definiert. Auf den Ganzzahltypen ist / die Ganzzahldivision, und auf den Gleitkommatypen existiert im Gegensatz zu C/C++ ebenfalls die *modulo* Operation %.

Weiterhin sind die üblichen Vergleichsoperationen und die Inkrement- und Dekrement-Operatoren (++ und ––) in Präfix- und Postfixform definiert, letztere auch für die Gleitkommatypen. Nur für die Ganzzahltypen gibt es die Schiebeoperatoren sowie die bitweisen Operatoren. Siehe hierzu Abschnitt 6.7.

Für die elementaren Zahltypen stehen die gewöhnlichen arithmetischen Operatoren +, −, ∗, / zur Verfügung. Für die Ganzzahltypen bedeutet / ganzzahlige Division; deren Rest kann mittels des *modulo* Operators % ermittelt werden. Auf Gleitkommawerten liefert % analoge Ergebnisse; `7%2.5` ist z. B. `2.0`.

Java kennt außerdem die Inkrement- und Dekrement-Operatoren ++ und –– in Präfix- und Postfixform. Der Wert des Ausdrucks `i--` (bzw. `i++`) ist der Wert der Variablen `i`, und als Seiteneffekt wird der Wert von `i` um Eins erniedrigt (bzw. erhöht). Der Wert des Ausdrucks `--i` (bzw. `++i`) ist der Wert von `i−1` (bzw. `i+1`), und als Seiteneffekt wird der Wert von `i` um Eins erniedrigt (bzw. erhöht). Anders ausgedrückt geschieht der Seiteneffekt der Präfixform logisch vor der Rückgabe des Variablenwertes, der der Postfixform danach.

Die Operatoren wie += und ++ wurden in C eingeführt, um spezielle Instruktionen von CISC Prozessoren ausnützen zu können. Ob sie zu einem Geschwindigkeitsgewinn führen, hängt vom Prozessor und dem Übersetzer ab. Bei „normalen" Programmen wird man keinen Unterschied spüren, besonders bei interpretierter Ausführung. Anders ist dies bei Gleitkommarechnung in mehrfach geschachtelten Schleifen in Verbindung mit JIT Compilierung. Im Extremfall kann eine Verwendung dazu führen, daß der Übersetzer eine Hilfsvariable spart, die in keinem Register mehr Platz gehabt hätte.

In jedem Fall ist der Gebrauch der Kurzformen inzwischen z. T. idiomatisch geworden, d. h. Ausdrücke wie i++ sind Teil gewisser Programmiermuster (oder -Idiome), die ein C, C++ oder Java Programmierer automatisch anwendet und versteht. Es hat sich z. B. eingebürgert, die Postfixform i++ als kanonische Inkrementform zu benutzen; man schreibt also immer i++; statt der gleichwertigen Anweisungen i += 1; oder i = i+1;. Wir werden weitere solche Idiome im Zusammenhang mit Schleifenkonstrukten und Reihungen kennenlernen.

6.7.3 Boolesche Operatoren

In Java wird der Typ boolean mit den Booleschen Literalen true und false zur Verfügung gestellt (in C und in frühen Versionen von C++ benutzt man stattdessen 0 für false und Werte ungleich 0 für true).

Als **logische Operatoren** existieren

&	logisches UND ($\wedge$)
|	logisches ODER ($\vee$)
^	logisches EXKLUSIVES ODER (XOR)
!	logische Negation ($\neg$)
&&	bedingtes logisches UND ($\wedge$)
||	bedingtes logisches ODER ($\vee$)

Beispiel 6.7.2. Die Formel $a \wedge b \vee c$ kann in Java als (a && b || c) oder als (a & b | c) mit Booleschen Variablen a, b, c geschrieben werden.

Die Formel $a \Rightarrow b$ hat in Java kein direktes Gegenstück. $a \Rightarrow b$ ist aber äquivalent zu $\neg a \vee b$, was als (!a || b) ausgedrückt werden kann.   ❖

Die Operatoren && und || heißen auch **bedingte logische Operatoren**, da sie ihren rechten Operanden nur dann auswerten, falls dies wirklich nötig ist (faule Auswertung, *lazy evaluation*). In ((b = false) && (c = true)) wird also die Zuweisung c = true nicht ausgeführt, da der Wert der Zuweisung b = false wieder false ist und damit der Wert des Gesamtausdrucks schon als false feststeht. Im Gegensatz dazu evaluieren die symmetrischen binären Operatoren &, |, ^ jeweils *beide* Operanden. Man beachte, daß diese Operatorsymbole überladen sind und auch Operationen auf Bitmustern bezeichnen können (s.u.).

Boolesche Werte werden sehr oft durch Vergleiche von Werten anderer Typen erzeugt. In Java gibt es wie üblich die sinnvollen Vergleichsoperatoren für die gängigen Datentypen:

>   größer
>=   größer oder gleich
<   kleiner
<=   kleiner oder gleich
==   gleich
!=   ungleich

Sie alle liefern Boolesche Werte, die wieder in Boolesche Operationen eingehen können.

Beispiel 6.7.3. `(x%2 == 0)` liefert `true`, falls ein ganzzahliges `x` geradzahlig ist, und `false` sonst.

`((a >= b) || (a <= b)) && (a !=a )` evaluiert zu `false`.   ❖

In Java (wie in C/C++) führt die Verwechslung des Gleichheitsoperators == mit dem Zuweisungsoperator = zu einem beliebten und schwer zu findenden Programmierfehler. Hat man eine Variable `boolean a = false;` so evaluiert nämlich der Ausdruck `(a = true)` zu `true`, da dies der Wert der Zuweisung ist. Es hat sich daher eingebürgert, keine Vergleichsoperatoren auf Boolesche Werte anzuwenden. Man schreibt also `(a && !b)` statt `(a == true && b == false)`.

6.7.4 Bitmuster

Jeder Wert eines Ganzzahltyps kann auch als Bitmuster angesehen werden. Zur Manipulation dieser Bitmuster stehen logische Operatoren und Schiebeoperatoren zur Verfügung. Die **bitweisen** (*bitwise*) **logischen Operatoren**

a & b   bitweises UND
a | b   bitweises ODER
a ^ b   bitweises EXKLUSIV-ODER
~ a   bitweises KOMPLEMENT

wenden die jeweilige Operation simultan auf jedes Bit der Bitmuster an und liefern ein neues Bitmuster als Wert.

Beispiel 6.7.4.

x	y	x & y	x | y	x ^ y	~ x	~ y
1010	1100	1000	1110	0110	0101	0011

  ❖

Manchmal möchte man nur bestimmte Teile eines Bitmusters herauslesen. Hierzu benutzt man ein Bitmuster als **Maske** (*mask*), das an den entsprechenden Stellen die Bits 1 hat und sonst 0. Dann liefert der Ausdruck `(Maske & x)` das Bitmuster, das in den **ausmaskierten** Teilen 0 ist und ansonsten gleich wie x. Im obigen Beispiel maskiert y die niederen 2 Bits von x aus in `(x & y)`.

Die folgenden **Schiebe-Operatoren** (*shift operators*) verschieben das Bitmuster innerhalb eines Ganzzahlwertes:

x << n schiebt die Bits in x um n Stellen nach links und füllt rechts Nullen auf.

x >> n schiebt die Bits in x um n Stellen nach rechts und füllt links mit dem Vorzeichenbit auf (*arithmetic shift*).

x >>> n schiebt die Bits in x um n Stellen nach rechts und füllt links mit Nullen auf (*logical shift*).

Die jeweils herausgeschobenen Bits werden einfach fallengelassen. x << n und x >> n entsprechen einer Multiplikation mit 2^n (bzw. Division durch 2^n). Der arithmetische Shift dient zur Bewahrung des Vorzeichens bei Divisionen einer negativen Zahl. Man beachte, daß $(-1 >> 1) == -1$, wogegen $(-1/2) == 0$.

Der Ergebnistyp einer Schiebeoperation ist der Typ des linken (zu verschiebenden) Operanden. Der rechte Operand, der ganzzahlig sein muß, ist der **Schiebezähler** (*shift count*). Für den Schiebezähler ist nur ein nicht-negativer Wert sinnvoll, der kleiner ist als die Anzahl n_t der Bits im Typ des zu verschiebenden Wertes. Um dies sicherzustellen, wird der angegebene Schiebezähler maskiert mit dem Bitmuster $(n_t - 1)$. Ist der zu schiebende Wert also vom Typ int, so wird mit 31 (d. h. mit 0x1f) maskiert. Dies hat den Effekt, daß der Schiebezähler modulo 2^{n_t} reduziert und als positive Zahl interpretiert wird (das Vorzeichenbit wird ausmaskiert).

Beispiel 6.7.5. Sei int x der zu verschiebende Wert. Für x << 40 wird 40 reduziert modulo 32, also ist $(x$ << 40) äquivalent zu x << 8. Auf Bitebene sieht die Reduktion wie folgt aus:

$40_{10} = 101000_2, 31_{10} = 011111_2, (40 \text{ \& } 31) = 01000_2 = 8_{10}$.

Für $(x$ << -30) erhalten wir $-30 \equiv 2 \pmod{32}$, also ist $(x$ << -30) äquivalent zu x << 2. Oder auf Bitebene:

$30_{10} = 011110_2, -30_{10} = 100010_2, (-30 \text{ \& } 31) = 10_2 = 2_{10}$ ❖

6.7.5 Ausdrücke

In Analogie zu mathematischen Termen kennen Programmiersprachen **Ausdrücke** (*expressions*) zur Repräsentation von Werten. Der Programmierer kann damit mathematische Formeln (wie z. B. sin(x)*sin(2*x)) direkt im Programm verwenden; der Übersetzer erzeugt dann automatisch die Codesequenz zum Auswerten des Ausdrucks (diese entspricht in etwa den Befehlen, die man in einem einfachen Taschenrechner ohne Klammerfunktion eingeben müsste). FORTRAN (*Formula Translator*) war Ende der 50er Jahre die erste Programmiersprache mit dieser Fähigkeit.

Ausdrücke setzen sich aus Literalen, Konstanten-, Variablen-, Funktions- und Operatorsymbolen sowie Klammern als Hilfszeichen zusammen. **Literale** sind von der Programmiersprache vorgegebene Bezeichner für Werte, wie z.B. 1.0f für den Wert 1 vom Typ float oder 0xFF für ein bestimmtes Bitmuster vom Typ int. **Konstanten-** und **Variablensymbole** sind dagegen vom Programmierer frei gewählte andere Bezeichner für feste und für veränderliche Größen. (final int eins = 1; führt den Bezeichner eins für den Wert 1 vom Typ int ein.) **Funktionssymbole** bezeichnen programmiersprachliche Funktionen (vgl.

Abschnitt 6.9), die anderswo ausprogrammiert sind, wie z. B. `sin`, `cos`. **Operatoren** bezeichnen spezielle in die Programmiersprache „eingebaute" Funktionen (wie z. B. `+`, `-`), die dadurch gegebenenfalls komfortabler geschrieben werden können (`1+2` statt `+(1,2)`). Folgende Operatorschreibweisen sind gebräuchlich:

- **Präfix**: vorangestellt, z.B. unäres Minus `-1`.
- **Postfix**: nachgestellt, z.b. Postinkrement `1++`, math. Ableitungsoperator f'.
- **Infix**: in die Mitte gestellt, z.B. `1+2`.
- **Roundfix**: drumherumgestellt, z.b. ein Klammernpaar als Operator aufgefaßt: `(1+2)`.
- **Mixfix**: in allgemeiner Form, z.b. unbestimmtes Integral $\int f(x,y)\mathrm{d}x$ bestehend aus den Bestandteilen „$\int$" und „d" des Operators.

Ausdrücke müssen zunächst korrekt geschrieben werden (z.b. ist `1+-*2` offensichtlich nicht korrekt), sie müssen also syntaktisch korrekt sein. Man spricht hier auch von **wohlgeformten Ausdrücken** (*well formed expressions*). Danach müssen Ausdrücke zu dem Wert evaluiert werden können, den sie bezeichnen sollen. Dies ist die Frage der Semantik, also der Bedeutung des Ausdrucks. Die Fragen von Syntax und Semantik sind für Programmiersprachen insgesamt von großer Bedeutung, sie können anhand von Ausdrücken aber besonders einfach verdeutlicht werden.

6.7.6 Syntax von Ausdrücken

Um mit einem endlichen Vorrat von Symbolen unendlich viele mögliche Ausdrücke bezeichnen zu können, geben wir eine rekursive Definition syntaktisch korrekter Ausdrücke.

1. Jedes Literal, jede Konstante und jede Variable ist ein Ausdruck vom entsprechenden Typ.
2. Ist $f : T_1 \times \ldots \times T_n \to T$ eine Funktion, und sind $A_1, \ldots, A_n$ Ausdrücke jeweils vom Typ $T_1, \ldots, T_n$, so ist $f(A_1, \ldots, A_n)$ ein Ausdruck vom Typ T.
3. Sei $\circ$ ein binärer Operator in Infixschreibweise vom Typ $T_1 \times T_2 \to T$ und seien A_1 und A_2 Ausdrücke jeweils vom Typ T_1 und T_2. Dann ist $A_1 \circ A_2$ ein Ausdruck vom Typ T. Entsprechendes gilt für Operatoren anderer Stelligkeit und Schreibweise. Insbesondere ist (A) ein Ausdruck vom gleichen Typ wie A.

6.7.7 Präzedenz von Operatoren

Die besondere Schreibweise, die bei eingebauten Operatoren möglich ist, kann zu mehrdeutigen Ausdrücken führen. `1+2*3` könnte syntaktisch (gemäß den Regeln 1 bis 3 für die Konstruktion von Ausdrücken) sowohl als Ausdruck `(1+2)*3` als auch als `1+(2*3)` gelesen werden. Damit die Semantik aber eindeutig wird, brauchen wir eindeutige Lesbarkeit. Um dies zu erreichen, mißt man jedem Operator zunächst eine **Bindungskraft** (auch Vorrang, **Präzedenz**, *precedence*) einer gewissen Stufe bei. Wir sagen „`*` bindet stärker als `+`" und meinen damit, daß der Ausdruck als `1+(2*3)` gelesen werden soll. Die Präzedenzen der Java-Operatoren sind in Tabelle 6.2 aufgeführt.

Mehrere Vorkommnisse von Operatoren gleicher Präzedenz (z.B. `1+2+3` oder `x=y=1`) werden durch Angabe der **Assoziativität** (*associativity*) eindeutig lesbar. Alle binären Operatoren sind links-assoziativ, außer den Zuweisungsoperatoren, die rechts-assoziativ sind. `1+2+3` steht also für `(1+2)+3`, und `x=y=1` steht für `x=(y=1)`. Auch bei assoziativen mathematischen Operatoren wie `+` ist die eindeutige Lesbarkeit des programmiersprachlichen Ausdrucks wichtig. In `f(1)+g(2)+h(3)` könnten die Funktionen `f`, `g` und `h` nämlich Seiteneffekte auslösen (wie z.B. Ausgaben am Bildschirm), die von der Reihenfolge des Ausführung abhängig sein könnten. In Java ist daher strikte Evaluation von links nach rechts festgelegt.

Die Entwickler von Programmiersprachen wählen die Operator-Präzedenzen im allgemeinen so, daß sich keine Überraschungen in der Semantik ergeben. Trotzdem sollte man bei Verwendung von weniger gebräuchlichen Operatoren die intendierte Semantik durch Klammerung eindeutig festlegen. Solche Semantik-Fehler sind nämlich sehr schwer zu finden, da das Programm syntaktisch korrekt ist und man beim Korrekturlesen den Fehler immer wieder überliest.

Beispiel 6.7.6. Der Ausdruck (`a & b == b & c`) hat die Bedeutung von (`a & (b==b))& c`, da `==` stärker bindet als symmetrisches UND `&`.   ❖

Tab. 6.2. Präzedenzen von Java-Operatoren

Die Reihenfolge ist von großer Präzedenz absteigend zu kleiner Präzedenz angegeben. Operatoren gleicher Stufe stehen in einer Zeile.

Postfix Operatoren	`[] . (params) expr++ expr--`
Unäre Operatoren	`++expr --expr +expr -expr ~ !`
Erzeugung und Anpassung	`new (type) expr`
Multiplikative Op.	`* / %`
Additive Op.	`+ -`
Schiebe-Op.	`<< >> >>>`
Relationale Op.	`< > >= <= instanceof`
Gleichheits-Op.	`== !=`
Bitweises und log. UND	`&`
Bitweises und log. XOR	`∧`
Bitweises und log. ODER	`|`
Bedingtes logisches UND	`&&`
Bedingtes logisches ODER	`||`
Bedingung	`?:`
Zuweisungs-Operator	`= += -= *= /= %= >>= <<= >>>=`
	`&= ∧= |=`

6.7.8 Semantik von Ausdrücken

Um programmiersprachlichen Konstrukten wie Ausdrücken eine Semantik geben zu können, gibt es in der Informatik verschiedene Vorgehensweisen. Zum einen symbolisiert jeder Ausdruck eine Berechnungsvorschrift. Auf der Ebene eines abstrakten Maschinenmodells sind die Berechnungsvorschriften durch Folgen von Zustandsübergängen gegeben. Das Ergebnis der Berechnungsvorschrift – falls diese terminiert – ergibt dann den **Wert** (*value*) des Ausdrucks. Man spricht hier auch von einer **operationellen Semantik**. Eine Abbildung von der Menge der Ausdrücke in eine Menge von Werten kann aber auch ohne Rückgriff auf ein abstraktes Maschinenmodell erfolgen. Anhand von Ausdrücken können wir relativ einfach demonstrieren, wie man eine semantische Abbildung $\mu : A \to W$ von der Menge der Ausdrücke in eine Menge der Werte bekommt. Hierzu muß zunächst festgelegt werden, was eine geeignete Menge von Werten ist, die **semantischer Bereich** genannt wird. Eine Semantik, die durch Angabe einer Funktion aus der Menge der programmiersprachlichen Konstrukte in einen semantischen Bereich festgelegt wird, bezeichnet man auch als **denotationelle Semantik**.

Als semantischen Bereich W wählen wir die Menge der Bitmuster – bei Ausdrücken in Java können wir uns auf solche der Länge 8, 16, 32 und 64 beschränken. Zur Definition einer semantischen Abbildung folgt man der rekursiven Definition der Syntax von Ausdrücken. Da Ausdrücke aus Literalen, Konstanten-, Variablen-, Funktions- und Operatorsymbolen bestehen, müssen wir zunächst diesen Symbolen individuell je einen Wert (also eine Bedeutung) geben. Der Wert des gesamten Ausdrucks ergibt sich dann wieder gemäß einer rekursiven Vorschrift aus den Werten der enthaltenen Symbole.

Literale bezeichnen ihre Werte unmittelbar. Der Wert von 'a' ist z. B. das Bitmuster der Länge 16 für 'a' in Unicode, der Wert von 1.0f ist das Bitmuster der Länge 32 für die Gleitkommazahl 1 in einfach genauer Darstellung.

Statt der Menge der Bitmuster hätten wir auch eine andere Menge als semantischen Bereich nehmen können, wie etwa die Vereinigung der Menge $\mathbb{Z}$ der ganzen Zahlen und der Menge $\mathbb{R}$ der reellen Zahlen mit der abstrakten Menge von Unicode-Zeichen sowie einer Menge $\{+\infty, -\infty, \mathrm{NaN}\}$, die die speziellen Werte von Gleitkommazahlen repräsentieren soll.

Der Wert einer Konstanten ist der Wert, der ihr bei ihrer Definition zugewiesen wurde. Dieser Wert hängt also vom Programm ab, ist darin aber fix. Der Wert einer Variablen ist der in ihrem Werteteil gespeicherte Wert. Der Wert einer Variablen kann sich also zur Laufzeit ändern – daher der Name. Deshalb benötigen wir zur formalen Festlegung der Semantik von Variablen noch das Konzept der Variablenbelegung. Eine Variablenbelegung vb ist eine Funktion von der Menge aller Variablennamen in die Menge der Werte W. Die Menge aller Variablenbelegunen wollen wir hier kurz mit B bezeichnen. Im Falle von Ausdrücken, die den Wert von Variablenbelegungen nicht ändern, liefert eine Variablenbelegung den Wert der Variablen, die in dem Ausdruck vorkommen.

Der Wert eines Funktions- oder Operatorsymbols soll die durch das Symbol bezeichnete Funktion sein, also bei einem n-stelligen Funktions- bzw. Operationssymbol eine Funktion $W^n \to W$. So bezeichne z. B. JavaplusintImpl die zweistellige Funktion auf der Menge der Bitmuster der Länge 32, deren Werte sich aus der Addition von Zahlen modulo 2^{32} ergeben.

In einer Programmiersprache sind Funktionen alle durch Berechnungsvorschriften (also Unterprogramme, siehe Abschnitt 6.9) gegeben. Bei Operatoren der Sprache (wie +,-) sind die Funktionen durch die Sprache fixiert. Funktionsaufrufe können aber von Programm zu Programm jeweils verschiedene Funktionen bezeichnen, die durch unterschiedlichen Programmcode gegeben sind.

Die Zuordnung von Symbol zu Funktion kann dadurch vorgenommen werden, daß man den Text eines Unterprogramms angibt (vgl. Abschnitt 6.9), oder indem man ein Unterprogramm aus einer Bibliothek an das Symbol **bindet** (*link*).

Je nach gebundener Bibliothek kann ein Symbol f im selben Programm also durchaus verschiedene Funktionen bezeichnen. In Java sind Namen aber durch Angabe der Bibliothek voll **qualifiziert** (*qualified*), so daß dieses Problem in Java nicht auftritt.

Wie in der Mathematik können Funktions- oder Operatorsymbole in Java auch **überladen** sein (*overloading*), d. h. sie bezeichnen je nach dem Typ der Argumente verschiedene Funktionen. ("a"+"b" bezeichnet Konkatenation von Zeichenreihen, 1+2 die Addition von Ganzzahlen; außerdem bezeichnen die Symbole für die bitweise logischen Operatoren auch Boolesche Operatoren.) Allerdings kann man in Java nur für Funktionsnamen, nicht aber für Operatorsymbole neue Überladungen definieren, wohingegen in C++ beides möglich ist.

Die Zuordnung einer Semantik zu Funktionssysmbolen über den zugrundeliegenden Programmcode erfordert, daß allen programmiersprachlichen Konstrukten eine Semantik gegeben ist. Dabei ist zu berücksichtigen, daß nicht alle Berechnungsvorschriften terminieren. Im allgemeinen Fall wird daher der semantische Bereich um ein neues Symbol erweitert, um die semantische Abbildung auch für nicht-terminierende Programme bzw. partielle Funktionen angeben zu können. Dieses zusätzliche Symbol wird häufig mit $\perp$ bezeichnet, und der Wert der semantischen Abbildung für ein nicht-terminierendes Programm wird auf $\perp$ gesetzt.

Eine weitere Schwierigkeit sind mögliche Seiteneffekte, wie etwa die Änderung von Variablenbelegungen. Zunächst betrachten wir nur Operatoren und Funktionen, die keine Seiteneffekte auf die Variablenbelegung haben.

Durch obige Festlegung der Bedeutung von Symbolen haben wir semantische „Saatfunktionen" $\mu_L, \mu_K, \mu_V, \mu_F$ und μ_O definiert. Die semantische Funktion $\mu : A \to W$ von der Menge der Ausdrücke in die Menge der Werte bekommen wir nun durch eine rekursive Definition über (eindeutig lesbare!) Ausdrücke. Sei a ein Ausdruck.

– Falls a ein Literal ist, so ist $\mu(a) = \mu_L(a)$.
– Falls a eine Konstante ist, so ist $\mu(a) = \mu_K(a)$.
– Falls a eine Variable ist, so ist $\mu(a) = \mu_V(a)$.
– Falls a ein Ausdruck von der Art $f(A_1, \ldots, A_n)$ vom Typ T ist und $\mu_F(f)$ eine Funktion vom Typ $T_1 \times \ldots \times T_n \to T$, wobei jedes A_i vom Typ T_i ist, so ist
$\mu(a) = \mu(f(A_1, \ldots, A_n)) = \mu_F(f)(\mu(A_1), \ldots \mu(A_n))$.
– Falls a einen Ausdruck des Typs T von der Art $A_1 \circ A_2$ bezeichnet und $\mu_O(\circ)$ eine Funktion vom Typ $T_1 \times T_2 \to T$, wobei jedes A_i vom Typ T_i ist, so ist
$\mu(a) = \mu(A_1 \circ A_2) = \mu_O(\circ)(\mu(A_1), \mu(A_2))$.

Beispiel 6.7.7.   1. `1+2+3` bezeichnet den Ausdruck `(1+2)+3`. Dabei sind `1`, `2` und `3` Literale, die die jeweiligen Werte vom Typ `int` bezeichnen, d. h. die entsprechenden Bitmuster der Länge 32. Der Operator `+` ist überladen und bezeichnet die Additionsfunktion „Javaplusint" auf `int`, d. h. $\mu(+) = \mu(\text{Javaplusint})$. Die Semantik $\mu(\text{Javaplusint})$ der Additionsfunktion ist die implementierte Additionsfunktion JavaplusintImpl auf `int`. Also

$$
\begin{aligned}
\mu(1 + 2 + 3) &= \mu(\text{Javaplusint})(\mu(1 + 2), \mu(3)) \\
&= \mu(\text{Javaplusint})(\mu(\text{Javaplusint})(\mu_L(1), \mu_L(2)), \mu_L(3)) \\
&= \text{JavaplusintImpl}(\text{JavaplusintImpl}(\mu_L(1), \mu_L(2)), \mu_L(3)) \\
&= \mu_L(6) \, .
\end{aligned}
$$

Um μ_L zu verstehen, kann man sich einfach vorstellen, daß μ_L dem Zahlbezeichner das jeweilige Bitmuster zuordnet, auf dem JavaplusintImpl operieren kann. Der Einfachheit halber bezeichnen wir $\mu_L(l)$ einfach wieder mit l.

2. `1.0` hat als Wert die Zahl 1 vom Typ `double`, `1.0f` hat als Wert die Zahl 1 vom Typ `float`. Wir wissen, daß $\mu_L(\texttt{1.0})$ und $\mu_L(\texttt{1.0f})$ völlig verschiedene Bitmuster darstellen. Entsprechend ist

$$
\begin{aligned}
\mu(1.0 + 2.0) &= \text{JavaplusdoubleImpl}(\mu_L(1.0), \mu_L(2.0)) \\
\mu(1.0f + 2.0f) &= \text{JavaplusfloatImpl}(\mu_L(1.0f), \mu_L(2.0f)) .
\end{aligned}
$$

❖

An der rekursiven Definition der semantischen Funktion $\mu : A \to W$ ändert sich nichts, wenn wir einen anderen semantischen Bereich betrachten, z. B. die oben genannten abstrakten mathematischen Zahlbereiche statt der Bitmuster. Lediglich die Saatfunktionen sind entsprechend anzupassen.

Semantik von Ausdrücken mit Seiteneffekten.   Der Zuweisungsoperator `=` bildet einen Sonderfall, da dieser den Wert der Variablen auf der linken Seite i. a. ändert. Um diesen **Seiteneffekt** (side effect) in einer formalen Semantik fassen zu können, müssen wir unsere semantische Abbildung erweitern. Diese muß die Auswirkungen auf die Variablenbelegung berücksichtigen, daher benötigen wir eine Variante der zuvor betrachteten semantischen Abbildung $\bar{\mu} : A \times B \to W \times B$.

Wenn B eine Variablenbelegung ist, bei der die Variable x den Wert $v_{x_{\text{alt}}}$ besitzt, d.h. $(\text{x}, v_{x_{\text{alt}}}) \in B$, dann definieren wir durch

$$
B_{[\text{x} \leftarrow v_{x_{\text{neu}}}]} := \{(\text{x}, v_{x_{\text{neu}}})\} \cup B \setminus \{(\text{x}, v_{x_{\text{alt}}})\}
$$

sowie für beliebiges $w \in W$ durch

$$
(w, B)_{[\text{x} \leftarrow v_{x_{\text{neu}}}]} := (w, B_{[\text{x} \leftarrow v_{x_{\text{neu}}}]})
$$

Änderungen des Wertes einer Variablen x durch einen neuen Wert $v_{x_{\text{neu}}}$.

Mit diesen Vorüberlegungen können wir für den Zuweisungsoperator die semantische Saatfunktion $\tilde{\mu}_0(=) : A \times B \to W \times B$ wie folgt definieren:

$$\tilde{\mu}(\mathtt{x}=a, B) = \tilde{\mu}(a)_{[\mathtt{x} \leftarrow \tilde{\mu}(a)]}$$

Die Fortsetzung der schon oben besprochenen semantischen Saatfunktionen für Literale, Konstanten, Variablen, sowie Funktionen und Operatoren ohne Seiteneffekte zu Abbildungen der Art $A \times B \to W \times B$ geschieht dadurch, daß auf der Menge der Variablenbelegungen B einfach die Identität id_B verwendet wird. So ist z.B. $\tilde{\mu}_L = \mu_L \times \mathrm{id}_B$.

Beispiel 6.7.8. Nach `final int zwei=3;` `int x, y;` `x=7;` hat der Ausdruck `x-zwei` den Wert 4. Nach `x=8;` hat der Ausdruck `x-zwei` den Wert 5 und der Ausdruck `y=x=x-zwei` hat ebenfalls den Wert 5.   ❖

Andere Operatoren mit Seiteneffekten sind neben den Zuweisungsoperatoren die Inkrement- bzw. Dekrement-Operatoren `++` und `--`. Eine Unterscheidung zwischen der Präfixform und der Postfixform ergibt sich nur im Zusammenhang mit dem Zugriff auf Arrays. Die oben gegebene formale Semantik für Ausdrücke spart Arrays aus. Die notwendigen Modifikationen an den semantischen Abbildungen, um Arrays behandeln zu können, sollen in diesem einführenden Lehrbuch nicht mehr gegeben werden.

6.7.9 Bedingte Ausdrücke

Der **Bedingungsoperator** (*conditional operator*)
$$?:$$
wertet einen von zwei alternativen Ausdrücken aus – je nach dem Wert einer Booleschen Bedingung. `?:` ist ein ternärer (dreistelliger) Operator in Infix-Schreibweise. Zum Beispiel läßt sich hiermit der mathematische Ausdruck $|x|$ für den Betrag einer ganzzahligen Größe x wie folgt repräsentieren:

$$(\mathtt{x} \ \mathtt{>=} \ \mathtt{0} \ \mathtt{?} \ \mathtt{x} \ \mathtt{:} \ \mathtt{-x}).$$

Die mathematische Formel $y := |x|$ läßt sich damit in Java als `y = (x >= 0 ? x : -x);` übersetzen. Natürlich können als Operanden wieder allgemeine Ausdrücke (korrekten Typs) vorkommen, die also auch wieder `?:` Operatoren enthalten können.

Beispiel 6.7.9. `a && b` ist äquivalent zu `(a ? b : false)`.

`a || b` ist äquivalent zu `(a ? true : b)`.

`a && b && c` ist äquivalent zu `((a ? b : false) ? c : false)`.

6.7.10 Typkonversionen

Bisher sind wir davon ausgegangen, daß alle Ausdrücke ganz genau typkorrekt aufgebaut sind. Wenn ein Operator oder eine Funktion ein Argument a vom Typ T verlangt hat, so haben wir auch lediglich Ausdrücke vom Typ T für a eingesetzt. Dies ist das Grundprinzip stark typisierter Sprachen (*strongly typed languages*) wie Java: alle Ausdrücke haben (genau) einen Typ und sind typkorrekt aufgebaut. Allerdings ist diese Regel in dieser strengsten Form zu hinderlich.

Beispiel 6.7.10. Sei `int x = 2; long y;` Der Ausdruck `y = x` ist im strengsten Sinn nicht typkorrekt.   ❖

Man möchte zumindest dort eine automatische Typanpassung haben, wo dies wie im obigen Beispiel völlig problemlos geschehen kann. Dies ist immer dann der Fall, wenn (wie bei `int` und `long`) ein Typ S ein Untertyp (*subtype*) eines (Ober-)Typs (*supertype*) T ist. In diesem Fall ($S \subseteq T$) kann jeder Wert vom Typ S auch als Wert vom Typ T verwendet werden. Dieses Prinzip werden wir bei Klassentypen noch ausführlich diskutieren. Dort ist jede abgeleitete Klasse von einem Untertyp der Basisklasse – z.B. ist ein Ventil ein spezielles Gerät und kann ohne jede Änderung überall dort eingesetzt werden, wo ein Gerät verlangt ist.

Im Bereich der elementaren numerischen Typen in Java wird S als Subtyp von T angesehen, falls der Wertebereich (*range*) von T größer ist als der von S. Ein numerischer Wert vom Typ S kann dann überall eingesetzt werden, wo ein T verlangt wird. Im Bereich der Ganzzahltypen ist offensichtlich `byte` $\subseteq$ `short` $\subseteq$ `int` $\subseteq$ `long`. Außerdem erlaubt man die Benutzung eines `char` als Ganzzahl. Im Bereich der Gleitkommazahlen gilt `float` $\subseteq$ `double`. Aufgrund der Wertebereichsregel gilt auch `long` $\subseteq$ `float`, obwohl `float` eine geringere Anzahl signifikanter Bits speichert als `long`, so daß bei der Typkonversion **Präzision** (*precision*) verloren gehen kann. Im numerischen Fall haben wir also nicht eine reine Subtypstruktur wie im Fall der Klassentypen, sondern es besteht nur eine Ähnlichkeit. Ein `int` ist auch nicht im engeren Sinn ein spezielles `long`, da ja 32 Bit in der Repräsentation fehlen. Allerdings ist es sinnvoll und nützlich, gegebenenfalls ein `int` zu einem `long` zu konvertieren, um einen Operator anwenden zu können. Wir sprechen dann von **Typ-Aufweitung** (*type promotion*).

Beispiel 6.7.11. Bei der Aufweitung eines `int` x zum Typ `long` müssen die fehlenden oberen Bits zu Nullen gesetzt werden, falls $x \geq 0$. Falls $x < 0$ müssen die oberen Bits zu Einsen gesetzt werden. Die unteren Bits bleiben gleich. Die Begründung für den Fall $x < 0$ ist die folgende: $\bar{x} = 2^{32} - |x|$ als `int`. Als `long` brauchen wir $\bar{\bar{x}} = 2^{64} - |x|$. $\bar{\bar{x}} - \bar{x} = 2^{64} - 2^{32} = 2^{64} - 1 - (2^{32} - 1)$. $2^{64} - 1$ ist ein Wort aus 64 Einsen, $2^{32} - 1$ ist ein Wort aus 32 Einsen, die Differenz ist also ein Wort, in dem die 32 höheren Bits aus Einsen und die 32 niederen Bits aus Nullen bestehen.   ❖

Die Typ-Aufweitung ist in Java (und anderen Sprachen) nötig, da die arithmetischen Operatoren nur für Argumente gleichen Typs vorhanden sind. Außerdem gibt es unmittelbar auf `byte`, `char` und `short` keine arithmetischen Operatoren, da die meisten Prozessoren Arithmetik nur auf `int`, `long`, `float` und `double` (jeweils für Werte gleichen Typs) unterstützen. Hat ein unärer arithmetischer Operator ein Argument vom Typ `byte`, `char` oder `short`, so wird dieses Argument mindestens zu `int` aufgeweitet. Für zweistellige arithmetische Operatoren gilt: Hat ein Operand den Typ `double`, dann wird der andere auf `double` aufgeweitet; andernfalls wird auf `float` aufgeweitet wenn ein Operand vom Typ `float` ist; andernfalls wird auf `long` aufgeweitet wenn ein Operand vom Typ `long` ist; andernfalls werden beide Operanden auf `int` aufgeweitet. Danach bezeichnet das Operatorsymbol die Operation des erweiterten Typs, und dies ist der Typ des Ausdrucks.

Insbesondere werden dadurch arithmetische Ausdrücke über `byte`, `char` und `short` immer in entsprechende Ausdrücke mit Ergebnistyp `int` umgewandelt (*integral promotion*). Eine Ausnahme wird lediglich bei Definitionen von Variablen vom Typ `byte` oder `short` gemacht, da diese Typen keine Literaldarstellung von Werten haben. Falls auf der rechten Seite der Anfangszuweisung ein Ausdruck steht, dessen Wert statisch bestimmt werden kann und klein genug ist, so wird auf die Aufweitung verzichtet und der gefragte Typ angenommen. Siehe dazu Abschnitt 6.6.2.

Beispiel 6.7.12. Der Typ von `1 + 1.0f` ist `float`; der Typ von `1 + 1.0` ist `double`; der Typ von `1L + 1.0f` ist `float`; der Typ von `1 + 1L` ist `long`.

Sei `byte a,b,c;` gegeben. Der Typ von `a + b` ist `int` ebenso wie der Typ von `-b`. Die Zuweisungen `a = -b;` und `c = a + b;` sind ungültig, da ein `int` nicht implizit zu einem `byte` verengt werden darf (um vor unbewußten Fehlern zu schützen). Gleichermaßen sind die Definitionen `byte d = a + b;` und `byte d = -b;` fehlerhaft.   ❖

Neben den impliziten Typkonversionen sind auch **explizite Typkonversionen** möglich. Hierzu gibt es den Konversionsoperator `( type ) expr`, der den Typ des Ausdrucks `expr` zu `type` umwandelt. Man spricht auch von **Typerzwingung** (*type coercion, type cast*).

Beispiel 6.7.13. `int x = (int) 1L;` Der Wert 1 vom Typ `long` wird zum Wert 1 vom Typ `int` umgewandelt.
`char z = (char) 127;` Der Wert 127 vom Typ `int` wird zu einem Zeichenwert umgewandelt (der das `DEL`-Zeichen repräsentiert).
`byte c = (byte) (a + b);` Der Ausdruck ist korrekt, da der Typ des Teilausdrucks `(a + b)` explizit von `int` zu `byte` umgewandelt wird (wodurch der Wert modulo 2^8 reduziert wird).   ❖

Nicht jede Typkonversion kann vom Programmierer erzwungen werden – z. B. ist die Konversion von `boolean` nach `int` nicht möglich. Allerdings kann man z. B. eine **Typverengung** in der arithmetischen Typhierarchie erzwingen (*down casting*). Bei Ganzzahltypen werden die wegfallenden höherwertigen Bits einfach ausmaskiert (z. B. von `int` nach `short`). Hierbei kann sich ein positiver zu einem negativen Wert wandeln, wenn das Vorzeichenbit des engeren Typs zu Eins gesetzt wird. Bei der Abwärts-Konversion von `double` zu `float` kann z. B. Präzision verloren gehen oder es kann eine *infinity* entstehen. Bei der Konversion von Gleit-kommatypen zu Ganzzahltypen entfallen die Nachkommastellen durch Rundung zur Null hin.

Beispiel 6.7.14.

    (byte) 128 ist -128.   (byte) 256 ist 0.
    (byte) 129 ist -127.   (byte) 257 ist 1.
    (byte) 127 ist 127.   (byte) 255 ist -1.
    (byte) -128 ist -128.   (byte) -13.5 ist -13.

❖

Typkonversionen bei geschachtelten Ausdrücken. Sind bei geschachtelten Aus-drücken Typanpassungen vorzunehmen, so geschieht dies rekursiv von „innen nach außen". Diese wohldefinierte Regel führt im Zusammenhang mit überladenen Ope-ratoren manchmal zu überraschenden Ergebnissen, da für den Menschen eine An-passung „von außen nach innen" oftmals „natürlicher" erscheint und programmier-sprachliche Ausdrücke entsprechend interpretiert werden.

Beispiel 6.7.15. Folgende Beispiele führen in Java und C++ zu den gleichen Ergeb-nissen.

1. Die Deklaration mit initialer Zuweisung
$$\texttt{double d=1/2;}$$
führt zu dem Ergebnis, daß d mit 0.0 initialisiert ist! Der Ausdruck
$$\texttt{1/2}$$
ist nämlich ohne Typanpassung interpretierbar, da der Operator / auch für zwei Argumente vom Typ int definiert ist. Für solche Argumente gibt er einen int-Wert zurück, der das Ergebnis der Ganzzahldivision der Argumente ist. Er evaluiert daher zu dem int-Wert 0. Durch eine automatische Typanpassung wird *danach* der int-Wert 0 zu dem double-Wert 0.0 umgewandelt.

2. Der Ausdruck
$$\texttt{0.8+1/2;}$$
evaluiert zu 0.8: Der double-Wert 0.8 muß zum Ergebnis von 1/2 hin-zuaddiert werden. Der Ausdruck 1/2 kann zunächst ohne Typanpassung zu dem int-Wert 0 evaluiert werden. Dieser int-Wert wird danach zu dem double-Wert 0.0 konvertiert. Dies geschieht, weil der Operator + die Signatur
$$\texttt{double} \times \texttt{double} \longrightarrow \texttt{double}$$
besitzt, eine automatische Typanpassung von int zu double vorgenommen werden kann (und + keine andere Signatur besitzt, die weniger Konversionen benötigt). Es wird also die Summe 0.8+0.0 berechnet.

3. Die Deklaration mit initialer Zuweisung
double d=1.0/2; führt zu dem Ergebnis, daß d mit 0.5 initialisiert ist. Der Operator / besitzt die Signaturen
$$\texttt{int} \times \texttt{int} \longrightarrow \texttt{int} \quad \text{und}$$
$$\texttt{double} \times \texttt{double} \longrightarrow \texttt{double} \quad .$$

Der `int`-Wert `2` muß also zunächst zu dem `double`-Wert `2.0` umgewandelt werden, was implizit geschieht. Der Ausdruck `1.0/2.0` evaluiert zu dem `double`-Wert `0.5`, mit dem `d` ohne weitere Typanpassung initialisiert wird.

4. Entspechend evaluiert der Ausdruck `(0.8+1.0/2)` zu `1.3`.

Ein formaler Rahmen, mit dem solche „problematischen" Fälle von „unproblematischen" unterschieden werden können, wird von Missura und Weber (1994) diskutiert. Dieser Rahmen liefert eine Unterscheidung zwischen überladenen Operatoren, die zu überraschenden Effekten wie in Beispiel 6.7.15 führen können (wie z.B. `/`), und solchen, bei denen diese Effekte nicht auftreten können (wie z.B. `+` oder `*`). Dort ist ebenfalls ein Algorithmus angegeben, der die „problematischen Fälle" bei verschachtelten Ausdrücken entdeckt.

6.8 Anweisungen

Eine **Anweisung** (*statement*) hat einen Effekt: sie instruiert den Computer, eine Berechnung vorzunehmen (*expression statement*), eine Variable oder Konstante einzurichten und zu initialisieren (*declaration statement*) oder eine Verzweigung oder Iteration im Programmfluß vorzunehmen (*control flow statement*). Eine Anweisung wird durch ein Semikolon „`;`" abgeschlossen. Eine Java Anweisung kann grundsätzlich auch leer sein. Die leere Anweisung besteht nur aus dem abschließenden Semikolon oder aus einem Paar geschweifter Klammern `{}`.

Ausdrucksanweisungen (*expression statement*) bestehen aus einem Ausdruck, der durch ein Semikolon abgeschlossen ist. Hier sind aber nur bestimmte Ausdrücke zugelassen: Zuweisungsausdrücke (mit =), Präfix- oder Postfixformen von `++` oder `--`, Methodenaufrufe und Objekterschaffungen mit `new`.

Beispiel 6.8.1. Das folgende sind Anweisungen:
```
i++;
int i=5;
x += 1;
System.out.print("hello");
Math.sin(Math.PI); // Die Methode sin aus Klasse Math
    // wird mit der Konstante PI aus Math aufgerufen
```

Die Kontrollflußanweisungen zerfallen in **Blöcke** (*block*), **Verzweigungen** (*branch*) und **Iterationen** (**Schleifen**, *loop*). Blöcke fassen durch Klammerung (`{}`) Anweisungssequenzen zu einer einzigen Anweisung zusammen. Verzweigungen veranlassen bedingte (`if`, `switch`) oder unbedingte (`break`, `continue`) Übergänge zu anderen Anweisungen im Kontrollfluß. Iterationen (`while`, `do while`, `for`) organisieren strukturierte Wiederholungen (Schleifen) im Kontrollfluß. Sie werden in den folgenden Abschnitten besprochen.

6.8.1 Blöcke, Gültigkeitsbereich und Lebensdauer

Eine Folge von Anweisungen kann zu einem **Block** (*block*) zusammengefaßt werden. Der Block gilt dann logisch als eine einzige Anweisung. In C/C++ und Java ist ein Block gegeben durch ein Paar { ... } geschweifte Klammern und den eingeschlossenen Programmtext. Dies entspricht einer begin ... end Sequenz in der ALGOL-Familie. Der Block {} stellt die leere Anweisung dar. Blöcke können beliebig **geschachtelt** (*nested*) vorkommen, also z. B. { . . . { . . . } . . . }. Wir sprechen von **Blockschachtelung** mit **äußeren** (*outer*) und **inneren** (*inner*) Blöcken und der **Blockschachtelungstiefe** eines Blocks.

Moderne Programmiersprachen erlauben in jedem Block die Deklaration von neuen Sprachobjekten (wie Variablen oder Klassen) durch Angabe eines **Namens** und eines Typs. Gleichzeitig beschränken sie die Gültigkeit eines Namens, so daß er **lokal** ist für den Block, in dem er deklariert wurde. Dies hat vor allem wieder den Zweck der Kapselung von Information. Deklaration und Gebrauch von Namen sollen nahe beisammen liegen, und die Deklaration eines Namens soll nicht den ganzen globalen Namensraum belasten (*namespace pollution*). Im allgemeinen können verschiedene Blöcke somit z. B. jeweils ihre eigene separate Variable i oder x haben, ohne sich gegenseitig abstimmen zu müssen (in Java gibt es eine Ausnahme, s.u.).

Grundsätzlich können wir auch den Rumpf einer Klasse als Block ansehen (vgl. Kap. 7). In diesem Block sind sowohl die Felder (Daten) der Klasse deklariert, als auch ihre Methoden (Funktionen). Auch ein Funktionsrumpf ist ein Block: dort sind lokale Variablen deklariert. Jede Programmiersprache trifft Einschränkungen, welche Sprachobjekte in welcher Art von Blöcken deklariert werden dürfen. In Pascal kann z. B. ein Funktionsrumpf wieder eine Funktionsdeklaration enthalten, in C++ und Java geht dies nur bei Klassenrümpfen, und in C können Funktionen nur im globalen Block auf der obersten Programmebene (entsprechend unserer Klasse Program) definiert werden.

In Java dürfen auch Klassenrümpfe und sogar Funktionsrümpfe und andere Blöcke wieder Klassendeklarationen enthalten (sog. *nested classes* oder *inner classes*). Funktionen können nur als Methoden von Klassen deklariert werden. Jeder Rumpf einer Klasse bildet einen Block, die Funktionsrümpfe sind darin geschachtelte Blöcke, und Schleifen bilden wieder neue Blöcke innerhalb von Funktionen.

Nun stellen sich zwei Hauptfragen, nämlich nach dem **Gültigkeitsbereich** für einen Namen und nach der **Lebensdauer** des bezeichneten Objekts. Ein Name für ein Sprachobjekt ist an einem Ort **gültig** (*valid*), wenn er dort tatsächlich dieses Objekt bezeichnet (und kein anderes). In der Folge konzentrieren wir uns auf den Fall von Variablen. Eine Variable, die in einem Block deklariert wurde, ist dort eine **lokale Variable**.

In C/C++ und Pascal ist der **Gültigkeitsbereich** (*scope*) eines zu Beginn eines Blockes deklarierten Namens der ganze Block, mit der Ausnahme etwaiger inneren Blöcke, die eine erneute Deklaration des Namens (für ein anderes Objekt) enthalten. (Je nach Programmiersprache kann es Ausnahmen geben, wenn man die Objekte am Typ unterscheiden kann.) In Java ist eine erneute Deklaration eines Namens in einem inneren Block verboten, da dies manchmal zu schwer auffindbaren Fehlern führt, wenn man den Überblick verliert, welche Deklaration gerade gilt. Allerdings ist in Java die erneute Deklaration eines Namens erlaubt, der schon ein Feld der umgebenden Klasse bezeichnet.

Beispiel 6.8.2. Folgender Code ist in C/C++ gültig, aber nicht in Java.

```
{ int x = 1;   // Deklaration 1
  int y;
  { int x=2;   // Deklaration 2
               // OK in C/C++, Fehler in Java
    y=x;       // Stelle 1
  }
  y=x;         // Stelle 2
}
```

Es gibt zwei verschiedene Blöcke mit zwei verschiedenen Variablen mit dem Bezeichner x. In C/C++ gilt folgendes: Das x im äußeren Block hat durchgängig den Wert 1 (z.B. an Stelle 2), das im inneren Block hat den Wert 2 (z.B. an Stelle 1). Das x aus Deklaration 1 ist im inneren Block nicht gültig. An Stelle 1 bezeichnet x die Variable aus Deklaration 2, an Stelle 2 bezeichnet x die Variable aus Deklaration 1.

In Java ist der Code nicht korrekt, da die Deklaration 2 das x aus Deklaration 1 verdeckt. ❖

Beispiel 6.8.3. Folgender Code ist sowohl in C/C++ als auch in Java korrekt. In Block 1.1 und Block 1.2 existieren (zu verschiedenen Zeiten) zwei verschiedene Variablen, die beide den Bezeichner y haben.

```
{ int x;       // Block 1
  {int y=1;    // Block 1.1
   x=y;
   // ...
  }
  {int y=2;    // Block 1.2
   // ...
} }
```
❖

Beispiel 6.8.4. In Beispiel 6.8.2 ist die Lebensdauer des x aus Deklaration 1 die Zeit vom Beginn des äußeren Blocks bis zum Ende des äußeren Blocks. In der Zeit vom Beginn des inneren Blocks bis zu seinem Ende lebt die Variable x aus Deklaration 1 weiter (ihr Wert 1 bleibt gespeichert), sie ist aber nicht sichtbar, da sie vom x aus Deklaration 2 versteckt wird. ❖

Bei Variablen ist nicht nur der Name lokal zum Block, in dem sie deklariert sind, sondern auch der Speicherplatz. Eine Variable lebt genau so lange, wie für sie Speicher reserviert ist. Die **Lebensdauer** (*lifetime*) einer in einem Block deklarierten Variablen ist die Zeit vom Eintreten des Kontrollflusses in den Block bis zum Austreten aus dem Block, einschließlich des Verweilens in inneren Blöcken.

Jedem Block entspricht ein Speicherbereich (**Rahmen**, *frame*) auf dem **Laufzeitstapel** (*run-time stack*), wo die Werte der lokalen Variablen abgelegt sind. Bei jedem Eintreten in den Block wird der zugehörige Rahmen zuoberst auf dem Laufzeitstapel **angelegt** (*allocate*). Er verbleibt dort solange, bis der Kontrollfluß den Block verläßt, worauf der Rahmen wieder entfernt wird. Jeder lokale Variablenname wird mit einer Adresse in diesem Speicherblock verbunden. Damit dies einfach geht ist jede Referenz einer lokalen Variablen bereits als **Versatz** (*offset*) relativ zu einer zur Übersetzungszeit noch unbestimmten Anfangsadresse angegeben. Für jeden neuen Block wird diese **Basisadresse** neu bestimmt und oft in einem **Basisadressregister** gespeichert.

Tritt der Kontrollfluß in einen inneren Block ein, so kommt der Rahmen des inneren Blockes im Stapel auf den Rahmen des äußeren zu liegen. Bei einem rekursiven Eintreten in denselben Block wird erneut ein Rahmen zuoberst auf den Stapel gelegt und jede Variable erfährt eine neue **Inkarnation**, indem ihr Name an einen neuen Speicherplatz gebunden wird (vgl. rekursive Prozeduren in Abschnitt 6.9.5). Das **Binden** (*linking*) einer Referenz an einen Namen kommt auch nach der Übersetzung vor, wenn die Startadressen von Bibliotheksfunktionen an die Namen von externen Funktionsaufrufen gebunden werden (sog. *external linking*).

Eine Variable, die auf dem Laufzeitstapel angelegt wird, heißt auch **dynamische Variable**, da ihre Speicherstelle erst zur Laufzeit bestimmt wird. Ihre **absolute Adresse** erhält man nur über eine **Adressrechnung** zur Laufzeit. In C gibt es auch **statische Variablen**, die zur Übersetzungszeit in einem festen globalen Speicherbereich angelegt werden und die daher keine Adressrechnung brauchen. Diese haben eine unbegrenzte Lebensdauer und behalten ihre Werte zwischen Prozeduraufrufen. Java verwendet die Begriffe „statisch" und „dynamisch" analog für Felder, die entweder nur eine absolute Adresse haben oder in jedem Objekt eine andere.

Der Laufzeitstapel[2] ist also als **Stapelspeicher** (*stack*) organisiert und pulsiert im Takt des Abarbeitens von Blöcken. Werte, die in einem inneren Block gespeichert sind, gehen nach Ende des Blocks verloren; sie können gerettet werden, indem sie noch im inneren Block an eine Variable eines äußeren Blocks zugewiesen werden. Die Verwendung des Laufzeitstapels und Prinzipien der Werteübergabe werden wir am Beispiel von Unterprogrammen (Prozeduren, Funktionen) noch ausführlich diskutieren (vgl. Abschnitt 6.9).

Beispiel 6.8.5. Bild des Laufzeitstapels beim Durchlaufen des Codes aus Beispiel 6.8.3. Es hat sich im Bereich der Systemprogrammierung eingebürgert, Stapelspeicher als *nach unten wachsend* zu zeichnen. Die Rahmen der inneren Blöcke werden unter den Rahmen des äußeren Blocks gezeichnet.

---

[2] Bauer und Samelson, die Erfinder dieses Prinzips, sprechen vom **Kellerspeicher** oder Laufzeitkeller. Im angelsächsischen Sprachgebrauch hat sich *stack* etabliert, vielleicht weil es in den U.S.A. praktisch keine engen Keller (*cellar*) gibt, aus denen das zuletzt eingekellerte Objekt immer zuerst wieder entfernt werden muß.

Zu Beginn von Block 1:

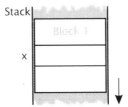

Zu Beginn von Block 1.1:

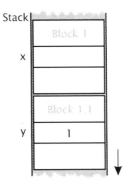

Nach Ende von Block 1.1. und vor Beginn von Block 1.2:

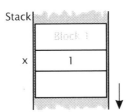

Zu Beginn von Block 1.2:

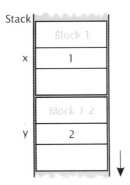

Der **Haldenspeicher** (**Halde**, *heap*), auf dem alle mit `new` erzeugten Klassenobjekte gespeichert werden, kennt dagegen keine Rahmen und pulsiert *nicht* im Takt der Abarbeitung von Blöcken. Das Objekt auf der Halde lebt weiter, auch wenn die entsprechende Referenzvariable vom Stapel verschwindet. Gibt es auf das Objekt keine gültige Referenz mehr, so kann es vom *garbage collector* gelegentlich eingesammelt und sein Speicherbereich recycled werden (vgl. Kap. 7.2.6). Es ist aber insbesondere möglich, die Referenz auf das Haldenobjekt an eine Variable in einem äußeren Block zuzuweisen und damit „nach draußen" (außerhalb des Blocks) weiterzugeben.

In Beispiel 6.5.4 haben wir schon gesehen, welches Speicherbild sich durch die Anweisung `int[] a = new int[3];` ergibt. In Abschnitt 6.9 werden wir das zu Beispiel 6.8.5 analoge Beispiel 6.9.12 unter Benutzung von Objekten und Referenzen statt einfacher `int` Werte diskutieren.

6.8.2 Bedingte Anweisungen (`if` und `switch`)

There exist means of expressing the conditions under which these various processes are required to be called into play. It is not even necessary that two courses only should be possible. Any number of courses may be possible at the same time; and the choice of each may depend on any number of conditions.   *Charles Babbage (1864)*

if-else. Die einfache **if-Anweisung** hat die Form:

`if (condition) statement`

Die allgemeine `if`-Anweisung ist von der Form:

`if (condition) statement1 else statement2`

Dabei ist `condition` ein Boolescher Ausdruck. Falls `condition` zu `true` evaluiert, wird `statement1` ausgeführt, sonst `statement2`. Jedes `statement` ist eine Anweisung, also evtl. auch ein Block oder wieder eine `if`-Anweisung, oder die leere Anweisung etc.

Beispiel 6.8.6. Die Anweisung

```
if( a >= 0 )
  res = a;
else
  res = -a;
```

belegt die Variable `res` durch den Absolutwert der Variablen `a`.   ❖

Beispiel 6.8.7. Die Anweisung

```
if( a <= 0 ) {
  res = a;
}
else {
  if( a+b < 0 ) {
    res = a+b;
  }
  else
    res = b;
}
```

belegt die Variable res durch:

res = a, falls a negativ oder gleich 0 ist,

res = a+b, falls a größer als Null und a+b negativ ist und

res = b, falls a größer als Null und a+b positiv oder gleich Null ist.

❖

switch. Eine weitere Möglichkeit einer bedingten Anweisung ist die Fallunterscheidung:

```
switch (c)
{
    case konst_1: anweisungssequenz_1; break;
    case konst_2: anweisungssequenz_2; break;
                       ⋮
    case konst_n: anweisungssequenz_n; break;
    default :     anweisungssequenz_d;
}
```

anweisung_i wird ausgeführt, falls c == konst_i gilt.

Die break-Anweisung am Ende jeder case-Zeile bewirkt das sofortige Verlassen der switch-Anweisung. Falls das break am Ende der Zeile fehlt, wird die nachfolgende case-Zeile getestet und bei Zutreffen auch ausgeführt.

Die break-Anweisung kann auch benutzt werden, um zum Beispiel for- oder while-Schleifen zu verlassen (siehe Abschnitt 6.8.4).

Beispiel 6.8.8. Dieses Programmstück zählt in der Variable res1 die Anzahl der in einem Text vorkommenden a's, in res2 die vorkommenden o's, in res3 die vorkommenden u's und in res4 die restlichen Buchstaben. Der Text ist in EingabeText enthalten, der den System-Datentyp String besitzt.

```
int index=0;
int res1 = 0, res2 = 0, res3 = 0, res4 = 0;
char c;
```

```
while( index < EingabeText.length() )  {
  c=EingabeText.charAt(index);
  index++;
  switch(c) {
    case 'a': res1++; break;
    case 'o': res2++; break;
    case 'u': res3++; break;
    default:  res4++;
} }
```

❖

Beispiel 6.8.9. Durch das Weglassen von {*anweisung*; break;} können mehrere case-Fälle zusammengefaßt werden: Das Programmstück

```
switch(c){
  case 0: case 1: case 2: case 3: { res = 1; break; }
  case 4: case 5: case 8: case 9: { res = 2; break; }
  case 6: case 7: { res = 3; break; }
  default: { res = 0; }
}
```

liefert:

res = 1, falls c den Wert 0, 1, 2 oder 3 hat,

res = 2, falls c den Wert 4, 5, 8 oder 9 hat,

res = 3, falls c den Wert 6 oder 7 hat und

res = 0 in allen anderen Fällen.

❖

6.8.3 Schleifenkonstrukte (while, do-while, for)

In einer Schleife wird eine Folge von Anweisungen wiederholt ausgeführt (solange die Iterationsbedingung wahr ist). Schleifenkonstrukte sind ein der Rekursion oder Induktion äquivalentes Ausdrucksmittel.

while. Das Konstrukt

while (*condition*) *statement*

führt *statement* aus, solange der Ausdruck in *condition* zu true evaluiert. Oftmals wird es sich bei *statement* um einen Block handeln.

Beispiel 6.8.10. Die folgende while-Schleife berechnet

a = a+b;

für natürliche Zahlen a und b (auf etwas umständliche und sehr ineffiziente Weise):

while (b-- > 0) a++;

Beispiel 6.8.11. Die folgende `while`-Schleife wird so lange ausgeführt, bis die Bedingung (`i < 10`) nicht mehr erfüllt ist. Dieses Programmstück summiert in `res` die Zahlen von 1 bis 9 auf. Eine Schleifeninvariante ist $res = \sum_{j=1}^{i-1} j$ oder, äquivalent in unserer Standardform geschrieben, $\sum_{j=1}^{9} j = res + \sum_{j=i}^{9} j$. Zu Beginn gilt $0 = \sum_{j=1}^{0} j$ und zum Schluß gilt $res = \sum_{j=1}^{10-1} j$.

```
{ int i = 1;
  int res = 0;
  while ( i < 10 )
    {
      res = res + i;
      i++;
    }
}
```

Die Schleife kann natürlich verallgemeinert werden, indem man den festen Wert 10 durch eine Variable x ersetzt; dann gilt zum Schluß $res = \sum_{j=1}^{x-1} j$.   ❖

Eine Variable, deren Wert wie `i` in obigem Beispiel mit den Schleifendurchgängen „mitläuft" und in die Abbruchbedingung eingeht, heißt auch **Schleifenvariable** (*loop variable*) oder **Laufvariable**. Die Verwendung solcher Variablen ist für Schleifen typisch.

do. Die Anweisung

`do statement while (condition)`

führt `statement` aus und prüft danach durch Auswertung von `condition`, ob der Schleifendurchgang wiederholt werden soll. Bei `do`-Anweisungen ist `statement` fast immer ein Block.

Beispiel 6.8.12. Die do-Schleife wird immer mindestens einmal ausgeführt, egal was in `condition` steht.

```
i = 1; res = 0;
do {
  res = res + i;
  i++;
} while( i < 10 );
```
❖

Die Anweisung `do statement while(!condition)` entspricht dem Konstrukt `do statement until(condition)` in anderen Sprachen.

for. Die Anweisung

`for (init; condition; increment) statement`

entspricht

```
{ init; while(condition) {statement; increment; } } .
```

Beispiel 6.8.13. Wir realisieren das Programmstück aus Beispiel 6.8.11 als `for`-Schleife:

```
int i;
int res = 0;
for(i = 1; i<10; i++) {
  res = res + i;
}
```

Sowohl *init* als auch *increment* dienen vor allem zur Manipulation der Laufvariablen. Der *init*-Teil kann die Deklaration einer Variablen, z. B. der Laufvariablen, enthalten. Diese Variable ist dann im Rumpf der `for`-Schleife lokal. Der *increment*-Teil kann aus einer durch Kommata getrennten Liste von Ausdrücken bestehen, die von links nach rechts evaluiert werden. Dadurch besteht oft die Alternative, Code entweder im Schleifenrumpf oder im Kopf unterzubringen. Der Kopf sollte immer den Code enthalten, der die Kontrolle über die Schleifendurchgänge behält; der Rumpf sollte die eigentlichen Arbeitsanweisungen enthalten. Jeder der drei Teile in einer `for`-Anweisung kann auch leer sein und zum Beispiel durch ein entsprechendes Konstrukt im Schleifenkörper ersetzt werden.

Eine Endlosschleife erhält man durch folgende `for`-Schleife:

```
for (;;) {
  // ...
}
```

Dies ist ein idiomatischer Ausdruck, d. h. von den vielen Arten, eine Endlosschleife zu erzeugen, wählt man in Java per Konvention immer diese. Die Schleife kann evtl. durch Anweisungen im Rumpf (etwa `break` oder `return`) doch noch abbrechen.

Beispiel 6.8.14. Im folgenden geben wir Beispiele für guten und schlechten Programmierstil. Syntaktisch korrekt sind beide der Programmfragmente.

1. In der folgenden Schleife wird eindeutig klargemacht, daß `i` die Laufvariable ist und nur innerhalb der Schleife Bedeutung hat.

   ```
   { int res=0;
     for (int i=1; i<10; i++)
       res += i;
   }
   ```

2. In der folgenden Schleife wird die „Arbeit" `res+=i` im Kopf der Schleife verrichtet. Dies ist ebenso *schlechter Stil*, wie die Schleifenkontrolle im Rumpf zu erledigen.

   ```
   { int res=0;
     for (int i=1; i<10; res+=i,i++)
       ;
   }
   ```

Beispiel 6.8.15. (Drucken eines Bitmusters) Wir betrachten zwei verwandte Lösungen für das Problem, das zu einer auf der Kommandozeile angegebenen Ganzzahl gehörende Bitmuster auszugeben. Wir drucken nacheinander die Bits 31 bis 0 einer Zahl z. Zur leichteren Lesbarkeit sollen die Bytes jeweils durch einen Punkt separiert werden. Wir verwenden eine Maske, in der nur das zu druckende Bit auf '1' gesetzt ist.

Die erste Lösung verwendet eine explizite Laufvariable i. Die Schleifensteuerung bezieht sich nur auf i und behandelt das Verschieben der Maske als Arbeit in der Schleife.

```
{// (1) Initialize
 int z = Integer.parseInt(args[0]);
 int mask = 01 << 31;
 // (2) Print masked bit and shift
 for (int i = 31; i >= 0; i--) {
     if ( (z & mask) != 0) System.out.print('1');
     else System.out.print('0');
     if ((i%8 == 0) && mask != 1) System.out.print('.');
     mask >>>= 1;
 }
 // (3) Finalize
 System.out.println();
}
```

Die zweite Lösung behandelt die Initialisierung und Verschiebung der Maske als zentralen Punkt der Schleifensteuerung. i wird lediglich mitgeführt, um das Drucken der Punkt-Separatoren zu erleichtern. Leider kann in Java aus syntaktischen Gründen nur maximal *eine* Schleifenvariable im Kopf der for-Schleife vereinbart werden, so daß sich hier eine Asymmetrie zwischen mask und i ergibt. Die Inkrementierungsanweisung besteht hier aus zwei Komponenten; c ist eine lokale Hilfsvariable im Schleifenrumpf.

```
{int z = Integer.parseInt(args[0]);
 int i = 31;
 for (int mask = 01 << 31; mask != 0;
                 mask >>>= 1, i = (i-1)%8) {
     char c = ((z & mask) != 0) ? '1' : '0';
     System.out.print(c);
     if ((i == 0) && (mask != 1)) System.out.print('.');
 }
 System.out.println();
}
```

❖

for-Schleifen werden häufig im Zusammenhang mit Reihungen (*array*) benutzt; siehe hierzu insbesondere Kapitel 7.5.

Beispiel 6.8.16. Gegeben sei folgendes Programmfragment:

```
int u=5;
float[] a = new float[u];
```

a ist eine Reihung aus den folgenden u=5 Variablen vom Typ float:

$$a[0], a[1], a[2], a[3], a[4].$$

Die folgende Schleife berechnet das Maximum der Werte dieser Variablen. Eine Invariante ist $max =$ Maximum($a[0..i-1]$).

```
float max = a[0];
for (int i=1; i < u; i++)
  if (a[i] > max) max = a[i];
```

Mit a.length erhält man die Länge des Reihungsobjektes a. Die Schleifensteuerung der Art

```
                for (int i=0; i < a.length; i++)
```

ist dann ebenfalls idiomatisch. Auf diese Weise kann man die Länge der Reihung explizit verwenden und braucht keine separate Variable, in der diese gespeichert ist.

Beispiel 6.8.17. (Erstellen eines Bitmusters) Wir fertigen uns ein Bitmuster an, indem wir in einer Reihung die Positionen angeben, die im Muster mit '1' belegt sein sollen. Die Reihung geben wir in Literaldarstellung direkt im Programm an.

```
{int[] bitPosition = new int[] {0, 1, 23, 27, 31};
 int res = 0;
 for (int i = 0; i < bitPosition.length; i++)
     res |= (01 << bitPosition[i]);
}
```

❖

6.8.4 Marken, **break** und **continue**

Markierte Anweisungen. Jede Java-Anweisung kann mit einer **Marke** (**Etikett**, *label*) markiert werden:

label: *statement*;

Labels sind in Java i. a. dann sinnvoll, wenn sie einen Block markieren oder eine Schleifen-Anweisung.

In Java gibt es (anders als in C/C++) *keine* allgemeine Sprunganweisung vom Typ goto *label*;. Dafür existieren eingeschränkte Sprünge an den Anfang oder ans Ende einer umgebenden Schleife, deren Konsequenzen man besser überblicken kann. Trotzdem sollte man besonders bei der Kombination von solchen Anweisungen vorsichtig sein, da der Kontrollfluß sehr schnell unübersichtlich werden kann. Dies gilt insbesondere bei den folgenden markierten Sprüngen und bei der Kombination mit Ausnahmebehandlungen durch try-finally-Anweisungen (siehe Kapitel 7.3.4). Wir ignorieren im folgenden die zusätzlichen Komplikationen durch try-finally-Anweisungen.

break. Eine **unmarkierte Bruch-Anweisung** (*unlabeled break statement*)

```
break;
```

beendet unmittelbar die innerste umgebende `switch`-, `while`-, `do`- oder `for`-Anweisung. Es ist ein Syntaxfehler, wenn eine solche nicht existiert. Eine `break`-Anweisung kann also insbesondere verwendet werden, um eine (scheinbare) Endlosschleife zu verlassen.

Eine **markierte Bruch-Anweisung** (*labeled break*)

```
break label;
```

beendet die *umgebende* Anweisung, die durch das entsprechende Etikett *label* markiert ist. Diese heißt **Ziel** des `break`. Anders als bei `goto` kann also nicht an eine beliebige Stelle im Programm gesprungen werden. Trotzdem wird hier i. a. aus mehreren inneren Schleifen hinausgesprungen, sodaß wir keine strukturierten Sprünge im Sinne von Kapitel 3.2.4 vorliegen haben. Es ist daher äußerste Vorsicht geboten.

Beispiel 6.8.18 (unmarkierter Bruch). Wir suchen in der Reihung a von ganzen Zahlen den Index des ersten Elements, das negativ ist.

```
int i;
for (i=0; i<a.length; i++)
  if (a[i] < 0) break;
if (i < a.length) { ... } // a[i] ist negativ
else { ... } // kein a[i] ist negativ, i == a.length
```

Man beachte, daß in diesem Fall die Laufvariable nicht erst in der `for`-Anweisung deklariert werden darf, da sie außerhalb noch benötigt wird. Auch die folgende klarere Variante ist korrekt. Das unmarkierte `break` beendet nicht etwa den umgebenden Block, sondern die umgebende `for`-Anweisung:

```
int res=a.length;
for (int i=0; i<a.length; i++)
  if (a[i] < 0) { res=i;  break;}
```

❖

Beispiel 6.8.19 (markierter Bruch). Wir testen, ob in einer zweidimensionalen Reihung (Matrix) a alle Elemente positiv sind. Dabei gibt uns `a.length` die Anzahl der Zeilen, und `a[i].length` die Länge der i-ten Zeile.

```
double[][] a = ... // ein 2-dimensionales Array
boolean positive = true;
search:
  for (int i=0; i<a.length; i++) {
    for (int j=0; j<a[i].length; j++)
      if (a[i][j] < 0.0) {
        positive=false;
        break search;
  }    }
```

❖

continue. Eine **unmarkierte Nachfolge-Anweisung** (*continue statement*)

```
continue;
```

transferiert den Kontrollfluß einer Iterationsanweisung zur nachfolgenden Iteration. Ein `continue;` kann nur in einer `while`-, `do`- oder `for`-Anweisung vorkommen. In einer `while`- oder `do`-Anweisung wird nach `continue;` die laufende Iteration beendet und dann der Schleifenabbruch getestet und gegebenenfalls eine neue Iteration begonnen. In einer `for`-Anweisung wird zuvor noch die *increment*-Anweisung des Kopfes ausgeführt.

Eine **markierte Nachfolge-Anweisung** (*labeled continue statement*)

```
continue label;
```

transferiert den Kontrollfluß entsprechend zu der umgebenden Iterationsanweisung, die das Etikett *label* trägt. Es ist ein syntaktischer Fehler, wenn es eine solche nicht gibt.

Beispiel 6.8.20. Wir testen, ob die zweidimensionale Reihung a in jeder Zeile einen positiven Wert enthält.

```
{ double[][] a = ... // ein 2-dimensionales Array
  boolean positive = true;
  search:
    for (int i=0; i<a.length; i++) {
      for (int j=0; j<a[i].length; j++)
        if (a[i][j] > 0.0) continue search;

      positive = false;
      break search;
    }

  if (positive) { // ...
  }
  else {// ...
  }
}
```

6.9 Unterprogramme – Prozeduren und Funktionen

Every set of cards made for any formula will at any future time recalculate that formula with whatever constants may be required.
Thus the Analytical Engine will possess a library of its own.

Charles Babbage (1864)

[...] procedures are one of the most powerful features of a high level language, in that they both simplify the programming task and shorten the object code.

C. A. R. Hoare (1981)

Wir behandeln in diesem Abschnitt allgemeine Konzepte im Zusammenhang mit Unterprogrammen und diskutieren ihre Realisierung in Java. Hierbei benutzen wir den Begriff **Unterprogramm** als sprachneutralen abstrakten Sammelbegriff für **Prozedur** (*procedure*) und **Funktion** (*function*). Java unterstützt Funktionen und verwirklicht damit z. T. nur spezielle Formen der allgemeinen Konzepte, insbesondere bei der Parameterübergabe (vgl. Abschn. 6.9.3).

Den Begriff der Funktion haben wir bereits in Kapitel 3 intuitiv kennengelernt, z. B. anhand der *modulus*-Funktion mod(x,y). Das Konzept programmiersprachlicher Funktionen ist nach dem Konzept mathematischer Funktionen modelliert, damit man diese möglichst leicht programmieren und danach in Ausdrücken verwenden kann. Sei z.B. $\sin(x) = \sum_{i=0}^{\infty}(-1)^i \frac{x^{2i+1}}{(2i+1)!}$. Die rechte Seite der Gleichung zeigt uns eine Berechnungsvorschrift für die Sinusfunktion, abhängig vom formalen Parameter x, die wir (z. B. mittels einer Schleife) programmieren können.

Wir wollen danach der Übersichtlichkeit und Bequemlichkeit halber nur die linke Seite in Ausdrücken verwenden, wie z.B. $\sin(a)+\sin(2\cdot a)$. Zur Auswertung soll der Rechner jeweils an der Stelle von $\sin(a)$ (bzw. $\sin(2 \cdot a)$) die entsprechende Berechnungsvorschrift ausführen, wobei der formale Parameter x den aktuellen Wert des Parameter-Ausdrucks im Aufruf bekommen soll (also a bzw. $2 \cdot a$). Schließlich soll der Wert der Berechnung an der Stelle des Aufrufs in den umgebenden Ausdruck eingesetzt werden. Auf diese Weise vermeidet man es, häufig gebrauchte Formeln bzw. Programmstücke mit verschiedenen Parameter-Werten wiederholt niederschreiben zu müssen.

6.9.1 Konzepte und Terminologie

Ein **Unterprogramm** ist ein parametrisierter Anweisungsblock mit einem Namen. Der Anweisungsblock heißt **Rumpf** (*body*) des Unterprogramms und besteht aus einem Block, der die Berechnungsvorschrift als Anweisungssequenz enthält. Vor dem Rumpf steht der **Kopf** (*head, header*), der den **Namen** des Unterprogramms sowie Namen und Typen der **Parameter** und den etwaigen **Ergebnistyp** enthält. Die im Kopf deklarierten Parameter heißen genauer **formale Parameter** und gelten im Rumpf als lokale Variablen. Der Block kann mit passenden **aktuellen Parametern** über seinen Namen **aufgerufen** (*call*) werden. Dann werden an der Stelle des

Aufrufs die Anweisungen des Unterprogramms ausgeführt. Dabei haben die formalen Parameter jetzt Werte, die sich aus den aktuellen Parametern ergeben haben. Am Ende wird der Aufruf durch das berechnete Ergebnis ersetzt. Anschließend fährt die Berechnung mit der nächsten Anweisung nach dem Aufruf fort.

Beispiel 6.9.1. In Kap. 3, insbesondere Abschn. 3.4, hatten wir die *modulus* Funktion `mod(a,b)` kennengelernt. Der Kopf ist jeweils `int mod(int a, int b)`. Der Ergebnistyp `int` ist vor dem Namen angegeben, und wir haben zwei Parameter a und b, jeweils ebenfalls vom Typ `int`. In der kürzesten, rekursiven Variante ist der Körper gegeben durch

```
{ if(a<b) {return(a);}
  else {return(mod(a-b,b));}
}
```

Als Zusatzanforderung an die Parameter hatten wir uns $a \geq 0$ und $b > 0$ notiert. ❖

Beispiel 6.9.2. Wir betrachten ein Java-Unterprogramm zur Berechnung der ersten k Glieder der harmonischen Reihe, also von $\mathrm{harm}(k) = \sum_{i=1}^{k} \frac{1}{i}$. (Eine passende Schleifeninvariante ist $\mathrm{harm}(k) = \mathrm{res} + \sum_{j=i}^{k} \frac{1}{j}$.)

```
double    // Typ des Ergebnisses
harm      // Name des Unterprogramms
(int k)   // Eingabeparameter
{ // Initialisierung
  int i = 1;          // Hilfsvariable
  double res = 0.0;   // Resultatsvariable
  // Bearbeitung
  while(i <= k)
     { res += 1.0/i;
       // Take the double 1.0 and
       // not the int 1! Otherwise,
       // you will just add 0, if i>1!
       i++;
     }
  // Ergebnis
  return res;
}
```

Wie alle Java-Unterprogramme in diesem Kapitel kann auch `harm()` in dem in Abschn. 6.9.2 angegebenen Programmrahmen ausgeführt werden. ❖

Das allgemeine (über Java hinausgehende) Konzept des Unterprogramms erlaubt zudem beliebig viele Rückgabewerte (speziell auch keinen), sowie verschiedene Mechanismen zur Übergabe von Parametern und Rückgabewerten.

In objektorientierten Sprachen treten Unterprogramme als Methoden von Klassen auf. Für jede Klasse werden einmal die zugehörigen Methoden programmiert und dann auf einzelnen Objekten immer wieder aufgerufen, d. h. jeder Methodenaufruf hat einen impliziten Parameter, nämlich das Objekt „auf" dem die Methode ausgeführt wird.

Innerhalb eines Unterprogramms können wiederum weitere Unterprogramm-aufrufe stehen. Wird innerhalb von P wiederum P selbst aufgerufen, so spricht man von einem **rekursiven** (*recursive*) Aufruf. Ruft P ein Q und Q wiederum ein P auf, so spricht man von einem **verschränkt rekursiven** (*mutually recursive*) Aufruf. Rekursion wird in Abschnitt 6.9.5 ausführlich diskutiert.

Wie in jedem Block können auch in Unterprogrammen **lokale Variablen** (*local variables*) zur Speicherung von Zwischenergebnissen vereinbart werden. Die **formalen Parameter** (*formal parameters*) sind ebenfalls lokale Variablen im Rumpf. Sie erhalten bei jedem Aufruf neue Werte, die sich aus den **aktuellen Parametern** (*actual parameters*) ergeben. Die genaue Art und Weise, wie dies geschieht, ist durch den jeweiligen Mechanismus der **Parameterübergabe** (*parameter passing*) bestimmt. (Hier stehen Werte-, Referenz- und Namensübergabe zur Auswahl, die wir in Abschnitt 6.9.3 genau untersuchen.) In jedem Fall kann und soll das Berechnungsergebnis durch die aktuellen Werte beeinflusst werden, die die formalen Parameter für die Dauer des Aufrufs erhalten haben. Die aktuellen Parameter können natürlich i. a. durch Ausdrücke (wie $2 \cdot a$) gegeben sein, in denen insbesondere auch selbst wieder Funktionsaufrufe vorkommen dürfen (wie $\sin(\sin(a + x))$).

Beispiel 6.9.3. (Drucken eines Bitmusters) Wir können die Programmstücke zum Drucken von Bitmustern aus Beispiel 6.8.15 in Funktionen verpacken, indem wir einen geeigneten Kopf hinzufügen und die zu konvertierende Zahl als Parameter übergeben, statt sie von der Kommandozeile einzulesen. Wir tun dies hier am Beispiel einer extrem kompakten Programm-Variante, die auf das Drucken der Punkt-Separatoren verzichtet. In Java zeigt das Schlüsselwort `void` an, daß das Unterprogramm kein Ergebnis berechnet.

```
void printBitPattern(int z) {
    for (int mask = 01 << 31; mask != 0; mask >>>= 1) {
        System.out.print(((z & mask) != 0) ? '1' : '0');}
    System.out.println();
}
```

❖

Erst durch die Parameter erhält das Unterprogrammkonzept seine große Mächtigkeit und fundamentale Bedeutung. Wir haben hier nämlich einen ersten Schritt in Richtung **generisches Programmieren** (*generic programming*) getan, da wir ein einmal geschriebenes Stück Programmtext in wechselnden Kontexten wiederverwenden können. Dabei sind sich alle Rechnungen jeweils ähnlich, aber im Detail doch verschieden. Wir kehren in Kap. 8.6 nochmals auf einer höheren Abstraktionsebene zum Konzept des generischen Programmierens zurück.

Berechnet das Unterprogramm einen **Rückgabe-Wert** (*return value*), so sprechen wir von einer (programmiersprachlichen) **Funktion** (*function*). Der Rückgabewert wird durch einen Ausdruck (z. B. `return expr;`) festgelegt, der das Unterprogramm beendet. Der Wert von `expr` ist dann der Wert des Funktionsaufrufs. Auf diese Weise können mathematische Funktionen realisiert werden und Funktionsaufrufe können sinnvoll in Ausdrücken eines Aufrufs vorkommen. Die Semantik eines Aufrufs f(a,b) haben wir schon formal beschrieben als $\mu(f(a,b)) = \mu_F[f](\mu(a), \mu(b))$, wobei $\mu_F[f]$ die durch f bezeichnete Funktion ist.

Eine Funktion wird **aufgerufen** (*call*), indem man den Namen, gefolgt von einer Liste aktueller Parameterwerte, angibt (z.B. f(x, 1, a*b) oder sin(PI/2)). Die Berechnung tritt dann in die Funktion ein, deren formale Parameter die beim Aufruf angegebenen aktuellen Parameter als Werte bekommen. Wie immer in einem Block werden die lokalen Variablen (also auch die Parameter) in einem zugehörigen Rahmen auf dem Laufzeitstapel gespeichert.

Beispiel 6.9.4. In der Zuweisung double y = sin(x) + sin(2*x) kommen 2 Funktionsaufrufe als Teilausdrücke vor. Der Wert von sin(x) ist der Rückgabewert des mit sin bezeichneten Unterprogramms, wenn es mit (dem Wert von) x als aktuellem Parameter versorgt wird. Der durch sin bezeichnete Block wird zweimal ausgeführt, einmal mit x als aktuellem Parameter und einmal mit 2*x als aktuellem Parameter.   ❖

Beispiel 6.9.5. (Erstellen eines Bitmusters) Das in Beispiel 6.8.17 angegebene Programmstück zur Erzeugung eines Bitmusters kann in ein Unterprogramm mit Ergebnis verpackt werden.

```
int composeBitPattern ( int[] bitPosition ) {
    int res = 0;
    for (int i = 0; i < bitPosition.length; i++)
        res |= (01 << bitPosition[i]);
    return (res);
}
```

Mit dem Programm aus Bsp. 6.9.3 ist es nun möglich, wie folgt ein Bitmuster zu erzeugen und auszudrucken, in dem die Bits 0, 23 und 31 auf '1' gesetzt sind.

```
printBitPattern(composeBitPattern(new int[] {0, 23, 31}));
```

Reinen Funktionen werden als aktuelle Parameter nur völlig ausgewertete Ausdrücke übergeben. Formale Parameter, deren Zweck nur in der Übernahme von aktuellen Werten besteht, heißen **(reine) Eingabeparameter** (*input parameter*). Dagegen erlauben es **Ausgabeparameter** (*output parameter*), die (außerhalb gespeicherten) Werte von (Ausgabe-)Variablen zu verändern, deren Referenzen als aktuelle Parameter übergeben werden. **Transiente Parameter** (*transient parameter*) dienen als Eingabe- und Ausgabeparameter.

Unterprogramme, die keinen Wert zurückliefern, sondern Ausgabevariablen verändern, heißen auch **Prozeduren** (*procedures*). Eine Funktion, die gleichzeitig Ausgabeparameter benutzt, heißt **Funktion mit Seiteneffekt** (*side effect*).

Das allgemeine Unterprogramm repräsentiert die Berechnung eines Bündels von mathematischen Funktionen, die die Eingabewerte jeweils auf einen der Ausgabewerte abbilden. Dies ist die Semantik des Unterprogrammaufrufs. Sie wird durch den Programmtext im Rumpf bestimmt.

Der Kopf hat die folgende allgemeine Form:

```
Result_t        // Typ des Ergebnisses, falls vorhanden
name            // Name des Unterprogramms
  ( Te1 e1,     // in: Eingabeparameter 1
  ...
    Tem em,     // in: Eingabeparameter m
    Tt1 t1,     // inout: transienter Parameter 1
  ...
    Ttk tk,     // inout: transienter Parameter k
    To1 o1,     // out: Ausgabeparameter 1
  ...
    Ton on,     // out: Ausgabeparameter n
  )
```

Wir haben dabei eine Schreibweise gewählt, die es gestattet, den Verwendungszweck der Parameter als Kurzkommentar direkt im Funktionskopf anzugeben. Diese Schreibweise erlaubt es uns auch, die Verwendungsart der Parameter (in, out, inout) als Kommentar anzugeben, falls die Syntax der Sprache dies nicht direkt erlaubt oder fordert (wie in Java).

Ein Aufruf wäre dann

$$\text{name}(\, a_1, a_2, \ldots a_m, v_1, \ldots v_k, v_{k+1}, \ldots v_{k+n}\,)$$

Dabei sind die a_i Ausdrücke passenden Typs und die v_i sind Variablen passenden Typs. Beim Aufruf werden die aktuellen Parameter für die formalen Parameter substituiert (vgl. Parameterübergabemechanismen, Abschnitt 6.9.3).

Danach wird das Unterprogramm ausgeführt, wobei die formalen Eingabeparameter zu Beginn die Werte a_i besitzen und die $v_{k+1}, \ldots, v_{k+n}$ am Ende die Werte der formalen Ausgabeparameter besitzen. (Die transienten Parameter besitzen zu Beginn die Werte der $v_1, \ldots, v_k$ und deren Werte sind am Ende bestimmt durch die Werte der transienten Parameter.) Am Ende ist ferner der Wert des Aufrufs bestimmt durch diejenige `return` Anweisung, die aktuell durchlaufen wurde.

Name, sowie Anzahl und Reihenfolge der Parameter und ihrer Typen und evtl. der Typ des Resultates bilden die **Signatur** (*signature*) des Unterprogrammes. Wir sprechen auch von der **Aufrufschnittstelle** (*call interface*). Die Signatur gibt die Syntax des Aufrufs wieder. Sie wird im Kopf des Unterprogrammes festgelegt. Im allgemeinen können Unterprogramme anhand ihrer Signatur unterschieden werden auch wenn sie gleiche Namen haben. Wir sprechen dann vom **Überladen** (*overloading*) des Namens.

Falls ein Funktionssymbol f überladen ist, d. h. für verschiedene Funktionen gleichzeitig verwendet wird, so bezeichnet f in $f(A_1, \ldots, A_n)$ die **speziellste Funktion** (*most special function*) vom Typ $T_1 \times \ldots \times T_n \to T$, die auf $A_1, \ldots A_n$ paßt. Hierbei ist eine Funktion f_1 **spezieller** (*more special*) als eine Funktion f_2, falls jeder Aufruf von f_1 (nach eventuellen Typaufweitungen) auch von f_2 ausgeführt werden kann. Die Eigenschaft, spezieller zu sein definiert eine partielle Ordnung. Da diese nicht notwendigerweise total sein muß, kann es zu einem Aufruf mehrere speziellste Funktionsvarianten geben. In diesem Fall führt die Auswahlregel zu keinem eindeutigen Ergebnis und der Aufruf $f(A_1, \ldots, A_n)$ ist ungültig.

Beispiel 6.9.6. Seien die Funktionen f(int, long) und f(long, long) definiert. Die erste Variante von f ist spezieller als die zweite. f(1,2) bezeichnet also einen Aufruf der ersten Variante, f(1L, 2L) bezeichnet einen Aufruf der zweiten Variante. Ist als dritte Variante auch f(long, int) definiert, so ist auch diese Variante spezieller als die zweite, und die erste und die dritte Variante sind unvergleichbar (keine ist spezieller als die andere). Der Aufruf f(1, 2) ist also ungültig, und f(1L, 2) bezeichnet einen Aufruf der dritten Variante.   ❖

Die Kombination von überladenen Funktionssymbolen mit Typkonversionen kann bei verschachtelten Ausdrücken zu Effekten führen, die für einen Programmierer überraschend sein können; siehe hierzu Abschnitt 6.7.10.

Funktionen sind wegen ihrer Einfachheit und Bedeutung aus der Mathematik von je her in fast jeder Programmiersprache bekannt. In FORTRAN heißen sie *subroutines*. In funktionalen Sprachen (wie LISP oder Scheme) bilden sie sogar das primäre Programmierparadigma. In Pascal und ALGOL werden auch Prozeduren explizit unterstützt. In Pascal können die sogenannten var-Parameter als Ausgabeparameter genutzt werden, in C++ die Referenzparameter vom Typ Type&. In C/C++ und Java gibt es vorderhand nur Funktionen, und in C und Java nur Werteübergabe. Allerdings lassen sich mit einfachen Kunstgriffen die gleichen Effekte wie bei Prozeduren erreichen.

6.9.2 Unterprogramme in Java

In Java ist die einfache Funktionsform

```
Result_t f(Te1 e1,...,Tem em)
```

im allgemeinen ausreichend. Der Typ des Resultates kann ja eine Klasse sein, so daß ein einziges Resultatobjekt viele Werte (Felder) beinhalten kann. Deshalb kann man auf mehrere Ausgabeparameter verzichten.

In Java kommen Funktionen ausschließlich als Methoden in Klassen vor. Die hier gezeigten Funktionen (siehe auch Kap. 10!) können zum Ablaufen in den in Abschnitt 6.2 gezeigten Rahmen ProgramF eingebracht werden. Da wir Objekte erst in Kapitel 7 behandeln, sollten alle diese Methoden im Rahmen von ProgramF als static deklariert werden. Damit die Methoden allgemein benutzbar sind, sollten sie zusätzlich als public deklariert werden.

Signaturen von Funktionen. Für die Signatur einer Java-Methode sind nur ihr Name sowie Reihenfolge und Typ der Parameter maßgebend. Funktionsnamen können überladen werden, es kann also mehrere Funktionen gleichen Namens aber unterschiedlicher Signatur geben. Zwei Java-Methoden können sich aber nicht lediglich in ihrem Resultatstyp unterscheiden.

Beispiel 6.9.7. Wir können in der Klasse `ProgramF` neben der dort schon vorhandenen Methode `plus` mit der Signatur

$$\text{plus} : \text{int} \times \text{int} \longrightarrow \text{int}$$

eine weitere Methode namens `plus` mit der Signatur

$$\text{plus} : \text{float} \times \text{float} \longrightarrow \text{float}$$

definieren:

```
public static float plus(float a, float b) {
    return (a+b);}
```

Eine zusätzliche Methode `plus` mit Signatur

$$\text{plus} : \text{int} \times \text{int} \longrightarrow \text{float}$$

wäre *nicht* zulässig:

```
public static float plus(int a, int b) {
    return (float) (a+b);}
```

Java kann dieses `plus` nicht vom ersten mit der Signatur

$$\text{plus} : \text{int} \times \text{int} \longrightarrow \text{int}$$

unterscheiden.

Welche der ersten beiden `plus`-Methoden ist in einem Ausdruck `plus(5,6)` gemeint? Die Antwort von Java (ähnlich der von C++) ist die folgende: Es ist die Methode gemeint, die mit den wenigsten Typanpassungen angewendet werden kann, in unserem Fall also das erste `plus`. Bei Gleichstand ist der Aufruf illegal. ❖

6.9.3 Parameterübergabe und Laufzeitstapel

Konzepte. Es gibt mehrere Verfahren für die Substitution der aktuellen Parameter für die formalen Parameter, nämlich die sogenannten Parameterübergabemechanismen **Werteaufruf** (*call by value*), **Referenzaufruf** (*call by reference*) und **Namensaufruf** (*call by name*).

Beim **Werteaufruf** (*call by value*) wird der aktuelle Parameter ausgewertet und der Wert wird dem formalen Parameter zugewiesen. Der Werteaufruf ist der grundlegende Mechanismus, der in jeder üblichen Programmiersprache vorkommt. Er wird bei der Übergabe der Werte der aktuellen Parameter an formale Eingabeparameter benutzt und entspricht der Zuweisung $e_i = a_i$.

Beim **Referenzaufruf** (*call by reference*) ist der aktuelle Parameter eine Variable. Genau gesprochen ist jeder Ausdruck zulässig, der einen Linkswert hat, also z. B. auch eine indizierte Variable wie `a[i+5]`. Dieser Linkswert wird für den Linkswert des formalen Parameters eingesetzt. Der formale Parameter wird damit ein **alias** für den aktuellen Parameter. Der Wert des aktuellen Parameters wird also nicht kopiert, sondern der formale Parameter verweist auf diesen Wert.

Der Referenzaufruf kann damit insbesondere das Kopieren bei der Übergabe großer Strukturen wie Reihungen und Objekte vermeiden. Er kann ebenfalls Ausgabevariablen realisieren, da sich Zuweisungen an den formalen Parameter außerhalb auf den Wert des aktuellen Parameters auswirken. In Pascal („var Parameter") und in C++ ist der Referenzaufruf allgemein verfügbar. In C kann er vom Programmierer für allgemeine Variablen mit einem Kunstgriff simuliert werden (s.u.). Für Reihungen in C/C++ und für Variablen mit Klassentyp in Java gilt eine eingeschränkte Variante des Referenzaufrufs, die wir nachfolgend genauer erläutern.

Beim **Namensaufruf** (*call by name*) ist der aktuelle Parameter ein beliebiger Ausdruck, der ohne jede Auswertung textuell für den formalen Parameter substituiert wird. Der Ausdruck wird dann im Kontext des Unterprogramms immer dort evaluiert, wo der formale Parameter vorkommt. Der Ausdruck darf also nur solche Bezeichner enthalten, die im Unterprogramm gültig sind. Möglicherweise bezeichnen sie dort aber andere Variablen als außerhalb. Der Namensaufruf stammt aus einem der ersten formalen Berechnungsmodelle, dem λ-Kalkül der mathematischen Logik. Er wurde von ALGOL68 unterstützt, spielt aber in keiner der heute allgemein verbreiteten Programmiersprachen eine Rolle.

Beispiel 6.9.8. Wir untersuchen die Effekte der drei Übergabemechanismen auf die Reihung a beim Prozedur-Aufruf p(a[i]).

```
class Program {
  static int i=0;
  static int[] a=new int[] {10, 20};

  static void p(int x) {
    i=i+1; x=x+2;
  }

  public static void main(String[] argv) {
    p(a[i]);
    System.out.println(a[0]);
    System.out.println(a[1]);
} }
```

1. Werte-Aufruf: Zu Beginn von p wird implizit die Zuweisung x = 10 ausgeführt. Dann wird das Feld i in Program inkrementiert und die lokale Variable x in p um 2 erhöht, was auf a[0] keine Auswirkungen hat. Es wird 10 und 20 ausgegeben.

2. Referenz-Aufruf (in Java nicht möglich): Nun ist x ein *alias* für a[0], wir schreiben x ≡ a[0]. Es wird in p also a[0] = a[0]+2; ausgeführt und 12 und 20 ausgegeben.

3. Namensaufruf: In p wird x textuell durch a[i] ersetzt. In p wird also a[i]=a[i]+2; ausgeführt. Es wird 10 und 22 ausgegeben.

Realisierung. Zum leichteren Verständnis der Übergabemechanismen betrachten wir zunächst das Speicherbild beim Ablauf einer einfachen Funktion in Java oder C/C++. Wir erinnern uns (vgl. Abschnitt 6.8.1), daß alle Variablen eines Blocks in einem Speicher-**Rahmen** (*frame, stack-frame*) auf dem **Laufzeitstapel** (*run-time stack*) angelegt sind. Beim Eintritt in einen Block wird der Stapel um einen Rahmen geeigneter Größe erweitert, beim Austritt wird der Rahmen wieder entfernt. Dies gilt insbesondere für Unterprogramme, da ein Rumpf ja ein Block ist. Dieser Rahmen heißt dann auch **Prozedur-Segment** oder **Aktivierungsrahmen** (*activation record*). Es ist im Bereich der Systemprogrammierung üblich, den Stapel nach unten wachsend zu zeichnen; „oben" und „unten" sind also relativ zur Wachstumsrichtung zu verstehen.

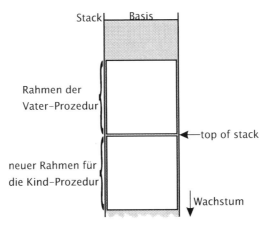

Seien nun der Einfachheit halber die aktuellen Parameter Variablen im Block des Vaters. Die formalen Parameter sind lokale Variablen im Block des Sohnes. Bei der **Werteübergabe** werden die Werte der aktuellen Parameter (Ausdrücke oder Variablen) im Kontext des Vaters ermittelt und vom Vater zum Sohn kopiert. Dies geschieht in einem vom Übersetzer automatisch erzeugten Zuweisungsblock vor dem eigentlichen Beginn der Sohn-Prozedur.

```
Te1 e1 = a1;
...
Tem em = am;
```

Der Sohn arbeitet also mit Kopien der Werte des Vaters. Zuweisungen an die e_i im Sohn wirken sich in keiner Weise auf die a_i des Vaters aus (auch wenn die a_i Variablen sind). Im Bild:

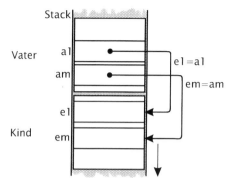

Nach Beendigung des Unterprogramms werden die lokalen Variablen aufgelöst und der Speicherrahmen freigegeben. Die Werte der formalen Parameter werden **nicht** an die aktuellen Parameter zurücküberwiesen, falls Werteübergabe vereinbart war. Dieser Fall gilt grundsätzlich für C und Java.

Diese Übergabetechnik kann im Prinzip aber ebenso in umgekehrter Richtung auf Ausgabeparameter angewendet werden. Im früher für FORTRAN verwendeten Mechanismus der **Werte- und Resultatsübergabe** (*call by value and result*) werden beim Austritt aus der Prozedur die Werte der formalen Ausgabeparameter an die aktuellen Ausgabeparameter zugewiesen.

Das Hauptproblem der Werteübergabe ist der hohe Zeitaufwand für das Kopieren der Werte, falls man es mit großen Strukturen wie Reihungen oder großen Objekten zu tun hat, insbesondere falls in der Kind-Prozedur nur ein kleiner Teil wirklich gebraucht wird.

Die Grundidee der **Referenzübergabe** ist es, nicht den Wert selbst zum Kind zu kopieren, sondern nur eine Referenz auf das Objekt zu übergeben, die immer gleich groß ist (z. B. ein 32-Bit-Zeiger). Das Kind arbeitet effektiv also mit einer Referenzvariablen vv als formalem Parameter, die eine Referenzstufe höher ist als der Typ des aktuellen Parameters. Wird ihr eine Variable v des Vaters als aktueller Parameter übergeben, so wird der Referenzteil von v (der Linkswert) in den Werteteil von vv kopiert. Jeder Zugriff auf vv wird vom Compiler *automatisch* in einen Zugriff auf v umgesetzt. Dazu wird vv automatisch **dereferenziert**, d. h. durch Verfolgen der in vv gespeicherten Referenz erhält man v. Für den Programmierer ist der Wert von vv immer der Wert von v; die zusätzliche Indirektion über die Referenz auf v wird von der Sprache vor dem Programmierer versteckt. Aktuelle Parameter können offensichtlich nur Variablen und Array-Zugriffe sein und nicht allgemeine Ausdrücke, da diese keinen Linkswert haben.

Im Gegensatz zu *call by value and result* wirken sich Zuweisungen bei Referenzübergabe immer sofort auf den aktuellen Parameter aus, nicht erst nach Ende der Kindprozedur.

Beispiel 6.9.9. Sei out ein formaler und v ein aktueller Ausgabeparameter.

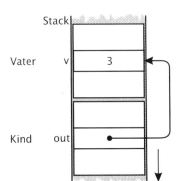

Die Zuweisung out=5; in der Kindprozedur wird interpretiert als eine Zuweisung an die Variable, deren Referenz (Linkswert) in out gespeichert ist. Die 5 wird als neuer Wert der Variablen v im Block des Vaters abgespeichert. Um von out zu v zu kommen, muß das Kind einer Referenz folgen.   ❖

In C, wo es keine Referenzübergabe gibt, kann man den Effekt dieses Mechanismus dadurch erhalten, daß man in der Kind-Prozedur Zeiger-Variablen benutzt und die zusätzliche Indirektion beim Zugriff explizit ausprogrammiert. In C++ existieren dagegen allgemeine Referenzvariablen.

In Java gibt es (wie in C) nur Werteübergabe. Durch **Werteübergabe bei Referenzvariablen** lassen sich die praktisch wichtigen Aspekte der Referenzübergabe aber dennoch erzielen, nämlich eine Vermeidung des Kopieraufwandes bei Reihungen und (Klassen-)Objekten.

Für Variablen einfacher Typen können wir deshalb direkt keine Referenzübergabe simulieren. Dafür sind alle Objekte grundsätzlich nur über Referenzvariablen repräsentiert und zugänglich. Man übergibt daher nie ein (Klassen-)Objekt als Wert, sondern man übergibt immer nur den Wert einer Referenzvariablen vv, die auf das (Klassen-)Objekt verweist. Dadurch vermeidet man den Kopieraufwand für Objekte, die ja oft groß sind. Zugriffe auf die Zustandsvariablen (Objekt-Variablen) des übergebenen Objekts haben im Kind denselben Effekt, als sei das Objekt per Referenzübergabe übergeben worden.

Um dies verstehen zu können, vergegenwärtigen wir uns die Speicherstruktur von Objekten und den Zugriffsmechanismus auf deren Komponenten (vgl. dazu Beispiel 6.5.4 für Reihungen). Der Linkswert des ersten Elements im Objekt vv ist in der Referenzvariable vv selbst gespeichert. Der Linkswert weiterer Elemente ist um einen fixen **Versatz** (*offset*) höher, den der Compiler aus der Anzahl und den Typen der vorangehenden Elemente berechnen kann. Java gelangt also zu Objekt-Feldern und Array-Komponenten durch Dereferenzieren der Referenzvariablen und nachfolgendes Addieren des feldspezifischen Versatzes.

Beispiel 6.9.10. Werteübergabe bei Referenzvariablen. Man betrachte folgendes Code-Fragment:

```
void father() {
  int[] a = new int[3];
  a[0]=1; a[1]=3; a[2]=9;
  a=son(a);
  // Punkt 4
}

int[] son(int[] x) { // Punkt 1
  x[0]=7; // Punkt 2
  x = new int[2]; // Punkt 3
  return x;
}
```

Wir verfolgen das Speicherbild der eingeschränkten Referenzübergabe in Java am Punkt 1. Das Speicherbild sieht nach der Übergabe eines Parameters vom Klassentyp `int[]` wie folgt aus:

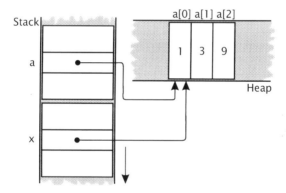

❖

Weist also das Kind einem *Feld* eines übergebenen Objektes einen neuen Wert zu, so wird das Objekt des Vaters selbst verändert. In diesem Fall erhalten wir denselben Effekt, als hätte das Kind das Objekt per voller Referenzübergabe erhalten; wir sparen uns aber die zusätzliche Indirektion. Weist das Kind einer Objektvariablen (formaler Parameter) ein neues Objekt zu, so bleibt die Objektvariable (aktueller Parameter) des Vaters unverändert. Dies ist im Gegensatz zur vollen Referenzübergabe und bildet die Einschränkung, die das Verfahren in Java dazu macht.

Zur Unterscheidung betrachten wir, was sich bei uneingeschränkter Referenzübergabe ergeben hätte.

Beispiel 6.9.11. Bei uneingeschränkter Referenzübergabe des Parameters x hätten wir im Speicherbild analog zu Beispiel 6.9.9 eine weitere Indirektion erhalten:

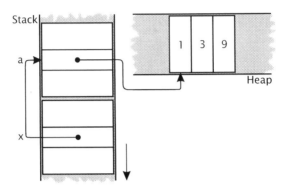

Der Übersetzer ersetzt im Kind die Vorkommnisse von x durch Dereferenzieren automatisch wie folgt: Der Linkswert von x wird durch den Wert von x (= Linkswert von a) ersetzt. Der Rechtswert von x wird durch den Rechtswert von a ersetzt.

Die Zuweisung x[0]=7; im Kind hätte also den Effekt von a[0]=7; im Vater. Die Zuweisung x = new int[2]; im Kind würde dann auch das a des Vaters verändern:

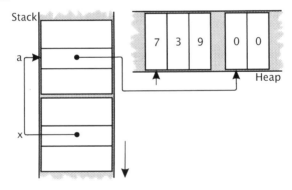

Beispiel 6.9.12. Wir nehmen wieder Bezug auf den Code aus Beispiel 6.9.10.

Speicherbild nach der Anweisung `x[0] = 7;`

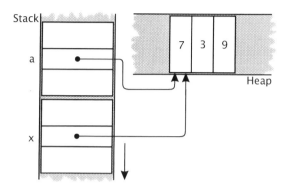

❖

Da Java nur Werteübergabe kennt (auch bei Referenzvariablen), kann eine Kindfunktion nur auf zwei Arten einfache Werte an den Vater übergeben: zum einen als Ergebnis des Funktionsaufrufs, zum anderen, indem es sie in Feldern eines vom Vater übergebenen Objekts (bzw. Arrays) speichert. Wie sieht das mit Objekten aus, die das Kind selbst erzeugt hat? In Java werden alle Objekte grundsätzlich immer auf der Halde (*heap*) angelegt, die nicht wie der Stapel im Takt der Prozeduraufrufe pulsiert. Das Kind legt also das Objekt auf der Halde an und übergibt eine Objektreferenz an den Vater.

Beispiel 6.9.13. Wir fahren fort im Code aus Beispiel 6.9.10.

Speicherbild nach der Anweisung `x = new int[2];`

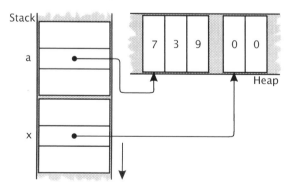

Speicherbild nach Beendigung des Funktionsaufrufs

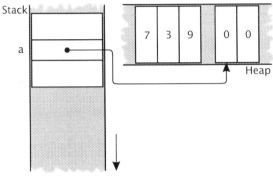

In C++ kann das Kind Objekte auch auf dem Stack (in seinem Aktivierungsrahmen) erzeugen. Diese Objekte werden nach Ende der Funktion ungültig. Sie müßten zum Vater kopiert werden, was aber bei der Werteübergabe nicht vorgesehen ist. (Eine Ausnahme bildet das Funktionsresultat.) Ein schwerer Progammierfehler in C++ besteht darin, dem Vater eine Referenz auf ein Objekt zu übergeben, das vom Kind auf dem Stack angelegt wurde. Da normalerweise nach Beendigung des Kindes nur der top-of-stack Zeiger zurückgesetzt wird, existiert das Objekt momentan noch auf dem Stack (obwohl es formal ungültig ist), bis es vom Rahmen der nächsten Kindprozedur überschrieben wird. Je nachdem, wann der Vater auf das obsolete Objekt zugreift, erhält er unterschiedliche Werte. Man spricht hier von einer **hängenden Referenz** (*dangling pointer*), einem der größten Programmierprobleme in C++. Java dagegen *erzwingt* für diesen Fall die (auch für C++) einzig richtige Lösung.

Beispiel 6.9.14. Ein mögliches Speicherbild in C++. Reihungen oder andere komplexe Objekte können auch auf dem Stack angelegt werden.

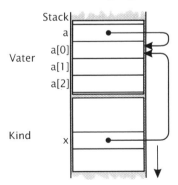

In Java gibt es keine Zeigervariablen oder Referenzvariablen auf einfache Typen. Für einfache Datentypen können wir die entsprechenden Hüllklassen verwenden, falls wir Referenzübergabe simulieren wollen, z. B. um mehrere Ausgabeparameter verwenden zu können.

6.9.4 Spezifikation von Unterprogrammen

Ein Eintritt in ein Unterprogramm f bildet einen wichtigen Kontrollpunkt im Ablauf eines Programms. Alles, was in f geschieht, hängt nur von den Parametern von f ab und möglicherweise von einigen Feldern der Klasse, in der f deklariert ist. Die Syntax des Aufrufs ist bereits durch die Signatur von f gegeben. Jetzt geht es darum, die Semantik des Aufrufs (die Leistung von f) in einer möglichst präzisen Art und Weise zu beschreiben, die knapper und verständlicher ist als der Programmtext selbst. Außerdem soll nur beschrieben (bzw. *vorgeschrieben*) werden, *was* f zu leisten hat – *wie* diese Leistung durch f erbracht wird, soll offen bleiben. Unser Ziel ist also eine **Spezifikation** (*specification*) der Leistung, die f zu erbringen hat (aus der Sicht eines Kunden) oder die f erbringt (aus Sicht der Implementierer).

Wir konzentrieren uns hierbei auf die Situation von Funktionen in Java, die ja immer als Methoden in einer Klasse vorkommen. Eine Funktion f nimmt einige Parameter p_i jeweils vom Typ T_i als Eingabe und liefert ein Resultat (*result*) als Ausgabe. Wir wollen das Resultat immer mit *res* bezeichnen, um besser darüber sprechen zu können. Möglicherweise wirft f auch Ausnahmen, deren Klassen auch im Kopf spezifiziert werden (siehe Kap. 7.3). Außerdem kann f auf den Datenteil seiner Klasse zugreifen. Dessen Felder wirken i. a. wie transiente Parameter.

Unser Ziel ist es, möglichst präzise anzugeben, welche **Zusicherungen** (*assertion, output assertion*) f an die Eigenschaften von *res* (und evtl. andere implizite Ausgabevariablen) wahr macht und welche **Anforderungen** (*requirement, input assertion*) f dafür an die Parameter (und evtl. andere implizite Eingabevariablen) stellt. Dies ist auch als **Ein-/Ausgabespezifikation** bekannt. Zusammen mit der Signatur bildet sie den **Kontrakt** (*contract*) der Funktion. Solange sich Nutzer (Kunden) und Implementierer (Hersteller) an diesen Kontrakt halten, muß die Benutzung von f zum gewünschten Ergebnis führen. Die Spezifikation von f sollte deshalb sorgfältig überlegt sein, da viel von ihr abhängt – sowohl Mühe beim Implementieren als auch Erfolg bei der Nutzung. Sie ist dafür aber auch jenseits von Implementierungsdetails dauerhaft.

Auf Klassenebene gibt es einen weiteren Kontrakt (vgl. Kap. 7.2.5), der nicht nur die Methoden isoliert sieht, sondern deren Zusammenspiel in der Klasse regelt. Weitere Kontrakte gibt es auf der Ebene der (Klassen-)Pakete (Module) usf.

Die präziseste Spezifikationssprache ist für uns die Sprache der mathematischen Logik, insbesondere Aussagenlogik und Prädikatenlogik einschließlich der Arithmetik (vgl. Kap. 16). Nur wo diese Sprache nicht ausreicht oder zu umständlich wird, greifen wir auf natürlichsprachliche Formulierungen zurück.

Spezifikationen können sinnvoll durch **Kommentare** (*commentary*, kurz *comment*) ergänzt werden, z. B. durch einen Literaturhinweis auf das Verfahren (Algorithmus), das in f konkret implementiert wurde, durch Namen von Autoren des Codes, Erstellungszeiten oder Versionsnummern.

Wir wollen uns bei der Gestaltung der Spezifikation an ein Schema halten. Dadurch sieht man besser, ob die Spezifikation schon vollständig ist. Außerdem gibt es in der Java Entwicklungsumgebung SDK das Werkzeug javadoc, das solche schematisierten Spezifikationen aufbereiten und darstellen kann. (Für C++ gibt es ähnliche Werkzeuge.)

Das Grobschema unserer Spezifikation sieht folgendermaßen aus:

```
/** Name und Kurzbeschreibung von f(p1, ..., pk).
 * Anforderungsteil:
 * - Anforderung an die pi
 * - Anforderungen an den Datenteil der Klasse
 * Zusicherungsteil:
 * - Zusicherung an das Ergebnis res
 * - Zusicherungen an geworfene Ausnahmen
 * - Zusicherungen an den Datenteil der Klasse
 * - Zusicherungen an veränderte Parameter-Objekte
 * Weitere Kommentare
 */
T f(T1 p1, ..., Tk pk)
```

Das Werkzeug javadoc versteht Kommentare, die mit /** beginnen und mit */ enden, als Spezifikationen und bereitet diese entsprechend auf. Diese werden auch **Dokumentationskommentare** (*documentation comments*) genannt. Kommentare, die nur mit /* beginnen (und mit */ enden), werden von javadoc überlesen, ebenso wie solche, die mit // eingeleitet werden und bis zum Zeilenende reichen. Dokumentationskommentare stehen *vor* dem Kopf einer Funktion; javadoc integriert dann automatisch Information aus der Signatur in die Dokumentation.

Wir treffen folgende Vereinbarungen:

- Wir berechnen den Funktionswert in einer Variablen *res* (oder *result*).
- Anforderungen und Zusicherungen, die sich aus den Typen der Signatur ergeben, werden nicht wiederholt.
- Es sind grundsätzlich *alle* Parameter aufzuführen. Im Extremfall ist die Anforderung leer, was durch die Formel *true* oder durch einen Leerstrich ausgedrückt wird.
- Zusätzlich kann der Spezifikation ein Kurz-Kommentar vorangehen, zum Beispiel über Sinn und Zweck der Funktion. Weitere Hinweise können der Spezifikation folgen, zum Beispiel über Autor(in), Datum, relevante Literaturstellen, Programmiermethoden etc.
- Falls die Funktion globale Variablen der Klasse als weitere Eingaben benutzt, sind diese wie Eingabeparameter zu spezifizieren.
- Falls die Funktion globale Variablen der Klasse zu Ausgaben benutzt, sind diese wie Ausgabeparameter zu spezifizieren.

- Ist das Resultat vom Typ `void` (leer), so entfällt die Zusicherung (außer für eventuelle globale Variablen).
- Falls die Funktion Objekte verändert, die über Referenzvariablen als Parameter zugänglich sind, sind diese Parameter wie Ausgabeparameter zu spezifizieren.
- Falls die Funktion Referenzvariable als Parameter hat, sind diese als *out* oder *inout* zu deklarieren, je nachdem, ob diese als Ausgabe- oder transiente Parameter gebraucht werden.

Beispiel 6.9.15. Die mathematische Funktion

$$power\colon \mathbb{Z} \times \mathbb{N} \to \mathbb{Z}, \ (a, b) \mapsto a^b$$

kann wie folgt spezifiziert werden:

```
/** Exponentialfunktion power.
 * Anforderungen:
 * a: Basis, --
 * b: Exponent, b>= 0
 * Zusicherung:
 * res == a^b.
 * Achtung: kein besonderer Test auf Ergebnisüberlauf.
 */
int power(int a, int b)
```

❖

Wie in diesem Beispiel wollen wir die Funktionsparameter alle jeweils auf einer Zeile namentlich auflisten, damit wir sicher keinen vergessen. Es stellt gute Programmierdisziplin dar, sich wirklich für jeden Parameter zu überlegen, was es über ihn formal zu sagen gibt.

Dokumentation mit `javadoc`. Das Werkzeug `javadoc` erzeugt aus der Spezifikation eine Ausgabe in HTML-Format. Es werden zwei Einträge generiert, ein Kurzeintrag in einem Index, in dem neben der Signatur nur der erste Satz (bis zum ersten „.") des Dokumentationskommentars steht, und ein vollständiger Eintrag, auf den ein Hyperlink vom Kurzeintrag verweist.

Um den vollständigen Eintrag schön formatiert darstellen zu können, unterstützt `javadoc` weitere Schlüsselwörter in Dokumentationskommentaren. Für darüber hinausgehende besondere Formatierung und Sonderzeichen können HTML-Befehle in Dokumentationskommentaren verwendet werden.

`@param` zeigt `javadoc` eine Parameterspezifikation an. Wir können statt

```
b: Exponent, b >= 0
```

nun

```
@param b Exponent, b >= 0
```

schreiben. In der Ausgabe wird der Name des Parameters mit einem – vom Rest der Zeile abgetrennt. (Wir müssen eigentlich b >= 0 schreiben, da > in HTML ein Meta-Zeichen ist und dieses Zeichen selbst durch die Sequenz > dargestellt wird. Um unseren Source-Code übersichtlich zu gestalten, verwenden wir oftmals auch das > oder ähnliche Zeichen direkt.)

@return zeigt die Spezifikation des Rückgabewertes an. Wir können (ohne *res* zu erwähnen) dann auch

@return a^b

schreiben.

@exception zeigt die Spezifikation einer Ausnahme an (vgl. Kap. 7.3).

@see schafft einen Querverweis auf einen anderen dokumentierten Namen, z. B.

@see Math.pow.

@author leitet die Angabe des Namens eines der Autoren der Funktion ein. Es können mehrere angegeben werden. Dieses Feld wird von javadoc in der Standardeinstellung ignoriert und nur bei der Option -author eingebunden, also z. B. bei

javadoc -author Rahmen.java.

@version leitet die Angabe einer Versionsnummer ein. Dieses Feld wird von javadoc in der Standardeinstellung ignoriert, und nur bei der Option -version eingebunden.

@since leitet die Angabe einer Versionsnummer ein.

Beispiel 6.9.16. Mit javadoc-Schlüsselwörtern versehen, kann die Spezifikation der Exponentialfunktion wie folgt aussehen:

```
/** Exponentiationsfunktion power.
 * Achtung: kein besonderer Test auf Ergebnisüberlauf.
 * @see Math.pow
 * @param a Basis, --
 * @param b Exponent, b &gt;= 0
 * @return a^b.
 * @author Wolfgang Küchlin
 * @author Andreas Weber
 * @version 2.1, Jun 1998
 */
int power(int a, int b)
```

❖

6.9.5 Rekursion

Ein Unterprogramm p ist **rekursiv** (*recursive*), falls der Körper von p wieder einen Aufruf von p enthält. Zwei Unterprogramme p und q sind **wechselseitig rekursiv** (*mutually recursive*), falls p einen Aufruf von q und q einen Aufruf von p enthält. Rekursion ist ein allgemeines und elegantes Wiederholungsverfahren. Alles, was man mit einer while-Schleife ausdrücken kann, läßt sich auch mit Rekursion (und der if-Anweisung) ausdrücken (und umgekehrt). Der Körper der Schleife findet sich im Körper des Unterprogramms wieder, die Abbruchbedingungen werden durch if-Anweisungen explizit behandelt, und alle Variablen (inklusive der Schleifenvariable), deren Werte zwischen Schleifendurchgängen weitergereicht werden, werden in Prozedurparameter abgebildet.

Beispiel 6.9.17. Es soll $\sum_{i=0}^{top} i$ berechnet werden. Folgende beide Programmfragmente sind gleichwertig:

1.

```
int sum(int top) {
    int i, s;
    s=0;
    for(i=top; i>=0; i--)
        s += i;
    return s;
}
```

2.

```
int sum(int top){
    if(top > 0) return(top + sum(top-1));
    else return(0);
}
```

❖

Rekursion ist ein wichtiges Programmierschema beim Entwurf von Algorithmen, insbesondere zum Berechnen von Funktionen. Analog zum Beweisen mit vollständiger Induktion stellt man sich die Frage:

1. Wie wird der Basisfall gelöst?
   a) Der absolute Trivialfall?
   b) Der einfachste nicht-triviale Fall?
2. Wie kann der allgemeine Fall der Größe n auf die Lösung für eine Größe $n' < n$ reduziert werden?

Solchermaßen konstruierte rekursive Funktionen können dann mittels Induktion als korrekt bewiesen werden.

Beispiel 6.9.18. Zur Berechnung von $\sum_{i=0}^{top} i$ stellen wir uns die Frage:

1. a) Wie wird der Fall $top < 0$ gelöst? Wir setzen das Ergebnis willkürlich zu 0.

   b) Wie wird der Fall $top = 0$ gelöst? Das Ergebnis ist 0.

2. Der allgemeine Fall der Größe n ist $\sum_{i=0}^{n} i = \left(\sum_{i=0}^{n-1} i \right) + n$.

Wir erhalten

```
int sum(int top) {
  if(top < 0) return 0;
  else if(top == 0) return 0;
  else return(top + sum(top-1));
}
```

❖

Beispiel 6.9.19. Die folgende Funktion berechnet den größten gemeinsamen Teiler zweier natürlicher Zahlen.

```
/** Größter gemeinsamer Teiler.
 * Anforderung:
 *   a: a>=0, a>b.
 *   b: b>=0, a>b.
 * Zusicherung:
 *   res: res ist die größte Zahl mit res<=a, res<=b,
 *        a%res==0, b%res==0.
 */
int ggT(int a, int b) {
  // Trivialfall
  if (b==0) return a;
  // Reduktion und Rekursion
  return ggT(b, a%b);
}
```

Die Reduktion ist korrekt: Wenn *res* sowohl b als auch $a\%b$ teilt, dann teilt es wegen

$$a = (a/b) \cdot b + a\%b \qquad (*)$$

auch a; damit ist *res* ein gemeinsamer Teiler von a und b. Daß *res* sogar der *größte* gemeinsame Teiler von a und b ist, sieht man wie folgt: Sei r irgendein gemeinsamer Teiler von a und b. Dann ist r wegen $(*)$ auch ein gemeinsamer Teiler von b und $a\%b$, und somit gilt r teilt *res*. Also ist *res* in der Tat der größte gemeinsame Teiler von a und b. ❖

Endrekursion. In einer Schleife sind die Variablen des Schleifenkörpers nur ein einziges Mal vorhanden – bei jeder Zuweisung werden sie überschrieben. Dagegen werden in jedem rekursiven Aufruf neue **Inkarnationen** (*incarnation*) der Variablen erzeugt, und nach Rückkehr aus dem Aufruf stehen die alten Werte wieder zur Verfügung. Eine neue Inkarnation einer Variablen v ist ein neues Tupel $\langle v$, Referenz, Wert$\rangle$ mit gleichem Namen und neuer Referenz. Ein Aufruf heißt **endrekursiv**

(*tail-recursive*), wenn er die letzte Anweisung der Prozedur ist. Funktionen mit einem einzigen endrekursiven Aufruf lassen sich leicht in Schleifen umformen, da man die lokalen Variablen ja ohne Not überschreiben kann, weil man ihre Werte nach der Rückkehr aus dem Funktionsaufruf ohnehin nicht mehr braucht; moderne Compiler tun das unter Umständen sogar automatisch. Werden die alten Variablenwerte noch gebraucht, so müssen sie auf einem Stapelspeicher gesichert werden, falls man den rekursiven Aufruf durch eine Schleife ersetzen will.

Beispiel 6.9.20. Die Funktion sum aus Beispiel 6.9.18 ist nicht endrekursiv, da in
$$\text{top} + \text{sum(top-1)}$$
nach dem rekursiven Aufruf von sum noch die Addition ausgeführt werden muß, bevor man den Aufruf verlassen kann. Eine andere Form von sum ist die folgende, die eine zusätzliche endrekursive Funktion tailSum aufruft.

```
int tailSum(int top, int r) {
if (top==0) return r;
else return tailSum(top-1,r+top);
}

int sum(int top) {
  if(top < 0) return 0;
  else return tailSum(top, 0);
}
```

Um in tailSum die Rekursion zu entfernen, fügen wir eine Iterationsschleife ein und ersetzen den rekursiven Aufruf durch Zuweisungen an die lokalen Variablen, die der Parameterübergabe direkt entsprechen. Da nach dem rekursiven Aufruf die alten Variablen nicht mehr gebraucht werden, kann man sie in der Schleife wiederverwenden, statt neue Inkarnationen anzulegen.

```
int iterSum(int top, int r) {
  for (;;) {     // loop replacing recursion
    if (top==0) return r;
    else {
      top = top-1;
      r = r+top;
} } }
```

❖

Beispiel 6.9.21. Wir entrekursivieren die ggT-Funktion aus Beispiel 6.9.19.

```
/** Größter gemeinsamer Teiler.
 * Anforderung:
 *    a: a>=0, a>b.
 *    b: b>=0, a>b.
 * Zusicherung:
 *    res: res ist die größte Zahl mit res<=a, res<=b,
 *         a%res==0, b%res==0.
 */
```

```
int ggTiter(int a, int b){
  int tmp;

  for (;;) { // recursion loop
    if (b==0) return a;
    tmp=a;
    a=b;
    b=tmp%b;
  }
}
```

Da simultane Zuweisungen nicht möglich sind, mußten wir eine Hilfsvariable `tmp` einführen.   ❖

6.9.6 Allgemeine Rekursion und Speicherverwaltung

Das Konzept der Rekursion ist dann besonders mächtig und elegant, wenn mehrere rekursive Aufrufe notwendig sind; bei der Behandlung von Algorithmen zu Baum-durchläufen in Kap. 13 werden wir einige Beispiele dazu sehen. Wenn wir es nur mit einfacher Endrekursion zu tun haben, so ist Rekursion im Vergleich zur Itera-tion ineffizient, da bei jedem rekursiven Aufruf ein neuer Speicherrahmen für den Prozedurrumpf angelegt wird. Bei langen Iterationszyklen kann es daher zu Spei-cherüberläufen kommen (*stack overflow*). Bei komplexen Verfahren mit mehreren rekursiven Aufrufen (vgl. Beispiel 6.9.22) ist dagegen die direkte rekursive Formu-lierung weit klarer als eine entrekursivierte, bei der zusätzlich vom Programmierer ein Stapelspeicher verwaltet werden muß.

Wir machen uns nun nochmals genauer den Aufbau des Stapelspeichers klar, der vom Laufzeitsystem einer Programmiersprache verwendet wird. Durch Simulation von Hand können wir dann den Ablauf auch von komplexen rekursiven Funktionen nachverfolgen. Wie besprochen wird für jeden Prozeduraufruf ein Speicherrahmen (*stack frame*) auf dem Stapelspeicher (*run-time stack*) angelegt. Er enthält Spei-cherplatz für neue Inkarnationen (*incarnation*) aller lokalen Variablen inklusive der Prozedurparameter und des Resultats. Der Rahmen bildet einen neuen Kontext, in dem die Anweisungen der Prozedur ausgeführt werden. Rekursive Aufrufe führen denselben Programmtext also jeweils in einem neuen Kontext aus. Wir simulieren jeden Rahmen durch ein neues Blatt Papier, das wir auf einen Stapel legen. Zusätz-lich benötigt das Laufzeitsystem noch drei weitere Verwaltungsgrößen:

– Einen **statischen Verweis** (*static link*) auf den Rahmen, in dem globale Variablen gespeichert sind. Im Falle von Java kann das nur ein Objekt der Klasse sein, in der die Prozedur als Methode definiert wurde. (In Pascal ist dies evtl. eine weitere Prozedur.) In der Simulation notieren wir falls nötig den Namen des Objekts.
– Einen **dynamischen Verweis** (*dynamic link*) auf den Rahmen der Prozedur-Inkarnation, aus der der gegenwärtige Prozeduraufruf getätigt wurde. Das ist im-mer der Rahmen direkt unterhalb auf dem Stapel. Der Zeiger macht lediglich klar, wo die Grenzen der Rahmen sind, denn die rufende Prozedur kann eine andere

Rahmengröße haben als die gerufene. In der Simulation verzichten wir auf diesen Zeiger und geben stattdessen jedem Blatt eine Nummer, denn es ist immer klar, wo das darunterliegende Blatt Papier beginnt.

– Die **Rücksprungadresse** (*return address*) spezifiziert die Anweisung, mit der die Berechnung nach Beendigung des rekursiven Aufrufs fortfährt. Das Laufzeitsystem benötigt hier die Adresse einer Maschineninstruktion; für die Simulation numerieren wir einfach die rekursiven Aufrufe in der Prozedur fortlaufend durch und verwenden diese Nummern.

Bei jedem Proteduraufruf legen wir ein neues Blatt Papier auf unseren Stapel, vermerken die Rücksprungadresse und übertragen die Parameterwerte. Dann benutzen wir dieses oberste Blatt für die in der Prozedur vorgeschriebene Rechnung; insbesondere vermerken wir auch das Resultat der Berechnung. Bei einem Rücksprung lokalisieren wir anhand der Rücksprungadresse den Ort des Aufrufs und ersetzen den Ausdruck des Proteduraufrufs durch das notierte Ergebnis. Danach entfernen wir den obersten Speicherrahmen vom Stapel (*pop the frame off the stack*) und fahren mit der Berechnung im darunterliegenden Rahmen fort.

Beispiel 6.9.22. Die Ackermann-Funktion $A : \mathbb{N} \times \mathbb{N} \to \mathbb{N}$ ist wie folgt definiert:

$$A(x,y) \;=\; \begin{cases} y+1 & \text{falls } x = 0 \\ A(x-1,1) & \text{falls } y = 0 \\ A(x-1, A(x, y-1)) & \text{sonst} \end{cases}$$

Sie ist in der theoretischen Informatik und Logik von Bedeutung, da sie außerordentlich schnell wächst. Man kann zeigen, daß sie schneller wächst als jede primitiv-rekursive Funktion; sie ist damit auch ein Beispiel für eine rekursive Funktion, die nicht primitiv-rekursiv ist. Für einen Beweis sei etwa auf (Felscher, 1993) verwiesen, wo auch der für die theoretische Informatik wichtige Begriff *primitiv-rekursive Funktion* exakt definiert wird. Die Ackermann-Funktion wird von Felscher (1993) historisch genauer „Peter-Funktion" genannt; wir folgen hier aber der üblichen Bezeichnung.

Die folgende rekursive Prozedur berechnet die Ackermann-Funktion:

```
/** Ackermann-Funktion.
 * @param a: a >= 0
 * @param b: b >= 0
 * @return res: res ==  Ackermann(a,b)
 */
int A(int a, int b) {
  int res;
  if( a == 0 ) res = b+1;
  else
    if( b == 0 ) res = A(a-1, 1);   // Aufruf 1
    else res = A(a-1,                // Aufruf 2
              A(a,b-1));             // Aufruf 3
  return(res);
}
```

Wir verfolgen den Verlauf der Berechnung bei der Eingabe a = 1 und b = 3.
(Mit der fiktiven Rücksprungadresse 0 zeigen wir das Ende der Berechnung an.)

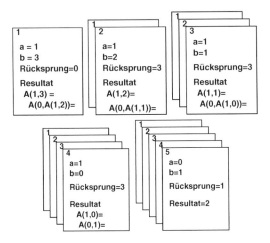

Auf Blatt 5 haben wir die tiefste Rekursionsstufe erreicht und wir können mit
dem erhaltenen Resultat Blatt 4 ergänzen. Wir verwenden unser Resultat A(0,1)
= 2 und setzen dieses in Blatt 4 an der Aufrufstelle 1 für den Aufruf A(1,0)
ein. Damit erhalten wir als Ergebnis von Blatt 4 den Wert 2. Diesen setzen wir im
Kontext von Blatt 3 als Resultat der Aufrufstelle 3 ein. Es ergibt sich ein erneuter
rekursiver Aufruf von A(0,2) an Stelle 2 im Kontext von Blatt 3. Wir erhalten

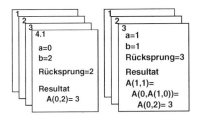

Das Resultat 3 von Blatt 3 wird im Kontext von Blatt 2 als Ergebnis der Aufrufstelle 3 (Teilausdruck A(1,1)) eingesetzt. Es ergibt sich ein erneuter rekursiver
Aufruf A(0,3) an Stelle 2.

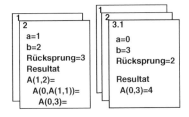

Mit dem Resultat A(0,3)=4 aus Blatt 3.1 ergibt sich A(1,2)=4 als Resultat
von Blatt 2. Dies an Stelle 3 im Kontext von Blatt 1 eingesetzt ergibt einen rekur-

siven Aufruf `A(0,4)` an Stelle 2. Nach dessen Auswertung zu `A(0,4)=5` auf Blatt 2.1 ergibt sich schließlich das Endresultat `A(1,3)=5` auf Blatt 1.

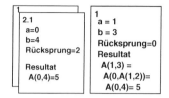

6.10 Übungen

Aufgabe 6.1. Schreiben Sie eine Funktion, die die folgende Spezifikation erfüllt:

– Die Funktion hat 2 Eingabeparameter vom Typ `int` und liefert keinen Eingabewert zurück, schreibt aber ein Ergebnis auf `System.out`.
– Der zweite Eingabeparameter β ist eingeschränkt auf eine Zahl zwischen 2 und 10 (je einschließlich), und die Zahl, die der erste Eingabeparameter darstellt, soll zur Basis β auf `System.out` ausgegeben werden.

In dieser Funktion sollen Sie direkt einen Algorithmus zur Darstellung einer Zahl zu einer gegebenen Basis implementieren und nicht auf eine der Funktionen aus der Klasse `Integer` zurückgreifen, in der eine Darstellung als Zeichen-String zu einer gegebenen Basis schon bereitgestellt wird.

Testen Sie Ihr Programm, indem Sie die Binärdarstellungen (also zur Basis 2), die Oktaldarstellungen (also zur Basis 8) und die Dezimaldarstellungen (also zur Basis 10) der Zahlen aus Aufgabe 2.1 ausgeben lassen.

Beachten Sie, daß Ihr Programm bei der Binärausgabe einer negativen Zahl das Zeichen „–" gefolgt von der Binärdarstellung des Absolutbetrags der Zahl ausgeben sollte, und nicht etwa die 32-Bit-Zweierkomplement-Darstellung der negativen Zahl!

Aufgabe 6.2. Gegeben seien folgende Zahlen vom Typ `float`: `x1=1e30f; x2=0.5f; x3=0.1f; x4=-0.5f; x5=1e-30f;`

Schreiben Sie ein Programm, das die übliche String-Darstellung und die Bitrepräsentation im IEEE-Format von `x1, x2, ..., x15` ausgibt. Dabei seien `x6, ..., x15` Variablen vom Typ `float`, die durch folgendes Prgrammfragment initialisiert werden:

```
x6=x1*x2/x5;
x7=x1*x4/x5;
x8=1.0f/x6;
x9=1.0f/x7;
```

```
x10=1.0f/x8;
x11=1.0f/x9;
x12=x6+x3;
x13=x6*x3;
x14=x6+x7;
x15=x1+x14;
```

Hinweis: Um die Bitrepräsentation einer `float`-Variablen zu erhalten, können Sie die Funktionen
`Float.floatToIntBits` und
`Integer.toBinaryString`
benutzen.

Aufgabe 6.3. Berechnen Sie die ersten 20 Iterationen der Zahlenfolge p_n, definiert durch:

1. $p_0 = 0.01$
2. $p_{n+1} = p_n + r \cdot p_n(1 - p_n), \quad r = 3.$

Stellen Sie die Größen p (für p_n) und r einmal als `float` und einmal als `double` dar. Lassen Sie sich die Werte $p_0, \ldots, p_{20}$ auf den Bildschirm ausgeben, jeweils getrennt für `float` und `double`, und vergleichen Sie die Rechengenauigkeit.

Aufgabe 6.4. Es seien $x_1 = 10000.0, x_2 = -1.0\text{e-}3 \ / \ 9.0, x_3 = 25.0\text{e}2,$ $x_4 = 1.0\text{e-}3 \ / \ 7.0$ und $x_5 = -12.5\text{e}3$. Im folgenden soll die Summe $\sum_{i=1}^{5} x_i$ auf verschiedene Art und Weise und mit verschiedenen Datentypen berechnet werden.

a) Berechnen Sie (von Hand) die (exakte) Summe $\sum_{i=1}^{5} x_i$.
b) Welches Ergebnis berechnet Java, falls Sie ausschließlich Variablen vom Typ `float` verwenden?
c) Welches Ergebnis berechnet Java, falls Sie ausschließlich Variablen vom Typ `double` verwenden?
d) Zur Berechnung einer Summe $S = \sum_{i=0}^{n} x_i$ wird folgendes Verfahren vorgeschlagen:
   a) $S = 0, D = 0$
   b) für $i = 1, \ldots, n$:
      i. $S_{\mathrm{alt}} = S$
      ii. $S = S + x_i$
      iii. $D = D + (x_i - (S - S_{\mathrm{alt}}))$
   c) $S = S + D$

Welches Ergebnis S berechnet Java mit diesem Verfahren für $n = 5$ und obigen Werten für die x_i? Dabei sollen wieder nur Variablen des Typs `float` verwendet werden.

Hinweis: Da eine Summe von 5 fest vorgegebenen Summanden berechnet werden soll, brauchen Sie dieses Verfahren nicht mittels einer Schleife zu implementieren, sondern Sie können es in „ausgerollter Form" implementieren.

e) Weshalb ist diese Rechenvorschrift der einfachen Summation überlegen?

f) Was liefert das Verfahren aus (d), wenn Sie nur Variablen des Types `double` verwenden?

Aufgabe 6.5. Die Fakultätsfunktion $fak : \mathbb{N} \longrightarrow \mathbb{N}$ kann durch folgende Rekursionsvorschrift definiert werden:

$$fak(n) = \begin{cases} 1 & \text{falls } n = 0 \\ n \cdot fak(n-1) & \text{falls } n > 0 \end{cases}$$

Implementieren Sie die Fakultätsfunktion in einem Java-Programm. Ihre Implementierung der Fakultätsfunktion soll als Eingabeparameter eine ganze Zahl vom Typ `long` erhalten und auch eine Zahl vom Typ `long` zurückgeben. Implementieren Sie insbesondere eine Testmöglichkeit.

Aufgabe 6.6. Die trigonometrische Funktion Cosinus hat die Reihenentwicklung

$$\cos(x) = \sum_{k=0}^{\infty} (-1)^k \frac{x^{2k}}{(2k)!}$$

Implementieren Sie eine Funktion `cosinus`, die zwei Parameter besitzt – einen Parameter x vom Typ `double` und einen Parameter n vom Typ `int` – und die folgende Spezifikation erfüllt:

Die Funktion gibt einen Wert vom Typ `double` zurück, der der Wert der Reihenentwicklung von Cosinus für x bis zur Ordnung $2 \cdot n$ ist.

Testen Sie die Funktion mit verschiedenen Eingabewerten und vergleichen Sie die Ergebnisse mit den Werten der Bibliotheksfunktion `Math.cos`.

Aufgabe 6.7. Implementieren Sie eine Funktion `cos`, die einen Parameter x vom Typ `double` hat, und die den Cosinus von x berechnet. Der Rückgabewert soll auch vom Typ `double` sein.

Verwenden Sie zur Berechnung die Reihenentwicklung des Cosinus bis zu einer genügend hohen Ordnung (die i. a. vom Wert des Eingabeparameters abhängt).

Ist es sinnvoll, die Reihenentwicklung für jeden Parameterwert direkt zu berechnen, oder hätte es Vorteile, z. B. die Periodizität des Cosinus auszunutzen?

Aufgabe 6.8. a) Implementieren Sie eine Funktion, die zu einem Eingabeparameter n den Wert $n!$ zurückgibt. Ein- und Rückgabeparameter sollen den Typ `long` besitzen.

Benutzen Sie keine rekursive, sondern eine iterative Implementierung.

b) Die für nicht-negative ganze Zahlen n und k definierte Funktion

$$\binom{n}{k} \stackrel{\text{def}}{=} \begin{cases} \frac{n!}{k!(n-k)!} & \text{für } 0 \leq k \leq n \\ 0 & \text{für } 0 \leq n < k \end{cases}$$

heißt *Binomialkoeffizient*.

Implementieren Sie die Binomialkoeffizienten-Funktion. Die Parameter sollen vom Typ `long` sein, ebenso wie der Rückgabewert.

Bemerkung: Es gilt

$$\binom{n}{k} = \frac{n \cdot (n-1) \cdots (n-k+1)}{k!}$$

Welche Vorteile hat es, wenn Sie diese Identität für die Implementierung benutzen, statt direkt auf die Definition des Binomialkoeffizienten zurückzugreifen?

Aufgabe 6.9. Schreiben Sie ein Java Programm, das die Wechselgeldrückgabe bei einem Fahrkartenautomaten simuliert. Als Eingabe soll das Programm den zu zahlenden Fahrkartenpreis und den eingeworfenen Geldbetrag erhalten. Das Programm soll nun die Rückgabemünzen bestimmen. Dazu kommen alle gängigen Geldstücke (1 Cent Stücke bis 2 Euro Stücke) in Frage. Die Geldrückgabe soll in möglichst großen Münzen erfolgen. Das Programm soll für jede Münzsorte die erforderliche Anzahl von Münzen ausgeben.

a) Benutzen Sie in Ihrem Programm zur internen Repräsentation der Geldbeträge Variablen vom Typ `int` und führen Sie alle Berechnungen in Cent aus.

b) Verwenden Sie zur internen Repräsentation der Geldbeträge Variablen vom Typ `double` und rechnen Sie in Euro. Führen Sie mehrere Testläufe aus. Liefert Ihr Programm in jedem Fall korrekte Ergebnisse? Begründen Sie Ihre Antwort.

Aufgabe 6.10. Betrachten Sie die beiden folgenden Java Programme:

a)
```java
public class Ausdruck1 {
   public static void main(String argv[]) {
      boolean a=true;
      boolean b=false;
      boolean c=true;

      System.out.println(a || b == b && c);
   }
}
```
b)
```java
public class Ausdruck2 {
   public static boolean f1() {
      System.out.println("f1");
      return true;
   }

   public static boolean f2() {
      System.out.println("f2");
      return true;
   }

   public static void main(String argv[]) {
      if (f1() || f2())
        System.out.println("wahr");
      else
        System.out.println("falsch");
} }
```

Welche Ausgaben werden jeweils von den Programmen erzeugt? Begründen Sie Ihre Antwort; erklären Sie dazu genau, wie die beiden vorkommenden Ausdrücke:

```
a || b == b && c    und
f1() || f2()
```

ausgewertet werden.

Aufgabe 6.11. Gegeben seien die folgenden Codefragmente. Geben Sie bitte an, welchen Wert die Variable a nach der Auswertung des Ausdrucks hat, einschließlich aller Zwischenschritte, die zum Ergebnis führen (a, b seien vom Typ `int`):

1. `a=0; b=1; a = ((1 << a) + 1 + 1) % (1 << (1 << 0));`
2. `a=0; b=1; a = ((a==b++) ? 0 : 1) | ((a==b++) ? 0:1);`
3. `a=0; b=1; a = (++a + a) >>> b;`
4. `a=0; b=1; a = (++a & (a << --b));`

Aufgabe 6.12. Gegeben sind folgende Ausdrücke in Java:

```
((3+4)*2/3)/(1+4.0)
((4*2/9)+3)/(1.5+2.5)
(1.5-0.5)*((13/2+5)/2)
```

a) Bestimmen Sie alle Teilausdrücke dieser drei Ausdrücke.

b) Ermitteln Sie zu jedem Teilausdruck den Typ und markieren Sie, wo eine Typkonversion von welchem zu welchem Typ stattfindet.

c) Berechnen Sie die Ergebnisse der Teilausdrücke und die Gesamtergebnisse der drei Ausdrücke. Beachten Sie dabei den Typ des Teilausdrucks.

Aufgabe 6.13. Gegeben sei die folgende Java-Methode, n und b seien ganze Zahlen mit $n \geq 0$ und $b > 0$:

```
static int func(int n, int b) {
    if (n < b) {
        return n;
    }
    else {
        return n%b + func(n/b, b);
    }
}
```

a) Berechnen Sie die Ergebnisse der Funktionsaufrufe `func(27, 2)` und `func(27, 10)`.

b) Beschreiben Sie allgemein: Was berechnet der Funktionsaufruf `func(n, b)`?

Aufgabe 6.14. Eine Wetterstation liefert pro Tag jeweils einen durchschnittlichen Temperaturmesswert, welcher in einem eindimensionalen Array mit dem Elementtyp `double` gespeichert wird.

Mit Hilfe der Methode

```
static int absDiff(double[] a)
 // ...
{
   // ...
}
```

soll festgestellt werden, zwischen welchen aufeinanderfolgenden Tagen der größte Sprung in der Temperatur stattgefunden hat. Die Methode soll die Nummer des ersten Tages zurückliefern.

Implementieren Sie die Methode `absDiff` mit dem oben angegebenen Rahmen. Kommentieren Sie Ihre Lösung ausführlich. Insbesondere geben Sie die genaue Bedeutung des Rückgabeparameters an! Welche Fehlermöglichkeiten werden von Ihrem Algorithmus erkannt und wie werden sie behandelt?

7. Klassen und höhere Datentypen

As long as there were no machines, programming was no problem at all;
when we had a few weak computers, programming became a mild problem,
and now that we have gigantic computers, programming has become an
equally gigantic problem.

Edsger W. Dijkstra (1972)

7.1 Einleitung und Überblick

Beim objektorientierten Programmieren wird ein Problem dahingehend untersucht, welche abstrakten Datentypen es enthält. Ein **abstrakter Datentyp** (*abstract data type*) besteht – wie wir schon gesehen haben – aus den Daten selbst (Objektzustände, Gerätedaten, Stammdatenblatt etc.) und den auf den Daten benötigten und ausführbaren Operationen (erzeugen, löschen, lesen, sortieren, suchen, verknüpfen etc.). Ein objektorientiertes System erbringt seine Leistung durch die Interaktion von Objekten der verschiedenen Typen; dadurch wird der Zustand des Gesamtsystems fortgeschrieben, der aus den Zuständen der einzelnen Objekte besteht.

Operationen eines Datentyps können die Dienstleistungen eines anderen benutzen und stellen selbst für andere einen Dienst zur Verfügung. Dies ist das **Kunde/Anbieter** (*client/server*) Prinzip: Der Anbieter erbringt eine Dienstleistung, der Kunde nimmt sie in Anspruch. Der Anbieter publiziert einen Katalog seiner möglichen Dienstleistungen als öffentliche **Schnittstelle** (*interface*). Den Kunden interessiert nur diese Schnittstelle, also der Leistungskatalog. Es ist ihm völlig gleichgültig, auf welche Weise die Leistung im einzelnen erbracht wird. Dies ist das **Geheimnisprinzip** (*principle of information hiding*). Die internen privaten Daten und Arbeitsweisen der Server-Objekte sind nach außen verborgen. Server mit gleicher Schnittstelle sind wechselseitig austauschbar.

Objektorientierte Programmiersprachen unterstützen die Realisierung benutzerdefinierter komplexer abstrakter Datentypen. Der Begriff „abstrakt" bezieht sich hierbei auf die abstrakte Schnittstellendefinition der Datentypen, die über eine Implementierung nichts aussagt. Die Objekte der Datentypen und die auf ihnen operierenden Methoden sind in einer Implementierung sehr konkret. Diese erfolgt in Form einer (Objekt-)Klasse, in der die Elemente des Datentyps durch Objekte und seine Operationen durch Methoden realisiert werden. Die Benutzung eines implementierten Datentyps soll dabei möglichst analog zur Benutzung eines eingebauten elementaren Typs erfolgen können. Wenn wir es genau nehmen wollen, haben wir also zwischen dem **abstrakten Typ** und der **konkreten Implementierung als Klasse** zu unterscheiden; insbesondere kann es mehrere Klassen geben, die den selben Typ implementieren. Wir werden diese Unterscheidung aber meist nicht brauchen.

Zentrales Konstruktionshilfsmittel für einen abstrakten Datentyp ist das Sprachkonzept der **(Objekt-)Klasse** (*class*). Eine Klassendeklaration beschreibt die gemeinsame interne Struktur der Objekte des Datentyps und die Funktionen (genannt **Methoden**), die der Datentyp zum Operieren auf den Objekten zur Verfügung stellt. Eine Klasse faßt also Daten und Funktionen zu einer nicht nur logischen, sondern auch syntaktischen Einheit zusammen. Die Objekte sind ihrem Wesen nach **Verbunde** (*structures*), also Container, die Daten vieler unterschiedlicher Typen in einer übergeordneten Struktur verbinden (aggregieren). Insbesondere können Objekte eines Klassentyps wiederum Objekte anderer Klassentypen enthalten. (In Java ist dieses Enthaltensein immer per Referenz realisiert.) Durch dieses Mittel der **Aggregation** (*aggregation*) können wir komplexe höhere Datenstrukturen schaffen. Da allen Objekten über ihren Klassentyp eindeutig die verfügbaren Operationen zugeordnet sind, läßt sich die auftretende programmiertechnische Komplexität praktisch beherrschen.

Java 2 stellt im Paket `java.util` nützliche Klassen bereit, um **Sammlungen** (*collection*) von Elementen zu repräsentieren und zu manipulieren. Es werden die Datentypen **Menge** (`Set`), **Liste** (`List`) und **Abbildung** (`Map`) realisiert. `Set` und `List` implementieren beide die Methoden-Schnittstelle `Collection`. In diesem Kapitel sowie in Teil III diskutieren wir viele der Grundprinzipien, die in diesem Zusammenhang relevant sind.

Im folgenden behandeln wir als zentralen Abschnitt die Realisierung von Klassen und Objekten in Java. Danach beschäftigen wir uns in mehreren Abschnitten mit wichtigen höheren Datentypen und ihrer Realisierung mit Hilfe von Klassen.

Abschnitt 7.3 behandelt das Programmierkonzept der Ausnahmebehandlung mittels Klassen, die Ausnahmesituationen (*exceptions*) beschreiben. Abschnitt 7.5 behandelt Reihungen (*arrays*), die in Java als Spezialfall von Klassen realisiert sind; in Abschnitt 7.6 besprechen wir Zeichenketten (*strings*), wie sie durch `java.lang.String` gegeben sind. Abschnitt 7.7 stellt einfach- und doppeltverkettete Listen (*lists*), zentrale Datenstrukturen zur Modellierung dynamischer Objektbeziehungen vor. Java stellt doppeltverkettete Listen in der Klasse `java.util.LinkedList` zur Verfügung. Die Abschnitte 7.8 und 7.9 haben Stapel (*stacks*) und Warteschlangen (*queues*) zum Thema, zu deren Realisierung wir Listen verwenden.

Volles **objektorientiertes Programmieren** nutzt nicht nur abstrakte Datentypen, sondern arbeitet zur Reduktion der programmiertechnischen Komplexität die Gemeinsamkeiten ähnlicher abstrakter Datentypen heraus und modelliert diese Gemeinsamkeiten mit den Hilfsmitteln der **Vererbung** (*inheritance*) und der **virtuellen Funktionen** (*virtual functions*) mit dynamischem Binden. Diesem Konzept und seinen assoziierten Programmierkonzepten ist das separate Kapitel 8 gewidmet. Die in diesem Kapitel und Kap. 8 eingeführte objektorientierte Programmiertechnik werden wir in Kap. 9 an zwei größeren Beispielen demonstrieren und dann in Teil III durchweg anwenden.

7.2 Objekte, Felder und Methoden

Eine **Klasse** (*class*) stellt einen (i. a. benutzerdefinierten) zusammengesetzten Datentyp dar. Eine Klassendeklaration spezifiziert vor allem die Bestandteile (**Mitglieder**, *members*), aus denen sich Objekte des Typs zusammensetzen: die **Datenfelder** (**Instanzvariablen**, *instance variables*), in denen Objekte ihren Zustand speichern, die **Konstruktoren** (*constructors*), mit denen neue Objekte des Typs initialisiert werden, und die (**Instanz-)Methoden** (*methods*), die auf den Objekten aufgerufen werden können. Daneben gibt es auch **Klassenvariablen** (*class variables*) und **Klassenmethoden** (*class methods*), die nicht an Objekte gebunden sind. (Wir haben sie in Kap. 6 benutzt, um ohne Objekte zu programmieren.) Diese stellen eher Sonderfälle dar; wir behandeln sie im Abschnitt 7.2.2. Im Normalfall meinen wir mit Feldern und Methoden immer Instanzvariablen und Instanzmethoden.

Datenfelder einer Klasse heißen auch deren **Attribute** (*attributes*), in Java heißen sie **Felder** (*fields*); die Methoden heißen in C++ auch **Mitgliedsfunktionen** (*member functions*), die Daten heißen **Datenmitglieder** (*data members*).

Ein **Objekt** (*object*) ist eine **Instanz** (*instance*) einer Klasse. Bei der Erzeugung eines Objekts (mit `new`) wird auf der Halde (*heap*) ein passendes Stück Speicher angelegt (*allocate*), auf dem neue Inkarnationen der Felder eingerichtet werden. Jedes Objekt hat also eigene Werte für die in der Klasse spezifizierten Datenfelder. Als Methoden hat es die Methoden seiner Klasse. Diese werden jeweils beim Aufruf an ein Objekt gebunden und operieren auf diesem Objekt. Wenn sie ein Feld einer Klasse erwähnen, dann ist für die Dauer des Aufrufs die Inkarnation des Feldes im gebundenen Objekt gemeint. Die eben beschriebenen Felder und Methoden heißen deshalb auch **Instanzvariablen** (*instance variables*) und **Instanzmethoden** (*instance methods*).

Die Klassendeklaration beginnt mit dem Schlüsselwort `class` gefolgt vom Namen der Klasse; per Konvention werden Klassennamen immer (auch in Englisch) großgeschrieben.

Beispiel 7.2.1.

1. Wir deklarieren eine Klasse `Messwert2D`, die zwei ganzzahlige Koordinatenwerte mit einem Gleitkommawert verbindet.

```
class Messwert2D {
    int x;        // x-Koordinate
    int y;        // y-Koordinate
    double wert; // Messwert
}
```

Messwert2D ist ein reiner Verbundtyp mit Feldern aber ohne Operationen. Die Objekte fungieren als Container, die die Beziehung zwischen Koordinaten und Meßwert ausdrücken, indem sie die Felder verbinden.

2. Wir deklarieren eine Klasse Time für den Gebrauch in einer elektronischen Stoppuhr. Die Instanzmethode tick implementiert die Operation des Tickens des Sekundenzählers.

```
class Time {
    int  sec=0;  // seconds, 0 <= sec < 60
    int  min=0;  // minutes, 0 <= min < 60
    int  hrs=0;  // hours, 0 <= hrs

    void tick() {
        sec++;
        if( sec >= 60 ) {
            sec -= 60;
            min++;
            if( min >= 60 ) {
                min -=60;
                hrs++;
} } } }
```

3. Wir deklarieren eine Klasse M2DT, die einen Messwert2D mit dem Zeitpunkt (gerechnet seit Beginn des Experiments) verbindet, zu dem er gemessen wurde.

```
class M2DT {
    Messwert2D m;   // 2-D Messwert
    Time t;         // Zeitpunkt des Messens

    M2DT() { // Konstruktor
        m = new Messwert2D();
        t = new Time();
    }
}
```

Wie immer bei Variablen vom Typ einer Objektklasse sind m und t Referenz-variablen. Jedes Objekt vom Typ M2DT enthält also zwei Referenzen auf die Teilobjekte, die es verbindet. Der Konstruktor M2DT() initialisiert ein neues Objekt des Typs M2DT.

❖

Sei K der Name einer Klasse. Dann ist

K v;

die Deklaration einer Variablen v vom Typ K. Der Ausdruck new K() **erzeugt** ein neues Objekt vom Typ K und sein Wert ist die Referenz auf dieses Objekt; v = new K(); weist diese Referenz anschließend an v zu.

Ganz präzise gesprochen wäre der Typ von v also „Referenz auf K". Da in Java aber *alle* Variablen, deren Typ eine Klasse ist, automatisch Referenzvariablen sind, sagt man einfacher und abkürzend „v hat den (Klassen-)Typ K". Ebenso identifiziert man manchmal die Variable mit dem Objekt, obwohl dies verschiedene Dinge sind. Als Nebeneffekt der Ausführung von new wird das neue Objekt initialisiert (siehe 7.2.7). Anschließend kann man auf die Attribute von v mittels des Punkt-Operators (.) zugreifen. Eine Instanzvariable wird über

Klassenobjekt.Variablenname

angesprochen. Eine Instanzmethode wird durch

Klassenobjekt.Methodenname(arg1, ..., argn)

aufgerufen.

Beispiel 7.2.2.

```
{ Time t = new Time();
  t.sec = 21;   // Setze sec in t auf 21
  t.min = 35;   // Setze min in t auf 35
  t.hrs = 2;    // Setze hrs in t auf 2
  t.tick();     // Rufe tick() auf Objekt t auf
}
```

❖

Ist d eines der Datenfelder von Objekten vom Typ K, so ist v.d das entsprechende Feld im Objekt v. Ist m() eine (Instanz-)Methode von K, so wird m() durch v.m() auf dem Objekt v aufgerufen. Oft verwendet man hier die Metapher der **Nachricht** (*message*): v.m() schickt die Nachricht an v, die Methode m() auszuführen. Die Prozedur oder Funktion m() kann (wie tick() im Beispiel) auf Felder von K Bezug nehmen. Bei einem Aufruf v.m() sind dann die Felder des Objekts v gemeint, bei w.m() die entsprechenden Felder von w.

Um eine (Instanz-)Methode an ein Objekt binden zu können bekommt jede Methode der Klasse K vom Java-Übersetzer implizit einen zusätzlichen formalen Parameter namens this vom Typ K. Diesem Parameter wird das aktuelle Objekt zugewiesen, auf dem die Methode ausgeführt werden soll. Wird in m() ein Feld d von K erwähnt, so ist damit also this.d gemeint, und innerhalb des Aufrufs v.m() bezeichnet this.d das Feld d des Objekts v.

Beispiel 7.2.3. Die Methode void tick() der Klasse Time wird *implizit* ergänzt zu:

```
void Time_tick(Time this) {
    this.sec++;
    if( this.sec >= 60 ) {
        this.sec -= 60;
        this.min++;
        if( this.min >= 60 ) {
            this.min -=60;
            this.hrs++;
} } }
```

Der Aufruf t.tick() entspricht dann Time_tick(t).

7.2.1 Überladen von Methoden

Objektorientierte Programmiersprachen erlauben üblicherweise das **Überladen** (*overloading*) von Methodennamen.[1] Ein Methodenname ist in einer Klasse überladen, falls es in der Klasse mehrere Methoden mit dem gleichen Namen (aber unterschiedlicher Signatur) gibt. Dies ist eine Übertragung eines Konzepts, das wir von Funktionen schon kennen, vgl. Kap. 6.9.1.

Gibt es zu einem Aufruf mehrere passende Methodendeklarationen, so wird davon die speziellste ausgewählt. Ist diese nicht eindeutig bestimmt, ist der Aufruf unzulässig (vgl. auch Beispiel 6.9.6).

Beispiel 7.2.4. Sei ein Aufruf `a.plus(5)` gegeben und es existieren Methoden `plus(int)` und `plus(float)` in der Klasse, zu der `a` gehört. Beide Methoden sind anwendbar, aber die erste Methode ist spezieller.

Bei Methoden mit mehreren Parametern kann es zu einem Gleichstand kommen, siehe Beispiel 6.9.6.   ❖

Wir werden komplizierte Überladungen vermeiden und überladenen Methoden meistens in der Form von Konstruktoren begegnen (vgl. Abschnitt 7.2.7).

7.2.2 Klassenvariablen und Klassenmethoden

Bisher waren die Werte der in der Klasse deklarierten Felder in jedem Objekt (i. a. verschieden) gespeichert und alle Methoden waren implizit mit einem Objekt parametrisiert. Ist ein Feld als `static` deklariert, so sprechen wir von einer **Klassenvariable** (*class variable*) und dieses Feld ist nur ein einziges Mal in der Klasse repräsentiert, egal wieviele Klassen-Objekte es gibt. Ist eine Methode als `static` deklariert, so sprechen wir von einer **Klassenmethode** (*class method*). Sie ist *nicht* durch den verborgenen `this` Parameter mit einem Objekt parametrisiert. Die Methode kann dann auch nicht auf einem Objekt aufgerufen werden, sondern der Aufruf ist von der Art

        Klassenname.Methodenname(...)

oder einfach

        Methodenname(...)

innerhalb der Klasse.

Der Begriff „statisch" (*static*) bezieht sich hierbei auf die Speicherallokation, die für „statische" Felder fix (statisch) zur Übersetzungszeit geschehen kann, statt dynamisch zur Laufzeit bei der Erschaffung eines Objekts. Ansonsten ist an `static` deklarierten Variablen nichts statisches – ihre Werte können während der Laufzeit

---

[1] Dies ist nicht zu verwechseln mit dem **Überschreiben** (*overriding*) von Methodennamen, vgl. Kap. 8.3.

genauso variieren wie die jeder anderen Variable. Klassenmethoden heißen per Analogie `static`, da bei ihnen der Programmcode zur Übersetzungszeit (statisch) an den Methodennamen gebunden werden kann, im Gegensatz zu Instanzmethoden, wo dies dynamisch zur Laufzeit geschieht (vgl. Abschnitt 8.3).

Klassenvariable werden typischerweise für globale Buchhaltungsaufgaben eingesetzt, z. B. um in einer Klassenvariable die Anzahl aller erzeugten Klassenobjekte zu zählen.

Klassenmethoden ermöglichen aber auch eine alternative Aufrufsyntax, die für gewisse Operationen manchmal intuitiver ist.

Beispiel 7.2.5.

```
class Time {
  // ...
  public static void stick(Time t) {
    t.tick();
  }
}
```

Die Klassenmethode erlaubt uns Ausdrücke der Art `stick(t)` in Klassenmethoden von `Time` und der Art

$$Time.stick(t)$$

ausserhalb.   ❖

Ein analoges Beispiel wäre

$$Zahl\ z = Zahl.plus(a, b);$$

statt

$$Zahl\ z = a.plus(b);$$

mit Objekten `a`, `b` von einem Typ `Zahl`. Vergleiche hierzu auch die Klasse `Complex` in Abschnitt 7.2.9.

In C++ gibt es neben Klassenmethoden auch das Konzept der globalen Funktionen und globalen Variablen, die mit keiner Klasse assoziiert sind. In Java gibt es dieses Konzept nicht. Es kann aber dadurch simuliert werden, daß eine (öffentliche) Klasse (die z. B. `Global` heißen kann) eingeführt wird und dort alle globalen Variablen und Funktionen deklariert werden. Dies haben wir in unserer Rahmenklasse `Program` in Kap. 6 ausgenützt.

7.2.3 Pakete (*packages*)

In Java können Klassen zu **Paketen** (*packages*) zusammengefaßt werden. Um ein Paket `PName` zu vereinbaren, deklariert man `package PName;` vor den Klassendeklarationen. `PName` kann auch Punkte enthalten; diese haben aber keine besondere Bedeutung.

Beispiel 7.2.6. Im Paket `java.lang` sind Klassen zur Verfügung gestellt, die für Java grundlegend und z. T. auch mit der Sprache selbst verwoben sind. Es enthält z. B. die Klasse `Object` mit Basismethoden für alle Java-Objekte, die Klasse `String` für Zeichenketten und die Hüllklassen für die elementaren Datentypen (vgl. Kap. 6.4). Dieses Paket enthält auch die (finale) Klasse `Math`. Sie stellt die statischen Felder `E` und `PI` für die Euler'sche Konstante e und die Kreiszahl π zur Verfügung, sowie statische Methoden für elementare Funktionen über numerischen Datentypen, wie z. B. die trigonometrischen Funktionen, Exponentiation und Logarithmus, Wurzelfunktion, Rundungsfunktionen, sowie Absolutbetrag, Minimum und Maximum.

In `java.util` sind einige „nützliche Funktionen" (*utilities*) zusammengestellt, z. B. solche für Zufallszahlengeneratoren. Es enthält auch die wichtigen Klassen für **Sammlungen** (*collections*) von Elementen, die durch höhere Datenstrukturen realisiert werden, von denen wir einige später kennenlernen werden. Beispiele hierfür sind Hash-Tabellen, Listen und eine generische Klasse für Stacks.

Das Paket `java.io` beinhaltet die Systemklassen zur Unterstützung der Ein-/Ausgabe.

Das Paket `java.awt` enthält das *abstract window toolkit*, eine graphische Klassenbibliothek zur Darstellung 2-dimensionaler Objekte und zur Interaktion mit dem Benutzer (siehe Kap. 9).

Im Paket `java.net` finden sich Klassen zur Unterstützung der Netzwerkprogrammierung. ❖

Eine Deklaration `import PName.*` macht die im Paket `PName` deklarierten Klassen von nun an bekannt. (Ein Zugriff über den voll qualifizierten Namen ist ohnedies immer möglich.) Als eine Besonderheit müssen die Klassen im Paket `java.lang` nicht explizit importiert werden, sondern diese werden schon implizit importiert. Vom Übersetzer wird also jeder Übersetzungseinheit automatisch eine Anweisung der Form

$$\text{import java.lang.*;}$$

vorangestellt.

7.2.4 Kapselung und Zugriffskontrolle

Jeder Name eines Mitglieds (Attribut oder Methode) einer Klasse hat einen **Sichtbarkeitsbereich** (*scope*); ein Mitgliedsname kann nur dort verwendet werden, wo er sichtbar ist. Zugriffe auf das Mitglied unterliegen damit einer **Zugriffskontrolle** (*access control*). In Java gibt es die 4 Sichtbarkeitsbereiche **global**, **geschützt**, **Paket** und **Klasse**.

Der Sichtbarkeitsbereich eines Mitglieds wird durch einen der folgenden **Moderatoren** (*access modifiers*) angegeben: `public` (öffentlich, global), `protected` (geschützt) oder `private` (eigene Klasse); ist nichts angegeben, gilt der **Standard-Sichtbarkeitsbereich** (*default scope*) „Paket".

Alle Deklarationen, die mit `public` beginnen, sind vollständig öffentlich, d. h. global sichtbar. Die mit `private` gekennzeichneten Klassendaten und Methoden sind nur innerhalb der Klasse selbst sichtbar. Wenn keines dieser Schlüsselwörter vor der Deklaration steht, dann bedeutet dies Sichtbarkeit innerhalb eines Pakets. Mit dem Schlüsselwort `protected` können Felder und Methoden gekennzeichnet werden, die nicht nur Standard-Sichtbarkeit besitzen sollen, sondern auf die auch von abgeleiteten Klassen (also einer Unterklasse) aus einem anderen Paket direkt zugegriffen werden kann. Für letzteren Fall gibt es Zusatzregeln, die wir in Kap. 8.2.1 diskutieren werden.

Generell gilt in Java und in C++, daß der Zugriffsschutz auf Klassenebene stattfindet und nicht auf Objektebene. Eine Methode der Klasse `A`, die auf einem Objekt `a1` abläuft, kann auf alle Attribute eines anderen Objekts `a2` vom Typ `A` mit genau denselben Rechten zugreifen, als seien es ihre eigenen. Wir werden dies in Abschnitt 7.2.9 ausnutzen, wenn die Additionsmethode der Klasse `Complex` die privaten Felder ihres Parameters vom Typ `Complex` liest.

Für Klassennamen sind die Sichtbarkeitsbereiche global (öffentlich, `public`) und „Paket"(Standardsichtbarkeit) sinnvoll.

Eine als öffentlich deklarierte Klasse wird Teil der öffentlichen Schnittstelle ihres Pakets. Sie kann aber ihre Daten und Methoden teilweise verbergen, indem sie den Zugriff auf diese einschränkt. Ob eine Methode oder ein Feld vollständig öffentlich, innerhalb eines Pakets öffentlich oder privat ist, hängt wieder von Design-Überlegungen ab.

7.2.5 Kontrakt und Aufrufschnittstelle

Die zugänglichen Daten und Methoden einer Klasse bilden die **(Aufruf-)Schnittstelle** (*call interface*) der Klasse nach außen auf dieser Sichtbarkeitsstufe (z. B. im Paket oder global). Interne Daten und Methoden bleiben verborgen und können geändert werden, ohne daß extern davon etwas zu merken ist. Dies ist das wichtige **Geheimnisprinzip** (*principle of information hiding*). Üblicherweise erlaubt man keinen öffentlichen Zugang zu Klassendaten. Man erhält dadurch mehr Kontrolle über den Zugang, und man kann Repräsentationsdetails besser verbergen.

Zum Beispiel kann man mit einem privaten Feld x und einer öffentlichen Methode `get_x()` einen nur lesenden (*read only*) Zugriff von außen einrichten, während es diesen Schutz auf der Ebene des Feldes selbst nicht gibt. Des weiteren kann `get_x()` in Unterklassen umdefiniert (überschrieben) werden, z. B. um zusätzlich die Anzahl der Zugriffe zu zählen (siehe Kap. 8.3). Allerdings ist der Zugriff über solche **Selektoren** (*selectors*) i. a. langsamer als ein direkter Zugriff auf das Feld. Selektoren werden in Abschnitt 7.2.8 nochmals aufgegriffen.

Beispiel 7.2.7.

```
public class Date {    // the class name is public
   private byte day;          // private field
   private byte month;        // private field
   private short year;         // private field

   public void m1() {         // public method
      // ...
   }

   void m2() {                // package method
      // ...
   }

   private boolean m3() {    // private method
      // ...
   }
}
```

❖

Syntax und Semantik der Aufrufschnittstelle bilden den **Kontrakt** (*contract*) zwischen den Programmierern der Klasse und ihren Nutzern. Solange der Kontrakt beachtet wird, funktioniert die Zusammenarbeit zwischen den Nutzern der Klasse und dem Code der Klasse selbst. Die Art und Weise, wie die Klasse ihre Seite des Kontrakts erfüllt, ist unerheblich und kann wechselnden Erfordernissen angepaßt werden. In bestimmten Fällen kann es nötig werden, weitere Zusicherungen in den Kontrakt aufzunehmen, z. B. Leistungsdaten wie die asymptotische Komplexität von implementierten Algorithmen (vgl. Kap. 10.4) oder garantierte Reaktionszeiten im Realzeitbereich. Es ist offensichtlich, daß der Kontrakt entsprechend sorgfältig dokumentiert werden muß. Hierzu gehören insbesondere die Spezifikation der Methoden (Prozedurebene), aber auch eine Beschreibung der Gesamtleistung der Klasse (Klassenebene).

Werkzeuge wie javadoc unterstützen sowohl die Spezifikation der Methoden (vgl. Kap. 6.9.4), wie auch die Beschreibung der Gesamtleistung der Klasse. Ein Dokumentationskommentar, der unmittelbar vor einer Klasse steht, wird von javadoc als Beschreibung der Gesamtleistung der Klasse interpretiert. Da private Felder und Methoden nicht zur Aufrufschnittstelle gehören, werden diese (und deren Dokumentation) von javadoc (in der Standardeinstellung) nicht mit in die erzeugte Dokumentation der Klasse aufgenommen.

7.2.6 Verwaltung von Objekten im Speicher

In Kap. 6.9.3 haben wir uns schon mit der Funktionsweise von Laufzeitstapel (*run-time stack*) und Haldenspeicher (*heap*) beschäftigt. In Java liegen Objekte grundsätzlich auf dem Haldenspeicher. Sie sind über Referenzvariable zugänglich, die auf dem Stack liegen und deren Referenzen auf die Halde zeigen. Das Java-Laufzeitsystem (*runtime system, runtime*) organisiert die Halde mittels einer automatischen Speicherverwaltung.

Der Operator `new` reserviert den benötigten Speicherplatz für ein Objekt der Klasse K durch die Anweisung

```
new K();
```

Außerdem wird das Objekt initialisiert, siehe Abschnitt 7.2.7. Der Wert des Ausdrucks `new K()` ist eine Referenz auf das neue geschaffene Objekt. Mit K `ref;` deklariert man eine Referenzvariable für Objekte der Klasse K. Mit der Zuweisung

```
ref = new K();
```

speichert man eine Referenz auf das neue anonyme Objekt in `ref`. Genau genommen ist `ref` jetzt ein Name für eine Referenz auf das Objekt. Da in Java aber Objekte *immer* nur über Referenzvariable zugänglich sind, sprechen wir manchmal salopp (*by abuse of language*) auch vom Objekt `ref` statt von der Objektvariablen `ref`. In C++ läßt sich die Unterscheidung aber präzise treffen, da dort Objekte selbst Namen haben können.

Beispiel 7.2.8. Wir betrachten die Speicherbilder beim Ausführen folgender Codesequenz:

```
{
   { Time t;          // Punkt 1
     t = new Time(); // Punkt 2
   }
                      // Punkt 3
}
```

Punkt 1:

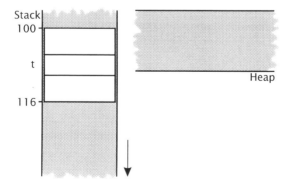

Punkt 2:

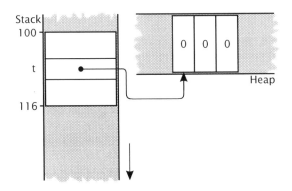

Punkt 3:

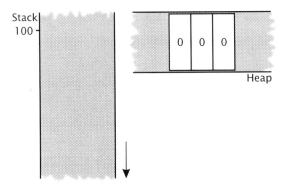

❖

Objekte auf der Halde leben (unabhängig von der Blockstruktur des Programms) so lange, wie sie über Referenzvariable **erreichbar** (*reachable*) sind, und zwar direkt oder indirekt. Ein Objekt ist indirekt erreichbar, wenn es über eine Referenzvariable erreichbar ist, die als Feld in einem anderen erreichbaren Objekt vorkommt. Das Standardbeispiel hierfür sind Listenobjekte, die wir in Abschn. 7.7 ausführlich vorstellen; in Java sind aber auch Reihungen als Objekte realisiert (siehe Abschn.7.5).

Beispiel 7.2.9 (Erreichbarkeit). In der durch folgendes Speicherbild skizzierten Situation ist das Objekt, das den Wert 0 enthält, direkt erreichbar, die weiteren Objekte sind indirekt erreichbar.

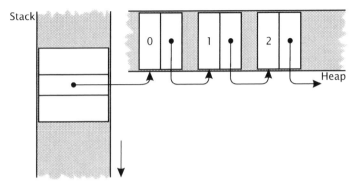

In Beispiel 7.2.8 ist das Objekt an Punkt 3 tot, da es nicht mehr vom Stack aus erreichbar ist. Im Beispiel 7.2.9 sind alle Objekte direkt oder indirekt vom Stack aus erreichbar. Falls die Referenz vom Stack auf die erste Zelle (mit dem Inhalt 0) verschwindet, wäre entsprechend eine ganze Reihe von Objekten tot. Tote Objekte auf der Halde bezeichnet man als **Abfall** (*garbage*). Um den Haldenspeicher wiederverwenden zu können, kennt das Java-Laufzeitsystem eine **automatische Speicherbereinigung** oder „Abfallsammlung" (*garbage collection*), die es anstößt, wenn der Haldenspeicher zur Neige geht.

In C++ hingegen muß (bzw. darf) die Speicherrückgabe explizit programmiert werden. Der Programmierer muß für jede von ihm entworfene Klasse eine spezielle Funktion schreiben, einen sogenannten **Destruktor** (*destructor*), in der die Rückgabe des Speichers von einem nicht mehr benötigten Objekt beschrieben wird. Dies ist in vielen Fällen effizienter als eine automatische Speicherbereinigung, ist aber für den Programmierer sehr viel umständlicher und kann leicht zu Programmierfehlern führen. Insbesondere kann es vorkommen, daß der Speicher für ein Objekt irrtümlicherweise nicht zurückgegeben wird, obwohl es tot ist, und es kann vorkommen, daß der Speicher für ein Objekt fälschlicherweise zurückgegeben wird, obwohl es noch nicht tot ist.

Im ersten Fall hat der Programmierer einen Destruktor so programmiert, daß nicht der komplette von einem Objekt belegte Speicher zurückgegeben wird oder daß weitere nur indirekt erreichbare Objekte auf der Halde liegenbleiben. Wenn während der Laufzeit eines solchen Programms viele alte Objekte nicht mehr benötigt werden und dafür neue Objekte angelegt werden, so benötigt in einem solchen Fall das Programm mehr und mehr Speicher, auch wenn insgesamt nicht mehr Speicher durch die aktuellen Objekte benötigt würde als durch die Objekte zu einem früheren Zeitpunkt. Bildlich gesehen scheint der freie Speicher im Laufe der Zeit „leerzulaufen", wie ein Tank, der ein Leck besitzt. Man sagt daher, daß ein solches Programm ein **Speicherleck** (*memory leak*) besitzt.

Im zweiten Fall existiert noch irgendwo im Speicher eine versteckte direkte oder indirekte Referenz auf das Objekt. Solche Fehler sind extrem boshaft, da sie erst dann bemerkt werden, wenn der Speicherplatz erneut zugeteilt und überschrieben wurde. Ein wesentlicher Vorteil der automatischen Speicherbereinigung in Java ist es, daß es nicht zu solchen Problemen kommen kann, ein Nachteil ist es, daß automatische Speicherbereinigung zu unvorhergesehenen Zeiten einsetzen kann.

Prinzipien der Speicherbereinigung. Ein einfaches Prinzip der automatischen Speicherbereinigung besteht aus zwei Phasen: **markieren** (*mark*) und (zusammen-) **kehren** (*sweep*). In der Markierungsphase geht man von unten nach oben über den Stack und markiert rekursiv alle von den Referenzvariablen aus erreichbaren Objekte auf dem Heap. In der Kehrphase kehrt man allen nicht markierten Speicher auf der Halde in eine **Freispeicherliste** (*free list*) zusammen und löscht die Markierungen. Man kann sogar die markierten Objekte in eine Ecke der Halde kehren (verschieben), denn der Java-Programmierer bekommt die tatsächlichen Werte der Referenzen nie zu Gesicht.

Es gibt noch andere Prinzipien der Speicherbereinigung, und es ist in Java nicht festgeschrieben, welche benutzt werden. Mit komplizierteren Methoden kann z. B. erreicht werden, daß Objekte, die oftmals in kurzen Abständen hintereinander benutzt werden (z. B. in einer Schleife), nach einer Speicherbereinigung in benachbarte Stellen im Speicher zu liegen kommen. Alle modernen Prozessoren sind mit einem **Cache-Speicher** (*cache memory*) ausgestattet, auf den sehr viel schneller als auf den Hauptspeicher zugegriffen werden kann. Dieser hat eine beschränkte Größe, es können aber zusammenhängende Stücke vom Hauptspeicher sehr schnell zu ihm transferiert werden. Somit kann evtl. die Ablaufgeschwindigkeit eines Programms erheblich gesteigert werden, wenn bei der Speicherbereinigung verkettete Objekte in benachbarte Bereiche im Heap gelegt werden.

7.2.7 Initialisierung und Konstruktoren

Der Aufruf `new K()` reserviert nicht nur den benötigten Speicherplatz für ein neues Objekt der Klasse `K`, sondern er sorgt auch für eine Initialisierung. Als erstes werden die Instanzvariablen des Objekts je nach deren Typ mit Varianten von Null (`0`, `0d`, `0f`, `'\u0000'`, `false` oder `null`) belegt (vorinitialisiert).

Oftmals genügt die Initialisierung eines Objektes mit Null-Feldern nicht, sondern die Felder sollen andere Werte erhalten, evtl. auch noch dynamisch in Abhängigkeit von Ort und Zeit der Erschaffung. Zu diesem Zweck können in der Objekt-Klasse **Konstruktoren** (*constructors*) definiert werden. Konstruktoren haben Ähnlichkeit mit Methoden, aber sie haben keinen Ergebnistyp (auch nicht den leeren Typ `void`) und gelten nicht als Methoden. Alle Möglichkeiten der Zugriffskontrolle für Methoden gibt es auch für Konstruktoren. Jeder Konstruktor trägt den Namen seiner Klasse. Verschiedene Konstruktoren einer Klasse unterscheiden sich lediglich in der Anzahl bzw. dem Typ ihrer Parameter.

Als Seiteneffekt der Objekterzeugung mit `new` wird ein passender Konstruktor aufgerufen, nachdem `new` das neue Objekt mit (verschiedenen Arten von) Null vorinitialisiert hat. Die Anweisung `new K();` ruft denjenigen Konstruktor von K auf, der keine Parameter hat (*no-arg constructor*), und zum Beispiel ruft `new K(5)` den Konstruktor mit einem Parameter vom Typ `int` auf, usw.

Ein Konstruktor kann einen anderen in derselben Klasse explizit aufrufen (*explicit invocation*) mit `this(args)`, und er kann einen Konstruktor der unmittelbaren Oberklasse (vgl. Kap. 8) mit `super(args)` aufrufen, aber nur als erste Anweisung im Konstruktor.

Ist in einer Klasse überhaupt kein Konstruktor programmiert, so ergänzt der Übersetzer einen *no-arg* Konstruktor als Standard-Konstruktor:

$$K() \quad super();$$

Durch den Aufruf eines Konstruktors wird zuallererst der Konstruktor der unmittelbaren Oberklasse aufgerufen. Falls die erste Anweisung im Rumpf des Konstruktors nicht `super(...)` ist, so wird automatisch `super()` eingefügt. Danach werden alle Initialisierungsanweisungen ausgeführt, die in den Deklarationen der Instanzvariablen angegeben wurden. Wir bemerken hier, daß die Initialisierungen bisher (mit Ausnahme des Aufrufs des Konstruktors der Oberklasse) statischer Natur waren, da sie bereits zur Übersetzzeit für jedes Objekt fixiert waren. Nun beginnt der dynamische Teil der Initialisierung, in dem die Instanzvariablen durch den Code des Konstruktors auf Werte gesetzt werden können, die von den Parametern des Konstruktoraufrufs abhängen oder sonstwie an dieser Stelle dynamisch berechnet werden können.

Beispiel 7.2.10. Wir definieren eine Datumsklasse `Date` mit 4 Konstruktoren der Stelligkeit 0 bis 3. Der nullstellige setzt das Datum auf den 1.1.0. Die anderen Konstruktoren der Stelligkeit n rufen zunächst den $(n-1)$-stelligen Konstruktor explizit auf und überschreiben entweder das Jahr, den Monat und das Jahr, oder Tag, Monat, Jahr.

```
public class Date {
  private  byte day, month;
  private  short year;
  // Konstruktoren
  public Date(){day = (byte) 1; month = (byte) 1;}
  public Date(short y) {this(); year=y; }
  public Date(byte m, short y)
                {this(y);  month = m; }
  public Date(byte d, byte m, short y)
                { this(m,y); day=d; }
  // Selektoren
  public byte getDay() { return day; }
  public byte getMonth(){ return month; }
  public short getYear(){ return year; }
  public void setDay(byte d) { day=d;}
  public void setMonth(byte m) { month=m;}
  public void setYear(short y) { year=y;}
  // Darsteller
  public String toString() {
    return (day + "." + month + "." + year);
} }
```

Nun sind folgende Definitionen von Variablen vom Typ `Date` möglich:

```
Date aday = new Date();
  // Das Datum  1.1.0

Date bday = new Date((short) 1970);
  // Das Datum  1.1.1970

Date cday = new Date((byte) 8, (short) 1975);
  // Das Datum 1.8.1975

Date dday = new Date((byte) 23, (byte) 8, (short) 2002);
  // Das Datum 23.8.2002
```

❖

Beispiel 7.2.11. Eine Klasse `Id` soll so beschaffen sein, daß jedes Objekt eine persönliche Kennziffer (ID = *identification*) trägt, die es innerhalb der Klasse unverwechselbar macht. Dazu hält sich `Id` eine Klassenvariable als Zähler, der ganz zu Beginn, bevor es noch Objekte gibt, ein einziges Mal zu 1 initialisiert wird. Der Konstruktor weist seinem Objekt den Wert des Zählers als Kennziffer zu und inkrementiert danach den Zähler.

```
public class Id {
   static int counter = 1;
   private int id;
   public Id() { id = counter++;}
   int getId() {return id;}
}
```

❖

Natürlich könnte man, statt einen Konstruktor zu verwenden, auch jedes neue Objekt in mehreren Anweisungen „von Hand" initialisieren. Die Verwendung eines Konstruktors ist nicht nur kompakter und bequemer, sondern auch sicherer. Es werden die Initialisierungen vorgenommen, die der Autor der Klasse vorgesehen hat und als vollständig und konsistent erachtet. Würde im Beispiel 7.2.11 einmal vom Anwender das Inkrementieren des Zählers vergessen, gäbe es z. B. zwei Objekte mit der gleichen Kennziffer.

Konstruktoren besitzen zwar keine Rückgabewerte, es ist aber möglich, daß in einem Konstruktor Ausnahmeobjekte geworfen werden, die dann wie bei anderen Methoden mit `throws` deklariert werden müssen (vgl. Kap. 7.3).

Initialisierung von Klassenvariablen. Die Klassenvariablen (*class variables, static variables*) werden ein einziges Mal initialisiert, wenn die Klasse zum ersten Mal aktiv gebraucht wird, aber noch bevor es Objekte gibt. Wiederum werden die Variablen mit (Varianten von) Null vorinitialisiert; danach werden die Initialisierungsanweisungen ausgeführt, die im Zuge der Variablendeklarationen angegeben wurden (z. B. `static int i=1;`) und es werden alle **statischen Initialisierungsblöcke**

(*static initializers*) ausgeführt. Letztere sind von der Art `static Block` (z. B. `static {i=f()+2;}`) und erlauben eine größere Freiheit in der Initialisierung, inklusive des Aufrufs von Klassenmethoden.

7.2.8 Selektoren

Selektoren (*selectors*) sind Methoden, mit denen man auf Felder einer Klasse zugreift. Für ein Feld `x` nennen wir die Lese- und Schreibselektoren `getX()` und `setX()` oder auch `get_x()` und `set_x()`. Selektoren geben uns eine Filterfunktion beim Zugriff auf Felder. Dies hat sowohl Vorteile als auch Nachteile. Die Nachteile sind die etwas umständlichere Notation und je nachdem ein spürbarer Effizienzverlust. Vorteile sind u. a. eine Kapselung der Datenrepräsentation hinter der Selektorschnittstelle und größere Kontrollmöglichkeiten beim Zugriff (wie z. B. ausschließlicher Lesezugriff (*read only*), Einmal-Schreiben (*write once*) und Konsistenzprüfung beim Schreiben, sowie die Selektoren in abgeleiteten Klassen überschreiben und damit anpassen zu können.

Beispiel 7.2.12 (Ausschließlicher Lesezugriff (*read only*)). Deklariert man ein Datenfeld `private` und stellt man nur einen `get`-Selektor zur Verfügung, so kann das Feld nur von Methoden der eigenen Klasse geschrieben werden; siehe das Feld `id` in Klasse `Id` in Beispiel 7.2.11. ❖

Beispiel 7.2.13 (Einmal-Schreibzugriff (*write once*)). Wir verändern die Klasse `Id` aus Beispiel 7.2.11 so, daß `id` von außen nur ein einziges Mal für das Objekt gesetzt werden kann, z. B. um eine Seriennummer aufzunehmen. (Auf die Erschaffenszeit eingeschränkt kann man dies einfacher mit einem Konstruktor und *read only*-Zugriff erreichen. Es kann aber Fälle geben, in denen die Information erst nach der Erschaffenszeit bekannt ist.)

```
public class Id {
  private boolean init = false;
  private int id;
  public int getId() {
    if (init) return id;
    else return -1;
  }
  public void setId(int i) {
    if (!init) {
      id=i;
      init=true;
    }
    else ; // do nothing or write an error message
           // or throw an exception
  }
}
```

Statt den Wert -1 in der Methode `getId()` zurückzugeben, wenn `id` noch nicht gesetzt ist, hätten wir auch eine Ausnahme werfen können; ebenso hätten wir in setId() auch eine Ausnahme werfen können, wenn die id schon gesetzt ist, statt einfach den neuen Wert zu ignorieren. Da wir das Konzept der Ausnahmen erst in Abschnitt 7.3 einführen werden, haben wir hier auf ihre Benutzung verzichtet. ❖

Beispiel 7.2.14 (Konsistenzprüfung beim Schreiben). Bisher ist kein Nutzer der Klasse Time daran gehindert, eine Zuweisung wie

$$t.sec=100;$$

vorzunehmen. Wir haben deshalb tick() defensiv programmiert, so daß auch dann keine Sekunden verlorengehen. Ein Selektor

$$setSec(byte\ seconds)$$

kann aber sicherstellen, daß an sec nur natürliche Zahlen kleiner als 60 zugewiesen werden.   ❖

Das Verbergen der Repräsentation von Daten (*information hiding*) ist eines der wichtigsten Grundprinzipien des objektorientierten Ansatzes. Die Aufrufschnittstelle einer Klasse definiert einen Kontrakt zum Benutzen der Objekte. Entscheidend sind Art und Umfang der angebotenen Funktionalität, nicht *wie* die Funktionalität hergestellt wird. Durch das Einführen von Selektoren werden diese in die Schnittstelle aufgenommen und die Felder werden dahinter verborgen. Dies ist z. B. wichtig, wenn Code über lange Jahre mit einer Anwendung „mitwachsen" soll und Repräsentationen von Daten vergrößert oder geändert werden müssen, ohne daß alter Code dadurch zerbrechen soll (*code break*).

7.2.9 Beispiel eines Datentyps: komplexe Zahlen

Anhand der Klasse Complex für komplexe Zahlen wollen wir einen vollständigen neuen Datentyp definieren.

Eine **komplexe Zahl** (*complex number*) besteht aus einem Realteil und einem Imaginärteil, jeweils vom Typ double. Diese beiden Teile werden im Datenteil der Klasse in den privaten Variablen Re und Im gespeichert. Der Konstruktor von Complex definiert die beiden Teile mit 0, falls keine Werte vorgegeben sind. Der Lesezugriff nach außen wird durch die beiden Selektoren ermöglicht. Methoden fremder Klassen können nur mit Hilfe der Selektoren auf die Datenteile zugreifen. An sonstigen Methoden brauchen wir sicher die Ausgabefunktion toString() und zum Beispiel auch Methoden für die Addition und Multiplikation von komplexen Zahlen.

```
/**
 * Klasse zur Darstellung komplexer Zahlen.
 */
public class Complex
{
  // Datenteil
  private double Re;  // Realteil
  private double Im;  // Imaginärteil
  // Konstruktoren
  public Complex(double r, double i){ Re = r; Im = i; }
  public Complex(double r){ Re = r; Im = 0.0; }

  // Methoden
  // Selektoren
  public double getReal() { return Re; }
  public void setReal(double r) {
     Re = r;
  }
  public void setImag(double i) {
     Im = i;
  }
  public double getImag() { return Im; }
  /**
   * Komplexe Addition. Rückgabewert
   * ist Summe von a und this.
   */
  public Complex addComplex(Complex a) {
    // Programmteil siehe unten
    }
  /**
   * Komplexe Multiplikation. Rückgabewert
   * ist Produkt von a und this.
   */
  public Complex multComplex(Complex a) {
    // Programmteil siehe unten
    }
  public String toString() { return Re + "+" + Im + "*i";}
}
```

Zwei komplexe Zahlen werden addiert, indem die beiden Realteile und die beiden Imaginärteile addiert werden. Die Felder des Parameters b sind uns zugänglich, da b ebenfalls vom Typ `Complex` ist (vgl. Abschnitt 7.2.4).

```
/**
   * Komplexe Addition. Rückgabewert
   * ist Summe von a und this.
   */
  Complex addComplex(Complex a)
  {
    return new Complex(Re + a.Re,
                       Im + a.Im);
  }
```

Der Realteil des Produktes von zwei komplexen Zahlen ist das Produkt der Realteile minus dem Produkt der Imaginärteile. Der Imaginärteil des Produktes zweier
komplexer Zahlen ist die Summe der beiden gemischten Terme.

```
/**
 * Komplexe Multiplikation. Rückgabewert
 * ist Produkt von a und this.
 */
Complex multComplex(Complex a)
{
   return new Complex( Re * a.Re - Im * a.Im,
                       Re * a.Im + Im * a.Re);
}
```

Wir testen den neu implementierten Datentyp, indem wir ihn in einem Programm benutzen. Da jede Klasse aber eine `main`-Methode haben kann, können
wir zu jeder Klasse einen Test in Ihrer eigenen `main` Methode implementieren.

```
public static void main(String[] args) {
   Complex a, b, c;
   a = new Complex(4.32,-3.1);
   b = new Complex(1.0,1.0);

   c=a.addComplex(b);
   System.out.print(a.toString() + " + ");
   // toString() wird automatisch auch vom
   // Compiler angefügt, und muss deshalb
   // nicht geschrieben werden
   System.out.print(b + " = ");
   System.out.println(c);

   c=a.multComplex(b);
   System.out.print(a + " * ");
   System.out.print(b + " = ");
   System.out.println(c);
}
```

7.3 Objekte für Ausnahmen (*exceptions*)

7.3.1 Einleitung und Überblick

Java unterstützt die gesonderte Behandlung von Ausnahmefällen im Programmfluß
durch spezielle **Ausnahmeobjekte** (*exceptions*). Tritt ein Ausnahmefall im Programm auf (z. B. ein Index überschreitet eine Reihungsgrenze), so kann an dieser Stelle ein Ausnahmeobjekt erzeugt und **(aus-)geworfen** (*throw*) werden. Dieses
Objekt kann dann an anderer Stelle (in einem der umgebenden Blöcke) von einem
Programmstück **(auf-)gefangen** (*catch*) und zur Fehlerbehandlung genutzt werden.

Exceptions erlauben es also, den Programmfluß in speziellen Fällen auf kon-
trollierte und eindeutig gekennzeichnete Art anders fortzusetzen als im Normalfall.

Dies trägt sehr zur Klarheit des Codes bei, da Fehlerfälle und der Normalfall eindeutig getrennt sind. Funktionen brauchen nicht mehr einzelne Rückgabewerte (z. B. -1) für Fehlerfälle zu reservieren, sondern sie können im Ausnahmefall ein eigenständiges Ausnahmeobjekt auswerfen, das völlig separat aufgefangen und behandelt wird. Ausnahmeobjekte sind in diesem Fall analog zu separaten Fehlerwerten einer Funktion, und das Auswerfen eines Fehlerobjekts ist analog zum Beenden (*return*) der Funktion mit einem Fehlerwert.

Die möglicherweise ausgeworfenen Exceptions müssen eigens deklariert werden, und der Übersetzer prüft, ob sie alle aufgefangen und damit behandelt werden. Dies unterstützt die Erzeugung von robustem Code erheblich. Insbesondere wenn Eingabeparameter einer strengeren Spezifikation genügen müssen als ihre Typdeklaration angibt, so soll die Einhaltung der zusätzlichen Bedingungen durch Auswerfen von Exceptions überwacht werden.

Beispiel 7.3.1. Wir definieren eine Ausnahmeklasse `NatException`, mit der wir signalisieren, daß ein aktueller Parameter vom Typ `int` keine natürliche Zahl ist. Damit überwachen wir eine Anforderung der Fakultätsfunktion.

```
public class NatException extends Exception {
   public int value;
   public NatException(int v){ value = v; }
}

public class Test {
// ...
   /** Factorial function.
    *  @param n: n >= 0.
    *  @return n factorial.
    *  @exception NatException n < 0.
    */
   public static int factorial (int n)
        throws NatException {
     //Exception?
     if (n<0) throw new NatException(n);
     // Recursion
     return (n==0 ? 1 : n * factorial(n-1));
   }
}
```

Jeder Aufruf von `factorial` muß jetzt entweder in einer Methode erfolgen, die deklariert, daß sie evtl. `NatException` wirft, oder er muß von einem `try-catch`-Block umgeben sein, der das Auftreten von `NatException` prüft.

```
// ...
try { fac = factorial(n);}
catch (NatException ne) {
  System.err.println("NatException in factorial; input: "
                 + ne.value);
}
```

An diesem Beispiel wird ein weiterer Vorteil von getrennter Ausnahmebehandlung deutlich. Wir können einen programmiersprachlichen Ausdruck, z. B.

```
n*factorial(n-1)
```

oder eine Anweisungsfolge zunächst dem Normalfall gemäß schreiben und die bei der Auswertung auftretenden Ausnahmefälle separat abfangen. Dadurch bleibt der Code in seiner Hauptintention verständlich.

Beispiel 7.3.2. Auf herkömmliche Art könnte man die Ausnahme n<0 im Beispiel der Fakultätsfunktion z. B. dadurch behandeln, daß der Rückgabewert -1 diesen Fehler signalisiert. Statt

```
(n==0 ? 1 : n * factorial(n-1))
```

muß man dann aber folgendes schreiben:

```
if (n==0) return 1;
else { r=factorial(n-1);
  if (r == -1) return -1; // Exception
  else return n*r;
}
```

❖

7.3.2 Ausnahmeklassen

Jedes Ausnahmeobjekt ist vom Typ Throwable oder einem Subtyp davon abgeleitet. Ein Ausnahmeobjekt kann Information von dem Punkt, wo es geworfen wurde, zu dem Punkt übertragen, wo es aufgefangen wird. Die Klasse Throwable enthält einen String, in dem man durch den Konstruktor-Aufruf

```
Throwable(String m)
```

eine entsprechende Fehlermeldung speichern kann. Mit der Methode printStackTrace() kann man sich Informationen über den Laufzeitstapel zum Zeitpunkt der Erzeugung des Ausnahmeobjekts ausgeben lassen, sodaß man die **Aufrufgeschichte** (*call history*) nachvollziehen kann.

Throwable enthält u. a. die Subklassen Error und Exception, wobei letztere wiederum die Subklasse RuntimeException enthält.

Die Error-Klasse repräsentiert eine **ungeprüfte Ausnahmeklasse** (*unchecked exception*) für Ausnahmen, von denen sich ein Programm üblicherweise nicht erholen kann (wie z. B. OutOfMemoryError) und die es deshalb auch nicht unbedingt behandeln muß.

Die Exception-Klasse repräsentiert eine **geprüfte Ausnahmeklasse** (*checked exception*) für Ausnahmen, die im Programm explizit behandelt werden müssen.

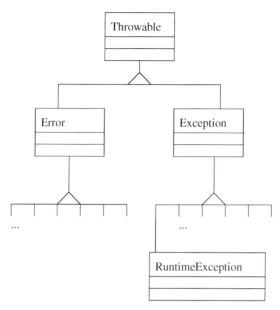

Abb. 7.1. Klassenhierarchie von Exceptions

Alle benutzerdefinierten Ausnahmeklassen sollten von `Exception` abgeleitet sein. `RuntimeException` repräsentiert ebenfalls Ausnahmen von denen ein Programm sich oftmals erholen kann, wenn es sie abfängt und behandelt (z. B. `ArithmeticException`, `NullPointerException`); als Sonderfall gehört `RuntimeException` aber zu den *unchecked exceptions*, da ein Programm sonst fast überall auf Laufzeitfehler prüfen müßte.

Ein typisches und wichtiges Beispiel für eine Klasse von ungeprüften Ausnahmeobjekten, die von Java schon zur Verfügung gestellt wird, ist die Klasse

`NullPointerException`.

Ein solches Ausnahmeobjekt wird generiert, wenn auf ein Feld oder eine Methode eines Objektes n (z. B. in der Form n.*name*) zugegriffen wird, n aber den Wert `null` hat. Dies gilt auch, wenn das Objekt eine Reihung ist. (Wenn die Funktion aus den Beispielen 6.9.5 und 7.4.1 mit `composeBitPattern(null)` aufgerufen wird, fehlt z. B. die Reihung, auf die zugegriffen werden soll.)

Eine ähnlich wichtige Klasse von ungeprüften Ausnahmen ist

`IndexOutOfBoundsException`

im Zusammenhang mit Reihungen. Java überwacht bei jedem Reihungszugriff, ob der Wert des Indexausdrucks innerhalb der Reihungsgrenzen liegt (*array bounds checking*). Andernfalls wird ein Ausnahmeobjekt generiert und das Programm abgebrochen.

Eine weitere ungeprüfte Ausnahme, der wir später im Zusammenhang mit Stapeln begegnen werden, ist

`EmptyStackException.`

Damit prüft Java automatisch auf das Vorkommen der (auch in in C/C++-Programmen) häufigsten Fehler. Dies kostet zwar Zeit, erhöht aber die Zuverlässigkeit und Sicherheit erheblich. Es erleichtert auch das Programmieren, da man diese Tests nicht mehr selbst schreiben muß.

In Abschnitt 7.9 verwenden wir eine von uns selbst definierte Klasse für ungeprüfte Ausnahmeobjekte, die wir `EmptyQueueException` nennen werden.

Für schwerwiegende Fehler stellt Java eine weitere Klasse von ungeprüften Ausnahmeobjekten zur Verfügung, die von der Klasse `Error` erben. Syntaktisch gibt es keine Unterschiede zwischen Klassen, die von `RuntimeException` erben und solchen, die von `Error` erben. Letztere sollten jedoch nur bei schwerwiegenden Systemproblemen auftreten und von umgebenden Methoden auch nicht gefangen werden. Beispiele hierfür sind etwa eine

`OutOfMemoryError,`

wenn das System keinen neuen Speicher auf der Halde mehr anlegen kann, oder

`StackOverflowError,`

wenn kein Speicher für den Laufzeitstapel mehr zugeteilt werden kann.

7.3.3 Die `throw`-Anweisung

Ein Ausnahmeobjekt wird mittels einer `throw`-Anweisung ausgeworfen:

`throw Ausnahmeobjekt;`

Typisch ist es, daß eine `throw`-Anweisung im Zusammenhang mit einer `if`-Anweisung vorkommt, die eine Ausnahmebedingung überprüft und daß das Ausnahmeobjekt (das z. B. den Typ `SomeException` besitzt) direkt in der `throw`-Anweisung generiert wird:

```
if ( Ausnahmebedingung ) throw new SomeException();
```

In vielen Fällen genügt es, ein Objekt für eine Ausnahmebedingung durch den Konstruktor, der keine Argumente hat, zu generieren. Oft stellt man weitere Konstruktoren zur Verfügung, über die man dem Ausnahmeobjekt Statusinformationen übergeben kann, die nach dem Abfangen analysiert werden.

7.3.4 Der Rahmen `try-catch-finally`

Damit Ausnahmeobjekte, die durch eine `throw`-Anweisung ausgeworfen wurden, wieder aufgefangen werden können, muß der Code in einem sogenannten `try`-Block gekapselt werden.

```
try {
  Normalanweisungen }
catch ( Exception1 id1 ) {
  Ausnahmebehandlung1 }
catch ( Exception2 id2 ) {
  Ausnahmebehandlung2 }
...
finally { Aufräumarbeiten }
```

Eine `try`-Anweisung besteht aus mehreren Blöcken; der erste davon wird durch das Schlüsselwort `try` eingeleitet und enthält den Code, in dem ein oder mehrere Ausnahmeobjekte geworfen werden könnten. Darauf folgen Blöcke, die mit

$$catch(Exceptiontype\ identifier)$$

beginnen. Diese werden strikt in der Aufschreibereihenfolge abgearbeitet. Sie deklarieren jeweils eine Variable vom Typ des Ausnahmeobjekts, das sie auffangen, indem sie das Objekt an die Variable zuweisen. Ihr Rumpf beschreibt dann die jeweilige Ausnahmebedingung. Über die Variable können die Daten des Ausnahmeobjekts inspiziert werden, z. B. um eine Fehlerbehandlung auszugeben, das Problem zu korrigieren, oder um ein neues Ausnahmeobjekt zu werfen. Im letzteren Fall wird die laufende `catch`-Sequenz nicht wieder betreten, sondern ein umgebender `try`-`catch`-Rahmen ist dann zuständig.

Die `catch`-Anweisungen müssen so geordnet werden, daß der speziellste Subtyp zuerst gefangen wird. Steht statt dessen der Obertyp am Anfang, so werden Exceptions der Subtypen von der `catch`-Anweisung des Obertyps mitgefangen; die `catch`-Anweisungen der Subtypen können dann nie erreicht werden.

Optional kann noch ein Block folgen, der durch das Schlüsselwort `finally` eingeleitet wird. Dieser wird immer ausgeführt, bevor der `try-catch-finally`-Rahmen auf irgendeine Art verlassen werden kann. Er dient dazu, abschließende Aufräumarbeiten vorzunehmen, die anfallen, egal, ob Ausnahmen aufgetreten sind oder nicht. Ein typisches Beispiel ist das Schließen von Netzwerkverbindungen oder Dateien. Dies soll unabhängig davon geschehen, an welcher Stelle des `try`-Blocks welche `return`-Anweisung ausgeführt wurde, oder ob eine Ausnahme aufgetreten ist. In einer anderen Programmiersprache würde man dazu vielleicht mit `goto` an die Stelle der Aufräumanweisungen springen. Es sind also auch `try-finally`-Blöcke ohne `catch`-Sequenz möglich und sinnvoll.

7.3.5 Deklaration von Ausnahmen mit `throws`

Die von einer Methode potentiell ausgeworfenen Ausnahmeobjekte stellen logisch zusätzliche Ergebnisparameter dar und müssen daher deklariert werden. Um sie klar als Ausnahmefälle kennzeichnen zu können geschieht dies mit einer separaten `throws`-Deklaration:

```
Result f(Param₁ p₁, ..., Paramₙ pₙ)
   throws Exception₁, ..., Exceptionₖ
   {
   // ...
   }
```

Es sind grundsätzlich *alle* geprüften Ausnahmeklassen zu deklarieren, die im Rumpf – auch von aufgerufenen Methoden – generiert werden können und nicht dort schon aufgefangen werden. Die generierten Ausnahmeobjekte (der geprüften Art) gehören damit zur Aufrufschnittstelle der Methode; sie sind Teil des Kontraktes zwischen Aufrufer und Aufgerufenem. Durch diese Vereinbarung erfaßt man auch alle evtl. tief in irgendwelchen Aufrufsequenzen von inneren Methoden generierten Ausnahmeobjekte: Werden sie nicht irgendwo aufgefangen, so müssen sie in einer `throws`-Klausel deklariert sein. Damit müssen sie von der rufenden Methode entweder aufgefangen oder selbst deklariert werden, usf. Es kann also nicht geschehen, daß in einer Methode auf einmal ein Ausnahmeobjekt (einer geprüften Klasse) auftaucht, ohne daß man weiß, wieso und woher. Damit kann auch vom Übersetzer geprüft werden, ob es zu jedem ausgeworfenen Ausnahmetyp eine passende `catch`-Anweisung gibt.

Eine solche Überprüfung durch den Übersetzer findet bei ungeprüften Ausnahmeobjekten – also Objekten von Klassen, die von `Error` oder `RuntimeException` erben – nicht statt. Diese unterschiedliche Überprüfung erklärt auch die Namensgebung.

Um Ausnahmebedingungen wohlformatiert dokumentieren zu können, unterstützt `javadoc` die Verwendung einer speziellen Markierung `@exception`. Diese kann im zugehörigen Dokumentationskommentar zur Spezifikation der Ausnahme, die im Kopf einer Methode aufgelistet sind, verwendet werden.

Insbesondere bei Methoden, die eine externe Aufrufschnittstelle darstellen, soll die Einhaltung der Parameterbedingungen möglichst zur Laufzeit getestet und entsprechende Ausnahmeobjekte geworfen werden. In der Dokumentation vieler Klassenbibliotheken ist es daher üblich, daß Anforderungen, die an Parameter gestellt werden, nicht bei diesen dokumentiert werden, sondern unter dem Feld `@exception` zur Dokumentation der Ausnahmen.

Man beachte hierbei jedoch, daß nicht jede Verletzung einer Voraussetzung an einen Parameter durch Spezifikation einer Ausnahmebedingung behandelt werden kann. Dies gilt insbesondere dann, wenn ein Test auf die Bedingung unverhältnismäßig lange dauern würde oder im Extremfall gar nicht konstruktiv möglich ist. Wo eine Überprüfung der Voraussetzungen im Unterprogramm im Normalfall zu inakzeptabel langsamem Code führen würde, können auch sog. *assertions* eingesetzt werden, also schlafende Tests, die nur bei der Fehlersuche aktiviert werden; diese behandeln wir im nachfolgenden Abschnitt 7.4.

Falls die Tests gar nicht konstruktiv machbar sind (oder nur durch den im Unterprogramm selbst realisierten Algorithmus), versagen auch *assertions*. Dann ist es besonders wichtig, daß bei der Dokumentation die Anforderungen an die Parameter präzise spezifiziert werden. In vielen Fällen ist aber eine Spezifikation von Anforderungen an die Parameter gleichwertig mit der Spezifikation von Ausnahmebedingungen.

Beispiel 7.3.3. (Komplexe Zahlen mit Division.) Wir wollen die Klasse für komplexe Zahlen aus Abschn. 7.2.9 um eine Methode für die Division erweitern. Division durch 0 wollen wir mittels einer Ausnahmebedingung behandeln. Hierzu definieren wir eine Klasse für geprüfte Ausnahmebedingungen, die wir `DivisionByZeroException` nennen. Diese muß von der Klasse `Exception` erben, was in Java durch das Schlüsselwort `extends` ausgedrückt wird. Unsere Klasse muß keine Felder enthalten, so daß folgender Programmcode schon die vollständige Deklaration der Klasse ergibt.

```
/**
 * Klasse für Ausnahmebedingungen bei Division durch 0.
 */
class DivisionByZeroException extends Exception {
}
```

Die Klasse `Complex` kann dann durch die Methode `divide()` erweitert werden. Die komplexe Division implementieren wir als Multiplikation mit dem Inversen des Divisors. Dabei benutzen wir, daß für alle $z \in \mathbb{C}$, $z = x + y * i$ (wobei $x, y \in \mathbb{R}$ und $i = \sqrt{-1}$), gilt:

$$\frac{1}{z} = \frac{x}{x^2 + y^2} + \frac{-y}{x^2 + y^2} * i$$

```
public class Complex {
    private double Re;  // Realteil
    private double Im;  // Imaginärteil

    // ...

    /**
     * Komplexe Division. Rückgabewert
     * ist der Quotient von this und d.
     * @param d Divisor: d != 0.
     * @exception DivisionByZeroException d == 0.
     */
    Complex divide(Complex d)
        throws DivisionByZeroException {

        if (d.Re==0.0 && d.Im==0.0)
            throw new DivisionByZeroException();
```

```
// Berechne Reziprokwert von d
Complex r =
    new Complex(d.Re/(d.Re*d.Re+d.Im*d.Im),
                -d.Im/(d.Re*d.Re+d.Im*d.Im) );
    return multComplex(r);
  }
}
```

7.4 Wahrheitsbehauptungen und Zusicherungen (*assertions*)

Eine spezielle Form von Ausnahmebedingungen ist durch fehlgeschlagene Zusicherungen von Programmeigenschaften gegeben.

Eine **Wahrheitsbehauptung** (*assertion*) ist die positive Feststellung, daß ein gewisser Sachverhalt zutrifft bzw. eine Aussage wahr ist. Eine **Zusicherung** ist eine Wahrheitsbehauptung, die unter dem Aspekt einer Garantie gesehen wird, daß sie vom gegebenen Programm erfüllt wird. Wir haben Wahrheitsbehauptungen bereits in der Form von Schleifeninvarianten kennengelernt und Zusicherungen bei Aussagen über das Resultat einer Funktion. Im Englischen bedeutet *assert* im Zusammenhang mit Rechten auch das Inanspruchnehmen. Dieser Aspekt wird bei Anforderungen an die Eingabe einer Funktion betont: Wir behaupten die Wahrheit der Eingabeanforderungen und nehmen diese Eigenschaften in Anspruch, da dem Programm sonst die Grundlagen entzogen sind.

Wahrheitsbehauptungen über Eigenschaften oder Zustände eines Programms dienen (wie Schleifeninvarianten) dazu, das Programm auf einer Meta-Ebene verständlicher zu machen bis hin zur Hilfe für Korrektheitsbeweise. Wir betrachten sie immer als Annotationen, die am Rande des eigentlichen Programmtextes stehen. Bedingungen, die im Programmcode selbst überprüft werden, sind in diesem Sinne keine Wahrheitsbehauptungen.

Bis zur Version 1.3 von Java 2 konnten solche Wahrheitsbehauptungen nur in Kommentaren vermerkt werden. Sofern eine Behauptung aber knapp hingeschrieben und effizient getestet werden kann, ist es sinnvoll, sie als ausführbaren Programmcode anzugeben, damit bei Bedarf geprüft werden kann, ob die Behauptung tatsächlich stimmt. Mit Version 1.4.0 von Java 2 steht erstmalig auch für Java ein Anweisungstyp *assertion* zur Verfügung,[2] der wie jede andere Art von Anweisungen im Programm vorkommen kann. (In C++ existieren Assertions schon länger.)

Es gibt zwei Arten von Assertion-Anweisungen. Die einfache Form ist:

$$\texttt{assert } \textit{Expression}_1 \texttt{ ;}$$

Hierbei ist $\textit{Expression}_1$ ein Boolescher Ausdruck. Wenn die Anweisung ausgeführt wird, dann wird sein Wert ermittelt. Falls sich hierbei `false` ergibt, dann wird ein Ausnahmeobjekt vom Typ `AssertionError` geworfen, wobei

---

[2] `http://java.sun.com.j2se/1.4/docs/guide/lang/assert.html`

`AssertionError` von der Ausnahmeklasse `Error` abgeleitet ist. Daraufhin wird die Programmausführung abgebrochen und es wird die Aufrufgeschichte (*call history*) ausgedruckt, die zum Fehler führte. Dabei werden für die fehlgeschlagene Assertion und für jeden noch offenen Methodenaufruf die Klasse, der Methodenname und die Zeilennummer des Aufrufs ausgegeben.

In der zweiten Form

$$\texttt{assert } \textit{Expression}_1 \ : \ \textit{Expression}_2 \ ;$$

ist $\textit{Expression}_1$ wieder ein Boolescher Ausdruck, und $\textit{Expression}_2$ ist ein Ausdruck mit einem Wert (also insbesondere kein Aufruf einer als `void` deklarierten Funktion). Falls die Auswertung von $\textit{Expression}_1$ den Wert `false` ergibt, dann wird ein Ausnahmeobjekt vom Typ `AssertionError` geworfen und dessen Konstruktor vom passenden Typ münzt den Wert von $\textit{Expression}_2$ in eine Zeichenkette um, die als Fehlermeldung vor der Aufrufgeschichte ausgegeben wird.

Dabei steht der Charakter der Behauptungen als Meta-Information und Annotation des Programmtextes nach wie vor im Vordergrund. Im Normalfall wird die Auswertung der Zusicherungen (*assertion checking*) nicht ausgeführt, die Zusicherungen dienen also nur als Kommentare. Lediglich bei der Fehlersuche, wenn sich das Programm außerhalb seines normalen Terrains bewegt, kann die Auswertung bei Bedarf aktiviert werden. Die entsprechenden Fehlermeldungen sind denkbar knapp und sollen nur dem Entwickler selbst einen ersten Hinweis darauf geben, wo die Grundannahmen über das Programm verletzt wurden. Keinesfalls soll nach einer verletzten Wahrheitsbehauptung und der Ausgabe einer Fehlermeldung im Programmverlauf fortgefahren (wieder aufgesetzt) werden.

Um ein Programm mit Assertion-Anweisungen übersetzen zu können, muß der Java-Compiler mit einer speziellen Kommandozeilen-Option in der folgenden Form aufgerufen werden:

```
javac -source 1.4 MyClass.java
```

Dies ist nötig, da das Schlüsselwort `assert` neu in Java aufgenommen wurde und alte (bisher korrekte) Programme diesen Namen bereits verwendet haben könnten; diese Programme muß man wie bisher übersetzen können.

Die Angabe von Programmdirektiven als Optionen in der Kommandozeile in der Form `-directive` ist in UNIX allgemein üblich; falls es weitere Direktiven gibt, werden sie einfach im selben Stil angefügt.

Selbst wenn ein Programm mit Assertions wie oben übersetzt wurde, sind sie bei normaler Programmausführung standardmäßig **deaktiviert** (*disabled*) und müssen erst explizit **aktiviert** (*enabled*) werden. Hierfür gibt es die Kommandozeilenoption `-ea` für den Interpretierer `java`. Mit

```
java -ea MyClass
```

werden bei der Ausführung die übersetzten Assertions in allen Klassen außer den Systemklassen aktiviert. Manchmal ist es sinnvoll, Assertions selektiv aktivieren zu können, damit deren Auswertung in bereits gut getesteten Klassen keine Zeit verbraucht. Assertions können selektiv in bestimmten Paketen oder Klassen aktiviert und deaktiviert werden, und sie können sogar in den Systemklassen aktiviert werden (wenn man einen ganz schlimmen Verdacht hat). Wir geben dazu folgende Beispiele:

`-ea:Package...` aktiviert alle Assertions im Paket „Package" und in allen seinen Unterpaketen (was durch `...` ausgedrückt wird).

`-ea:Package... -da:Myclass` aktiviert alle Assertions im Paket „Package" und in allen seinen Unterpaketen außer in Klasse `MyClass`.

`-esa` aktiviert die Assertions in den Systemklassen.

Der Sinn von Assertions besteht darin, bei der Fehlersuche zu helfen, sei es in der Entwicklungsphase oder in der Betriebsphase. Assertions sollten nicht als Hilfsmittel für den Normalbetrieb eines Programms eingesetzt werden. Anforderungen an Parameter einer öffentlichen Methode einer Klassenschnittstelle sollten in regulärem Code getestet und mit dem Werfen von deklarierten Exceptions beantwortet werden. (Eine Ausnahme könnte ein Test sein, der zu teuer ist, um ihn im Normalbetrieb durchzuführen, wie z. B. ein Primzahltest.) Die Ausführung einer Assertion-Anweisung sollte keine weiteren Aktionen als Seiteneffekte auslösen, und von einem `AssertionError` sollte man sich nicht erholen. Einziges Ziel sollte es sein, beim Fehlschlagen eines Assertion-Tests das Programm mit einem kurzen Hinweis auf die Ursache zu beenden.

Es wurde bewußt darauf geachtet, daß die Benutzung von Assertions für den Entwickler extrem einfach und im Normalbetrieb kostenlos ist (sonst werden sie nicht geschrieben, da in der Informatik grundsätzlich immer Zeitdruck herrscht). Ein `AssertionError` braucht nicht geprüft zu werden (und soll es auch nicht), und es werden nur sehr rudimentäre (aber einfach zu generierende) Fehlermeldungen unterstützt. Hier geht es nicht darum, ein Programm robust zu machen, sondern es geht darum, zur Laufzeit Korrektheits-Annahmen überprüfen zu können, von deren Zutreffen die Entwickler überzeugt waren und deren Verletzung einen ersten Hinweis auf einen obskuren Fehler liefern könnte.

Besonders schwer zu findende Fehler rühren oft daher, daß ein Stück Code unter geänderten Bedingungen ausgeführt wird, in denen gewisse Grundannahmen plötzlich nicht mehr stimmen.[3] Sind diese Annahmen bei der Entwicklung aber nicht dokumentiert worden, so ist es ungemein mühsam, sie nachträglich aus dem (lange vorher von anderen Leuten geschriebenen) Code destillieren zu müssen. Kann man dann einfach die originalen Assertions aktivieren, so kann das die Fehlersuche erheblich beschleunigen. Dieser zeitliche Aspekt ist wichtig: Was heute offensichtlich immer erfüllt ist, braucht nach mehreren Änderungen durch mehrere Entwickler in mehreren Jahren nicht mehr so offensichtlich zu sein. Man spricht deshalb auch von **Software-Verrottung** (*code rot*).

Assertion checking kostet natürlich Zeit. Deshalb eignen sich nicht alle Wahrheitsbehauptungen dazu, in eine ausführbare Form gebracht zu werden. Dies gilt sehr oft für Schleifeninvarianten, die ja oft im wesentlichen die Berechnungsvor-

---

[3] Das war der Grund für den Verlust der ersten Ariane-5 Rakete.

schrift der Schleife enthalten. Komplexe Assertions können aber dann sinnvoll sein, wenn man sie mit einem Verfahren testen kann, das eine Alternative zum Programmcode darstellt (wie in `assert (mod(a,b) == a%b);`). Viele der einfachen Zusicherungen, die man bei C/C++ testen würde, wie die Gültigkeit von Referenzen und die Einhaltung von Reihungsgrenzen, werden von Java ohnehin überwacht.

Assertions eignen sich gut für das Testen von internen Vor- und Nachbedingungen, von Konsistenzbedingungen an Objektzustände und von Annahmen über einen internen Berechnungszustand. Ein Programm könnte z. B. davon abhängen, daß die Summe aller Felder eines Objekts Null ergibt und ein komplizierter Kontrollfluß könnte den Test durch eine Assertion nahelegen. Am Ende einer `switch`-Anweisung oder einer kaskadierten `if`-Anweisung herrscht oft eine implizite Annahme über den Fall vor, der vom letzten `else`-Fall behandelt wird. Manchmal fehlt auch der letzte `else`-Fall, da man sich ganz sicher ist, daß alle Fälle schon abgedeckt und behandelt sind. Hier ist der `else`-Fall ein sog. „*cannot happen*" Fall. In diesen Fällen ist die Prüfung durch eine Assertion angebracht, besonders wieder unter dem Aspekt der zeitlichen Änderung. Der *cannot happen* Fall wird durch `assert false;` getestet, oder man wirft direkt ein Ausnahmeobjekt mit der Anweisung `throw new AssertionError()`.

Beispiel 7.4.1. (Erstellen eines Bitmusters) Wir fügen in die in Bsp. 6.9.5 angegebene Funktion zur Erstellung eines Bitmusters Assertions ein.

```
int composeBitPattern ( int[] bitPosition ) {
    int res = 0;
    assert bitPosition.length <= 32;
    for (int i = 0; i < bitPosition.length; i++) {
        assert bitPosition[i] >= 0 && bitPosition[i] <= 31
            : "\nIllegal bit position " + bitPosition[i]
            + " at argument index " + i ;
        res |= (01 << bitPosition[i]);
    }
    return (res);
}
```

Beide Assertions reflektieren Konsistenzbedingungen, deren Verletzung die Funktion zwar tolerieren würde, die aber auf mögliche Fehler hindeuten. Erstens macht es keinen Sinn, mehr als 32 Bit in einem `int` auf 1 zu setzen. Würde dies versucht, so ist offensichtlich die Abstimmung zwischen aufrufender und aufgerufener Funktion mangelhaft; solche Abstimmungsmängel sind immer Alarmsignale für mögliche Fehler.

Die zweite Assertion prüft einen Fehlerfall ab, der deshalb besonders tückisch ist, weil er nicht zum Programmabbruch führen würde. Der Schiebeoperator ignoriert nämlich falls nötig höherwertige Bits im Operanden (vgl. Kap. 6.7.4). Dadurch könnte es an dieser Stelle zu völlig undurchsichtigen Ergebnissen kommen.

7.5 Reihungen (*arrays*)

So wie eine Variable auf der Ebene der Programmiersprachen das Hardware-Konzept einer Speicherstelle reflektiert, so reflektiert eine Reihung auf Programmiersprachenebene das Hardware-Konzept eines zusammenhängenden Speicherbereichs, also eines Blocks von Speicherstellen mit gleichem Typ. Somit sind Reihungen das einfachste Konzept einer zusammengesetzten Datenstruktur. Seit FORTRAN sind sie in allen Programmiersprachen vorhanden, die großen Wert auf Effizienz legen.

Wir haben wegen dieses grundlegenden Charakters bereits in Kapitel 6.5.3 eine erste Einführung gegeben. In Java sind Reihungen allerdings als Objekte realisiert.

7.5.1 Allgemeine Konzepte, Terminologie und Realisierung

Eine **Reihung** (array) ist ein zusammengesetzter Datentyp (Datenstruktur), der eine Beziehung zwischen n Elementen gleichen Typs repräsentiert. In einer (**eindimensionalen**) Reihung kann man z. B. die n Werte einer Meßreihe $w_1, \ldots, w_n$ zusammenfassen. Eine n-**dimensionale Reihung** ist eine Reihung, deren Elemente $(n-1)$ dimensionale Reihungen sind. In einer 2-dimensionalen Reihung kann man z. B. Meßwerte von einer Fläche speichern, in einer 3-dimensionalen Reihung Meßwerte aus einem Raum.

Abstrakt gesehen repräsentiert eine (eindimensionale) Reihung a eine Abbildung

$$a \colon \mathbb{N} \to T, \, i \mapsto a_i.$$

a_i ist das i-te **Element** der Reihung a, und i ist sein **Index**. In Programmiersprachen wird das i-te Element einer Reihung a im allgemeinen mit a[i] bezeichnet, d. h. eine Reihung a repräsentiert eine Abbildung

$$a \colon \mathbb{N} \to T, \, i \mapsto \texttt{a[i]}.$$

Eindimensionale Reihungen werden von der Hardware eines Computers direkt unterstützt; mehrdimensionale Reihungen können auf eindimensionale zurückgeführt werden. Auf Maschinenebene ist der Speicher eines Computers eine eindimensionale Reihung von Speicherzellen mit dem Indexbereich (=Adreßbereich) von 0 bis max_address. Eine Reihung kann also dadurch sehr effizient realisiert werden, daß man ihre Elemente hintereinander im Speicher ablegt, beginnend mit einer **Basisadresse** b_a.

Da alle Elemente den gleichen Typ haben, sind alle gleich lang, z. B. jeweils e Bytes. Dann beginnt das erste Element von a an der Adresse $b_a + 0 \cdot e$, das zweite an der Adresse $b_a + 1 \cdot e$, usw. das i-te an der Adresse $b_a + (i-1) \cdot e$.

Es liegt daher nahe, in einer Programmiersprache wie Java eine Reihung a so zu realisieren, daß man a zu einer Referenzvariablen macht, deren Wert die Basisadresse b_a ist, und daß man a[i] als Ausdruck versteht, durch dessen Auswertung man zur Adresse des i-ten Elements kommt (und über diese wenn nötig zum Inhalt). In Java hat das erste Element einer Reihung immer den Index 0. Dies macht die Adreßrechnung sehr einfach: a[i] liegt dann an Adresse a+i*e. Wenn, wie in Pascal, eine beliebige untere Grenze u erlaubt ist, dann liegt a[i] an der Stelle a+(i-u)*e. (Setzt man dann aber $a := b_a - u \cdot e$, so liegt a[i] wieder an der Stelle a+i*e.)

Manchmal wird es nützlich sein, in kompakter Form über eine Reihung a mit **Index-Untergrenze** u und **Index-Obergrenze** o sprechen zu können. Wir verwenden hierzu die Notation a[u..o], insbesondere auch, wenn wir einen Teil einer Reihung a hervorheben wollen. (Dies ist aber keine Java-Notation!)

Wir unterscheiden in der Folge bei Bedarf das **Reihungsobjekt** und die **Reihungsvariable**. Das Reihungsobjekt ist der Speicherblock, gegeben durch seine Anfangsadresse und Länge; in Java liegt das Reihungsobjekt wie alle Objekte auf der Halde (*heap*), in C++ kann es auch auf dem Stack liegen. Die Reihungsvariable ist eine Referenzvariable, die wie alle Variablen auf dem Laufzeitstapel (*run-time stack*) liegt und deren Wert die Anfangsadresse des zugehörigen Reihungsobjektes ist.

Beispiel 7.5.1. Die Reihungsvariable a verweist auf ein Reihungsobjekt mit 3 Elementen, die alle denn Wert 0 haben.

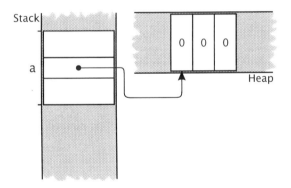

Über die Reihungsvariable und einen Index greifen wir auf die Reihungselemente durch einen Ausdruck der Form a[i] zu. (Der Index kann natürlich durch den Wert eines Ausdrucks gegeben sein, wie z. B. in a[(i-1)*l+j].) Steht der Ausdruck a[i] auf der linken Seite einer Zuweisung, so evaluiert er zu einem Linkswert, also der Adresse des Elementes a_i; steht er auf der rechten Seite, so evaluiert er zu einem Rechtswert, dem Wert des Elementes a_i. Nehmen wir als Beispiel wieder die Index-Untergrenze 0 an, so ist der Endeffekt der gleiche, als hätte uns der Compiler eine passende Anzahl von Variablennamen a[0], a[1], ..., a[n-1] zur Verfügung gestellt. Damit besitzen wir konzeptuell eine Reihung von n Variablen, die a[0], a[1], ..., a[n-1] heißen und jeweils das 1., 2., ..., n. Element des Reihungsobjekts als Wert besitzen.

Der heute übliche RAM-Speicher (*Random Access Memory*) garantiert, daß jeder Zugriff auf ein Element unabhängig von der Adresse gleich lang dauert. Das Konzept der Reihung sieht daher einen **wahlfreien Zugriff** auf die Elemente vor: Das Speichern oder Lesen jeden Elements dauert per Definition gleich lang und erfordert eine konstante Zeit, die unabhängig von der Länge der Reihung ist. Indirekt folgt aus der Realisierung auch, daß Reihungen statischen Charakter haben. Will man ein Element in der Mitte hinzufügen oder wegnehmen, so muß man alle Elemente auf einer Seite verschieben; dies erfordert im schlimmsten Fall das Bewegen von n Elementen, also eine Zeit, die mit der Länge der Reihung anwächst. Arrays eignen sich also besonders für statische Sammlungen von Elementen gleichen Typs, auf die man schnell zugreifen möchte.

Eine **k-dimensionale Reihung** ist abstrakt gesehen eine Abbildung

$$a \colon \underbrace{\mathbb{N} \times \mathbb{N} \times \ldots \times \mathbb{N}}_{k} \to T.$$

In den wichtigen Fällen $k = 2$ und $k = 3$ erhalten wir

$$a \colon \mathbb{N} \times \mathbb{N} \to T, \ [i, j] \mapsto a_{i_j} \text{ und}$$
$$a \colon \mathbb{N} \times \mathbb{N} \times \mathbb{N} \to T, \ [i, j, k] \mapsto a_{i_{j_k}}.$$

Eine zweidimensionale Reihung $A[z, s]$ heißt auch **Matrix**. Sie hat z **Zeilen** (*row*) und s **Spalten** (*column*). Bei Bedarf schreiben wir wieder $A[u_z..o_z, u_s..o_s]$.

Für die Realisierung mehrdimensionaler Reihungen gibt es zwei Konzepte. C/C++ linearisieren mehrdimensionale Reihungen und legen sie in einem kompakten, homogenen Speicherblock an. Im zweidimensionalen Fall liegen die Zeilen nacheinander im Speicherblock (FORTRAN speichert traditionell spaltenweise). Sind alle Untergrenzen 0, so liegt das Element $A[i, j]$ an der Stelle $A[(i \cdot j + j) \cdot e]$. Java hingegen legt jede mehrdimensionale Reihung als „array of arrays" an, d. h. im zweidimensionalen Fall sind die Elemente des ersten Arrays die Reihungsvariablen der Zeilenarrays. Die C/C++-Variante erlaubt ein effizienteres Durchlaufen der Reihung, die Java-Variante erlaubt mehr Flexibilität, z. B. indem die Zeilen nicht mehr gleich lang sein müssen.

7.5.2 Eindimensionale Reihungen

Ist T ein Typ, so ist T [ ] der Typ **Reihung** (*array*) von Elementen des Typs T, kurz **Reihung von T** oder **T array**. Ist a ein beliebiger Variablenname, dann ist

```
T[] a;
```

die Deklaration für eine Reihungsvariable (*array variable*) vom Typ T [ ]. Die Länge der Reihung geht nicht in den Typ ein. Die Variable a ist eine Referenzvariable, die auf beliebig lange Reihungen von Elementen vom Typ T verweisen kann. Der Komponententyp T kann einfach sein wie in int [ ] a;, oder wieder zusammengesetzt, also insbesondere wieder ein Reihungstyp oder auch ein Klassentyp. In diesem Fall sind die Elemente von a Variablen mit Referenzen auf Objekte vom Typ T. Mit new T[n] **erzeugen** wir ein (zunächst anonymes) Reihungsobjekt der **Länge** n, also mit n Elementen.

Beispiel 7.5.2. Die Anweisungen

```
Complex[] c = new Complex[5];
for(int i=0; i < c.length; i++)
  c[i] = new Complex(i);
```

erzeugen ein Array der komplexen Zahlen 0, . . ., 4.   ❖

Java erlaubt zur Kompatibilität mit C/C++folgende alternative Syntax zur Deklaration eines Arrays:

$$T\ a[];$$

Reihungstypen sind in Java Klassen, allerdings mit spezieller komfortabler (und zu C/C++ kompatibler) Syntax zum Zugriff auf die Felder und mit der Einschränkung, daß man von Reihungsklassen keine abgeleiteten Klassen bilden kann. Die Elemente einer Reihung a mit der Länge s sind von 0 bis a.length-1 indiziert. Das i-te Element von a ist durch a[i] bezeichnet. Das Attribut length einer Reihungsklasse ist ein öffentlich zugängliches Feld vom Typ int, das die Anzahl der Elemente (Länge der Reihung) enthält.

Anders als C++ testet Java bei der Auswertung von a[i], ob i im Indexbereich liegt, d. h. ob 0<=i und i<a.length. Falls i nicht im Indexbereich liegt, wird ein Ausnahmeobjekt vom Typ IndexOutOfBoundsException generiert („geworfen").

Da Reihungstypen in Java durch Klassen realisiert sind, sind einzelne Reihungen also Objekte. Mit

$$T[]\ a = new\ T[s];$$

wird zunächst ein Reihungsobjekt von s Elementen des Typs T erzeugt und mit (der zu T gehörigen Variante von) Null vorinitialisiert; anschließend wird seine Referenz an die Reihungsvariable a zugewiesen. Die Zuweisung ist für jeden nicht-negativen Wert von s korrekt, da jede so erzeugte Reihung den Typ T[] hat.

Beispiel 7.5.3. Beispiele für Reihungsdefinitionen sind:

```
double[] vektor = new double[5]; // Reihung von 5 doubles
char[] string = new char[25];   // Reihung von 25 Zeichen
```

                                                                    ❖

Reihungen haben eine Literaldarstellung. Sie können nach der Vorinitialisierung mit Null sehr einfach durch benutzerspezifische Werte initialisiert werden, indem man die vollständige Liste der Werte in geschweiften Klammern angibt. Das kann entweder gleich bei der Deklaration der Reihungsvariablen geschehen oder gegebenenfalls später bei der Erzeugung der Reihung mit new. Der Compiler bestimmt in diesem Fall die Länge selbst. Eine teilweise Initialisierung wie in C++ ist nicht möglich.

Beispiel 7.5.4. Die Anweisungen

```
int[] a = {1, 5, 3, 6, 2, 3, 8};
int[] a = new int[] {1, 5, 3, 6, 2, 3, 8};
```

erzeugen und initialisieren jeweils eine Reihung a von Elementen vom Typ int. Damit ist a ein Block von 7 Elementen, die wir logisch als die Werte von Variablen a[0] bis a[6] ansehen können:

a	1	5	3	6	2	3	8
	a[0]	a[1]	a[2]	a[3]	a[4]	a[5]	a[6]

Dabei ist die erste (verkürzte) Form nur in Verbindung mit der Definition einer Reihungsvariable zulässig. Die Form new *Type*[]{...} hingegen erlaubt die Initialisierung jedes neu erzeugten Reihungsobjekts.

Reihungen verbinden Elemente gleichen Typs zu einer Einheit. Sehr oft will man eine Operation, die auf den Elementen definiert ist, auf alle Elemente der Reihung anwenden. Dazu muß man nacheinander jedes Reihungselement aufsuchen. Das typische Programmierkonstrukt hierfür ist eine for-Schleife, deren **Laufvariable** (*loop variable*) über den Indexbereich der Reihung läuft.

```
for (int i=0; i<a.length; i++) {
   visit(a[i]);
}
```

Der Aufbau dieser for-Schleife ist **idiomatisch** (*idiomatic*), d. h. wir verwenden diesen musterhaften Aufbau, der sich in Programmen der Familie C/C++/Java allgemein eingebürgert hat und sofort verstanden wird. Die Laufvariable wird als lokale Schleifenvariable deklariert, die Abbruchbedingung testet auf <a.length, und i++ steht gleichfalls idiomatisch für i=i+1;. Die Anweisung

```
for (int i=0; i<=a.length-1; ) {
   visit(a[i++]);
}
```

wäre gleichwertig, entspricht aber nicht dem Muster und erfordert deshalb einen erhöhten Denkaufwand sowohl beim Schreiben als auch beim Lesen.

7.5.3 Skalar- und Vektor-Operationen

Es gibt mindestens zwei typische Klassen von Operationen auf Reihungen numerischen Typs. **Skalare Operationen** (*scalar operations*) berechnen aus den Elementen der Reihung einen skalaren[4] Wert eines einfachen numerischen Typs, also z. B.

---

[4] Skalar: mit Größe, aber ohne Richtung; also auf einer eindimensionalen Skala, durch eine einfache Zahl, darstellbar.

einen Durchschnittswert oder das Maximum oder Minimum der Reihungselemente. **Vektoroperationen** (*vector operations*) verknüpfen zwei Reihungen zu einer neuen Reihung, z. B. durch komponentenweise Addition.

Skalar-Operationen. Eine häufige Operation auf numerischen Reihungen ist die Berechnung statistischer Parameter für die Meßwerte, wie etwa den Mittelwert oder die empirische Varianz. In den folgenden Beispielen sei a eine Reihung von double Elementen und es sei $l = $ a.length.

Beispiel 7.5.5. (Mittelwert) Zur Bildung des Mittelwertes $m = \frac{1}{l} \sum_{i=0}^{l-1} a_i$ müssen die Elemente zunächst aufsummiert werden. Der Operator + muß also auf alle Elemente der Reihung angewendet werden, und das Resultat ist vom Typ eines Elements. Wir führen eine Hilfsvariable res ein, in der wir das Resultat der Operation *akkumulieren*. Die Variable res wird mit dem neutralen Element der Operation initialisiert, danach wird jedes Reihungs-Element besucht und sein Betrag in res akkumuliert. Zu Beginn der i-ten Iteration (gemäß dem Wert von Schleifenzähler i) ist nur die Summe von a[0..(i-1)] berechnet, also nur zu dem Teil, der den schon durchlaufenen Iterationen entspricht. Es gilt dort also res $= \sum_{j=0}^{i-1} a_j$, und dies ist gleichzeitig die Schleifeninvariante. Die Variable res muß außerhalb der Schleife definiert werden, da das Ergebnis zum Schluß außerhalb gebraucht wird.

```
{ // Initialize for operation +
  double res=0.0;

  // Visit array elements
  for (int i=0; i<a.length; i++)
    res += a[i]; // accumulate sum

  // Finalize
  res /= a.length;
}
```

Beispiel 7.5.6. (Minimum) Wir ermitteln das Minimum min $= \text{Min}_{i=0}^{l-1} a_i$ der Werte von a. Wir programmieren dies so, daß zu Beginn der ersten Iteration (wo i den Wert 0 hat) min $= a_0$ gilt und zu Beginn jeder weiteren Iteration die Schleifeninvariante min $= \text{Min}_{j=0}^{i-1} a_j$ wahr ist. In diesem Beispiel muß also $l > 0$ gelten.

```
{ // Initialize for min
  double min=a[0];
  // Visit array elements
  for (int i=0; i<a.length; i++) {
    if (a[i] < min) min=a[i];
  }
  // Finalize: void
}
```

Beispiel 7.5.7. (Produkt) Es soll das Produkt $p = \prod_{i=0}^{l-1} a_i$ aller Elemente des Arrays a berechnet werden. Zu Beginn jeder Iteration erfüllen wir daher die Schleifeninvariante res $= \prod_{j=0}^{i-1} a_j$.

```
{ //Initialize for operation *
  double res = 1.0;
  // Visit array elements
  for(int i = 0; i < a.length; i++ )
   res *= a[i];

  // Finalize: void
}
```

❖

Wir sind also grundsätzlich nach dem Programmiermuster *Vorbereitung – Rei-
hungsdurchlauf – Nachbereitung* vorgegangen, wobei einer der Schritte auch einmal
leer bleiben kann. Wir verwenden zudem Kommentare wie Kapitel-Überschriften,
um das Programmiermuster noch zu unterstreichen. Ein solch idiomatisches Vorgehen hat den Vorteil, daß das Programm auf der höheren Ebene des Musters entwickelt, dokumentiert und verstanden wird, statt auf der niederen Ebene einzelner
Anweisungen. Außerdem fällt es sofort auf, wenn z. B. einmal der Vorbereitungsschritt *(Initialize)* vergessen wurde. Ist ein Schritt einmal nicht notwendig, wie z. B.
ein *Finalize*, dann ist es sinnvoll, dies explizit in einem Kommentar zu vermerken.
Dadurch wird klargestellt, daß ein Schritt nicht etwa vergessen wurde, sondern daß
er in dem speziellen Fall nicht notwendig ist.

Unsere speziellen Skalar-Operationen sind natürlich keine Methoden der Rei-
hungs-Klasse selbst, da Reihungen hierzu viel zu allgemein sind. Zur Nutzung der
Operationen würde man sich eine spezielle **Container-Klasse** definieren, die im
Datenteil ein Array zur Speicherung der Werte enthält und im Methodenteil Operationen wie die angegebenen anbietet. Wir studieren diese Vorgehensweise am Beispiel von Operationen für Vektoren, die sowohl Vektor-Operationen als auch skalare
Operationen enthalten. Später werden wir sie immer wieder anwenden, z. B. für die
Listen in Abschnitt 7.7. Auch die Systemklasse `String` in Abschnitt 7.6 kann in
diesem Licht gesehen werden.

Vektoren. Mit Arrays können wir n-Tupel von Werten eines Typs darstellen. Punkte des $\mathbb{R}^n$ können also z. B. durch ein Array von `double` der Länge n dargestellt
werden, das die Koordinaten des Punktes in den einzelnen Dimensionen enthält.
Ein Punkt $p \in \mathbb{R}^n$ repräsentiert gleichzeitig den n-dimensionalen **Vektor** $\overrightarrow{0p}$ im $\mathbb{R}^n$,
so daß auch n-dimensionale Vektoren über $\mathbb{R}$ mit einem solchen Array dargestellt
werden können. Für Vektoren ist es aber sinnvoll, einige Operationen als Methoden einer Klasse zu definieren, z. B. für die Vektoraddition oder das Skalarprodukt.
Es wäre jetzt naheliegend, diese Operationen in einer abgeleiteten Klasse zu definieren, aber es ist in Java nicht möglich, von Reihungsklassen abzuleiten. Deshalb
kapseln wir Vektoren in einer Container-Klasse, deren Datenteil aus einem Array
von `double` der entsprechenden Länge besteht. Allerdings verlieren wir dadurch
die spezielle Array-Syntax für Komponenten-Zugriffe.

Beispiel 7.5.8. (`Vektor`) Den Datentyp `Vektor`[5] für Vektoren der Dimension 4 können wir in Java wie folgt darstellen:

```
public class Vektor {
  private double[] data = new double[4];
  // Konstruktoren
  public Vektor() {super();}
  public Vektor(double a0, double a1,
                double a2, double a3){
    data[0] = a0; data[1] = a1;
    data[2] = a2; data[3] = a3; }
  // Selektoren
  public double get(int i) { return data[i]; }
  public void put(int i, double n) {data[i] = n; }

  /**
   * Gibt die Summe von v und this zurück,
   * ist also eine Vektor-Operation.
   */
  public Vektor add(Vektor v) {
    //initialize result
    Vector res = new Vektor();
    // add component-wise
    for (int i=0; i<data.length; i++)
      res.data[i] = data[i] + v.data[i];
    // Finalize: void
    return res;
  }
  /**
   * Gibt das Skalarprodukt von v und this zurück,
   * ist also eine skalare Operation.
   */
  public double scalarProduct(Vektor v) {
    double res=0.0; // initialize result
    // compute sum of products
    for (int i=0; i < v.data.length; i++)
      res += data[i] * v.data[i];
    // Finalize: void
    return res;
} }
```

Die Daten eines 4-dimensionalen Vektors bestehen aus einem Array `data` der Länge 4. Dieses Array wird durch `double[] data = new double[4];` angelegt und mit `0d` vorinitialisiert. Die Selektoren `get()` und `put()` erlauben es Methoden fremder Klassen, die i-te Komponente des Vektors zu lesen bzw. die i-te Komponente zu überschreiben. Die Methode `sum` gibt die Summe des im Objekt gekapselten Vektors mit dem als Argument gekapselten Vektor zurück. Diese Methode ist also eine Vektor-Operation im Sinne von Abschnitt 7.5.3. Da die Zugriffskontrolle in Java auf Klassenebene geschieht und nicht auf Objektebene,

---

[5] Dieser Datentyp hat nichts mit `java.util.Vector` zu tun, einem etwas unglücklich benannten Datentyp, der inzwischen veraltet ist und durch `ArrayList` ersetzt wurde.

kann diese Methode auf das data-Feld des Arguments zugreifen. Die Methode
scalarProduct berechnet das **Skalarprodukt** (*scalar product*, auch *dot product*
genannt) des in dem Objekt gekapselten Vektors mit dem als Argument gegebenen Vektor. Diese Methode involviert zwei Vektoren und kann als komplizierteres
Beispiel einer skalaren Operation gesehen werden.   ❖

7.5.4 Mehrdimensionale Reihungen und Matrizen

Eine n-dimensionale Reihung ($n > 1$) ist eine Reihung von $(n - 1)$-dimensionalen
Reihungen. Entsprechend sind T[][] und T[][][] die Typen von zweidimensionalen bzw. dreidimensionalen Reihungen über T usf.

Der Einfachheit halber betrachten wir im folgenden exemplarisch den Fall von
rechteckigen zweidimensionalen Reihungen, die auch **Matrizen** (*matrix, matrices*)
genannt werden.

Eine zweidimensionale Reihung

```
T[][] a = new T[z][s];
```

besteht aus z (Zeilen-)Arrays von je s (Spalten-)Elementen vom Typ T, so z. B.:

```
double[][] Matrix = new double[4][4];// 4 × 4 Matrix
```

Die Reihung heißt **rechteckig** (*rectangular*), weil alle Zeilen gleich lang sind.
Gibt es überdies gleichviele Zeilen wie Spalten, so heißt die Reihnung eine **quadratische Matrix** (*square matrix*).

Beispiel 7.5.9. Durch float[][] a = new float[3][4]; wird eine 3×4-
Matrix von einfach genauen reellen Zahlen definiert.

a[0][0]	a[0][1]	a[0][2]	a[0][3]
a[1][0]	a[1][1]	a[1][2]	a[1][3]
a[2][0]	a[2][1]	a[2][2]	a[2][3]

Die folgende Schleife summiert die Einträge von a auf und akkumuliert das
Ergebnis in res.

```
float res = 0.0f; // initialize for +
for (int i = 0; i < a.length; i++)  // rows
  for (int j = 0; j < a[i].length; j++) // columns
    res = res + a[i][j];
```

An der Benutzung des length-Feldes wird deutlich, daß a ein Array von Arrays
von float-Werten ist.   ❖

Beispiel 7.5.10. Die Klasse `SquareMatrix` legt ein zweidimensionales Array der Größe `size×size` an.

```
class SquareMatrix
{
  private int size;
  private float[][] data;
  // Konstruktoren
  /**
   * Legt eine 0x0 (d.h. leere) Matrix an.
   */
  public SquareMatrix() {
      size=0;
      data=new float[size][size];
    }
  /**
   * Legt s x s Matrix an.
   * Anforderung: s>=0.
   */
  public SquareMatrix(int s) {
    // Programmtext siehe unten
  }
  public int getSize() {
    return size;
  }
  public float get(int i, int j) {
    return data[i][j]; }
  public void put(int i, int j, float f) {
    data[i][j] = f; }
  /** Gibt Quadrat der Matrix zurück. */
  public SquareMatrix square() {
      // Programmtext siehe unten
    }
}
```

Der `SquareMatrix`-Konstruktor initialisiert die Matrix mit 0.

```
/**
 * Legt s x s Matrix an.
 * Anforderung: s>=0.
 */

SquareMatrix(int s)
{
  size=s;
  data = new float[size][size];
  for(int i = 0; i< size; i++)
    for(int j = 0; j< size; j++)
      data[i][j] = 0.0f;
}
```

Die Funktion `square()` gibt das Produkt der Matrix mit sich selbst zurück, also das Quadrat der gegebenen Matrix. Dafür benutzt sie die Matrix `res`. Da square() eine Mitgliedsfunktion der Klasse SquareMatrix ist, kann sie auch auf die internen Daten data der Matrix res zugreifen.

```
/** Gibt Quadrat der Matrix zurück. */
SquareMatrix square()
{
  // Initialize
  SquareMatrix res;  // quadrierte Matrix
  res = new SquareMatrix(size);
  for(int i = 0; i<size; i++) // rows
    for(int j = 0; j<size; j++){ // columns
      // initialize element computation
      float tmp=0.0f;
      // compute sum of products
      for(int k = 0; k<size; k++)
        tmp += data[i][k] * data[k][j];
      // finalize element computation
      res.data[i][j] = tmp;
    }
  // Finalize: void
  return res;
}
```

❖

Da die Länge einer Reihung nicht in den Typ eingeht, können insbesondere die Zeilen einer zweidimensionalen Reihung unterschiedliche Länge haben.

Beispiel 7.5.11. Durch

```
int[][] p = { {1}, {1, 1}, {1, 2, 1}, {1, 3, 3, 1} };
```

wird eine Reihung p mit 4 Zeilen definiert, die jeweils die Längen 1, 2, 3 und 4 haben.   ❖

Mehrdimensionale Reihungen können stufenweise generiert werden. new legt zunächst eine eindimensionale Reihung mit Referenzen auf $(n-1)$-dimensionale Reihungen an. Dazu muß new nur die „äußerste" am weitesten links stehende Längenangabe kennen – die Komponentenreihungen können später erzeugt werden.

Beispiel 7.5.12. Wir generieren die Reihung p aus Beispiel 7.5.11 alternativ wie folgt:

```
int[][] p = new int[4][];
p[0] = new int[] {1};
p[1] = new int[] {1, 1};
p[2] = new int[] {1, 2, 1};
p[3] = new int[] {1, 3, 3, 1};
```

7.6 Zeichenketten (*strings*)

Viele Programmiersprachen kennen einen Datentyp **Zeichenkette** (*string*), manch-
mal auch **Zeichenreihe**[6] genannt. In Java ist dieser Datentyp durch die System-
Klasse `String` realisiert, die konstante Zeichenketten zur Verfügung stellt. Die
Klasse `StringBuffer` realisiert veränderliche Zeichenketten.

Ein `String`-Objekt enthält eine (nach außen hin verborgene) interne Speicherung der Folge von Zeichen, die dieses Objekt repräsentiert. Die Klasse `String`
hält außerdem eine Auswahl von Konstruktoren und Methoden zur Erzeugung und
Manipulation von Zeichenketten bereit, z. B. für Vergleiche vielerlei Art. Zur einfacheren Verwendung in Programmen gibt es eine Literaldarstellung für Elemente
vom Typ `String` als Folgen von Zeichen, die in Anführungszeichen eingeschlossen sind. Das Literal `"Wort"` bezeichnet also ein `String`-Objekt, das die aus 4
Zeichen bestehende Zeichenfolge „Wort" repräsentiert.

```
String s = "Wort";
```

deklariert und initialisiert eine `String`-Variable s. Das `String`-Objekt `"Wort"`
kann also nicht verändert werden, aber s kann beliebige `String`-Objekte zugewiesen bekommen.

```
String s = new String("Wort");
```

ist umständlicher, da der Konstruktor von `String` hier noch eine Kopie des
`String`-Objekts `"Wort"` erzeugt, deren Referenz dann an s zugewiesen wird.
Solche Konstruktoren heißen **Kopie-Konstruktoren** (*copy constructor*). Der *no-
arg constructor* `String()` erzeugt die leere Zeichenkette `""`, also ein `String`-
Objekt, das keine Zeichen gespeichert hat.

Wir haben am letzten Beispiel auch gesehen, daß es durchaus verschiedene Objekte geben kann, die die gleiche Zeichenfolge repräsentieren. Zwar bezeichnet eine Literaldarstellung immer genau dasselbe Objekt, aber ein `String`-Objekt kann
auch noch auf andere Art erzeugt werden. Ein Vergleich s `==` t auf zwei Variablen vom Typ `String` vergleicht nur die Referenzen, nicht aber die in den Objekten
gespeicherten Zeichenfolgen. Letzteres ist mit der Methode `equals` möglich, im
Beispiel als s`.equals(t)`.

Für den Fall, daß ein solcher Vergleich häufig benötigt wird, kann man mit
s`.intern()` eine eindeutige systeminterne Repräsentation der Zeichenkette erzeugen. Der Ausdruck s`.intern() == t.intern()` evaluiert genau dann zu
`true`, wenn s`.equals(t)` zu `true` evaluiert, nur geht der Vergleich in der Folge schneller. Alle String-Literale und String-Konstanten bekommen auf diese Weise
eine eindeutige systeminterne Darstellung.

Die Methode `compareTo` vergleicht allgemein das `String`-Objekt mit einem anderen String. Die Methode liefert eine negative Zahl zurück, falls das

---

[6] Wir bevorzugen den Begriff Zeichenkette, damit es zu keiner Verwechslung mit Reihungen von Zeichen (`char[]`) kommt.

String-Objekt dem Argument-String vorangeht, wobei die lexikographische Ordnung bezüglich der durch < auf char gegebenen numerischen Ordnung verwendet wird. Eine positive Zahl wird zurückgegeben, falls das String-Objekt lexikographisch größer ist, und 0 wird zurückgegeben, falls beide Zeichenfolgen gleich sind.

Die Klasse String enthält noch eine Vielzahl weiterer Methoden, oft in mehreren Varianten, zur Manipulation von String-Objekten. substring-Methoden erzeugen einen String aus einem Teil eines anderen Strings; indexOf-Methoden bestimmen, ab welcher Position ein String als Teil eines anderen vorkommt; regionMatches-Methoden bestimmen, ob ein String in einer Teilregion eines anderen Strings irgendwo vorkommt; die Methode concat erzeugt aus zwei Strings ein neues Objekt, das die zusammengefügte (*concatenate*) Zeichenfolge repräsentiert; toLowerCase und toUpperCase erzeugen neue Strings, in denen Großbuchstaben durch entsprechende Kleinbuchstaben ersetzt wurden (und umgekehrt).

Eine wichtige Familie von Methoden ist durch die statischen valueOf-Methoden gegeben. Falls e ein Element eines elementaren Datentyps ist, dann ist String.valueOf(e) die Repräsentation des Wertes von e als Zeichenkette. Falls o ein Element eines Klassentyps ist, dann ist String.valueOf(o) entsprechend der Wert des Aufrufs o.toString().

Auf die einzelnen Zeichen einer Zeichenkette kann ähnlich wie auf Elemente eines Arrays direkt zugegriffen werden. Auf eine Stelle i wird jedoch nicht mittels der „[i]"-Notation zugegriffen, sondern mittels eines Methodenaufrufs charAt(i). Die Methode charAt steht sowohl für String- als auch für StringBuffer-Objekte zur Verfügung.

Die length-Methode[7] gibt die Länge eines StringBuffer- oder String-Objekts zurück.

Von jedem String-Objekt können wir die Reihung seiner Zeichen mittels der Methode toCharArray erhalten, die ein Objekt vom Typ char[] zurückliefert. (Hierdurch verlieren wir aber die nützlichen Methoden, die uns die Klasse String bereitstellt.) Danach können wir z. B. die Zeichen in der Reihung verändern und aus der geänderten Reihung mit dem Konstruktor String(char[]) wieder ein String-Objekt erzeugen.

Als spezielle syntaktische Kreation steht der Operator + auch als Infix-Operator zwischen zwei Strings zur Verfügung. Durch ihn wird ein neuer String erzeugt, der die Konkatenation der Zeichenfolgen der Operanden repräsentiert.

---

[7] Arrays haben ein Feld length, die String-Klasse hat eine Methode length().

7.6.1 Veränderliche Zeichenketten

Eine veränderbare Zeichenkette kann mittels

```
StringBuffer varString = new StringBuffer(length);
```

angelegt werden. In der Informatik bezeichnet **Puffer** (*buffer*) allgemein einen veränderlichen Zwischenspeicher. Ein StringBuffer wird dazu benutzt, eine Zeichenreihe aufzubauen und zu verändern, ehe sie zuletzt in ein fixes String-Objekt konvertiert wird. Der Parameter length des Konstruktors gibt eine anfängliche Größe des Zeichenkettenpuffers an. Ohne Angabe dieses Argumentes wird ein StringBuffer-Objekt angelegt, das eine Kapazität von 16 Zeichen besitzt.

Unabhängig von dem Wert von length enthält varString dann die leere Zeichenkette. Diese kann bei Bedarf vergrößert werden, es ist aber effizienter, wenn man einen geschätzten Platzbedarf angeben kann, anstatt jedesmal, wenn ein Zeichen an den Puffer angehängt wird, zusätzlichen Speicherplatz bereit zu stellen.

Das aktuelle Aussehen einer durch ein StringBuffer-Objekt repräsentierten Zeichenfolge kann mittels der toString-Methode erfaßt werden.

Die Methode setCharAt setzt ein Zeichen an einer bestimmten Stelle, und append fügt ein String am Ende an. Dies kann sehr schnell geschehen, wenn die Kapazität des Zeichenkettenpuffers noch nicht erschöpft ist. Andernfalls wird dieser zunächst automatisch erweitert, damit der String in dem erweiterten Puffer angefügt werden kann. Die Methode append kann nicht nur ein Argument vom Typ String haben, sondern ist auch für Argumente von jedem Basistyp und Klassentyp definiert. Diese Argumente werden mittels der jeweiligen toString-Methoden in einen String umgewandelt, der dann angefügt wird. Mit insert kann ein String an einer bestimmten Position eingefügt werden. Wie append ist auch insert für Argumente von jedem Basistyp und Klassentyp definiert.

7.7 Listen (*linked lists*)

Arrays eignen sich speziell für statische Sammlungen von Elementen, auf die man schnell zugreifen möchte. Der Aufwand für den Zugriff ist konstant, der Aufwand für das Einfügen oder Löschen eines Elements wächst im schlimmsten Fall mit der Länge des Arrays.

Die Datenstruktur **Liste** (*linked list, list*) eignet sich speziell für dynamische Sammlungen von Elementen. Der Aufwand für das Einfügen oder Löschen eines Elements ist konstant, der Aufwand für den Zugriff auf ein Element wächst im schlimmsten Fall mit der Länge der Liste.

Java 2 stellt im Paket java.util den Datentyp Liste als eine spezielle **Sammlung** (*collection*) bereit. java.util.List ist eine Methoden-Schnittstelle, die durch die Klassen LinkedList und ArrayList implementiert wird. In unserer Terminologie ist LinkedList eine doppelt verkettete Liste; diesen Datentyp behandeln wir in Abschn. 7.7.6. ArrayList ist eine alternative Implementierung mit den für Arrays typischen Laufzeiteigenschaften.

7.7.1 Konzepte, Terminologie und Entwurf

Sei eine Objektklasse K gegeben. Falls Objekte vom Typ K eine Referenzvariable vom selben Typ K als Feld enthalten, so kann man K-Objekte über diese Referenzen zu einer **primitiven Liste** verknüpfen. In nicht objektorientierten Anwendungen und Sprachen heißt diese reine Datenstruktur ohne Methoden schon **(verzeigerte) Liste** (*linked list*). Wir sprechen zunächst nur von einer (Knoten-)**Kette**, da wir wie in der Objekttechnik üblich die eigentliche Liste erst später in einer Container-Klasse aus einer Knotenkette und den zugehörigen Listen-Methoden zusammenfügen.[8]

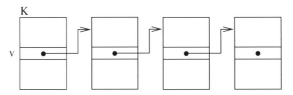

Das erste Element der Kette ist der **Kopf** (*head*). Vom Kopf aus ist jedes Element der Kette erreichbar; er kann daher die ganze Kette repräsentieren. Seine K-Referenz zeigt auf den **Rest** (*rest, tail*) der Kette (die K-Referenzen heißen auch **Listenzeiger**). Vom Kopf aus können wir über die K-Referenzen die Kette abschreiten, d. h. die Knoten der Kette einzeln besuchen, bis wir zum letzten Knoten, dem **Endknoten** (*last*) kommen. Dort finden wir die leere Referenz null vor, d. h. es gibt keinen nächsten Knoten mehr.

Das Klassendiagramm einer Kette aus Knoten vom Typ K sieht wie folgt aus:

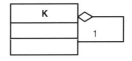

Die Datenstruktur der verzeigerten Liste eignet sich besonders zur Repräsentation von dynamisch wachsenden oder schrumpfenden Gruppen oder Mengen von Objekten (z.B. im Betriebssystem: Prozesse oder Netzwerkverbindungen). Über die Referenzen kann man neue Mitglieder an beliebiger Stelle **einflechten** oder **ausketten**, oder man kann mehrere Mengen zu einer einzigen verschmelzen. Weitere typische Listenoperationen sind das **Anfügen** eines neuen Knotens an den Anfang oder das Ende der Liste. Dazu benötigt man nicht einmal zusätzlichen Speicherplatz, falls man die Referenzfelder schon in den Knoten vorgesehen hat.

Durch Listen können wir die allgemeinen 1:n-Beziehungen modellieren, auf die wir bei der objektorientierten Analyse schon gestoßen waren. Die n Objekte, zu denen eine Beziehung besteht, werden einfach in einer Liste gruppiert.

---

[8] In Abschn. 7.5.3 haben wir mit dieser Methode ein Array als Datenstruktur mit geeigneten Methoden zu der Klasse Vector zusammengefügt.

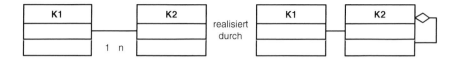

Aus objektorientierter Sicht ist es unbefriedigend, die Liste der Knoten nur implizit durch den Kopfknoten zu repräsentieren. Zum einen hat dann die **leere Liste**, die entsteht, wenn man das letzte verbliebene Element aus einer Liste entfernt, nur die spezielle Repräsentation durch den `null`-Zeiger, auf dem keine Methodenaufrufe möglich sind (also auch kein Test `isEmpty()`). Zum anderen stellt sich die Frage, wo die spezifischen Listenmethoden untergebracht werden sollen, denn in die Knotenklasse `K` gehören sie sicher nicht.

Wir schaffen uns daher wieder eine **Container-Klasse** (*container class*), deren Objekte jeweils eine Referenz auf den Kopfknoten enthalten und somit eine ganze Liste repräsentieren.

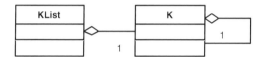

Die Container-Klasse `KList` enthält dann auch die Methoden zur Manipulation einer Kette von `K`-Knoten, sowie eventuell andere Daten wie die Länge der Liste etc. Die Methoden der Klasse `K` sollen sich ja nur auf für `K` spezifische Operationen beziehen. Die Methoden von `KList` beziehen sich dagegen auf die Operationen, die für Mengen von `K`-Objekten spezifisch sind.

Falls der Entwurf von `K` selbst noch keine Referenzen für die Verkettung vorgesehen hat, so lassen sich die Ketten dadurch erhalten, daß man `K` in eine spezielle Knotenklasse `KNode` einbettet (aggregiert).

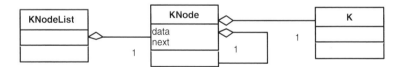

Ein `KNode` ist ein minimaler Knoten, der auch **Listenzelle** (*list cell*) (für Elemente vom Typ `K`) heißt. Er hat nur zwei Felder: Ein **Datenfeld** mit einer Referenz auf den **Inhalt** der Zelle (hier ein Objekt vom Typ `K`) und eine Referenz auf den nächsten Knoten (im Spezialfall ist der Typ des Inhalts ein einfacher Datentyp und keine Klasse).

Aus historischen Gründen – beeinflußt von der Namenswahl in der Programmiersprache LISP – heißt das Feld für den Inhalt oft `car`, das Feld für den Listenzeiger oft `cdr` (sprich: „cudder"). Hier bei uns heißen diese Felder `data` und `next`.

Die einfachste Form einer Liste ist also eine **lineare Liste** als Kette von einfachen Listenzellen. Eine einfache Listenzelle besteht aus einem Datenelement und einem Zeiger auf den Rest der Liste. Der letzte Listenzeiger ist der `null`-Zeiger.[9] Im Abschnitt 7.7.6 werden wir **doppelt verkettete** lineare Listen betrachten, deren Knoten zusätzlich einen zweiten rückwärts gerichteten Zeiger besitzen.

Falls der Inhalt einer Listenzelle wieder eine (lineare) Liste ist, sprechen wir auch von einer **zweidimensionalen Liste** (*two-dimensional list*). Eine zweidimensionale Liste kann z. B. eine Menge von Mengen repräsentieren.

7.7.2 Die Implementierung von Listen

Da in Java Objekte ohnehin nur über Referenzen zugänglich sind, können wir diese Objektreferenzen als Listen-Zeiger benutzen. Die Implementierung einer einfachen Listenzelle von Elementen vom Typ T sieht darum wie folgt aus:

```
public class TNode {
  T data;       // Datenelement
  TNode next;  // nächste Listenzelle

   // Selektoren
   public T getData() {
     return data; }
   public TNode getNext() {
     return next;}
   void setData(T nd) {
     data=nd;}
   void setNext(TNode nn) {
     next=nn;}


   // Konstruktoren
   public TNode(T a) {
      data = a; next = null; }
   public TNode(T a, TNode n) {
      data = a; next = n; }
}
```

Solche Listenzellen können zu beliebig langen linearen Listen von Elementen vom Typ T verkettet werden.

Wie wir schon erläutert haben, können wir solche Knotenketten in einer Listenklasse kapseln. Um dieser Listenklasse effizienten Zugriff auf die Felder von TNode zu gestatten, haben wir in diesem Fall darauf verzichtet, data und next als private Felder zu deklarieren. Wir geben diesen Feldern Standardzugriff, so daß Klassen im gleichen Paket – wie z. B. die kapselnde Listenklasse – direkt auf sie zugreifen können. Klassen außerhalb des Pakets können aber nur über die Selektoren zugreifen.

---

[9] Wir verwenden die Begriffe `null`-Referenz und `null`-Zeiger synonym.

Eine Klasse, die eine lineare Liste repräsentiert, muß sich nur den Anfang der Knotenkette merken. Eine Implementierung kann daher wie folgt aussehen.

```
public class TList {
  private TNode head; // Kopf der Liste

  // Konstruktoren
  public TList() {
    head = null; // null repräsentiert leere Liste
  }

  // weitere Methoden siehe unten
}
```

Wollen wir zum Beispiel eine Liste ausgeben, müssen wir jede Zelle besuchen. Falls x eine Variable vom Typ TNode ist, erhalten wir durch x.next den Zeiger auf die nächste Listenzelle. Außerhalb des Pakets, das TNode enthält, müssen wir x.getNext() verwenden. Mit

```
while( x != null ){ x = x.next; }
```

können wir also durch die ganze Liste gehen, und x.data liefert jeweils das Datenelement data vom Typ T.

Die Methode toString läßt sich darum wie folgt für TList implementieren. Die Liste soll durch runde Klammern begrenzt und die Listenelemente sollen durch Leerzeichen getrennt ausgegeben werden.

```
public class TList {
  private TNode head; // Kopf der Liste
// ...
  /**
   * Liste wird von runden Klammern begrenzt. Elemente
   * werden durch Leerzeichen getrennt ausgegeben.
   */
  public String toString() {
    // Initialize
    StringBuffer sb = new StringBuffer();
    TNode x;
    sb.append("(");
    x=head;

    // Print
    while (x != null) {
      sb.append(x.data.toString());
      x = x.next;
      if (x != null) sb.append(" ");
    }

    // Finalize
    sb.append(")");
    return sb.toString();
  }
}
```

Hätten wir die Felder `data` und `next` der Klasse `TNode` als privat deklariert, so könnten wir in der Klasse `TList` nicht direkt auf sie zugreifen, sondern nur über die Selektoren. Da die Klassen `TNode` und `TList` eng zusammengehören – wenn sie auch nicht durch das Konzept der Vererbung miteinander verbunden sind –, würde man gerne diese Felder für `TList` direkt zugänglich machen, ohne sie anderen Klassen zu öffnen. In manchen Programmiersprachen (wie z. B. in C++) gibt es für diesen Zweck das Konzept der **befreundeten Klasse** bzw. der **befreundeten Funktion** (*friend class, friend function*). In Java gibt es dieses Konzept nicht, sondern nur das etwas schwächere Konzept der freien Zugänglichkeit innerhalb eines Pakets und des Schutzes außerhalb eines Pakets. Dieses Konzept gibt es hingegen nicht in C++, auch wenn wir das Konzept der Java *packages* mit dem der C++ *namespaces* sonst weitgehend gleichsetzen können.

Der Vorteil von Listen besteht darin, daß im Gegensatz zu Arrays beliebig Elemente darin eingefügt oder daraus gelöscht werden können. Der Nachteil von Listen ist, daß kein wahlfreier Zugriff zur Verfügung steht, sondern man sich immer vom Beginn (dem Kopf) der Liste an die gewünschte Stelle *durchhangeln* muß.

Wir wollen nun den typischen Umgang mit Listen üben.

7.7.3 Einfügen eines Elementes

Die erste Methode **insertFirst()** soll ein Element `elem` am Anfang einer Liste einfügen. Wir müssen dazu einen neuen Knoten erzeugen, dessen Datenfeld mit `elem` initialisiert wird und dessen `next` Referenz auf den alten Anfang der Liste zeigt. Nachdem dieser Knoten erzeugt ist, müssen wir nur noch den Kopf unserer Liste auf den neuen Knoten umsetzen. Unsere Methode sieht dann wie folgt aus:

```
public class TList {
  private TNode head; // Kopf der Liste
// ...

  /**
   * Fügt elem am Anfang der Liste ein.
   * Ist auch richtig für den
   * Spezialfall der leeren Liste.
   */
  public void insertFirst(T elem)
   {
    // Neue Listenzelle erzeugen
    // deren next Feld auf head zeigt.
    TNode tmp = new TNode(elem, head);

    // head auf neuen Anfang setzen
    head = tmp;
   }
}
```

Die nächste Methode **insertLast()** soll ein Element `elem` am Ende der Liste einfügen. In dieser Methode müssen wir den Fall der leeren Liste gesondert behandeln. Falls die Liste leer ist, zeigt der Kopf der neuen Liste auf den neu erzeugten Knoten, dessen `next`-Feld mit der `null`-Referenz initialisiert ist. Im anderen Fall durchlaufen wir die Liste, bis wir am Endknoten angelangt sind und fügen dort den neuen Knoten an.

```
public class TList {
  private TNode head; // Kopf der Liste
  // ...

  /**
   * Fügt elem am Ende der Liste ein.
   */
  public void insertLast(T elem) {
    TNode tmp = head;
    if (head == null) { // Trivialfall: leere Liste
        head = new TNode(elem);
        return;
      }

    // Allgemeinfall:
    // zum Ende der Liste gehen
    while (tmp.next != null)
      tmp = tmp.next;

    // neue Listenzelle erzeugen und anfügen
    tmp.next = new TNode(elem);
  }
}
```

7.7.4 Sortiertes Einfügen eines Elements

Wir nehmen an, wir hätten schon eine aufsteigend sortierte Liste (zum Beispiel von Strings oder von ganzen Zahlen) gegeben und wollen ein neues Element sortiert in die Liste einfügen. Wenn wir wissen, daß die nächste Listenzelle hinter `tmp` ein größeres Element enthält, fügen wir die neue Listenzelle zwischen den Zellen `tmp` und `tmp.next` ein.

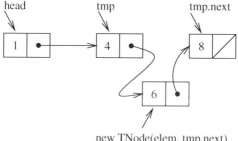

new TNode(elem, tmp.next)

Wenn wir die neue Listenzelle durch

```
new TNode(elem, tmp.next)
```

erzeugen, dann verweist der Listenzeiger der neuen Zelle schon auf das richtige Nachfolgeelement. Mit der Zuweisung

```
tmp.next = new TNode(elem, tmp.next)
```

wird auch der Zeiger der Listenzelle `tmp` richtig gesetzt. Damit erhalten wir die folgende Methode **insertSorted()**. Wir nehmen dabei an, daß die Ordnungsrelation auf T durch die Methode compareTo gegeben ist, die wie bei der Klasse String spezifiziert ist.

```
public class TList {
  private TNode head; // Kopf der Liste
// ...

  /**
   * Fügt elem sortiert in
   * die aufsteigend sortierte Liste ein.
   */
  public void insertSorted(T elem ) {
    TNode tmp = head;

    // Spezialfall: Liste ist leer oder
    // neues Element ist kleinstes
    if( (head == null) ||
        (head.data.compareTo(elem) > 0)) {
        insertFirst(elem);
        return;
      }
    // Allgemeinfall:
    // an die richtige Stelle in der Liste gehen
    while( (tmp.next != null)
           &&
           (tmp.next.data.compareTo(elem) <= 0)) {
      tmp = tmp.next;
    }
    // neue Listenzelle erzeugen und einfügen
    tmp.next = new TNode(elem, tmp.next);
  }
}
```

In dieser Methode haben wir ausgenutzt, daß in Java die Booleschen Operatoren || und && so lange von links nach rechts ausgewertet werden, bis ein Ergebnis feststeht. Da z. B. in der Oder-Klausel beim ersten if-Statement zunächst

```
head == null
```

steht und dann erst auf

```
head.data.compareTo(elem) > 0
```

getestet wird, so wissen wir bei der Auswertung des letzteren Ausdrucks, daß head!=null gilt, so daß wir auf head.data zugreifen können.

Die gleiche Methode kann auch als rekursive Funktion geschrieben werden. Die rekursive Struktur ist:

– Vergleiche das erste Element der Liste (`head.data`) mit dem einzufügenden Element `elem`.
– Falls die Liste leer ist oder das neue Element kleiner ist, dann füge das neue Element als erstes in die Liste ein,
– andernfalls füge das neue Element sortiert in die neue, um den Kopf verkürzte Liste `tmpList` ein (rekursiver Aufruf) und hänge die neue Liste zuletzt wieder an den Kopf der ursprünglichen Liste an.

Da es für rekursive Aufrufe von Listenfunktionen ineffizient wäre, Knotenketten in Listen zu verpacken, benutzen wir eine private Hilfsmethode, die direkt auf einer Knotenkette arbeitet.

```
public class TList {
  private TNode head; // Kopf der Liste
// ...
  /**
   * Fügt elem sortiert in
   * aufsteigend sortierte Liste ein.
   * Rekursive Version der Methode.
   */
  public void insertSortedRec(T elem) {
   head=insertSortedNodeChain(head, elem);
  }

  private TNode insertSortedNodeChain(TNode chain,
                                      T elem)
  {
    // special case: chain is empty
    // or new elem is smallest
    if( (chain == null) ||
        (chain.data.compareTo(elem) > 0)) {
      return new TNode(elem, chain);
      }
    // recursion: advance in chain
    chain.next=insertSortedNodeChain(chain.next,
                                     elem);
    return chain;
  }
}
```

7.7.5 Invertieren einer Liste

Wir haben die Liste L = (e1, ..., en) gegeben und wollen die Liste
INV(L) = (en, ..., e1) erzeugen. Dabei gibt es zwei Vorgehensweisen:

konstruktiv: Wir können eine neue Liste erzeugen, so daß L erhalten bleibt. Dies
hat den Nachteil, daß viel Platz verbraucht wird, hat aber den Vorteil, daß keine
Seiteneffekte auftreten: Falls ein Teil der ursprünglichen Liste auch Teil einer anderen Liste ist, so wird diese sich bei der konstruktiven Methode nicht
verändern, wohl aber bei der destruktiven.

destruktiv: Wir können die Liste L umbauen und dabei die alte Liste L zerstören.

Beim konstruktiven Invertieren einer Liste erzeugen wir zuerst eine neue, leere
Liste res. An diese fügen wir Schritt für Schritt die neuen Listenzellen vorne an.

```
public class TList {
  private TNode head; // Kopf der Liste
// ...
  /**
   * Gibt die konstruktiv invertierte
   * Liste zurück.
   */
  TList reverseListCon()
  { // initialize
    TList res = new TList();
    TNode cell = head;

    // walk over list and construct in
    // reverse order
    while (cell != null) {
      res.head = new TNode(cell.data, res.head);
      cell = cell.next;
    }
    return res;
  }
}
```

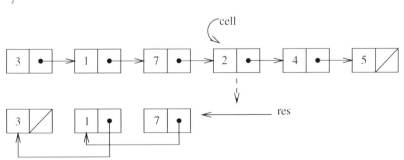

Bei der destruktiven Lösung gehen wir im Grunde ganz ähnlich vor. Wir transferieren in jedem Schritt die nächste Zelle der noch zu invertierenden Knotenkette chain an den Anfang der schon invertierten Kette revChain. Allerdings ge-

schieht der Transfer hier durch destruktives Umsetzen der in den Zellen gespeicherten Nachfolger-Referenzen.

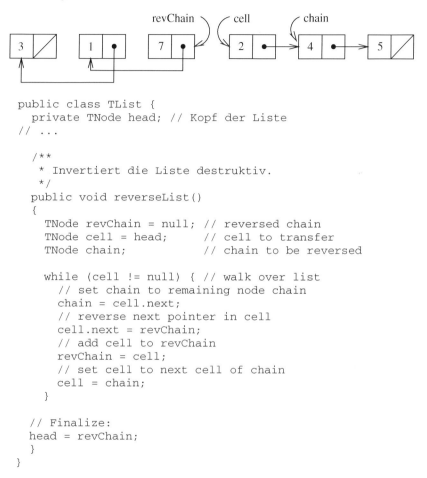

```
public class TList {
  private TNode head; // Kopf der Liste
// ...

  /**
   * Invertiert die Liste destruktiv.
   */
  public void reverseList()
  {
    TNode revChain = null; // reversed chain
    TNode cell = head;      // cell to transfer
    TNode chain;            // chain to be reversed

    while (cell != null) { // walk over list
      // set chain to remaining node chain
      chain = cell.next;
      // reverse next pointer in cell
      cell.next = revChain;
      // add cell to revChain
      revChain = cell;
      // set cell to next cell of chain
      cell = chain;
    }

    // Finalize:
    head = revChain;
  }
}
```

7.7.6 Doppelt verkettete Listen (*doubly linked lists*)

Doppelt verkettete Listen bestehen aus Listenzellen mit zwei Zeigern: ein Zeiger prev auf die vorherige Listenzelle, ein Zeiger next auf die nächste Listenzelle.

Der Vorteil des zweiten Zeigers ist es, daß wir in der Liste auch rückwärts laufen können. Die Nachteile von doppelt verketteten Listen sind, daß sie mehr Speicherplatz benötigen und die Methoden etwas aufwendiger sind, da die zusätzlichen Zeiger bei jeder Listenmanipulation nachgeführt werden müssen.

Die Klassendeklaration der Knoten einer doppelt verketteten Liste `TDNode` mit Datenelementen vom Typ `T` kann zum Beispiel so aussehen:

```
public class TDNode
{
  T data;
  TDNode prev;     // Vorgängerknoten
  TDNode next;     // Nachfolgerknoten
  // Konstruktoren
  public TDNode(T a) {
    data = a; prev = null; next = null;}
  public TDNode(T a, TDNode p, TDNode n) {
    data = a; prev = p; next = n;}
  // evtl. weitere Methoden, siehe unten
}
```

Wir werden für doppelt verkettete Listen neben einer Referenz auf den Anfangs-knoten der Liste auch noch eine Referenz auf den Endknoten mitführen, um sehr schnell ans Ende der Liste gelangen zu können. Eine solche Referenz hätten wir auch bei einer einfach verketteten Liste als Feld halten können. Da wir doppelt ver-kettete Listen auch in umgekehrter Richtung durchlaufen können, ist sie dort beson-ders sinnvoll. Die Klasse für doppelt verkettete Listen sieht dann wie folgt aus:

```
public class TDList
{
  private TDNode head;
  private TDNode last;
  // Konstruktoren
  public TDList() { head = null; last = null; }
  public TDList(T a) {
    head = new TDNode(a);
    last = head;
  }

  /** Sortiertes Einfügen von elem. */
  public void insertSorted(T elem) {
    // Programmtext siehe unten.
  }
  /** Liste umdrehen. */
  public void reverseList() {
    // Programmtext siehe unten.
  }
 /** Umgekehrte Liste ausgeben. Ausgabeformat
    wie bei toString. */
  public String toStringInverse() {
    // Programmtext siehe unten.
  }
  // evtl. weitere Methoden
}
```

Wir können nun sehr einfach die doppelt verkettete Liste in umgekehrter Rei-henfolge ausgeben lassen. Wir gehen dafür zuerst ans Ende der Liste, dann laufen

wir Zelle für Zelle bis an den Anfang der Liste zurück und geben jeweils die Daten-
elemente aus. Da die Methode `reverseList` die Liste ändert, können wir diese
Methode nicht einfach aufrufen, um dann die invertierte Liste auszugeben. Unsere
Ausgabe soll keine Seiteneffekte auf der Liste haben!

```
public class TDList {
  private TDNode head;
  private TDNode last;
// ...
  /** Invertierte Liste ausgeben. Ausgabeformat
      wie bei toString. */
  public String toStringInverse() {
    // Trivialfall: Leere Liste
    if (head == null)
      return "( )";

    // Initialize
    StringBuffer sb = new StringBuffer();
    sb.append("(");
    // ans Ende der Liste gehen
    TDNode tmp = last;

    // walk back to front
    while( tmp != null ) {
      sb.append(tmp.data + " ");
      tmp = tmp.prev;
    }
    // Finalize
    sb.append(")");
    return sb.toString();
  }
}
```

Beim Einfügen eines neuen Elementes in die Liste müssen wir immer beide
Zeiger neu setzen und auch darauf achten, daß die Zeiger der Vorgänger- und der
Nachfolger-Zelle richtig gesetzt sind. Wir betrachten dies am Beispiel des sortierten
Einfügens:

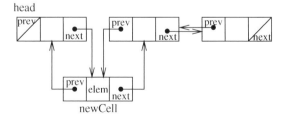

```
public class TDList {
  private TDNode head;
  private TDNode last;
// ...
  /** Sortiertes Einfügen von elem. */
  void insertSorted(T elem)
  {
    // Trivialfall: die Liste ist leer
    if( head == null ) {
        head = new TDNode(elem);
        last = head;
        return;
    }

    // Spezialfall: neues Element ist kleinstes
    if (head.data.compareTo(elem) > 0) {
      TDNode newCell = new TDNode(elem, null, head);
      // prev in Nachfolgerzelle neu setzen
      head.prev = newCell;
      head = newCell;
      return;
    }
    // Allgemeinfall:
    // head!=null und neues Element nicht kleinstes
    TDNode tmp = head;    // Hilfszeiger
    // an die richtige Stelle in der Liste gehen
    while( (tmp.next != null)
            &&
           (tmp.next.data.compareTo(elem) <= 0)) {
      tmp = tmp.next;
    }
    // neue Zelle erzeugen und alle Zeiger setzen
    TDNode newCell = new TDNode(elem, tmp, tmp.next );
    // next in Vorgängerzelle neu setzen
    tmp.next = newCell;
    if (newCell.next == null) {
      // Spezialfall: newCell ist letzte Zelle
      last = newCell;
    }
    else {
      // prev in Nachfolgerzelle neu setzen
      newCell.next.prev = newCell;
    }
} } }
```

Um eine doppelt verkettete Liste destruktiv zu invertieren gehen wir wie folgt vor: Vom Ende der Knotenkette ausgehend, auf die ja die last-Referenz zeigt, hangeln wir uns rückwärts durch die Liste durch. Dies kann mittels des prev-Feldes eines jeden Knotens in einfacher Art und Weise geschehen. Bei jedem Knoten müssen wir bei diesem Durchlauf die next- und prev-Felder vertauschen. Man beachte, daß diese Vorschrift auch beim letzten und ersten Knoten der Knotenkette richtig ist. Nach der Manipulation der Knotenkette sind zum Abschluß noch die head- und last-Referenzen der Containerklasse zu vertauschen.

Die Methode `reverseList` kann damit wie folgt implementiert werden:

```
public class TDList
{
  private TDNode head;
  private TDNode last;
  // ...
  /** Liste destruktiv umdrehen. */
  public void reverseList() {
    TDNode other;        // Hilfszeiger zum Vertauschen
    TDNode tmp = last;   // Hilfszeiger auf aktuellen Knoten
    while( tmp != null ) {
      // tausche next und prev
      other = tmp.prev;
      tmp.prev = tmp.next;
      tmp.next = other;
      // gehe zum nächsten Knoten
      tmp = tmp.next;
    }
    // tausche head und last
    other = head;
    head = last;
    last = other;
  }
}
```

7.8 Stapel (*stacks*)

7.8.1 Konzept und Terminologie

Eine für die Informatik sehr wichtige Datenstruktur ist die eines **Stapels**[10] (*stack*); vgl. z. B. die in Kapitel 6.9 eingeführten Laufzeitstapel zur Speicherung von Prozedur-Rahmen. Stapel sind Datenstrukturen zum Zwischenspeichern von Elementen, die nach dem *last-in, first-out* (*lifo*) Prinzip arbeiten: Die Elemente, die als letzte auf dem Stapel abgelegt wurden (mittels einer Operation `push`) sind die ersten, die zurückgegeben werden (mittels der Operationen `top` bzw. `pop`).

Diese Intuition können wir in der folgenden formaleren Definition eines Stapels verwenden:

Definition 7.8.1. *Ein* **Stapel** *(stack) von Elementen vom Typ* `T` *ist ein abstrakter Datentyp, welcher drei Operationen unterstützt, die im allgemeinen* `push`, `top` *und* `pop` *genannt werden, und der das Element* **emptystack** *enthält.*

Die (partielle) Funktion `top` *hat einen Stack als Eingabeparameter und gibt ein Element zurück, die partielle Funktion* `pop` *hat einen Stack als Ein- und Ausgabeparameter. Die Funktion* `push` *hat einen Stack und ein Element als Eingabeparameter und gibt einen Stack zurück.*

---

[10] In der deutschen Literatur kommt auch der Begriff **Keller** vor (Bauer und Goos, 1991).

Die Semantik von `top`, `pop` *und* `push` *wird (implizit) durch folgende Gleichungen gegeben, wobei s ein Stapel (von Elementen vom Typ* `T`*) und e ein Element vom Typ* `T` *sind:*

$$top(push(s, e)) = e$$
$$pop(push(s, e)) = s$$

Die Anwendung von `push` auf einen Stapel liefert einen neuen Stapel. Stapelausdrücke, die `top` und `pop` enthalten, können durch Anwenden obiger Gleichungen zu Ausdrücken ausgewertet werden, die nur `push` und `emptystack` enthalten. `push` ist damit ein Konstruktor des algebraischen Datentyps Stapel.

Ein abstrakter Datentyp, der durch Gleichungen spezifiziert wird, heißt auch **algebraischer abstrakter Datentyp** (*algebraic abstract data type*).

In einer objektorientierten Implementierung eines Stapels sind `pop` und `push` Methoden der Klasse Stapel, so daß der Parameter vom Typ Stapel in obigen Funktionsdefinitionen immer implizit ist. Die Methoden `top` und `pop` haben also kein explizites Argument (und ein implizites vom Typ Stapel) und die Methode `push` hat nur ein explizites Argument vom Typ `T` (und ein implizites vom Typ Stapel).

7.8.2 Implementierung von Stacks

Eine mögliche Implementierung eines Stapels ist es, ihn als Containerklasse darzustellen, die eine einfache Liste zur Speicherung der Elemente und neben Konstruktoren bloß Methoden enthält, welche auf das erste Element (den **Kopf**, bzw. den **Stack-Top**) zugreifen. Im wesentlichen sind das die Methoden `insertFirst` (oder `push`) und `takeFirst` (oder `top`). Entsprechend der Spezifikation der Klasse `java.util.Stack`[11] – die einen Stack von Elementen vom Typ `Object` zur Verfügung stellt – fassen wir die Funktionen `top` und `pop` zu einer einzigen Methode zusammen, die wir wieder `pop` nennen: Der implizite Ein- und Ausgabeparameter vom Typ Stack wird bei der objektorientierten Implementierung von `pop` wie das explizite Argument der Funktion `pop` verändert; die Methode `pop` liefert einen expliziten Funktionswert, der wie der Funktionswert von `top` spezifiziert ist.

Wie bei einer einfachen Liste besteht ein Objekt vom Typ `TStack` aus Zellen vom Typ `TNode` (vgl. Abschnitt 7.7.2). Die Klasse `TStack` kann dann wie folgt aussehen:

```
public class TStack {
    private TNode top; // Stack-Top

    // Konstruktoren
    public Stack() {top = null;}
```

---

[11] `java.util.Stack` ist inzwischen zur Ausmusterung empfohlen (*deprecated*), da eine einfache Implementierung mit `java.util.ArrayList` möglich ist.

```
/**
 * Legt c auf den Stack
 */
public void push(T c) {
  top = new TNode(c, top); }

/**
 * Gibt den Stack-Top zurück und
 * reduziert den Stack um Top.
 * Anforderung: Stack ist nicht leer.
 */
public T pop() throws EmptyStackException {
  if (top==null) throw new EmptyStackException();
  T res = top.data;    // Stack-Top lesen
  top = top.next;      // Stack-Top verschieben
  return res;
}

public boolean empty(){ return(top == null); }
}
```

Beim Lesen (bzw. Wegnehmen) eines Stack-Elements kann der belegte Platz wieder freigegeben werden. Die Methode `pop` der Klasse `TStack` liest den Stack-Top und verschiebt den Stack-Top nach hinten. Der reservierte Platz des alten Stack-Top auf dem Heap wird frei und kann von einer garbage collection zur Neubenutzung requiriert werden. Die Methode `pop` hat als Voraussetzung, daß der Stack nicht leer ist. Wir überprüfen diese Voraussetzung in der Methode und generieren die Ausnahmebedingung `EmptyStackException`, falls sie nicht erfüllt ist.

7.9 Warteschlangen (*queues*)

7.9.1 Konzept und Terminologie

Ein Stapel verwirklicht einen Zwischenspeicher für Elemente nach dem *last-in, first-out* (*lifo*) Prinzip. Das duale Konzept eines Zwischenspeichers, der nach dem *first-in, first-out* (*fifo*) Prinzip arbeitet, ist im abstrakten Datentyp einer **Warteschlange** (*queue*) verwirklicht. Die Elemente, die mittels einer Methode `append` als erste in eine Warteschlange eingereiht wurden, sind auch die ersten, die mittels einer `get` Methode wiedergewonnen werden.

Java 2 stellt im Paket `java.util` die Klasse `LinkedList` als eine spezielle **Sammlung** (*collection*) bereit. `LinkedList` enthält auch eine Methode `addLast(Object elem)`, die `elem` als letztes Element in die Liste einfügt. Damit kann durch `LinkedList` auch unmittelbar eine Warteschlange realisiert werden.

7.9.2 Implementierung von Queues

Für die Implementierung einer Warteschlange können wir eine lineare Liste verwenden, bei der wir jedoch günstigerweise neben einer Referenz auf den Anfang der Liste auch eine Referenz auf das Ende der Liste mitführen, da die Methode append ein Element ans Ende anfügt. Die Methode get soll das erste Element der Warteschlange zurückgeben und es gleichzeitig aus der Warteschlange entfernen. Falls die Warteschlange leer war, soll die Ausnahmebedingung EmptyQueueException generiert werden. Die Methode empty liefert einen Test, ob die Warteschlange leer ist.

```java
public class TQueue {
  private TNode head, last;

  /**
   * Returns true iff the queue is empty.
   */
  public boolean empty() {
    return head==null;
  }
  /**
   * Appends t to the queue.
   */
  public void append(T t) {
    TNode p = new TNode(t);
    if (last == null)
      head = p;
    else
      last.next = p;
    last = p;
  }

  /**
   * Returns the first element of the queue
   * and removes it from the queue.
   * @exception EmptyQueueException queue is empty
   */
  public T get() throws EmptyQueueException {
    if (head == null) throw new EmptyQueueException();
    TNode p = head; // Remember first element
    head = head.next; // Remove it from queue
    if (head == null) // update last?
      last = null;
    return p.data;
  }
}
```

7.10 Übungen

Aufgabe 7.1. Entwerfen und implementieren Sie eine Klasse für rationale Zahlen. Diese soll Zähler und Nenner als `long` Variablen beinhalten. Schreiben Sie Funktionen, welche alle gängigen Rechenfunktionen ermöglichen. Beachten Sie, daß eine rationale Zahl immer vollständig gekürzt gespeichert werden sollte. Implementieren Sie daher eine Funktion `normalize()`, die den größten gemeinsamen Teiler von Zähler und Nenner berechnet und diesen kürzt.

Aufgabe 7.2. Entwerfen und implementieren Sie eine Klasse, die Matrizen allgemeiner Dimension von Zahlen vom Typ `double` repräsentiert. Es sollen also nicht nur quadratische Matrizen behandelt werden können, sondern allgemein Matrizen, die lineare Abbildungen von $\mathbb{R}^k \longrightarrow \mathbb{R}^m$ darstellen (wobei $\mathbb{R}$ durch `double` approximiert wird und k und m positive Zahlen vom Typ `int` sind).

Implementieren Sie neben Konstruktoren und Selektoren auch eine Methode, die das Produkt der repräsentierten Matrix mit einer anderen Matrix zurückgibt.

Behandeln Sie die Ausnahme, daß die Operation wegen inkompatibler Dimensionen der Matrizen nicht durchgeführt werden kann. Geben Sie als Teil der Ausnahmebehandlung eine Fehlermeldung auf `System.err` aus.

Aufgabe 7.3. Implementieren Sie entsprechend zu Aufgabe 7.2 eine Klasse, die Matrizen allgemeiner Dimension über *komplexen Zahlen* darstellt.

Aufgabe 7.4. Implementieren Sie die Klasse `TStack` unter Verwendung eines Arrays neu. Werfen Sie eine geeignete Ausnahme aus, wenn das Array zu klein wird.

Aufgabe 7.5. Gegeben sei folgendes Codefragment:

```
class X {
  int y;
  int[] x = new int[3];
  static int counter = 0;

  X(){x[0] = x[1] = x[2] = counter++;};
}

public void p(X[] x) {
  for(int i = 0; i < x.length; i++)
  {
    x[i].x[0] = x[(i < x.length - 1) ? i + 1 : 0].x[0];
    x[i].x[1] = x[(i < x.length - 1) ? i + 1 : 0].x[1];
    x[i].x[2] = x[(i < x.length - 1) ? i + 1 : 0].x[2];
  }
}
```

```
public static void main(String args[]){
 X[] x = new X[2];
 //Stelle 1
 for(int i = 0; i < x.length; i++)
   x[i] = new X();
 //Stelle 2
 p(x);
 //Stelle 3
 }
```

Skizzieren Sie den Zustand des Speichers an den Stellen 1, 2 und 3.

Aufgabe 7.6. In der Klasse `IntList`, die einfach verkettete Listen von Ganzzahlen (Datentyp `Integer`) repräsentiert und in der die Methoden der Klasse `TList` entsprechend implementiert sind, sei die `main`-Methode wie folgt implementiert:

```
public class IntList{
//...
  public static void main(String[] args) {
    IntList list = new IntList();
    for(int i = 0; i < 4; i++)
      list.insertLast(new Integer(i));
    list.insertSorted(new Integer(42));
    // Stelle 1
    list.reverseList();
    // Stelle 2
    list.reverseListCon();
    // Stelle 3
  }
}
```

Skizzieren Sie den Zustand des Speichers an den Stellen 1, 2 und 3.

Aufgabe 7.7. Gegeben sei ein sortiertes Zahlen-Array der Länge n. Um festzustellen, ob eine Zahl x in dem Array vorkommt, kann die binäre Suche benutzt werden: Hierbei wird das Array in zwei annähernd gleich große Teile geteilt und auf jedem der beiden Teile erneut die binäre Suche durchgeführt. Der Algorithmus endet, wenn das Array nur noch ein Element enthält.

a) Formulieren Sie den oben skizzierten Algorithmus mittels Rekursion in Pseudo-Code.
b) Finden Sie eine Realisierung, die ohne Rekursion auskommt und beschreiben Sie diese durch ein Flußdiagramm.
c) Implementieren Sie die *rekursive* bzw. *iterative* Variante der binären Suche in Java.

8. Höhere objektorientierte Konzepte

8.1 Einleitung

Volles objektorientiertes Programmieren beinhaltet zusätzlich zur Konstruktion neuer Datentypen mithilfe von Klassen auch die Konzepte der **Vererbung** (*inheritance*) und des **dynamischen Bindens** (*dynamic binding*).

Eine von einer **Basisklasse** (*base class*) B abgeleitete Klasse A **erbt** (*inherit*) die Attribute und Methoden, die B anbietet. Die Methoden aus B können dann auch auf jedem Objekt a in A ausgeführt werden, denn jedes A ist auch (*is-a*) ein (spezielles) B. Jedes Objekt a aus A ist damit **polymorph** (*polymorphic*), also vielgestaltig: Es kann sowohl als A als auch als B auftreten. Entsprechend kann a auch einer Objektvariablen x vom Typ B zugewiesen werden, so daß x wahlweise auf Objekte der Typen A oder B verweisen kann. Damit hat x einen **statischen Typ** B, der sich aus der Deklaration von x ergibt und einen **dynamischen Typ**, der sich aus dem tatsächlichen Typ des Objekts ergibt, das x jeweils gerade referenziert.

Die Vererbung von Methoden kann in zwei Spielarten vorkommen, die wir im folgenden **reale Vererbung** und **virtuelle Vererbung** nennen wollen. (Der Begriff der virtuellen Vererbung aus C++ hat hiermit nichts zu tun.)

Im Fall der **realen Vererbung** wird mit einer Methodendeklaration aus B auch deren Implementierung an A vererbt. Der Code aus B wird dadurch in A **wiederverwendet** (*re-use*). Der Mechanismus der realen Vererbung ist aber oft nicht anwendbar, da er zu restriktiv ist. Denken wir an eine Methode toString(), die von Gerät an Ventil vererbt werden soll (siehe Abb. 5.6 in Kapitel 5). In beiden Klassen soll der Objektzustand in einen String geschrieben werden, aber ein Ventil hat ein zusätzliches Attribut Stellung, das in Gerät fehlt. Der Code von toString() muß also in geeigneter Form angepaßt werden.

Im Fall der **virtuellen Vererbung** wird nur die Schnittstelle (Signatur) der Methode vererbt und in der abgeleiteten Klasse wird die Methode selbst in modifizierter Form neu implementiert. Methoden, die eine virtuelle Vererbung und Re-Implementierung zulassen, heißen **virtuelle Methoden** (*virtual methods*), und man spricht vom **Überschreiben** (*overriding*) der Methode in einer abgeleiteten Klasse.

Beim Aufruf x.vm() einer virtuellen Methode vm() wird dann nicht schon zur Übersetzungszeit aufgrund des statischen Typs der Variable x, sondern erst zur Laufzeit aufgrund des dynamischen Typs von x entschieden, welche Variante von vm() auf dem referenzierten Objekt ausgeführt wird. Statt des Begriffs dynamisches Binden wird deshalb oftmals auch der Begriff **spätes Binden** (*late binding*) verwendet. Eine typische Verwendung dieses Mechanismus ist die folgende. Oft haben wir es etwa mit einer **Kollektion** (*collection*) (z. B. Reihung, Liste) von Objekten der Klasse B zu tun, von denen einige verkappte polymorphe Objekte aus A sein können. Gibt es in B eine virtuelle Methode vm(), so können wir vm() auf jedem Objekt aufrufen, da die Objekte in A die Schnittstelle vm() von B geerbt haben. Allerdings entscheidet sich erst zur Zeit des Aufrufs, welcher Code an diese Schnittstelle gebunden ist, also in welcher Form vm() ausgeführt wird – ein a aus A tut dies möglicherweise anders als ein b aus B.

Im Extremfall besitzt B selbst nur eine Methoden-Schnittstelle ohne Implementierung; wir sprechen dann von einer **abstrakten Methode** (*abstract method*) und einer **abstrakten Basisklasse** (*abstract base class*). (In C++ spricht man von **rein virtuellen** (*pure virtual*) Funktionen.) Es kann in diesem Fall keine realen Objekte vom Typ B geben, da die Implementierung nicht vollständig ist. Eine abstrakte Basisklasse spezifiziert lediglich eine gemeinsame Methoden-Schnittstelle für alle abgeleiteten Klassen.

In Java ist für alle Methoden die virtuelle Vererbung der Normalfall. Soll für eine Methode nur reale Vererbung möglich sein, so daß ein Überschreiben ausgeschlossen ist, so muß diese Methode als final deklariert werden. Die bereits vorliegende Implementierung ist damit auch für alle abgeleiteten Klassen endgültig. In C++ ist demgegenüber reale Vererbung der Standard, und virtuelle Methoden müssen als virtual deklariert werden. Wird in Java eine ganze Klasse als final deklariert, so sind nicht nur alle ihre Methoden implizit final, sondern es kann von ihr überhaupt nicht mehr abgeleitet werden.

Die Konzepte von Ableitung und Vererbung mit dynamischem Binden verleihen objektorientierten Programmen große Ausdruckskraft und innere Organisation. Von klassischen Sprachen können diese Konzepte – im Gegensatz zum Konzept der abstrakten Datentypen – praktisch nicht simuliert werden.

Generisches Programmieren (*generic programming*) ist das dritte Programmierkonzept, das wir in diesem Kapitel vorstellen. Mit diesem Konzept arbeitet man die Gemeinsamkeit von Datenstrukturen und Methoden auf einer hohen Abstraktionsebene heraus. Da in Java alle Klassen automatisch die Oberklasse Object haben, lassen sich z. B. Listen, Stacks und Queues als **generische Datenstrukturen** über Object definieren und dann mit Objekten beliebiger Klassen besetzen.

Generische Methoden parametrisieren einen abstrakten Vorgang (z. B. das Durchlaufen einer Liste) so, daß er nur ein einziges Mal programmiert werden muß und trotzdem in vielen Spezialfällen (z.B. Liste von int, Liste von float, Liste von Node, etc.) anwendbar ist. Dies kann durch das Verwenden einer generischen Datenstruktur oder durch Parametrisierung mit einem **Aktionsobjekt** (*action object*) erreicht werden. Durch Austausch von Aktionsobjekten generiert man auf einfache Weise konkrete Vorgänge, die in einem klar strukturierten Zusammenhang stehen (z. B. das Berechnen des Maximums oder Minimums aller Objekte in einer Liste).

Insgesamt steht dieses Kapitel also unter dem großen Thema, wie man in einem objektorientierten Programm Struktur modelliert und effizient ausnutzt.

8.2 Vererbung und abgeleitete Klassen

Vererbung (*inheritance*) ist ein Mechanismus, mit dem die „**ist-ein**" (*is-a*) Beziehung zwischen Datentypen ausgenützt werden kann. Oft ist ein Datentyp A ein **Untertyp** (*subtype*) eines **Obertyps** (*supertype*) B. Dies bedeutet, daß die Klasse A eine Erweiterung der Klasse B ist. Die Klasse A hat alle Eigenschaften von B und eventuell noch weitere zusätzliche.

Statt nun B und A völlig separat zu implementieren, wollen wir bei der Implementierung von A die Implementierung von B **wiederverwenden** (*re-use*). A soll die Eigenschaften von B **erben** (*inherit*), und zwar sowohl seine Attribute als auch seine Methoden. Wir sprechen von B als **Basisklasse** (*base class*) und von A als (von B) **abgeleitete Klasse** (*derived class*); ein alternativer Sprachgebrauch ist **Oberklasse** (*super class*) und **Unterklasse** (*subclass*).

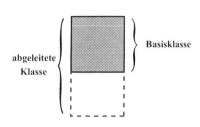

Die Methoden von B können wiederverwendet werden, d. h. sie sind auch auf einem Objekt vom Typ A aufrufbar, denn jedes Objekt vom Typ A *ist ein* (*is-a*) (spezielles) Objekt vom Typ B. (Zum Beispiel ist jedes Ventil ein spezielles Gerät und hat deshalb eine Gerätenummer.)

Falls A tatsächlich die Implementierung einer Methode aus B wiederverwendet, wollen wir von **realer Vererbung** sprechen. Oftmals ist aber mehr Flexibilität gefordert und die Implementierung der Methode aus B soll in A an die Besonderheiten von A angepaßt werden, wobei aber die Methoden-Schnittstelle unverändert bleibt. Methoden, die eine solche **virtuelle Vererbung** zulassen, heißen virtuelle Methoden; sie werden in Abschnitt 8.3 besprochen.

Natürlich kann von einer Klasse B nicht nur eine einzige Klasse A, sondern mehrere verschiedene Klassen A_i abgeleitet werden. (Zum Beispiel sind sowohl Ventile als auch Motoren Geräte.) Die Basisklasse B legt dann fest, was allen abgeleiteten Klassen gemeinsam ist. Siehe hierzu auch Kap. 5.3.3.

Beispiel 8.2.1. Die Klasse Ventil und die Klasse Motor erben das Feld `seriennr` und die Funktion `setSeriennr()` von der Basisklasse Geraet; Ventil und Motor sind abgeleitete Klassen, vgl. Abb. 8.1.

```
{Ventil v = new Ventil();
 v.setSeriennr(1508);      // ein Ventil ist ein Gerät
 Geraet g = new Ventil(); // ein Ventil ist ein Gerät
}
```

❖

Beispiel 8.2.2. Für jeden Typ T besteht die Struktur eines TNode aus einer Referenz vom Typ TNode und einem Datenfeld vom Typ T. Allen TNode ist also

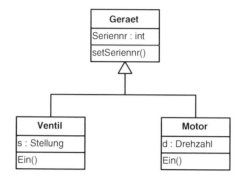

Abb. 8.1. Klassendiagramm zu Beispiel 8.2.1.

unabhängig von T die Referenz gemeinsam. Dies können wir ausdrücken, in dem wir die Referenz in einer Basisklasse Link halten und daraus jeweils einen TNode mit einem zusätzlichen Datenfeld und passenden Zugriffsmethoden ableiten.

```
class Link {
    Link next;}
class TNode extends Link {
    T data;
    public void setData(T d)   {data = d;}
    public T getData()         {return data;}
}
```

❖

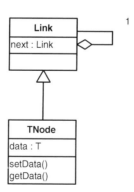

Abb. 8.2. Klassendiagramm zu Beispiel 8.2.2.

8.2.1 Der Zugriffsschutz `protected` in Klassenhierarchien

Von den in Kap. 7.2.4 diskutierten Zugriffskontrollmechanismen `public`, `protected`, Paket und `private` hat lediglich `protected` eine Bedeutung, die sich auf Klassenhierarchien bezieht. Da `protected` innerhalb des Pakets volle Sichtbarkeit impliziert, ist nur der Fall eines Zugriffs von außerhalb des Pakets erläuterungsbedürftig.

Ein als `protected` deklariertes Instanzattribut einer Klasse B ist auch aus dem Code einer abgeleiteten Klasse A zugänglich, vorausgesetzt der Zugriff geschieht über eine Objektreferenz, die vom Typ von A (oder einem Subtyp von A) ist. Klassenattribute, die als `protected` deklariert sind, sind aus allen abgeleiteten Klassen zugänglich.

Beispiel 8.2.3. Es sei die in Abb. 8.3 dargestellte Klassenhierachie gegeben, wobei A1 in einem anderen Paket deklariert ist als B.

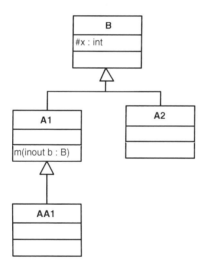

Abb. 8.3. Klassendiagramm zu Beispiel 8.2.3.

x ist mit dem UML-Symbol # als `protected` deklariert. x ist in der Methode m() der Klasse A1 zugänglich, da A1 von B erbt. Wird in m() die Variable x erwähnt, so ist `this.x` gemeint und `this` hat den Typ A1. Wird m mit einem aktuellen Parameter b vom Typ B aufgerufen, so ist in m() der Zugriff `b.x` aber ungültig; gleiches gilt für einen Parameter b vom aktuellen Typ A2 und zwar egal, ob der Aufruf `b.x` oder `((B) b).x` heißt. Der Zugriff `b.x` ist nur gültig, falls b mindestens den Typ A1 hat. War der aktuelle Parameter ein `aa1` vom Typ AA1, so ist `b.x` nach wie vor ungültig, aber `((A1) b).x` oder `((AA1) b).x` sind gültig. ❖

Intuitiv gesprochen sorgen die Regeln dafür, daß auf ein von außerhalb seines Pakets geerbtes als `protected` deklariertes Mitglied eines Objekts nur von solchem Code zugegriffen werden kann, der für die Implementierung des Objekts zuständig ist. Im obigen Beispiel hat A1 das Feld x von B geerbt. Weder B noch A2 sind aber in der Implementierung von A1 involviert, also darf innerhalb von A1 über Objektreferenzen der Typen B oder A2 nicht auf das von A1 geerbte Feld x zugegriffen werden. Hingegen ist AA1 ein (spezielles) A1 und deshalb an der Implementierung von A1 beteiligt.

8.2.2 Konstruktoren in Klassen-Hierarchien

Im allgemeinen hat jede Klasse in einer Vererbungshierarchie eigene Konstruktoren. Bevor ein Konstruktor einer von B abgeleiteten Klasse A ein neues Objekt initialisieren kann, ruft er (als erste ausführbare Anweisung) einen passenden Konstruktor von B auf, um den Basisteil zu initialisieren. Fehlt ein expliziter Aufruf, so wird automatisch derjenige Konstruktor von B aufgerufen, der keine Argumente hat (*no-arg constructor*). (Ein solcher wird deshalb in jeder Klasse automatisch bereitgestellt, falls überhaupt kein Konstruktor angegeben wurde.) Diese Aufrufe setzen sich hierarchisch fort, bis der Konstruktor der absoluten Basisklasse am Gipfel der Klassenhierarchie erreicht ist. Dieser wird also zuerst komplett abgearbeitet, danach der aufrufende der ersten abgeleiteten Klasse usf. (vgl. Kap. 7.2.7).

In A wird der *no-arg* Konstruktor von B mit `super()` bezeichnet, ein Konstruktor mit einem Argument `arg` als `super(arg)` usf. Eine Methode der übergeordneten Klasse kann von der abgeleiteten Klasse aus mithilfe des Schlüsselworts `super` aufgerufen werden, wie z. B. in `super.m()`.

Beispiel 8.2.4. Wir möchten für einen Schachclub eine Datenbank erstellen. Dafür entwerfen wir eine Basisklasse `Mitglied`, die allgemein Angehörige des Clubs repräsentiert. Weiter gibt es in unserem Schachclub zwei Arten von Mitgliedern: „normale" Mitglieder (wie Udo und Klaus) und solche, die ein Amt im Vorstand ausüben (Eva). Jedes Mitglied im Vorstand ist auch ein Mitglied im Schachclub. Deshalb erhalten wir die in Abb. 8.4 gegebene Vererbungsstruktur.

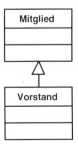

Abb. 8.4. Klassendiagramm zu Beispiel 8.2.4.

Alle Angehörige des Clubs haben einen Namen und eine Mitgliedsnummer. Darum legen wir diese Daten in die Basisklasse `Mitglied`. Abgeleitete Klassen oder Klassen im gleichen Paket sollen direkt auf Mitgliedsdaten zugreifen können. Nach außen hin sollen die Mitgliedsdaten nur gelesen werden können (*read only*). Daher geben wir nur `get`-Methoden an, aber keine `set`-Methoden.

```java
public class Mitglied {
    protected String name; // Mitgliedsname
    protected int nummer;  // Mitgliedsnummer
    // Konstruktoren
    public Mitglied(String s, int n) {
        name=s;
        nummer=n;
    }
    // Selektoren
    public int getNumber() { return nummer;}
    public String getName() { return name;}
    // Methoden
    public String toString() {
    return "Name: " + name + ", Nummer: " + nummer;
    }
}
```

Vorstandsmitglieder sind Mitglieder, die zusätzlich ein Amt haben:

```java
public class Vorstand extends Mitglied
{
    protected String amt;  // Präsident, Kassenwart, ...
    // Konstruktoren
    public Vorstand(String n, int m, String a) {
     super(n, m); amt=a;
    }
    public String toString() {
        return ("Vorstandsmitglied: " + super.toString()
            + ", Amt: " + amt);
    }
}
```

❖

Im Beispiel wurden der Konstruktor und die `toString`-Methode von `Mitglied` benutzt, um die entsprechenden Funktionen der verschiedenen Mitglieder zu implementieren. Falls später einmal alle Mitglieder ein zusätzliches Klassenelement (wie zum Beispiel das Geburtsdatum) bekommen, muß nur die `toString` Methode der Klasse `Mitglied` angepaßt werden. Die `toString`-Methode von `Vorstand` ist dann automatisch wieder richtig.

8.3 Virtuelle Funktionen und dynamisches Binden

8.3.1 Konzepte und Terminologie

Bei der virtuellen Vererbung werden eine Methodenschnittstelle und eine zugehörige (Standard-)Implementierung vererbt, die nur lose aneinander gebunden sind. Nur die Methodenschnittstelle ist in der Basisklasse B und in der abgeleiteten Klasse A in jedem Fall dieselbe. Die in B hieran gebundene Implementierung kann in der abgeleiteten Klasse durch eine neue oder angepaßte Implementierung ersetzt werden.

Beispiel 8.3.1. Die Klasse Ventil und die Klasse Motor erben die Funktionen `setSeriennr()` und `toString()` von der Basisklasse `Geraet`. Dadurch, daß `toString()` im Klassendiagramm in den Unterklassen erneut aufgeführt ist, wird signalisiert, daß die Funktion dort neu implementiert wird, daß also nur die Schnittstelle von `toString()` vererbt wird. Die Re-Implementierung soll das zusätzliche Attribut s bzw. d berücksichtigen und dessen Wert ebenfalls in den String einbringen. Das Klassendiagramm ist in Abb. 8.5 gegeben.

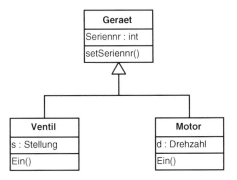

Abb. 8.5. Klassendiagramm zu Beispiel 8.3.1.

```
{   Ventil v = new Ventil();
    String s = v.toString(); // ein Ventil ist ein Gerät
}
```

❖

Funktionen, die in einer Basisklasse deklariert sind und in jeder abgeleiteten Klasse anders implementiert werden können, heißen **virtuelle Funktionen** (*virtual functions*). Wir sprechen vom **Überschreiben** oder **Überlagern** (*overriding*) der Funktion in B durch eine Funktion in A mit *gleicher Signatur* (gleicher Name, gleiche Parametertypen) und gleichem Ergebnistyp, aber anderer Implementierung.[1]

---

[1] Dies ist nicht zu verwechseln mit dem **Überladen** (*overloading*) eines Funktionsnamens durch mehrere gleichnamige Funktionen mit verschiedenen Signaturen (unterschiedlichen Parametertypen).

Wird in A eine Methode vm() überschrieben, so ändert sich damit die Bedeutung eines *jeden* Aufrufs von vm(), der auf einem Objekt vom (genauen) Typ A stattfindet. Das heißt, daß i. a. auch andere Methoden in A durch das Überschreiben von vm() implizit ihre Bedeutung (Semantik) ändern, falls sie Aufrufe von vm() enthalten. Man beachte besonders, daß dies auch für solche Methoden gilt, die A völlig unverändert von B geerbt hat und die evtl. schon implementiert wurden lange bevor das neue vm() geschrieben wurde.

Da Objekte polymorph sein können, kann ein Objekt vom tatsächlichen abgeleiteten Typ A auch als solches vom Basistyp B fungieren. Eine Objektreferenz xb vom statischen Typ B kann auf Objekte beider Typen zeigen. Im Falle einer virtuellen Methode vm() ergibt sich die Bedeutung eines Aufrufs xb.vm() aus dem dynamischen Typ von xb. Es wird immer der Code ausgeführt, der dem tatsächlichen Typ des Objektes entspricht, auf das xb verweist. Zeigt also xb momentan auf ein Objekt vom Typ A, so wird diejenige Variante von vm() ausgeführt, mit der vm() in A überschrieben wurde (vgl. hierzu auch Abschnitt 8.3.5).

Die Auswahl der tatsächlich ausgeführten Funktion xb.vm() erfolgt erst zur Laufzeit des Programms anhand des *dynamischen Typs* von xb und nicht schon zur Übersetzungszeit anhand des *statischen Typs* von xb (der ein Basistyp des aktuellen Typs sein kann). Anders formuliert wird der Code von vm() nicht zur Übersetzungszeit (statisch) an den Namen vm gebunden, sondern erst zur Laufzeit (dynamisch). Deshalb spricht man auch von **dynamischem Binden** oder **spätem Binden** (*dynamic binding, late binding*).

Dies kann genutzt werden, um eine Reihe verwandter Objekte (z. B. verschiedener Geräte wie in Bsp. 8.3.1) der gleichen Operation zu unterwerfen, die aber abhängig vom konkreten Objekttyp unterschiedlich ausgeführt werden muß (z. B. Drucken oder Zeichnen). Es wird ausgenutzt, daß eine gemeinsame Methodenschnittstelle in der Basisklasse definiert und an die abgeleiteten Klassen vererbt wurde, die zugehörige virtuelle Methode aber jeweils individuell realisiert wurde.

Beispiel 8.3.2. Die Methode toString wird nicht nur in Mitglied implementiert, sondern auch in der abgeleiteten Klasse Vorstand. Auf Objekten der Klasse Vorstand wird die dort implementierte Methode aufgerufen, statt der in Mitglied implementierten, selbst wenn die Variable, die auf das Objekt verweist, vom statischen Typ (Referenz-auf-) Mitglied ist. Dies gilt auch für Aufrufe von solchen Methoden von Vorstand, die zu Mitglied gehören und vererbt wurden. Im folgenden Programmfragment wird zur Laufzeit die Methode toString der Klasse ausgewählt, zu der das jeweilige Objekt vom Basistyp Mitglied spezialisiert worden ist.

```
Mitglied[] member = new Mitglied[3];
member[0] = new Mitglied("Udo", 1245);
member[1] = new Mitglied("Klaus", 1246);
member[2] = new Vorstand("Eva", 720, "Präsidentin");

for (int i=0; i<member.length; i++)
  System.out.println(member[i].toString());
```

Es wird also bei Klaus und Udo die `toString`-Methode von Mitglied aufgerufen und bei Eva die von `Vorstand`.

Es ist bemerkenswert, daß die `for`-Schleife eine gemischte Liste aus Mitglieds- und Vorstands-Objekten drucken kann, auch wenn man beim Schreiben der Schleife von den Vorstands-Objekten (die evtl. später abgeleitet wurden) i. a. noch nichts wußte. Die `for`-Schleife bleibt auch weiterhin gültig, wenn in Zukunft noch weitere von `Mitglied` abgeleitete Klassen dazukommen. Dies trägt dazu bei, daß Code über lange Zeit stabil bleiben kann.   ❖

Virtuelle Methoden haben üblicherweise eine Standardimplementierung in der Basisklasse, die bei Bedarf in der abgeleiteten Klasse abgeändert wird. Fehlt die Standardimplementierung, so spricht man von einer **abstrakten Methode** (*abstract method*) und von einer **abstrakten Basisklasse** (*abstract base class*) (vgl. Kap. 8.4). Eine abstrakte Basisklasse kann nur als Ableitungsbasis und nicht als Typ von Objekten auftreten, da sie nicht voll implementiert ist. Eine abstrakte Methode wird in Java durch das Schlüsselwort `abstract` gekennzeichnet.

In C++ spricht man statt von einer abstrakten Funktion von einer **rein virtuellen Funktion** (*pure virtual function*).

In Java ist jede Instanzmethode, die nicht weiter gekennzeichnet ist, eine potentiell überschreibbare Funktion. Es gibt aber auch Instanzmethoden, die nicht überschreibbar sein sollen, z.B. weil man sich aus Sicherheitsgründen absolut darauf verlassen können muß, daß an der Implementierung nichts geändert wurde. Solche Instanzmethoden heißen **endgültig** oder **final** (*final*); sie werden mittels des Schlüsselworts `final` gekennzeichnet. Finale Methoden können von abgeleiteten Klassen nur noch real geerbt aber nicht mehr überschrieben werden. Die mit `final` gekennzeichnete Implementierung ist von da abwärts die letzte Implementierung der Methode in der Klassenhierarchie. Im Gegensatz zu `static`-Methoden, die ja auch nicht überschrieben werden können, sind jedoch als `final` deklarierte Methoden nach wie vor Instanzmethoden, werden beim Aufruf an ein Objekt gebunden und können daher auch auf die Felder dieses Objekts zugreifen.

In C++ dagegen sind alle Instanzmethoden implizit final, da Aufrufe finaler Methoden ohne zusätzlichen Aufwand gegenüber Funktionen in C geschehen können (s.u.). Virtuelle Funktionen müssen in C++ durch das Schlüsselwort `virtual` gekennzeichnet werden.

Instanzmethoden in C++, die nicht als virtuelle Funktionen gekennzeichnet sind, können aber *verdeckt* werden, während dies bei Methoden in Java, die als `final` gekennzeichnet sind, nicht möglich ist, vgl. Abschnitt 8.3.5. In C++ ist also zwischen dem Überladen, dem Überschreiben und dem Verdecken von Methoden zu unterscheiden.

Soll von einer Klasse F insgesamt nicht mehr abgeleitet werden können, so deklariert man F durch Angabe des Schlüsselworts `final` als **finale Klasse** (*final class*). Die vorliegende Implementierung von F ist damit endgültig – es wird kein Objekt vom Typ F geben, das einige Methoden anders definiert oder zusätzliche Attribute oder Methoden hat. Alle Methoden einer finalen Klasse sind damit implizit schon final. Eine abstrakte Klasse kann nicht final sein, da ihre Implementierung sonst nie ergänzt werden könnte.

8.3.2 Realisierung des dynamischen Bindens

Eine virtuelle Funktion f wird in Java und anderen objektorientierten Sprachen wie C++ durch einen Funktions-Zeiger repräsentiert. Darunter kann man sich die Anfangsadresse des Funktionscodes im Speicher vorstellen, die die Funktion ja eindeutig repräsentiert. Der Funktionszeiger der i-ten virtuellen Funktion ist unter Index i in der **Tabelle der virtuellen Methoden** (*virtual method table – vtbl, VMT*) gespeichert. Die Tabelle selbst wird für jede Klasse nur ein einziges Mal angelegt. (In Java sind dem Programmierer weder Referenzen auf Funktionen noch die Tabelle der virtuellen Methoden zugänglich.) Jedes Objekt enthält einen verborgenen Verweis auf die VMT seiner Klasse. Jeder Aufruf einer virtuellen Funktion erfolgt per Indirektion über die VMT. Dies bedeutet einen zusätzlichen Zeitbedarf von einigen wenigen Instruktionen gegenüber einem direkten Aufruf, weswegen C++ als Normalfall nicht-virtuelle Funktionen hat und andere als virtual deklariert werden müssen. In Java geht aber jeder Aufruf normalerweise über die VMT.

Nehmen wir nun an, Klasse A mit n (zusätzlichen) Methoden sei von B abgeleitet, das m (andere) Methoden kennt. Dann hat A eine Funktionstabelle der Länge $m + n$. Die ersten m Einträge sind Verweise auf die Methoden von B, die auf diese Weise geerbt werden; danach kommen die Verweise auf die eigenen Methoden von A. Wird in A zusätzlich die Methode g() von B überlagert, so wird an der entsprechenden Stelle der VMT statt des Verweises auf die Variante von g() in B ein Verweis auf die Variante von g() in A eingetragen. Jeder Aufruf von a.g() auf einem Objekt a der Klasse A ist jetzt ein Aufruf von A's Variante von g().

Wir werden diesen Mechanismus in Aktionsobjekten benutzen, die auf diese Art auch Funktionen höherer Stufe realisieren, vgl. Abschnitt 8.6.

Die Implementierung verdeutlicht, daß dies auch für Aufrufe von g() gilt, die in einer Methode f() der Klasse B getätigt werden, falls wir a.f() aufrufen. In f() bedeutet ein Aufruf von g() in Wahrheit this.g(), und this ist nun das Objekt a der Klasse A, in deren VMT die Referenz auf g() überschrieben wurde. Da jeder Aufruf von g() über den VMT läuft, wird auch jeder Aufruf umgelenkt. Dies gilt insbesondere also auch, wenn f() selbst in A nicht überschrieben wurde, sondern die Implementierung aus B benutzt. Mit anderen Worten: Selbst finale Methoden können in einer abgeleiteten Klasse ihre Semantik ändern, wenn sie virtuelle Methoden aufrufen, die in der abgeleiteten Klasse überschrieben wurden.

Ein Objekt in Java enthält neben den Attributen also auch eine Referenz auf diese Tabelle der virtuellen Funktionen. Der Platzbedarf ist bei allen Objekten nur der für eine Referenz, unabhängig von der Anzahl der virtuellen Funktionen.

Bei Sprachen, die Mehrfachvererbung kennen (vgl. Kap. 8.5), müssen im allgemeinen Referenzen für verschiedene Tabellen gehalten werden, so daß der Platzbedarf eines Objekts (z. B. in C++), das einer Klasse angehört, die mehrfach erbt, nicht nur die Summe des Platzbedarfs für Objekte der Basisklassen darstellt.

Bei Einfachvererbung genügt jedoch stets eine einzelne Referenz auf eine einzelne Tabelle von virtuellen Funktionen. Auch die Möglichkeit in Java, daß eine

Klasse mehrere Interfaces implementieren kann, führt nicht zu mehreren Tabellen für virtuelle Funktionen, da die in den Interfaces deklarierten virtuellen Funktionen in einer bestimmten Reihenfolge in der Tabelle der virtuellen Funktionen angehängt werden können.

8.3.3 Klassenkontrakte und virtuelle Funktionen

Wir erinnern uns aus Kap. 7.2.5, daß der **Kontrakt** (*contract*) einer Klasse (auf einer gewissen Sichtbarkeitsstufe) aus Syntax und Semantik der sichtbaren Aufrufschnittstelle besteht. Hierzu gehören die Kontrakte der sichtbaren Methoden und die Syntax der sichtbaren Felder. Durch Ableiten und Überschreiben von Methoden kann nun die Semantik (nicht die Syntax) von Methoden geändert werden, da wir die Implementierung ändern können. Hierbei müssen wir aber (durch Programmierdisziplin) streng darauf achten, daß wir den Kontrakt der Oberklasse (bzw. der Oberklassen) nicht verletzen. Ein Objekt der Unterklasse, polymorph als Objekt der Oberklasse verwendet, würde ja seinen Kontrakt nicht mehr erfüllen. Dadurch könnte Code völlig unerwartet zur Laufzeit brechen. Die Möglichkeit des Programmierens mit Kontrakten (*programming by contract*) entlang logisch sinnvoller Objektgrenzen ist einer der großen Vorteile des objektorientierten Ansatzes, und dieser Vorteil darf keinesfalls leichtfertig verspielt werden.

Beispiel 8.3.3. Das Überschreiben der `toString()` Methode im Beispiel 8.2.4 bleibt innerhalb des Kontraktes: „Durch `toString()` konvertiert das Objekt seinen Zustand in einen String." Sie würde aber folgenden enger gefaßten Kontrakt verletzen: „Durch `toString()` wird Name und Mitgliedsnummer des Objektes in einen String geschrieben."   ❖

Das Abfassen eines Kontraktes ist also bereits eine Kunst. Er darf weder zu speziell noch zu allgemein sein. Im ersten Fall ist die Klasse nicht konsistent erweiterbar, im anderen Fall gibt es zu wenige Zusicherungen, auf die man sich als Nutzer der Klasse verlassen kann.

8.3.4 Typanpassungen in Klassenhierarchien

Ähnlich wie bei Elementartypen gibt es auch für Variable von Klassentypen die Möglichkeit der **Typanpassung** oder **Typerzwingung** (*type coercion*). Jedes Objekt einer abgeleiteten (Unter-)Klasse A kann auch als Objekt jeder Oberklasse B angesehen werden (Polymorphie). Deswegen ist die Zuweisung

```
B b = new A();
```

uneingeschränkt gültig. Umgekehrt gilt dies natürlich nicht, denn nicht jedes Objekt der Klasse B ist auch ein Objekt der Klasse A. (Nicht jedes Gerät ist ein Ventil.) Hat man z. B. eine gemischte Liste von Objekten der Klassen B und A, so benutzt man zum Listendurchlauf eine Referenzvariable xb vom Typ B, denn jedes Objekt kann an xb zugewiesen werden. Manchmal will man sich aber nicht auf Methodenaufrufe des Kontraktes von B beschränken, sondern man will spezielle Methoden, die nur in A nicht aber in B zur Verfügung stehen, aufrufen, falls xb tatsächlich auf ein Objekt der Klasse A zeigt. In diesem Fall kann man durch eine **Typanpassung** (*cast*) den Typ von xb zu A **verengen** (*narrowing*). Die Java-Syntax ist dabei dieselbe wie für die Typanpassung bei Elementartypen.

Beispiel 8.3.4. Falls ein Objekt von einem deklarierten Typ Link den aktuellen Typ TNode besitzt, so kann durch eine explizite Typanpassung eine Methode der abgeleiteten Klasse verwendet werden. Ohne diese explizite Typanpassung kommt es zu einem Übersetzungsfehler.

```
Link l;
T t = // ... some value
TNode n = new TNode();
l = n;          // OK: TNode is a Link.
l.setData(t);   // ERROR: no setData()
                //       method in a Link
((TNode) l).setData(t);
                // OK: l refers to a TNode and
                //   setData() exists in TNode
```

❖

Die Typanpassung „nach oben" in der Klassenhierarchie ist also immer korrekt. Wir sprechen auch von **Ausweitung** (*widening*), **Aufwärtsanpassung** (*up casting*) oder **sicherer Anpassung** (*safe casting*).

Die Typanpassung einer Referenzvariable „nach unten" in der Klassenhierarchie ist nur dann korrekt, wenn die Variable auf ein Objekt der entsprechenden Klasse (oder einer Unterklasse davon) zeigt. Wir sprechen auch von **Verengung** (*narrowing*), **Abwärtsanpassung** (*down casting*) oder **unsicherer Anpassung** (*unsafe casting*).

Falls eine unzulässige Verengung versucht wird, wird eine (ungeprüfte) Ausnahme vom Typ

ClassCastException

ausgeworfen. Dies kann durch eine vorherige Prüfung

if (xb instanceof A) ((A) xb).method();

mit dem Operator instanceof verhindert werden.

Von Reihungen kann man nicht ableiten. Ein Reihungstyp ist dann ein Obertyp eines anderen Reihungstyps, wenn dies für die Typen der Komponenten gilt. B[] ist also Oberklasse von A[], und B[] xb = new A[n]; ist eine gültige Zuweisung.

8.3.5 Zugriffsregeln und Auswahlregeln in Klassenhierarchien – Überschreiben und Verdecken

Wegen der Polymorphie muß bei Ausdrücken für den Zugriff auf Mitglieder (Felder oder Methoden) geregelt werden, welche Felder oder Methoden in der Klassenhierarchie jeweils gemeint sind. Wie bekannt gibt es Felder und Methoden, die unabhängig von Objekten zur Klasse gehören (Klassenvariablen, Klassenmethoden) und solche, die von Objekten abhängen (Instanzvariablen, Instanzmethoden).

Ein Zugriff auf ein Mitglied kann nur durch einen in der entsprechenden Klasse gültigen Namen erfolgen. Die Angabe der Klasse geschieht bei Klassenvariablen und Klassenmethoden entweder über eine Referenzvariable vom Typ der entsprechenden Klasse in der Art

```
x.name
```

oder über einen **qualifizierten Namen** (*qualified name*), bei dem man die zugehörige Klasse in der Art

```
Klasse.name
```

vor dem Namen angibt. Der Zugriff auf Instanzvariablen und Instanzmethoden geschieht dagegen immer über eine Objektreferenz, da für einen Zugriff ja ein konkretes Objekt vorliegen muß. Beim Zugriff über eine Objektreferenz gibt dabei der *deklarierte Typ* der Objektreferenz an, in welcher Klasse der Name gültig sein muß.

Bei einem Zugriff auf ein Mitglied sind daher zwei Fragen zu lösen:

1. Ist der Name in der angegebenen Klasse gültig?
2. Welches von gegebenenfalls mehreren Mitgliedern gleichen Namens in der Klassenhierarchie wird bei dem Zugriff ausgewählt?

Beispiel 8.3.5. Der folgende Code illustriert die Gültigkeit von Mitgliedsnamen.

```
Link l = new TNode();  // OK: a TNode is a Link
T d = l.data;          // ERROR: no data field in
                       //        a Link!
T d = l.getData();     // ERROR: no getData method
                       //        in a Link!
TNode n = (TNode) l;   // OK: l is instance of a TNode.
T d = n.data;          // OK: TNode has a data field.
T d = n.getData();     // OK: TNode has a getData method
l = n.next;            // OK: a TNode is a Link with next
```

❖

Bezüglich der Deklaration von Mitgliedern gleichen Namens sind folgende Regeln zu beachten.

Die Deklaration eines Feldes in einer Klasse **verdeckt** oder **verbirgt** (*hide*) jedes Feld gleichen Namens in einer Oberklasse, und zwar auch dann wenn die Variablen verschiedenen Typ haben. Sowohl Klassenvariablen als auch Instanzvariablen können verdeckt werden. Über Referenzvariablen vom entsprechenden Typ kann man auf verdeckte Felder zugreifen.

Die Deklaration einer Instanzmethode **überschreibt** (*override*) alle Instanzmethoden mit gleicher Signatur in Oberklassen, sofern sie aus der abgeleiteten Klasse zugänglich sind (private Methoden der Oberklasse werden in diesem Sinne nicht überschrieben). Man spricht von **implementieren** statt von überschreiben, wenn die Methode der Oberklasse abstrakt ist, die der abgeleiteten Klasse aber nicht. Es ist aber in Java nicht erlaubt, Klassenmethoden oder als `final` deklarierte Instanzmethoden zu überschreiben; dies führt zu einem Fehler bei der Übersetzung.

Eine Deklaration einer Klassenmethode **verdeckt** oder **verbirgt** (*hide*) alle Methoden gleicher Signatur in Oberklassen, falls sie zugänglich waren (private Methoden der Oberklasse werden in diesem Sinne nicht verborgen.) Es ist aber nicht erlaubt, daß eine Klassenmethode eine Instanzmethode verbirgt (wohingegen eine Klassenvariable eine Instanzvariable verdecken darf).

In C++ ist es hingegen erlaubt, eine nicht virtuelle Funktion in einer abgeleiteten Klasse durch eine andere Funktion gleichen Namens und Typs zu verdecken. Ein solches Verdecken von Methoden kann zu sehr schwer zu entdeckenden Programmierfehlern führen, wenn es unabsichtlich geschieht. Aus softwaretechnischer Sicht bietet daher die Regelung in Java, die das Verdecken von Instanzmethoden durch einen Compilerfehler verhindert und aufdeckt, Vorteile: Instanzmethoden können überlagert werden, wenn sie nicht als `final` deklariert sind, aber als `final` deklarierte Instanzmethoden können weder überlagert noch verdeckt werden.

Für den Zugriff gilt in Java grundsätzlich:

– Beim Zugriff auf ein Feld ist der *deklarierte Typ* der Objektreferenz entscheidend. Er legt im Zweifelsfall fest, welches von mehreren Feldern mit gleichen Bezeichnern in der Klassenhierarchie gemeint ist. Eine explizite Typkonversion beim Zugriff gilt als lokale (Re-)Deklaration des Typs.
– Beim Aufruf einer Instanzmethode bestimmt der *aktuelle Typ* des Objekts die zugehörige Variante der Methode, die auf dem Objekt aktiviert wird.
– Auf verborgene Klassenvariablen und Klassenmethoden kann man immer mit einem qualifizierten Namen zugreifen. Alternativ kann man über eine Referenzvariable zugreifen, die mit genau dem Typ der Klasse deklariert (oder zu dem Typ konvertiert) wurde, in der das Feld oder die Klassenmethode deklariert sind.

Die Zugriffsregeln sind also ein weiterer Sachverhalt, der in die Entwurfsentscheidung einfließen muß, ob ein Feld direkt oder über Selektoren zugänglich gemacht wird (vgl. Kap. 7.2.8), da Felder und Methoden hier verschieden behandelt werden.

Verschiedene Felder gleichen Namens sind deshalb zugelassen, damit die Basisklasse weiterentwickelt werden kann unabhängig davon, in welchen abgeleiteten Klassen sie schon verwendet wurde. Das Hinzufügen weiterer Felder und Methoden zu B verletzt den ursprünglichen Kontrakt ja nicht, auf den sich A verlassen hatte und muß deshalb erlaubt sein.

Beispiel 8.3.6. Die Entwickler von `TNode` brauchen einen `TDNode` und fügen deshalb eine Referenz

```
Link prev;
```

zu dem `TNode` hinzu. Gleichzeitig fügen die Entwickler von `Link` ebenfalls eine Referenz `Link prev;` zur Klasse `Link` hinzu, da dies allgemein gewünscht wurde. Hierdurch soll der mühselig entwickelte neue `TDNode` aber nicht unbrauchbar werden. Außerdem haben die Entwickler von `TDNode` gleichzeitig die Methode `setData()` aus `TNode` überschrieben. Sie zählt jetzt die Zugriffe in einer Klassenvariable `counter`.

Die Klassen sehen also wie folgt aus.

```
class Link {
  Link next;
  Link prev;
}

class TDNode extends TNode {
  public static int counter = 0;
  Link prev;
  void setData(T d) {
    counter++;
    data = d;
  }
}
```

Die aktuellen Zugriffe im folgenden Programmfragment sind dann die jeweils im Kommentar angegebenen:

```
{ T d = new T();
  Link l = new TDNode();
  l.prev = new Link();     // prev in Link
  ((TNode) l).prev=null;   // prev in Link (inherited)
  ((TDNode) l).prev=null;  // prev in TDNode
  TNode n = (TNode) l;
  n.setData(d);            // setData name exists in TNode
                           // setData() from TDNode is
                           // executed on object l
                           // (counter is incremented)
  TDNode.counter = 0;      // qualified access to counter
  ((TDNode) n).counter=0;  // access to counter via object
                           // reference of type TDNode
}
```

❖

Als wichtigste Regeln können wir uns merken:

1. Es kann nur auf solche Attribute und Methoden zugegriffen werden, deren Namen aufgrund der Typdeklaration gültig sind.
2. Instanzmethoden überschreiben, Klassenmethoden verbergen.
3. Es werden immer die dem tatsächlichen Objekt zugehörigen Varianten von Instanzmethoden auf diesem ausgeführt.
4. Statische und finale Methoden dürfen nicht überschrieben werden.
5. Auf verborgene Felder und (Klassen-)Methoden kann man über qualifizierte Namen oder über Referenzvariablen vom passenden Typ zugreifen.

Auf die bisher beschriebene Art kann eine überschriebene Instanzmethode auf einem Objekt „von außen" nicht mehr aufgerufen werden, da ja ausschließlich

der Objekttyp selbst die Methodenauswahl bestimmt. In Beispiel 8.3.6 ruft auch
n.setData() die Methode aus TDNode auf, denn dies ist die Klasse des Objekts, auf das n verweist. Auch ein qualifizierter Aufruf

$$\text{TNode.setData()}$$

ist nicht möglich, denn hier fehlt ein Objekt.

In den Instanzmethoden der abgeleiteten Klasse selbst (und überall, wo die Verwendung von this erlaubt ist) kann aber das Schlüsselwort super benutzt werden, um auf Felder oder Methoden in der unmittelbaren Oberklasse zuzugreifen.
Beim Zugriff auf ein Feld name in einer Methode von A ist super.name einfach
eine Abkürzung für

$$((B) \text{ this).name} \quad .$$

Bezeichnet name ein Feld, dann wird nämlich beim Zugriff in Java ohnehin statisch
gebunden, so daß das (evtl. verborgene) Feld der Oberklasse B gemeint ist. Bezeichnet name aber eine Methode, dann wird durch super.name() die Methode der
unmittelbaren Oberklasse ausgewählt, auch wenn sie in der Unterklasse überschrieben wurde. Dagegen wählt ((B) this).name() genau wie this.name()
die Methode aus, die dem tatsächlichen Typ des durch this bezeichneten Objekts
entspricht (also A oder eine Unterklasse von A).

Beispiel 8.3.7. In Beispiel 8.3.6 hätten wir setData() in TDNode auch wie folgt
implementieren können:

```
class TDNode extends TNode {
  public static int counter = 0;
  Link prev;
  void setData(T d) {
    super.setData(d);
    counter++;
  }
}
```

8.4 Abstrakte Klassen und Interfaces

8.4.1 Abstrakte Klassen

Eine Klasse, welche mindestens eine abstrakte Funktion besitzt, ist eine **abstrakte
Klasse** (*abstract class*). Das heißt, es kann keine Objekte von diesem Typ geben.
Solche abstrakten Klassendefinitionen dienen der Vereinbarung von gemeinsamen
Daten und Funktionsschnittstellen von bestimmten Klassen.

Abgeleitete Klassen, die nicht alle der abstrakten Funktionen realisieren, sind
selbst wieder abstrakte Klassen. Abstrakte Klassen können (definitionsgemäß) nicht
final sein, da einige virtuelle Funktionen noch nicht endgültig feststehen.

In Klassendiagrammen kennzeichnen wir abstrakte Klassen, in dem wir ihren Namen *kursiv* setzen. In Java werden abstrakte Klassen durch das Schlüsselwort `abstract` gekennzeichnet.

Beispiel 8.4.1. Jedes Gerät besitzt eine Seriennummer und eine Methode `ein()` zum Einschalten. Diese Methode ist in jedem konkreten Gerät vorhanden, aber immer verschieden implementiert. Eine allgemeine Implementierung in der Basisklasse `Geraet` ist nicht möglich. Diese Methode muß also in der Basisklasse abstrakt sein und daher auch die Basisklasse `Geraet`. Diese Klasse können wir auch nicht als Schnittstelle definieren, da wir das Attribut `seriennummer` in unserer Basisklasse definieren wollen (vgl. Abschnitt 8.4.2).

```
abstract class Geraet {
    int seriennummer;
    abstract void ein();
}
```

Ein größeres Beispiel, in dem eine abstrakte Klasse benutzt wird, findet sich in Kap. 9.3.

8.4.2 Schnittstellen (*interfaces*)

Eine **Schnittstelle** (*interface*) kann als eine spezielle abstrakte Klasse aufgefaßt werden, bei der *alle* Methoden abstrakt sind und die keine Attribute besitzt außer solchen, die zur Klasse selbst gehören und konstant sind. Implizit ist jedes Feld eines Interfaces als `public`, `static` und `final` deklariert.

In Java beginnen Definitionen von Interface-Klassen mit dem Schlüsselwort `interface`. Das Schlüsselwort `abstract` braucht nicht benutzt zu werden, um die Methoden des Interfaces als abstrakt zu kennzeichnen, da dies bei allen Methoden eines Interface (implizit) der Fall ist.

Beispiel 8.4.2. Die Deklaration des im Paket `java.util` enthaltenen Interface `Enumeration` ist von folgender Form:

```
package java.util;

public interface Enumeration {
    public boolean hasMoreElements();
    public Object nextElement()
        throws NoSuchElementException;
}
```

Wenn eine Klasse die abstrakten Methoden eines Interface „erben" (und realisieren) soll, so wird das Schlüsselwort `implements` benutzt. Im Gegensatz zu der

Vererbung von Klassen, bei der in Java nur Einfach-Vererbung zulässig ist, können auch mehrere Interfaces mittels der `implements`-Klausel aufgeführt und realisiert werden. Eine Klasse, die ein Interface realisiert, muß *alle* der im Interface genannten Methoden implementieren.

Auch wenn es keine Objekte geben kann, die einer abstrakten Klasse oder einem Interface entsprechen, so können Variable oder Parameter von Funktionen mit einem solchen Typ deklariert werden. Ein Interface oder eine abstrakte Klasse ist also in Java ein legaler **Referenztyp** (*reference type*).

Will man generisch programmieren (vgl. Kap. 8.6), so ist es oftmals vorteilhaft, etwa einen Parameter mit dem Referenztyp eines Interface benutzen zu können. Aufgerufen wird eine solche Funktion dann mit einem Parameter, der eine nicht-abstrakte Klasse als Typ besitzt, die das Interface implementiert, also seine Schnittstelle „erbt". Beispiele hierfür finden sich z. B. in Kap. 8.6.5.

Größere Beispiele für die Benutzung von Interfaces finden sich außerdem in Kap. 9.3 und 9.4.

8.5 Mehrfachvererbung

Eine Klasse kann zunächst (im allgemeinen) von mehreren Klassen erben, vgl. Abb. 8.6.

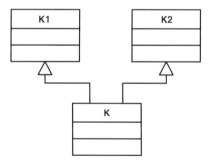

Abb. 8.6. Ein Beispieldiagramm zu Mehrfachvererbung

Es gibt Programmiersprachen (wie z. B. C++), die eine solche **Mehrfachvererbung** (*multiple inheritance*) zulassen. Andere Programmiersprachen erlauben nur, daß eine Klasse von (höchstens) einer Klasse erbt; man spricht in diesem Fall von **Einfachvererbung** (*single inheritance*). Java unterstützt im wesentlichen Einfachvererbung; Mehrfachvererbung gibt es nur für Schnittstellen (*interfaces*).

Auch bei Einfachvererbung kann eine Basisklasse an mehrere abgeleitete Klassen vererben. Es ist nur nicht möglich, daß eine abgeleitete Klasse von mehreren Basisklassen erbt, die nicht ihrerseits voneinander abgeleitet sind. Bei Einfachvererbung ist daher die Vererbungs-struktur durch eine Menge von Bäumen gegeben (vgl. Kap. 13). Bei Mehrfachvererbung kann die Vererbungsstruktur durch eine Menge von gerichteten nicht-zyklischen Graphen (*directed acyclic graphs*) (DAG) beschrieben werden.

Mehrfachvererbung ist aber in mancher Hinsicht problematisch, vor allem, wenn es erlaubt ist, Attribute von mehreren Klassen zu erben, oder auch virtuelle Funk-tionen, die nicht überschrieben werden müssen.

Beispiel 8.5.1. Folgendes Beispiel enthält einige der Probleme, die bei Mehrfach-vererbung auftreten können.

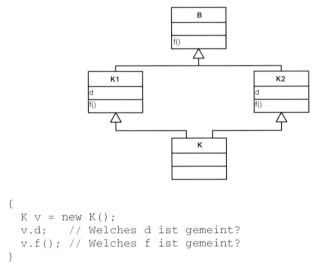

```
{
    K v = new K();
    v.d;    // Welches d ist gemeint?
    v.f();  // Welches f ist gemeint?
}
```

❖

Die Einschränkung in Java verhindert die problematischen Fälle, daß nicht-konstante Attribute von mehreren Klassen geerbt werden, oder virtuelle Funktio-nen wiederverwendet werden können, die nicht neu implementiert (überschrieben) werden müssen.

8.6 Generisches Programmieren

8.6.1 Generische Datentypen

In Java ist jede Klasse automatisch eine Unterklasse der Klasse `Object`, ohne daß dies eigens mit dem Schlüsselwort `extends` gekennzeichnet werden muß. Daten-typen wie Listen, Stacks, etc., die über Elementen vom Typ `Object` definiert sind, heißen **generisch** (*generic*) (bezüglich der Elementtypen). Zum Beispiel lassen sich aus einer Liste über `Object` nun Listen über allen Klassentypen generieren, da die

Zuweisung `Object data = d;` für jedes d eines Klassentyps gültig ist und die Objekte zur Laufzeit wieder zu ihrer Objekt-Klasse spezialisiert werden können. Da es für jeden elementaren Datentyp auch eine Hüll-Klasse (*wrapper class*) gibt, können solche Datentypen als allgemein generisch in Java betrachtet werden.[2]

Beispiel 8.6.1. Die im Paket `java.util` enthaltene Klasse `Stack` repräsentiert einen generischen Stack über der Klasse `Object`.

Die dort enthaltene Klasse `Vector` repräsentiert generische erweiterbare Reihungen. (Die Namenswahl `Vector` für erweiterbare Reihungen ist etwas unglücklich, da es sich bei dieser Klasse nicht um eine Klasse handelt, die Vektoren im mathematischen Sinn und deren Operationen kapselt.)   ❖

Beispiel 8.6.2. Wir erhalten eine generische Klasse `List` (mit der generischen Knotenklasse `Node`) wenn wir in unseren Klassen `TList` und `TNode` aus Kap. 7.7.2 den Typ `T` durch `Object` ersetzen.

```
public class Node {
   Object data;      // Datenelement
   Node next;  // Zeiger auf Listenzelle
   // ...
}

public class List {
   private Node head; // Kopf der Liste
   // ...
}
```

Mit dem Konzept des generischen Programmierens möchte man ein und denselben Code für Daten verschiedener Typen verwenden. Man macht damit die Gemeinsamkeit verschiedener Datentypen deutlich, also z. B. von Stacks über `Integer` und Stacks über `Float`. Man generiert gewissermaßen Code für Stacks über `Integer` und `Float` automatisch mit dem Code für Stacks über `Object`. Dieses Konzept kann als Verallgemeinerung des Konzepts der Prozedurparameter angesehen werden, da dort ein und derselbe Code für verschiedene Werte eines Typs verwendet wird und hier für verschiedene Typen.

Generisches Programmieren legt eine wesentliche Strukturverwandschaft von Code über verschiedenen Datentypen offen und vermeidet damit eine unnötige Wiederholung von Code. Es wird insbesondere dazu benutzt, das Navigieren in höheren Datenstrukturen von den Typen der gespeicherten Daten zu trennen. Wir werden in den Kapiteln 8.6.5 und 13.5 weiterführende Beispiele über Listen und Bäumen betrachten.

---

[2] Die Hüll-Klassen sind im Paket `java.lang` definiert und heißen `Character`, `Boolean`, `Byte`, `Short`, `Integer`, `Long`, `Float`, `Double`, vgl. Kap. 6.4.

8.6.2 Generische Methoden

Zu generischen Datentypen gehören auch generische Methoden. Diese arbeiten auf allen Spezialisierungen des generischen Typs, müssen aber dazu evtl. zur Laufzeit oder Übersetzungszeit spezialisiert werden. Für die Anpassung zur Laufzeit haben wir schon virtuelle Funktionen mit dynamischem Binden kennengelernt. Das Programmieren mit virtuellen Funktionen stellt also schon eine erste Art des generischen Programmierens dar. Wegen seiner großen Bedeutung heben wir dieses Programmierprinzip hier nochmals hervor.

Beispiel 8.6.3. Die folgende Funktion `scan` implementiert den generischen Listendurchlauf.

```
public class List {
  private Node head; // Kopf der Liste
  // ...
  void scan () {
    for (Node cursor=head;
         cursor!=null;
         cursor=cursor.next) {
      // Aktion (zur Zeit leer)
    }
  }
}
```

Diese Methode `scan` funktioniert offensichtlich völlig gleich, egal von welchem aktuellen Typ die Datenelemente der Knoten sind.   ❖

In dieser Form ist `scan` ein triviales Beispiel, da der Elementtyp der Knoten gar keine Rolle spielt. Die Methode `scan` kann nun durch verschiedene Aktionen angereichert werden. Mit einer Aktion `length++;` können wir z. B. die Knoten der generischen Liste zählen. Etwas interessanter ist die Aktion

```
System.out.println(cursor.data.toString());
```

mit der wir jedes Datenelement der Liste drucken können, und zwar ohne zu wissen, welche Datentypen in der konkreten Liste verwendet werden. Die Methode `toString` ist eine in `Object` definierte virtuelle Methode, die standardmäßig (im wesentlichen) die Objekt-Referenz als String ausgibt. Subtypen von `Object` (z. B. unser Typ `Complex`) definieren `toString` neu, um sich selbst in Strings verwandeln zu können. Die Subtypen haben also alle eine Methode `toString` mit derselben Signatur aber unterschiedlichem Programmtext. Da die Signatur gleich ist, können wir `toString` in der Aktion aufrufen. Welcher Unterprogrammtext ausgeführt wird, hängt vom Subtyp des konkreten Datenelements ab, das im Knoten eingetragen ist. Dies kann erst zur Laufzeit erkannt werden und es kann für jedes Datenelement in einer `List` unterschiedlich sein. Zum Zeitpunkt also, wo die generische Druckfunktion geschrieben wurde, müssen noch nicht einmal alle Subtypen bekannt sein, auf denen `toString` später aufgerufen wird. Es genügt, daß die Signatur der Aktionsmethode bekannt ist und daß jedes Objekt auch zukünftig mit einer passenden Implementierung von `toString` versorgt wird. In Abschnitt 8.6.5 werden wir die Funktion `scan` verallgemeinern und mit einem generischen Funktionsobjekt parametrisieren.

Generische Vergleiche. Viele Algorithmen zum Suchen und Sortieren (vgl. Kap. 11 und 12) können als generische Algorithmen implementiert werden, die durch einen Vergleichsoperator parametrisiert sind.

In Java wird dazu ein Interface `Comparable` im Paket `java.lang` zur Verfügung gestellt, in dem eine Vergleichsmethode `compareTo(Object a)` wie folgt spezifiziert ist: `compareTo()` liefert eine Zahl kleiner als 0, gleich 0, oder größer als 0 zurück, je nachdem, ob das Objekt, auf dem `compareTo()` läuft, kleiner, gleich, oder größer als das Argument-Objekt `a` ist. Wenn `a` nicht den gleichen Typ besitzt, dann wird ein Ausnahmeobjekt geworfen.

In den generischen Algorithmen werden Variablen von dem Referenztyp `Comparable` verwendet. Bei ihrer Instantiierung zeigt eine Referenzvariable auf ein Objekt einer Klasse, die das Interface `Comparable` implementiert. Beispielsweise implementieren die Hüllklassen der elementaren Datentypen dieses Interface.

Das Interface `Comparable` wurde erst mit dem JDK 1.2 spezifiziert und die Implementierung der Hüllklassen für die elementaren Datentypen geändert, so daß diese das Interface `Comparable` implementieren. Aufgrund dieser Änderung sind das in der ersten Auflage dieses Buches von uns definierte Interface `Ordered` und die Klasse `OrderedInteger` obsolet geworden.

8.6.3 Explizite Typkonversion

Nur wenige Methoden sind in der Klasse `Object` definiert und existieren in allen Objekten. Ein Listendurchlauf mit spezielleren Aktionen ist also nur für einen Teil aller Listen generisch. Mit dem Operator `instanceof` können wir uns vor dem Aufruf versichern, daß das vorgefundene Objekt die geforderte Methode anbietet. Danach muß im Programmtext die Objektreferenz explizit zum Typ der entsprechenden Klasse konvertiert werden. Dann kann wie gewöhnlich die Methode aufgerufen werden und im Fall einer virtuellen Methode läuft diejenige Variante, die dem aktuellen Typ des Objekts entspricht. Falls die explizite Typkonversion nicht nur dann vorgenommen wird, wenn zuvor ein Test mit dem `instanceof` Operator erfolgreich war, wirft sie evtl. eine (ungeprüfte) Ausnahmebedingung vom Typ `ClassCastException`.

Beispiel 8.6.4. Wir wollen prüfen, ob ein vorgelegtes Element `m` kleiner ist als alle in einer Liste vorkommenden Elemente vom Typ `Comparable`.

```
public class List {
  private Node head; // Kopf der Liste
  // ...
  /**
   * Returns true iff m is smaller than all elements
```

```
  * of type Comparable in this list.
  */
public boolean isMin(Comparable m) {
  for (Node cursor=head; cursor!=null;
                          cursor=cursor.next) {
    if (cursor.data instanceof Comparable) {
      Comparable o = (Comparable) cursor.data;
      if (o.compareTo(m) <= 0) return false;
    }
  }
  return true;
}
}
```

❖

8.6.4 Klassen-Muster (*template classes*) und generisches Java

In C++ gibt es keine gemeinsame Urklasse wie `Object`. C++ unterstützt generisches Programmieren durch das Konzept der **Klassen-Muster** (*template classes*), auch Klassen-Schablonen genannt. Dies sind Klassen, die mit einem Typ parametrisiert sind.

Beispiel 8.6.5. Folgendes ist das Fragment einer generischen Knotenklasse in C++ (**kein** Java-Code).

```
template<typename T> class Node { //C++
  T data;        // generic data field
  Node* next;   // pointer to next Node
  public:
  T get_data() { return(data); }
  set_data (T d) { data = d; }
  // ..
}
```

❖

Das Beispiel definiert das **Muster** (*template*) für einen Klassentyp „`Node` über T". Durch die Deklaration `template<typename T>` wird T zum Platzhalter für einen allgemeinen Typ. T kann in der Folge wie jeder Typ verwendet werden, z. B. als Typ einer Variablen oder als Resultatstyp oder als Parametertyp von Funktionen. Wir erhalten aus dem Muster einen „`Node` über `int`" durch die Deklaration

```
Node<int> n;    // C++
```

Erscheint im Programm das Muster mit einem konkreten Typ als Parameter, so erzeugt der C++ Übersetzer aus dem Muster durch Spezialisierung, d. h. durch Ersetzung von T durch `int`, entsprechenden Code. Dies gilt insbesondere auch für die in der Klasse aufgeführten mit T parametrisierten Methoden, für die jedes Mal eine neue Code-Variante zu generieren ist. Hier wird also tatsächlich zur *Überset-zungszeit* der spezielle Code generiert, was schon nach wenigen Deklarationen eine erhebliche Aufblähung des Programms (*code bloat*) zur Folge haben kann. Natürlich ist der Programmierer und nicht der Übersetzer dafür verantwortlich, daß die angegebenen Methoden für alle Parameter T funktionieren.

Der Template Mechanismus von C++ wird insbesondere in der *Standard Tem-plate Library (STL)* intensiv dazu benutzt, Standardklassen wie generische Listen, Stacks etc. nebst häufig gebrauchten Diensten wie dem Sortieren zur Verfügung zu stellen. Als Vorteil sind nun keine dynamische Typprüfung und keine dynamische Methodenwahl mehr notwendig. Letztere ist aber recht effizient durchführbar, so daß dieser Vorteil mit der Ausnahme von Basisdiensten wie denen der STL von geringerer Bedeutung ist. Die Hauptvorteile sind sicher die statische Typprüfung und die Reduktion in Quellcode.

In Java 1.5 (alias Java 5) wird nun unter dem Namen Java *generic types* ein ähnlicher Mechanismus eingeführt. Anders als C++ *templates* bauen Java *gene-rics* aber auf dem Java Grundprinzip auf, daß es den Urtyp Object und daher die Standardlösung gibt, generische Datenstrukturen über Object zu definieren. Die Erkenntnis ist nun, daß der Compiler genau die Typanpassungen (*type casts*) auto-matisch erzeugen kann, die ein Programmierer in einem korrekten Programm von Hand erzeugen würde. Außerdem kann der Compiler dann Typverletzungen bereits zur Übersetzungszeit feststellen, die bisher erst zur Laufzeit entdeckt wurden.

Der Rückgriff auf den Standardmechanismus von Java hat den Vorteil der Kom-patibilität und der Vermeidung des *code bloat*. Er hat den Nachteil, daß die Typ-Parameter Klassentypen sein müssen.

Beispiel 8.6.6. Wir zeigen unsere Klassen TList und TNode als echte generische Klassen GList und GNode in Java 5. Da die Typ-Parameter Klassen sein müssen, können wir Zahlen vom Typ int nur in Listen vom Typ GList<Integer> spei-chern. Durch die neue Eigenschaft des *autoboxing* kann Java 5 eine Zahl vom Typ int aber automatisch in ein Objekt vom Typ Integer konvertieren.

```
/**
 * Generischer Knoten.
 */
class GNode<T> {
  private T data;         // Datenelement
  private GNode<T> next;  // nächste Listenzelle

  // Konstruktoren
  public GNode(T data) {
    this(data, null);
  }

  public GNode(T data, Node<T> next) {
    this.data = data;
    this.next = next;
  }
```

```java
    // Selektoren
    public T getData() {
      return data;
    }
    public void setData(T data) {
      this.data = data;
    }
    public void setNext(GNode<T> next) {
      this.next = next;
    }
    public GNode<T> getNext() {
      return next;
    }
}

/**
 * Generische Liste.
 */
public class GList<T> {
  // Kopf der Liste
  private GNode<T> head;

  // Konstruktor
  public GList() {
    head = null;  // null repräsentiert die leere Liste
  }

  /**
   * Fügt am Anfang der Liste ein.
   */
  public void insertFirst(T data) {
    // Neuen Knoten vor die Kette setzen
    GNode<T> tmp = new GNode<T>(data, head);
    // head auf neuen Anfang setzen
    head = tmp;
  }

  /**
   * Fügt am Ende der Liste ein.
   */
  public void insertLast(T data) {
    // Trivialfall: leere Liste
    if (head == null) {
      head = new GNode<T>(data, head);
    } else {
    // Allgemeinfall:
      // zum Ende der Liste gehen
      GNode<T> tmp = head;
      while (tmp.getNext() != null) {
        tmp = tmp.getNext();
      }
      // neue Listenzelle erzeugen und anfügen
      tmp.setNext(new GNode<T>(data));
    } }
```

```
/**
 * Liste wird von runden Klammern begrenzt.
 * Elemente werden durch Leerzeichen getrennt ausgegeben.
 */
public String toString() {
  // Initialize
  StringBuffer sb = new StringBuffer();
  GNode<T> x = head;
  sb.append("( ");
  // Print
  while (x != null) {
    sb.append(x.getData());
    x = x.getNext();
    if (x != null) sb.append(" ");
  }
  // Finalize
  sb.append(')');
  return sb.toString();
}

public static void main(String[] args) {
  GList<Integer> listOfIntegers = new GList<Integer>();
  GList<String> listOfStrings = new GList<String>();

  // Benutzung der "Autoboxing" Eigenschaft von Java 1.5
  listOfIntegers.insertFirst(1);
  listOfIntegers.insertFirst(7);
  listOfIntegers.insertFirst(4);
  listOfIntegers.insertLast(1);
  System.out.println(listOfIntegers);

  listOfStrings.insertFirst("Dies");
  listOfStrings.insertLast("ist");
  listOfStrings.insertLast("ein");
  listOfStrings.insertLast("Test.");
  System.out.println(listOfStrings);
}
}
```

❖

8.6.5 Generische Funktionsparameter

In diesem Abschnitt wollen wir die Klasse für Listen um generische Methoden erweitern, die mit Funktionsobjekten parametrisiert sind, die auf den Knoten der Liste operieren. Wir betrachten daher im folgenden generische Listen und Listenknoten, also solche, deren Datenfeld vom Typ Object ist. Statt diese gemäß unserer allgemeinen Namenskonvention ObjectNode und ObjectList zu nennen, nehmen wir hier einfach Node und List als Bezeichner.

Mit jeder konkreten Ausprägung der Funktion `scan()` aus Abschnitt 8.6.2 können wir eine gewisse Funktion auf das Datenfeld der Knoten einer Liste anwenden. Wenn wir z. B. eine Liste von Zahlen haben und wir eine Liste der Nachfolgerzahlen erhalten wollen, dann müßte die Funktion `succ(x)`

$$x \mapsto x + 1$$

auf das Datenfeld jedes Knotens angewendet werden.

Um nicht wie in Abschnitt 8.6.2 für jede Funktion, die wir auf die Knoten einer Liste anwenden wollen, eine neue Version des Listendurchlaufs `scan()` implementieren zu müssen, wollen wir diesen nur einmal als generischen Durchlauf programmieren, der mit einer Funktion parametrisiert ist und mit der jeweiligen Funktion zusammen die gewünschte Funktionalität ergibt.

Die Methode, die wir benötigen, ist also eine Funktion höherer Stufe, da sie eine Funktion als Parameter besitzt. Im Gegensatz zu höheren funktionalen Programmiersprachen oder auch C++ können aber in Java Funktionen nicht direkt Parameter einer Funktion sein, sondern nur Objekte von einem Basistyp oder einem Referenztyp (also einem Klassentyp oder einem Interface). Wir kapseln daher die Funktion in einer Objektklasse und führen eine Objektreferenz als Parameter mit.

Statt eines Funktionsparameters benutzen wir also ein **Aktionsobjekt** (*action object*) als Parameter von `scan()`. Verschiedene Aktionen brauchen dann verschiedene Aktionsobjekte verschiedener Klassen. Allen Objekten muß aber die Aufrufschnittstelle (Signatur) der Aktionsfunktion gemeinsam sein, da diese ja beim generischen Durchlauf aufgerufen werden muß. Diese Gemeinsamkeit spezifizieren wir in einem Interface, das von allen Aktionsklassen implementiert werden muß. Da auch abstrakte Klassen und Interfaces einen Referenztyp definieren, können wir einen Parameter definieren, der etwa folgendes Interface als Typ besitzt:

```
interface MapCarInterface {
  /**
   * Abstract function whose realizations
   * operate on list nodes.
   */
  public void action(Node n);
}
```

In der Programmiersprache LISP leistet die Funktion `mapcar` entsprechendes: ein Funktionsargument wird auf jedes `car`-Feld (unser `data`-Feld) einer Liste angewendet.

Wenn p ein formaler Parameter vom Typ `MapCarInterface` ist und n eine Variable vom Typ `Node`, dann können wir in den Methoden zum Listendurchlauf Anweisungen der Form

```
p.action(n);
```

verwenden.

Die Methode `mapcar` kann dann in der Klasse `List` wie folgt implementiert werden:

```
public class List {
  private Node head; // Kopf der Liste
  // ...
  /**
   * Wendet p.action auf jedes
   * Datenfeld der Liste an.
   */
  public void mapcar(MapCarInterface p) {
    // go over list
    for(Node cursor=head;
        cursor!=null;
        cursor=cursor.next)
      // apply function that works on the data (car)
      // part of the node
      p.action(cursor);
} }
```

Beispiel 8.6.7. Sei der aktuelle Typ die folgende Klasse `PrintAction`.

```
public class PrintAction
  implements MapCarInterface {
  // ...
  /**
   * Print action on nodes.
   */
  public void action(Node n) {
    System.out.print(n.data.toString());
} }
```

Dann gibt das folgende Programmstück die Liste `l` auf `System.out` aus.

```
List l = // ... some list
PrintAction p = new PrintAction();
l.mapcar(p);
```

❖

Der formale Parameter vom Referenztyp `MapCarInterface` wird beim Aufruf `l.mapcar(p)` durch ein Objekt instantiiert, dessen Typ eine Klasse ist, die das Interface `MapCarInterface` implementiert.

Grundsätzlich hätten wir `MapCarInterface` auch als abstrakte Klasse definieren können. Da es jedoch in Java keine Mehrfachvererbung von Klassen gibt, eine Klasse aber mehrere Interfaces implementieren kann, verursacht die Benutzung eines Interface eine wesentlich geringere Einschränkung an die realisierenden Klassen als eine abstrakte Klasse.

Dieses Beispiel zeigt auch, weshalb die Möglichkeit von Java, auch Interfaces als Referenztypen benutzen zu können sehr wichtig ist, obwohl sie zunächst wenig intuitiv erscheinen mag.

Beispiel 8.6.8. Wir nehmen an, daß die generische Liste Datenfelder vom Typ `Integer` enthält. Das Aktionsobjekt soll jedes `data`-Feld um Eins inkrementieren. Mit dem `instanceof` Operator überprüfen wir zunächst, ob das `data`-Feld auch wirklich vom Typ `Integer` ist und führen nur in diesem Fall die Aktion durch.

```
public class SuccessorAction
  implements MapCarInterface {
  /**
   * Changes a data field which is of
   * type Integer to its successor.
   */
  public void action(Node n) {
    if (n.data instanceof Integer) { // check type
      // cast to actual type
      Integer tmp = (Integer) n.data;
      //assign successor to data
      n.data = new Integer(tmp.intValue()+1);
} } }
```

❖

Am obigen Beispiel können wir auch noch einmal die Effekte des in Java gewählten Parameterübergabemechanismus für Objektparameter diskutieren (vgl. Kap. 6.9.3). Da wir das `data`-Feld eines Knotens ändern und nicht nur lesen wollten, mußte die `action` Methode so spezifiziert sein, daß sie (die Referenz auf) einen Knoten als Parameter bekommt, und nicht nur das Datenfeld. Bei einem nur lesenden Zugriff hätten wir statt des `MapCarInterface` etwa auch folgende Schnittstelle für ein Aktionsobjekt benutzen können:

```
interface ObjectActionInterface {
  /**
   * Abstract function whose realizations
   * operate on data.
   */
  public void oAction(Object d);
}
```

Eine entsprechende Implementierung von `action` wäre dann aber nicht mehr möglich:

```
// Beispiel, das das Problem mit schreibenden
// Aktionen zeigt:
// Beim Funktionsaufruf wird eine Kopie
// des Referenzparameters hergestellt
public void oAction(Object d) {
  if (d instanceof Integer) {
    Integer tmp = (Integer) d;
    d = new Integer(tmp.intValue()+1);
    // d zeigt auf neues Objekt,
    // aber nicht die Referenzvariable,
    // deren Wert beim Aufruf an d zugewiesen
    // wird.
  }
}
```

Wenn n vom Typ `Node` ist, wird bei einem Aufruf von

```
oAction(n.data)
```

der Wert der Referenz n.data in die Referenzvariable d kopiert. Die Referenzvariable d zeigt unmittelbar vor dem Rücksprung der Methode `oAction` auf ein neues Objekt, die Referenz n.data aber immer noch auf das alte Objekt! Die Methode `oAction` kann zwar Felder im alten Objekt ändern, nicht aber ein neues Objekt an Stelle des alten einsetzen (vgl. Kap. 6.9.3).

Die Aktionsklassen, die `MapCarInterface` implementieren, können auch Felder haben, die durch die Methode `action` verändert werden. Solche Zustände eines Aktionsobjektes haben vielfältige Einsatzmöglichkeiten.

Beispiel 8.6.9. Wieder nehmen wir an, daß wir eine Liste von `Integer`-Objekten haben. Wir wollen die Summe dieser Werte bestimmen. Dazu können wir die `mapcar` Methode benutzen, die ein Aktionsobjekt als Parameter erhält, das ein Zustandsfeld `sum` besitzt, in dem die Werte aufsummiert werden.

```
public class SumAction
  implements MapCarInterface {
  int sum=0; // accumulates the int values
  /**
   * Addiert den Wert des data Feldes zu
   * sum hinzu, falls data vom Typ Integer ist.
   */
  public void action(Node n) {
    if (n.data instanceof Integer) { // check type
      // cast to actual type
      Integer tmp = (Integer) n.data;
      // accumulate value in sum
      sum += tmp.intValue();
    }
  }
}
```

Das folgende Programmstück gibt die Summe der Elemente einer Liste l von `Integer`-Werten auf `System.out` aus.

```
List l = // ... some list of Integer
SumAction s = new SumAction();
l.mapcar(s);
System.out.println(s.sum);
```

❖

Im funktionalen Programmieren spricht man hier allgemein von einem `fold`-Operator, da das Ergebnis eine auf einen Skalar-Wert „zusammengefaltete" Liste ist. Der Akkumulator (im Beispiel `sum`) wird zu Beginn mit dem neutralen Element der `fold`-Operation initialisiert (im Beispiel ist 0 das neutrale Element von +).

Die vorgestellten Prinzipien erlauben uns eine saubere Trennung zwischen der Navigation in vernetzten Datenstrukturen und der Ausführung von Aktionen. Dies ist besonders dann interessant, wenn es sich um komplexe Vernetzungsstrukturen handelt, die evtl. noch Änderungen unterworfen sind. Die Navigation (der Durchlauf) muß dann nur ein einziges Mal an die Änderung angepaßt werden und ist nicht in eine Vielzahl von Methoden wiederholt hineincodiert. Wir werden diese Prinzipien beim Durchlauf von Baum-Datenstrukturen noch intensiv anwenden (siehe Kap. 13.5).

8.7 Übungen

Aufgabe 8.1. Lösen Sie mit Hilfe von Aktionsobjekten für generische Listen folgende Probleme:

1. Erzeugung einer Liste der Zahlen $1 \ldots n$.
2. Berechnung des Maximums, Produkts und Durchschnitts einer solchen Liste.

Aufgabe 8.2. Gegeben seien in Java die folgenden Klassendefinitionen für GeometrieObjekt, Kreis und Rechteck.

```java
public class GeometrieObjekt {
    public double umfang () {
        return 0.0;
    }
    public boolean hatRechtenWinkel () {
        return false;
    }
}

public class Kreis extends GeometrieObjekt {
    public double radius = 0.0;
    public double umfang () {
            return 2 * radius * Math.PI;
    }
    public double durchmesser () {
        return 2 * radius;
    }
}

public class Rechteck extends GeometrieObjekt {
    public double seite_a = 0.0;
    public double seite_b = 0.0;

    public double umfang () {
        return (2 * seite_a) + (2 * seite_b);
    }
    public boolean hatRechtenWinkel () {
        return true;
    }
}
```

Außerdem seien folgende Variablen und ihre Initialisierungen gegeben:

```
GeometrieObjekt g = null;
Kreis k = new Kreis();
Rechteck r = new Rechteck();
```

- (Ersetzbarkeit) Entscheiden Sie, welche der folgenden Zuweisungen korrekt sind. Begründen Sie ihre Entscheidung und geben Sie ggf. an, wann der Fehler erkannt wird (*Compilierzeit* oder *Laufzeit*).

  - `g = k;`
  - `g = r;`
  - `k = g;`
  - `k = (Kreis)g;`
  - `k = (Rechteck)g;`
  - `r = g;`
  - `r = (Kreis)g;`
  - `r = (Rechteck)g;`
  - `k = r;`
  - `r = k;`

- (Dynamisches Binden) Ausgehend von den oben angegebenen Variablen und Initialisierungen soll folgende Sequenz von Statements betrachtet werden:

```
g = k;
k.umfang();
r.umfang();
g.umfang();
k.hatRechtenWinkel();
r.hatRechtenWinkel();
g.hatRechtenWinkel();
k.durchmesser();
r.durchmesser();
g.durchmesser();
((Kreis)g).durchmesser();
((Rechteck)g).durchmesser();
g = r;
k.umfang();
r.umfang();
g.umfang();
k.hatRechtenWinkel();
r.hatRechtenWinkel();
g.hatRechtenWinkel();
k.durchmesser();
r.durchmesser();
g.durchmesser();
((Kreis)g).durchmesser();
((Rechteck)g).durchmesser();
```

Entscheiden Sie, welche Implementierung der aufgerufenen Methode jeweils ausgeführt wird. Begründen Sie ihre Entscheidung. Wird immer eine Implementierung gefunden? Geben Sie ggf. an, wann der Fehler erkannt wird.

Aufgabe 8.3. Gegeben seien folgende Java-Klassen:

```java
class V {
  int x = 3;
  int getX( ){
    System.out.println("V::getX aufgerufen; x="+x);
    return x;
  }
  void setX (int y ) {
      x = y;
      System.out.println("V::setX("+y+") aufgerufen");
    }
  void f(){
    System.out.println("V::f aufgerufen");
  }
  void g(){
    System.out.println("V::g aufgerufen");
  }
}

class W extends V {
  int x = 5;
  int getX( ){
    System.out.println("W::getX aufgerufen; x="+x);
    return x;
  }
  void setX (int y ) {x = y;
      System.out.println("W::setX("+y+") aufgerufen");
    }
  void f(){
    System.out.println("W::f aufgerufen");
  }
  void h(){
    System.out.println("W::h aufgerufen");
  }
}

public class Test {
  public static void main ( String[ ] args ) {
      V v = new W();
      W w = new W();
      v.setX(7);
      v.x = 8;
      // Stelle 1
} }
```

Geben Sie an, was das Ausgabeergebnis von folgenden Codefragmenten ist, wenn sie an `Stelle 1` eingefügt werden. Neben der Ausgabe sind auch *Compilierfehler* bzw. *Laufzeitfehler* mögliche Antworten.

1. `v.f();`
2. `v.g();`
3. `v.h();`

4. `w.f();`
5. `w.g();`
6. `w.h();`
7. `v.getX();`
8. `w.getX();`
9. `V r = new V(); r.h();`
10. `V r = new V(); ((W) r).f();`
11. `((W) v).f();`
12. `((V) w).f();`

9. Das „Abstract Window Toolkit" (AWT)

Das Java AWT (*abstract window toolkit*) ist eine Klassenbibliothek, mit deren Hilfe graphische Benutzeroberflächen (*graphical user interfaces* – *GUIs*) programmiert werden können. Wichtigste Bestandteile des AWT sind Klassen zur Darstellung graphischer Komponenten in einem Fenstersystem und Mechanismen, die eine Interaktion mit dem Benutzer ermöglichen, indem sie es erlauben, auf **Ereignisse** (*events*) wie z. B. Mausklicks zu reagieren.

Mit der Klassenbibliothek des AWT ist ein **objektorientiertes Rahmenwerk** (*object-oriented framework*) realisiert. Wir können relativ leicht eine graphische Benutzeroberfläche programmieren, indem wir unsere Klassen von speziellen AWT-Klassen ableiten und nur relativ wenige Methoden, die in den Basisklassen des AWT definiert sind, durch eigenen Code überschreiben. Solche Methoden sind **Haken** (*hooks*) im Rahmenwerk, an denen benutzerspezifischer Code „eingehängt" wird. Über höhere objektorientierte Mechanismen wie Vererbung und dynamisches Binden (vgl. Kap. 8) wird der spezielle Code nahtlos in den durch das AWT gegebenen Rahmen integriert, und man kann den Code wiederverwenden, den das Rahmenwerk des AWT liefert. Im Gegensatz zu einer herkömmlichen Klassenbibliothek liegt die Kontrolle hier beim Framework, das den speziellen Darstellungscode des Benutzers aufruft.

Wir verwenden für die größeren Beispiele in diesem Kapitel weiterhin das AWT, obwohl es inzwischen neuere Klassenbibliotheken für die GUI-Programmierung in Java gibt, insbesondere die mit **Swing** bezeichnete Bibliothek. Diese ist eine Erweiterung des AWT und bietet gewisse technische Vorteile, wie etwa ein systemunabhängiges aber benutzerdefinierbares „*look and feel*" von graphischen Elementen, auf die an dieser Stelle nicht näher eingegangen werden soll. Aufgrund seiner etwas einfacheren Struktur ist das AWT aber für unsere Zwecke geeigneter als Swing. Die Prinzipien des Entwurfs graphischer Komponenten und der Ereignisbehandlung sind in beiden Bibliotheken die gleichen.

Wir geben nun zunächst einen Überblick über das AWT. Hier behandeln wir auch die berühmten „Applets" von Java, also „Anwendungs-Programmlein", die über das Internet geladen und in einem Browser ausgeführt werden können, um eine Web-Seite graphisch-interaktiv zu gestalten. Danach stellen wir das Ereignis-Konzept von Java vor. Die letzten Abschnitte dieses Kapitels sind zwei größeren Beispielen gewidmet. In Abschn. 9.3 entwickeln wir einen Rahmen für das Zeichnen mathematischer Funktionen, der für die Visualisierung von Konzepten einer Mathematik-

Vorlesung wie Analysis I dienen kann. Schließlich entwickeln wir in Abschn. 9.4 ein Programm für die Darstellung einer Winterlandschaft aus geometrischen Objekten. Wir benutzen dieses gleichzeitig als großes Beispiel für den objektorientierten Ansatz zur Software-Entwicklung mit Analyse, Entwurf und Implementierung.

9.1 Graphische Komponenten

9.1.1 Klassenhierarchie der graphischen Komponenten

Graphische Komponenten, die mit dem Java AWT angezeigt werden können, erben von einer Basisklasse `Component`; Abb. 9.1 zeigt die Vererbungshierarchie.

Mit Ausnahme von `Applet` gehören alle Klassen zum Paket `java.awt`. Die Klasse `Applet` ist im Paket `java.applet` enthalten. Alle Klassen erben also von der abstrakten Klasse `Component`; zum Beispiel erweitert `Applet` die Klasse `Panel`, die wiederum `Container` erweitert, die von `Component` erbt. Im folgenden nennen wir Klassen oder Objekte, die von `Component` abgeleitet wurden, „AWT-Komponenten" oder auch kurz Components, und Entsprechendes gilt für die anderen AWT-Klassen.

9.1.2 Funktionalität von `Component`

Die unten angegebene Funktionalität wird von der Klasse `Component` zur Verfügung gestellt, d. h. sie besitzt folgende (virtuellen) Methoden; in einer vom Benutzer definierten Ableitung können diese entsprechend überschrieben werden:

– Grundlegende Zeichenfunktionen:
  `void paint(Graphics g)` ist die Hauptschnittstelle („Haken") zum Anzeigen eines Objekts. Diese Methode wird in einer abgeleiteten Klasse überschrieben, wobei die Methoden, die das `Graphics`-Objekt g zur Verfügung stellt, benutzt werden (vgl. Abschnitt 9.1.3).
  `void update()`
  `void repaint()`
– Funktionen zur Darstellung:
  `void setFont(Font f)` setzt die **Schriftart** (*font*), in der Textstücke innerhalb der Graphik geschrieben werden.
  `void setForeground(Color c)`
  `void setBackground(Color c)`
– Funktionen zur Größen- und Positionskontrolle:
  `Dimension getMinimumSize()`
  `Dimension preferredSize()`
  `void setSize(int width, int height)` setzt die Größe der Komponente (in Pixeleinheiten).
  `void setSize(Dimension d)`
  `Dimension getSize()`

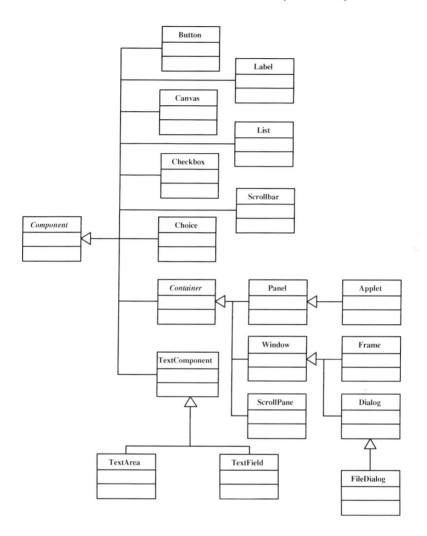

Abb. 9.1. Vererbungshierarchie für `Component` in `java.awt`

9.1.3 Die Klasse `Graphics`

Die `paint`-Methode von AWT-Komponenten besitzt einen Parameter vom Typ `Graphics`. Die Klasse `Graphics` ist die abstrakte Basisklasse für alle Klassen, die graphische Ausgabeobjekte realisieren (wie z. B. Treiberklassen für verschiedene Bildschirme, Drucker, . . .). Sie stellt einen sogenannten **Graphik-Kontext** (*graphics context*) zur Verfügung.

Ein Graphik-Kontext wird vom Rahmenwerk des AWT erzeugt, nicht unmittelbar im Anwendungsprogramm. Über die „Haken", die ein `Graphics`-Objekt als Parameter besitzen – etwa die Methode `paint(Graphics g)` der Basisklasse

Component – kann im Anwendungsprogramm aber auf den vom AWT erzeugten Graphik-Kontext zugegriffen werden.

Die Klasse Graphics spezifiziert eine Vielzahl von Methoden, mit denen in dem Graphik-Kontext „gezeichnet" werden kann. Viele der Argumente, die vom Typ int sind, bezeichnen Koordinaten, die in Einheiten von **Bildpunkten** (*picture element, pixel*) gegeben sind, an denen ein spezielles Objekt gezeichnet werden soll. Dabei hat die *linke obere* Ecke die Koordinate (0,0). Die x-Koordinate wächst nach *rechts*, die y-Koordinate nach *unten*.

Einige der wichtigsten Methoden sind die folgenden:

void setColor(Color c) legt die in den folgenden Operationen verwendete Farbe fest.

void setFont(Font f) legt die in den folgenden Text-Operationen verwendete **Schriftart** (*font*) fest.

void drawString(String str, int x, int y) schreibt den String str in dem gerade gültigen Font (und in der gerade gültigen Farbe) an den Punkt (x, y).

void drawLine(int x1, int y1, int x2, int y2) zeichnet eine Strecke (in der gerade gültigen Farbe) vom Punkt $(x1, y1)$ zum Punkt $(x2, y2)$ im Koordinatensystem des Graphik-Kontexts.

void drawRect(int x, int y, int width, int height) zeichnet den Umriß eines Rechtecks (in der gerade gültigen Farbe), das durch die Parameter spezifiziert ist. Der linke und rechte Rand des Rechtecks sind bei x und x+width. Der obere und untere Rand sind bei y und y+height.

void fillRect(int x, int y, int width, int height) zeichnet ein Rechteck, das mit der gerade gültigen Farbe gefüllt ist. Der linke und rechte Rand des Rechtecks sind bei x und x+width-1. Der obere und untere Rand sind bei y und y+height-1.

void drawOval(int x, int y, int width, int height) zeichnet den Umriß einer Ellipse (in der gerade gültigen Farbe), die in das Rechteck eingepaßt ist, das durch die Parameter gegeben ist.

void fillOval(int x, int y, int width, int height) zeichnet eine Ellipse, die mit der gerade gültigen Farbe ausgefüllt ist. Die Ellipse ist in das Rechteck eingepaßt, das durch die Parameter gegeben ist.

9.1.4 Frames

Die Klasse Frame aus java.awt dient zum Zeichnen von Fenstern mit Rahmen. In einem Frame-Objekt kann ein **Menü-Balken** (*menu bar*) verankert sein, über den Dialog-Menüs verankert sein können.

AWT-Frames haben folgende wichtige spezifische Funktionalität:

void setTitle(String title) schreibt einen Titel in die obere Leiste des Fensters.

```
void setMenuBar(MenuBar mb)
MenuBar getMenuBar()
```

Um im Fenster, das durch ein `Frame`-Objekt erzeugt wird, etwas anzeigen zu können, muß – wie bei allen AWT-Komponenten – die `paint` Methode überschrieben werden.

Beispiel 9.1.1. Das folgende Programm zeichnet in einem Fenster einen Teil der „Vereinzelungseinheit" aus Kap. 5.4.

```java
/**
 * Zeichnet statisch einen Teil der
 * Vereinzelungseinheit in ein Fenster.
 */
import java.awt.*;

public class FrameBeispiel extends Frame {
    /**
     * Erzeugt Fenster der Groesse 320 x 280.
     */
    FrameBeispiel() {
      setSize(320,280);
      setVisible(true);
    }

    /**
     * Zeichne einige einfache graphische Objekte.
     * Ergeben Teil der Vereinzelungseinheit.
     */
    public void paint(Graphics g) {
      // Röhre
      g.setColor(Color.black);
      g.fillRect(90,5,5,240);
      g.fillRect(135,5,5,200);
      g.fillRect(90,245,145,5);
      g.fillRect(135,205,100,5);

      // Bälle
      g.setColor(Color.red);
      g.fillOval(95,80,40,40);
      g.setColor(Color.yellow);
      g.fillOval(95,120,40,40);
    }

    public static void main(String args[]) {
      new FrameBeispiel();
    }
}
```

In Abb. 9.2 ist das Ausgabefenster des Programms dargestellt.

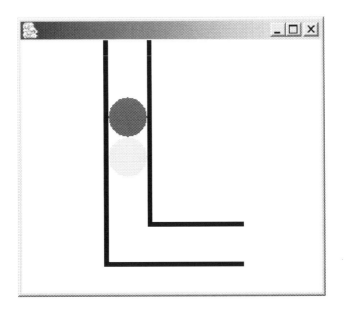

Abb. 9.2. Ausgabe des Hauptprogramms von `FrameBeispiel`

9.1.5 Applets

Eine der großen Attraktionen der Architektur von Java mit JVM und Byte-Code ist es, daß Java-Programme auch sehr einfach über das Internet geladen und ausgeführt werden können, da sie nur von der Java Laufzeitumgebung abhängen. Ein Web-Browser mit integrierter JVM, der in einer Web-Seite die Adresse eines geeigneten Java-Programms findet, kann den Byte-Code übers Netz laden und ihn sofort ausführen. Die Ausgabe des Programms kann er in der Web-Seite dort anzeigen, wo die Adresse stand. Dadurch werden Web-Seiten „lebendig": Sie wandeln sich von statischen Dokumenten zu Dokumenten mit dynamischem und auch interaktiv nutzbarem Inhalt.

Damit ein Java-Programm aber sinnvoll in einem Browser leben kann, muß es die spezielle Form eines **Applet** haben (wohl ein Kunstwort für „kleine Anwendung"). Applets stellen insbesondere eine Möglichkeit dar, AWT-Komponenten in eine Web-Seite zu integrieren. Da die Klasse `Applet` von der Klasse `Panel` des Pakets `java.awt` erbt, diskutieren wir Applets hier im Rahmen des AWT, obwohl sie durch das separate Paket `java.applet` bereitgestellt werden.

Wenn in einer Web-Seite eine „APPLET"-Kennzeichnung gefunden wird, lädt der Browser den compilierten Java-Byte-Code für die angegebene Klasse – die von `Applet` abgeleitet sein muß – von einer Internet-Adresse (URL – *uniform resource locator*), die ebenfalls in der Web-Seite angegeben ist. Dann erzeugt er eine Objekt-Instanz dieser Klasse, reserviert einen zweidimensionalen Bereich in der Web-Seite, den das Objekt kontrolliert und ruft schließlich die `init`-Methode des Objekts auf.

Ein laufendes Applet kann andere compilierte Java-Klassen von dem Server, von dem es selbst geladen wurde, nachladen, wenn Objekte solcher Klassen während der Laufzeit des Applets erzeugt werden sollen.

Die Laufzeitumgebung für Applets ist i. a. eingeschränkter als die für allgemeine Java-Programme. Aus Sicherheitsgründen sollen Applets in einem fest abgegrenzten sogenannten **Sandkasten** (*sandbox*) ablaufen, in dem potentiell *gefährliche Operationen* (wie Zugriffe auf Dateien und Netzwerke, oder das Ausführen lokaler Programme) eingeschränkt werden. Hierzu gibt es einen in dem Browser definierten **Sicherheitsdienst** (*security manager*).

Die init-Methode ist die erste von vier Methoden, die für den Lebenszyklus eines Applets definiert sind. Die Methoden start und stop werden jedesmal aufgerufen, wenn ein Benutzer die Web-Seite besichtigt oder wieder verläßt (indem etwa der „Forward" oder „Back" Knopf im Browser betätigt wird). Diese Methoden können also im Gegensatz zu init mehrfach aufgerufen werden. Wenn eine Seite nicht mehr besichtigt werden kann, wird die destroy-Methode des Applets aufgerufen, um evtl. belegte Ressourcen wieder freizugeben.

Bei einem Applet sind also (nach dem Konstruktor der Klasse) die init und start Methoden Einstiegspunkte der Systemumgebung in den Java-Code und nicht die main-Methode wie bei anderen Java-Programmen, die direkt – ohne über das Internet geladen worden zu sein – von einem Byte-Code-Interpreter (wie dem java-Programm im SDK) ausgeführt werden.

Um im Fenster, das durch das Applet erzeugt wird, etwas anzeigen zu können, muß wiederum die paint-Methode überschrieben werden.

Beispiel 9.1.2. Das folgende Applet gibt die Zeichenkette „Hello world!" in dem Fenster aus, das durch das Applet erzeugt wird und zwar an der Position (50, 25) im Koordinatensystem des Fensters.

```
import java.applet.Applet;
import java.awt.Graphics;

public class HelloWorld extends Applet {
  public void paint(Graphics g) {
    g.drawString("Hello world!",50,25);
  }
}
```

Zur Interaktion mit einem Benutzer können Applets, wie andere AWT-Komponenten auch, auf Ereignisse reagieren (vgl. Abschnitt 9.2).

9.1.6 Container

Container dienen zur Gruppierung von AWT-Komponenten.

Jeder Container besitzt einen LayoutManager, der für die Anordnung der AWT-Komponenten verantwortlich ist. Der Programmierer spezifiziert die relativen

Positionen der Komponenten, ihre absolute Positionierung und Dimensionierung bleibt dem Layout-Manager überlassen, der versucht, eine „günstige" Lösung in Abhängigkeit von der Fenstergröße und den abstrakten Vorgaben des Programmierers zu finden.

Folgende grundlegende Methoden werden zur Verfügung gestellt.

void setLayout(LayoutManager m) setzt den für den Container verantwortlichen LayoutManager.

void add(Component c,...) fügt in Abhängigkeit vom LayoutManager die Komponente in den Container ein.

void remove(Component) entfernt die Komponente aus dem Container.

Unterstützt werden folgende Layout-Typen:

BorderLayout kann zur Gruppierung von Komponenten an den Rändern des Containers benutzt werden. Die vier Ränder werden mit NORTH, EAST, SOUTH bzw. WEST bezeichnet, wobei diese Himmelsrichtungen der Anordnung auf Landkarten entsprechen. Das Innere eines solchen Containers wird mit CENTER bezeichnet.

CardLayout ergibt eine spielkartenförmige Anordnung der Komponenten.

FlowLayout ergibt eine „fließende" Anordnung, die linksbündig (FlowLayout.LEFT), zentriert (FlowLayout.CENTER) oder rechtsbündig (FlowLayout.RIGHT) sein kann.

GridLayout richtet die Komponenten an einem Gitter aus.

GridBagLayout dient zur einer flexiblen horizontalen und vertikalen Anordnung von Komponenten, die nicht alle von der gleichen Größe zu sein brauchen.

Beispiel 9.1.3. In folgendem Beispiel wird ein BorderLayout zur äußeren Plazierung von Knöpfen verwendet. Im Zentrum werden sechs weitere Knöpfe plaziert. Dazu wird ein FlowLayout verwendet.

```
/**
 * Beispielprogramm zur Verwendung von Layout-Managern.
 */
import java.awt.*;

public class LayoutBeispiel extends Frame {

  public static void main(String args[]) {
    Frame f = new Frame("Layout-Manager-Beispiel");

    f.setSize(210,200);
    //Fenstergröße für zweites Beispiel
    //f.setSize(200,245);

    // Vier Buttons an den Rändern
    //f.setLayout(new BorderLayout());
        // überflüssig, da default
```

```
f.add(new Button("Nord"),BorderLayout.NORTH);
f.add(new Button("Ost"),BorderLayout.EAST);
f.add(new Button("Süd"),BorderLayout.SOUTH);
f.add(new Button("West"),BorderLayout.WEST);

// Im Zentrum ein Container mit Flowlayout
Container c = new Container();
c.setLayout(new FlowLayout());
for (int i=0; i<6; i++) {
  c.add(new Button("Knopf "+i));
}
c.setVisible(true);

f.add(c,BorderLayout.CENTER);

f.setVisible(true);
  }
}
```

Die tatsächliche Anordnug der Knöpfe hängt von den Dimensionen des Containers ab. In Abb. 9.3 sind die Ergebnisse bei zwei leicht unterschiedlich großen Fenstern dargestellt.   ❖

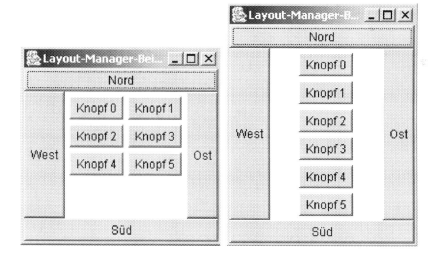

Links: Ergebnis nach f.setSize(210,200);
Rechts: Ergebnis nach f.setSize(200,245);
Abb. 9.3. Ausgaben von LayoutBeispiel

9.2 Ereignisse (*events*)

Für die Interaktion mit einem Benutzer ist die Behandlung äußerer **Ereignisse**
(*events*) wesentlich. Dies kann z. B. eine Mausbewegung, ein Mausklick oder das
Drücken einer Taste sein. Hierfür stellt das AWT einen entsprechenden Rahmen zur
Verfügung, den wir im folgenden skizzieren wollen. Das zugrundeliegende Modell
wurde im JDK 1.1 gegenüber der Vorgängerversion im JDK 1.0.2 verändert und lie-
ferte eine der Hauptquellen für Inkompatibilitäten zwischen den unterschiedlichen
Versionen.

Verschiedene Klassen von Ereignissen sind in Java 1.1 (und höher) durch
verschiedene Java-Klassen repräsentiert. Jede Ereignisklasse ist eine Unterklasse
von `java.util.EventObject`. Ereignisobjekte tragen gegebenenfalls weitere
nützliche Information in sich, die das Ereignis weiter charakterisiert, z. B. die X-
und Y-Koordinate bei `MouseEvent`, das zu einem Mausklick gehört.

9.2.1 AWT-Events

AWT-Ereignisse sind Unterklassen von `java.awt.AWTEvent`; sie sind im Paket
`java.awt.event` zusammengefaßt. AWT-Komponenten können folgende Ereignisse erzeugen:

```
ActionEvent       AdjustmentEvent
ComponentEvent    ContainerEvent
FocusEvent        ItemEvent
KeyEvent          MouseEvent
TextEvent         WindowEvent
```

9.2.2 Ereignisquellen und Ereignisempfänger

Jedes Ereignis wird von einer **Ereignisquelle** (*event source*) generiert; dies ist ein
anderes Objekt, das man mit `getSource()` erhält. Die Ereignisquelle liefert ihre
Ereignisse an interessierte Parteien, die **Ereignisempfänger** (*event listener*) aus, die
dann selbst eine geeignete Behandlung vornehmen.

Die Zuordnung zwischen Quelle und Empfängern darf nicht im Programmcode statisch fixiert werden, sondern sie muß sich zur Laufzeit dynamisch ändern
können. Dazu verwendet man ein elegantes Prinzip, das wir schon beim generischen Programmieren (Kapitel 8.6.2) kennengelernt hatten. Die Ereignisempfänger
müssen sich bei der Quelle an- und abmelden; diese implementiert hierzu eine geeignete Schnittstelle. Die Ereignisquelle unterhält eine Liste von angemeldeten Er-
eignisempfängern. Hat sie ein Ereignis generiert, dann schreitet sie die Liste der
Empfänger ab und ruft auf jedem Empfänger eine Methode auf, der sie das Ereignis-
objekt (per Referenz) übergibt. Hierzu ist für jede Ereignisklasse eine entsprechende
Schnittstelle für Empfänger (*event listener interface*) spezifiziert.

Beispiel 9.2.1. Bei einer AWT-Komponente können ein oder mehrere *event listener* mittels einer Methode add*Type*Listener() registriert werden. Im folgenden Programmfragment wird ein ActionListener bei einer Button-Komponente registriert.

```
import java.awt.*;
import java.awt.event.*;
// ...
Button button;
// ...
button.addActionListener(this);
```

Ein *event listener interface* definiert Methoden, die beim Auftreten eines Ereignisses automatisch aufgerufen werden und die man so implementieren kann, daß sie das Ereignis behandeln. Jeder Empfänger muß das zum Ereignis gehörige Interface implementieren, damit die Quelle ihn aufrufen kann. Jeder Empfänger implementiert dies individuell so, daß die für ihn typische Bearbeitung des übergebenen Ereignisses stattfindet. In einem großen über viele Rechner verteilten System kann der vor Ort installierte *event listener* das Ereignis auch erst einmal vorverarbeiten und danach die relevante Information über das Netz zum wirklichen Bearbeiter weiterschicken.

Die Schnittstelle `WindowListener`. Als Beispiel wollen wir das zum Paket `java.awt.event` gehörige Interface WindowListener beschreiben. In der Schnittstelle sind die folgenden Methoden spezifiziert:

void windowOpened(WindowEvent e)

void windowClosing(WindowEvent e) Diese Methode wird aufgerufen, wenn vom Benutzer ein sogenannter Close-Request abgesetzt wurde. Wie ein Close-Request genau abgesetzt wurde, hängt von der Laufzeitumgebung und dem Fenstersystem ab; es könnte z. B. das Schließe-Symbol des umgebenden System-Fensters angeklickt worden sein. Das Fenster muß explizit mit der dispose-Methode des Fensters geschlossen werden.

void windowClosed(WindowEvent e)

void windowIconified(WindowEvent e)

void windowDeiconified(WindowEvent e)

void windowActivated(WindowEvent e)

void windowDeactivated(WindowEvent e)

In unseren Beispielen in den Abschnitten 9.3 und 9.4 wird das WindowListener-Interface jeweils von einer Erweiterung der Frame-Klasse implementiert, um das Fenster, in dem gezeichnet wird, wieder schließen zu können.

9.2.3 Adapter-Klassen

Bei der Verwendung eines Listener-Interfaces müssen wie bei allen Interfaces immer alle Methoden implementiert werden. Wenn man sich nur für bestimmte Events interessiert, kann man die anderen Methoden als sog. „Hohlkopf"- oder „Dummkopf"-Methoden (*dummy method*) mit leerem Rumpf implementieren, da keine der in den Listener-Interfaces spezifizierten Methoden einen Rückgabewert besitzt.

Um dem Programmierer die Arbeit zu erleichtern, stellt das AWT für alle Interfaces, die mehr als eine Methode definieren, eine **Adapter-Klasse** zur Verfügung. Adapter-Klassen haben alle Interface-Methoden als leere Methoden implementiert. Bei der Verwendung von Adapter-Klassen müssen also nur die benötigten Methoden überschrieben werden. Die eigene Klasse muß von der Adapter-Klasse abgeleitet werden, so daß Adapter-Klassen nur dann verwendet werden können, wenn die eigene Klasse nicht von einer anderen Klasse erben soll.

9.3 Ein Beispiel: Ein Rahmen zum Zeichnen reeller Funktionen

Wir definieren eine abstrakte Klasse `FunctionPlotter`, mit deren Hilfe wir eine mathematische Funktion zeichnen können, genauer gesagt eine eindimensionale reelle Funktion $f : \mathbb{R} \longrightarrow \mathbb{R}$.

Diese Klasse kann insbesondere zur Veranschaulichung von Funktionen aus einer begleitenden Mathematik-Vorlesung (speziell Analysis I) verwendet werden. Sie eignet sich auch sehr gut für eigene Erweiterungen zur Übung, z. B. auf das Zeichnen mehrerer Funktionen im gleichen Bild.

Da wir beliebige einstellige reelle Funktionen zeichnen wollen, definieren wir in der Klasse `FunctionPlotter` eine abstrakte Funktion

$$f : \texttt{double} \longrightarrow \texttt{double} \quad .$$

Die Klasse `FunctionPlotter` wird von der Klasse `java.awt.Frame` abgeleitet. Die virtuelle Funktion `paint` ist diejenige Funktion in der Klasse `Frame`, die vom Windows-System aufgerufen wird, wenn ein `Frame`-Objekt gezeichnet wird (vgl. Abschnitt 9.1.2). Wir überschreiben daher diese Methode in `FunctionPlotter`.

In unserer Implementierung der Methode `paint` benutzen wir die rein virtuelle Funktion `f`. Damit in Spezialisierungen von `FunctionPlotter` diese abstrakte Methode durch verschiedene Realisierungen ersetzt werden kann, ohne daß `paint()` reimplementiert werden muß, hat `paint()` also die Funktion `f` als einen (impliziten) Parameter. Die Methode `paint` ist somit eine **Funktion höherer Stufe** (*higher-order function*).

```java
public abstract class FunctionPlotter
  extends java.awt.Frame {

  private int noSamples;
    // number of samples to use for discretisation
  private double minx;
    // left border of x-range
  private double maxx;
    // right border of x-range
  private double miny;
    // minimal value of f() within the specified range
  private double maxy;
    // maximal value of f() within the specified range

  // other attributes, e.g. for Window size

  // Constructors, other Methods,
  // e.g. getPixelXfromWorldX, getPixelYfromWorldY
  // ...

  /**
   * Abstract method to be implemented in child classes
   * to evaluate the function which is to be plotted.
   */
  public abstract double f(double x);

  /**
   * This method is invoked automatically by the
   * runtime-environment whenever the contents of
   * the window have to be drawn. (Once at the beginning
   * after the window is displayed on the screen and
   * once every time a redraw event occurs.)
   * Plotting of the graph of f() is implemented here.
   */
  public void paint(Graphics g) {
     int i;
     int x1,y1,x2,y2; // Pixel coordinates
     double step=(maxx-minx)/(noSamples-1);
     double x;

     x1=getPixelXfromWorldX(minx);
     y1=getPixelYfromWorldY(f(minx));
        // here we use the abstract f
     x=minx+step;

     for (i=1; i<noSamples; i++,x+=step,x1=x2,y1=y2) {
        x2=getPixelXfromWorldX(x);
        y2=getPixelYfromWorldY(f(x));
           // here we use the abstract f
        g.drawLine(x1,y1,x2,y2);
     }
  }
}
```

Um eine Funktion, wie z. B.

$$x \mapsto x \cdot \cos(x)$$

plotten zu können, müssen wir nur eine Klasse definieren, die FunctionPlotter erweitert, und in der f durch die gewünschte Funktion implementiert ist. Außer einem entsprechenden Konstruktor muß in dieser Klasse keine weitere Methode definiert sein.

```
/**
 * Concrete Class which implements function f()
 * to calculate x times cos(x)
 */
public class XCosXPlotter
  extends FunctionPlotter {

  /**
   * @param min left border of x-range.
   * @param max right border of x-range.
   * @param nsamples Number of Samples used
   *        for discretisation of f().
   */
  public XCosXPlotter(int nsamples,
                      double min,
                      double max) {
    super(nsamples,min,max);
  }
  /**
   * Implementation of the function whose graph
   * is to be plotted.
   */
  public double f(double x){ return x*Math.cos(x); }
}
```

Entsprechend können wir eine Klasse SinXPlotter definieren, die die Sinus-Funktion zeichnet:

```
/**
 * Concrete Class which implemts function f()
 * to calculate sin(x)
 */
public class SinXPlotter extends FunctionPlotter {

  /**
   * @param min left border of x-range.
   * @param max right border of x-range.
   * @param nsamples Number of Samples used
   *        for discretisation of f().
   */
  public SinXPlotter(int nsamples,
                     double min,
                     double max) {
    super(nsamples,min,max);     }
```

```
  /**
   * Implementation of the function whose graph
   * is to be plotted.
   */
  public double f(double x){ return Math.sin(x); }
}
```

Damit wir das Graphik-Fenster, das für die Klasse `FunctionPlotter` geöffnet wird, wieder schließen können, müssen wir die Methode `windowClosing` des Interfaces `WindowListener` implementieren (vgl. Abschnitt 9.2.2). Es müssen alle in `WindowListener` deklarierten Methoden implementiert werden, egal ob wir auf die entsprechenden Ereignisse reagieren wollen oder nicht. Die nicht benötigten Methoden implementieren wir mit leerem Rumpf (*dummy method*).

```
import java.awt.Frame;
import java.awt.Graphics;
import java.awt.Event;
import java.awt.AWTEvent;
import java.awt.event.WindowListener;
import java.awt.event.WindowEvent;

public abstract class FunctionPlotter
  extends Frame
  implements WindowListener {

  public FunctionPlotter
          (int nsamples, double min, double max)
  {  // ...

    // add as WindowListener to react to
    // WINDOW_DESTROY events
    addWindowListener(this);
  }

  // The attributes and methods of FunctionPlotter.
  // ...

  // The implementation of WindowListener:
  /**
   * Event handler of the window to process
   * WINDOW_DESTROY events, which should cause
   * the application to terminate.
   */
  public void windowClosing(WindowEvent e) {
    setVisible(false);
    dispose();          // destroy the window
    System.exit(0);     // terminate execution
  }

  // Other methods a WindowListener needs to implement.
  // Implemented as dummies since WINDOW_DESTROY is the
  // only window event we want to react to.
```

```
    public void windowActivated(WindowEvent e) { }
    public void windowClosed(WindowEvent e) { }
    public void windowDeiconified(WindowEvent e) { }
    public void windowIconified(WindowEvent e) { }
    public void windowOpened(WindowEvent e) { }
    public void windowDeactivated(WindowEvent e) { }
}
```

9.4 Ein größeres Beispiel: Darstellung einer Winterlandschaft

Wir wollen eine Klassenbibliothek schreiben, die es uns ermöglicht, eine Winterlandschaft, wie sie in Abb. 9.4 dargestellt ist, in einem Fenster zu zeichnen.

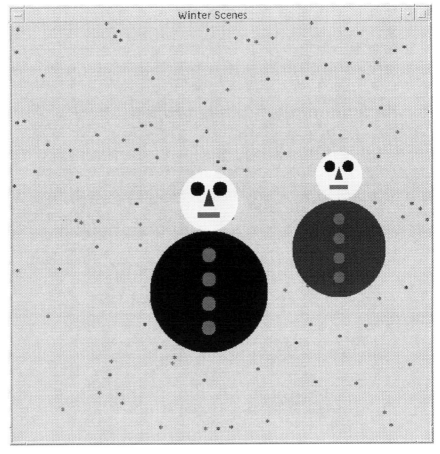

Abb. 9.4. Darstellung einer Winterlandschaft

9.4.1 Anforderungsanalyse

Die Klassenbibliothek soll verschiedene Objekte, die zu einer Winterlandschaft gehören – wie etwa Schneemänner und Schneeflocken – in einem Fenster darstellen.

Ein Schneemann besteht aus einem Gesicht und einem Bauch. Der Bauch eines Schneemanns ist rund und enthält einige runde Knöpfe. Das runde Gesicht besteht aus zwei kreisförmigen Augen, einem rechteckigen Mund und einer dreieckigen Nase.

9.4.2 Objektorientierte Analyse und Design

Die Winterlandschaft wird als Objekt einer Klasse SnowScene repräsentiert, die ein Graphik-Fenster enthält, in dem die Winterszene gezeichnet wird, und eine Liste von geometrischen Objekten, die gezeichnet werden sollen. Das Graphik-Fenster realisieren wir in einer Klasse DrawWindow, die die Klasse Frame aus java.awt erweitert. Die virtuelle Funktion paint von Frame müssen wir in DrawWindow entsprechend implementieren. Damit ein Fenster, das ein Objekt der Klasse DrawWindow erzeugt, wieder per Mausklick geschlossen werden kann, realisisert DrawWindow auch noch das Interface WindowListener aus java.awt.event.

Um unsere Winterszenen einfach erweitern zu können, wollen wir eine beliebige Liste von geometrischen Objekten zeichnen. Wir führen deshalb eine (abstrakte) Basisklasse Shape ein, von der alle unsere geometrischen Objekte in der Winterlandschaft abgeleitet werden sollen. Diese Klasse besitzt die (virtuelle) Methode draw, die in den Klassen, die Shape erweitern, entsprechend implementiert sein muß. Da diese Methode eine virtuelle Funktion darstellt, können wir die paint Methode in DrawWindow implementieren, ohne alle möglichen Erweiterungen der Klasse Shape zu kennen!

Die Liste der geometrischen Objekte vom Typ Shape realisieren wir als einfach verkettete lineare Liste. Entsprechend der in Kapitel 7.7.2 gewählten Namenskonvention hat diese Klasse den Namen ShapeList, und jede solche Liste besteht aus Knoten vom Typ ShapeNode. Das Klassendiagramm zu diesem Design ist in Abb. 9.5 dargestellt.

In unserer Winterlandschaft benötigen wir bislang Objekte vom Typ Snowman und vom Typ Snowflake. Ein Objekt vom Typ Snowman aggregiert zwei Felder, eines für Body und eines für Face. Diese beiden Klassen sind auch geometrische Objekte, die wir zeichnen wollen, sie sind also auch Erweiterungen der abstrakten Basisklasse Shape.

Ein Objekt vom Typ Body aggregiert einen Kreis für den eigentlichen Körper und einige (kleinere) Kreise für die Knöpfe. Wir benötigen daher auch eine Klasse Circle. Da die Anzahl der Knöpfe nicht fest bestimmt ist, notieren wir eine allgemeine $1 : n$ Beziehung zwischen Body und Circle.

Das Gesicht – ein Objekt vom Typ Face – wird durch einen umfassenden Kreis dargestellt, der zwei kleinere Kreise als Augen enthält. Die Aggregation zwischen

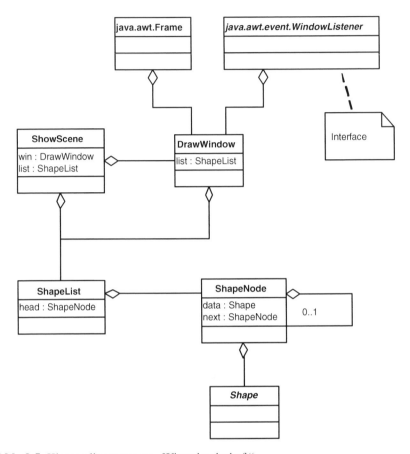

Abb. 9.5. Klassendiagramm zu „Winterlandschaft"

Face und Circle ist also vom Typ 1 : 3. Das Gesicht enthält ferner einen rechteckigen Mund und eine dreieckige Nase. Wir benötigen daher noch Erweiterungen von Shape zu einer Klasse Rectangle und zu einer Klasse Triangle. Da ein Gesicht genau einen Mund und genau eine Nase enthält, sind diese Aggregationen vom Typ 1 : 1. Das Klassendiagramm zu diesen Shape-Objekten sieht daher wie folgt aus (vgl. Abb. 9.6).

9.4.3 Implementierung der Klassen

Zunächst besprechen wir die Implementierung von Shape und den Klassen, die von dieser Klasse erben.

Shape. Die Klasse Shape ist die abstrakte Basisklasse verschiedener Objekte, die wir in der Winterlandschaft zeichnen wollen.

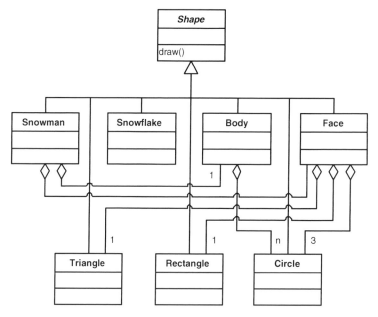

Abb. 9.6. Klassendiagramm zu „Shape"

```
import java.awt.Graphics;
import java.awt.Color;

/**
 * This is a class that defines an
 * abstract shape. It ensures that every subclass
 * implements a draw method.
 */
public abstract class Shape {
  protected Color
     color = Color.black; // color of the object

  /**
   * Gives back the color.
   * @return The color of the Shape.
   */
  public Color getColor() {
    return color;
  }

  /**
   * Sets the color of the Shape.
   * @param col --
   */
  public void setColor(Color col) {
    color = col;
  }
```

```
  /**
   * An abstract method which ensures that every
   * subclass of Shape implements a draw method.
   * @param g --
   */
  public abstract void draw(Graphics g);
}
```

Einfache Erweiterungen der Shape-Klasse.

Kreise.

```
import java.awt.Graphics;
import java.awt.Point;

/**
 * This extension of Shape defines a Circle
 * by point and radius.
 */
public class Circle extends Shape {
  private Point m; // center
  private int r;   // radius

  /**
   * Creates a new Circle.
   * @param midpoint --
   * @param radius   radius >= 0.
   */
  public Circle(Point midpoint, int radius) {
    m = midpoint;
    r = radius;
  }

  /**
   * Draw method for Circle. Paints the Circle
   * as a filled oval.
   * @param g --
   */
  public void draw(Graphics g) {
    g.setColor(color);
    g.fillOval(m.x-r,m.y-r,2*r,2*r);
  }
}
```

Rechtecke.

```
import java.awt.Graphics;
import java.awt.Point;

/**
 * Rectangle, defined by two corners.
 */
public class Rectangle extends Shape {
```

```
private Point min;  // lower left corner
private Point max;  // upper right corner

/**
 * Creates a Rectangle through two points.
 * @param pmin The lower left corner.
 * @param pmax The upper right corner.
 */
public Rectangle(Point pmin, Point pmax) {
  min = pmin;
  max = pmax;
}

/**
 * Draw method for Rectangle. The Rectangle is
 * painted and filled.
 * @param g --
 */
public void draw(Graphics g) {
  g.setColor(color);
  g.fillRect(min.x,min.y,max.x-min.x,max.y-min.y);
} }
```

Dreiecke. Die Implementierung für Dreiecke ist analog zu der für Kreise und Rechtecke und soll hier nicht wiedergegeben werden.

Erweiterungen von Shape, die andere Shape-Objekte aggregieren.

Gesichter. Das Gesicht des Schneemanns besteht aus einem Kreis, der ein Dreieck als Nase, ein Rechteck als Mund und zwei kleine Kreise als Augen enthält.

```
import java.awt.Graphics;
import java.awt.Point;
import java.awt.Color;
/**
 * This extension of Shape defines the Face
 * of a Snowman with eyes, nose and mouth.
 */
public class Face extends Shape {
  private Circle face;     // the face itself
  private Circle leftEye;  // one eye
  private Circle rightEye; // the other eye
  private Triangle nose;   // the nose
  private Rectangle mouth; // the mouth

  /**
   * Creates a new Face.
   * @param midpoint --
   * @param radius  radius >= 0.
   */
  public Face(Point midpoint, int radius) {
    // The different components are placed relative
    // to the midpoints. Their sizes depend only
    // on the radius.
```

```
  // Face
  face = new Circle(midpoint, radius);

  // Eyes
  Point leftEyePos = new Point(midpoint.x,
                               midpoint.y);
  Point rightEyePos = new Point(midpoint.x,
                                midpoint.y);
  leftEyePos.translate(-(int)(0.4*radius),
                       -(int)(0.4*radius));
  rightEyePos.translate((int)(0.4*radius),
                        -(int)(0.4*radius));

  leftEye = new Circle(leftEyePos, radius/4);
  rightEye = new Circle(rightEyePos, radius/4);
  leftEye.setColor(Color.yellow);
  rightEye.setColor(Color.yellow);

  // Nose
  Point p1 = new Point(midpoint.x, midpoint.y);
  Point p2 = new Point(midpoint.x, midpoint.y);
  Point p3 = new Point(midpoint.x, midpoint.y);

  p1.translate(-(int)(0.2*radius),
               (int)(0.2*radius));
  p2.translate((int)(0.2*radius),
               (int)(0.2*radius));
  p3.translate(0, -(int)(0.4*radius));

  nose = new Triangle(p1, p2, p3);
  nose.setColor(Color.blue);

  // Mouth
  Point min = new Point(midpoint.x, midpoint.y);
  Point max = new Point(midpoint.x, midpoint.y);

  min.translate(-(int)(0.4*radius),
                (int)(0.4*radius));
  max.translate((int)(0.4*radius),
                (int)(0.6*radius));

  mouth = new Rectangle(min, max);
  mouth.setColor(Color.red);
}

/**
 * Sets the color of the entire face.
 * @param col --
 */
public void setColor(Color col) {
  super.setColor(col);
  face.setColor(col);
}
```

```
/**
 * Sets the color for both eyes together.
 * @param col --
 */
public void setEyeColor(Color col) {
  leftEye.setColor(col);
  rightEye.setColor(col);
}

/**
 * Sets the color of the nose.
 * @param col --
 */
public void setNoseColor(Color col) {
  nose.setColor(col);
}

/**
 * Sets the color of the mouth.
 * @param col --
 */
public void setMouthColor(Color col) {
  mouth.setColor(col);
}

/**
 * Draw method for Face. Paints all components
 * face, eyes, nose, mouth.
 * @param g --
 */
public void draw(Graphics g) {
  face.draw(g);
  leftEye.draw(g);
  rightEye.draw(g);
  nose.draw(g);
  mouth.draw(g);
} }
```

Schneemann. Der Schneemann besteht aus einem Gesicht und einem Kreis als Bauch. Diese Klasse soll hier ebenfalls nicht wiedergegeben werden.

Ein Fenster mit einer Winterlandschaft. Dem Konstruktor der folgenden Klasse DrawWindow kann – neben der Größe des zu zeichnenden Fensters – eine Liste von Shape-Objekten mitgegeben werden, die in dem Fenster gezeichnet werden.

```
import java.awt.Frame;
import java.awt.Graphics;
import java.awt.Color;
import java.awt.Event;
import java.awt.AWTEvent;
import java.awt.event.WindowListener;
import java.awt.event.WindowEvent;
```

```java
/**
 * This class is a window for a ShapeList.
 * The Shapes are painted in a Frame.
 */
public class DrawWindow extends Frame
   implements WindowListener {

  private ShapeList list; // list of Shape elements

  /**
   * Creates a new Frame for the Winter Scene.
   * @param width Width of the Frame. width >= 0.
   * @param height Height of the Frame. width >= 0.
   */
  public DrawWindow(int width, int height,
                    ShapeList elements) {
    // Frame parameters
    setSize(width, height);
    setTitle("Winter Scenes");

    // this class handles the window events
    addWindowListener(this);

    // the ShapeList to be drawn
    list = elements;
    setVisible(true);
  }

  /**
   * Paints the given list of Shapes.
   * @param g --
   */
  public void paint(Graphics g) {
    // trivial case
    if (list==null)
      return;

    // go through the non-empty list
    ShapeNode x = list.getHead();
    while(x != null) {
      x.getData().draw(g);    // draw the Shape
      x=x.getNext();          // switch to the next
    }
    return;
  }

  /**
   * Closes the window if desired and exits
   * the whole program.
   * @param e --
   */
  public void windowClosing(WindowEvent e) {
    setVisible(false);
```

```
    dispose();
    System.exit(0);
  }

  /** Dummy methods for implementing WindowListener */
  public void windowActivated(WindowEvent e) { }
  public void windowClosed(WindowEvent e) { }
  public void windowDeiconified(WindowEvent e) { }
  public void windowIconified(WindowEvent e) { }
  public void windowOpened(WindowEvent e) { }
  public void windowDeactivated(WindowEvent e) { }
}
```

Statt einer speziellen Liste vom Typ ShapeList hätten wir auch eine generische Liste zum Speichern von Shape-Objekten verwenden können. Wenn wir in der Klasse DrawWindow eine solche Liste vom Typ List statt vom Typ ShapeList verwenden, müssen wir in der Methode paint im Programmtext erst einmal überprüfen, ob das in einem Listen-Knoten gespeicherte Objekt vom Typ Shape ist, es dann explizit zu einem Shape-Objekt umwandeln und dann wie zuvor die virtuelle Methode draw des Shape-Objekts aufrufen. Wie zuvor wird daraufhin *dynamisch* zur Laufzeit die draw-Methode des aktuellen Typs des Objekts benutzt (also die draw-Methode von Snowman, SnowFlake, Circle, Rectangle usw.).

```
public class DrawWindow extends Frame
    implements WindowListener {
  private List list; // generic list of Shape elements
  // ...
  /**
   * Paints the given (generic) list of Shapes.
   */
  public void paint(Graphics g) {
    // trivial case
    if (list==null)
      return;

    // go through the non-empty list
    Node x = list.getHead();
    while(x != null) {
      Object tmpo = x.getData();
      // if the Node contains a Shape Object
      // then draw it
      if (tmpo instanceof Shape) {
        Shape tmps = (Shape) tmpo; // explicit type cast
        tmps.draw(g);   // use dynamic binding for drawing
      }
      x=x.getNext();          // switch to the next
    }
    return;
  }
}
```

Ein Hauptprogramm. Die Objekte einer ganzen Winterlandschaft können z. B. mit der main-Methode der folgenden Klasse gezeichnet werden. Neben zwei Schneemännern werden 120 Schneeflocken gezeichnet.

```java
import java.awt.Point;
import java.awt.Color;

/**
 * This class adds several Shape objects to a ShapeList
 * and calls DrawWindow to paint them.
 */
public class SnowScene {
  DrawWindow win;     // the window to paint in
  ShapeList list;     // Shapes to be painted

  /**
   * Creates a SnowScene with two snowmen and
   * some flakes and gives a ShapeList to DrawWindow.
   */
  public SnowScene() {
    list = new ShapeList();  // create empty list

    // Adding two Snowman objects to the list
    Snowman sm1 = new Snowman(new Point(200, 475), 250);
    list.insertFirst(sm1);

    Snowman sm2 = new Snowman(new Point(400, 400), 200);
    sm2.body.setBodyColor(Color.blue);
    list.insertFirst(sm2);

    // Adding Snowflake objects to the list
    for(int i = 0; i < 120; i++) {
      list.insertFirst(
            new Snowflake((int)(600*Math.random()),
                          (int)(600*Math.random())));
    }

    // Create a DrawWindow to paint the objects in list
    win = new DrawWindow(600, 600, list);
  }

  /**
   * Test of SnowScene
   */
  public static void main(String args[]) {
    SnowScene sc = new SnowScene();
  }
}
```

Teil III

Algorithmen und weiterführende Datenstrukturen

10. Theorie der Algorithmenkonstruktion

As soon as an Analytical Engine exists, it will necessarily guide the future course of the science. Whenever any result is sought by its aid, the question will then arise – By what course of calculation can these results be arrived at by the machine in the shortest time*?*

Charles Babbage (1864)

10.1 Einleitung und Überblick

Im folgenden geben wir eine Einführung in die Theorie, die mit der Konstruktion und Analyse von Algorithmen verbunden ist. Zunächst wiederholen wir in gestraffter und fortgeschrittener Form die wichtigsten Definitionen und Resultate aus dem einführenden Überblick über Konzepte der Algorithmen (Kap. 3). Insbesondere behandeln wir in Abschnitt 10.2 nochmals die Themen Spezifikation und Korrektheit anhand eines größeren Beispiels (Berechnung der Quadratwurzel). Wir arbeiten speziell Querbezüge zwischen Spezifikation und verschiedenen Beweismethoden heraus. Auf der programmiersprachlichen Ebene können Algorithmen durch die Methode von Floyd aus Kap. 3 und den Kalkül von Hoare in Kap. 17 als korrekt bewiesen werden. Wegen seiner Komplexität haben wir dem Hoare-Kalkül ein eigenes Kapitel gewidmet. Es ist aber durchaus sinnvoll, Kap. 17 im Zusammenhang mit Abschnitt 10.2 zu lesen.

Der Schwerpunkt dieses Kapitels liegt auf einer Einführung in den Entwurf und die (Komplexitäts-)Analyse von Algorithmen. In Abschnitt 10.3 stellen wir die Entwurfsmuster *greedy* und *divide and conquer* genauer vor, die uns später bei Such- und Sortierverfahren noch mehrmals begegnen werden. Im abschließenden Abschnitt 10.4 behandeln wir die Theorie der Komplexität von Algorithmen, insbesondere die O-Notation, mit der wir ein mathematisch präzises Maß für den asymptotischen Aufwand eines Algorithmus erhalten.

10.1.1 Motivation und Begriffsdefinition

Im objektorientierten Ansatz zur Softwarekonstruktion analysieren wir eine gegebene Problemsituation zunächst mit dem Ziel, Objekte und ihre Wechselbeziehungen herauszuarbeiten. Objekte enthalten Funktionalität in Form von Klassenmethoden zur Lösung von genau umgrenzten (Teil-)Problemen. Diese Methoden müssen wir letztlich in einer Programmiersprache als Funktionen (bzw. Prozeduren) ausprogrammieren.

Ein Algorithmus ist die Beschreibung eines konkreten Verfahrens zur Lösung einer Problemstellung. Das Verfahren muß den Bedingungen der **Spezifikation**, (mechanischen) **Durchführbarkeit** und **Korrektheit** genügen (vgl. Kap. 3.1).

Der Begriff des Algorithmus ist dabei abstrakter als der des Programms – das gleiche Verfahren kann in unterschiedlichen Programmen und Programmiersprachen und auf unterschiedlichen Maschinen realisiert sein. Der Begriff des Algorithmus zielt also darauf, die Lücke zu schließen zwischen der Problemstellung (*was* soll berechnet werden) und der konkreten Programmierung (*wie* soll etwas berechnet werden). Durch die Abstraktion kann man Verfahren (z. B. zum Sortieren von Zahlenfolgen) auf allgemeiner Ebene entwerfen und vergleichen. Konkrete Implementierungen unterscheiden sich dann i. a. in der Laufzeit nur noch um konstante Faktoren, die Dinge wie die relative Maschinenleistung oder das Programmiergeschick widerspiegeln.

Beispiel 10.1.1. Wir realisieren die Objekt-Klasse Meßreihe. Sie besteht aus einem Array zur Speicherung von $k > 0$ ganzen Zahlen sowie den nützlichen Methoden Bestimmen des Minimums der Meßwerte, Suchen eines Meßwerts und Sortieren der Meßwerte der Größe nach. Bevor wir mit dem Programmieren beginnen, überlegen wir uns zuerst abstrakte Entwürfe für das Finden des Minimums:

Algorithmus L: Wir gehen vom kleinsten zum größten Index durch die Reihung hindurch und merken uns den bisher kleinsten Wert in einer Hilfsvariablen.

Algorithmus DC: Wir teilen die Reihung in zwei Suchabschnitte auf. Wir suchen in beiden Abschnitten jeweils das kleinste Element (durch wiederholte Anwendung eben dieses Verfahrens). Aus den Ergebnissen bestimmen wir das globale Minimum durch einen Vergleich.

Algorithmus L ist nach der linearen Entwurfsmethode (*greedy method*) konstruiert. Algorithmus DC ist nach der Divide-and-Conquer-Methode konstruiert.

Wir besprechen Entwurfsmethoden noch ausführlicher in den Kapiteln 11 und 12, wo wir verschiedene Algorithmen zum Suchen und Sortieren entwickeln. Außerdem verweisen wir auf Spezialliteratur zum Thema Algorithmen und Datenstrukturen, wie z. B. die bekannten Bücher von Sedgewick (1992), Aho et al. (1974) oder Cormen et al. (1990). ❖

Ein Algorithmus legt i. a. ein abstraktes aber präzises Maschinenmodell zugrunde, auf dem er automatisch ausgeführt werden könnte. In voller mathematischer Präzision wurde ein solches Modell erstmals von A. Turing (Turingmaschine) angegeben. Oft wählt man auch das Modell einer abstrakten Random-Access-Maschine (RAM). Sie hat statt des Turing-Bandes einen herkömmlichen Speicher mit wahlfreiem Zugriff (*random access*), bei dem man sich aber die Speicherworte idealisiert mit beliebig vielen Bits vorstellt (Hopcroft und Ullman, 2000). Wir sind hier oft weniger präzise, denn wir haben bereits eine gute Vorstellung, was man in einer Programmiersprache realisieren kann; aus dem gleichen Grund verzichten wir hier auf weitere Erläuterungen zur mechanischen Durchführbarkeit.

10.1.2 Notation

Wie wir schon in Kap. 3 gesehen haben, gibt es verschiedene Darstellungsweisen für die Anweisungen eines Algorithmus. Für geübte Informatiker sind (neben einer Programmiersprache) Schrittfolgen und Pseudo-Code am gebräuchlichsten. Rekursionsformeln eignen sich besonders für einfachere arithmetische Verfahren und um den Kern einer algorithmischen Idee herauszuarbeiten.

Schrittfolgen. Es ist nützlich, über einzelne Schritte eines Verfahrens sprechen zu können. Jeder Schritt sollte wie ein Buchkapitel einem Thema folgen, das wir zu Beginn des Schrittes vorgeben können. Häufig müssen folgende Themen behandelt werden:

Name$(p_1, \ldots, p_k)$
// Ein-/Ausgabespezifikation

0) **Initialisierung:** Initialisiere Hilfsgrößen.

1) **Ausnahmefall:** Behandle Eingaben, die nicht der Spezifikation entsprechen.

2) **Trivialfall:** Behandle Fälle (oft 0 oder null) für Eingabewerte, bei denen das Resultat trivial ist.

3) **Einfacher Fall:** Behandle Fälle, in denen das Problem einfach zu lösen ist. Entspricht beim Beweis der Korrektheit oft einer Induktionsbasis.

4) **Problemreduktion:** Behandle den schweren Fall und reduziere ihn so, daß das Verfahren rekursiv aufgerufen oder iteriert werden kann. Entspricht beim Beweis der Korrektheit oft einem Induktionsschritt.

5) **Rekursion:** Schritt des rekursiven Aufrufs oder einer äquivalenten Anweisung.

Es ist sinnvoll, diese Themenliste in jedem Fall abzuarbeiten und eventuell sogar explizit zu vermerken, wenn einer der Schritte einmal entfällt.

Pseudo-Code. Häufig vermischt man im Bemühen um eine knappe Ausdrucksweise natürlichsprachliche und mathematische oder programmiersprachliche Elemente. r=a ist knapper als „kopiere den Wert von a nach r". Auf der anderen Seite ist eine Anweisung wie a = min$\{x : x \in M$ und x ist blau $\}$ kürzer als ein völlig ausprogrammiertes Programmstück. Der Fachmann hat eine gute Vorstellung davon, was mechanisch durchführbar ist und verzichtet auf unnötige Details, die nur den Blick auf die wesentliche Vorgehensweise verstellen. Bei starker Verwendung von strukturierten Schleifenkonstrukten leidet manchmal die Darstellung von Schritten; im Extremfall besteht der ganze Algorithmus aus einer einzigen while-Schleife. Wir tendieren bei unseren Darstellungen eher zur Schrittform, achten aber darauf, daß alle Schleifen ohne weiteres strukturiert umgesetzt werden können.

Rekursionsformeln. Besonders für einfachere arithmetische Verfahren bietet sich die knappe Notation einer Rekursionsformel bestehend aus if-then-else und Rekursion an. Die Formel ist wie ein Ausdruck zu verstehen, die if-then-else Anweisung ist also wie die Ausdrucksform (? :) in Java zu lesen. Durch $\equiv$ wird Wertegleichheit von Ausdrücken symbolisiert, fi bildet die schließende Klammer.

Beispiel 10.1.2. ABS(a) $\equiv$ if a > 0 then a else -a fi   ❖

10.2 Problemspezifikation und Korrektheitsbeweise

10.2.1 Spezifikation

Um ein präzises Verfahren zur Lösung eines Problems angeben zu können, muß man natürlich eine präzise Beschreibung des Problems selbst vorliegen haben. Man spricht hier von einer **Eingabe-Ausgabespezifikation** (*input output specification*). Es muß spezifiziert sein, wie Eingabewerte und zugehörige Resultate aussehen müssen, damit das Problem korrekt gelöst ist. Die präziseste Spezifikationssprache ist mathematische Logik. Gelingt es, die Anforderungen in Logik zu spezifizieren, kann man eventuell sogar rein formal beweisen, daß ein Algorithmus oder eine Implementierung korrekt sind. Unsere in Kap. 6.9.4 eingeführte Spezifikationstechnik für Unterprogramme ist auch für den Zweck der Spezifikation von Algorithmen geeignet. Bei komplexeren Problemen ist eine durch und durch formalisierte Spezifikation oft nicht möglich, und man ist auf halbformale Spezifikationen und Beweisskizzen angewiesen.

In jedem Fall müssen wir bestrebt sein, das Problem möglichst präzise zu spezifizieren. Die am schwersten zu behebenden Softwarefehler sind Entwurfsfehler, die durch eine falsch verstandene Problemspezifikation entstehen.

Beispiel 10.2.1. Wir wollen einen Algorithmus schreiben, welcher die Wurzel einer Zahl x berechnet. Bevor wir mit der Konstruktion des Algorithmus anfangen können, müssen wir das Problem spezifizieren. Dazu überlegen wir uns:

– Was ist mit „Wurzel" gemeint? Es soll $res * res = x$ gelten. Ist res dadurch eindeutig bestimmt?
– Was ist der Datentyp der Eingabe x? $x \in \mathbb{Z}$? $x \in \mathbb{R}$? $x \in \mathbb{C}$?
– Was ist der Datentyp des Resultats res?
– Ist x positiv? Was soll das Resultat sein, wenn $x \in \mathbb{R}$ nicht positiv (oder $x \in \mathbb{Z}$ keine Quadratzahl) ist?
– Ist res positiv?

Im Idealfall können wir die Bedingungen der Ausgangs- und Endsituation vollständig in mathematische Formeln fassen. Wir sprechen dann von **Vorbedingung** und **Nachbedingung**, die für Eingabe und Ausgabegrößen erfüllt sein müssen. Die Vorbedingung ist eine Anforderung, die die Eingabegrößen erfüllen müssen, damit die spezielle Problemsituation gegeben ist, die der Algorithmus behandeln soll. Die Nachbedingung ist eine Zusicherung (Garantie) an die Ausgabegrößen, die der Algorithmus abgibt. Die Sprache der mathematischen Logik ist speziell für die präzise und unzweideutige Formulierung solcher Bedingungen gemacht (vgl. Kap. 16). Im allgemeinen werden wir logische Formeln aber immer auch durch Kommentare in natürlicher Sprache ergänzen.

Wir gehen jetzt wieder von der Situation aus, daß wir eine Methode f realisieren wollen. f nimmt einige Parameter p_i als Eingabe und liefert ein Resultat res als

Ausgabe. Außerdem kann f auf den Datenteil ihrer Klasse zugreifen. Unsere Formeln müssen also die Anforderungen und Zusicherungen an die Größen beschreiben. Wir benutzen folgendes Spezifikationsschema, das wir später noch verfeinern werden:

```
f(p_1, ..., p_k)
// Stichwort zum Algorithmus
// Formeln der Anforderungen an die p_i
// Formeln der Anforderungen an den Datenteil der Klasse
// Name des Ergebnisses
// Formeln der Zusicherung an das Ergebnis
// Formeln der Zusicherung an den Datenteil der Klasse
// Weitere natürlichsprachliche Anforderungen
//    oder Zusicherungen
// Weitere natürlichsprachliche Kommentare.
```

Beispiel 10.2.2. Für die Spezifikation der Wurzelmethode erhalten wir z. B. für reelle Ein- und Ausgaben:

```
wurzelR(x)
// Quadratwurzel, oberer Zweig
// Anforderung: x ∈ ℝ, x ≥ 0
// Ergebnis: res ∈ ℝ.
// Zusicherung: res * res = x, res ≥ 0
```

❖

Beispiel 10.2.3. Für ganzzahlige Ein- und Ausgabe muß sich die Ausgabespezifikation ändern, da $res * res = x$ im Fall $res, x \in \mathbb{Z}$ nur dann berechnet werden kann, wenn x eine Quadratzahl ist. Wir können aber z. B. die größte ganze Zahl kleiner oder gleich $\sqrt{x}$ berechnen (also $\lfloor \sqrt{x} \rfloor$).

```
wurzel(x)
// Quadratwurzel, oberer Zweig, ganzzahlige Näherung
// Anforderung: x ∈ ℤ, x ≥ 0
// Ergebnis: r ∈ ℤ, r ≥ 0.
// Zusicherung: r² ≤ x < (r + 1)²
```

❖

Was passiert nun im Fall $x < 0$? Rein formal haben wir den Fall dadurch erledigt, daß wir ihn in den Anforderungen ausgeschlossen haben. Bei der Implementierung spricht man in diesem Fall vom Prinzip „Müll rein – Müll raus" (*garbage in – garbage out*), d. h. das Programm reagiert unvorhersehbar, wenn die Eingabe falsch ist. In der Praxis genügt dies aber nicht, da Eingabefehler unvermeidlich sind. Praxistaugliche Software muß festlegen, wie sie auf Fehler reagiert. Es sind drei Möglichkeiten gebräuchlich: Eine spezielle Form des Resultats bezeichnet den Fehler (z. B. $res < 0$), eine Klassenvariable bezeichnet den Fehler (z. B. Fehlervariable = 1), oder die Programmiersprache (wie C++ und Java) unterstützt die getrennte Kennzeichnung von Fehlerfällen durch das Konzept der **Ausnahmen** (*exceptions*).

10.2.2 Partielle Korrektheit

Wir haben bereits anhand von `wurzel` gesehen, daß Spezifikation und Algorithmenkonstruktion (mit Korrektheitsbeweis) Hand in Hand gehen müssen. Auch eine formale Spezifikation nützt wenig, wenn sich kein Algorithmus finden läßt, der bezüglich dieser Spezifikation korrekte Ergebnisse liefert.

Wir erinnern uns an die Definition der Korrektheit von Algorithmen.

Definition 10.2.4. *Ein Rechenverfahren ist **partiell korrekt**, wenn die Ein- und Ausgabeparameter im Falle der Terminierung immer der Spezifikation genügen.*

*Ein Rechenverfahren ist ein **total korrekter** Algorithmus, wenn es partiell korrekt ist und für jede Eingabe, die der Spezifikation genügt, terminiert.*

Zum Beweis der Korrektheit betrachtet man im allgemeinen ein Tupel $t = (x_1, x_2, \ldots, res)$ von Variablen, auf dem das Verfahren operiert. Eingabespezifikation und Ausgabespezifikation sind zwei Prädikate $E(t)$ bzw. $A(t)$. Durch die Abarbeitung des Algorithmus erhalten die Variablen im Tupel nacheinander verschiedene Werte. Insgesamt muß gelten, daß $E(t)$ mit den Eingabewerten die Gültigkeit von $A(t)$ mit den Ausgabewerten impliziert. Zum Nachweis ist es im allgemeinen erforderlich, weitere Prädikate $P(t)$ zu betrachten. Nun kann man die Auswirkung von Anweisungen auf solche Prädikate bestimmen. Wenn z. B. die Anweisung $x = y + 1$; auf das Tupel (x, y) wirkt, so bezeichnen wir das Resultat mit $(y + 1, y)$. Soll etwa nach Ausführung von $x = x + 1$; ein Prädikat $P((x))$ gelten, so muß vor der Anweisung $P((x + 1))$ gegolten haben. Eine solche Analyse hat zum Hoare-Kalkül geführt, den wir in Kap. 17 separat betrachten.

Manche Prädikate ändern ihren Wert unter bestimmten Anweisungsfolgen nicht; diese heißen **Invarianten** (*invariants*). (Sei $P((x, y)) = (x + y = 0)$. P ist invariant unter $\{x++; y--; \}$.) **Schleifeninvarianten** (*loop invariants*) sind Prädikate, die unter einer Schleifenanweisung invariant bleiben. Diese setzt man zur Verifikation iterativer Algorithmen ein. Zur Verifikation rekursiver Verfahren benutzt man im allgemeinen Induktion über die Rekursion.

Wir haben bereits in Kapitel 3 verschiedene Korrektheitsbeweise geführt. Insbesondere haben wir in Abschnitt 3.5.2 die halb-formale Methode von Floyd zum Nachweis der partiellen Korrektheit strukturiert-iterativer Algorithmen eingeführt. In Abschnitt 10.2.4 betrachten wir nochmals ein größeres vergleichendes Beispiel zur Verifikation eines Algorithmus in iterativer und rekursiver Form. Beispiele zur durchformalisierten Verifikation anhand des Hoare-Kalküls werden aus Platzgründen in Kap. 17 behandelt.

10.2.3 Terminierung

Die Forderung der Terminierung stellt sicher, daß zu jeder gültigen Eingabe in endlicher Zeit ein Ergebnis berechnet wird. Zum Nachweis der Terminierung verwendet man sogenannte **wohlfundierte Ordnungen**. Dies sind mathematische Ordnungsrelationen, bei denen es keine unendlich absteigende Kette gibt (vgl. Kap. 15.5).

Beispiel 10.2.5. Die Ordnung $>$ ist auf natürlichen Zahlen wohlfundiert, da jede Kette $\ldots > . > . > \ldots$ in $\mathbb{N}$ ein kleinstes Element hat. Auf den ganzen Zahlen $\mathbb{Z}$ ist $>$ nicht wohlfundiert, da es unendlich absteigende Ketten gibt wie z.B. $1 > 0 > -1 > -2 > -3 > \ldots$ ❖

Man betrachtet im allgemeinen ein Tupel t von Variablen, auf dem das Verfahren operiert. Durch die Bearbeitung erhält das Tupel nacheinander verschiedene Werte, die wir mit $t_1, t_2, \ldots, t_i, t_{i+1}, \ldots$ bezeichnen. Kann man zeigen, daß $t_i > t_{i+1}$ für alle i und für eine wohlfundierte Ordnungsrelation auf den Tupeln, so muß die Tupelsequenz endlich sein, d. h. das Verfahren muß terminieren.

Betrachten wir die Suchalgorithmen L und DC aus Beispiel 10.1.1. Algorithmus L beginnt mit einer Reihung fester Länge, die er durchschreitet. In jedem Schritt verkürzt er den noch zu besuchenden Teil der Reihung, bis nichts mehr übrig bleibt. Die Terminationsordnung ist $>$ auf der Menge der natürlichen Zahlen. Algorithmus DC teilt die Reihung in jedem Schritt, bis Stücke der Länge 1 übrig bleiben. Falls so geteilt wird, wie man sich das vorstellt (kein Stück der Länge 0), so werden die Bruchstücke kleiner sein als das Ganze, und das Teilen muß nach endlicher Zeit aufhören. Technisch gesprochen ist die zugrundeliegende Ordnung eine von $>$ auf $\mathbb{N}$ induzierte und deshalb wohlfundierte Multiset-Ordnung. Da jeder Ast der Zerteilung terminiert und entlang jedes Astes nur endlich viele Bruchstücke erzeugt werden, terminiert der Algorithmus insgesamt.

Manchmal ist es aber auch durchaus sinnvoll, Rechenverfahren zu betrachten, die nicht immer terminieren. Bei etwas loserer Sprechweise bezeichnet man auch diese als Algorithmen und unterscheidet dann nicht-terminierende und terminierende Algorithmen.

Aufgrund von tiefen theoretischen Resultaten aus der mathematischen Logik (Berechnungstheorie) gibt es nämlich wohlspezifizierbare Problemklassen, die unentscheidbar sind, d. h. für deren Probleme prinzipiell kein terminierender Algorithmus gefunden werden kann. Eines der berühmtesten ist das sogenannte **Halteproblem**: Entscheide, ob ein beliebiges vorgelegtes Programm (z. B. in Java) bei beliebiger Eingabe immer nach endlicher Zeit hält oder nicht. Natürlich ist dieses Problem für Spezialfälle lösbar, nicht aber für beliebige Programme. Es ist daher manchmal sinnvoll, Verfahren zu entwerfen, die nach Lösungen suchen, wobei aber die Suche eventuell unendlich lange dauern kann.

Eine weitere interessante Problemklasse ist die, zu der es nur **Semi-Entscheidungsverfahren** gibt. Das sind Verfahren, die nur dann terminieren, wenn die Lösung des Problems von einer bestimmten Bauart ist, z. B. „ja". Da man die Antwort nicht von vornherein kennt, weiß man nicht, ob das Verfahren terminiert. Hierzu gehört z.B. das Problem, ob eine Formel in Prädikatenlogik 1. Stufe in einem Axiomensystem gilt oder nicht (siehe Kap. 16), oder die Frage, ob ein Programm *für eine bestimmte Eingabe* hält oder nicht. Fragen der Berechnungstheorie sind Gegenstand der theoretischen Informatik, vgl. etwa (Hopcroft und Ullman, 2000) und (Schöning, 1997).

10.2.4 Beispiel: Berechnung der Quadratwurzel

Wir wollen nun sowohl einen iterativen als auch einen rekursiven Algorithmus für `wurzel` angeben und als korrekt beweisen. Dabei kommt es uns besonders darauf an, Querbezüge zwischen den Konstruktionsprinzipien und den Korrektheitsbeweisen herauszuarbeiten.

Unsere Idee zum Algorithmus ist, daß wir sukzessive die Tupel $(r, (r+1)^2)$ für $r = 0, 1, 2, \ldots$ generieren, bis $(r+1)^2 > x$ ist und damit auch $r^2 \leq x$. Wir führen zunächst ein y ein mit $y = (r+1)^2$. Um das nächste Tupel zu generieren, beachten wir, daß $((r+1)+1)^2 = (r+1)^2 + 2(r+1) + 1$, also $y_{i+1} = y_i + 2(r+1) + 1$. Wir führen nun eine weitere Hilfsgröße z ein mit $z = 2r + 1$ und erhalten damit $z_{i+1} = z_i + 2$ und $y_{i+1} = y_i + z_i + 2 = y_i + z_{i+1}$.

```
int wurzel(int x)
// Quadratwurzel, oberer Zweig, ganzzahlige Näherung
// Anforderung: x ∈ ℤ, x ≥ 0
// Ergebnis: r ∈ ℤ, r ≥ 0.
// Zusicherung: r² ≤ x < (r + 1)²
{
 // 1. Initialisierung
 int r=0;
 int y=1;    // (r + 1)²
 int z=1;    // 2 · r + 1
 // 2. Problemreduktion
 while(y <= x)
 {
  r=r+1;
  z=z+2;
  y=y+z;
 }
 // 3. Trivialfall: y>x
 return(r);
}
```

Das Verfahren terminiert offensichtlich immer, da `y` bei jeder Iteration anwächst bis `y>x`. Zum Beweis der partiellen Korrektheit nach Floyd benötigen wir wie bei jedem iterativen Vorgehen eine Schleifeninvariante. In unserem Fall ist dies ein Prädikat $P(x, r, y, z)$, für das wir das Folgende zeigen müssen:

1. $P(x, r, y, z)$ gilt, wenn wir zum ersten Mal am Beginn der `while`-Schleife ankommen; d. h. es gilt $P(x, 0, 1, 1)$.

2. $P(x, r, y, z)$ gilt nach jedem Schleifendurchgang immer noch, nun aber für die neuen Werte der Variablen. Genauer: $(y \leq x) \wedge P(x, r, y, z)$ impliziert $P(x, r+1, y+z+2, z+2)$, wobei wir in der Folgerung die neuen Werte durch die alten ausgedrückt haben, damit alle Variablen das gleiche bedeuten.

3. Am Ende folgt die Zusicherung, d. h. $(y > x) \wedge P(x, r, y, z)$ impliziert $r^2 \leq x < (r+1)^2$.

Im allgemeinen gibt es keinen mechanischen Prozeß zum Finden einer Schleifeninvariante. Allerdings steht die Invariante in engem Zusammenhang mit dem

Ziel, das wir mit der Berechnungsvorschrift verfolgen. Im obigen Fall genügt das Prädikat

$$P(x, r, y, z) := (r^2 \leq x) \wedge (y = (r+1)^2) \wedge (z = 2r+1).$$

Wir weisen nun die Verifikationsbedingungen nach:

1. $(0^2 \leq x) \wedge (1 = (0+1)^2) \wedge (1 = 2 \cdot 0 + 1))$. Dies gilt, da $x \in \mathbb{N}$.
2. Zu zeigen: $(y \leq x) \wedge (r^2 \leq x) \wedge (y = (r+1)^2) \wedge (z = 2r+1)$ impliziert
   a) $(r+1)^2 \leq x$
   b) $y + z + 2 = ((r+1) + 1)^2$
   c) $z + 2 = 2(r+1) + 1$
   Es folgt (a) unmittelbar, und (b) und (c) ergeben sich durch Einsetzen von $y = (r+1)^2$ und $z = (2r+1)$.
3. $(y > x) \wedge P(x, r, y, z)$ impliziert $r^2 \leq x < (r+1)^2$.

Der Verifikationskalkül von C. A. R. Hoare, den wir in Kap. 17 ausführlich behandeln, erlaubt eine völlig durchformalisierte Beweisführung, bei der auch die Bedingungen 1, 2 und 3 mechanisch hergeleitet werden (die Invariante selbst muß aber nach wie vor „gefunden" werden).

Es ist nun sehr instruktiv, die Konversion des strukturiert-iterativen Algorithmus zu einem entsprechenden rekursiven Algorithmus zu betrachten. Zum einen erhellt sich die Analogie zwischen Iteration und Rekursion, zum anderen taucht die Schleifeninvariante der Iteration bei der Rekursion als Eingabespezifikation auf.

Offensichtlich hängt die Schleife von dem Variablentupel (x, r, y, z) ab. Deshalb hat eine rekursive Funktion w, die der Schleife entspricht, genau diese Parameter. Wir erhalten $w(x, r, y, z) \equiv$ if $(y > x)$ then r else $w(x, r+1, y+z+2, z+2)$ fi. Damit ergibt sich `Wurzel`$(x) \equiv w(x, 0, 1, 1)$.

In Java erhalten wir:

```
int wurzel(int x)
// Quadratwurzel, oberer Zweig, ganzzahlige Näherung
// Anforderung: x ∈ ℤ, x ≥ 0
// Zusicherung: r² ≤ x < (r+1)²
{ return( w(x,0,1,1) ); }
```

Offensichtlich hat also w dieselbe Zusicherung wie `Wurzel`. Was aber ist die Anforderung? Man sieht sofort, daß nicht alle Parameterkombinationen zulässig sein dürfen, denn z. B. $w(4, 0, 5, 0) = 0$, aber $0 \neq \lfloor \sqrt{4} \rfloor$. Da jeder Anfang eines Schleifendurchlaufs im iterativen Fall einem Funktionsaufruf von w entspricht, liegt es nahe, daß die Eingabespezifikation der Schleifeninvariante von w entsprechen muß. Wir erhalten

```
    int w(int x, int r, int y, int z)
// Reduktionsfunktion für Wurzel
// Anforderungen:
// x:  x ≥ 0
// r:  r² ≤ x
// y:  y = (r + 1)²
// z:  z = 2r + 1
// Zusicherung
// r² ≤ x < (r + 1)²
{ if(y>x) { return(r); }
  else { return( w(x, r+1, y+z+2, z+2) ); }
}
```

Wir beweisen nun die Korrektheit von w durch Induktion über eine wohlfundierte Ordnung auf Argumenttupeln. Wir setzen $t = (x,r,y,z) > t' = (x,r',y',z')$ falls $x - y' < x - y$. Dadurch steigen wir bei einem rekursiven Aufruf in der Ordnung ab, und wir können nach Konstruktion nicht unendlich absteigen. Wir zeigen nun: $r = w(x,r,y,z) \wedge P(x,r,y,z)$ impliziert $r² \le x < (r+1)²$. Wir nehmen an, daß dies für Aufrufe mit kleinerem Argumenttupel schon gilt. Es gibt zwei Fälle:

1. Falls $y > x$, so gilt $(y > x) \wedge P(x,r,y,z)$, also $r² \le x \wedge (x+1)² > x$, q.e.d.
2. Falls $y \le x$, so gilt die Zusicherung des rekursiven Aufrufs $r² \le x < (r+1)²$; allerdings unter der Voraussetzung, daß der Aufruf zulässig war. Wir müssen also noch nachweisen, daß $(y \le x) \wedge P(x,r,y,z)$ impliziert $P(x,r+1,y+z+2,z+2)$. Diese Formel haben wir im iterativen Fall schon an der analogen Stelle gezeigt.

Nun bleibt zu zeigen, daß der Wurzel-Algorithmus korrekt ist, d. h. für alle $x \in \mathbb{Z}$, $x \ge 0$ impliziert $r² \le x < (r+1)²$. Aus der Zusicherung von w erhalten wir das gewünschte, allerdings nur, falls der Aufruf von w zulässig war, d. h. es müssen r,y,z so beschaffen sein, daß für alle x $P(x,r,y,z)$ gilt. Aus $r² \le x$ folgt deshalb $r = 0$, und weiter $y = 1$, $z = 1$. Der Aufruf `w(x,0,1,1)` erfüllt also diese Bedingung, und er ist überdies der einzige Aufruf, der diese Bedingung erfüllt.

10.3 Schemata für den Algorithmenentwurf

Unser Begriff eines Problems ist zu allgemein, als daß man eine feste Strategie zur Lösung, also zum Entwurf von Algorithmen angeben könnte. Allerdings gibt es eine Reihe von Vorgehensweisen, die sich in einer Vielzahl von Fällen bewährt haben. Als allgemeine Richtschnur kann gelten, daß man versuchen muß, die Distanz zwischen Eingangssituation und Ausgangssituation zu überwinden. Hierfür hat man i.a. elementare Aktionen als Werkzeuge und Hilfsmittel zur Verfügung (z.B. bereits bekannte einfachere Algorithmen). Man versucht, das Gesamtproblem mit Hilfe der Werkzeuge in Teilprobleme zu zerlegen, die lösbar und im Sinne einer Terminationsordnung echt kleiner sind.

Für die Konstruktion von Algorithmen kann man von oben nach unten (*top-down*) oder von unten nach oben (*bottom-up*) vorgehen; im allgemeinen wird man eine Kombination wählen.

Bottom-up-Methode: Wir konstruieren uns Objekte und Methoden immer höherer Abstraktionsstufe bis wir die Methode haben, die unser Problem löst.

Top-down-Methode: Wir betten unser Problem in eine Struktur (Objektklasse) ein. Die Methoden der Struktur verwenden andere Methoden auf niedrigerer Abstraktionsstufe, so lange bis wir nur noch bereits existierende Methoden benützen.

Beispiel 10.3.1. Bottom-up-Methode:

Problemspezifikation: Es sind zwei Vektoren v_1 und v_2 über $\mathbb{Q}^n$ gegeben. Gesucht ist die Summe $v_1 + v_2 \in \mathbb{Q}^n$.

Wir wollen einen Algorithmus konstruieren, welcher zwei Vektoren aus $\mathbb{Q}^n$ addiert. Dafür implementieren wir Schritt für Schritt:

- Die Addition, Multiplikation und Division über den ganzen Zahlen $\mathbb{Z}$ (Integer-Werten). Diese sind normalerweise in der Programmiersprache bereits vorhanden.
- Einen Datentyp `Rational` für die Elemente aus $\mathbb{Q}$, zum Beispiel als Paar von Integern (Zähler, Nenner).
- Die Addition auf dem Datentyp `Rational`. Dafür brauchen wir die Addition, Multiplikation und Division auf Integer-Werten.
- Einen Datentyp `Vektor` über `Rational`.
- Die Addition von zwei Vektoren aus $\mathbb{Q}^n$. Dafür benutzen wir die Addition auf `Rational`.

Beispiel 10.3.2. Top-down-Methode:

Problemspezifikation Es sind zwei $n \times n$-Matrizen A, B über den komplexen Zahlen $\mathbb{C}$ gegeben. Gesucht ist die Matrix S, welche als Summe der beiden Matrizen definiert ist: $S := A + B$.

Wir konstruieren einen Algorithmus, welcher zwei komplexe $n \times n$-Matrizen addiert. Dafür implementieren wir:

- Einen Datentyp `Matrix` über den komplexen Zahlen.
- Die Addition zweier Elemente aus `Matrix`.
- Einen Datentyp `Complex` für die Darstellung der komplexen Zahlen $\mathbb{C}$, zum Beispiel als Paar (Realteil, Imaginärteil).
- Die Addition von Elementen aus `Complex`. Dafür benötigen wir die Addition von Integer-Werten. Diese ist normalerweise in der Programmiersprache schon vordefiniert.

Außer den allgemeinen Strukturentscheidungen wie **top-down** oder **bottom-up** gibt es noch konkretere Entwurfsmethoden für die Algorithmenkonstruktion. Sehr bekannt sind die **gierige Methode** (*greedy method*), **Teile und Herrsche** (*divide and conquer*) und **dynamisches Programmieren** (*dynamic programming*).

Definition 10.3.3. *Das **Greedy**-Schema verläuft in folgenden Schritten:*

1. *Behandle einfache und triviale Fälle.*
2. *Reduziere das Problem in einer Richtung.*
3. *Rekursiver Aufruf.*

Dies ist oft das normale und intuitive Entwurfsschema. Es heißt „gierig", da es sich in einer einfach vorgegebenen Richtung durch das Problem frißt. Im Algorithmus zum Berechnen des Restes der Division haben wir hierfür schon ein Beispiel gesehen.

Definition 10.3.4. *Das **Divide-and-Conquer**-Schema verläuft in folgenden Schritten:*

1. *Behandle einfache und triviale Fälle.*
2. *Teile: reduziere das Problem in zwei oder mehrere Teilprobleme.*
3. *Herrsche: löse die Teilprobleme (typischerweise rekursiv).*
4. *Kombiniere: setze die Teillösungen zur Gesamtlösung zusammen.*

Dieses Schema ist besonders attraktiv, wenn die Komplexität des Problemlösungsverfahrens mit der Problemgröße überproportional anwächst. Divide-and-Conquer liefert dann sehr schnell kleine Probleme, die relativ einfach zu lösen sind. Falls sich diese Probleme unabhängig voneinander lösen lassen, kann man zur Lösung sogar einen Parallelrechner mit mehreren Prozessoren einsetzen.

Das Muster des **dynamischen Programmierens** kommt zum Einsatz, wenn man beim Divide-and-Conquer-Verfahren nicht eindeutig teilen kann, sondern mehrere Möglichkeiten des Teilens simultan betrachten und darüber optimieren muß. Wir werden dynamisches Programmieren nicht weiter betrachten, sondern verweisen auf Spezialliteratur zum Thema Algorithmen, z. B. (Sedgewick, 1992).

Wir stellen nun die Entwurfsmuster *Greedy* und *Divide-and-Conquer* am einfachen Problem der Berechnung der Exponentiation x^y vor. Wir benutzen folgende Spezifikation:

```
/** Exponentiationsfunktion power.
 * Anforderungen:
 * x: Basis, --
 * y: Exponent, y>= 0
 * Zusicherung:
 * res == x^y.
 * Achtung: kein besonderer Test auf Ergebnisüberlauf.
 */
int power(int a, int b)
```

Ein Entwurf nach dem Greedy-Schema nutzt die durch die arithmetische Beziehung

$$x^y = x \cdot x^{y-1}$$

naheliegende „lineare Rekursion":

```
power(x,y)   ≡
if (y = 0) then 1
else x*power(x,y-1) fi  .
```

Ein Entwurf nach dem Divide-and-Conquer-Schema nutzt die arithmetische Beziehung

$$x^y = x^{\frac{y}{2}} \cdot x^{\frac{y}{2}}$$

zur Teilung des Problems in zwei kleinere Teile, die in diesem speziellen Fall identisch sind. Um gebrochene Exponenten zu verhindern, nutzt man diese Beziehung nur für geradzahlige y und schreitet für ungerade y gemäß der ersteren „linearen" Rekurrenz fort. Zusammengefaßt ergibt sich (mit einem Prädikat even, das auf Geradzahligkeit testet) folgendes:

```
power(x,y)   ≡
if (y == 0) then 1
else if even(y) then power(x,y/2)*power(x,y/2)
else x * power(x,y-1) fi  .
```

In einer Implementierung in Java wird man power(x,y/2) natürlich nur ein einziges Mal auswerten und in einer Hilfsvariable zwischenspeichern. In der Praxis hat sich herausgestellt, daß die Divide-and-Conquer-Variante erheblich schneller ist, solange die Operationen in Maschinenarithmetik erledigt werden können (maximal 64 Bit). Dies ist z. B. bei Exponentiation in endlichen Ringen (modulo m, $m < 2^{64}$) der Fall. Sobald Langzahlarithmetik benutzt werden muß, ist dagegen das Verfahren nach dem Greedy-Schema schneller, da sich die Multiplikation x*power(x,y-1) oft nicht auf alle Ziffern von power(x,y-1) auswirkt.

10.4 Aufwand und asymptotische Komplexität

Theoretically each method may be admitted to be perfect; but practically the time and attention required are, in the greater number of cases, more than the human mind is able to bestow.

Charles Babbage (1864)

In der Informatik interessiert natürlich nicht nur die theoretische Durchführbarkeit eines Verfahrens, sondern es interessieren uns ganz besonders auch die Kosten. Im allgemeinen ist eine ganze Kostenpalette zu betrachten, wie Programmieraufwand, Ausbildungsaufwand für Programmierer, Anschaffung und Unterhalt von Rechnern – wir wollen uns hier aber auf die Rechenzeit der Algorithmen beschränken. Es ist ein großer Vorteil, von den Kosten eines Algorithmus unabhängig von konkreten Programmen sprechen zu können. Hierfür beschränkt man sich auf die asymptotische Analyse der Komplexität. Man will den Verlauf der Rechenzeit als Funktion der Größe der Eingabe feststellen, wobei man konstante Faktoren außer acht läßt. Man will also z. B. wissen, ob die Rechenzeitkurve logarithmisch, linear, quadratisch, polynomial, exponentiell etc. ansteigt, wenn man die Größe der Eingaben erhöht. Man ignoriert konstante Faktoren, da diese ohnehin vom gegebenen Rechner und der gegebenen Pogrammiersprache abhängen. Bei konventionellen Programmen bleibt aber die Kurvenform erhalten, da sich nur die konstanten Faktoren ändern – lediglich bei Einsatz massiv paralleler Rechner kann es hier Ausnahmen geben solange genügend viele Prozessoren vorhanden sind.

Beispiel 10.4.1. Algorithmus L zur Bestimmung des Minimums einer Meßreihe hängt offensichtlich linear von der Größe der Meßreihe (Länge der Meßreihe) ab. Verdoppeln wir die Anzahl der Meßwerte, so braucht der Algorithmus die doppelte Zeit. Bei Algorithmus DC ist die Analyse etwas schwieriger: wir können zunächst lediglich sagen, daß für die Zeit $T_{DC}(n)$ gilt:

$$T_{DC}(n) \leq 2 \cdot T_{DC}(\frac{n}{2}) + c,$$

wobei n die Länge der Reihung ist und c eine Konstante für die Zeit der Vergleiche in jeder Wiederholung.   ❖

Was wir in diesem Abschnitt finden wollen, ist ein maschinenunabhängiges Maß für die **Komplexität** (*complexity*) des Algorithmus, mit dem wir die Qualität von verschiedenen Algorithmen unterscheiden können.

Um die Komplexität zu messen, zählen wir in einem Algorithmus die Anzahl benötigter Programmschritte (den **Aufwand**) in Abhängigkeit von der Größe der Eingabe. Manchmal betrachtet man aber auch bloß ausgewählte (schwere) Operationen im Algorithmus, um den Aufwand zu bestimmen. Da die Anzahl der benötigten Schritte in direktem Zusammenhang mit der benötigten Zeit steht, sprechen wir hier auch von der **Zeitkomplexität** (*time complexity*).

Ein anderes Maß für die Komplexität ist der vom Algorithmus benötigte Platzverbrauch, d. h. die **Platzkomplexität** (*space complexity*). Wenn wir im folgenden einfach von Komplexität sprechen, so ist stets die Zeitkomplexität gemeint.

Auch wenn wir uns nur auf die Zeitkomplexität beschränken, müssen wir oft verschiedene Fälle unterscheiden:

– Die Anzahl der Schritte im **schlechtesten Fall** (*worst case*).
– Die Anzahl derSchritte im **besten Fall** (*best case*).
– Die Anzahl der Schritte im **durchschnittlichen Fall** (*average case*).

Wenn ohne nähere Angabe nur von Komplexität gesprochen wird, so ist stets die Anzahl der Schritte im schlechtesten Fall gemeint.

Zunächst wollen wir an einigen Beispielen die Komplexität exakt bestimmen. Sehr häufig ist dies aber gar nicht notwendig, sondern es genügen Näherungen, die das charakteristische Verhalten wiedergeben. Die exakte Bestimmung der Komplexität eines Algorithmus würde bei komplizierteren Fällen oftmals nicht nur die

Grenze des praktisch machbaren sprengen, sondern aufgrund eines komplizierten Ergebnisses auch den Vergleich verschiedener Methoden erschweren.

Als ein äußerst nützliches Hilfsmittel für eine solche näherungsweise Bestimmung der Komplexität hat sich die **asymptotische Notation** (*asymptotic notation*) erwiesen, auf die wir in Abschnitt 10.4.2 eingehen werden. Durch sie werden wir insbesondere von maschinenabhängigen absoluten Größenangaben befreit.

10.4.1 Exakte Bestimmung der Komplexität

Wir wollen an einigen Beispielen den exakten Aufwand eines Algorithmus bestimmen.

Beispiel 10.4.2. Wir betrachten folgende als Programmfragment gegebene Methode f1, die $0! \cdot 1! \cdots (n-3)! \cdot (n-2)!$ berechnet.

```
int f1 (int n) {
  int res = 1; // Init
  for(int j=1; j<n; j++)
    for(int i=1; i<j; i++)
      res = res * i;

  return res;
}
```

Um die Komplexität zu bestimmen, wollen wir (als Vereinfachung) annehmen, daß nur die Zuweisungen, Vergleiche, Inkrementierungen und Multiplikationen Zeit kosten, während für den Programmfluß und die Variablenallokation keine Zeit benötigt wird. Wir bestimmen deshalb die Anzahl benötigter Zuweisungen $Z(n)$, Vergleiche $V(n)$, Multiplikationen $M(n)$ und Inkrementierungen $I(n)$ in Abhängigkeit von der Eingabe n.

n	$Z(n)$	$V(n)$	$M(n)$	$I(n)$
1	2	1	0	0
2	3	3	0	1
3	5	6	1	3
4	8	10	3	6
5	12	15	6	10
6	17	21	10	15
7	23	28	15	21
8	30	36	21	28
9	38	45	28	36
10	47	55	36	45

Für die Anzahl der benötigten Multiplikationen $M(n)$ gilt $M(1) = 0$, und für $n > 1$

$$M(n) \;=\; (n-2) + M(n-1) \;=\; (n-2) + (n-3) + M(n-4)$$

$$=\; \sum_{k=1}^{n-2} k \;=\; \frac{(n-1)(n-2)}{2} \quad .$$

Für die Anzahl der Inkrementierungen gilt $I(1) = 0$ und $I(n) \;=\; (n-2) + 1 + I(n-1)$ für $n > 1$, woraus folgt:

$$I(n) \;=\; \sum_{k=1}^{n-1} k \;=\; \frac{n(n-1)}{2} \quad .$$

Vergleiche werden jeweils zu Beginn der Schleife vorgenommen. Die Anzahl der Vergleiche ist gleich der Anzahl der Inkrementierungen plus ein Vergleich vor Schleifeneintritt. Wir erhalten $V(1) = 1$, und für $n > 1$

$$V(n) \;=\; I(n) + 2 \;=\; \sum_{k=1}^{n-1} k + 2 \;=\; \frac{n(n-1)}{2} + 2 \quad .$$

Für die Anzahl benötigter Zuweisungen $Z(n)$ gilt $Z(1) = 2$, und für $n > 1$

$$Z(n) \;=\; 3 + (n-2) + M(n) \;=\; n + 1 + \frac{(n-1)(n-2)}{2} \quad .$$

Wenn wir wissen, wieviele Zeitschritte die Operationen im Vergleich zueinander benötigen, können wir entsprechend den Gesamtaufwand $G(n)$ bestimmen. Wenn wir grob vereinfachend annehmen, daß alle gleich lange brauchen, so ist

$$G(n) = M(n) + I(n) + V(n) + Z(n) \quad . \qquad \qquad \diamondsuit$$

Beispiel 10.4.3. Diese nicht-rekursive Methode berechnet die Potenz m^n nach dem Divide-and-Conquer-Schema. Wir wollen bestimmen, wieviele Multiplikationen (in Abhängigkeit von n) dazu nötig sind.

```
int power(int m, int n)
{
    int res=1; // Initialize
    while(n > 0){
        if(n % 2 == 1){
            res = res * m;
            n = n-1;
        }
        else {
            m = m * m;
            n = n/2;
        }
    }
    return res;
}
```

n	$M(n)$
1	1
2	2
3	3
4	3
5	4
6	4
7	5
8	4
9	5
10	5

n	$M(n)$
11	6
12	5
13	6
14	6
15	7
16	5
17	6
18	6
19	7
20	6

Zur Analyse betrachten wir den Exponenten n als Dualzahl. Der Algorithmus löscht in n alle Einsen (jeweils verbunden mit res = res * m;) und verschiebt

n um $\lfloor \log_2 n \rfloor$ nach rechts (jeweils verbunden mit m=m*m;). Die Anzahl der Multiplikationen ist also $(S - 1) + E$, wobei S die Anzahl der Stellen und E die Anzahl der Einsen in der Dualzahl n ist.

Am wenigsten Multiplikationen werden gebraucht, wenn n eine Zweierpotenz ($n = 2^k$) ist, da dann nur eine einzige Eins gelöscht wird und somit die wenigsten Schleifendurchgänge ausgeführt werden müssen. Die Dualzahl n hat dann k Nullen und eine Eins und somit gilt

$$M_{\text{best}}(n) \ = \ M(2^k) \ = \ k + 1 \ = \ \lfloor \log_2(n) \rfloor + 1 \quad .$$

Der schlimmste Fall tritt ein, wenn n um eins kleiner als eine Zweierpotenz ist ($n = 2^{k+1} - 1$), denn dann kommt zum besten Fall die Löschung von k Einsen hinzu:

$$
\begin{aligned}
M_{\text{worst}}(n) \ &= \ M(2^{k+1} - 1) \ = \ 1 + M(2^{k+1} - 2) \ = \ 2 + M(2^k - 1) \\
&= \ 3 + M(2^k - 2) \ = \ 4 + M(2^{k-1} - 1) \\
&= \ 5 + M(2^{k-1} - 2) = \ \cdots \ = \ 2k + M(1) \\
&= \ 2k + 1 \ = \ 2\lfloor \log_2(n) \rfloor + 1 \quad .
\end{aligned}
$$

❖

Sehr häufig ist eine solch präzise Ermittlung des Aufwandes eines Algorithmus für eine beliebige Eingabe n viel zu kompliziert und auch unnötig. Man versucht dann, eine knappe Formel zu finden, die den Aufwand im besten und im schlimmsten Fall beschreibt. Dann kann man das Gesamtsystem nach diesen Extremfällen dimensionieren.

10.4.2 Asymptotische Notation

In Beispiel 10.4.3 waren wir an den im Rechenverlauf ausgeführten Multiplikationen interessiert, da sie „im wesentlichen" den Gesamtaufwand des Algorithmus bestimmen. Die tatsächlich benötigte Rechenzeit bestimmt sich natürlich aus weiteren Größen: Dies sind im wesentlichen die tatsächlich ausgeführten Maschineninstruktionen sowie die Grundgeschwindigkeit der Maschine. Wir können aber zu Recht annehmen, daß die ausgeführten Maschineninstruktionen bis auf einen konstanten Faktor den ausgeführten Multiplikationen entsprechen. Damit ist der Aufwand des Algorithmus auch unter unterschiedlichen Übersetzern und auf unterschiedlichen Maschinen bis auf einen konstanten Faktor durch die Anzahl der ausgeführten Multiplikationen bestimmt.

Da wir also selbst beim vermeintlich exakten Zählen von Operationen eines Algorithmus diese letztlich bestimmenden konstanten Faktoren weglassen und den Aufwand nur anhand von charakteristischen Größen bestimmen, können wir uns die Arbeit sehr erleichtern und auch die charakteristischen Werte nur bis auf konstante Faktoren bestimmen.

Die im folgenden vorgestellte **asymptotische Notation** hat sich als ein sehr nützliches Hilfsmittel erwiesen, um die Komplexität von Algorithmen vergleichen zu können, ohne den exakten Aufwand ermitteln zu müssen. Die notwendigen Begriffe können alle mathematisch exakt definiert werden und erlauben es, eine für viele praktische Zwecke geeignete Abstraktion vornehmen zu können.

Im folgenden bezeichnen wir mit $\mathbb{R}^* = \mathbb{R}_0^+$ die nicht-negativen reellen Zahlen.

Definition 10.4.4. (*„Groß O"*) *Sei* $f : \mathbb{N} \to \mathbb{R}^*$. *Die* **Ordnung** *von* f *(the order of* f*) ist die Menge*

$$O(f(n)) = \left\{ t : \mathbb{N} \to \mathbb{R}^* \mid \exists c \in \mathbb{R}^+ \, \exists n_0 \in \mathbb{N} \, \forall n \geq n_0 : \, t(n) \leq c \cdot f(n) \right\}$$

Die Menge $O(f(n))$ charakterisiert das Wachstum von f. Sie enthält alle Funktionen, deren Graph maximal so stark wächst wie der Graph von f (bis auf Umbezeichnung der Einheiten auf der y-Achse).

Ist f eine Funktion, die die Komplexität eines Algorithmus beschreibt, so charakterisiert $O(f(n))$ die Laufzeit dieses Algorithmus.

Die Definition $O(f(n))$ ergibt auch Sinn, wenn f nur *letztlich positiv* ist (das heißt, bis auf endlich viele Ausnahmen). Dies ist immer der Fall, wenn es ein n_0 gibt, so daß $f(n) > 0$ für alle $n > n_0$.

Da die Menge $O(f(n))$ Bezug nimmt auf die Ordnung bei natürlichen Zahlen und positiven reellen Zahlen, werden wir bei einigen Beweisen, die wir in diesem Abschnitt führen wollen, den sogenannten „Satz des Archimedes" benutzen.

Satz 10.4.5 (des Archimedes). *Jede reelle Zahl wird von einer natürlichen Zahl übertroffen.*

Für einen Beweis dieses Satzes und seinen Zusammenhang mit dem *Archimedischen Axiom* verweisen wir auf die Lehrbücher der Analysis, siehe etwa Forster (1976) oder Wolff *et al.* (2004).

Beispiel 10.4.6. Die Aufwandsfunktion $M(n)$ aus Beispiel 10.4.3 liegt in $O(\log_2(n))$, diejenige aus Beispiel 10.4.2 in $O(n^2)$. ❖

Beispiel 10.4.7. Für alle $b \in \mathbb{N}$ und alle $x \in \mathbb{R}^+$ gilt

$$\log_b(x) = \frac{\log(x)}{\log(b)} \quad .$$

Damit ist $\log_b(n) \in O(\log_2(n))$. ❖

Das Beispiel zeigt, daß es bei asymptotischer Notation nicht auf die Basis von Logarithmen ankommt; man schreibt deshalb schlicht $\log(n)$.

Beispiel 10.4.8. Wir wählen $f(n) = \frac{1}{3}n^2$. Es sei

$$\begin{aligned}
t_1(n) &= \tfrac{1}{4}n^2, \\
t_2(n) &= n, \\
t_3(n) &= \tfrac{1}{3}n^2 + 2, \\
t_4(n) &= 2^n.
\end{aligned}$$

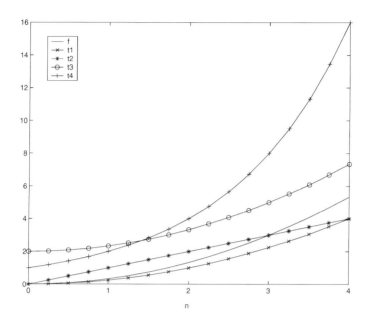

Die Funktionen t_1, t_2 und t_3 gehören zu $\mathrm{O}(f(n))$: Für alle n ist $t_1(n)$ kleiner als $f(n)$; $t_2(n)$ ist für alle $n > 2$ kleiner als $f(n)$; $t_3(n)$ ist für alle $n > 2$ kleiner als $2 \cdot f(n)$.

Die Funktion t_4 hingegen wächst viel stärker als f. Denn für jedes $c \in \mathbb{R}^+$ und jedes $n_0 \in \mathbb{N}$ gibt es ein $n > n_0$, so daß $t_4(n) > cf(n)$. Die Funktion t_4 gehört darum nicht zu $\mathrm{O}(f(n))$. ❖

Beispiel 10.4.9.

– Wir wollen untersuchen, ob $n^2 \in \mathrm{O}(n^3)$. Dafür müssen wir zeigen, daß es ein $c \in \mathbb{R}^+$ und ein $n_0 \in \mathbb{N}$ gibt, so daß für alle $n \geq n_0$ gilt: $n^2 \leq c \cdot n^3$. Dies gilt nur, wenn es ein $c \in \mathbb{R}^+$ und ein $n_0 \in \mathbb{N}$ gibt, so daß für alle $n \geq n_0$ gilt: $1 \leq c \cdot n$. Solche Werte c und n gibt es: Zum Beispiel erfüllen $c = 1$ und $n_0 = 1$ diese Bedingung.

– Wir wollen untersuchen, ob $n^3 \in \mathrm{O}(n^2)$ gilt. Dies ist richtig, falls es ein $c \in \mathbb{R}^+$ und ein $n_0 \in \mathbb{N}$ gibt, so daß für alle $n \geq n_0$ gilt, daß $n^3 \leq cn^2$. Dies gilt nur, wenn es ein $c \in \mathbb{R}^+$ und ein $n_0 \in \mathbb{N}$ gibt, so daß für alle $n \geq n_0$ gilt, daß $n \leq c$. Nach dem Satz des Archimedes (siehe Satz 10.4.5) kann es kein solches c geben! Die Annahme $n^3 \in \mathrm{O}(n^2)$ führt also zu einem Widerspruch, d. h. es gilt $n^3 \notin \mathrm{O}(n^2)$.

Im folgenden wollen wir einige Lemmata beweisen, die unseren Umgang mit der asymptotischen Notation einüben und die bei der Komplexitätsanalyse von Algorithmen ständig gebraucht werden.

Lemma 10.4.1. *Für beliebige Funktionen f und g gilt:*

$$O(f(n) + g(n)) = O\left(\max\{f(n), g(n)\}\right)$$

Beweis: Wir wollen beweisen, daß die beiden Mengen gleich sind. Dafür müssen wir zeigen, daß jede der beiden Mengen jeweils in der anderen Menge enthalten ist.

„$\subseteq$": Sei $t(n) \in O(f(n) + g(n))$. Wir zeigen, daß $t(n)$ auch in der Menge $O\left(\max\{f(n), g(n)\}\right)$ ist. Damit $t(n) \in O(f(n) + g(n))$ gilt, muß es ein $c \in \mathbb{R}^+$ und ein $n_0 \in \mathbb{N}$ geben, so daß für alle $n \geq n_0$ gilt

$$t(n) \leq c \cdot (f(n) + g(n)) \quad .$$

Dies können wir wie folgt abschätzen:

$$c \cdot (f(n) + g(n)) \leq c \cdot 2 \cdot \max\{f(n), g(n)\}$$

Mit $\bar{c} = 2 \cdot c$ gilt für alle $n \geq n_0$, daß

$$t(n) \leq \bar{c} \cdot \max\{f(n), g(n)\} \quad .$$

Also ist $t(n) \in O\left(\max\{f(n), g(n)\}\right)$.

„$\supseteq$": Sei $t(n) \in O(\max\{f(n), g(n)\})$. Also existiert ein $c \in \mathbb{R}^+$ und ein $n_0 \in \mathbb{N}$, so daß für alle $n \geq n_0$ gilt: $t(n) \leq c \cdot \max\{f(n), g(n)\}$. Es gilt aber $\max\{f(n), g(n)\} \leq f(n) + g(n)$, also ist $t(n)$ auch Element von $O(f(n) + g(n))$.

∎

Lemma 10.4.2. *Es gelten die folgenden Aussagen:*

1. *$O(f(n)) \subseteq O(g(n))$ genau dann, wenn $f(n) \in O(g(n))$.*
2. *$O(f(n)) = O(g(n))$ genau dann, wenn $f(n) \in O(g(n))$ und $g(n) \in O(f(n))$.*
3. *$O(f(n)) \subset O(g(n))$ genau dann, wenn $f(n) \in O(g(n))$ und $g(n) \notin O(f(n))$.*

Beweis:

1. „$\Rightarrow$" Da $f(n) \in O(f(n))$ und $O(f(n)) \subseteq O(g(n))$, ist $f(n)$ auch in $O(g(n))$.
   „$\Leftarrow$" Wenn $f(n) \in O(g(n))$ ist, dann gibt es ein $c \in \mathbb{R}^+$ und ein $n_0 \in \mathbb{N}$, so daß für alle $n \geq n_0$ gilt $f(n) \leq c \cdot g(n)$.
   Sei $t(n)$ in $O(f(n))$. Dann gibt es ein $c' \in \mathbb{R}^+$ und ein $n_0' \in \mathbb{N}$, so daß für alle $n \geq n_0'$ gilt $t(n) \leq c' \cdot f(n)$. Wir wählen $n_0'' := \max\{n_0', n_0\}$ und $c'' := c \cdot c'$. Dann gilt für alle $n \geq n_0''$:
   $$t(n) \leq c'' \cdot g(n).$$
   Also ist $t(n) \in O(g(n))$, d. h. $O(f(n)) \subseteq O(g(n))$.
2. Folgt direkt aus 1.

3. Folgt direkt aus 1 und 2.

■

Lemma 10.4.3. *Falls* $f(n) \in O(g(n))$ *und* $g(n) \in O(h(n))$, *dann ist auch* $f(n) \in O(h(n))$.

Beweis: Falls $f(n) \in O(g(n))$ und $g(n) \in O(h(n))$, dann gibt es Konstanten $c', c'' \in \mathbb{R}^+$ und $n_0', n_0'' \in \mathbb{N}$, so daß für alle $n \geq n_0 := \max\{n_0', n_0''\}$ gilt:

$$f(n) \leq c' \cdot g(n) \leq c' \cdot c'' \cdot h(n).$$

Also gilt $f(n) \in O(h(n))$.

■

Es gibt positive Funktionen f und g, so daß $f(n) \notin O(g(n))$ und auch $g(n) \notin O(f(n))$. Wähle zum Beispiel $f(n) = \sin(n) + 1 + e^{-n}$ und $g(n) = \cos(n) + 1 + e^{-n}$.

Unser nächstes Ziel ist es, möglichst einfache Argumente für die Ordnung von Polynomfunktionen zu finden.

Lemma 10.4.4. *Für alle* $m \in \mathbb{N}$ *gilt* $O(n^m) \subseteq O(n^{m+1})$.

Beweis: Der Beweis erfolgt durch Induktion nach m. Der Induktionsschritt erfolgt analog zu der Rechnung in Bsp. 10.4.9; die Details stellen wir als Übung.

■

Satz 10.4.10. *Sei* $A(n) := a_m n^m + a_{m-1} n^{m-1} + \cdots + a_1 n + a_0$, *wobei* $a_m > 0$ *und* $a_i \in \mathbb{R}^*$ *für* $0 \leq i \leq m$. *Dann gilt* $A(n) \in O(n^m)$.

Beweis: Wir führen den Beweis durch Induktion nach m.

Falls $m = 0$, dann ist $A(n) = a_0 \in O(1)$.

Falls $m > 0$, dann können wir die Induktionsvoraussetzung auf

$$\overline{A}(n) = a_{m-1} n^{m-1} + \cdots + a_1 n + a_0$$

anwenden. Damit gilt:

$$
\begin{aligned}
A(n) \;\in\;& O(a_m n^m + (a_{m-1} n^{m-1} + \cdots + a_0)) \\
=\;& O\left(\max\{a_m n^m,\, a_{m-1} n^{m-1} + \cdots + a_0\}\right) \quad \text{Lemma 10.4.1} \\
=\;& O(\max\{n^m, n^{m-1}\}) \quad \text{Ind. Voraussetzung, Def. von max} \\
=\;& O(n^m) \quad \text{Lemma 10.4.4}
\end{aligned}
$$

■

Wir sagen, ein Algorithmus A mit Komplexität $f(n)$ braucht höchstens **polynomielle Rechenzeit** (*polynomial time*), falls es ein Polynom $p(n)$ gibt, so daß $f(n) \in O(p(n))$. A braucht höchstens **exponentielle Rechenzeit** (*exponential time*), falls es eine Konstante $a \in \mathbb{R}^+$ gibt, so daß $f(n) \in O(a^n)$.

In der Praxis bestimmt man die asymptotische Komplexität oft mit Hilfe des folgenden Lemmas in Verbindung mit der Regel von De l'Hôpital. Siehe hierzu (Brassard und Bratley, 1996, S. 40) und (Wolff *et al.*, 2004, S.241).

Lemma 10.4.5.

$$\lim_{x \to \infty} \frac{f(n)}{g(n)} \in \mathbb{R}^+ \Rightarrow O(f(n)) = O(g(n))$$

$$\lim_{x \to \infty} \frac{f(n)}{g(n)} = 0 \Rightarrow O(f(n)) \subseteq O(g(n))$$

Satz 10.4.11 (3. Regel von De l'Hôpital). *Seien f und g auf dem Intervall $[a, \infty[$ differenzierbar und es gelte $\lim_{x \to \infty} f(x) = \lim_{x \to \infty} g(x) = 0$ (bzw. $= \infty$). Es existiere $\lim_{x \to \infty} \frac{f'(n)}{g'(n)} =: L$. Dann existiert auch $\lim_{x \to \infty} \frac{f(n)}{g(n)}$ und ist gleich L. Kurz:*

$$\lim_{x \to \infty} \frac{f(n)}{g(n)} = \lim_{x \to \infty} \frac{f'(n)}{g'(n)}.$$

Um Aussagen über die *Mindestlaufzeit* eines Algorithmus zu machen, führen wir auch eine untere Schranke ein (die Anzahl Schritte, die der Algorithmus mindestens braucht).

Definition 10.4.12 („Omega"). *Für eine Funktion $f : \mathbb{N} \to \mathbb{R}^*$ ist die Menge Ω wie folgt definiert:*

$$\Omega(f(n)) = \left\{ t : \mathbb{N} \to \mathbb{R}^* \mid \exists c \in \mathbb{R}^+ \ \exists n_0 \in \mathbb{N} \ \forall n \geq n_0 : t(n) \geq c \cdot f(n) \right\}$$

Die Menge $\Omega(f(n))$ enthält alle Funktionen, deren Graph mindestens so stark wächst wie der Graph von f. Der Durchschnitt von $O(f(n))$ und $\Omega(f(n))$ gibt dann die genaue Ordnung „Theta".

Definition 10.4.13 („Theta"). *Die exakte Ordnung Θ von $f(n)$ ist definiert als:*

$$\Theta(f(n)) = O(f(n)) \cap \Omega(f(n))$$

Im folgenden werden wir hauptsächlich die Ordnung $O(k_A)$ der Komplexität k_A eines Algorithmus A bestimmen, weniger die Mindestlaufzeit $\Omega(k_A)$ oder die genaue Ordnung $\Theta(k_A)$.

11. Such-Algorithmen

11.1 Einleitung und Problemstellung

Wir beschreiben das Suchproblem zuerst abstrakt. Es sei der abstrakte Datentyp *Folge von Elementen* gegeben. Zu realisieren ist die Methode: Suche das Element a in der Folge F. Dafür ist eine der Positionen $P(F, a)$ eines Elements a in der Folge F zu bestimmen.

Wir beschreiben zunächst eine abstrakte allgemeine Suchprozedur. Die Menge der Suchpositionen in F sei S; $F[p]$ ist das Element aus F, welches an Position p steht.

> suchePosition(F, a)
> // F ist eine Folge, a ein Element. Dann ist *res*
> // eine Position von a in F, falls a in F vorkommt,
> // andernfalls ist *res* = -1.
> 1. **Initialisiere:** *res* = -1; S = Menge der Suchpositionen in F.
> 2. **Trivialfall:** if $(S == \emptyset)$ return(*res*).
> 3. **Reduktion:** Wähle die nächste Suchposition p und entferne p aus S.
> 4. **Rekursion?** if $(F[p] == a)$ return(p); andernfalls weiter mit Schritt 2.

Diese allgemeine Suchprozedur läßt noch einiges offen, so zum Beispiel die genaue Wahl der Suchposition und die Frage, wie man den Test $S = \emptyset$ realisiert. Das Diagramm beschreibt daher eher ein Algorithmen-Schema, aus dem man durch Konkretisierung der Auswahl verschiedene Varianten gewinnen kann.

11.2 Lineare Suche

Wie der Name schon sagt, gehen wir bei der **Linearen Suche** (*linear search*) linear durch die ganze Folge F und testen jedes Element. Dies ist offensichtlich ein Vorgehen nach dem Entwurfsschema *greedy*. Wir betrachten den generischen Fall einer

Folge *F* von Elementen vom Typ `Object`, die als Reihung gegeben ist. Gleichheit zweier solcher Elemente kann mittels der virtuellen Funktion `equals` ermittelt werden, die in der Klasse `Object` definiert ist.

Da in Java jede Funktion eine Methode einer Klasse sein muß, deklarieren wir die Funktion `linearSearch` als Methode einer Beispielklasse `SearchClass`. Da `linearSearch` nicht auf Instanzvariablen der kapselnden Klasse zugreift, deklarieren wir es als `static`.

```
public class SearchClass {
// ...
  /**
   * Anforderungen:
   *   f eine Folge aus Elementen vom Typ Object
   * Zusicherungen:
   *   res == -1, falls a nicht in f vorkommt.
   *   res == i, falls i die erste
   *   Position mit f[i].equals(a).
   */
  public static int linearSearch(Object[] f,
                                 Object a)  {
    // Initialisierung
    int res = -1;
    // Iteration
    for(int i = 0; i < f.length; i++)  {
      // Trivialfall: Suche erfolgreich
      if (f[i].equals(a))
        return (res = i);
    }
    return res;
  }
}
```

Die `for`-Schleife bricht spätestens ab, sobald das letzte Element der Reihung geprüft wurde, im Erfolgsfall schon früher.

11.2.1 Suche mit Wächter

Die Iteration der linearen Suche lautet in `while`-Notation wie folgt:

```
while ( i< f.length && !(f[i].equals(a)) ) i++;
```

Es müssen also in jeder Iteration zwei Tests ausgeführt werden. Man kann auf den Test `i < f.length` verzichten, wenn man weiß, daß das gesuchte Element in `f` vorkommt. Weiß man das nicht, so kann man a eventuell künstlich ans Ende von `f` anfügen; a hat dann die Funktion eines **Wächters** (*sentinel*), manchmal auch **Stopper** genannt.

Nach der while-Schleife prüft man dann ein einziges Mal anhand von `i`, ob man den Wächter gefunden hat oder ein gleiches Element innerhalb von `f`. Diese Technik wurde von N. Wirth für die gängigen Programmiersprachen entwickelt, die die Einhaltung der Reihungsgrenzen aus Effizienzgründen nicht automatisch überprüfen, da übliche Prozessoren diesen Test (*array bounds check*) nicht unterstützen. Java als interpretierte Sprache macht diesen Test automatisch und erzeugt eine Ausnahme (*exception*) `IndexOutOfBoundsException`, falls `f[i]` einen ungültigen Index `i` enthält. Die obige Wächter-Technik läuft bei Java also ins Leere. Stattdessen kann man die erzeugte Ausnahme abfangen und ausnutzen.

```
try{
   while (!f[i].equals(a)) i++;
   return(i);  // now f[i].equals(a)
}
catch (IndexOutOfBoundsException ioobe)
     { return(-1); }
```

11.2.2 Komplexität der linearen Suche

Um die Effizienz der linearen Suche zu bestimmen, versuchen wir die Anzahl der Operationen oder Schritte zu bestimmen, die ausgeführt werden. Die Anzahl der Schritte von `linearSearch` hängt offensichtlich von der Größe der Eingabe, also der Länge der Folge F ab.

Wir nehmen an, die einzelnen Schritte in `linearSearch` benötigen jeweils k_1 viele Operationen für die Initialisierung, k_2 viele für den Test auf den Trivialfall und k_3 viele Operationen für Reduktion und Rekursion, also die Verwaltung der Schleifendurchgänge.

Die Schleife wird höchstens n mal ausgeführt, wenn n die Länge der Folge F ist. Somit benötigt ein Aufruf `linearSearch(f,a)` höchstens $k_1 + n \cdot (k_2 + k_3)$ Operationen. Falls a gleich das erste Element der Folge F ist, dann braucht `linearSearch(f,a)` nur $k_1 + k_2 + k_3$ Operationen.

Die Konstanten k_i können nur exakt bestimmt werden, falls wir ein konkretes Programm auf einer konkreten Maschine vor uns haben. Verschiedene Implementierungen desselben Algorithmus unterscheiden sich aber nur in den Konstanten. Wir abstrahieren deshalb weiter und sagen: `linearSearch(f,a)` benötigt maximal n Schleifendurchgänge, das heißt höchstens $k \cdot n$ Operationen für ein gewisses k. `linearSearch(f,a)` hat deshalb maximal einen Aufwand von $O(n)$.

Wir wollen auch untersuchen, welchen durchschnittlichen Aufwand `linearSearch(f,a)` hat. Im Durchschnitt, falls nach jedem der n Objekte gleich oft gesucht wird, findet `linearSearch` bei n Aufrufen jedes Element genau einmal und benötigt dafür

$$\frac{1 + 2 + \ldots + n}{n} = \frac{n \cdot (n+1)}{n \cdot 2} = \frac{n+1}{2} \approx \frac{n}{2} \text{ Schleifendurchgänge.}$$

Insgesamt sagen wir: die (asymptotische) **Komplexität** von linearer Suche ist **linear** (eine lineare Funktion in Abhängigkeit der Länge der Folge) sowohl für den schlimmsten Fall als auch für den durchschnittlichen Fall. Das heißt, die Rechenzeit von `linearSearch` verdoppelt sich bei Verdoppelung der Länge von F.

Natürlich hängt die Komplexität eines Algorithmus auch von der Datenstruktur ab, auf der er operiert. Das gleiche Suchverfahren kann auf einer Listenstruktur realisiert werden, wo wir keinen wahlfreien Zugriff haben. Falls wir den Zugriff auf das i-te Element naiv realisieren mit einer Funktion `i_tes_Element(int i)`, welche jedesmal von vorne durch die Liste bis zum i-ten Element wandert, dann braucht dieser Schritt $k_3 \cdot i$ viele Operationen. Wir erhalten dann für die Schleife den Aufwand

$$\sum_{i=1}^{n} (k_1 + i * k_2' + k_3 + k_4) = n(k_1 + k_3 + k_4) + k_2' \frac{n \cdot (n+1)}{2}$$

Diese Funktion liegt in $O(n^2)$, die Komplexität des schlimmsten Falls wird also **quadratisch**. Es ist deshalb in diesem Fall wichtig, sich die i-te Position in der Liste zu merken, um den quadratischen Aufwand zu vermeiden.

11.3 Divide-and-Conquer-Suche

Beim Algorithmenschema **Teile und Herrsche** (*divide and conquer*) (vgl. Def. 10.3.4) wird das Gesamtproblem in mehrere kleinere Versionen aufgeteilt, diese separat gelöst und aus den Lösungen die Gesamtlösung zusammengesetzt.

Für die Suche bedeutet dies, daß wir rekursiv in den Teilfolgen links und/oder rechts von p suchen. Dafür brauchen wir eine Suchfunktion, die die Grenzen des zu untersuchenden Bereichs als Argumente mitbekommt.

Die binäre Suche arbeitet nach diesem Prinzip. Binäre Suche ist vor allem dann interessant, wenn die Folge sortiert ist, denn dann brauchen wir nur einen der rekursiven Aufrufe auszuführen.[1] Eine sortierte Folge können wir nicht allgemein über Objekten vom Typ `Object` definieren, sondern die Objekt-Klasse muß eine Vergleichsoperation unterstützen. Im folgenden nehmen wir wieder an, daß unsere Folgen aus Elementen des Referenztyps `Comparable` bestehen, der die Methode `compareTo` besitzt. Da `Comparable` ein Interface ist, sind die aktuellen Typen der entsprechenden Objekte Klassen, die das Interface `Comparable` implementieren.

```
public class SearchClass {
// ...

    /**
     * Anforderungen:
     *    f: aufsteigend sortierte Folge von Elementen
     *       f[i], i>=0.
     *    a: gesuchtes Element in f.
     *    l: linker Rand der zu
     *       durchsuchenden Teilfolge von f;
     *       0 <= l <= i <= r.
     *    r: rechter Rand der zu
```

---

[1] Ein weiterer interessanter Fall ist z. B. gegeben, wenn wir beide rekursiven Aufrufe parallel auf mehreren Prozessoren eines Parallelrechners ausführen können.

```
*        durchsuchenden Teilfolge von f;
*        0 <= l <= i <= r.
* Zusicherungen:
*    res == p, falls f[p] == a und l <= p <= r,
*    res == -1, sonst.
*/
public static int binarySearch(Comparable[] f,
                               Comparable a,
                               int l, int r) {
  // (1) Initialisiere
  int p = (l+r)/2;
  int c=f[p].compareTo(a);
  // (2) Trivialfall: Element gefunden
  if (c==0)
    return p;
  // (3) Trivialfall: Element nicht vorhanden
  if (l == r)
    return -1;
  // (4) Rekursion
  if (c < 0) {
    if (p > l)
      return binarySearch(f, a, l, p-1);
    else return (-1);
  }
  else {
    if (p < r)
      return binarySearch(f, a, p+1, r);
    else return (-1);
  }
}
}
```

Für Beweise von Korrektheit und Termination benutzt man Induktion. Als Ordnung bietet sich die Multi-Set Ordnung an, deren Elemente die Längen der noch zu sortierenden Teilfolgen sind.

Wenn wir in Schritt 1 nicht in der Mitte teilen, sondern $p = l$ oder $p = r$ wählen, erhalten wir die lineare Suche (in rekursiver Form) als Spezialfall.

11.3.1 Komplexität der binären Suche

Der Aufand der binären Suche ist am kleinsten, wenn das gesuchte Element genau in der Mitte der Folge liegt. Dann finden wir das Element in einem Schritt:

$$T_{\text{best}}(n) \in O(1).$$

Der Aufwand ist am größten, falls a nicht in der Folge vorkommt, da wir dann bis in die tiefste Rekursionsstufe absteigen müssen. Wir bezeichnen diese Aufwandsfunktion mit $T_{\text{worst}}(n)$, wobei n die Länge der Folge ist.

Die Schritte 1, 2 und 3 haben jeweils den konstanten Aufwand k_1, k_2 und k_3. Somit gilt: $T_{\text{worst}}(1) = k_1 + k_2 + k_3$

Schritt 4 hat im schlimmsten Fall die Komplexität

$$k_4 + T_{\text{worst}}(n/2)$$

da in Schritt 4 die Länge n der Folge bei jedem Rekursionsschritt in etwa halbiert wird. Da wir $\lfloor \log_2 n \rfloor$-mal halbieren können ergibt sich mit $k := k_1 + k_2 + k_3 + k_4$

$$
\begin{aligned}
T_{\text{worst}}(n) &= k + T_{\text{worst}}(n/2) = 2k + T_{\text{worst}}(n/4) = \cdots \\
&= k \log_2(n) + T_{\text{worst}}(1) = k \lfloor \log_2(n) \rfloor + k_1 + k_2 + k_3.
\end{aligned}
$$

Die asymptotische Komplexität für binäre Suche ist also auch im schlimmsten Fall logarithmisch in n (in $O(\log_2(n))$). Der Unterschied zur linearen Suche ist dramatisch. Selbst wenn die Länge der Eingabe $n = 10^{100} \approx 2^{300}$ ist, werden bei binärer Suche nur wenige hundert Schritte ausgeführt! Es lohnt sich deshalb, lange Listen immer sortiert zu halten, d. h. Elemente sortiert einzufügen, falls die Klasse von Elementen eine Vergleichsmethode besitzt.

11.4 Kombinationsverfahren

Üblicherweise haben rekursive Verfahren einen relativ großen Verwaltungsaufwand (*overhead*), das heißt relativ große Konstanten k. Gefräßige Verfahren haben hingegen oft einen geringen Verwaltungsaufwand.

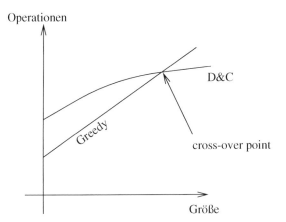

Abb. 11.1. Übernahmepunkt (*cross-over point*)

Es gibt daher einen **Übernahmepunkt** (*cross-over point*) zwischen den beiden Verfahren. Das bedeutet, daß es sich erst ab einer gewissen Eingabegröße lohnt, das rekursive Verfahren anzuwenden. Beim Suchen, Sortieren oder ähnlichen einfachen Verfahren liegt der Punkt bei heutigen Rechnerarchitekturen oft bei Längen von $n = 16$ bis $n = 32$. Der Punkt kann bei bekannten Konstanten k analytisch bestimmt oder durch Messung der Rechenzeit für verschiedene n experimentell abgeschätzt werden.

Ein Kombinationsverfahren benutzt ein rekursives Verfahren, um große Probleme solange zu verkleinern, bis die Teile unterhalb des Übernahmepunkt fallen. Die einzelnen Teile werden dann mit einem Greedy-Verfahren behandelt. Manchmal kann das Greedy-Verfahren dann noch zusätzlich beschleunigt werden, da es nur noch für *kleine, beschränkte* Probleme und nicht mehr für den allgemeinen Fall implementiert werden muß.

11.4.1 Analyse und Design von Kombinationsverfahren

Wir wollen den Übernahmepunkt und die Komplexität von Kombinationsverfahren exemplarisch bestimmen. Sei $T_d(n)$ die benötigte Laufzeit für ein Divide-and-Conquer-Verfahren und $T_g(n)$ die eines Greedy-Verfahrens und $\tilde{T}_m(n)$ die des Kombinationsverfahrens mit Einsatz des Greedy-Verfahrens für Werte unter 2^m. Wir betrachten den Fall, daß $T_d(n) = k'n + T_d(n/2)$ und $T_g(n) = kn^2$ wie er etwa bei Sortierverfahren auftritt. Da wir nur die relativen Rechenzeiten $T_d(n)/T_g(n)$ zur Bestimmung des Übernahmepunktes benötigen, können wir o.B.d.A die Normierung $k' = 1$ verwenden. Mit dieser Normierung erhalten wir analog zu oben $T_d(n) = n(\log_2(n) + 1)$. Für die Komplexität des Kombinationsverfahrens ergibt sich

$$\tilde{T}_m(n) = \begin{cases} kn^2, & \text{falls } n \le 2^m; \\ n(\log_2(n/2^m) + k \cdot 2^m), & \text{sonst.} \end{cases}$$

Der Übernahmepunkt ergibt sich aus der Gleichung $T_d(n) = T_g(n)$, also aus $n(\log_2(n) + 1) = kn^2$. Umgeformt und vereinfacht – unter Ausnutzung der Beziehung $n > 0$ – ergibt sich hieraus folgende Gleichung:

$$kn - (\log_2(n) + 1) = 0$$

Für ein gegebenes k kann diese durch eine iterative numerische Nullstellensuche gelöst werden, etwa durch das Newton-Verfahren, siehe (Wolff *et al.*, 2004, Kap. 13.3.1). Für $k = 0,1$ ergibt sich $n \approx 71,6$.

Um $\tilde{T}_m(n)$ zu minimieren, ist

$$n(\log_2(n/2^m) + k \cdot 2^m) = n(\log_2(n) - m + k \cdot 2^m)$$

zu minimieren, also $f(m) = -m + k \cdot 2^m$. Für die Funktion f können wir das Minimum mithilfe der Extremwertrechnung der Analysis bestimmen, vgl. etwa Wolff *et al.* (2004). Hierzu müssen wir die Nullstellen der ersten Ableitung von f bestimmen, also von $f'(m) = -1 + k \cdot 2^m \ln 2$. Für ein gegebenes k kann dies wiederum durch das Newton-Verfahren geschehen. Für $k = 0,1$ ergibt sich $m \approx 3,85$. Für das Kombinationsverfahren wählen wir die durch Rundung erhaltene nächste ganze

Zahl aus, für $k = 0, 1$ daher $m = 4$. Man beachte, daß der Wert $2^4 = 16$ *nicht* dem Übernahmepunkt entspricht.

Wie aus den Formeln für $T_d(n)$ und $\tilde{T}_m(n)$ ersichtlich ist, hängen die Einsparungen, die durch das Kombinationsverfahren gegenüber dem reinen Divide-and-Conquer-Verfahren möglich sind, nicht nur von k und m ab, sondern auch von n. Bei $k = 0.1$ und $m = 4$ sparen wir beim Kombinationsverfahren für $n = 2^{20}$ ca. 16 % gegenüber dem reinen Divide-and-Conquer-Verfahren.

12. Sortier-Algorithmen

12.1 Einleitung und Problemstellung

Wir betrachten einige elementare Algorithmen, die nach den Schemata *greedy* und *divide and conquer* entworfen wurden. Grundsätzlich können diese Algorithmen sowohl für Reihungen als auch für Listen realisiert sein. Die Verfahren *Selection Sort* und *Quicksort* sind besonders für Reihungen geeignet, *Insertion Sort* und *Mergesort* dagegen für verkettete Listen. Wichtige Gesichtspunkte sind die asymptotische Komplexität der Verfahren, sowie der zusätzlich benötigte Speicherplatz. Insbesondere beim Sortieren von Reihungen möchte man ohne eine Hilfsreihung auskommen und Elemente nur innerhalb der Reihung (*in place*) verschieben oder vertauschen. Ein rekursives Verfahren braucht außerdem für jeden rekursiven Aufruf Platz auf dem Stack, der möglichst gering bleiben sollte.

Abstrakt wollen wir eine unsortierte Folge F in eine sortierte Folge S transformieren. Listen erlauben keinen wahlfreien Zugriff. Elemente von F können aber durch Umketten in S überführt werden. Der Vorteil hierbei ist, daß kein zusätzlicher Speicher verbraucht wird. Reihungen erlauben wahlfreien Zugriff. Dafür stellt sich das Problem, wie man (ohne zusätzlichen Speicher) das unsortierte Array F schrumpfen und gleichzeitig das sortierte Array S wachsen lassen kann.

Im folgenden nehmen wir wieder an, daß unsere Folgen aus Elementen des Typs `Comparable` bestehen, der die Methode `compareTo` besitzt, sodaß wir generische Vergleiche anstellen können (siehe Kapitel 8.6.2). In Beispielen werden wir der Einfachheit halber öfters Folgen von ganzen Zahlen betrachten. Diese könnten etwa wieder in der Hüllklasse `Integer` gekapselt sein, die vom Typ `Comparable` ist und eine Methode `compareTo` besitzt. Der Einfachheit halber werden wir nur den Zahlwert darstellen und nicht die kapselnde Klasse.

Im folgenden soll stets eine Folge von Objekten vom Typ `Comparable` in schwach aufsteigender (genauer: nicht absteigender) Reihenfolge zu sortieren sein.

12.2 Greedy-Sortieren

12.2.1 Sortieren durch Auswahl

Sortieren durch Auswahl (*selection sort*) geht nach folgendem Grundprinzip vor: Solange es Elemente in der Folge F gibt, finde in F das kleinste Element und überführe es ans Ende der Folge S.

> SelectSort(F)
> // Die unsortierte Folge F wird in die
> // sortierte Folge S überführt.
> 1. **Initialisiere:** $S = \emptyset$.
> 2. **Trivialfall:** if ($F == \emptyset$) return(S).
> 3. **Reduktion:** Minimum aus F nach S überführen.
> $a = \text{select}(F)$;
> $S = \text{appendElem}(S, a)$;
> $F = \text{deleteElem}(F, a)$;
> 4. **Iteriere:** Weiter bei 2.

Je nachdem, ob man mit `select` ein minimales oder maximales Element auswählt, erhält man eine schwach aufsteigend oder schwach absteigend sortierte Folge S.

Realisierung auf Listen. Die folgenden Methoden seien in der Klasse `OrderedList`, einer Liste über Objekten vom Typ `Comparable` gegeben, und F und S seien Objekte vom Typ `OrderedList`.

Die Methode `F.findMin()` findet das kleinste Element aus F, mit der Methode `S.insertLast(a)` wird an die Folge S das Element a angefügt, und `F.deleteElem(a)` löscht das Element a aus F.

Beispiel 12.2.1. Wir betrachten die unsortierte Folge $F_0 = (21, 5, 3, 1, 17)$ welche wir sortiert nach $S_0 = ()$ verschieben.

$$
\begin{array}{llll}
S_0 &=& () & F_0 &=& (21, 5, 3, 1, 17) \\
S_1 &=& (1) & F_1 &=& (21, 5, 3, 17) \\
S_2 &=& (1, 3) & F_2 &=& (21, 5, 17) \\
S_3 &=& (1, 3, 5) & F_3 &=& (21, 17) \\
S_4 &=& (1, 3, 5, 17) & F_4 &=& (21) \\
S_5 &=& (1, 3, 5, 17, 21) & F_5 &=& ()
\end{array}
$$

❖

```java
public class OrderedList {
// ...
  /**
   * Gibt Liste zurück, die die Elemente von this
   * in nicht absteigend sortierter Reihenfolge enthält.
   * Methode ist als selection sort implementiert.
   */
  public OrderedList selectSort() {
    int min;
    OrderedList newList = new OrderedList();

    while( head != null ) // Liste ist nicht leer
      {
      min = findMin();
      newList.insertLast(min);
      deleteElem(min);
      }
    return (newList);
  }
}
```

Um die asymptotische Komplexität von `selectSort` zu bestimmen, schätzen wir die Anzahl benötigter Schritte ab. Es werden in jedem Fall n Durchgänge der äußeren Schleife benötigt. In jedem Schleifendurchgang muß das kleinste Element der Folge gefunden werden, was einen Aufwand in $O(n - i)$ erfordert. Die Funktionen `deleteElem` und `insertLast` haben ebenfalls (höchstens) $O(n)$ Aufwand. Damit hat der Algorithmus den Aufwand

$$(n-1) + (n-2) + \ldots = \frac{n \cdot (n-1)}{2} \in O\left(n^2\right)$$

Realisierung auf Reihungen. Selection Sort eignet sich auch sehr gut zum *in place* Sortieren auf Reihungen. Hierzu teilen wir die Reihung logisch in einen sortierten Anfang S und einen unsortierten Rest F (Indizes `next` bis `length-1`). Ist der Index m des minimalen Elements in F gefunden, so wird F[m] an die Stelle `next` gesetzt, indem man F[m] mit F[`next`] vertauscht. S wächst also nach rechts hin und F schmilzt von links her ab.

```java
public class OrderedArray {
  // ...
  Comparable[] data;
  void selectSort() {
    int min;  // Initialize
    // Reduce F and grow S
    for (int next = 0;
         next < data.length-1;
         next++) {
      min = findMin(next,data.length-1);
      swap(next,min);
    }
  }
}
```

`findMin` findet den Index des Minimums in der Reihung `data` im Bereich `[next, ..., data.length-1]` und `swap` vertauscht die Elemente von `data` an den angegebenen Stellen.

12.2.2 Sortieren durch Einfügen

Beim Sortieren durch Einfügen (*insertion sort*) nimmt man jeweils das erste Element aus F und fügt es in S an der richtigen Stelle ein.

> InsertSort(F)
> // Die unsortierte Folge F wird in die
> // sortierte Folge S überführt.
> 1. **Initialisiere:** $S = \emptyset$.
> 2. **Trivialfall:** if $(F == \emptyset)$ return(S).
> 3. **Reduziere** F: ein Element aus F sortiert nach S überführen.
> $a = \text{takeFirst}(F)$;
> $S = \text{insertSorted}(S, a)$;
> 4. **Iteriere:** Weiter bei 2.

`F.takeFirst()` löscht aus F das erste Element, `S.insertSorted(a)` fügt das Element a in S an der richtigen Stelle ein.

Beispiel 12.2.2. Wir betrachten nochmals die Folge $F_0 = (21, 5, 3, 1, 17)$ von vorher.

$$
\begin{aligned}
S_0 &= () & F_0 &= (21,\ 5,\ 3,\ 1,\ 17) \\
S_1 &= (21) & F_1 &= (5,\ 3,\ 1,\ 17) \\
S_2 &= (5,\ 21) & F_2 &= (3,\ 1,\ 17) \\
S_3 &= (3,\ 5,\ 21) & F_3 &= (1,\ 17) \\
S_4 &= (1,\ 3,\ 5,\ 21) & F_4 &= (17) \\
S_5 &= (1,\ 3,\ 5,\ 17,\ 21) & F_5 &= ()
\end{aligned}
$$

Dieser Algorithmus ist weniger geeignet für Array-basierte Folgen, da in jedem Schritt einige der Elemente in S verschoben werden müssen. Auf listenbasierten Folgen wird das Element a in S eingekettet.

```
public class OrderedList {
  // ...
  /**
   * Gibt Liste zurück, die die Elemente von this
   * in nicht absteigend sortierter Reihenfolge enthält.
   * Methode ist als insertion sort implementiert.
   */
```

```
public OrderedList insertSort() {
  Comparable first;
  OrderedList resList;

  while( head!=null ) // Liste ist nicht leer
    {
      first = takeFirst();
      resList.insertSorted(first);
    }
  return resList;
  }
}
```

Die Komplexität ist wieder in $O(n^2)$, da n Schleifendurchgänge nötig sind und das Einfügen an der richtigen Stelle den Aufwand $O(n)$ hat.

Insert Sort auf Reihungen. Um *Insert Sort* auf Reihungen zu realisieren, nehmen wir wie bei *Select Sort* eine logische Partition in den sortierten Anfang S von 0 bis `next-1` und den unsortierten Rest F von `next` bis `length-1` vor. Um in S ein neues Element an einer Stelle `i` einfügen zu können, müssen alle Elemente in S von `i` bis zum Ende um eine Stelle nach rechts verschoben werden (also an die Stellen `i+1` bis `next`). Deshalb wählen wir immer Element `next` zum Einfügen und suchen die Einfügestelle von `next-1` absteigend, wobei wir jedes übersprungene Element um eine Stelle nach rechts verschieben. Logisch gesehen schieben wir die vom einzufügenden Element hinterlassene Lücke von der Stelle `next` nach links zum passenden Ort, wo wir das Element einsetzen.

12.2.3 Sortieren durch Austauschen

Geht man von links nach rechts durch eine Folge F und vertauscht alle benachbarten Elemente, welche falsch geordnet sind, so steht am Schluß das größte Element von F am Ende der Folge. Das größte Element steigt dabei in der Folge wie eine Blase nach oben (*bubble sort*).

Diesen Durchgang wiederholt man mit dem Rest der Folge F, bis die ganze Folge geordnet ist. S bildet sich also rechts von F und dehnt sich nach links aus.

Beispiel 12.2.3. Wir betrachten nochmals die Folge $F_0 = (21, 5, 3, 1, 17)$.

$$
\begin{array}{llll}
F_0 & = & (21, 5, 3, 1, 17) & S_0 & = & () \\
F_1 & = & (5, 3, 1, 17) & S_1 & = & (21) \\
F_2 & = & (3, 1, 5) & S_2 & = & (17, 21) \\
F_3 & = & (1, 3) & S_3 & = & (5, 17, 21) \\
F_4 & = & (1) & S_4 & = & (3, 5, 17, 21) \\
F_5 & = & () & S_5 & = & (1, 3, 5, 17, 21)
\end{array}
$$

❖

Bubble-Sort ist also vom Typ Selection-Sort, führt aber eine Menge unnötiger Operationen durch, da die Elemente durch Vertauschungen nur nach und nach an den richtigen Platz geschoben werden.

```
public class OrderedArray {
  Comparable[] data; // array of data
  // ...

  /**
   * Swaps the contents of data[i] and data[j].
   */
  void swap(int i, int j) {
    Comparable tmp = data[i];
    data[i]=data[j];
    data[j]=tmp;
  }
  /**
   * Sorts the array data in ascending order.
   */
  public void bubbleSort() {
    for(int j = data.length-1; j > 0; j--)
      for( int i = 1; i <= j; i++)
        // compare element at
        // position j in sorted list
        // move greatest up
        if( data[i-1].compareTo(data[i]) > 0 )
         swap(i-1,i);

  }
}
```

Die Komplexität ist ebenfalls in $O(n^2)$, denn es werden $\sum_{j=1}^{n} k \cdot j$ Operationen ausgeführt.

12.3 Divide-and-Conquer-Sortieren

Das abstrakte Divide-and-Conquer-Prinzip sieht folgendermaßen aus:

1. Teile das Problem (*divide*).
2. Löse die Teilprobleme (*conquer*).
3. Kombiniere die Teillösungen (*join*).

Beim Sortieren gibt es zwei Ausprägungen:

Hard split / easy join: Dabei wird die gesamte Arbeit beim Teilen des Problems verrichtet und die Kombination ist trivial, das heißt, F wird so in F_1 und F_2 partitioniert, daß $S = S_1 S_2$. Dieses Prinzip führt zum Quicksort-Algorithmus.

Easy split / hard join: Dabei ist die Aufteilung $F = F_1 F_2$ trivial und die ganze Arbeit liegt beim Zusammensetzen von S_1 und S_2 zu S. Dieses Prinzip führt zum Mergesort-Algorithmus.

12.3.1 Quicksort

Einer der besten und am meisten benutzten Sortier-Algorithmen auf Arrays ist der *Quicksort*-Algorithmus von C.A.R. Hoare. Seine Hauptvorteile sind, daß er innerhalb eines Arrays sortieren kann und daß er im Durchschnitt nur $O(n \log_2(n))$ Rechenschritte und nur $O(\log(n))$ zusätzlichen Speicherplatz (auf dem Stack) benötigt. Zudem ist er in der Praxis typischerweise schneller als andere Sortier-Algorithmen, die ebenfalls asymptotisch gesehen $O(n \log_2(n))$ Rechenschritte benötigen.

Bei Quicksort wird das Sortierproblem F so in zwei Teilprobleme F_1 und F_2 geteilt, daß es ein Partitionselement (Angelpunkt, *pivot*) p gibt mit $e \in F_1 \Rightarrow e < p$, $e \in F_2 \Rightarrow p \leq e$. Das heißt, die Elemente links von p sind kleiner, die Elemente rechts von p größer gleich p. Danach werden rekursiv F_1 zu S_1 und F_2 zu S_2 sortiert. Am Ende gilt $S = S_1 p S_2$.

Bei einer Implementierung auf Listen nehmen wir zunächst irgendein Element aus F als Partitionselement p heraus. Dann zerlegen wir F in einem linearen Durchlauf in die Listen F_1 und F_2 indem wir jedes Element in F mit p vergleichen.

Auf Reihungen sind wir zu einem technisch komplizierteren Vorgehen gezwungen, da wir unbedingt vermeiden wollen, für F_1 und F_2 neuen Hilfsspeicher in der Größe von F anlegen zu müssen. (Quicksort soll ja gerade auf sehr großen Datenbeständen angewendet werden.) Wir wählen p als das rechte Randelement von F. Dann suchen wir gleichzeitig in F vom linken Rand her das nächste Element $F[i] \geq p$ und vom rechten Rand her das nächste Element $F[j] < p$. Mit $(F[i], F[j])$ haben wir dann ein falsch-stehendes Paar, und wir können $F[i]$ und $F[j]$ vertauschen. Sind die Teilfolgen F_1 und F_2 schließlich von unten und oben zusammengewachsen, so haben wir F zu $F_1 F_2' p$ umgeformt. Durch eine letzte Vertauschung von p mit dem ersten Element von F_2' erhalten wir $F_1 p F_2$ wie gewünscht und *in place*.

In der Praxis wählt man p oft als das mittelgroße Element aus 3 Stichproben, z. B. aus dem linken und rechten Randelement sowie einem Element aus der Mitte. Man will dadurch möglichst vermeiden, daß insbesondere bei im wesentlichen vorsortiertem F eine der Teilfolgen F_1, F_2 sehr klein oder gar leer wird (vgl. die Komplexitätsanalyse weiter unten).

In Abb. 12.1 geben wir den Algorithmus mit den wesentlichen Anmerkungen wieder, die zum Beweis der Korrektheit dienen.

Bei den Durchläufen von links nach rechts zur Gewinnung von F_1 nutzen wir aus, daß das Pivot-Element `F[r]` als Wächter (*sentinel*) fungiert und sich eine Bedingung `i<=r` daher erübrigt. Bei der Gewinnung von F_2 in Schritt 2.1 ist die Bedingung `j>=l` notwendig. In Schritt 2.2 kann darauf verzichtet werden, da bereits ein Austausch stattgefunden hat und das in F_1 hineingebrachte Element als Wächter fungiert.

```java
public class OrderedArray {
  Comparable[] data; // array of data
  // ...

  /**
   * Sorts data[l], data[l+1], ... , data[r]
   * in ascending order using the quicksort
   * algorithm.
   * Precondition: 0 <= l <= r < data.length.
   */
  public void quickSort(int l, int r) {
    // 0. Initialisiere
    int i = l, j = r-1;
    // 1. Check auf Trivialfall
    if (l >= r) return;
    // Initialisiere pivot
    Comparable pivot = data[r];
    // 2. Teile: Füge pivot an einem Platz p in F (=data),
    //    ein, so dass F[i]<F[p] für l<=i<p und
    //    F[j] >= F[p] für p<=j<=r.

    // 2.1 Finde äusserstes ungeordnetes Paar F[i], F[j],
    //     i<j, mit F[i] >= pivot und F[j] < pivot und
    //     F[s] < pivot für l<=s<i und F[s] >= pivot
    //     für j<s<=r.
    while( data[i].compareTo(pivot) < 0 ) i++;
    while( j>=l && data[j].compareTo(pivot) >= 0) j--;

    // 2.2 Ordne Paar; finde nächstes ungeordnetes Paar.
    while( i < j ) {
      // i<j impliziert j>=l,
      // daher F[j]<pivot und F[i]>=pivot.
      swap(i,j);
      while( data[i].compareTo(pivot) < 0 ) i++;
      while( data[j].compareTo(pivot) >= 0 ) j--;
    }
    // 2.3 Endgültiger Platz für pivot ist i: es gilt i>j
    //     (und nicht nur i>=j, denn i=j impliziert
    //     pivot<=F[i]<pivot) und F[k]<pivot für 0<=k<i;
    //     F[k]>=pivot für j<k<=r; wegen i>j folgt
    //     F[k]>=pivot für i<=k<=r.
    swap(i,r);

    // 3. Herrsche: Sortiere links und rechts
    //    vom Ausgangspunkt.
    quickSort(l, i-1);
    quickSort(i+1, r);
  }
}
```

Abb. 12.1. Der Quicksort Algorithmus

Beispiel 12.3.1. Zur Illustration von Quicksort betrachten wir das folgende Beispiel. Die unterstrichenen Elemente werden jeweils vertauscht.

$$(9,\ 7,\ 1,\ 6,\ 2,\ 3,\ 8,\ 4\ )$$
$$(\underline{9},\ 7,\ 1,\ 6,\ 2,\ \underline{3},\ 8),\ (4\ )$$
$$(3,\ \underline{7},\ 1,\ 6,\ \underline{2},\ 9,\ 8),\ (4\ )$$
$$(3,\ 2,\ 1,\ \underline{6},\ 7,\ 9,\ 8),\ (\underline{4}\ )$$
$$(3,\ 2,\ 1,\ 4,\ 7,\ 9,\ 8,\ 6\ )$$

Nun ist die 4 am richtigen Platz angelangt. Danach geht es weiter mit dem rekursiven Aufruf auf den beiden Teilfolgen:

$$F_1 = (3,\ 2,\ 1)\ \text{und}\ F_2 = (7,\ 9,\ 8,\ 6)\quad .$$

❖

Um die Komplexität von Quicksort zu berechnen, bestimmen wir die Anzahl der Elementvergleiche $T(n)$, die von Quicksort gemacht werden. Die Anzahl aller nötigen Operationen in Quicksort ist dann höchstens um einen konstanten Faktor größer.

Die genaue Anzahl der Vergleiche auf jeder Rekursionsebene hängt von der Anzahl der durchgeführten `swap`-Operationen ab. Es sind mindestens $n-1$ Vergleiche zu machen und die maximale Anzahl kann leicht durch $2n$ abgeschätzt werden – eine grobe Abschätzung, die jedoch für die Bestimmung der Komplexität ausreicht, da sowohl $n-1 \in O(n)$ als auch $2n \in O(n)$.

Im schlimmsten Fall gibt es keine kleineren (oder größeren) Elemente als das Partitionselement und wir erhalten *einen* rekursiven Aufruf mit Array-Länge $n-1$. Damit bekommen wir n Schichten der Rekursion und die Anzahl Vergleiche $T_{\text{worst}}(n)$ ist folgende:

$$T_{\text{worst}}(n)\ \leq\ \sum_{k=1}^{n} 2k\ =\ n(n-1)\ \in O(n^2)\quad .$$

Im besten Fall wird das Array durch das gewählte Element genau in der Mitte geteilt. Dadurch kann (für $n = 2^k$) die Anzahl nötiger Vergleiche $T_{\text{best}}(n)$ durch die folgende rekursive Gleichung bestimmt werden:

$$\begin{aligned}
T_{\text{best}}(n)\ &=\ T_{\text{best}}(2^k)\ =\ n + 2 \cdot T_{\text{best}}(2^{k-1}) \\
&=\ n + 2 \cdot \frac{n}{2} + 4 \cdot T_{\text{best}}(2^{k-2})\ =\ n + n + 4 \cdot T_{\text{best}}(2^{k-2}) \\
&=\ \cdots\ =\ \underbrace{n + n + \cdots + n}_{k} + 2^k \cdot T_{\text{best}}(1) \\
&=\ k \cdot n\ +\ 2^k \cdot T_{\text{best}}(1)\ =\ k \cdot n\ +\ n \cdot c \\
&=\ n \log_2 n + cn\ \in O(n \log n)\quad .
\end{aligned}$$

Aufgrund der Konstruktion des Algorithmus leuchtet ein, daß der Aufwand für andere Werte von n zwischen den Werten von benachbarten Zweierpotenzen liegen wird; eine mathematisch genaue Analyse übersteigt diese Einführung und kann etwa in (Brassard und Bratley, 1996) gefunden werden.

Im Durchschnitt ist Quicksort ebenfalls in $O(n \log n)$. Ein Beweis hierfür findet sich zum Beispiel ebenfalls in (Brassard und Bratley, 1996).

Der zusätzliche Speicherbedarf von Quicksort beschränkt sich auf den Stack für die Aktivierungsrahmen der rekursiven Aufrufe. Im Fall, daß der Zeitbedarf $O(n \log n)$ ist, sind dies $O(\log n)$ Rahmen. Dies ist akzeptabel, da in der Praxis $\log n$ immer sehr klein ist (nach der Vorbemerkung in Teil I ist in jedem praktischen Fall $\log n <$ 300). Im quadratischen Fall werden aber $O(n)$ Rahmen auf dem Stack benötigt, was bei größeren Reihungen völlig inakzeptabel ist.

In jüngerer Zeit ist es Musser (1997) gelungen, Quicksort so zu modifizieren, daß erkannt wird, ob man in der Rekursion $\log n$ Aufrufe überschritten hat; dann kann zu einem anderen Verfahren (z. B. *Heapsort* oder *Mergesort*) gewechselt werden, das im schlimmsten Fall Komplexität $O(n \log n)$ hat. Im guten Fall ist Quicksort aber 2–5 mal schneller als Heapsort, da es weniger Elementaroperationen verrichtet. Quicksort ist deshalb ein häufig implementierter Algorithmus, z. B. für die `qsort` Routine des UNIX Betriebssystems und in vielen Bibliotheken wie der *Standard Template Library (STL)* für C++.

12.3.2 Sortieren durch Mischen

Der *Merge-Sort*-Algorithmus (vgl. Abb. 12.2) ist einer der besten für Folgen, die als Listen dargestellt sind. Die Rechenzeit ist in $O(n \log n)$. Er ist für Reihungen problematisch, da er dort $O(n)$ zusätzlichen Speicher braucht.

Bei Merge-Sort wird die Folge F einfach in zwei gleich große Hälften F_1 und F_2 geteilt, $F = F_1 F_2$. Die sortierten Folgen S_1 und S_2 werden dann in einem linearen Durchgang zur sortierten Folge S *gemischt*, indem man das jeweils kleinste (bzw. größte) Element von S_1 und S_2 an S anfügt.

Beispiel 12.3.2. Wir illustrieren die Vorgehensweise von Merge-Sort an einem Beispiel.

$$(3, \quad 2, \quad 1, \quad 7, \quad 3, \quad 4, \quad 9, \quad 2)$$
$$(3, \quad 2, \quad 1, \quad 7), (3, \quad 4, \quad 9, \quad 2)$$
$$(3, \quad 2), (1, \quad 7), (3, \quad 4), (9, \quad 2)$$
$$(3), (2), (1), (7), (3), (4), (9), (2)$$
$$(2, \quad 3), (1, \quad 7), (3, \quad 4), (2, \quad 9)$$
$$(1, \quad 2, \quad 3, \quad 7), (2, \quad 3, \quad 4, \quad 9)$$
$$(1, \quad 2, \quad 2, \quad 3, \quad 3, \quad 4, \quad 7, \quad 9)$$

❖

```
public class OrderedList {
  OrderedNode head;
  int length;
  // ...

  /**
   * Sorts this list in non-descending order.
   * Works destructively on the encapsulated
   * node chain starting with head.
   * Implemented as merge sort.
   */
  public void mergeSort() {
    OrderedList aList, bList; // the divided lists
    OrderedNode aChain; // start of first node chain
    OrderedNode bChain; // start of second node chain
    OrderedNode tmp; // working node for split

    // trivial cases
    if( (head==null) || // empty list
        (head.next == null) // one element list
      ) return;

    // divide: split the list in two parts
    aChain = head;
    tmp = head; // init working node for split
    // advance half of the list
    for (int i=0; i < (length-1) / 2; i++)
      tmp=tmp.next;

    // cut chain into aChain and bChain
    bChain=tmp.next;
    tmp.next=null;

    // encapsulate the two node chains
    // in two lists
    aList = new OrderedList();
    aList.head=aChain;
    aList.length=length/2;
    bList = new OrderedList();
    bList.head=bChain;
    bList.length=length - alist.length;

    // conquer: recursion
    aList.mergeSort();
    bList.mergeSort();

    // join: merge
    merge(aList, bList);
  }
}
```

Abb. 12.2. Merge-Sort Algorithmus

Beim Mischen (*merge*) betrachtet man jeweils nur die ersten Elemente
S_1.head von S_1 und S_2.head von S_2 und bestimmt, welches als nächstes
nach S übertragen wird. Man beachte, daß in der folgenden Methode merge die
Vorbedingung a!=null nur besagt, daß a ein Listenobjekt sein muß und nicht
die Null-Referenz sein darf. Dieses Listenobjekt darf aber durchaus die leere Liste
repräsentieren (a.head==null).

```java
public class OrderedList {
  OrderedNode head;
  int length;
  // ...

  /**
   * Merges a and b in non-descending order
   * and makes the result the encapsulated list.
   * Destroys a and b.
   * Precondition: a!=null and b!=null.
   */
  private void merge(OrderedList a, OrderedList b) {
    OrderedNode tmp;

    // trivial cases
    if (a.head==null) {
      head=b.head;
      length=b.length;
      return;
    }
    if (b.head==null) {
      head=a.head;
      length=a.length;
      return;
    }

    // general case
    // compare first elements
    if(a.head.data.compareTo(b.head.data) > 0 ){
      head= b.head;
      b.head = b.head.next;
    }
    else {
      head = a.head;
      a.head = a.head.next;
    }
    // advance to end of one part
    tmp = head;
    while(a.head != null && b.head != null) {
        if( a.head.data.compareTo(b.head.data) > 0 ) {
            tmp.next = b.head;
            b.head = b.head.next;
        }
        else {
            tmp.next = a.head;
            a.head = a.head.next;
```

```
      }
    tmp = tmp.next;
  }
  // finalize: append rest of other part
  if( a.head == null)
    tmp.next = b.head;
  else
    tmp.next = a.head;

  length = a.length + b.length;
  }
}
```

Aus Gründen der Übersichtlichkeit erzeugt dieses Programm im Divide-Schritt jeweils gekapselte Zwischenlisten vom Typ OrderedList. In der Praxis würde man hierauf verzichten und rein auf Knoten-Ketten arbeiten, da insgesamt O(n) Objekte vom Typ OrderedList erzeugt und wieder vernichtet werden (maximal O($\log n$) davon sind gleichzeitig aktiv). Vergleiche hierzu die Diskussion in Abschnitt 13.5.6.

Zum Bestimmen der Komplexität betrachten wir wiederum nur die Anzahl der nötigen Vergleiche bei einer Länge $n = 2^k$. Das Halbieren der Folge benötigt $n/2$ viele Schritte, da man in die Mitte der Folge gehen muß (von der man optimalerweise die Länge n kennt). Die Kombination durch Mischen benötigt dann n Vergleiche (und daher O(n) Operationen). Dadurch, daß exakt in der Mitte gespalten wird, entstehen $k = \log_2(n)$ rekursive Aufruf-Ebenen, wobei jede Ebene n Vergleiche braucht. Die Gesamtkomplexität von Merge-Sort ist darum in O($n \log_2(n)$).

12.4 Übungen

Aufgabe 12.1. Bestimmen Sie die Folge der Vertauschungen der verschiedenen Sortieralgorithmen an der Beispielfolge $F = (1, 11, 6, 8, 2, 12, 4, 5, 3, 9)$.

Aufgabe 12.2. Welcher der behandelten Suchalgorithmen kann Listen (bzw. Reihungen), die in umgekehrter Reihenfolge geordnet sind, am schnellsten umsortieren?

Aufgabe 12.3. Implementieren Sie einen Quicksort-Kombi-Algorithmus, der kurze Sortierprobleme durch Einfügen löst. Ermitteln Sie empirisch eine Schranke für den Wechsel der Sortiermethode bei Zufallsfeldern der Länge 100000.

Aufgabe 12.4. Beim Sortieren durch Einfügen (*insertion sort*) wird sortiert in die Zielfolge S eingefügt. Nutzen Sie dieses Wissen aus, um das Einfügen zu beschleunigen, indem Sie die Prozedur insertElem() mit Hilfe einer binären Suche über der sortierten Folge S implementieren.

13. Bäume

13.1 Einleitung und Terminologie

Zu den wichtigsten in der Informatik auftretenden Datenstrukturen gehören **Bäume**. Die Anwendungen von Bäumen sind vielfältig. Sie repäsentieren z. B. Organisationshierarchien in Unternehmen oder Behörden, die Aufrufstruktur eines Divide-and-Conquer-Algorithmus wie Merge-Sort, die möglichen Züge in einem Brettspiel oder die Struktur eines mathematischen oder programmiersprachlichen Ausdrucks.

Man kann Bäume als verallgemeinerte Listenstrukturen ansehen. Ein **Knoten** (*node*) eines Baumes hat nicht, wie im Falle linearer Listen, nur einen Nachfolger, sondern eine endliche, begrenzte Anzahl von sogenannten **Kindknoten** (*child*, *children*). Der Vorgänger eines Kindknotens wird als **Elternknoten** (*parent*) des Kindknotens bezeichnet. Ein Knoten kann ein **Etikett** (*label*) und weitere Informationen enthalten.

Ein Knoten ohne Eltern ist die **Wurzel** (*root*) eines Baumes. Knoten ohne Kinder heißen **Blätter** (*leaf*, *leaves*) oder **Terminalknoten**. Knoten, welche keine Blätter sind, heißen **innere Knoten**. Jeder Knoten ist die Wurzel des von ihm ausgehenden Teilbaums.

Jedem Knoten ist eine **Ebene** (*level*) im Baum zugeordnet. Die Ebene eines Knotens ist die Länge des Pfades von diesem Knoten bis zur Wurzel. Die **Höhe** (*height*) eines Baums ist die maximale Ebene, auf der sich Knoten befinden.

Beispiel 13.1.1. Bäume kann man dadurch visualisieren, daß Verbindungen zwischen Eltern und ihren Kindern eingezeichnet werden. In der Informatik zeichnet man Bäume üblicherweise von der Wurzel abwärts.

Bei dem unten dargestellten Baum ist der Knoten 3 ein Elternknoten der Knoten 5 und 6. Die Knoten 2, 3 und 4 sind Kinder von 1.

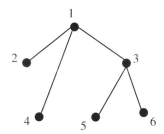

Bei diesem Baum liegt der Knoten mit Etikett 1 auf Ebene 0, die Knoten 2, 3 und 4 auf Ebene 1 und die Knoten 5 und 6 auf Ebene 2. Die Höhe des Baumes ist 2.

❖

Der **Verzweigungsgrad** (*out degree*) eines Knotens ist die Anzahl seiner Kinder. Ein **Binärbaum** (*binary tree*) ist ein Baum, dessen Knoten höchstens den Verzweigungsgrad 2 haben.

Beispiel 13.1.2. Der Baum B des vorigen Beispiels ist kein Binärbaum, da die Wurzel Verzweigungsgrad 3 hat.   ❖

Ein wichtiges Einsatzgebiet von Bäumen ist die Organisation des Datenzugriffs in Datenbanksystemen. Speichert man eine Menge von Schlüsseln so in den Knoten eines Binärbaums, daß alle Schlüssel jeweils im linken Teilbaum kleiner und im rechten größer sind als der Schlüssel des Wurzelknotens, so läßt sich eine besonders effiziente Suche organisieren.

Bäume treten auch als **Strukturbäume** (*parse trees*) von Ausdrücken auf. Dabei wird im Elternknoten das Operationssymbol gespeichert, und die Kindknoten sind die Wurzeln von Teilbäumen, die die Argumente repräsentieren. Der rekursive Aufbau von Ausdrücken spiegelt sich dabei in der rekursiven Struktur des Strukturbaums wider.

Beispiel 13.1.3. Der Ausdruck $1 + 2 * 3$ hat den folgenden Strukturbaum:

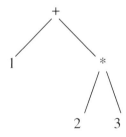

13.2 Graphen und Bäume

Wir haben hier Bäume als eine *Verallgemeinerung* von Listen definiert. Man kann Bäume aber auch als einen *Spezialfall* einer anderen für die Informatik sehr wichtigen Datenstruktur definieren, nämlich der eines Graphen.

13.2.1 Gerichtete Graphen

Ein (gerichteter) **Graph** (*directed graph*) ist ein Paar $\langle E, K \rangle$, bestehend aus einer nicht leeren Menge E von Ecken oder **Knoten** (*vertices, nodes*) und einer Menge K

von **Kanten** (*edges*). Dabei ist die Menge der Kanten K eine binäre Relation auf E, also $K \subseteq E \times E$ (vgl. Kap. 15.3). Ein Knoten kann ein **Etikett** (*label*) und weitere Informationen enthalten.

Die Kanten können als Verbindungen zwischen den als kleine Kreise dargestellten Ecken visualisiert werden. Die Richtung der Kanten wird i. a. durch einen Pfeil angegeben.

Beispiel 13.2.1. Der (gerichtete) Graph G mit den Knoten $\{1, 2, 3, 4, 5, 6\}$ und den verbindenden Kanten $\{(1, 2), (1, 5), (2, 3), (2, 4), (3, 4)\}$ kann zum Beispiel wie folgt dargestellt werden.

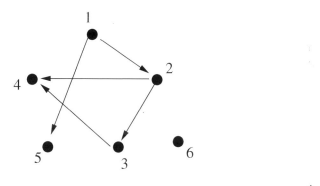

❖

13.2.2 Ungerichtete Graphen

Ist die Relation K der Kanten eines Graphen $\langle E, K \rangle$ symmetrisch, so ist mit $(e_1, e_2) \in K$ auch $(e_2, e_1) \in K$. Die durch die Kanten ausgedrückte Beziehung ist also gegenseitig. Ein Graph mit dieser Eigenschaft ist ein **ungerichteter Graph** (*undirected graph*). Bei einem ungerichteten Graphen genügt die Angabe von einer der Beziehungen (e_1, e_2) bzw. (e_2, e_1); die andere ist damit automatisch gegeben. Bei der Visualisierung von ungerichteten Graphen können die Kanten ohne Pfeile gezeichnet werden.

Beispiel 13.2.2. Der (ungerichtete) Graph G mit den Knoten $\{1, 2, 3, 4, 5, 6\}$ und den verbindenden Kanten

$$\{(1, 2), (1, 5), (2, 3), (2, 4), (3, 4)\} \cup \{(2, 1), (5, 1), (3, 2), (4, 2), (4, 3)\}$$

kann wie folgt dargestellt werden.

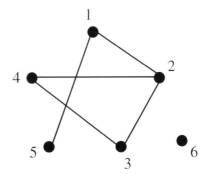

13.2.3 Bäume als ungerichtete Graphen

Die Kanten sind die Verbindungen der Knoten im Graphen. Ein **Pfad** (*path*) ist eine Folge von Knoten, die durch Kanten verbunden sind.

Ein (ungerichteter) Graph ist dann ein Baum, wenn es zwischen je zwei beliebigen Knoten genau einen Pfad gibt.

Beispiel 13.2.3. Der Graph G aus Beispiel 13.2.2 war offensichtlich kein Baum, da mehrere Knoten durch mehr als einen Pfad verbunden sind, wie zum Beispiel die Knoten 1 und 3, oder die Knoten 2 und 4. Außerdem gibt es Knoten, die nicht durch einen Pfad verbunden sind, wie zum Beispiel 1 und 6.   ❖

Mit Graphen können Beziehungsgeflechte zwischen Objekten (Knoten) in allgemeiner Form repräsentiert werden. Es gibt eine Vielzahl von Algorithmen, die auf Graphen operieren, wie z. B. zum Berechnen des kürzesten Pfades zwischen zwei Knoten. In dieser Einführung beschränken wir uns aber auf den Spezialfall der Bäume und verweisen für den allgemeinen Fall auf die Literatur, z. B. auf (Cormen et al., 1990).

13.3 Eigenschaften von Bäumen

Ein Binärbaum heißt **voll**, falls alle inneren Knoten den Verzweigungsgrad 2 haben. Ein voller Binärbaum heißt **vollständig**, falls alle Blätter den gleichen Level haben.

Beispiel 13.3.1. Der linke Baum ist voll, da alle inneren Knoten zwei Kinder haben. Er ist aber nicht vollständig, da nicht alle Blätter die gleiche Distanz zur Wurzel haben. Der rechte Baum ist vollständig. Alle Blätter sind auf Ebene 3.

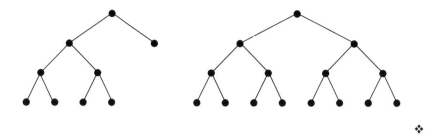

Lemma 13.3.1. *Ein Baum mit n Knoten hat $n - 1$ Kanten.*

Beweis: Jede Kante verbindet einen Knoten mit dem Elternknoten. Außer dem Wurzelknoten ist jeder Knoten durch eine Kante mit seinem Elternknoten verbunden. Also muß die Anzahl Kanten genau um eins kleiner sein als die Anzahl Knoten. ∎

Lemma 13.3.2. *Ein vollständiger Binärbaum der Höhe n hat 2^n Blätter.*

Beweis: Wir führen den Beweis mit Induktion über die Höhe des Baumes. Ein Baum der Höhe 0 hat genau $1 = 2^0$ Blätter.

Um einen vollständigen Baum der Höhe $n + 1$ zu bauen, braucht man zwei vollständige Bäume der Höhe n und einen neuen Wurzelknoten. Die beiden Teilbäume der Höhe n haben nach Induktionsannahme je genau 2^n Blätter. Zusammen hat der neue Baum (mit Höhe $n + 1$) also $2 \cdot 2^n = 2^{n+1}$ Blätter. ∎

Lemma 13.3.3. *Ein vollständiger Binärbaum der Höhe n hat $2^{n+1} - 1$ Knoten.*

Beweis: Die Anzahl Knoten eines vollständigen Binärbaumes der Höhe n ist $1 + 2 + 4 + \cdots + 2^n$. Es gilt aber:

$$\sum_{k=0}^{n} 2^k = 2^{n+1} - 1$$

∎

Hieraus folgt, daß bei einem vollständigen Binärbaum etwas mehr als die Hälfte aller Knoten Blätter sind.

13.4 Implementierung von Bäumen

Ein Knoten eines Binärbaumes kann wie folgt als generische Klasse (d. h. mit allgemeinen Daten vom Typ Object) realisiert werden:

```
package tree;

/**
 * Class for Nodes of a generic binary tree.
 */
class Node {
  Node left;
  Node right;
  Object data;
  // constructors
  Node(Object a) {
     data=a; left=right=null; }
  Node(Object a, Node l, Node r) {
     data=a; left=l; right=r; }
}
```

Wir kapseln die Klasse Node in einem Paket Tree. Deshalb können wir den Namen Node verwenden, den wir auch als Klassennamen für Knoten einer generischen Liste verwendet haben.

Wir geben der Klasse und den Konstruktoren die Standard-Zugriffsrechte, da auf Knoten direkt nur innerhalb des Pakets zugegriffen werden soll und von außen ein Zugriff auf Binärbäume über die unten beschriebene kapselnde Klasse für Bäume vom Typ Tree erfolgen soll.

Ein Knoten hat also eine Referenz auf das linke und einen auf das rechte Kind.

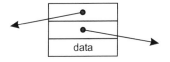

Auch die Blätter haben die Referenzen left und right. Diese werden zum Beispiel auf null gesetzt. Dadurch kann der Baum jederzeit vergrößert werden, indem weitere Knoten an die Blätter gehängt werden.

Die Klasse Tree kapselt die Knotenstruktur eines Baumes durch eine Referenz auf die Wurzel des Baumes. Dadurch können Baum-Methoden in Tree statt in Node definiert werden (Node kann vielleicht für andere Datenstrukturen wiederverwendet verwenden), und der leere Baum hat eine Repräsentation als nicht-leeres Objekt (statt nur durch die Referenz null). Tree kann etwa wie folgt implementiert sein:

```
package tree;
/**
 * Class for a generic binary tree.
 */
public class Tree {
  protected Node root;

  /**
   * Constructor for empty tree.
   */
  Tree() { root=null;}
  /**
   * Constructs a tree with new root node rn.
   */
  Tree(Node rn) {
   root = rn;
  }
  /**
   * Checks whether this tree is empty.
   */
  public boolean isEmpty() {
    return (root==null);
  }
  // weitere Methoden siehe unten
}
```

13.5 Baumdurchläufe

Bäume können auf verschiedene Arten durchlaufen werden, um ihre Knoten zu besuchen (*tree traversal*). Wir werden drei verschiedene rekursive Verfahren mit **Tiefensuche** (*depth-first-search*) und dann ein (nichtrekursives) Verfahren mit **Breitensuche** (*breadth-first-search*) vorstellen.

Typischerweise wird beim Durchlaufen auf jedem Knoten eine Aktion ausgeführt, z. B. das Ausdrucken des Datenelements.

13.5.1 Aktionsobjekte für generische Baumdurchläufe

Wir wollen möglichst generische Durchlaufverfahren entwerfen, die mit der konkreten Aktion parametrisiert werden können. Wie in den in Kapitel 8.6.5 behandelten Beispielen wählen wir ein Aktionsobjekt NodeActionInterface als Parameter, das eine Funktion action(Node) kapselt. Als Schnittstelle zu dem Aktionsobjekt benutzen wir also folgendes interface.

```
package tree;
/**
 * Interface consisting of functions
 * which operate on the nodes of a tree.
 */
```

```
interface NodeActionInterface {
  /**
   * Abstract function whose realizations
   * operate on tree nodes.
   */
  public void action(Node n);

  // evtl. weitere Funktionen
}
```

Wenn p ein formaler Parameter vom Typ NodeActionInterface ist und n ein Parameter oder eine Variable vom Typ Node, dann können wir also in den Methoden zum Baumdurchlauf Anweisungen der Form

$$p.action(n);$$

verwenden.

Der formale Parameter vom Referenztyp NodeActionInterface der unten angegeben Funktionen wird beim Aufruf dieser Funktionen durch ein Objekt instantiiert, dessen Typ eine Klasse ist, die das Interface NodeActionInterface implementiert.

Beispiel 13.5.1. Sei der aktuelle Typ von NodeActionInterface die unten skizzierte Klasse NodePrintAction, dann ist action durch eine Funktion realisiert, die das Objekt auf System.out ausgibt.

```
package tree;

public class NodePrintAction
  implements NodeActionInterface {

  /**
   * Sample implementation of action.
   */
  public void action(Node n) {
    System.out.print(n.data.toString());
  }
}
```

❖

Beispiel 13.5.2. In Beispiel 13.5.1 benötigte die Klasse, die das Interface NodeActionInterface implementiert, keinen Zustand. Das folgende Aktionsobjekt soll die Anzahl der inneren Knoten zählen und nutzt dazu ein Zustandsfeld counter.

```
package tree;
public class CountInnerNodes
      implements NodeActionInterface {
  public int counter; // state field
                      // to count nodes
```

```
/**
 * action: count inner nodes
 */
public void action(Node n) {
  if (n.left!=null || n.right!=null) counter++;
}
}
```

Beispiel 13.5.3. Sei ein Strukturbaum gegeben, dessen Knoten die Symbole eines arithmetischen Ausdrucks jeweils als String enthalten (vgl. Beispiel 13.1.3). Eine typische Aktion ist das Drucken des Symbols. Die Art des Baumdurchlaufs bestimmt dann das Aussehen des ganzen Ausdrucks. Ein passendes Aktionsobjekt wäre vom Typ NodePrintAction (vgl. Beispiel 13.5.1). ❖

13.5.2 Präorder-Sequenz

Das abstrakte Verfahren zum Durchlauf in Präorder lautet folgendermaßen:

1. Betrachte die Wurzel des Baums (und führe eine Operation auf ihr aus).
2. Durchlaufe den linken Teilbaum.
3. Durchlaufe den rechten Teilbaum.

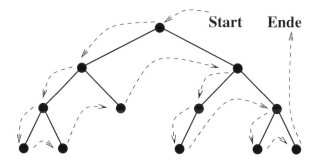

```
package tree;

public class Tree {
  protected Node root;
  // ...

  /**
   * Applies the function p.action to any node
   * of the tree in preorder sequence.
   */
```

```
public void preorder(NodeActionInterface p){
  if (root == null)          // empty tree?
    return;

  // init
  Tree leftTree =
    new Tree(root.left);     // left subtree
  Tree rightTree =
    new Tree(root.right);    // right subtree

  // work
  p.action(root);        // visit node: apply function
  leftTree.preorder(p);      // left recursion
  rightTree.preorder(p);     // right recursion
  }

}
```

Beispiel 13.5.4. Ein Baumdurchlauf für den in Beispiel 13.1.3 gegebenen Strukturbaum in Präorder mit der Operation *Drucke Symbol* erzeugt folgende Ausgabe:

$$+\ 1\ *\ 2\ 3$$

❖

Die Wiedergabe eines Strukturbaums für einen Ausdruck mit Präorder entspricht der
polnischen Notation (*Polish notation*) für Ausdrücke.

Wollen wir keinen rekursiven Aufruf für die Tiefensuche verwenden, brauchen
wir einen Stack, auf dem wir uns die zu behandelnden Knoten für später merken.
Wir könnten hierfür analog zur Klasse TStack aus Kap. 7.8 eine spezielle Klasse NodeStack erstellen. Wir wollen an dieser Stelle aber einmal die generische
Klasse Stack aus dem Paket java.util heranziehen. Den generischen Stack
von Elementen vom Typ Object benutzen wir also für Elemente vom Typ Node.
Da die Methode pop ein Objekt vom Typ Object zurückliefert, überprüfen
wir mittels des instanceof-Operators, ob es sich tatsächlich um einen Node
handelt und spezialisieren es dann auch syntaktisch zu einem Node. Da wir vor
dem Aufruf der Methode pop testen, ob der Stack leer ist, kann die Ausnahme EmptyStackException nicht vorkommen. Die üblichen Java-Compiler
können eine solche Analyse jedoch nicht durchführen und verlangen auch in solchen
Fällen eine explizite Ausnahmebehandlung – es sei denn, es handelt sich wie hier
um eine ungeprüfte Ausnahme (*unchecked exception*), die ohnehin nicht unbedingt
behandelt werden muß. Dazu gehört auch die Klasse EmptyStackException,
da sie eine Unterklasse von RuntimeException ist.

```
package tree;

public class Tree {
  protected Node root;
  // ...
```

```
/**
 * Applies the function p.action to any node
 * of the tree in preorder sequence.
 * Non-recursive version of the method.
 */
public void preorderNonRecursive(NodeActionInterface p){
  java.util.Stack stack =
    new java.util.Stack();

  stack.push(root);           // Initialize
  while (!stack.isEmpty()) {
    Object tmp = stack.pop();
    if (tmp != null && tmp instanceof Node)
      // empty tree?
      // instanceof error must not happen
      {
        Node tmpn = (Node) tmp;
        p.action(tmpn);        // visit node:
                               // apply function
        stack.push(tmpn.right); // right subtree
        stack.push(tmpn.left);  // left subtree
      }
  }
}
```

13.5.3 Postorder-Sequenz

Beim Durchlaufen eines Baumes in der Postorder-Reihenfolge (*leftmost-innermost*)
geht man rekursiv wie folgt vor:

1. Durchlaufe den linken Teilbaum.
2. Durchlaufe den rechten Teilbaum.
3. Betrachte die Wurzel dieses Baums (und führe eine Operation auf ihr aus).

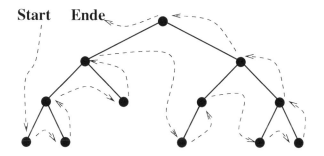

```
package tree;
public class Tree {
  protected Node root;
  // ...

  /**
   * Applies the function p.action
   * to any node of the tree in postorder
   * sequence.
   */
  public void postorder(NodeActionInterface p){
    if (root == null)          // empty tree?
      return;

    // init
    Tree leftTree =
      new Tree(root.left);     // left subtree
    Tree rightTree =
      new Tree(root.right);    // right subtree

    // work
    leftTree.postorder(p);     // left recursion
    rightTree.postorder(p);    // right recursion
    p.action(root);  // visit node: apply function
  }
}
```

Bei diesem Verfahren betrachtet man zuerst die Elemente, die möglichst links und möglichst weit weg von der Wurzel liegen.

Beispiel 13.5.5. Ein Baumdurchlauf für den in Beispiel 13.1.3 gegebenen Strukturbaum in Postorder mit der Operation *Drucke Symbol* erzeugt folgende Ausgabe:

$$1 \quad 2 \quad 3 \quad * \quad +$$

Die Wiedergabe eines Strukturbaums für einen Ausdruck mit Postorder entspricht der **umgekehrten polnischen Notation** (*reverse Polish notation*) für Ausdrücke.

13.5.4 Inorder-Sequenz

Beim Durchlaufen eines Baumes in der Inorder-Reihenfolge geht man rekursiv wie folgt vor:

1. Durchlaufe den linken Teilbaum.
2. Betrachte die Wurzel dieses Baums (und führe eine Operation auf ihr aus).
3. Durchlaufe den rechten Teilbaum.

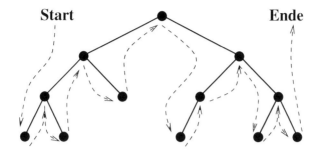

```
package tree;
public class Tree {
  protected Node root;
  // ...

  /**
   * Applies the function p.action
   * to any node of the tree in inorder
   * sequence.
   */
  public void inorder(NodeActionInterface p){
    if (root == null)       // empty tree?
      return;

    // init
    Tree leftTree =
      new Tree(root.left);  // left subtree
    Tree rightTree =
      new Tree(root.right); // right subtree

    // work
    leftTree.inorder(p);  // left recursion
    p.action(root);    // visit node:
                       // apply function
    rightTree.inorder(p) // right recursion

  }
}
```

Beispiel 13.5.6. Ein Baumdurchlauf für den in Beispiel 13.1.3 gegebenen Struktur-baum in Inorder mit der Operation *Drucke Symbol* erzeugt folgende Ausgabe:

$$1 + 2 * 3$$

13.5.5 Levelorder-Sequenz

Beim Durchlaufen eines Baumes Schicht für Schicht (*levelorder*) geht man wie folgt vor (vgl. Budd (1994)): Starte bei der Wurzel (Ebene 0). Bis die Höhe des Baumes erreicht ist, setze die Ebene um eins höher und gehe von links nach rechts durch alle Knoten dieser Ebene.

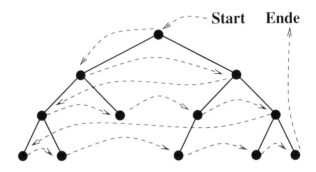

Bei diesem Verfahren geht man nicht zuerst in die Tiefe, sondern die Strategie heißt **Breite zuerst** (*breadth first*). Dies kommt besonders bei **Suchbäumen** (*search tree*) zum Einsatz, deren Knoten Spielpositionen und deren Kanten Spielzüge darstellen (z. B. für Schach, Dame etc.). Wir suchen dann im Baum eine Gewinnstellung, die in möglichst wenigen Zügen erreichbar ist. Solche Suchbäume sind sehr tief und werden daher nur begleitend zur Suche Schicht für Schicht generiert, bis der gesuchte Knoten gefunden wurde. Der Einfachheit halber werden wir aber in der Folge von einem bereits generierten Baum ausgehen.

Um der Breite nach durch einen Baum zu wandern, müssen wir uns alle Knoten einer Ebene merken. Diese Knoten speichern wir in einer Warteschlange (*queue*) ab, so daß wir später auf sie zurückgreifen können. Die Warteschlange kann allerdings sehr lang werden. Im schlimmsten Fall erhält sie eine Länge von $n/2$ bei n Knoten – die Anzahl der Blätter eines vollständigen Binärbaums.

Bei den rekursiven Methoden `preorder`, `inorder` oder `postorder` wird der (implizit oder explizit) verwendete Stack maximal so groß wie die Tiefe des bei der Rekursion betrachteten Baumes. Dieser ist – wie wir unten genauer zeigen werden – um eins tiefer als der zu durchlaufende Baum selbst. Damit ist die maximale Tiefe $1 + \log_2 n$.

Die Java 2 Sammlungsklassen (*collections*) im Paket `java.util` enthalten inzwischen auch eine generische Klasse `LinkedList` für doppelt verkettete Listen. Diese können auch als generische Warteschlangen benutzt werden, da eine Methode `addLast` vorhanden ist. Wir wollen hier jedoch einmal unsere Warteschlangen aus Kapitel 7.9 verwenden. Die Klasse `Queue` implementiere eine generische Warteschlange von Elementen vom Typ `Object`.

```
package tree;
public class Tree {
  protected Node root;
  // ...

  /**
   * Applies the function p.action
   * to any node of the tree in levelorder
   * sequence.
   */
  public void levelorder(NodeActionInterface p){
    Queue queue = new Queue();
    queue.append(root);

    while( !queue.isEmpty()) {
      Object tmp = queue.get();
      if( tmp != null && tmp instanceof Node)
        // empty tree?
        // instanceof error must not happen
        {
          Node tmpn = (Node) tmp;

          p.action(tmpn);                // apply function
          queue.append(tmpn.left);       // left subtree
          queue.append(tmpn.right);      // right subtree
        }
    }
  }
}
```

13.5.6 Optimierung der Baumdurchläufe

Speicheroptimierung. In unseren rekursiven Baumdurchläufen sind wir von Klassenmethoden von Tree ausgegangen. Vor den rekursiven Aufrufen mußten wir daher jeweils aus den Knotenstrukturen wieder Teilbäume vom Typ Tree erzeugen mit den Anweisungen

```
Tree leftTree = new Tree(root.left);
Tree rightTree = new Tree(root.right);
```

In der Praxis ist dieser Aufwand nicht zu vertreten, da für n Knoten zusätzlich n Tree-Objekte erzeugt und wieder zerstört werden. In unseren Java-Programmen ist der Aufwand hierfür im wesentlichen der für das Erzeugen und Zerstören von n Referenzvariablen auf dem Laufzeitstapel und von n Node-Objekten für die Wurzeln der Bäume auf dem Heap. Obwohl sich dies auf die asymptotische Komplexität der Durchläufe nicht auswirkt, ist dies trotzdem ein erheblicher Mehraufwand für zusätzlichen Speicher (und an Rechenzeit), den wir relativ leicht vermeiden können. Wir können die Baumdurchläufe nämlich optimieren, indem wir nur eine **Mantelprozedur** (*jacket*) in Tree vorsehen, die eine private rekursive Hilfsmethode aufruft, die auf Knotenstrukturen arbeitet.

```
package tree;

public class Tree {
  protected Node root;
  // ...

  public void preorder(NodeActionInterface f){
    traversePreorder(root, f); }

  private void traversePreorder(Node n,
                                NodeActionInterface f)
    { // trivial case
      if (n == null) return;
      // Action
      f.action(n);
      // Recursion
      traversePreorder(n.left, f);
      traversePreorder(n.right, f);
  }
}
```

Zeitoptimierung. Betrachten wir nochmals die rekursiven Baumdurchläufe. Für jeden Knoten gibt es einen Prozeduraufruf. Außerdem gibt es je einen Aufruf für die nicht vorhandenen Nachfolger aller Knoten. Der Baum der Prozeduraufrufe ist also um eins tiefer als der zu durchlaufende Baum selbst. Somit werden mehr als doppelt so viele Aufrufe gemacht wie eigentlich nötig wären. Falls wir vor dem rekursiven Aufruf (zum Beispiel in `traversePreorder`) testen,

```
if (n.left!=null) traversePreorder(n.left, f);
```

ist die Rekursionstiefe nur noch so hoch wie der gegebene Baum. Allerdings haben wir dann in der Prozedur einen (außer zu Beginn) unnötigen Test

```
if( n == null) return;
```

Man kann das Problem mit einer zweiten Prozedur

```
traversePreorderNonEmpty()
```

lösen, welche nur aufgerufen wird, wenn der Baum nicht leer ist. Die erste Prozedur `traversePreorder()` wird also nur noch zu Beginn der Rekursion benutzt, d. h. sie ist eine Mantelprozedur. In unserem Fall können wir diesen Mantel mit der Methode `preorder` aus `Tree` zusammenlegen.

```
package tree;
public class Tree {
  protected Node root;
  // ...

  public void preorder(NodeActionInterface f){
    if (root == null) return; // empty tree
    else traversePreorderNonEmpty(root, f);
  }
```

```
   private void traversePreorderNonEmpty
                    (Node n,
                     NodeActionInterface f)
   { // Non-trivial case!
     // Action
     f.action(n);
     // Recursion
     if (n.left != null)
       traversePreorderNonEmpty(n.left, f);
     if (n.right != null)
       traversePreorderNonEmpty(n.right, f);
   }
 }
```

Mit einem Test, ob ein Knoten ein Blatt ist, kann man den Rekursionsbaum offensichtlich analog um eine weitere Ebene verkürzen.

13.6 Übungen

Aufgabe 13.1. Erstellen Sie eine Klasse CountAction, die das Interface NodeActionInterface implementiert. Sie soll zwei Variablen für die Anzahl der Knoten mit einem bzw. zwei Nachfolgern und die Methoden int getOneSucc() und int getTwoSucc(), die die Werte dieser Variablen zurückgeben, enthalten. Die Implementierung der action-Methode, die im Interface beschrieben wird, soll beim Zählen der Nachfolgerknoten des als Parameter übergebenen Knotens die Werte der Variablen entsprechend erhöhen.

Aufgabe 13.2. Man beweise: Durch die Zeitoptimierung in Abschnitt 13.5.6 werden $n + 1$ rekursive Aufrufe vermieden, wenn n die Anzahl der Knoten des Baumes ist.

Hinweis: Man ergänze den Baum um fiktive Knoten, die null-Nachfolger darstellen. Man ermittle die Anzahl der Kanten in diesem Baum, und daraus rückschließend die Anzahl der Knoten. Man vergleiche mit n.

Aufgabe 13.3. Implementieren Sie eine Klasse für generische Bäume, deren Knoten allgemeinen Verzweigungsgrad haben können.

Hinweis: Statt die Liste der Kinder eines Knotens in einem Array von Referenzen auf Knoten zu repräsentieren, kann diese auch sehr kompakt dadurch dargestellt werden, daß jeder Knoten neben einer Referenz auf den Kopf der Liste der Kinderknoten auch eine Referenz auf den nächsten Geschwisterknoten enthält. Die Klasse für Knoten ist dann sehr ähnlich zu der bei Binärbäumen; im Methodenteil der Baumklasse – etwa der Methode preorder – ist aber zu beachten, daß die zwei Referenzen auf Knoten, die jedes Knotenobjekt enthält, anders zu interpretieren sind als die Referenzen left und right der Knotenklasse von Binärbäumen.

14. Hashing

14.1 Einleitung

In vielen Anwendungen benötigt man eine dynamisch veränderliche Menge von Objekten, in welcher man möglichst effizient Elemente einfügen, löschen und suchen kann. Die allgemeinsten Datenstrukturen hierfür wären Listen oder Bäume, bei denen allerdings der Zugriff relativ langsam ist. Reihungen gestatten schnellen Zugriff, sind aber ungeeignet für dynamisches Wachstum oder für dünn besetzte Funktionen, bei denen es innerhalb eines großen Indexbereichs nur wenige Elemente zu speichern gibt.

Streuspeicherverfahren (**Hash-Verfahren**) bestehen aus einer **Hash-Funktion** (*hash function*) und einer **Hash-Tabelle** (*hash table*). Die Hash-Funktion bildet Objekte auf ganze Zahlen (*hash codes*) ab, die als numerische **Schlüssel** (*key*) zur Identifikation der Objekte benutzt werden. Die Hash-Tabelle dient zum Speichern der Objekte unter ihrem Schlüssel.

Allgemeiner ist man an nicht-numerischen Schlüsseln interessiert, also an Abbildungen von Objekten zu Objekten. Man spricht hier auch von **Übersetzungstabellen** oder **Wörterbüchern** (*dictionaries*). Um ein Objekt unter einem allgemeinen Schlüssel (z. B. einem String) auffinden zu können, kann man das Paar ⟨Schlüssel, Objekt⟩ in einer Hash-Tabelle unter dem Hash-Code des Schlüsselobjekts speichern.

Das einfachste Beispiel für eine Hash-Tabelle ist ein Array, in dem Objekte mit ihrem numerischen Schlüssel als Index gespeichert werden. Dies ist dann ausreichend, wenn die Abbildung von Objekten zu Schlüsseln injektiv ist und wenn wir genügend Platz haben, um ein Array für so viele Objekte anzulegen, wie es mögliche Schlüssel gibt.[1] Dies ist für injektive Schlüssel sehr oft nicht der Fall, da die Objekte nicht dicht liegen, sondern der Schlüsselbereich *dünn besetzt* ist. Deshalb wählt man Schlüsselfunktionen, die den Indexbereich verdichten und die daher oftmals nicht injektiv sind, d. h. es werden möglicherweise mehrere Objekte auf denselben Schlüssel abgebildet. Diese (hoffentlich seltenen) Kollisionen behandelt man mit

---

[1] Wir nehmen an, daß der Schlüsselbereich der Hash-Funktion ein zusammenhängender Bereich ist, der die Indexmenge eines Arrays sein kann. Man kann zwar jeden Schlüsselbereich auf einen zusammenhängenden Bereich erweitern, das benötigte Array müßte dann aber noch größer sein.

speziellen Überlaufverfahren, z. B. indem man unter jedem Schlüssel eine Liste von Objekten organisiert.

Beispiel 14.1.1. Wir verwalten eine Mitarbeiterdatenbank. Als Schlüssel für den Zugriff in der Datenbank benutzen wir zur Verdichtung den Anfangsbuchstaben des Nachnamens, der wiederum der alphabetischen Reihenfolge entsprechend auf die Zahlen von 1 bis 26 abgebildet wird.

Anton Wagner	W	$\mapsto$	23
Doris Bach	B	$\mapsto$	2
Doris May	M	$\mapsto$	13
Friedrich Dörig	D	$\mapsto$	4

Dann können wir ein Array der Länge 26 anlegen, mit dem wir auf jeden Mitarbeiter direkt zugreifen können, falls keine zwei Nachnamen von Mitarbeitern mit dem gleichen Anfangsbuchstaben beginnen.

Im allgemeinen Fall müssen z. B. unter HT[4] nun alle Mitarbeiter zu finden sein, deren Nachnamen mit „D" beginnt. Verfahren, um auch in diesem Fall eine einzelne Person zu finden, werden in Abschnitt 14.3 besprochen.

Der Zugriff auf alle Mitarbeiter mit gleichem Anfangsbuchstaben hängt aber in jedem Fall nicht mehr von der Anzahl der Mitarbeiter mit anderen Anfangsbuchstaben ab.   ❖

14.2 Hash-Funktionen

Allgemein gesprochen ist eine Hash-Funktion eine Abbildung

$$h : \text{Menge der Objekte} \to \mathbb{N} \quad (\text{oder } \mathbb{N}^k) \quad .$$

Ziel ist das Codieren von komplizierten Objekten durch „Zerhacken" (*hashing*) in eine kleine Zahl, die als Schlüssel dienen kann. Damit kann einem Objekt s ein Speicherplatz HT[h(s)] in einer Hash-Tabelle HT zugewiesen werden.

Beispiel 14.2.1. Der String „Doris Bach" wurde im letzten Beispiel zu 2 codiert: $h(\text{„Doris Bach"}) = 2$. In der Hash-Tabelle HT steht an der Stelle HT[2] der Verweis auf das gesuchte Datenobjekt von *Doris Bach*.   ❖

Oft möchte man, daß die Hash-Funktion vom gesamten Objekt abhängt, so daß sich möglichst der Schlüssel ändert, falls sich irgendein Teil des Objekts ändert.

Bei Zeichenketten sollte die Hash-Funktion also von jedem Zeichen abhängen und nicht nur etwa vom ersten oder letzten Zeichen. Hierzu können wir die Zeichenreihe zunächst als große Zahl ansehen, die aus der Verkettung der Zahlenwerte für die Einzelzeichen besteht (vgl. Kapitel 2.5.3).

Beispiel 14.2.2. Die Codierung des Wortes INFO entspricht dann der Zahl

Zeichen	I	N	F	O
ASCII	49_{16}	$5E_{16}$	46_{16}	$5F_{16}$

oder zusammengesetzt $49\,5E\,46\,5F_{16}$.

Hierbei haben wir für jedes Zeichen nur das untere Byte des Unicode betrachtet (in dem der ASCII Wert gespeichert ist) und diese Bytes haben wir zu einem Wort aneinandergefügt. ❖

Würden wir das Zahl-Äquivalent einer Zeichenreihe direkt als deren Schlüssel nehmen, so bräuchten wir offensichtlich ein sehr langes Array (für 4 Zeichen schon ca. den ganzen mit 32 Bit adressierbaren Speicher). Deswegen verkürzen wir die Zahl noch durch Reduktion modulo m (für eine geeignete Zahl m), damit die Hash-Tabelle höchstens von der Länge m sein muß.

Beispiel 14.2.3. Wenn wir die Zahl 83 als Modulus nehmen, so erhalten wir für die Zeichenreihe INFO den Schlüssel

$$495E465F_{16} \text{ modulo } 83_{10} = 1230915167_{10} \text{ modulo } 83_{10} = 18_{10} \quad .$$

❖

Bei längeren Zeichenreihen, z. B. INFORMATIK, ist das Zahl-Äquivalent länger als 32 Bit (bzw. 64 Bit), so daß es nicht mehr als `int` (oder `long`) repräsentiert werden kann, d. h. die Berechnung von

$$\texttt{Zahl(INFORMATIK)} \; \% \; \texttt{m}$$

ist nicht mehr direkt als Java-Ausdruck möglich. Wir müssen zuerst eine algebraische Umformung vornehmen.

Wir wissen, daß jedes Unicode-Zeichen in 16 Bit codiert ist, daß aber ASCII-Zeichen nur das untere Byte belegen. Für ASCII-Zeichen können wir also unser Zahl-Äquivalent z betrachten als

$$Z = \text{'I'} \cdot (256)^9 + \cdots + \text{'T'} \cdot (256)^2 + \text{'I'} \cdot (256)^1 + \text{'K'} \cdot (256)^0 \quad ,$$

weil jede Multiplikation mit 256 einer Verschiebung um 8 Bit nach links entspricht. (Für 16 Bit Unicode-Zeichen nimmt man statt $256 = 2^8$ die Basis $65536 = 2^{16}$.) Wir wollen `Z % m` berechnen. Wir wissen aus der Algebra, daß

$$(a + b) \text{ modulo } m = ((a \text{ modulo } m) + (b \text{ modulo } m)) \text{ modulo } m \quad ,$$

sowie

$$(a * b) \text{ modulo } m = ((a \text{ modulo } m) * (b \text{ modulo } m)) \text{ modulo } m \quad .$$

Nun können wir Z im Horner-Schema schreiben als

$$Z = (\cdots((\text{'I'} \cdot 256 + \text{'N'}) \cdot 256 + \text{'F'}) \cdot (256) + \cdots) \cdot 256 + \text{'K'}$$

und die Reduktionen modulo m fortlaufend in den Teilausdrücken vornehmen:

$$Z\%m = (\cdots((' \mathtt{I}' \cdot 256 + ' \mathtt{N}')\%m) \cdot 256 + ' \mathtt{F}')\%m \cdots)) \cdot 256 + ' \mathtt{K}')\%m$$

Die Einzelreduktionen sind alle in 32 Bit machbar. Wir erhalten in Java folgendes Code-Fragment:

```
String s = "INFORMATIK";
int z = 0;
for (int i=0; i<s.length(); i++)
  z=(z*256 + s.charAt(i)) % m;
```

In Java wie auch in C++ wird char in arithmetischen Ausdrücken implizit zu int konvertiert (*integral promotion*).

Im allgemeinen gibt es gute und schlechte Werte für m. Im Beispiel führt $m = 256$ dazu, daß nur das letzte Zeichen direkt den Schlüssel bestimmt. Eine gute Wahl von m bildet gleichmäßig auf alle Werte im Bereich $0 \ldots m-1$ ab und betrachtet dazu alle Zeichen des Strings. Üblicherweise führen Primzahlen für m zu guten Hash-Funktionen.

In (Stroustrup, 1993, Sec. 3.1.3) wird eine verwandte Hash-Funktion benutzt: statt das neue Zeichen zu addieren, bildet man das Exklusiv-Oder mit dem unteren Teil des schon berechneten Zwischenwertes; dies entspricht einer bitweisen Addition ohne Überträge. Statt

```
z = ( (z<<8) + s.charAt(i) ) % m
```

berechnet man also

```
z =( (z<<1) ^ s.charAt(i)) % m
```

Man schiebt dabei z nur 1 Bit nach links, wodurch die oberen Bits dauernd herausfallen. Ganz zum Schluß reduziert man z modulo m, wobei m jetzt nicht prim zu sein braucht.

14.3 Kollisionsbehandlung

Ist h (auf dem relevanten Definitionsbereich) nicht injektiv, so kommt es zu **Kollisionen** (*collisions*). Das bedeutet, daß verschiedene Elemente mit dem gleichen Schlüssel existieren:

$$\exists s_1, s_2 : h(s_1) = h(s_2)$$

Zur Behandlung von Kollisionen gibt es verschiedene Verfahren.

14.3.1 Separates Ketten

Hier bildet man an jedem Eintrag der Hash-Tabelle eine lineare Liste der Objekte mit gleichem Hash-Wert. Man sucht also Objekt O in der Liste HT[hash(O)] mit einem üblichen Suchverfahren.

14.3.2 Offenes Adressieren

Hat man wenige Objekte und eine große Tafel, so nutzt man freie Plätze in HT, statt separate Ketten aufzubauen. Ist HT[hash(O)] schon belegt, so sucht man den nächsten freien Platz in HT und trägt O dort ein. Bei der Suche nach O vergleicht man O mit HT[hash(O)]. Falls O dort nicht ist, vergleicht man zyklisch mit HT[hash(O)+1] usw. bis man entweder O gefunden hat, eine Lücke gefunden hat oder wieder bei HT[hash(O)] angekommen ist. Andere, kompliziertere Offset-Verfahren vermeiden, daß es in HT zu Häufungsstellen kommt.

14.4 Hash-Tabellen in Java

Java trägt der großen Bedeutung von Hash-Tabellen schon im Klassen-Design Rechnung: Die Klasse Object, die ja Basisklasse einer jeden Klasse ist, enthält eine virtuelle Methode hashCode, die einen int-Wert zurückgibt. Für jedes Objekt in Java ist also eine Hash-Funktion definiert, die dem Objekt einen numerischen Schlüssel zuordnet. Durch Überschreiben von hashCode() in einer abgeleiteten Klasse kann man spezielle Hash-Funktionen für diese Zuordnung implementieren.

Die Klasse Hashtable aus dem Paket java.util greift auf diese Methode zu und ist damit durch sie implizit parametrisiert. Die Klasse Hashtable löst aber ein etwas allgemeineres Problem als die Hash-Tabellen, die von uns weiter oben diskutiert wurden: Sie implementiert eine **Abbildung** (*map*) einer Menge von Schlüssel-Objekten in eine Menge von Wert-Objekten. Die Schlüssel einer Klasse, die das zugehörige Java-Interface Map aus dem Paket java.util implementiert, sind also allgemeine Objekte, nicht nur numerische Schlüssel wie bei unseren bisherigen Hash-Tabellen.

Das Interface Map im Paket java.util spezifiziert die Zuordnungsbeziehung von Schlüssel-Objekt zu Wert-Objekt. Für jeden Schlüssel darf höchstens ein Wert vorhanden sein und ein Schlüssel darf nicht mehrfach vorkommen. Diese Spezifikation entspricht genau der einer endlichen, partiellen Funktion (vgl. Kap. 15.4). Das Interface Map kann mit unseren Hash-Tabellen dadurch implementiert werden, daß man das Wert-Objekt unter dem Hash-Code des Schlüssel-Objekts ablegt.

Die Klasse Hashtable ist Bestandteil von Java seit dem JDK 1.0, wo sie die abstrakte Basisklasse Dictionary erweiterte. Ein Wörterbuch (*dictionary*), auch Übersetzungtabelle genannt, spezifiziert ebenfalls eine Abbildung aus einer Menge von Schlüssel-Objekten in eine Menge von Element-Objekten. Das Interface Map wurde hingegen erst im JDK 1.2 eingeführt. Die Klasse Hashtable wurde im JDK 1.2 so nachgerüstet, daß sie auch Map implementiert. Die abstrakte Basisklasse Dictionary existiert zwar noch, ist aber nun obsolet. (Dictionary bezeichnet u. a. mit element, was Map mit value bezeichnet.)

Beispiel 14.4.1.

1. Einem Lieferantennamen, gegeben als String, soll eine Lieferantennummer zugeordnet werden, die ebenfalls als String gegeben ist.

2. Einem Kundennamen soll die Liste der offenen Rechnungen (als Listenobjekt) zugeordnet werden.

Die Java-Klasse `Hashtable` implementiert das Java-Interface `Map`. Die Schnittstelle `Map` spezifiziert u. a. folgende Methoden:

`Object put(Object key, Object value)`
> Legt `value` in der `Map` unter `key` ab. Falls schon ein Element dem `key` in der `Map` zugeordnet war, so wird dieses überschrieben. Das Ergebnis ist dieses bisher dort abgelegte Element oder `null`, falls es kein solches gab.

`Object get(Object key)`
> Das Ergebnis ist das Element, das in der `Map` unter `key` gespeichert ist.

`Object remove(Object key)`
> Löscht das unter `key` abgelegte Element und gibt es zurück. Falls es kein zu `key` gehörendes Element gab, wird `null` zurückgegeben.

Zur Realisierung der Methoden in `Hashtable` wird vom Schlüssel-Objekt zuerst ein numerischer Hash-Code berechnet. Das Schlüssel-Objekt wird in der Hash-Tabelle unter seinem Hash-Code abgelegt und dort mit dem Wert-Objekt verknüpft. Falls es zum Hash-Code mehrere Schlüsselobjekte gibt, vergleicht man sie mit dem gesuchten Schlüssel über die in `Object` definierte Methode `equals`.

Beispiel 14.4.2. Wir benutzen die Klasse `Hashtable` aus `java.util` als Hash-Tabelle für die Mitarbeiter aus Beispiel 14.1.1. Die Namen sind als Objekte vom Typ `String` gegeben. Als Hash-Funktion soll die standardmäßig für alle Objekte definierte Methode `hashCode` verwendet werden, die in der Klasse `String` neu definiert ist.

Der Schlüssel zu einem Namen soll also die ganze Zahl sein, die durch die Methode `hashCode` gegeben ist. Da `hashCode` ein `int` als Rückgabewert hat, wir für die Schlüssel jedoch eine Klasse benötigen, nehmen wir die zugehörigen Elemente der Hüll-Klasse `Integer` als Schlüssel.

```
import java.util.*;
public class HashtableTestSimple {
  public static void main(String[] args) {
    Hashtable table = new Hashtable();

    // Trage Mitarbeiter in
    // Hashtable table ein.
    String s;
    Integer k;

    s = "Anton Wagner";
    k = new Integer(s.hashCode());
    table.put(k, s);
```

```
s = "Doris Bach";
k = new Integer(s.hashCode());
table.put(k, s);

s = "Doris May";
k = new Integer(s.hashCode());
table.put(k, s);

s = "Friedrich Dörig";
k = new Integer(s.hashCode());
table.put(k, s);

// Einige Tests
Integer key;
String s1, s2;

s1 = "Doris May";
key = new Integer(s1.hashCode());

Object e; // get has return value of type object
e = table.get(key);
if (e == null)
  System.out.println(
    "Kein zu "
    + key
    + " gehörendes Element vorhanden!");
else {
  s2 = (String) e;
  System.out.println("Gefundenes Element zu " +
                key + ": " + s2);
  }
 }
}
```

Dieses Beispiel soll nur zur grundsätzlichen illustration dienen, setzt aber Hash-Verfahren nicht sonderlich effizient ein: Der interne Index in der Hash-Tabelle ergibt sich aus hashCode des Schlüsselobjektes k. Für s werden also zweimal Hash-Codes berechnet, neben s.hashCode() auch (s.hashCode()).hashCode(). ❖

Beispiel 14.4.3. Wir wollen die Klasse Hashtable aus java.util benutzen, um einen Mitarbeiter anhand des Geburtsdatums schnell wiederfinden zu können.

Zur Darstellung des Geburtsdatums möchten wir auf die Klasse Date aus Kapitel 7 zurückgreifen. Hierzu müssen wir jedoch bei der Klasse Date die Methoden equals und hashCode überschreiben: Die Implementierung von equals in der Basisklasse Object liefert genau dann true zurück, wenn es sich um das gleiche Objekt handelt, d.h. die Methode gibt den Wahrheitswert des Operators == angewandt auf die *Referenzen* der Objekte zurück. Wir wollen aber, daß zwei durchaus unterschiedliche Objekte, die das gleiche Datum repräsentieren, durch die Methode equals als gleich definiert werden. Wenn die Methode equals in einer Klasse überschrieben wird, dann muß die Methode hashCode ebenfalls entsprechend überschrieben werden, damit zwei Objekte den gleichen Hash-Code zugeordnet bekommen, wenn sie durch `equals` als gleich definiert worden sind.

Wir definieren auch noch einen Konstruktor mit der Signatur `Date(int d, int m, int y)`, um bei der Erzeugung von Datums-Objekten direkt Konstanten wie `12` oder `1975` verwenden zu können, ohne diese explizit im aufrufenden Programm zu `byte` oder `short` konvertieren zu müssen.

```java
public class  Date {
//...
// Attribute und Methoden wie zuvor

  // Zusätzlicher Konstruktor
  public Date(int d, int m, int y){
    day = (byte) d; month = (byte) m; year = (short) y; }

  // Überschreibe Methode equals aus Basisklasse Object
  /**
   * A Date is equal to an Object if it is
   * a Date representing the same date.
   */
  public boolean equals(Object obj) {
     if (!(obj instanceof Date))
       return false;
     return ( ((Date) obj).day == day &&
              ((Date) obj).month==month &&
              ((Date) obj).year==year);
  }

  // Überschreibe Methode hashCode aus Basisklasse Object
  public int hashCode() {
     return day+month*32+year*1024;
} }


public class HashtableTest {
  public static void main(String[] args) {
    java.util.Hashtable table = new java.util.Hashtable();
    String s;
    Date d;
    // Trage Daten in Tabelle ein
    s = "Anton Wagner";
    d = new Date(12,2,1960);
    table.put(d, s);

    s = "Doris Bach";
    d = new Date(27,4,1970);
    table.put(d, s);

    s = "Doris May";
    d = new Date(24,12,1973);
    table.put(d, s);
```

```
    s = "Friedrich Dörig";
    d = new Date(1,1,1953);
    table.put(d, s);
    // Suche einen Mitarbeiter mit Geburtstag 27.04.1970
    Date sd = new Date(27,4,1970);
    String sr;

    Object e; // get has return value of type object
    e = table.get(sd);
    if (e == null)
      System.out.println(
        "Kein zu " + sd
        + " gehörendes Element vorhanden!");
    else {
      sr = (String) e;
      System.out.println("Gefundenes Element zu " +
                    sd + ": " + sr);
} } }
```

Die Ausgabe des Hauptprogramms der Klasse `HashtableTest` ist dann:

```
Gefundenes Element zu 27.4.1970: Doris Bach
```

Bislang sind wir stillschweigend davon ausgegangen, daß es keine zwei Mitarbeiter mit gleichem Geburtsdatum gibt. Diese Annahme gilt natürlich nicht allgemein. Wenn es mehrere Mitarbeiter mit gleichem Geburtsdatum gibt, so finden wir nur den zuletzt mit der `put`-Methode eingetragenen, da dieser Eintrag den vorhergehenden in der `Hashtable` überschreibt. Die put-Methode liefert einen Wert zurück, den wir bislang nicht abgefragt haben: Der Rückgabewert von `put` ist `null`, falls es noch keinen Eintrag in der Tabelle mit diesem Schlüssel gibt, sonst ist es die Referenz auf das Objekt des zuletzt in der Tabelle zu diesem Schlüssel gespeicherten Wertes – in unserem Fall also des Mitarbeiters mit gleichem Geburtsdatum. Nach der Deklaration einer Hilfsvariable `aux` vom Typ `Object` sollten wir statt der einfachen Aufrufe von `table.put(d, s);` besser folgende Anweisungen verwenden:

```
aux=table.put(d, s);
if (aux!=null){
  // Behandlung des Sonderfalles:
  // es gibt schon Mitarbeiter mit Geburtsdatum d.
  // Referenz auf diesen zuvor eingetragenen
  // Mitarbeiter liegt in aux vor.
}
```

Hier stellt sich die Frage, wie dieser Sonderfall behandelt werden soll. Es könnte z. B. ein Ausnahmeobjekt geworfen werden, da eine Situation vorliegt, die der Spezifikation einer `Map` widerspricht: Ein Schlüssel kann auf höchstens einen Wert abgebildet werden. ❖

14.5 Übungen

Aufgabe 14.1. Gegeben sei eine Menge von Elementen $E = \{januar, februar, maerz, april, mai, juni, juli, august, september, oktober, november, dezember\}$, eine Menge von Schlüsseln (bzw. Hash-Codes) $H = \{0, 1, \ldots, 16\}$ sowie eine Abbildung $f : \{a, \ldots, z\} \longrightarrow \{1, \ldots, 26\}$ mit $f(a) = 1, \ldots, f(z) = 26$.

1. Berechnen Sie die Werte der folgenden Hash-Funktionen:
    a) $h_1 : E \longrightarrow H$ mit $h_1(e) = (f(2.\text{Buchstabe von } e) + f(3.\text{Buchstabe von } e) + 1) \bmod 17$
    b) $h_2 : E \longrightarrow H$ mit $h_2(e) = (f(1.\text{Buchstabe von } e) + f(2.\text{Buchstabe von } e) + 3) \bmod 17$
    Wieviele Kollisionen treten jeweils auf?

2. Bestimmen Sie für die Hash-Funktion $h_3 : E \longrightarrow H$ mit
    $h_3(e) = (\gamma \cdot f(1.\text{Buchstabe von } e) + \gamma \cdot f(2.\text{Buchstabe von } e) + f(3.\text{Buchstabe von } e)) \bmod 17$
    die Konstante $\gamma \in I\!N$ so, daß keine Kollisionen auftreten.

3. Die Elemente sollen in der Reihenfolge *dezember, november, ..., januar* in den Datenspeicher mit den Adressen $\{0, \ldots, 16\}$ entsprechend der von der Hash-Funktion h_2 generierten Hash-Codes eingetragen werden. Stellen Sie die zugehörige Hash-Tabelle auf. Verschieben Sie bei Kollisionen die Adresse solange um die Konstante $c = 2$, bis Sie eine freie Adresse finden (bei Überlauf mod 17 rechnen).

4. Geben Sie eine Hash-Funktion $h_4 : \{braun, rot, blau, violett, orange\} \longrightarrow \{0, \ldots, 4\}$ an, die keine Kollisionen verursacht.

Aufgabe 14.2. Wieviele Personen sind nötig, damit die Chance, daß zwei von ihnen am selben Tag Geburtstag feiern können, größer als 50% ist? Sie können dabei vereinfachend annehmen, daß die Chance eines Geburtstages bei allen Tagen des Jahres die gleiche ist.

Teil IV

Theoretische Grundlagen

15. Mathematische Grundlagen

15.1 Einleitung

Wie jede Ingenieur-Wissenschaft benutzt die Informatik die Mathematik, um ihren Modellen und Aussagen Präzision zu verleihen. Anders als bei anderen Ingenieurwissenschaften stehen bei der Informatik mehr die *diskrete Mathematik* und die *Logik* und weniger die Analysis im Vordergrund (die Analysis ist aber für die Anwendungen eminent wichtig). Mit Begriffen wie Mengen, Relationen, Abbildungen, Graphen, etc. modelliert die Informatik ihre Rechen- und Datenstrukturen. Mit Begriffen der mathematischen Logik spezifiziert und beweist sie (wenn möglich automatisch, nach einem Kalkül!).

> *Si daretur vel lingua quaedam exacta ... omnia, quae ex datis ratione assequi, invenire possent quodam genere calculi.*[1]

Dieser Zukunftstraum von Leibniz, durch eine exakte Sprache alle Vernunftschlüsse auch mittels eines Kalküls mechanisch vollziehen zu können, wurde erst in den 30er Jahren des 20. Jahrhunderts durch die Arbeiten von Gödel und Turing als *im allgemeinen* nicht realisierbar bewiesen.

Wir haben uns hier der gängigen Interpretation der Ideen von Leibniz angeschlossen, deren Verwirklichung durch die Unentscheidbarkeits- und Unvollständigkeitsresultate von Turing und Gödel als nicht durchführbar nachgewiesen wurden. Interessanterweise ist es aber z. B. gerade Gödel selbst, der die Ideen von Leibniz in einem etwas anderen Sinne versteht und deren Realisierung er nicht ausschließen will; vgl. hierzu etwa (Wang, 1987).

Für die Eigenschaften von Programmen, die sich ja formal beschreiben lassen, können Unentscheidbarkeitsresultate sehr präzise formuliert werden. Zum Beispiel gilt der folgende sehr allgemeine Satz.

Satz 15.1.1 (von Rice). *Jede nicht-triviale Aussage über das Laufzeitverhalten von Programmen ohne Eingabeparameter ist unentscheidbar.*

Beweis: Siehe etwa (Hopcroft und Ullman, 1979). ∎

---

[1] G. W. Leibniz (1646–1716), *De scientia universali seu calculo philosophico*; zitiert nach (Bauer und Goos, 1992, S. 288).

Eine Aussage A über das Laufzeitverhalten eines Programms ohne Eingabeparameter ist nicht-trivial, falls es sowohl ein Programm P_W gibt, für das diese Aussage A gilt, als auch ein Programm P_F, für welches die Aussage A nicht gilt.

Im allgemeinen sind wir an Programmen interessiert, für die Eingabewerte angegeben werden können. Indem auf geeignete Weise Variablen gesetzt werden, kann zu jedem Programm für eine konkrete Eingabe ein entsprechendes Programm ohne Eingabeparameter konstruiert werden.

Beispiel 15.1.2.

– *Für jede Variable v, die im Programm P vorkommt, gilt $v = v$.*
  Diese Aussage ist für alle Programme wahr, also ist sie trivial.
– *Für jede Variable v, die im Programm P vorkommt, gilt, daß sie einmal während der Programmausführung den Wert 5 enthält.*
  Man kann Programme konstruieren, für die diese Aussage gilt. Es gibt aber auch Programme, für die diese Aussage nicht gilt. Also ist sie nicht trivial. Der Satz von Rice sagt, daß man kein Programm schreiben kann, welches als *Eingabeparameter ein beliebiges Programm* nimmt, und für dieses berechnet, ob jede Variable einmal während der Programmausführung den Wert 5 enthält.
– *Das Programm P terminiert für alle Eingabewerte.* Es gibt Programme, welche immer terminieren. Es gibt aber auch Programme, welche nicht immer terminieren, also ist die obige Aussage nicht-trivial.
  Dann gilt also wie vorher nach dem Satz von Rice: Es gibt kein universelles Verfahren, welches ein beliebiges Programm P als Eingabe nimmt und als Resultat ausgibt, ob P terminiert. Das heißt, Termination ist unentscheidbar.

Trotzdem ist die Situation nicht hoffnungslos, da für bestimmte, interessante Programme gewisse Eigenschaften, wie zum Beispiel die Termination, durchaus entschieden werden können.

Die Informatik hat größtes Interesse daran, von den wolkigen Problembeschreibungen zu präzisen Modellen und Spezifikationen zu kommen und Aussagen wie Termination, Speicherverbrauch, Rechenzeitverbrauch oder die Korrektheit von Programmen (bzgl. einer Spezifikation) zu beweisen. Zur Einführung in diese Methoden benötigen wir das folgende theoretische Rüstzeug aus der Mathematik.

15.2 Mengen

Wir führen zunächst die folgende Notation für die Mengenlehre ein: Für eine (endliche) Menge A, bestehend aus den Elementen a_1, a_2, a_3, ... schreiben wir

$$A = \{a_1, a_2, a_3, \dots\}$$

Das Zeichen $\in$ bedeutet *ist Element von*, entsprechend bedeutet $\notin$ *ist kein Element von*. Die leere Menge bezeichnen wir mit $\emptyset$ (oder auch $\{\,\}$). Die Bezeichungen $\subseteq$ (bzw. $\subset$) stehen für *ist Teilmenge von*, bzw. *ist echte Teilmenge von*. $\cup$ und $\cap$ steht für *vereinigt* (Vereinigung von Mengen) und *geschnitten mit* (Durchschnitt von Mengen). Das Zeichen $\setminus$ steht für die Differenz zweier Mengen.

Beispiele von Mengen sind die **natürlichen Zahlen** $\mathbb{N} = \{0, 1, 2, 3, \ldots\}$, die **ganzen Zahlen** $\mathbb{Z} = \{\ldots, -3, -2, -1, 0, 1, 2, 3, \ldots\}$ oder die positiven ganzen Zahlen $\mathbb{N}_+ = \{1, 2, 3, \ldots\}$.

Das **Cartesische Produkt** $A \times B$ zweier Mengen A und B ist definiert als

$$A \times B \;:=\; \{(a, b) \mid a \in A, b \in B\} \quad .$$

Allgemein definieren wir für $n \geq 2$ und Mengen $A_1, \ldots, A_n$ ihr n-faches Cartesisches Produkt wie folgt:

$$A_1 \times \cdots \times A_n \;:=\; \{(a_1, \ldots, a_n) \mid a_i \in A_i\} \quad .$$

Dabei heißt $(a_1, \ldots, a_n)$ ein n-Tupel. Für eine Menge A und eine natürliche Zahl n definieren wir

$$A^0 \;:=\; \{()\}, \qquad A^1 \;:=\; \{(a) \mid a \in A\}, \qquad A^n \;:=\; \overbrace{A \times \cdots \times A}^{n} \quad ,$$

wobei $\{()\}$ die Menge mit einzigem Element $()$ (dem leeren Tupel) darstellt.

Für eine (endliche) Menge A bezeichnen wir mit $|A|$ die Anzahl ihrer Elemente (**Mächtigkeit**, *cardinality*). Die **Potenzmenge** von A ist die Menge

$$\mathcal{P}(A) \;:=\; \{B \mid B \subseteq A\} \quad .$$

Für endliche Mengen A gilt $|\mathcal{P}(A)| = 2^{|A|}$.

Für eine Menge $B \subseteq A$ ist das **Komplement** (von B bzgl. A) definiert als

$$\overline{B} \;:=\; A \setminus B \quad .$$

Sei A eine Menge und B_1 und B_2 Teilmengen von A. Für die Vertauschung von Komplement und Vereinigung (bzw. Durchschnitt) von Mengen gelten die folgenden Gleichungen (de Morgansche Gesetze):

$$\overline{B_1 \cup B_2} \;=\; \overline{B_1} \cap \overline{B_2}$$
$$\overline{B_1 \cap B_2} \;=\; \overline{B_1} \cup \overline{B_2}$$

15.3 Relationen

Relationen sind das mathematische Konzept, mit dem man Beziehungen zwischen Elementen von Mengen ausdrücken kann. Sie sind deshalb für die Informatik wichtig, da das Modellieren von Beziehungen für die Informatik größte Bedeutung hat.

15.3.1 Binäre Relationen

Eine n-**stellige Relation** (n-ary relation) ist eine Teilmenge von $A_1 \times \cdots \times A_n$. Speziell ist eine **binäre Relation** (binary relation) eine Teilmenge $\rho \subseteq A \times B$. Wenn wir im folgenden einfach von einer Relation sprechen, so ist immer eine binäre Relation gemeint. Bei einer binären Relation $\rho \subseteq A \times B$ schreibt man in Infix-Schreibweise auch $a \, \rho \, b$, falls $(a, b) \in \rho$. Falls $\rho \subseteq A \times A$, so sagen wir auch, daß ρ eine Relation auf A sei.

Sei $\rho \subseteq A \times B$ eine Relation. Der **Definitionsbereich** (domain) von ρ ist gleich

$$\mathrm{dom}(\rho) := \{x \in A \mid \text{es gibt } y \in B : (x, y) \in \rho\} \quad .$$

Der **Bildbereich** (range) von ρ ist gleich

$$\mathrm{ran}(\rho) := \{y \in B \mid \text{es gibt } x \in A : (x, y) \in \rho\} \quad .$$

Für n-stellige Relationen kann man die obigen Definitionen entsprechend verallgemeinern. So ist zum Beispiel der Definitionsbereich einer n-stelligen Relation die Menge

$$\mathrm{dom}(\rho) :=$$
$$\{(x_1, \ldots, x_{n-1}) \in A_1 \times \cdots \times A_{n-1} \mid \text{es gibt } y \in A_n : (x_1, \ldots, x_{n-1}, y) \in \rho\}$$

Für zwei binäre Relationen $\rho \subseteq A \times B$ und $\sigma \subseteq B \times C$ ist deren **Komposition** $\sigma \circ \rho \subseteq A \times C$ (σ nach ρ) definiert als:

$$\sigma \circ \rho := \{(a, c) \mid \text{es existiert ein } b \in B \text{ mit } (a, b) \in \rho \text{ und } (b, c) \in \sigma\} \quad .$$

Die **Identitätsrelation** (identity) auf einer Menge A ist gleich $\mathrm{id}_A :=$ $\{(a, a) \mid a \in A\}$

Die **Umkehrrelation** (converse) einer Relation $\rho \subseteq A \times B$ ist diejenige Teilmenge ρ^{-1} von $B \times A$, für welche gilt:

$$\rho^{-1} := \{(b, a) \mid (a, b) \in \rho\} \quad .$$

Eine binäre Relation $\rho \subseteq A \times B$ heißt

– **rechtseindeutig**, genau dann, wenn es für alle $a \in A$ höchstens ein $b \in B$ gibt, so daß $(a, b) \in \rho$

- **linkseindeutig**, genau dann, wenn es für alle $b \in B$ höchstens ein $a \in A$ gibt, so daß $(a, b) \in \rho$

Eine $n + 1$-stellige Relation heißt dementsprechend rechtseindeutig, wenn es für jedes n-Tupel $(a_1, \ldots, a_n) \in A_1 \times \cdots \times A_n$ höchstens ein $b \in B$ gibt, so daß $(a_1, \ldots, a_n, b) \in \rho$. Eine Relation, die rechtseindeutig ist, heißt auch **funktional**.

15.3.2 Äquivalenzrelationen

Eine binäre Relation $\rho \subseteq A \times A$ heißt

reflexiv (*reflexive*), genau dann, wenn $(x, x) \in \rho$ für alle $x \in A$.

symmetrisch (*symmetric*), genau dann, wenn für alle $x, y \in A$ gilt: falls $(x, y) \in \rho$, dann ist auch $(y, x) \in \rho$.

transitiv (*transitive*), genau dann, wenn für alle $x, y, z \in A$ gilt: falls $(x, y) \in \rho$ und $(y, z) \in \rho$, dann ist auch $(x, z) \in \rho$.

Eine Relation ρ ist eine **Äquivalenzrelation**, falls sie reflexiv, transitiv und symmetrisch ist.

Sei ρ eine Äquivalenzrelation auf der Menge A: Für jedes $x \in A$ ist die **Äquivalenzklasse von x modulo** ρ definiert als

$$\{y \in A \mid (x, y) \in \rho\} =: [x]_\rho$$

Wir bezeichnen mit A/ρ den **Quotienten** von A und ρ, das heißt die Menge der Äquivalenzklassen modulo ρ. A/ρ heißt auch die **Partition** von A (durch ρ) denn:

- keine Äquivalenzklasse ist leer, da $x \in [x]_\rho$,
- die Äquivalenzklassen sind wechselseitig disjunkt (ein Element kann nur zu einer Äquivalenzklasse gehören),
- die Vereinigung der Äquivalenzklassen ergibt ganz A.

Die surjektive Funktion $h_\rho : A \to A/\rho$ mit $h_\rho(x) = [x]_\rho$ ist die mit ρ assoziierte **kanonische Funktion**. (Siehe Abschnitt 15.4 für die Definition von „surjektiver Funktion".)

Sei ρ eine Relation auf A. Die Potenzen von ρ sind für jede Zahl $n \geq 0$ definiert als

$$\rho^0 = \mathrm{id}_A = \{(a, a) \mid a \in A\}$$

$$\rho^1 = \rho, \qquad \rho^{n+1} = \rho^n \circ \rho$$

Die Vereinigung

$$\rho^+ = \bigcup_{n \geq 1} \rho^n$$

ist die **transitive Hülle** (*transitive closure*) von ρ auf A und

$$\rho^* = \bigcup_{n \geq 0} \rho^n$$

ist die **reflexive** und **transitive Hülle** von ρ. Man kann zeigen, daß ρ^+ die kleinste transitive Relation auf A ist, die ρ enthält, und ρ^* die kleinste reflexive und transitive Relation auf A ist, die ρ enthält.

Eine Relation ρ auf einer Menge A ist **antisymmetrisch**, genau dann wenn für alle $x, y \in A$ gilt: falls $(x, y) \in \rho$ und $(y, x) \in \rho$, dann ist $x = y$.

15.4 Funktionen

15.4.1 Partielle Funktionen

Seien A und B zwei Mengen. Eine funktionale binäre Relation $\rho_f \subseteq A \times B$ bestimmt eine einstellige **(partielle) Abbildung** oder eine **(partielle) Funktion** f (*map, mapping, partial function*). Da es bei einer rechtseindeutigen Relation zu jedem a aus A für $(a, b) \in \rho_f$ höchstens ein b aus B gibt, schreiben wir normalerweise $f(a) = b$. Die Menge A heißt der **Vorbereich** und B heißt der **Nachbereich** der Funktion f. Wir schreiben dafür $f : A \to B$.

Eine einstellige Funktion kann zum Beispiel auch durch eine Tabelle

x_1	x_2	x_3	x_4	$\cdots$
y_1	y_2	y_3	y_4	$\cdots$

oder durch eine Rechenvorschrift wie zum Beispiel *quadriere die Zahl und addiere 1 dazu* gegeben sein. Es muß bei solchen Funktionsdefinitionen jeweils überprüft werden, ob die Funktion *wohldefiniert* ist, das heißt, ob die zugehörige Relation ρ_f funktional ist.

Wegen der Rechtseindeutigkeit darf es für jedes $a \in \text{dom}(\rho_f)$ nur genau ein $b \in \text{ran}(\rho_f)$ mit $(a, b) \in \rho_f$ (oder mit $f(a) = b$) geben. Das Element a heißt dann ein **Urbild** von b unter f. Wir schreiben dafür auch $a \in f^{-1}(b)$. Hingegen darf ein beliebiges $b \in B$ mehrere Urbilder haben, oder auch gar keines.

15.4.2 Totale Funktionen

Eine partielle Funktion $f : A \to B$ ist **total** genau dann wenn $\text{dom}(f) = A$ (Definitionsbereich = Vorbereich) Eine totale Funktion nennt man oft auch einfach **Funktion**.

15.4.3 Definitions- und Bildbereich von Funktionen

Die vorherigen Definitionen des Definitionsbereichs und des Bildbereichs einer Relation können in natürlicher Weise auf (n-stellige) Funktionen übertragen werden. So ist zum Beispiel der Definitionsbereich einer n-stelligen Funktion $f : A_1 \times \cdots \times A_n \to B$ die folgende Teilmenge aus $A_1 \times \cdots \times A_n$:

$$\{(a_1, \ldots, a_n) \in A_1 \times \cdots \times A_n \mid es\ gibt\ ein\ b \in B\ mit\ (a_1, \ldots, a_n, b) \in \rho_f\}$$

Der Bildbereich ran(f) der Funktion f ist die Menge

$$\{b \in B \mid es\ gibt\ ein\ (a_1, \ldots, a_n) \in A_1 \times \cdots \times A_n\ mit\ (a_1, \ldots, a_n, b) \in \rho_f\}\quad .$$

Beispiel 15.4.1. Sei $A = \{1, 2, 3, 4, 5, 6, 7\}$ und $B = \{1, 2, 3, 4, 5\}$. Wir definieren eine einstellige partielle Funktion f über deren Relation:

$$\rho_f = \{(1, 4), (3, 3), (5, 5), (6, 2), (7, 1)\}$$

Die Wertetabelle von f ist gleich

1	2	3	4	5	6	7
4		3		5	2	1

Die Funktion f ist nicht total auf A, denn es gibt keine Funktionswerte für die Elemente 2 und 4 aus A. Der Definitionsbereich ist also gleich $A \setminus \{2, 4\}$. Die Relation ρ_f ist linkseindeutig, denn jeder Wert aus B wird nur einmal angenommen.

Das Urbild von $1 \in B$ ist gleich 7, das Urbild von 2 ist gleich 6, das von 3 gleich 3, das von 4 gleich 1 und das von 5 gleich 5. ❖

15.4.4 Eigenschaften von Funktionen

Eine Funktion $f : A \to B$ heißt

- **injektiv**, genau dann wenn für alle $a_1, a_2 \in \text{dom}(f)$ aus $f(a_1) = f(a_2)$ folgt, daß $a_1 = a_2$.
- **surjektiv**, genau dann wenn $\text{ran}(f) = B$.
- **bijektiv**, genau dann wenn f injektiv und surjektiv ist.

Die Komposition zweier Funktionen ist wieder eine Funktion, wie man leicht nachrechnen kann. Die Komposition von Funktionen ist **assoziativ**, d.h. für $f : A \to B$, $g : B \to C$, $h : C \to D$ gilt $(h \circ g) \circ f = h \circ (g \circ f)$.

Für injektive Abbildungen $f : A \to B$ definieren wir die **Umkehrfunktion** f^{-1} als die Umkehrrelation von ρ_f, also $\rho_{f^{-1}} := \rho_f^{-1}$. Der Name Umkehrfunktion ist bei injektiven Abbildungen berechtigt, da diese dann ebenfalls eine Abbildung ist. Es gilt:

$$f^{-1} : B \to A \quad \text{wobei} \quad f^{-1}(b) = a \quad \text{falls} \quad f(a) = b \quad .$$

Für bijektive Funktionen $f : A \to B$ ist die Umkehrabbildung ebenfalls eine bijektive Funktion und es gilt $f^{-1} \circ f = \text{id}_A$ und $f \circ f^{-1} = \text{id}_B$.

15.4.5 Charakteristische Funktionen

Sei A eine Menge, $B \in \mathcal{P}(\mathcal{A})$ ein Element der Potenzmenge von A. Die **charakteristische Funktion** von B ist $\chi_B : A \to \{0,1\}$ mit

$$\chi_B(x) := \begin{cases} 1 & falls \quad x \in B \\ 0 & falls \quad x \notin B \end{cases}$$

Beispiel 15.4.2. Sei A die Menge $\{1,2,3,4\}$, dann ist die Potenzmenge von A gleich

$$\mathcal{P}(A) = \{\emptyset, \{1\}, \{2\}, \{3\}, \{4\}, \{1,2\}, \ldots, \{1,2,3,4\}\}$$

Die Wertetabellen der charakteristischen Funktionen von verschiedenen Elementen aus $\mathcal{P}(\mathcal{A})$ sind:

$\chi_\emptyset :$

1	2	3	4
0	0	0	0

$\chi_{\{2,3\}} :$

1	2	3	4
0	1	1	0

$\chi_{\{1\}} :$

1	2	3	4
1	0	0	0

$\chi_{\{1,2,3,4\}} :$

1	2	3	4
1	1	1	1

Jede Menge B aus $B \in \mathcal{P}(A)$ definiert auf diese Weise eindeutig eine Funktion χ_B. Umgekehrt charakterisiert jede Funktion χ_B eindeutig eine Menge $B \in \mathcal{P}(A)$ (die Urbilder von 1 in der Tabelle von χ_B).

Sei χ die Menge aller charakteristischen Funktionen auf $\mathcal{P}(A)$. Wir erhalten auf diese Weise eine injektive und surjektive Abbildung $\Phi : \mathcal{P}(A) \to \chi$, welche jeder Menge $B \in \mathcal{P}(A)$ deren charakteristische Funktion χ_B zuordnet. Die Abbildung $\Phi : \mathcal{P}(A) \to \chi$ ist also bijektiv.   ❖

Funktionen mit dem speziellen Nachbereich Boolean $= \{F, W\}$ (F für falsch, W für wahr, oft auch F für false und T für true) nennt man auch **Prädikate**. Prädikate auf endlichen Mengen können in einem Rechner sehr effizient durch sogenanne **Bit-Vektoren** (*bit vectors*) dargestellt werden. Diese sind Reihungen über dem Datentyp `boolean`.

Beispiel 15.4.3. Ersetzt man bei einer charakteristischen Funktion $\chi_B : A \to \{0,1\}$ die Bildmenge $\{0,1\}$ durch die Menge Boolean $= \{F, W\}$, so erhält man das entsprechende Prädikat.

$$P_B(x) = \begin{cases} W & falls \quad x \in B \\ F & falls \quad x \notin B \end{cases}$$

Damit wird zum Beispiel aus der Funktion $\chi_{\{2,3\}}$ das Prädikat

$P_{\{2,3\}} :$

1	2	3	4
F	W	W	F

❖

15.5 Ordnungen

15.5.1 Partielle und totale Ordnungen

Eine Relation ρ auf A ist eine **Halbordnung** oder partielle Ordnung (*partial order*), genau dann wenn ρ reflexiv, transitiv und antisymmetrisch ist.

Ein Paar $\langle A, \rho \rangle$ aus einer Menge A und einer partiellen Ordnung ρ heißt eine **partiell geordnete Menge**. Normalerweise bezeichnen wir die durch ρ definierte Halbordnung mit $\leq_\rho$ oder einfach mit $\leq$.

Beispiel 15.5.1. Wir betrachten die Relation

$$\rho_1 = \{(x, y) \in A \times A \mid x \text{ teilt } y\} \quad,$$

wobei $A = \{2, 3, \ldots, 9\}$. Die Relation ρ_1 definiert auf A die folgende partielle Ordnung: $2 \leq_{\rho_1} 2$, $2 \leq_{\rho_1} 4$, $2 \leq_{\rho_1} 6$, $2 \leq_{\rho_1} 8$, $3 \leq_{\rho_1} 3$, $3 \leq_{\rho_1} 6$, $3 \leq_{\rho_1} 9$, $4 \leq_{\rho_1} 4$, $4 \leq_{\rho_1} 8, \ldots$

Da die Menge A endlich ist, können wir die Ordnung ρ_1 auf A als **Hasse-Diagramm** darstellen:

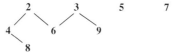

Wir haben hier keine Kante zwischen 8 und 2 eingezeichnet. Um die Übersichtlichkeit zu erhöhen trägt man oftmals in einem Hasse-Diagramm die Kanten nicht ein, die sich aufgrund der Transitivität einer partiellen Ordnung aus den anderen Kanten ergeben. ❖

Gegeben sei eine partiell geordnete Menge $\langle A, \leq \rangle$. $X \subseteq A$ ist eine **Kette**, falls für alle $x, y \in X$, $x \leq y$ oder $y \leq x$ gilt. Eine Halbordnung ist **total** (oder eine **lineare Ordnung**) auf A, genau dann wenn A eine Kette ist. Eine Menge und die auf ihr definierte Ordnung $\geq$ heißen **wohlfundiert** (*well founded*), wenn es keine Teilmenge gibt, die eine unendlich absteigende Kette $\ldots \geq . \geq . \geq \ldots$ bildet.

Ein $b \in X$ heißt **kleinstes Element** von X, falls $b \leq x$ für alle $x \in X$; $m \in X$ heißt **größtes Element** von X, falls $x \leq m$ für alle $x \in X$. Ein $b \in X$ ist **minimal** in X, falls für alle $x \in X$: $x \leq b$ impliziert $x = b$; $m \in X$ ist **maximal** in X, falls für alle $x \in X$: $x \geq m$ impliziert $x = m$.

Minimale und maximale Elemente sind nicht notwendigerweise eindeutig.

Beispiel 15.5.2. Wir betrachten nochmals die vorherige Menge A mit der von ρ_1 induzierten partiellen Ordnung $\leq_{\rho_1}$. Die Teilmenge $\{2, 4, 8\} \subseteq A$ ist eine Kette. Auch die Menge $\{5\}$ ist eine Kette, wenn auch eine sehr kurze. Die Menge $\{2, 3\}$ hat weder ein kleinstes noch ein größtes Element. Die Menge $\{2, 4, 6\}$ hat ein kleinstes Element (die 2) aber kein größtes. In A sind alle Elemente aus $\{2, 3, 5, 7\}$ minimale Elemente bezüglich $\leq_{\rho_1}$ und $\{5, 6, 7, 8, 9\}$ sind die maximalen Elemente von A. ❖

15.5.2 Lexikographische Ordnung

Sei $\langle A, \leq \rangle$ eine partiell geordnete Menge. Die auf A definierte Ordnung induziert auf natürliche Weise eine Ordnung auf n-Tupeln.

Betrachten wir zunächst die Menge der Paare $A \times A$.

Die **lexikographische Ordnung** $\preceq$ induziert durch $\leq$ auf $A \times A$ ist wie folgt definiert:

$$(x_1, x_2) \preceq (y_1, y_2) \text{ falls}$$
$$x_1 = y_1 \text{ und } x_2 = y_2$$
$$\text{oder } x_1 < y_1$$
$$\text{oder } x_1 = y_1 \text{ und } x_2 < y_2$$

Mit dieser Ordnung ist auch $\langle A \times A, \preceq \rangle$ eine partiell geordnete Menge.

Die Definition der lexikographischen Ordnung auf n-Tupeln ist jetzt ganz offensichtlich.

$$(x_1, x_2, \ldots, x_n) \preceq (y_1, y_2, \ldots y_n) \text{ falls}$$
$$x_i = y_i \text{ für } i = 1, \ldots, n$$
$$\text{oder es gibt ein } l \in \{0, \ldots n - 1\} \text{ so daß}$$
$$x_i = y_i \text{ für } i = 1, \ldots, l \text{ und } x_{l+1} < y_{l+1}$$

Falls die Ordnung auf $\langle A, \leq \rangle$ total ist, ist die lexikographische Ordnung auf den Tupelmengen auch eine totale Ordnung.

Beispiel 15.5.3. Die folgenden Tupel sind so geordnet:

$$(1, 2) \preceq (1, 3) \preceq (2, 1) \preceq (4, 0)$$

$$(1, 2, 1, 0) \preceq (1, 3, 2, 0) \preceq (1, 3, 4, 2) \preceq (2, 1, 0, 1)$$

❖

Beispiel 15.5.4. Wir betrachten die Menge der Terme über den Variablen $x_1, \ldots, x_k$. Diese sind von der Form $x_1^{e_1} x_2^{e_2} \cdots x_k^{e_k}$ für $e_i \in \mathbb{N}$. Beispiele für solche Terme sind also $x_1 x_2 \cdots x_k$, $x_1^3 x_2^5$ oder 1 (als $x_1^0 x_2^0 \cdots x_k^0$). Wenn wir die Exponentenvektoren der Terme betrachten (in umgekehrter Form), so induzieren diese eine Ordnung auf diesem Termen.

$$1 \preceq x_1 \preceq x_1^2 \preceq \cdots \preceq x_1 x_2 \cdots x_k \preceq x_1^2 x_2 \cdots x_k \preceq \cdots$$

❖

15.5.3 Multiset-Ordnungen

Sei A eine beliebige Menge. Eine **Mehrfachmenge** (*multi-set, bag*) über A ist eine (ungeordnete) Sammlung von Elementen aus A. Das heißt, Elemente dürfen (im Unterschied zu *normalen* Mengen) mehr als einmal vorkommen. Jedes $a \in A$ hat eine Multiplizität m_a, die Anzahl der Vorkommnisse von a in A.

Beispiel 15.5.5. Sei $A = \mathbb{N}$.

$M_1 = \{0, 3, 3, 3, 4\} = \{3, 3, 3, 0, 4\} \neq \{0, 3, 4\}$
$m_0(M_1) = 1, m_1(M_1) = 0, m_3(M_1) = 3.$ ❖

Sei $\langle A, \leq \rangle$ eine partiell geordnete Menge. Sei $\mathcal{M}(A)$ die Menge aller endlichen Multisets über A. Wir können mit Hilfe der Ordnung $\leq$ aus A eine Ordnung für $\mathcal{M}(A)$ definieren.
Seien $M, M' \in \mathcal{M}(A)$ zwei endliche Multisets über A.

$M' \preceq M$, falls
$\quad M' \setminus Y = M \setminus X$ für $X, Y \subset A$ endlich
$\quad$ und für alle $y \in Y$ gibt es ein $x \in X : y < x$.

Bildhaft ausgedrückt: $M' \preceq M$, falls man in M endlich viele Elemente durch (endlich viele) kleinere Elemente austauschen muß, um M' zu erhalten.

Beispiel 15.5.6. Wir betrachten die Menge der endlichen Multisets über $\langle \mathbb{N}, \leq \rangle$. Es gilt:

$\{0, 2, 2, 2, 2, 3, 3, 4\} \preceq \{0, 3, 3, 3, 4\}$ weil
$\quad \{0, 2, 2, 2, 2, 3, 3, 4\} \setminus \{2, 2, 2, 2\} = \{0, 3, 3, 3, 4\} \setminus \{3\}$ und $2 < 3$.
$\{3, 3, 3, 4\} \preceq \{0, 3, 3, 3, 4\}$ mit
$\quad Y = \emptyset$ und $X = \{0\}$
$\{0, 2, 2, 2, 2, 2, 3, 3, 3, 3, 3\} \preceq \{0, 2, 2, 2, 2, 3, 3, 4\}$ weil
$\quad \{0, 2, 2, 2, 2, 2, 3, 3, 3, 3, 3\} \setminus \{2, 3, 3, 3\} = \{0, 2, 2, 2, 2, 3, 3, 4\} \setminus \{4\}$
$\quad$ und $2 < 4$ und $3 < 4$.

❖

Lemma 15.5.7. *Sei $\langle A, \leq \rangle$ eine wohlfundierte partiell geordnete Menge. Dann ist $\langle M(A), \preceq \rangle$ ebenfalls eine wohlfundierte partiell geordnete Menge.*

Beweis: Wir geben nur die Beweisidee an: Aus einer unendlich absteigenden Kette im Multiset über A läßt sich immer eine unendlich absteigende Kette in $\langle A, \leq \rangle$ konstruieren.   ∎

15.6 Das Prinzip der vollständigen Induktion

Das Prinzip der vollständigen Induktion gleicht dem Dominospiel: Wenn der erste Stein umfällt, und jeder nachfolgende Stein so hinter dem vorherigen Stein plaziert ist, daß dieser ihn umwirft, dann fallen alle Steine um.

Beispiel 15.6.1. Wir wollen mit Hilfe dieser Idee zeigen, daß für alle $n \in \mathbb{N}$ die Gleichung

$$1 + 2 + 3 + \cdots + n = (1/2)\, n(n+1)$$

gilt. Dabei gehen wir wie folgt vor: Wir zeigen zuerst, daß die Gleichung für $n = 1$ richtig ist. Dies stimmt, da $1 = 1/2 \cdot 1 \cdot 2$.

Wir nehmen an, die Gleichung gelte für einen speziellen Wert n, zum Beispiel für k. Dann gilt nach unserer Annahme:

$$1 + 2 + 3 + \cdots + k = (1/2)\, k\,(k+1)$$

Wir können unser Wissen anwenden, um die Summe $1 + 2 + \cdots + (k+1)$ zu berechnen.

$$
\overbrace{1 + 2 + 3 + \cdots + k}^{(1/2)k(k+1)} + (k+1) = 1/2\, k\,(k+1) + (k+1)
$$
$$
= \frac{k(k+1) + 2(k+1)}{2}
$$
$$
= 1/2\,(k+1)(k+2)
$$

Wenn also die Gleichung für k korrekt ist, dann ist sie auch korrekt für $k + 1$.

Wir haben zuerst gezeigt, daß die Gleichung richtig ist für $n = 1$, also ist sie auch richtig für $n = 2$. Aus dem gleichen Grund ist sie auch richtig für $n = 3$, $n = 4, \ldots$ und für alle natürlichen Zahlen größer gleich 1.   ❖

Dieses Beweisprinzip heißt das **Prinzip der vollständigen Induktion**. Allgemein läuft ein **Induktionsbeweis** nach dem folgenden Schema; dabei ist S die Menge der Zahlen, für die die Behauptung gilt:

1. (Induktionsverankerung) Zeige, daß $1 \in S$ gilt.
2. (Induktionshypothese) Annahme: es gilt $k \in S$ für ein beliebiges $k \in \mathbb{N}$.
3. (Induktionsschritt) Zeige mit Hilfe der Annahme, daß $k + 1 \in S$ ist.

15.7 Übungen

Aufgabe 15.1. Schreiben Sie die folgenden Mengen, indem Sie sämtliche Elemente aufzählen:

– $\mathcal{P}(\{0, 1, 2\})$ (die Potenzmenge von $\{0, 1, 2\}$).
– $\{0, 1\}^3 (= \{0, 1\} \times \{0, 1\} \times \{0, 1\})$.
– $\{(x, y, z) \mid x + y = z\} \subseteq \{1, 2, 3, 4\}^3$.

Aufgabe 15.2. Gegeben seien die Mengen $G := \{a, b, c, d, e, f\}$ und die Teilmengen $M := \{a, c, e, f\}$, $N := \{b, c, e\}$ und $K := \{b, e, f\}$ von G. Bestimmen Sie die folgenden Mengen:

$$\overline{M} \cap \overline{N}, \qquad \overline{(\overline{M} \cap N) \cup K}, \qquad \overline{(N \cup K) \cap \overline{(M \cup N)}}.$$

Aufgabe 15.3. Beschreiben sie die folgenden 2-stelligen Relationen, indem Sie sämtliche Paare aufzählen.

- $\rho_1 \subseteq \{1, 2, 3, 4, 5, 6, 7, 8\}^2$ mit: $x \, \rho_1 \, y$ falls x *ist Teiler von* y.
- $\rho_2 \subseteq \{1, 2, 3, 4, 5, 6, 7, 8\}^2$ sei definiert durch: $x \, \rho_2 \, y$ falls $ggt(x, y) \neq 1$.
- $\rho_3 \subseteq \{1, 2, 3, 4, 5, 6, 7, 8\}^2$ sei definiert durch: $x \, \rho_3 \, y$ falls $0 < y - x < 3$.
- $\rho_4 := \rho_2 \circ \rho_3$
- $\rho_5 := \rho_2 \circ \rho_1$
- Untersuchen Sie, welche der Relationen $\rho_1, \ldots, \rho_5$ reflexiv, transitiv, symmetrisch oder antisymmetrisch sind.

Aufgabe 15.4. Sei $\rho \subseteq \mathbb{N} \times \mathbb{N}$ die folgende Relation:

$$\rho := \{(x, y) \mid x \text{ teilt } y \text{ und } y \leq 18\}$$

Berechnen Sie die Relationen ρ^2, ρ^8, und $\rho^+ = \bigcup_{i=1}^{\infty} \rho^i$.

Aufgabe 15.5. Sei $A = \{1, 2, \ldots, 20\}$ und ρ die Relation

$$\rho := \{(x, y) \mid Abs(x - y) \text{ ist teilbar durch } 7\} \subseteq A \times A \quad .$$

Zeigen Sie, daß ρ eine Äquivalenzrelation ist. Berechnen Sie die Äquivalenzklassen von ρ!

Aufgabe 15.6. Es seien die Mengen $A := \{1, 2, 3\}^2$, $B := \{1, 2, 3, 4\}$ und $C = \{1, 2, 3\}$ gegeben. Die Funktion $f : A \longrightarrow B$ sei definiert durch die Relation:

$$\{(1, 1, 1), (1, 3, 3), (2, 1, 4), (2, 3, 3), (3, 2, 2), (3, 3, 3)\}$$

Die Funktion $g : B \longrightarrow C$ sei definiert durch

$$\{(1, 3), (2, 1), (4, 2)\} \quad .$$

- Berechnen Sie die Komposition $h := g \circ f : A \longrightarrow C$.
- Entscheiden Sie, ob die Funktionen f, g und h total, injektiv, und/oder surjektiv sind.

Aufgabe 15.7. Sei $A = \{1, 2, 3, 4\}$, und sei ρ die Relation
$\rho = \{(1, 1), (2, 2), (3, 3), (4, 4), (1, 2)\} \subseteq A \times A$.

- Ist ρ eine Halbordnung?
- Ist ρ eine totale Ordnung?
- Welches sind die minimalen Elemente bzw. das kleinste Element?

Aufgabe 15.8. Sei $\rho \subseteq \{2, 3, 4, 5, 6, 7, 8\}^2$ die Relation, welche definiert wird durch:

$$x \, \rho \, y \quad \text{falls} \ x \text{ ein Teiler von } y$$

- Zeigen Sie, daß ρ eine Halbordnung ist.
- Welches sind die minimalen/maximalen Elemente bezüglich ρ?
- Gibt es ein kleinstes/größtes Element bezüglich ρ?

Aufgabe 15.9. Die Funktion $f : \mathbb{N} \times \mathbb{N} \to \mathbb{N}$ sei durch die folgende rekursive Definition gegeben:

$f(n,0) = 1,$
$f(n,m) = (f(n,m/2))^2$ falls m gerade,
$f(n,m) = n * f(n,m-1)$ falls m ungerade.

- Beweisen Sie mit Induktion, daß f auf ganz $\mathbb{N} \times \mathbb{N}$ definiert ist.
- Beweisen Sie mit Induktion, daß $f(n,m) = n^m$ für alle $n,m \in \mathbb{N} > 0$.

Aufgabe 15.10. Zeigen Sie mit Hilfe von vollständiger Induktion, daß die folgende Funktion $f : \mathbb{N} \times \mathbb{N} \to \mathbb{N}$ total ist.

$$
\begin{aligned}
f(n,0) &= 1 \\
f(0,m) &= 1 \\
f(n,m) &= f(n/2, f(n,m-1)) \text{ falls } n > 0 \text{ und gerade und } m > 0 \text{ ist.} \\
f(n,m) &= f(n-1, f(n,m-1)) \text{ falls } n \text{ ungerade und } m > 0 \text{ ist.}
\end{aligned}
$$

16. Einführung in die Logik

16.1 Einleitung

In dieser Einführung wollen wir auf grundsätzlichere und eher philosophische Fragestellungen – etwa auf die Frage: „Was ist Wahrheit?" –, die in Verbindung mit dem Begriff der Logik gebracht werden können, nicht eingehen, sondern wollen nur auf ein kleines Teilgebiet der *formalen Logik* eingehen. In dieser wird untersucht, wie man formal Schlüsse zieht, oder auch, wie man Aussagen miteinander veknüpfen kann. Ein wichtiges Kennzeichen der formalen Logik ist eine konsequente Trennung von *syntaktischen Begriffen*, wie etwa Formeln oder Beweise, von *semantischen Begriffen* wie Wahrheitswerte oder Modelle. Die syntaktischen Begriffe können im wesentlichen als Zeichenreihen aufgefaßt werden, die nach gewissen „formalen" Regeln aufgebaut sind. Die „Bewertungen" oder „Interpretationen" der syntaktischen Objekte mit Wahrheitswerten oder in „Modellen" stellen die semantische Ebene dar; dabei wird vorausgesetzt, daß es sich bei den semantischen Begriffen um „bekannte Dinge" handelt.

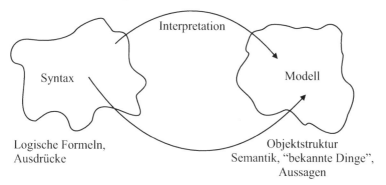

Eine formale Sprache der Logik kann zu einer *Beweistheorie* benutzt werden. Dazu wird ein System von Regeln (*Logikkalkül*) eingeführt, mit welchem aus bekannten Sätzen (Axiomen) neue Sätze (Theoreme) hergeleitet (bewiesen) werden können. Ein Beispiel eines Systems von Regeln, der Hoare-Kalkül, wird in Kapitel 17.2 vorgestellt.

Da die formale Logik nicht selbst zur Begründung von Begriffen wie „Wahrheit" herangezogen wird, sondern wir annehmen, daß es sich bei den Modellen um „bekannte Dinge" handelt, können wir folgende Begriffe im Rückgriff auf die semantische Interpretation der syntaktische Begriffe in den Modellen definieren.

Ein Beweissystem ist **korrekt** falls keine falschen Aussagen hergeleitet werden können. Es ist **vollständig**, wenn alle gültigen (oder wahren) Formeln abgeleitet werden können.

Eine Formelmenge A (Axiomenmenge) heißt **unerfüllbar**, wenn es kein Modell für A gibt. Wenn A zum Beispiel einen Satz der Form $p \wedge \neg p$ enthält, der immer falsch ist, dann kann es kein Modell für A geben.

Eine Formelmenge A heißt **erfüllbar**, falls es ein Modell gibt, in dem alle Formeln aus A wahr (gemacht) werden. Eine Formelmenge heißt **allgemeingültig**, wenn ihre Sätze in allen Modellen wahr sind.

16.2 Die Algebra der Booleschen Wahrheitswerte

Der Bereich *Boolean* der **Booleschen Wahrheitswerte** besteht nur aus den beiden Elementen $\{T, F\}$, (T für true und F für false). Darauf gibt es die logischen Funktionen not, and, or, und imp.

Die Semantik dieser Funktionen ist bestimmt über ihre **Wahrheitstafeln**:

a	b	not(a)	and(a, b)	or(a, b)	imp(a, b)
T	T	F	T	T	T
T	F	F	F	T	F
F	T	T	F	T	T
F	F	T	F	F	T

Ex falso quodlibet: jeder Schluß aus Falschem ist zulässig. Dieser Intuition entspricht, daß der Wahrheitswert der Schlüsse imp(F, T) und imp(F, F) auf T gesetzt wird.

Den Wahrheitswert von zusammengesetzten Booleschen Ausdrücken kann man durch schrittweise Auswertung berechnen.

Beispiel 16.2.1. Wir berechnen den Wahrheitswert des folgenden Booleschen Ausdrucks:

$$
\begin{aligned}
\text{or(not(imp(or}(T, F), F)), \text{and}(F, T)) &= \text{or(not(imp}(T, F)), F) \\
&= \text{or(not}(F), F) \\
&= \text{or}(T, F) \quad = \quad T
\end{aligned}
$$

❖

16.3 Aussagenlogik (*PROP*)

Die **Aussagenlogik** (*propositional calculus*) ist eine besonders einfache Logik. Ihre Objektstruktur (Modell) besteht nur aus den Booleschen Wahrheitswerten $\{T, F\}$. Die Sprache der Aussagenlogik (*PROP*) wird gebildet aus den Funktionszeichen $\neg$, $\wedge$, $\vee$ und $\Rightarrow$.

16.3.1 Die Syntax der Aussagenlogik

Die Menge von wohlgeformten Termen der Aussagenlogik ist wie folgt definiert, vgl. (Gallier, 1986):

Das Alphabet (Zeichensatz) von *PROP* besteht aus

- einer Menge von Variablen x_0, x_1, x_2, ...
- den logischen Funktionszeichen (Junktoren): $\neg$, $\wedge$, $\vee$, $\Rightarrow$
- Hilfssymbolen: "(" und ")"   (*linke und rechte Klammer*).

PROP ist die kleinste Menge von Zeichenreihen über diesem Alphabet so daß

- T und F und alle x_i sind in *PROP*. Dies sind die **atomaren** oder elementaren Formeln E_{PROP}.
- Ist $A \in PROP$, so auch $\neg A$.
- Sind $A, B \in PROP$, so auch $(A \wedge B)$, $(A \vee B)$ und $(A \Rightarrow B)$.
- Eine Zeichenreihe ist nur in *PROP*, falls sie durch endliche Anwendung der obigen Regeln gebildet werden kann.

Beispiel 16.3.1. x_1, $((x_1 \wedge x_2) \vee x_3)$ und $((x_1 \vee x_2) \Rightarrow x_3)$ sind wohlgeformte Terme aus *PROP*.

Hingegen sind $()$, $\vee(x_1 x_2)$ und $(\Rightarrow x_1)$ keine Terme aus *PROP*.   ❖

Nach ihrer Konstruktion können die Terme aus *PROP* als Bäume repräsentiert werden. Für jeden Term $A \in PROP$ ist der zughörige Baum eindeutig festgelegt: das heißt, *PROP*-Terme sind *eindeutig lesbar*.

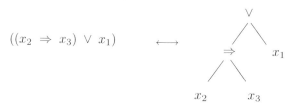

Die eindeutige Termstruktur ist vielfältig nutzbar. Wir können Eigenschaften von *PROP*-Termen durch Induktion über den Termaufbau beweisen.

Dazu benutzt man die Subtermordnung, die auf *PROP*-Termen wohlfundiert ist:

$$A <_{PROP} B \text{ falls der Term } A \text{ ein Teilterm von } B \text{ ist}$$

Beispiel 16.3.2. $x_1 \;\; <_{PROP} \;\; (x_1 \Rightarrow x_2) \;\; <_{PROP} \;\; ((x_1 \Rightarrow x_2) \vee x_3)$ ❖

Mit Hilfe der Subtermordnung kann man mit vollständiger Induktion zeigen:

Lemma 16.3.1. *Jeder Term aus PROP hat gleichviele linke wie rechte Klammern.*

Beweis: Sei $A \in PROP$ beliebig.

Induktionsverankerung: Terme der Form x_i haben keine Klammern, also gilt das Lemma für alle Terme aus E_{PROP}.

Induktionsanname: Jeder Term $B <_{PROP} A$ hat gleichviele linke wir rechte Klammern.

Sei A ein Term aus *PROP*. Wir unterscheiden die folgenden Fälle:

- $A = \neg B$: dann hat A gleichviele Klammern wie B. Da B ein Subterm von A ist, hat B nach Induktionsvoraussetzung gleichviele rechte und linke Klammern.
- $A = (B \wedge C)$: B und C sind Subterme von A und haben deshalb gleichviele rechte und linke Klammern. Also hat auch A gleichviele rechte und linke Klammern.
- $A = (B \vee C)$: wie oben.
- $A = (B \Rightarrow C)$: wie oben.

Nach Definition der Syntax von *PROP* sind dies alle möglichen Fälle.   ∎

16.3.2 Semantik der Aussagenlogik

Wir wollen nun alle Terme in *PROP* mit Hilfe der Struktur *Boolean* = $\{T, F\}$ interpretieren (einen Wert geben). Es gibt zwar unendlich viele *PROP*-Terme, diese haben aber eine induktive Struktur. Deshalb gehen wir ebenfalls induktiv vor. Wir erhalten dadurch eine Regel, mit welcher wir den Wert der (unendlich vielen) *PROP*-Terme bestimmen können.

Unsere *semantische Abbildung*

$$\mu : PROP \to Boolean$$

nennen wir **Bewertung** (*valuation*). Sie wird wie folgt definiert:

1. Wir legen zunächst die Bewertungsfunktion $\overline{\mu}$ für die elementaren Terme $x_0, x_1, \cdots \in E_{PROP}$ fest.
   Es sei x_0 zum Beispiel die Aussage: „Es regnet." Falls dies wahr ist, setzen wir $\overline{\mu}(x_0) = T$, andernfalls setzen wir $\overline{\mu}(x_0) = F$.

2. Die semantische Abbildung μ für zusammengesetzte Terme ist durch die folgenden Regeln definiert:

$$\mu(A) = \begin{cases} \overline{\mu}(x_i), & \text{falls } A = x_i \in E_{PROP} \\ not(\mu(B)) & \text{falls } A = \neg(B) \\ or(\mu(B), \mu(C)) & \text{falls } A = (B \vee C) \\ and(\mu(B), \mu(C)) & \text{falls } A = (B \wedge C) \\ imp(\mu(B), \mu(C)) & \text{falls } A = (B \Rightarrow C) \end{cases}$$

Beispiel 16.3.3. Sei $\overline{\mu}(x_0) = T$, $\overline{\mu}(x_1) = F$, $\overline{\mu}(x_2) = F$. Dann ist

$$\begin{aligned} \mu(\neg(x_0 \Rightarrow x_1) \vee x_2) &= or(\mu(\neg(x_0 \Rightarrow x_1)), \mu(x_2)) \\ &= or(not(\mu(x_0 \Rightarrow x_1)), \mu(x_2)) \\ &= or(not(imp(\mu(x_0), \mu(x_1))), \mu(x_2)) \\ &= or(not(imp(T, F)), F) \\ &= T \end{aligned}$$

❖

Erfüllbarkeit, Unerfüllbarkeit und Allgemeingültigkeit. Ein Term A aus *PROP* heißt **erfüllbar** (*satisfiable*), falls es eine Bewertung $\overline{\mu} : E_{PROP} \to Boolean$ gibt, so daß $\overline{\mu}(A) = T$. A heißt **allgemeingültig** (oder eine **Tautologie**) falls $\overline{\mu}(A) = T$ für jede Bewertung $\overline{\mu} : E_{PROP} \to Boolean$. A heißt **unerfüllbar** falls es keine Bewertung $\overline{\mu} : E_{PROP} \to Boolean$ gibt so daß $\overline{\mu}(A) = T$.

Der Wahrheitswert von A läßt sich einfach ausrechnen, sofern die Wahrheitswerte der elementaren Aussagen in A bekannt sind. Da es nur zwei Wahrheitswerte und endlich viele elementare Aussagen gibt, können auch die Erfüllbarkeit und Allgemeingültigkeit durch einen Algorithmus einfach ausgerechnet werden. Es gibt also einen Algorithmus, welcher zu jeder vorgelegten Formel A ausrechnet, ob sie erfüllbar, unerfüllbar oder allgemeingültig ist: Die Aussagenlogik ist *entscheidbar*.

Für n elementare Aussagen benötigt das Einsetzen und Ausrechnen im wesentlichen 2^n Schritte. Dieses Verfahren ist damit zwar einfach und endlich, aber sehr aufwendig; ein Algorithmus mit polynomialer Laufzeit wäre wesentlich besser. Das Erfüllbarkeitsproblem der Aussagenlogik gehört nun zu der berühmten Klasse der NP-vollständigen Probleme (Garey und Johnson, 1979), für die bisher keine polynomialen Algorithmen bekannt sind. Falls die Vermutung $P \neq NP$ zutrifft, dann kann es auch kein *für alle Fälle* wesentlich besseres Verfahren geben.

Allerdings wurden in jüngerer Zeit **SAT-checker** (*satisfiability checker*) mit sehr mächtigen Heuristiken entwickelt, die in vielen praktisch vorkommenden Fällen auch sehr große Formeln (mit Tausenden von Termen) in nützlicher Frist auf Erfüllbarkeit prüfen können. Küchlin und Sinz (2000) nutzen z. B. solche Verfahren, um Restriktionen bei der Konfiguration und dem Bau von Kraftfahrzeugen zu testen.

Äquivalente Aussagen. Zwei Aussagen A, B heißen **äquivalent**, in Zeichen $A \simeq B$, wenn sie unter allen Bewertungen μ denselben Wahrheitswert haben, also $\mu(A) = \mu(B)$ für alle Variablenbewertungen $\overline{\mu}$. Äquivalenz können wir also bestimmen, wenn wir die Wahrheitstafel für A und B ausrechnen.

Beispiel 16.3.4. Seien $A = ((x_0 \lor \neg x_1) \Rightarrow x_1)$ und $B = ((\neg x_0 \land x_1) \lor x_1)$

x_0	x_1	$x_0 \lor \neg x_1$	$\neg x_0 \land x_1$	$(x_0 \lor \neg x_1) \Rightarrow x_1$	$(\neg x_0 \land x_1) \lor x_1$
F	F	T	F	F	F
F	T	F	T	T	T
T	F	T	F	F	F
T	T	T	F	T	T

Die beiden letzten Spalten haben immer den gleichen Wert, also sind A und B äquivalent. ❖

In Abb. 16.1 sind einige aussagenlogische Äquivalenzen angegeben.

Doppelte Negation:	$(\neg\neg A) \simeq A$
Kommutivität:	$(A \lor B) \simeq (B \lor A)$ $(A \land B) \simeq (B \land A)$
Assoziativität:	$((A \lor B) \lor C) \simeq (A \lor (B \lor C))$ $((A \land B) \land C) \simeq (A \land (B \land C))$
Idempotenz:	$(A \lor A) \simeq A$ $(A \land A) \simeq A$
Absorption:	$(A \lor (A \land B)) \simeq A$ $(A \land (A \lor B)) \simeq A$
Implikation:	$A \Rightarrow B \simeq \neg A \lor B$
Neutralität:	$(A \lor (B \land \neg B)) \simeq A$ $(A \land (B \lor \neg B)) \simeq A$
Distributivität:	$(A \lor (B \land C)) \simeq ((A \lor B) \land (A \lor C))$ $(A \land (B \lor C)) \simeq ((A \land B) \lor (A \land C))$
De Morgan Regel:	$\neg(A \lor B) \simeq (\neg A \land \neg B)$ $\neg(A \land B) \simeq (\neg A \lor \neg B)$

Abb. 16.1. Aussagenlogische Äquivalenzen

Wenn A und B äquivalent sind, kann man in einem *PROP*-Term C einen Subterm A durch den äquivalenten Term B austauschen, ohne daß sich der Wert von C unter einer beliebigen Interpretation ändert. Wir schreiben:

$$\mu(C) = \mu(C_{[A \leftarrow B]})$$

Beispiel 16.3.5. Sei C der Term $C = ((x_2 \Rightarrow ((x_0 \lor \neg x_1) \Rightarrow x_1)) \Rightarrow x_2)$. Da der Term $A = ((x_0 \lor \neg x_1) \Rightarrow x_1)$ zu $B = ((\neg x_0 \land x_1) \lor x_1)$ äquivalent ist, ist C äquivalent zu

$$C_{[A \leftarrow B]} = ((x_2 \Rightarrow ((\neg x_0 \land x_1) \lor x_1)) \Rightarrow x_2).$$

16.4 Prädikatenlogik erster Stufe (*FOPL*)

Die Aussagenlogik hat den Vorteil, daß sie entscheidbar ist. Ihr Nachteil ist aber, daß ihre Aussagekraft stark limitiert ist. In der Aussagenlogik sind nur einfache Aussagen möglich, die durch aussagenlogische Variablen repräsentiert werden können. Aussagen können deshalb keine innere Struktur haben. Es ist nicht möglich, eine Menge von Objekten zu erschaffen und dann über diese Objekte mit Hilfe von Prädikaten verschiedene Aussagen zu machen.

In den Sprachen der Prädikatenlogik erster Stufe *(First Order Predicate Logic)* *(FOPL)* lassen sich dagegen Aussagen über Elemente in Objektstrukturen machen Die *FOPL*-Syntax erlaubt Symbole für Konstanten, Funktionen und Prädikate. Außerdem enthält *FOPL* den Allquantor $\forall$ und den Existenzquantor $\exists$. Damit kann man ausdrücken, daß ein Prädikat für alle Objekte oder für mindestens ein Objekt einer Struktur gilt.

16.4.1 Syntax von *FOPL*

Wir betrachten zuerst, wie wir in *FOPL* Terme und Ausdrücke bilden können. Das Alphabet einer Sprache L der Prädikatenlogik erster Stufe besteht aus den folgenden Symbolen, vgl. (Gallier, 1986):

- Die logischen Zeichen $\wedge$, $\vee$, $\neg$, $\Rightarrow$, die Quantoren: $\forall$, $\exists$ und (normalerweise) das Gleicheitssymbol $=$.
- Variablen: $V = \{ x_0, x_1, x_2, \ldots \}$.
- Hilfsymbole: "(" und ")".
- Einer Menge S_L von zusätzlichen Symbolen:
  - Funktionssymbole $\{ f_0, f_1, f_2, \ldots \}$ mit jeweils zugeordneter Stelligkeit $r \geq 1$.
  - Konstantensymbole $\{ c_0, c_1, c_2, \ldots \}$.
  - Prädikatensymbole $\{ p_0, p_1, p_2, \ldots \}$ mit jeweils zugeordneter Stelligkeit $r \geq 0$

Wir erhalten verschiedene Sprachen, indem wir verschiedene Funktions-, Konstanten- oder Prädikatssymbole zur Sprache dazunehmen.

Die *FOPL*-Ausdrücke unterteilen wir in Terme und in Formeln. Die Menge $TERM_L$ der L-**Terme** wird durch die folgenden Regeln konstruiert:

- Jede Konstante aus S_L und jede Variable ist in $TERM_L$.
- Ist $f \in S_L$ ein Funktionssymbol von Stelligkeit n, und sind $t_1, \ldots, t_n$ Terme aus $TERM_L$, so ist auch $f(t_1, \ldots, t_n)$ ein Term aus $TERM_L$.

Die Menge $ATOM_L$ der **atomaren Formeln** aus L wird durch die folgenden Regeln bestimmt:

- Jedes Prädikatensymbol $p_i \in S_L$ mit Stelligkeit 0 ist in $ATOM_L$.

- Ist $p \in S_L$ ein Prädikatensymbol von Stelligkeit $n > 0$ und sind $t_1, \ldots t_n \in$ $TERM_L$, dann ist auch $p(t_1, \ldots, t_n)$ eine atomare Formel aus $ATOM_L$.
- $t_1 = t_2$ ist in $ATOM_L$.

Die Menge $FORM_L$ der L-Formeln wird durch die folgende Regeln definiert:

- Jede atomare Formel aus $ATOM_L$ ist eine L-Formel.
- Sind A und B L-Formeln, so sind auch $(A \wedge B)$, $(A \vee B)$, $(A \Rightarrow B)$ und $\neg A$ L-Formeln.
- Für eine Variable x und eine L-Formel $A \in FORM_L$ sind auch $(\forall x\, A)$ und $(\exists x\, A)$ in $FORM_L$.

Sei $A(x)$ eine beliebige L-Formel, in der die Variable x vorkommt. Wir sagen, die Variable x kommt **gebunden** in der Formel $\forall x\, A(x)$ und in der Formel $\exists x\, A(x)$ vor. Falls x in der Formel $A(x)$ nicht überall zum Bereich eines Quantors gehört, kommt x **frei** in $A(x)$ vor. Eine Variable kann in einer Formel gleichzeitig sowohl frei als auch gebunden vorkommen. Ein Beispiel ist die Variable x in der Formel

$$x \leq y \;\wedge\; (\exists x\, x \geq y)$$

Die Variable y ist frei in dieser Formel.

Beispiel 16.4.1. Die *FOPL*-Sprache L enthalte die Konstanten 0 und 1, die zweistelligen Funktionszeichen f_+ und f_* und das zweistellige Prädikat $P_>$.

Beispiele für L-Terme sind :

$$f_+(x_4, 0) \quad f_*(1, x_2) \quad f_*(f_+(1,0), x_0)$$

Beispiele für L-atomare Formeln sind:

$$P_>(1, 0) \quad P_>(f_+(0, x_7), 1) \quad P_>(0, f_*(1, x_1))$$

Beispiele für L-Formeln sind:

$$\forall x_1 \big(P_>(0, f_+(1,1)) \;\vee\; P_>(x_1, 1) \big)$$
$$\neg P_>(1, f_+(x_5, 1)) \;\wedge\; \exists x_1\, P_>(x_1, x_2)$$

❖

16.4.2 Semantik von *FOPL*

Anders als bei *PROP* gibt es bei *FOPL* mehrere semantische Bereiche (verschiedene Objektstrukturen). Sogar für eine feste L-Sprache kann es verschiedene semantische Bereiche geben: Wir sprechen dabei von den verschiedenen L-Strukturen.

Grundsätzlich gilt: Die Bedeutung des aussagenlogische Teils von *FOPL* (also die Interpretation von $\wedge$, $\vee$, $\neg$, $\ldots$) bleibt gleich wie in *PROP*. Zusätzlich müssen in einer L-Struktur für jedes Konstanten-, Funktions- bzw. Prädikatssymbol der Sprache L Funktionen und Prädikate (Boolesche Funktionen) passender Stelligkeit existieren. Das Symbol = muß auf die (ontologische) Gleichheit (bzgl. der L-Struktur) abgebildet werden.

Beispiel 16.4.2. Wir wählen die Sprache $L = \{0, 1, f_+, f_*, f_s, P_>\}$.

1. Eine mögliche L-Struktur ist die Menge $\mathbb{N}$ der natürlichen Zahlen mit:
   - den Konstanten $0_{\mathbb{N}}$ und $1_{\mathbb{N}}$,
   - der Addition $+_{\mathbb{N}}: \mathbb{N} \times \mathbb{N} \to \mathbb{N}$,
   - der Multiplikation $*_{\mathbb{N}}: \mathbb{N} \times \mathbb{N} \to \mathbb{N}$,
   - der Nachfolgefunktion $s_{\mathbb{N}}: \mathbb{N} \to \mathbb{N}$
   - und der linearen Ordnung $>_{\mathbb{N}}: \mathbb{N} \times \mathbb{N} \to Boolean$.

   Wir schreiben dafür auch $\langle \mathbb{N}; 0_{\mathbb{N}}, 1_{\mathbb{N}}, +_{\mathbb{N}}, *_{\mathbb{N}}, s_{\mathbb{N}}, >_{\mathbb{N}} \rangle$. Wir schreiben hier jeweils den Index $_{\mathbb{N}}$ (zum Beispiel in $+_{\mathbb{N}}$) dazu, um das abstrakte Additionssymbol und die Addition in $\mathbb{N}$ zu unterscheiden.

   Der Term $f_+(0, x_7)$ wird in $\langle \mathbb{N}; 0_{\mathbb{N}}, 1_{\mathbb{N}}, +_{\mathbb{N}}, *_{\mathbb{N}}, s_{\mathbb{N}}, >_{\mathbb{N}} \rangle$ als

   $$0_{\mathbb{N}} +_{\mathbb{N}} x_7 = x_7$$

   interpretiert.

   Die Formel $\exists x_5 P_>(1, f_+(x_5, 1))$ wird als $\exists x_5 (1_{\mathbb{N}} >_{\mathbb{N}} x_5 +_{\mathbb{N}} 1_{\mathbb{N}})$ interpretiert.

2. Eine weitere L-Struktur der Sprache $L = \{0, 1, f_+, f_*, f_s, P_>\}$ ist die Menge $\mathbb{R}$ der reellen Zahlen mit
   - den Konstanten $0_{\mathbb{R}}$ und $1_{\mathbb{R}}$,
   - der Addition $+_{\mathbb{R}}: \mathbb{R} \times \mathbb{R} \to \mathbb{R}$,
   - der Multiplikation $*_{\mathbb{R}}: \mathbb{R} \times \mathbb{R} \to \mathbb{R}$,
   - der Sinusfunktion $\sin_{\mathbb{R}}: \mathbb{R} \to \mathbb{R}$,
   - und der Ordnung $\geq_{\mathbb{R}}: \mathbb{R} \times \mathbb{R} \to Boolean$.

   Für diese Struktur schreiben wir auch $\langle \mathbb{R}; 0_{\mathbb{R}}, 1_{\mathbb{R}}, +_{\mathbb{R}}, *_{\mathbb{R}}, \sin_{\mathbb{R}}, \geq_{\mathbb{R}} \rangle$.

❖

Die Gültigkeit von L-Formeln kann anhand von L-Strukturen geprüft werden. Da L-Formeln Variable enthalten können, müssen diesen konkrete Objekte aus der L-Struktur zugewiesen werden, bevor Prädikate oder Funktionen ausgewertet werden können. Eine Formel $\forall x A$ hat den Wert T (wahr), falls die Formel A für jede mögliche Belegung für x den Wert T hat. Eine Formel $\exists x A$ hat den Wert T, falls es eine Belegung für x gibt, so daß A den Wert T hat.

Beispiel 16.4.3. In der L-Struktur $\langle \mathbb{N}; 0_{\mathbb{N}}, 1_{\mathbb{N}}, +_{\mathbb{N}}, *_{\mathbb{N}}, s_{\mathbb{N}}, >_{\mathbb{N}} \rangle$ ist der Wert der Formel $\exists x_5 (1_{\mathbb{N}} >_{\mathbb{N}} x_5 +_{\mathbb{N}} 1_{\mathbb{N}})$ gleich F, da es keine natürliche Zahl x_5 gibt, so daß $1_{\mathbb{N}} > x_5 +_{\mathbb{N}} 1_{\mathbb{N}}$ (es müßte gelten $0_{\mathbb{N}} >_{\mathbb{N}} x_5$).

Der Wert der Formel $(1_{\mathbb{N}} >_{\mathbb{N}} x_5 * 1_{\mathbb{N}})$ hängt von der Belegung der freien Variablen x_5 in $\mathbb{N}$ ab. Für $x_5 = 0_{\mathbb{N}}$ wird die Formel wahr, für $x_5 \neq 0_{\mathbb{N}}$ ist der Wert der Formel gleich F. ❖

Sei A eine L-Formel, M eine L-Struktur, S eine Belegung der Variablen in A durch Objekte aus M. Wir sagen:

– M erfüllt A mit der Belegung S, falls A unter der Belegung S den Wert T bekommt. Für diesen Umstand wird auch die Schreibweise $M \models_S A$ benutzt.
– A ist **erfüllbar in** M, falls es eine Belegung S gibt, so daß A in M mit der Belegung S wahr ist.
– A ist **erfüllbar**, falls es eine L-Struktur M und eine Belegung S gibt, so daß A in M mit der Belegung S wahr ist.
– M erfüllt A, falls A in M mit jeder Belegung S wahr ist. M heißt dann ein **Modell** von A.
– Wir schreiben $\models A$, falls jede L-Struktur ein Modell ist für A, d. h. A allgemeingültig ist.

Beispiel 16.4.4. Wie wir vorher festgestellt haben, erfüllt die L-Struktur $\langle \mathbb{N}; 0_\mathbb{N}, 1_\mathbb{N}, +_\mathbb{N}, *_\mathbb{N}, s_\mathbb{N}, >_\mathbb{N} \rangle$ die Formel $(1 > x_5 * 1)$ unter der Belegung $S_1 = \{x_5 = 0\}$.

Wir schreiben darum

$$\langle \mathbb{N}; 0_\mathbb{N}, 1_\mathbb{N}, +_\mathbb{N}, *_\mathbb{N}, >_\mathbb{N} \rangle \models_{\{x_5 = 0\}} (1 > x_5 * 1) \quad .$$

Außerdem gilt $x_5 + 1 > 0$ für alle $x_5 \in \mathbb{N}$, darum schreiben wir:

$$\langle \mathbb{N}; 0_\mathbb{N}, 1_\mathbb{N}, +_\mathbb{N}, *_\mathbb{N}, >_\mathbb{N} \rangle \models x_5 + 1 > 0$$

Da es in jeder L-Struktur eine Konstante 0 geben muß, gilt auch

$$\models \exists x_1 \, (x_1 = 0) \quad .$$

16.5 Beweise

16.5.1 Logische Äquivalenzen

Wie wir schon im aussagenlogischen Fall gesehen haben, ist es manchmal geschickter, eine Formel zunächst (algebraisch) umzuformen, bevor wir ihren Wert bestimmen. Wir führen dazu folgende die Äquivalenzrelation $\simeq$ ein:

$$A \simeq B \quad \text{genau dann wenn} \quad \models (A \Rightarrow B) \wedge (B \Rightarrow A)$$

A und B sind äquivalent, wenn A und B in jeder L-Struktur und jeder Belegung den gleichen Wahrheitswert haben.

Es gilt außerdem, daß sich am Wahrheitswert einer Formel nichts ändert, wenn man eine Teilformel durch eine äquivalente Teilformel ersetzt. Neben den aussagenlogischen Äquivalenzen (vgl. Abb. 16.1) gelten auch folgende für Quantoren:

Quantorenregeln:	$\neg (\forall x \, A)$	$\simeq$	$(\exists x \, \neg A)$
	$\neg (\exists x \, A)$	$\simeq$	$(\forall x \, \neg A)$

Beispiel 16.5.1. Wir versuchen, die Formel

$$A = \neg(((\forall x\, p) \wedge \neg q) \vee ((\forall x\, p) \wedge q) \vee q)$$

zu vereinfachen.

$$\neg(((\forall x\, p) \wedge \neg q) \vee ((\forall x\, p) \wedge q) \vee q)$$

De Morgan Regel

$$\simeq \quad \neg((\forall x\, p) \wedge \neg q) \wedge \neg((\forall x\, p) \wedge q) \wedge \neg q$$

De Morgan Regel

$$\simeq \quad (\neg(\forall x\, p) \vee \neg\neg q) \wedge (\neg(\forall x\, p) \vee \neg q) \wedge \neg q$$

Doppelte Negation

$$\simeq \quad (\neg(\forall x\, p) \vee q) \wedge (\neg(\forall x\, p) \vee \neg q) \wedge \neg q$$

Distributivität

$$\simeq \quad (\neg(\forall x\, p) \vee (q \wedge \neg q)) \wedge \neg q$$

Neutralität

$$\simeq \quad \neg(\forall x\, p) \wedge \neg q$$

De Morgan Regel

$$\simeq \quad \neg((\forall x\, p) \vee q)$$

❖

Für die Aussagenlogik gibt es einen (stets terminierenden) Algorithmus, um logische Äquivalenzen feststellen zu können, nämlich das Aufstellen der Wahrheitstafel. Aus dem nächsten Abschnitt wird ersichtlich, daß es für die Prädikatenlogik lediglich Berechnungsverfahren gibt, die nur dann gewiss terminieren, falls die Äquivalenz tatsächlich gilt. Einen Beweis dieses Satzes gibt etwa Monk (1976).

16.5.2 Ableitungen und Logik-Kalküle

Sei eine Menge $\mathcal{F}$ von logischen Formeln sowie eine weitere Formel T (ein Theorem) gegeben. Wir möchten feststellen, ob T aus $\mathcal{F}$ folgt. Der semantische Ansatz besteht darin, zu prüfen, ob jedes Modell von $\mathcal{F}$ auch ein Modell von T ist; wir schreiben $\mathcal{F} \models T$. Als Informatiker hätten wir aber auch gerne einen rein mechanisch ausführbaren Ableitungsbegriff.

Wir suchen also einen Mechanismus, in den wir die Formeln $\mathcal{F}$ einspeisen können und der dann automatisch eine weitere Menge $\mathcal{K}$ an Formeln generiert, die alle logische Konsequenzen aus $\mathcal{F}$ sind. Ein solcher Mechanismus heißt **vollständig** oder ein **Semi-Entscheidungsverfahren** (*semi decision procedure*), falls er in endlicher Zeit T generieren muß, vorausgesetzt $\mathcal{F} \models T$; er heißt **Entscheidungsverfahren** (*decision procedure*), falls er für jedes T in endlicher Zeit entweder T oder $\neg T$ ableitet. Für $PROP$ existiert ein Entscheidungsverfahren (Aufstellen der Wahrheitstafel für $\mathcal{F} \Rightarrow T$), für $FOPL$ existieren nur Semi-Entscheidungsverfahren wie z. B. das sog. Resolutionsverfahren von Robinson.

Das Herzstück solcher Mechanismen wird oft durch ein (Logik-)**Kalkül** (*calculus*) gebildet. Dies ist eine Menge von Regeln oder Regel-Schemata, die vorschreiben, wie man aus (typischerweise zwei) bereits hergeleiteten Formeln $F_1, \ldots, F_n$

mechanisch eine weitere Formel K generiert; man schreibt eine solche Regel in der Kalkülschreibweise

$$\frac{F_1, \ldots, F_n}{K}$$

Der gesuchte Mechanismus besteht dann in der wiederholten Anwendung der Grundregel des Kalküls, wobei einmal generierte Formeln natürlich sofort wiederverwendet werden dürfen. Für diese rein mechanisch-syntaktische Ableitung gemäß eines Kalküls schreiben wir $F_1, \ldots, F_n \vdash T$. In der Praxis besteht das Problem darin, daß die weitaus meisten abgeleiteten Konsequenzen mit dem Beweis von T nichts zu tun haben und sowohl Mensch als auch Rechner völlig den Überblick verlieren, was notwendig und was überflüssig ist.

Wir wenden uns nun zwei konkreten Ableitungsregeln zu; in Abschnitt 17.2 werden wir mit dem Hoare-Kalkül zur Verifikation von Unterprogrammen einen weiteren Kalkül ausführlich behandeln.

Modus Ponens. Die Ableitungsregel des modus ponens in $PROP$ ist

$$\frac{P \qquad P \Rightarrow Q}{Q}$$

Haben wir also eine Formel P und eine Formel $P \Rightarrow Q$ schon hergeleitet, so dürfen wir auch Q herleiten.

Resolution. Die Resolutionsregel in $PROP$ ist

$$\frac{F_1 \vee X \qquad F_2 \vee \neg X}{F_1 \vee F_2}$$

Hierbei ist X eine einfache aussagenlogische Variable. In jedem Modell ist X entweder wahr oder falsch. Im ersten Fall ist $\neg X$ falsch, es muß also F_2 wahr sein; im zweiten Fall ist X falsch, es muß also F_1 wahr sein. Daher ist in jedem Modell, in dem sowohl $F_1 \vee X$ und $F_2 \vee X$ wahr sind auch $F_1 \vee F_2$ wahr.

In der Informatik beschäftigt sich das Gebiet des Symbolischen Rechnens, genauer das Teilgebiet Automatisches Beweisen, mit der Implementierung von Beweisverfahren, die auf Logik-Kalkülen beruhen. Wichtige Anwendungen sind die Verifikation von Software (vgl. Kapitel 17) und Verifikation von Hardware (die ja durch Boolesche Ausdrücke gegeben ist).

16.5.3 Beweisbäume

Die Ableitung von T aus gegebenen Axiomen A_i erfolgt i. a. in mehreren Schritten, die aus der Anwendung je einer Regel des Kalküls bestehen. Anhand eines Herleitungsbaumes oder Beweisbaumes (*proof tree*) kann man sich einen Überblick über die beteiligten (Zwischen-)Formeln und Regelanwendungen verschaffen. Die Blätter des Baumes tragen die verwendeten Axiome als Etiketten, die Wurzel trägt das hergeleitete Theorem T als Etikett. Bei der Anwendung einer Regel mit mehreren Voraussetzungen F_i und einer Konsequenz K an einem mit K etikettierten Knoten verzweigt der Baum zu mehreren jeweils mit F_i etikettierten Kindern. Herleitungsbäume werden im allgemeinen von unten nach oben gezeichnet.

Beispiel 16.5.2. Ein Herleitungsbaum für S aus P, $P \Rightarrow Q$, $Q \Rightarrow R$, $\neg R \vee S$ mit modus ponens und Resolution in $PROP$ ist

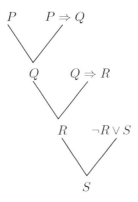

In Kalkülschreibweise sieht der Baum folgendermaßen aus

$$\dfrac{\dfrac{\dfrac{P \qquad\qquad P \Rightarrow Q}{Q \qquad\qquad Q \Rightarrow R}}{R \qquad\qquad \neg R \vee S}}{S}$$

Weitere Beispiele für Herleitungsbäume werden uns in Kapitel 17.2 begegnen.   ❖

16.6 Übungen

Aufgabe 16.1. Entscheiden Sie anhand von Wahrheitstafeln, welche der folgenden Aussagen erfüllbar, unerfülllbar oder Tautologien sind. (Dabei ist $a \Leftrightarrow b$ definiert als $(a \Rightarrow b) \wedge (b \Rightarrow a)$.)

- $(a \Rightarrow (b \Rightarrow c)) \Leftrightarrow ((a \Rightarrow b) \Rightarrow c)$
- $((a \wedge c) \vee (b \wedge \neg c)) \Leftrightarrow ((a \wedge \neg c) \wedge (b \vee c))$
- $(x \wedge y) \vee (x \wedge \neg y) \vee (\neg x \wedge y)$
- $((x \vee y) \wedge \neg z) \Rightarrow ((\neg x \vee y) \vee y \vee z)$

Aufgabe 16.2. Zeigen Sie mit Hilfe von Wahrheitstafeln, daß die de Morganschen Gesetze gelten:

$$\neg(a \wedge b) \quad \simeq \quad (\neg a \vee \neg b)$$

$$\neg(a \vee b) \quad \simeq \quad (\neg a \wedge \neg b)$$

Aufgabe 16.3. Verwenden Sie die Regeln von Abschnitt 16.5.1 um zu untersuchen, welche der folgenden Aussagen jeweils äquivalent sind.

$$(\neg a \wedge \neg b) \vee \neg b \vee \neg c \vee d \qquad\qquad (b \vee d) \Rightarrow (a \Rightarrow c)$$

$$\neg((a \wedge b) \rightarrow (c \wedge d)) \qquad\qquad (a \wedge b) \wedge (\neg c \vee \neg d)$$

$$\neg a \vee ((b \vee d) \Rightarrow c) \qquad\qquad \neg((a \vee b) \wedge (b \wedge c)) \vee d$$

17. Korrektheit von Unterprogrammen

17.1 Terminologie und Problemstellung

Unser höchstes Ziel muß es sein, korrekte Programme zu schreiben. Falls Korrektheit absichtlich kompromittiert werden darf, können wir z. B. mit wenig Mühe für jeden Zweck ein sehr effizientes Programm schreiben, das inkorrekt ist (z. B. weil es immer denselben Wert liefert). Wegen der Komplexität der Problemstellungen und der Lösungsmöglichkeiten muß das Korrektheitsproblem auf vielen Ebenen angegangen werden. Objektorientierte Strukturierung und Programmiertechniken sowie Algorithmenkonstruktionen haben wir an anderer Stelle behandelt. Hier widmen wir uns einer klassischen Technik, Programme formal mathematisch zu verifizieren, d. h. als korrekt zu beweisen: dem **Hoare-Kalkül** (*Hoare calculus*) (Hoare, 1969).

Wir gehen dabei nur auf die Ebene der Unterprogramme (Prozeduren) ein, da formale Techniken auf Objekt-Ebene noch nicht denselben Reifegrad erlangt haben. Wir machen uns dabei zu Nutzen, daß unsere Unterprogramme schon eine formale Ein-/Ausgabespezifikation haben (vgl. Kap. 6.9.4). Ohne formal fixierte Anforderungen und Zusicherungen wäre ein formaler Korrektheitsbeweis nicht möglich.

Sei also

$$T\ f(T1\ x1,\ldots,Tn\ xn)$$

eine Funktion mit formaler Spezifikation. Wir kennen somit die Anforderungen an die Parameter x1, ..., xn in Form prädikatenlogischer Formeln $A_1(x_1,\ldots,x_n)$, ..., $A_n(x_1,\ldots,x_n)$.

Sei f(a1, ..., an) ein konkreter Aufruf der Prozedur f. Sei S die Substitution (Zuweisung), die sich durch x1 = a1, ..., xn = an ergibt. Sei M eine Struktur, welche die in f vorkommenden Symbole geeignet interpretiert (vgl. Kap. 16.4.2), d. h. ihnen weitere Unterprogramme, Variablen etc. zuordnet (bindet).

Der Prozeduraufruf f(a1, ..., an) ist **zulässig** (*admissible*) (in M), falls die Werte a1, ..., an, welche für die Parameter x1, ..., xn eingesetzt werden, in M die jeweilige Anforderung $A_i(a_1,\ldots,a_n)$ erfüllen.

Mathematisch ausgedrückt: der Prozeduraufruf f(a1, ..., an) ist **zulässig** (in M), falls

$$M \models_S A_1(x_1,\ldots,x_n),\ \ldots,\ M \models_S A_n(x_1,\ldots,x_n)$$

für die Substitution S erfüllt ist, also wenn

$$M \models A_1(a_1, \ldots, a_n), \ \ldots, \ M \models A_n(a_1, \ldots, a_n)$$

gilt.

Um die Zulässigkeit eines Prozeduraufrufs zu überprüfen, wählen wir üblicherweise als repräsentierende Struktur M für Integer-Parameter den Bereich $\mathbb{Z}/(2^{32}\mathbb{Z})$ der ganzen Zahlen modulo 2^{32}. Oftmals abstrahieren wir aber auch von der Endlichkeit der Java Zahlbereiche und wählen als repräsentierende Struktur M den Bereich der ganzen Zahlen $\mathbb{Z}$. Letzteres hat vor allem den Vorteil, daß auf $\mathbb{Z}$ die übliche Ordnungsrelation auf Zahlen definiert werden kann. Für float-Parameter müßten wir eine relative komplizierte Struktur wählen, die dem IEEE 754 Standard entspricht; näherungsweise und der Einfachheit halber wählen wir aber meistens den Bereich $\mathbb{Q}$ oder $\mathbb{R}$.

Beispiel 17.1.1. Für die Prozedur Power(int a, int b) von Beispiel 6.9.15 mit den Anforderungen

```
A(a): true
A(b): b >= 0
```

ist

```
Power(2,3)
```

ein zulässiger Aufruf in $\mathbb{Z}$, da 3 eine ganze Zahl und größer als 0 ist. Hingegen ist

```
Power(2,-1)
```

kein zulässiger Aufruf in $\mathbb{Z}$, da b nach Substitution von -1 die Anforderung b>=0 nicht erfüllt.   ❖

Ein zulässiger Aufruf muß kein Ergebnis liefern. Er kann auch zu einer nicht-terminierenden Berechnung führen.

Definition 17.1.2. *Die Implementierung einer Funktion ist **partiell korrekt** (partially correct), falls jedes Resultat* res *eines zulässigen Aufrufs die Zusicherung erfüllt. Das heißt:*

$$M \models A_1(a_1, \ldots, a_n), \ \ldots, \ M \models A_n(a_1, \ldots, a_n) \ \Rightarrow \ M \models Z(res)$$

Um zu testen, ob eine Implementierung partiell korrekt ist, müßten wir also die berechneten Resultate von allen zulässigen Parametern überprüfen. Im allgemeinen ist dies natürlich nicht möglich.

Definition 17.1.3. *Eine Implementierung **terminiert** (terminate), wenn jeder zulässige Aufruf in endlicher Zeit ein Resultat berechnet. Eine Implementierung ist **total korrekt** (totally correct), wenn sie partiell korrekt ist und terminiert.*

Beispiel 17.1.4. Für die Prozedur forever

```
/**
 * Anforderung: --
 * Zusicherung: res == x/2
 */
int forever(int x)
{
    int res = 1;
    while( x == x )      // immer wahr
        { }              // tue nichts
    return res;
}
```

ist jede ganze Zahl ein korrekter Eingabeparameter. Jeder Prozeduraufruf `forever(a)` mit einer ganzen Zahl a ist darum zulässig. Da die Prozedur für keine Eingabe terminiert, erhalten wir nie ein Resultat. Alle „erhaltenen" Resultate erfüllen also die Zusicherung. Das heißt, die Prozedur ist partiell korrekt. Da die Prozedur nicht terminiert, ist sie aber nicht total korrekt.   ❖

Wir folgen oft der Regel: garbage-in/garbage-out. Unzulässige Aufrufe interessieren uns nicht. In der Praxis ist das garbage-Prinzip gefährlich, da man unzulässige Aufrufe nie völlig ausschließen kann. Eine Implementierung heißt **robust** (*robust*), wenn sie total korrekt ist und alle unzulässigen Aufrufe eine Fehlermeldung zur Folge haben bzw. ein Ausnahmeobjekt auswerfen (vgl. Kap. 7.3).

17.2 Der Hoare-Kalkül

Der Hoare-Kalkül(*Hoare calculus*), entwickelt von C. A. R. (Tony) Hoare (1969), besteht aus einer Menge von Regeln, die wir auf die Bestandteile einer Anweisungssequenz S anwenden können, um formal zu zeigen, daß S partiell korrekt ist. Genauer gesagt versuchen wir mit dem Kalkül eine **Hoare-Formel** $\mathcal{V}\{S\}\mathcal{N}$ abzuleiten, wobei $\mathcal{V}$ und $\mathcal{N}$ Formeln der mathematischen Logik sind. Die **Vorbedingung** (*precondition*) $\mathcal{V}$ codiert das Wissen, das wir vor der Ausführung von S haben. Die **Nachbedingung** (*postcondition*) $\mathcal{N}$ ist eine Aussage, die nach Beendigung von S notwendigerweise gelten muß, falls am Anfang $\mathcal{V}$ gegolten hat. Um ein Unterprogramm U zu verifizieren, sehen wir die Anforderungen $\mathcal{A}$ als Vorbedingung und die Zusicherung $\mathcal{Z}$ als Nachbedingung an und leiten $\mathcal{A}\{U\}\mathcal{Z}$ ab.

Wir hatten Programmkorrektheit in der Definition 17.1.2 bereits *semantisch* definiert. Eine Formel gilt *semantisch*, wenn sie in jedem Modell (mit jeder Variablenbelegung) wahr ist. Ein Programm ist also semantisch korrekt, falls jede zulässige Eingabe zu einem Ergebnis führt, für welches die Zusicherung $\mathcal{Z}$ wahr wird. Die semantische Korrektheit einer Prozedur zu überprüfen ist natürlich im allgemeinen unmöglich, da wir ja nicht tatsächlich das Resultat von allen (normalerweise unendlich vielen) zulässigen Eingaben nachprüfen können (also durch vollständiges Testen).

Eine Formel F gilt *syntaktisch*, wenn sie mittels gewisser Regeln eines Kalküls formal hergeleitet werden kann; wir schreiben dann ⊢ $\mathcal{F}$. Damit lernen wir einen Begriff von Korrektheit kennen, mit dem wir (einfache) Prozeduren tatsächlich überprüfen können.

Der Hoare-Kalkül liefert uns also eine zweite Form des Korrektheitsbegriffs für Prozeduren, indem vollständiges Testen durch formales Beweisen ersetzt wird. Eine Prozedur mit funktionaler Spezifikation $\mathcal{A}$ und $\mathcal{Z}$ und mit Rumpf $\mathcal{U}$ ist **partiell korrekt**, falls sich die Hoare-Formel $\mathcal{A}\{\mathcal{U}\}\mathcal{Z}$ mittels der Regeln des Hoare-Kalküls (induziert durch die Programmschritte in $\mathcal{U}$) herleiten läßt. Zur totalen Korrektheit fehlt dann nur noch die Terminierung unter der Voraussetzung $\mathcal{A}$.

Hoare's Kalkül wurde nur für wenige elementare Anweisungstypen aufgestellt: für Zuweisungen, Folgen von Anweisungen, bedingte Anweisungen und für *while*-Iterationen. Funktionsaufrufe mit Wertübergabe sind ebenfalls leicht zu integrieren, da die Parameterübergabe einfachen Zuweisungen entspricht. Theoretisch lassen sich durch diese wenigen Konstrukte bereits alle berechenbaren Funktionen über $\mathbb{N}$ programmieren. Objektorientierte Konstrukte sind im Hoare-Kalkül nicht berücksichtigt.

Bei komplizierten Prozeduren ist die syntaktische Überprüfung allerdings oft nicht möglich, da sie viel zu aufwendig wäre. Wir können solche Programme nicht korrekt beweisen, sondern bloß für verschiedene Eingabewerte testen.

Hier kann allenfalls das Teilgebiet „Automatisches Beweisen" (*automated theorem proving*) des Symbolischen Rechnens Abhilfe schaffen. Hierbei werden die Regeln eines formalen Kalküls durch einen Computer automatisch angewandt, um die gewünschte Formel herzuleiten. Dadurch ist die Verifikation kleinerer, sicherheitskritischer Programme bereits möglich, die formale Verfikation großer objektorientierter Systeme ist aber zur Zeit noch zu komplex.

Man lernt aber durch Verifikation guten Programmierstil und gewinnt wichtige Einsichten in die Programmkonstruktion. Normalerweise ist es bereits sehr hilfreich, die besonders kritischen Teile eines Programmes zu verifizieren.

In den folgenden Abschnitten sind P, Q, B, INV, ... immer prädikatenlogische Formeln. Der **Hoare-Kalkül** besteht dann aus den Regeln, die in den anschließenden Abschnitten erläutert werden.

17.2.1 Regeln des Hoare-Kalküls

Zunächst geben wir die Regeln des Hoare-Kalküls in einer Übersicht. Die einzelnen Regeln werden weiter unten genauer erläutert. Wir bedienen uns hierbei einer Kalkülschreibweise: Falls die Formeln, die oberhalb der Trennlinie stehen, schon hergeleitet worden sind, dann kann (rein syntaktisch) auch die Formel unterhalb des Trennstriches durch die entsprechende Regel hergeleitet werden.

Der Kalkül stellt also die Grundregeln zur mechanischen (syntaktischen) Generierung von Formeln aus Formeln zur Verfügung. Zur Herleitung einer Formel

$\mathcal{V}\{\mathcal{S}\}\mathcal{N}$ werden wir mit den Anforderungen $\mathcal{V}$ und dem Programm $\mathcal{S}$ beginnen und den Kalkül so lange „spielen" lassen, bis $\mathcal{V}\{\mathcal{S}\}\mathcal{N}$ hergeleitet ist. Alle abgeleiteten Zwischenformeln $\mathcal{X}\{\mathcal{P}\}\mathcal{Y}$ können natürlich – da sie als wahr abgeleitet wurden – sofort wieder zur Ableitung weiterer Formeln verwendet werden.

Unsere Notation für Hoare-Formeln entspricht weitgehend der ursprünglich von Hoare (1969) gebrauchten: Der Programmteil der Hoare-Formel wird in geschweifte Klammern gesetzt, Vor- und Nachbedingungen werden nicht zusätzlich ornamentiert. In der Literatur ist es aber oftmals üblich, die Vor- und Nachbedingungen in geschweifte Klammern zu setzen. Diese Notation hat bei **Pascal**-Programmen Vorteile, da in **Pascal** Kommentare in geschweiften Klammern gesetzt werden können. Bei **C/C++** oder **Java**-Programmen bezeichnen geschweifte Klammern jedoch Blöcke und keine Kommentare, weshalb wir wieder auf die Notation von Hoare zurückgegriffen haben. In jedem Fall handelt es sich aber um eine Notation, die nicht zur Programmiersprache gehört, weshalb wir für die geschweiften Klammern bei Hoare-Formeln einen etwas anderen Zeichensatz gewählt haben. Welche Notation wir verwenden, ist letztendlich sekundär.

Zuweisungsaxiom

Für die Zuweisung gibt es im Hoare-Kalkül eine Regel ohne Prämisse, weshalb die Zuweisungsregel oftmals auch **Zuweisungsaxiom** genannt wird.

$$P_{[x \leftarrow t]} \; \{x = t \,; \} \; P$$

Dabei bezeichnet $P_{[x \leftarrow t]}$ die Formel P, in der alle Vorkommnisse von x durch t ersetzt wurden.

Konsequenzregeln

Stärkere Anforderung

$$\frac{Q\,\{S\}\,R \qquad P \Rightarrow Q}{P\,\{S\}\,R}$$

Schwächere Zusicherung

$$\frac{P\,\{S\}\,Q \qquad Q \Rightarrow R}{P\,\{S\}\,R}$$

Sequenzregel

$$\frac{P\,\{S_1\}\,Q \qquad Q\,\{S_2\}\,R}{P\,\{S_1\,S_2\}\,R}$$

Einfache Alternativregel

$$\frac{P \wedge B\,\{S\}\,Q \qquad (P \wedge \neg B) \Rightarrow Q}{P\,\{\texttt{if} \;(B)\;\{\,S\,\}\}\,Q}$$

Allgemeine Alternativregel

$$\frac{P \wedge B\,\{S_1\}\,Q \qquad P \wedge \neg B\,\{S_2\}\,Q}{P\,\{\texttt{if}\;(B)\{\,S_1\,\}\;\texttt{else}\;\{\,S_2\,\}\}\,Q}$$

Iterationsregel

$$\frac{\textsc{Inv} \wedge B \;\;\{S\}\;\;\textsc{Inv}}{\textsc{Inv}\;\{\texttt{while}(B)\{\,S\,\}\}\;\textsc{Inv} \wedge \neg B}$$

Die Regeln sind genaugenommen Schemata, da nur Baumuster von Formeln und Anweisungen gegeben sind.

Der Verifikation eines Programms $\mathcal{U}$ mit Vorbedingung $\mathcal{V}$ und Zusicherung $\mathcal{Z}$ im Hoare-Kalkül entspricht also ein Beweisbaum (vgl. Kap. 16.5.3) mit Wurzel $\mathcal{V}\{\mathcal{U}\}\mathcal{Z}$ und Blättern, die entweder mit dem Zuweisungsaxiom oder mit prädikatenlogischen Tautologien etikettiert sind. Die Konsequenzregeln, die Sequenzregel und die Alternativregeln sind für Verzweigungen im Baum verantwortlich.

17.2.2 Konsequenzregeln

Wie in der normalen Logik, dürfen wir zu den Anforderungen *unnötige*, wahre Bedingungen zufügen oder die Anforderungen *verstärken*.

Stärkere Anforderung

$$\frac{Q\,\{S\}\,R \qquad P \Rightarrow Q}{P\,\{S\}\,R}$$

Außerdem dürfen wir die Zusicherung *abschwächen* (Zusicherungen vergessen).

Schwächere Zusicherung

$$\frac{P\,\{S\}\,Q \qquad Q \Rightarrow R}{P\,\{S\}\,R}$$

Die Konsequenzregel wird sehr häufig im Zusammenhang mit einer der anderen Regeln oder dem Zuweisungsaxiom gebraucht: Im Verlauf einer syntaktischen Ableitung ist oftmals eine Vor- oder Nachbedingung nicht genau von der Form, wie sie gebraucht würde. Hier hilft dann oftmals die Konsequenzregel weiter, mit der man Vorbedingungen durch stärkere oder Nachbedingungen durch schwächere Bedingungen ersetzen kann.

In den Beispielen zu den folgenden Regeln werden wir ständig die Konsequenzregel benutzen. Oftmals sind die „stärkeren Anforderungen" oder „schwächeren Zusicherungen" solche, die zu den ursprünglichen logisch äquivalent sind. Dies ist in der formalen Beschreibung dieser Regeln als Spezialfall enthalten. Genauer müßte man daher aber die Regeln die von der „stärkeren oder gleich starken Anforderung" bzw. die von der „schwächeren oder gleich starken Zusicherung" nennen.

Beispiel 17.2.1. Es sei $\text{true}\{\text{x=5};\}x = 5$ abzuleiten. Es gilt $5 = 5\{\text{x=5};\}x = 5$; dies ist eine Instanz des Zuweisungsaxioms, s. u. Da auch $\text{true} \Rightarrow 5 = 5$ gilt, folgt die gewünschte Formel mit der Konsequenzregel. ❖

17.2.3 Zuweisungsaxiom

Auf der linken Seite einer Zuweisung steht in Java immer eine Variable. Da die folgende Regel für Zuweisungen keine Prämisse hat, nennen wir sie besser Zuweisungsaxiom statt Zuweisungsregel.

Zuweisungsaxiom:

$$P_{[x \leftarrow t]} \; \{x = t\,;\} \; P$$

Dabei bezeichnet x immer eine Variable und t einen beliebigen Ausdruck, dessen Berechnung frei von Seiteneffekten sein muß, in dem x aber durchaus wieder vorkommen darf (z. B. n=n+1;). Mit $P_{[x \leftarrow t]}$ wird die Formel bezeichnet, die aus P hervorgeht, indem alle Vorkommnisse von x durch t ersetzt wurden.

Das Zuweisungsaxiom ist ein Axiomenschema, da es eigentlich unendlich viele Axiome beschreibt, die von dem angegebenen Muster sind. Man beachte, daß man leicht automatisch überprüfen kann, ob ein vorgegebener Text eine Instanz des Zuweisungsaxioms ist.

Falls nach Ausführung der Zuweisung x=t; die Formel $P(x)$ in Abhängigkeit von dem neuen Wert gilt oder gelten soll, so muß vor der Zuweisung notwendigerweise die Formel $P_{[x \leftarrow t]}$ gegolten haben (und umgekehrt).

Beispiel 17.2.2. Wir wollen, daß nach x=x-1; die Nachbedingung $P(x) = (x > 0)$ gilt. Aus dem Problem

$$? \; \{x = x - 1\,;\} \; x > 0$$

erhalten wir als Instanz des Zuweisungsaxioms

$$x - 1 > 0 \; \{x = x - 1\,;\} \; x > 0 \quad \text{d. h.}$$
$$x > 1 \; \{x = x - 1\,;\} \; x > 0$$

Für den letzten Schluß haben wir hier die Konsequenzregel in der folgenden Form benutzt: $x - 1 > 0 \Leftrightarrow x > 1$, insbesondere gilt $x > 1 \Rightarrow x - 1 > 0$ und wir können die Regel von der stärkeren Anforderung benutzen.

In anderen Worten: Soll $P(x) = (x > 0)$ gelten, nachdem x um Eins erniedrigt wurde, so muß notwendigerweise vorher schon $P(x - 1) = (x - 1 > 0)$ gegolten haben. ❖

Die Vorgehensweise im obigen Beispiel ist typisch für den Fall, daß man, ausgehend von der Zusicherung eines Unterprogramms durch *Rückwärtsschreiten* eine Bedingung abzuleiten sucht, aus der mittels des Hoare-Kalküls die Zusicherung folgen würde. Diese Bedingung kann man dann z. B. als Vorbedingung des Unterprogramms fordern. Oft möchte man aber andersherum vorgehen und, ausgehend von einer Vorbedingung, durch *Vorwärtsschreiten* eine passende Zusicherung ableiten, so daß mittels des Hoare-Kalküls die Korrektheit folgt.

Dies wird durch die Formulierung

$$Q \; \{x = t\,;\} \; Q_{[t \leftarrow x]}$$

ausgedrückt. Diese Formulierung gilt aber i.a. nur unter dem Vorbehalt, daß x nirgends sonst (außerhalb von t) in Q vorkommt; z.B. gilt $x = 0 \; \{x = 5\,;\} \; x = 0$ natürlich nicht.

Beispiel 17.2.3. Das Zuweisungsaxiom wird sehr oft auf Zuweisungen der Art

$$\text{x=x-1;}\quad\text{oder}\quad\text{x=x*2;}\quad\text{usf.}$$

angewendet. Dazu muß in Q ein Ausdruck (x-1) (bzw. x*2 usf.) gefunden werden. Im allgemeinen formt man dazu Q zuerst in geeigneter Form um. Aus einem Problem

$$(x > 0)\,\{\text{x=x-1;}\}\,?$$

erhält man durch geeignetes Umformen

$$(((x-1)+1) > 0)\,\{\text{x=x-1;}\}\,(x+1 > 0)\quad,$$

aus dem Problem

$$(x * a = 1)\,\{\text{x=2*x;}\}\,?$$

erhält man

$$(((x*2)*a/2) = 1)\,\{\text{x=x*2;}\}\,(x*a/2 = 1)\quad.$$

❖

Bei der Anwendung des Zuweisungsaxioms durch Vorwärtsschreiten wäre es eigentlich nicht nötig, *alle* Vorkommnisse von t in Q durch x zu ersetzen. Ein Vorkommnis von t in Q, in dem x gar nicht vorkommt, wird ja durch x=t; nicht beeinflußt und darf unbeschadet stehen bleiben. Eine Ausnahme bilden alle Vorkommnisse von x: Entweder es gelingt, jedes x (evtl. durch geeignete Umformung) in ein t einzubringen und dann t durch ein neues x zu ersetzen (vgl. auch Beispiel 17.2.3) oder die Anwendung des Zuweisungsaxioms muß scheitern.

Beispiel 17.2.4.   a) Folgende Formeln sind *keine* Instanzen des Zuweisungsaxioms (da der Vorbehalt, daß x außerhalb von t nirgends sonst in der Vorbedingung vorkommt, verletzt ist):

$$x = 2 \wedge 25 = 5 * 5\,\{\text{x=5;}\}\,x = 2 \wedge 25 = 5 * 5$$

$$x = 2 \wedge 25 = 5 * 5\,\{\text{x=5;}\}\,x = 2 \wedge 25 = x * 5$$

$$x = 2 \wedge 25 = 5 * 5\,\{\text{x=5;}\}\,x = 2 \wedge 25 = x * x$$

b) Folgende Formeln sind korrekte Instanzen des Zuweisungsaxioms:

$$25 = 5 * 5\,\{\text{x=5;}\}\,25 = 5 * 5$$

$$25 = 5 * 5\,\{\text{x=5;}\}\,25 = x * 5$$

$$25 = 5 * 5\,\{\text{x=5;}\}\,25 = x * x$$

$$x + 3 = 5 \wedge 25 = (x + 3) * 5\,\{\text{x=x+3;}\}\,x = 5 \wedge 25 = x * 5$$

c) Das Problem

$$x = 5 \wedge y = x \left\{\texttt{x=x-2;}\right\} ?$$

lösen wir dadurch, daß wir jedes x in einen Term $x - 2$ einbringen und diesen Term ersetzen:

$$x - 2 = 5 - 2 \wedge y - 2 = x - 2 \left\{\texttt{x=x-2;}\right\} x = 3 \wedge y = x + 2$$

d) Der Term t rechts in der Zuweisung kann natürlich auch länger sein, zum Beispiel $t := n(n + m)$.

```
/**
 * Anforderung: --
 * Zusicherung: res == n*(n+m)
 */
int f(int n, int m) {
    int res;
    res = n*(n+ m);
    return res;
}
```

Wir können folgende Instanz des Zuweisungsaxioms benutzen:

$$n(n + m) = n(n + m) \left\{\texttt{res = n*(n+m);}\right\} res = n(n + m) \quad .$$

Da $n(n+m) = n(n+m)$ eine Tautologie ist, gilt insbesondere true $\Rightarrow n(n+m) = n(n+m)$. Mit der Konsequenzregel kommen wir daher auf die leere Anforderung, die immer erfüllt ist, d. h. true.

17.2.4 Sequenzregel

Sequenzregel:

$$\frac{P\left\{S_1\right\} Q \qquad Q\left\{S_2\right\} R}{P\left\{S_1\, S_2\right\} R}$$

Mit der Sequenzregel kann man jetzt Teilbeweise für einzelne Programmschritte zu einem Gesamtbeweis der Programmsequenz zusammensetzen.

Beispiel 17.2.5. Wir können mit der Sequenzregel, dem Zuweisungsaxiom und der Konsequenzregel zeigen, daß das Unterprogramm

```
/**
 * Anforderung: --
 * Zusicherung: res == 31
 */
int f()
 {
    int x, res;
    x = 5;
    res = x*x + 6;
    return res;
 }
```

die Zusicherung erfüllt. Wir haben also die Hoare-Formel

$$\text{true}\,\{\texttt{x=5; res = x*x + 6;}\}\,(res = 31)$$

abzuleiten. Die Sequenzregel erlaubt es uns, stattdessen zwei einfachere Hoare-Formeln abzuleiten, die nur Teilsequenzen betrachten:

$$\text{true}\,\{\texttt{x=5;}\}\,Q \quad \text{und} \quad Q\,\{\texttt{res = x*x + 6;}\}\,(res = 31)$$

Dabei haben wir ein geeignetes Q zu finden. Das Zuweisungsaxiom (und die Konsequenzregel) liefert uns zunächst

$$\begin{array}{l} \text{true}\,\{\texttt{x=5;}\}\,(x = 5) \quad \text{und} \\ \quad (x * x + 6 = 31)\,\{\texttt{res=x*x+6;}\}\,(res = 31) \quad . \end{array}$$

Nun können wir die Teile mit der Konsequenzregel verkleben, da die logische Formel

$$(x = 5) \Longrightarrow (x * x + 6 = 31)$$

gültig ist.

Wir können die Teilschritte des Beweises in einem Beweisbaum anordnen, wenn wir die Kalkülnotation wählen. Die vollständige Herleitung ist in Abb. 17.1 gegeben. ❖

$$\dfrac{\dfrac{\dfrac{5 \text{-}= 5\,\{\texttt{x=5;}\}\,x = 5}{\text{true}\,\{\texttt{x=5;}\}\,x = 5} \qquad x = 5 \Rightarrow x * x + 6 = 31}{\text{true}\,\{\texttt{x=5;}\}\,x * x + 6 = 31} \qquad \dfrac{x * x + 6 = 31\,\{\texttt{res=x*x+6}\}\,res = 31}{x * x + 6 = 31\,\{\texttt{res=x*x+6}\}\,res = 31}}{\text{true}\,\{\texttt{x=5; res=x*x+6;}\}\,res = 31}$$

Abb. 17.1. Beweisbaum zu Beispiel 17.2.5

Der kritische Punkt ist das Finden der Zwischenformel Q. Im obigen Beispiel haben wir uns dem Q gleichzeitig durch Vorwärtsschreiten im Problem $true\,\{\texttt{x=5;}\}\,?$ und Rückwärtsschreiten im Problem $?\,\{\texttt{res=x*x+6}\}\,res = 31$ genähert. Wir können auch versuchen, mit reinen Rückwärtsschritten oder mit reinen Vorwärtsschritten unser Ziel zu erreichen. Wir illustrieren das Vorgehen im folgenden am Beispiel eines Rückwärtsschreitens über eine reine Zuweisungssequenz. Ein entsprechendes Vorgehen im Vorwärtsgang ist natürlich ebenfalls möglich.

Beispiel 17.2.6. Wir legen wieder das obige Beispiel zugrunde und lösen jetzt das Problem

$$?\,\{\texttt{x=5; res = x*x + 6;}\}\,(res = 31)$$

Dazu müssen wir mit dem Zuweisungsaxiom

$$P_{[x \leftarrow t]} \; \{x=t\,;\} \; P$$

zuerst den Effekt der zweiten Zuweisung S_2 und danach den Effekt der ersten Zuweisung S_1 abdecken (Rückwärtsschreiten). Wir bekommen zunächst $P := (res = 31)$ und damit $P_{[res \leftarrow x*x+6]} := (x * x + 6 = 31)$. Danach wenden wir das Zuweisungsaxiom auf das Problem

$$? \; \{x=5\,;\} \; (x * x + 6 = 31)$$

an und erhalten als Lösung $5 * 5 + 6 = 31$.

Insgesamt haben wir die Lösung durch zweimalige Teiltermersetzung in der Resultatsformel ($res = 31$) erhalten, was wir zusammengefaßt wie folgt schreiben können:

$$((res = 31)_{[res \leftarrow x*x+6]})_{[x \leftarrow 5]} = (res = 31)_{[res \leftarrow x*x+6][x \leftarrow 5]}$$

Man beachte dabei nochmals, daß die Ersetzungen beim Rückwärtsschreiten in umgekehrter Reihenfolge der Zuweisungen erfolgen.   ❖

17.2.5 Alternativregeln

Die einfache Alternativregel:

$$\frac{P \wedge B \; \{S\} \; Q \qquad (P \wedge \neg B) \Rightarrow Q}{P \; \{\texttt{if} \; (B) \; \{\, S \,\}\} \; Q}$$

Die einfache Alternativregel kann bei `if`-Anweisungen ohne `else`-Teil verwendet werden. Für allgemeine `if`-Anweisungen mit `else`-Teil findet die **allgemeine Alternativregel** Verwendung:

$$\frac{P \wedge B \; \{S_1\} \; Q \qquad P \wedge \neg B \; \{S_2\} \; Q}{P \; \{\texttt{if} \; (B)\{\, S_1 \,\} \; \texttt{else} \; \{\, S_2 \,\}\} \; Q}$$

Q wird entweder durch S_1 oder durch S_2 aus $P \wedge B$ bzw. $P \wedge \neg B$ hergestellt.

Beispiel 17.2.7. Wir benutzen die einfache Alternativregel, um die Korrektheit der folgenden Prozedur zu zeigen.

```
/**
 * Anforderung:   --
 * Zusicherung:   res == max(x, y)
 */
int f(int x, int y) {
  int res;
  res = y;
  if ( x > y )
    res = x;
  return res;
}
```

Wir wenden zuerst die Sequenzregel an und erhalten die Teilprobleme

$$\text{true } \{\texttt{res=y;}\}\ P$$

sowie

$$P\ \{\texttt{if (x>y) res=x;}\}\ res = \max(x, y)\ \ .$$

Wenn wir $P := (res = y)$ setzen, ist die erste Formel aus dem Zuweisungsaxiom sowie der Konsequenzregel ableitbar (vgl. Beispiel 17.2.1).

Um die Korrektheit der Prozedur zu zeigen, müssen wir jetzt noch die Voraussetzungen der Alternativregel

$$(res = y) \wedge x > y\ \{\texttt{res=x;}\}\ res = \max(x, y)$$

und

$$(res = y) \wedge \neg(x > y) \Rightarrow res = \max(x, y)$$

zeigen. Die erste Formel ist nicht unmittelbar eine Instanz des Zuweisungsaxioms. Um das Axiom anwenden zu können, lösen wir zunächst das Problem

$$V\ \{\texttt{res=x;}\}\ res = \max(x, y)$$

und erhalten

$$V = (x = \max(x, y))\ \ .$$

Wir können nun mit der Konsequenzregel das Gewünschte ableiten, da

$$(res = y) \wedge x > y \Rightarrow V$$

aufgrund der Definition von $\max(x, y)$ und allgemein mathematischen Gründen gilt. Gleichermaßen gilt die zweite Voraussetzung der Alternativregel, denn sie ist logisch äquivalent zur Formel

$$(res = y) \wedge y \geq x \Rightarrow res = \max(x, y)\ \ ,$$

die wieder aus allgemein mathematischen Gründen gilt.

Der zugehörige Beweisbaum ist in Abb. 17.2 gegeben.   ❖

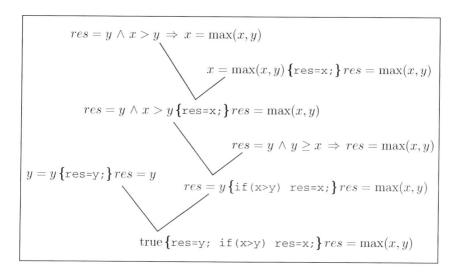

Abb. 17.2. Beweisbaum der Hoare-Formel für die Maximum-Funktion

Beispiel 17.2.8. In einem zweiten einfachen Beispiel wenden wir die allgemeine Alternativregel an, um eine Funktion, die den Absolutbetrag berechnet, zu verifizieren (Gries, 1981, Kap. 10). Die Anforderung P ist true, die Bedingung B ist $a < 0$. Die Zusicherung Q ist $res = |a|$ (Absolutbetrag von a). Der Beweisbaum für die Herleitung ist in Abb. 17.3 gegeben.

```
/**
 * Anforderung: true
 * Zusicherung: res == |a|     (Absolutbetrag von a)
 */
int abs(int a) {
  int res;
  if (a < 0)
    res = -a;
  else
    res = a;
  return res;
}
```

17.2.6 Iterationsregel

Wir betrachten nun die Iterationsregel für das while-Konstrukt. Wir können alle for- und do-Schleifen zu while-Schleifen übersetzen, so daß eine spezielle Behandlung dieser Konstrukte nicht nötig ist.

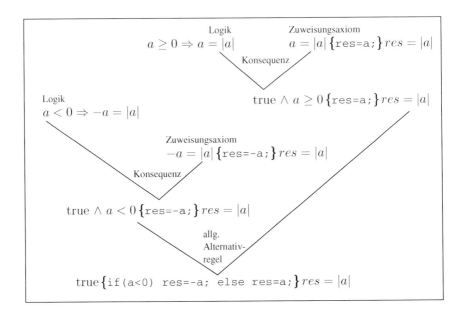

Abb. 17.3. Beweisbaum der Hoare-Formel für die Funktion `abs`

Iterationsregel:

$$\frac{\text{INV} \wedge B \quad \{S\} \quad \text{INV}}{\text{INV} \quad \{\texttt{while}(B)\{\,S\,\}\} \quad \text{INV} \wedge \neg B}$$

INV ist die sogenannte **Schleifeninvariante** (*loop invariant*). Wie der Name *Invariante* sagt, wird die Schleifeninvariante vom Schleifenrumpf S nicht verändert und gilt darum am Ende des Rumpfes und damit auch am Ende der Schleife immer noch.

Wird die Schleife nicht betreten, so gilt INV natürlich unverändert weiter. B gilt aber am Ende nicht mehr: entweder weil es schon am Anfang nicht galt, oder weil sonst die Schleife noch nicht beendet wäre.

In der Praxis bereitet das Finden der Schleifeninvarianten INV oft Schwierigkeiten. Ähnlich wie bei Beweisen mit vollständiger Induktion muß man manchmal eine stärkere Bedingung finden als zunächst angenommen wird.

Beispiel 17.2.9. Ein Standardbeispiel für die Verifikation von Funktionen sind Prozeduren zur Berechnung der Fakultätsfunktion (Cousot, 1990). Wir wollen hier ebenfalls die Korrektheit einer solchen Prozedur beweisen und zwar die der folgenden iterativen Version `fac`.

```
/**
 * Anforderung: --
 * Zusicherung: res == n!  // Fakultätsfunktion
 */
```

```
int fac(int n ) {
  int i = n;
  int res = 1;
  while( i > 1 )  // INV:  i! * res == n!
    {
      res = res * i;
      i = i - 1;
    }
  return res;
}
```

Wir haben die Schleifeninvariante am Schleifenkopf als Kommentar vermerkt, was zu einem guten Dokumentationsstil gehört. Die Anforderung ist hier leer (also gleich true), da wir für $n < 0$ definieren, daß $n! := 1$.

Wir wollen mit dem Hoare-Kalkül zeigen, daß

$$\text{true} \ \{ \ S_{\text{fac}} \ \} \ res = n!$$

gilt, wobei S_{fac} den Rumpf der Prozedur bezeichnet.

1. Mit dem Zuweisungsaxiom (zusammen mit der Konsequenz- und Sequenzregel) erhalten wir nach den beiden ersten Programmschritten (der Initialisierung):

$$\text{true} \ \{\texttt{i = n; res = 1;}\} \ i = n \wedge res = 1 \ \ .$$

Wir haben hier die Konsequenzregel in der Form

$$\text{true} \Longleftrightarrow (i = n \wedge res = 1)_{[res \leftarrow 1][i \leftarrow n]}$$

gebraucht. Letzteres gilt, da $(i = n \wedge res = 1)_{[res \leftarrow 1][i \leftarrow n]} = (n = n \wedge 1 = 1)$ immer wahr ist.

2. Die Nachbedingung der Initialisierung impliziert die Formel, die wir als Schleifeninvariante benutzen:

$$i = n \wedge res = 1 \Longrightarrow i! * res = n!$$

3. Als nächstes wenden wir die Iterationsregel an.

   a) Als erstes zeigen wir, daß die Voraussetzung der Iterationsregel
   $$\text{INV} \wedge B \ \{S_{\text{while}}\} \ \text{INV}$$
   erfüllt ist. Wir müssen also zeigen, daß folgendes gilt:

   $$(i! \cdot res = n! \wedge i > 1) \ \ \{\texttt{res=res*i; i=i-1;}\} \ \ (i! \cdot res = n!)$$

   Wir zeigen dies durch zweimalige Anwendung des Zuweisungsaxioms in Verbindung mit der Sequenzregel. Sei $N = (i! \cdot res = n!)$ obige Nachbedingung. Zunächst berechnen wir $V = N_{[i \leftarrow i-1][res \leftarrow res*i]}$. Es gilt

$$
\begin{aligned}
V &= \quad (i! \cdot res = n!)_{[i \leftarrow i-1][res \leftarrow res*i]} \\
&= \quad ((i-1)! \cdot res = n!)_{[res \leftarrow res*i]} \\
&= \quad (i-1)! \cdot (res \cdot i) = n! \\
&\Longleftrightarrow \quad (i-1)! \cdot i \cdot res = n! \quad .
\end{aligned}
$$

Da überdies $(i! \cdot res = n! \wedge i > 1) \Rightarrow (i-1)! \cdot i \cdot res = n!$ gilt, ist mit der Konsequenzregel $\text{INV} \wedge B \;\; \{S_{\text{while}}\} \;\; \text{INV}$ abgeleitet. Man beachte, daß wir für diesen Schluß $i \geq 1$ benötigen, da wir für $i < 0$ definiert hatten, daß $i! = 1$.

b) Mit der Iterationsregel können wir daher

$$\text{INV} \; \{\texttt{while(B)} \; S_{\text{while}}\} \; \text{INV} \wedge \neg B$$

ableiten.

4. Da wir in 2 gezeigt haben, daß INV vor der Schleife gilt, folgt mit der Sequenzregel true $\{S\}$ INV $\wedge \neg B$. Aus $(i! \cdot res = n!) \wedge \neg(i > 1)$ folgt aber die Zusicherung $res = n!$, da für alle $i \leq 1$ gilt, daß $i! = 1$. Die Konsequenzregel liefert somit true $\{S\}$ $res = n!$, was zu beweisen war.

17.3 Übungen

Aufgabe 17.1. Welche der folgenden Zusicherungen sind beweisbar mit Hilfe des Hoare-Kalküls?

```
x == 0 {x = x + 1;} x == 1
x == 0 {x = x + 1;} x > 0
true {y = x + 1;} y > x
x == 0 {x = x + 1;} x == 0
true {while(true) { x = x; }} x == 42
```

Aufgabe 17.2. Beweisen Sie mit Hilfe des Hoare-Kalküls die partielle Korrektheit dieser Prozedur bezüglich der jeweils angegebenen Vor- und Nachbedingungen.

```
/** Anforderung: a >= 0
 *                b >= 0
 *   Zusicherung: res == a+b
 */
int add(int a, int b) {
  int x = a;
  int res = b;
  while( x > 0 )  {
    x = x - 1;
    res = res + 1;
  }
  return res;
}
```

Literaturverzeichnis

Aho, A. V., Hopcroft, J. E. und Ullman, J. D. (1974). *The Design and Analysis of Computer Algorithms*. Addison-Wesley.

Arnold, K. und Gosling, J. (1996). *The Java Programming Language*. Addison-Wesley.

Arnold, K., Gosling, J. und Holmes, D. (2000). *The Java Programming Language*. Addison-Wesley. Dritte Auflage.

Babbage, C. (1864). *Passages from the Life of a Philosopher.* Nachgedruckt in der Herausgabe von Martin Campbell-Kelly, 1994. Rutgers University Press.

Bauer, F. L. und Goos, G. (1991). *Informatik 1 – Eine einführende Übersicht*. Springer-Verlag. Vierte, verbesserte Auflage.

Bauer, F. L. und Goos, G. (1992). *Informatik 2 – Eine einführende Übersicht*. Springer-Verlag. Vierte Auflage.

Bibel, W. und Schmitt, P. H., Hrsg. (1998a). *Automated Deduction – A Basis for Applications, Volume I: Foundations – Calculi and Methods*, Band 8 der *Applied Logic Series*. Kluwer.

Bibel, W. und Schmitt, P. H., Hrsg. (1998b). *Automated Deduction – A Basis for Applications, Volume II: Systems and Implementation Techniques*, Band 9 der *Applied Logic Series*. Kluwer.

Bibel, W. und Schmitt, P. H., Hrsg. (1998c). *Automated Deduction – A Basis for Applications, Volume III: Applications*, Band 10 der *Applied Logic Series*. Kluwer.

Booch, G., Rumbaugh, J. und Jacobson, I. (1999). *The Unified Modeling Language User Guide*. Addison-Wesley.

Booch, G., Rumbaugh, J. und Jacobson, I. (1999). *The Unified Modeling Language Reference Manual*. Addison-Wesley.

Brassard, G. und Bratley, P. (1996). *Fundamentals of Algorithmics*. Prentice Hall.

Brause, R. (1998). *Betriebssysteme – Grundlagen und Konzepte*. Springer-Verlag.

Budd, T. (1994). *Classic Data Structures in C++*. Addison-Wesley.

Campione, M. und Walrath, K. (1997a). *Das Java Tutorial – Objektorientierte Programmierung für das Internet*. Addison-Wesley.

Campione, M. und Walrath, K. (1997b). *The Java Tutorial: Object-oriented Programming for the Internet*. Addison-Wesley.

Campione, M., Walrath, K. und Huml, A. (1999). *The Java Tutorial Continued*. Addison-Wesley.

Campione, M., Walrath, K. und Huml, A. (2001). *The Java Tutorial: Third Edition*. Addison-Wesley.

Church, A. (1936). An unsolvable problem in elementary number theory. *Amer. J. Math.*, 58:345–363.

Cormen, T. H., Leiserson, C. E. und Rivest, R. L. (1990). *Introduction to Algorithms*. MIT Press.

Cousot, P. (1990). Methods and logics for proving programs. In van Leeuwen, J., Hrsg., *Formal Models and Semantics*, Band B des *Handbook of Theoretical Computer Science*, Kap. 15, S. 841–993. Elsevier.

Dijkstra, E. W. (1972). The humble programmer. *Communications of the ACM*, 15(10):859–866. ACM Turing Award lecture.

Deitel, H. M. und Deitel, P. J. (1997). *Java – How to Program*. Prentice Hall. Zweite Auflage.

Eckel, B. (2002). *Thinking in Java*. Prentice Hall. Dritte Auflage.

Engeler, E. und Läuchli, P. (1988). *Berechnungstheorie für Informatiker*. Teubner-Verlag.

Felscher, W. (1993). *Berechenbarkeit – Rekursive und Programmierbare Funktionen*. Springer-Verlag.

Flanagan, D. (1996). *Java in a Nutshell*. Nutshell Handbooks. O'Reilly.

Fleischer, J., Grabmeier, J., Hehl, F. und Küchlin, W., Hrsg. (1995). *Computer Algebra in Science and Engineering*. World Scientific.

Floyd, R. (1967). Assigning meanings to programs. In: *Proceedings of Symposia in Applied Mathematics* 19:19–32.

Forster, O. (1976). *Analysis 1*. Vieweg-Verlag.

Fowler, M. (2000). *UML Distilled*. Addison-Wesley. Zweite Auflage.

Gallier, J. H. (1986). *Logic for Computer Science*. Harper & Row.

Gamma, E., Helm, R., Johnson, R. und Vlissides, J. (1995). *Design Patterns*. Addison-Wesley.

Garey, M. und Johnson, D. (1979). *Computers and Intractability: A Guide to the Theory of NP-Completeness*. Freeman.

Goos, G. (1999). *Vorlesungen über Informatik. Band 2: Objektorientiertes Programmieren und Algorithmen*. Springer-Verlag. Zweite Auflage.

Gosling, J., Joy, B. und Steele, G. (1996). *The Java Language Specification*. Addison-Wesley.

Gries, D. (1981). *The Science of Programming*. Springer-Verlag.

Hendrich, N. (1997). *Java für Fortgeschrittene*. Springer-Verlag.

Hoare, C. A. R. (1969). An axiomatic basis for computer programming. *Communications of the ACM*, 12(10):576–583.

Hoare, C. A. R. (1981). The Emperor's Old Clothes. *Communications of the ACM*, 24(2):75–83. ACM Turing Award lecture.

Hodges, A. (1994). *Alan Turing, Enigma.* Springer-Verlag. Zweite Auflage.

Hopcroft, J. E. und Ullman, J. D. (1979). *Introduction to Automata Theory, Languages, and Computation.* Addison-Wesley.

Hopcroft, J. E. und Ullman, J. D. (1994). *Einführung in die Automatentheorie, formale Sprachen und Komplexitätstheorie.* Oldenbourg-Verlag. Vierte, durchgesehene Auflage.

Kernighan, B. W. und Ritchie, D. M. (1988). *The C Programming Language.* Prentice-Hall. Zweite Auflage.

Knuth, D. E. (1977). *Structured Programming With go to Statements,* Band I von *Current Trends in Programming Methodology,* Kapitel 6, S. 140–194. Prentice-Hall.

Kredel, H. und Yoshida, A. (2002). *Thread- und Netzwerk-Programmierung mit Java.* dpunkt-Verlag. Zweite Auflage.

Küchlin, W. und Sinz, C. (2000). Proving consistency assertions for automotive product data management. *J. Automated Reasoning,* 24(1–2):145–163.

Lindholm, T. und Yellin, F. (1996). *The Java Virtual Machine Specification.* Addison-Wesley.

Loeckx, J. und Sieber, K. (1987). *The foundations of program verification.* Wiley-Teubner. Zweite Auflage.

Missura, S. A. und Weber, A. (1994). Using commutativity properties for controling coercions. In Calmet, J. und Campbell, J. A., Hrsg., *Integrating Symbolic Mathematical Computation and Artificial Intelligence – Second International Conference AISMC-2,* Band 958 der *Lecture Notes in Computer Science,* S. 131–143, Cambridge, Great Britain. Springer-Verlag.

Monk, J. D. (1976). *Mathematical Logic,* Band 37 der *Graduate Texts in Mathematics.* Springer-Verlag.

Musser, D. R. (1997). Introspective sorting and selection algorithms. *Software – Practice and Experience,* 27(8):983–993.

Niemeyer, P. und Peck, J. (1996). *Exploring Java.* O' Reilly.

Penrose, R. (1996). *Shadows of the Mind.* Oxford University Press.

Schöning, U. (1997). *Theoretische Informatik kurzgefaßt.* Spektrum Akademischer Verlag.

Sedgewick, R. (1992). *Algorithms in C++.* Addison-Wesley.

Seemann, J. und Wolff von Gudenberg, J. (2002). *Software-Entwurf mit UML.* Springer-Verlag.

Silberschatz, A. und Galvin, P. B. (1998). *Operating System Concepts.* Addison-Wesley. Fünfte Auflage.

Stroustrup, B. (1993). *The C++ Programming Language.* Addison-Wesley. Zweite Auflage.

Stroustrup, B. (1997). *The C++ Programming Language.* Addison-Wesley. Dritte Auflage.

Swade, D. (2000). *The Cogwheel Brain.* Little, Brown and Co.

Tanenbaum, A. S. (1976). *Structured Computer Organization.* Prentice Hall.

Tanenbaum, A. S. (1997). *Computernetzwerke*. Prentice Hall, München. Original: *Computer Networks*, 3rd ed., 1997.

Tanenbaum, A. S. (2001). *Modern Operating Systems*. Prentice Hall.

Tanenbaum, A. S. und Goodman, J. (2001). *Computerarchitektur*. Pearson Studium. Original: *Structured Computer Organization*, Prentice Hall, 1999.

Turing, A. M. (1936). On computable numbers with an application to the Entscheidungsproblem. *Proceedings of the London Mathematical Society*, 42:230–265.

Turing, A. M. (1937). On computable numbers with an application to the Entscheidungsproblem. *Proceedings of the London Mathematical Society*, 43:544–546.

Turing, A. (1950). Computing Machinery and Intelligence. *Mind*, 59:433–460.

Ullenboom, Ch. (2003). *Java ist auch eine Insel*. Galileo Press. Dritte Auflage.

Wang, H. (1987). *Reflections on Kurt Gödel*. MIT Press.

Wirth, N. (1995). *Grundlagen und Techniken des Compilerbaus*. Addison-Wesley.

Williams, M. R. (1997). *A history of computing technology*. IEEE Computer Society Press.

Wolff, M., Hauck, P. und Küchlin, W. (2004). *Mathematik für Informatik und Bio-Informatik*. Springer-Verlag.

Ressourcen zu Java. Die zentrale Internet Site der Fa. SUN Microsystems zum Thema Java ist `java.sun.com`, für Dokumentation `java.sun.com/docs`. Unter `java.sun.com/j2se` findet man das jeweils aktuelle Java Software Development Kit (SDK) mit Hinweisen zur Installation.

Die Mehrzahl unserer Programme haben wir ursprünglich mit JDK 1.1 (*Java development kit*) für die erste Auflage entwickelt. Für die zweite Auflage haben wir die Java 2 Platform Standard Edition J2SE SDK 1.4 verwendet. Gleichzeitig mit der dritten Auflage wird J2SE SDK 1.5 aktuell, das einige Erweiterungen zu 1.4 enthält, von denen die wichtigste die besprochenen Java *generic types* sind.

In der Vorlesung Informatik I/II 2003/04 in Tübingen haben wir mit sehr gutem Erfolg von Beginn an die integrierte Entwicklungsumgebung Eclipse in der Version 2.1 eingesetzt. Mit Drucklegung des Buchs wird Eclipse 3.0 aktuell. Da Eclipse einen eigenen Java-Compiler enthält, sind die allerneuesten Ergänzungen zu Java aber nicht immer in Eclipse sofort verfügbar. Eclipse ist eine quelloffene (*open source*) Umgebung, die für sehr viele Plattformen zur Verfügung steht. Eclipse kann unter `www.eclipse.org` heruntergeladen werden.

Einige der zahllosen Java-Handbücher stehen auch im Internet zur Verfügung. Man kann sich dadurch erst einen Eindruck verschaffen, bevor man sich die gedruckte Version kauft. Wir erwähnen nur „Thinking in Java" von von Bruce Eckel (2002) unter `www.mindview.net`, „Java ist auch eine Insel" von Christian Ullenboom (2003) unter `www.galileocomputing.de`, sowie unter `java.sun.com/docs` das englische Original des „Java Tutorial" von Campione et al. (2001).

Index

Printed in the United States
By Bookmasters